Veröffentlichungen
des Max-Planck-Instituts für Geschichte

161

V&R

VERÖFFENTLICHUNGEN
DES MAX-PLANCK-INSTITUTS FÜR GESCHICHTE

161

Adolf von Harnack

Theologe, Historiker,
Wissenschaftspolitiker

Herausgegeben von

Kurt Nowak
und
Otto Gerhard Oexle

VANDENHOECK & RUPRECHT
GÖTTINGEN · 2001

Die Deutsche Bibliothek – CIP-Einheitsaufnahme

Adolf von Harnack :
Theologe, Historiker, Wissenschaftspolitiker /
hrsg. von Kurt Nowak und Otto Gerhard Oexle. –
Göttingen : Vandenhoeck und Ruprecht, 2001
(Veröffentlichungen des Max-Planck-Instituts für Geschichte ; 161)
ISBN 3-525-35477-0

Inhalt

Kurt Nowak, Otto Gerhard Oexle
Vorwort   7

Bernd Moeller
Adolf von Harnack – der Außenseiter als Zentralfigur   9

Rüdiger vom Bruch
Adolf von Harnack und Wilhelm II. 23

Stefan Rebenich
Der alte Meergreis, die Rose von Jericho und ein höchst
vortrefflicher Schwiegersohn:
Mommsen, Harnack und Wilamowitz 39

Hartmut Lehmann
»Über vierzig Jahre kamen sie Sonntag für Sonntag, mit ihren
Frauen, zusammen«:
Adolf von Harnack und Hans Delbrück 71

Gangolf Hübinger
Harnack, Rade und Troeltsch.
Wissenschaft und politische Ethik 85

Hartmut Ruddies
Evangelium und Kultur.
Die Kontroverse zwischen Adolf von Harnack und Karl Barth 103

Jürgen Renn, Giuseppe Castagnetti, Simone Rieger
Adolf von Harnack und Max Planck 127

Lothar Burchardt
Zwischen Reformeifer und KWG-Raison.
Adolf von Harnack und die Industrie 157

6   Inhalt

KURT NOWAK
Theologie, Philologie und Geschichte.
Adolf von Harnack als Kirchenhistoriker 189

MANFRED WEITLAUFF
›Catholica non leguntur‹? Adolf von Harnack und die ›katholische‹
Kirchengeschichtsschreibung. Mit einem Briefanhang 239

PASCALE GRUSON
Entre la crise moderniste et les exigences de la modernité.
Quelques questions posées par la réception de
›L'essence du Christianisme‹ en France 319

REINHART STAATS
Adolf von Harnack in Schweden und Norwegen 343

CHRISTOPH MARKSCHIES
Adolf von Harnack als Neutestamentler 365

TRUTZ RENDTORFF
Adolf von Harnack und die Theologie.
Vermittlung zwischen Religionskultur und Wissenschaftskultur 397

RUDOLF VIERHAUS
Im Großbetrieb der Wissenschaft.
Adolf von Harnack als Wissenschaftsorganisator und
Wissenschaftspolitiker 419

Personenregister 442

Vorwort

Gegen Ende des 19. Jahrhunderts traten Wissenschaft, Literatur und Kunst in eine neue Phase ihrer Entwicklung. In den Geistes- und Sozialwissenschaften ragten Wilhelm Dilthey, Max Weber, Gustav Schmoller und Werner Sombart hervor, in der protestantischen Theologie Adolf von Harnack und Ernst Troeltsch. 1918 erlebte Deutschland einen politischen Systemwechsel. Zeitkritiker verbanden ihn mit einem Schlußstrich unter die Kultur der bismarckisch-wilhelminischen Epoche. Was hatten die großen Mandarine von einst in der Krise der Geschichte noch zu sagen? Die Kriegs- und Nachkriegsgeneration drückte ihnen in den zwanziger Jahren den Stempel des Abgetanen und Unzeitgemäßen auf. Auch Adolf von Harnack, der überragende Kirchenhistoriker, Wissenschaftsorganisator und Gelehrtenpolitiker, schien in der Weimarer Republik nur noch ein Denkmal seiner selbst zu sein. Mehr als erhabene Witzlein habe er nicht zu bieten, teilte Karl Barth 1920 mit. Jahrzehnte später verwandelte sich die Urteilslandschaft erneut. Die vermeintlich Unzeitgemäßen tauchen aus der Tiefe des geschichtlichen Raumes wieder empor. Die Wissenschaftsgeschichtsschreibung des Deutschen Kaiserreichs hat Konjunktur. Sie dechiffriert an den Wissenschaftlern jener Zeit – bei Max Weber schon länger, bei anderen Gelehrten mit einer gewissen Phasenverzögerung – den geistigen Code der modernen Welt. Harnack verstand seine Arbeit an der Geschichte der Alten Kirche als Gespräch mit der Gegenwart. Auch er ist inzwischen zurückgekehrt. Der Aufschwung der Harnack-Forschung in den letzten Jahren spricht eine beredte Sprache.

Eingeladen vom Max-Planck-Institut für Geschichte in Göttingen und dem Institut für Kirchengeschichte an der Theologischen Fakultät der Universität Leipzig versammelten sich vom 18. bis 20. März 1998 auf Schloß Ringberg (Tegernsee) Allgemeinhistoriker, Kirchenhistoriker und Theologen zu dem wissenschaftlichen Symposion ›Adolf von Harnack (1851–1930)‹. Bewundernde Zeitgenossen verglichen Harnack einst mit Erasmus von Rotterdam und Philipp Melanchthon. Sein Leben und Werk fordern zu interdisziplinären Studien heraus. Wer in ihm nur den Theologen würdigt, übersieht seine Bedeutung für Wissenschaftsorganisation und Kulturpolitik in Deutschland zu Beginn des 20. Jahrhunderts. Wer nur den Historiker und Wissenschaftsmanager beachtet, weiß nichts oder zu wenig von Harnack, dem frommen Christen. »Ohne den inwendigen Menschen«, so

Harnack, »sind wir wie Ufersand, den der Strom mit sich reißt«. Auf dem Höhepunkt seiner Laufbahn galt er in der englisch und französisch sprechenden Welt als die Symbolgestalt des geistigen Deutschland.

Die Mehrzahl der Beiträge des Symposions wird nunmehr der Öffentlichkeit vorgelegt. Eigens eingeladene Gesprächspartner – unter ihnen Harnacks Enkel Prof. em. Dr. Gustav Adolf von Harnack, Prof. Dr. Kurt Flasch und die Harnackeditorin Dr. Johanna Jantsch – bereicherten die Ringberger Harnack-Studien mit ihren kritischen Anregungen und Einwürfen. Gratias agimus. Ein besonderer Dank der Veranstalter gilt dem ehemaligen Präsidenten der Max-Planck-Gesellschaft, Herrn Prof. Dr. Dr. h. c. mult. Hans Zacher, und dem jetzt amtierenden Präsidenten, Herrn Prof. Dr. Hubert Markl. Sie sorgten für die finanzielle Ausstattung des Symposions. Neben seinem wissenschaftlichen Ertrag gewann das Symposion symbolische Bedeutung. Harnack, der erste Präsident der ›Kaiser-Wilhelm-Gesellschaft zur Förderung der Wissenschaften‹, und Harnack, der bislang wohl bedeutendste protestantische Kirchen- und Dogmenhistoriker deutscher Zunge, baut heute Brücken zwischen den Wissenschaftskulturen.

Die technische Einrichtung des Bandes lag in den Händen von Dr. Stefan Schweizer vom Max-Planck-Institut für Geschichte. Das Personenregister fertigten Gisa Bauer und Andres Straßberger vom Leipziger Institut für Kirchengeschichte an. Auch ihnen gilt unser herzlicher Dank. Am meisten haben die Herausgeber den Autoren zu danken. Sie scheuten nicht die Mühe, ihre Ringberger Referate für die Drucklegung teilweise erheblich zu bearbeiten. Überdies ertrugen sie geduldig eine längere Wartezeit. Der Sammelband erscheint im Jahr der 150. Wiederkehr des Geburtstags von Adolf von Harnack.

Kurt Nowak   Otto Gerhard Oexle

Adolf von Harnack – der Außenseiter als Zentralfigur

von

BERND MOELLER

Die hohe Ehre, die mir zuteil geworden ist, diese Tagung mit meinem Vortrag eröffnen zu dürfen, ist mit der Aufgabe verknüpft und – ich darf wohl sagen – belastet, über den Gegenstand der Tagung selbst, den Sinn und die Notwendigkeit einer solchen konzentrierten wissenschaftlichen Beschäftigung mit Adolf von Harnack, wie wir sie nun vor uns haben, eine fundierte Auskunft geben zu müssen. Ich muß angesichts dessen meinen Vortrag mit einer Captatio benevolentiae beginnen. Als ich mein Thema zu formulieren hatte, habe ich meinen Auftrag, eine gesellschaftliche Ortsbestimmung Harnacks vorzunehmen, in den beiden Kennzeichnungen ›Außenseiter‹ und ›Zentralfigur‹ zusammenzufassen gesucht. Ich wollte so das elementare Problem, das die Biographie dieses Mannes aus meiner Sicht dem Historiker stellt, benennen. Ob ich die Lösung dieses Problems damit bereits gefunden habe, ist mir aber bei der Ausarbeitung meines Vortrags fraglich geworden. Mir wurde da erst voll bewußt, in welchem Maße ich in der Harnack-Forschung und zumal in der Forschung zum wilhelminischen Reich Dilettant bin. So möchte ich Sie nun bitten, nachsichtig mit dem, was ich bieten werde, vorliebzunehmen: vielleicht einige brauchbare Beiträge, um die Merkwürdigkeit dieser Lebensgeschichte zu erfassen, nicht jedoch eine Aufhebung dieser Merkwürdigkeit.

›Außenseiter‹, so nenne ich Harnack. Schon das ist gewiß eine anfechtbare Kategorie. Er war ja auch eine Figur, die von Anfang an mittendrin stand: Mit dem günstigen Geburtsdatum 1851 dazu gewissermaßen prädisponiert, das zu werden, was Hans Lietzmann ihm in einem Nachruf dann zugesprochen hat: »In die Periode 1871–1918 ist er als Jüngling eingetreten und hat sie mit lebendigster Anteilnahme durchlebt«.[1] Ferner mit dem günstigen Elternhaus – der Vater ein höchst achtbarer Professor, dem wir das bedeu-

---

[1] Bei KARL LUDWIG SCHMIDT, Zum Tode Adolf von Harnacks, in: Theologische Blätter 9 (1930) S. 163–177; S. 169.

tendste, ja vielleicht das einzig bedeutende theologische Lutherbuch des
19. Jahrhunderts verdanken; so daß der hochbegabte Sohn es sich erlauben
konnte, von vornherein nichts anderes werden zu wollen als Professor, und
zwar Professor der Theologie. Und dann mit den günstigen Lebensumstän-
den – ich nenne nur einige: die materielle Unabhängigkeit zu jedem Zeitpunkt seines Lebens; das Aufwachsen zusammen mit einem ebenfalls hoch-
begabten Zwillingsbruder, der wie Adolf Harnack Professor wurde, in der
Mathematik, und mit dem ihn bis zu dessen Tod im 37. Lebensjahr ein lebhafter und, wie es scheint, niemals unterbrochener und getrübter Austausch
verband; ich nenne den anscheinend von jeglicher Störung unberührten, ge-
radlinigen Zugang zu den höheren Rängen der theologischen Wissenschaft,
Harnacks frühes Fußfassen in der Leipziger Fakultät, das es ihm erlaubte,
schon als 22jähriger eine Berufung in eine – sagen wir – Assistenzprofessur
in Breslau abzulehnen, und ihn mit 25 Jahren, 1876, mit Leipziger Freunden
zusammen zum Gründer der Theologischen Literaturzeitung machte, die
rasch zu einem zentralen Organ des Faches wurde und es bis heute geblieben
ist, nicht zuletzt, weil Harnack selber sie seit seinem 30. Lebensjahr redigier-
te; ich nenne schließlich die Heirat von 1879, durch die er mit einer doch
wohl bedeutenden Frau, einer Enkelin Justus von Liebigs, und einer wiederum angesehenen und wohletablierten Professorenfamilie sich verbinden
konnte. Es hat den Anschein, als hätte eine einzige Folge glücklicher Bedingungen das frühe Leben Harnacks gestaltet, Herausforderungen immer nur
zum Vorwärtsschreiten und Gelingen, als sei er vor Verwicklungen und Verwirrungen, inneren oder äußeren Nöten, vor Fehlschlägen und Enttäuschungen in den Jahren seines Heranwachsens gänzlich bewahrt geblieben.

Inwiefern war er dennoch ›Außenseiter‹? Ich nenne zunächst einen elementaren Sachverhalt: Harnack gehörte der Nation, in der er zu einer Zentralfigur werden sollte, nicht an, er war als Balte in einer gewissen Weise
Ausländer. Über die Zugehörigkeit der Deutschbalten zu Deutschland soll
hier jetzt nicht weiter theoretisiert werden; es genügt festzustellen, daß Harnack selbst diese Besonderheit seiner Herkunft deutlich empfunden und
ziemlich häufig reflektiert, daß er ihr selbst starke Bedeutung für seine Le-
benswege zugemessen hat. Dabei ist er in den wichtigsten Kinderjahren,
vom dritten bis zum fünfzehnten Lebensjahr (1853–66), gar nicht im Balti-
kum, sondern in Erlangen aufgewachsen, wo der Vater eine Professur versah. Doch waren seine Ursprünge im Land an der Ostsee an seiner Sprech-
weise, seinem harten baltischen Akzent, lebenslang kenntlich, und wenn er
sich später über seine Herkunft äußerte, bezog er sich jeweils auf Livland.
Wobei dann nicht bloß heimatliche Gefühle und ein Bewußtsein, in der
Fremde zu leben, zur Sprache kommen konnten, sondern immer wieder auch
programmatische Aussagen. Ein besonders sprechendes Zitat stammt aus

Harnacks letztem Lebensjahr – bei der hervorgehobenen Gelegenheit der Einweihung des Harnack-Hauses der Kaiser-Wilhelm-Gesellschaft in Berlin sagte er an seinem 78. Geburtstag 1929: »Es sind bald 80 Jahre her, da war mein Vater einer der allerersten, die aus Dorpat nach Deutschland berufen wurden (...), und mein Vater hat somit begonnen den Austausch zwischen meinem Heimatlande und Deutschland hin und her, und seine Söhne haben ihn fortgesetzt nebst vielen anderen«.[2]

Deutschland war nicht Harnacks Heimatland, jedoch auch nicht einfach Ausland. Man kann deshalb keineswegs behaupten, diese Besonderheit der nationalen Partizipation, das Außenseitertum des Balten habe Harnacks Karriere in Deutschland behindert – eher dürfte das Gegenteil der Fall sein. Ich denke, ihm war die gesellschaftliche Sicherheit, die sein Leben kennzeichnete, gerade durch diese Herkunft vorgegeben – die wohlhabende Bürgerfamilie, mit dem Adel des Landes versippt, an der Universität des Landes beheimatet, das war eine soziale Konstellation, wie man sie so nirgends sonst im deutschen Sprachgebiet antreffen konnte, eine Verbindung sozialer Besitztümer, an der gewissermaßen nichts fehlte und die auch anderen Baltendeutschen in diesem Zeitalter, wenn sie ins Reich kamen, einen festen Stand und vielfach ein hohes Ansehen verschaffte.[3] Wenn sich bei der Beschreibung Harnacks die Stichwörter ›liberal‹ und ›konservativ‹ zugleich und in einem Zuge aufdrängen, dann dürfte hierfür die baltische Herkunft eine wichtige Voraussetzung gewesen sein. Dieses Außenseitertum dürfte mithin gleichfalls zu den Faktoren gehören, die Harnack auf seinen Lebenswegen begünstigt haben.

Wie es sich in dieser Hinsicht mit dem anderen fundamentalen Sachverhalt, der ihn zum Außenseiter machte, mit seinem Beruf als Theologe, verhielt, ist sehr viel schwerer einzuschätzen und bedarf daher einer ausführlicheren Erörterung.

Wie jeder weiß, hatte Harnacks literarisches Lebenswerk einen riesigen Umfang – über 1500 Nummern zählt bereits Friedrichs Smends Bibliographie[4] –, ohne weiteres aber machten die die Theologie betreffenden Beiträge etwa neun Zehntel des Ganzen aus. Daß Harnack Theologe war und daß er als solcher in der Öffentlichkeit auftrat und wahrgenommen wurde, konnte

---

[2] Adolf von Harnack als Zeitgenosse, hg. v. Kurt Nowak, 2 Bde., Berlin 1996, hier Bd. 2, S. 1140.

[3] In seinem Aufsatz ›Baltische Professoren‹ von 1916 bringt Harnack selbst diese Zusammenhänge auf den heute freilich sehr mißverständlichen Begriff, die Baltendeutschen seien ein ›Herrenvolk‹: Adolf von Harnack, Aus der Werkstatt des Vollendeten (Reden und Aufsätze 5) Gießen 1930, S. 147–154; S. 153.

[4] Friedrich Smend, Adolf von Harnack. Verzeichnis seiner Schriften, Leipzig 1927.

niemals zweifelhaft sein. Es gab offenbar nie den geringsten Anlaß für ihn, sich als Theologe zu verstecken oder umzukostümieren. Vielmehr nahm er gerade als ein solcher seinen Platz in der Gesellschaft ein.

Andererseits aber war in Harnacks wissenschaftlicher und literarischer Produktion das Gelehrte mit einem universalen Erkenntnis- und Verständigungsinteresse in eigentümlicher Weise verknüpft, und zwar sicherlich fester, als das bei den meisten Theologen und Historikern der Zeit sonst der Fall war. Man könnte diesen Sachverhalt folgendermaßen zusammenfassen: So sehr Harnack in der wissenschaftlichen Methode und ersten Zielsetzung Historist war und in dieser Hinsicht denn auch die gelehrte Einsicht in seinen Fächern, dem Neuen Testament und der Kirchengeschichte, auf ein neues Niveau gehoben hat – daß »wir alle« Schüler Rankes seien,[5] war für ihn eine ganz selbstverständliche Aussage –, so wenig gingen doch seine Intentionen hierin, in der Aufklärung des Vergangenen, auf. Daß die Historie der Gegenwart zu dienen und diese über sich selbst zu belehren habe, war eines von Harnacks wissenschaftlichen Axiomen, er folgerte es aus der historistischen Überzeugung von der Geschichtlichkeit des Menschen und aller seiner Verhältnisse. In hervorgehobener, fast möchte man sagen in exzeptioneller Weise aber sollte die Beachtung dieses Axioms der Theologie aufgegeben sein, so meinte er.

Es kann hier jetzt nicht meine Aufgabe sein, Harnack als Kirchenhistoriker genauer zu schildern und zu würdigen. Hiervon wird in diesem Band noch ausführlich die Rede sein, ich kann mich auf drei elementare Feststellungen beschränken. Maßgeblich ihm ist es zuzuschreiben, daß die Geschichtswissenschaft von der Alten Kirche in diesem Zeitalter der großangelegten Gesamtentwürfe mit der allgemeinen Geschichtswissenschaft gleichzog, ferner, daß für die Beschaffung zuverlässiger Quellentexte jedenfalls in wichtigen Teilbereichen eine den übrigen großen Quelleneditionen der Zeit ebenbürtige Ausgabe und die entsprechende Organisationsform gefunden werden konnte, und schließlich, daß zugleich die gelehrte Einzel- und Kleinarbeit nicht die geringste Vernachlässigung erfuhr – daß Harnack selbst im Laufe der Jahre nicht weniger als 84 kleinere oder größere Aufsätze allein in den Sitzungsberichten der Preußischen Akademie hat erscheinen lassen, mag die Dimensionen dieses gelehrten Werkes verdeutlichen: Im großräumigen ebenso wie im kleinteiligen Zugriff auf das historische Material leistete der Meister selbst maßgebliche Vorarbeit, legitimierte beides und trieb so den wissenschaftlichen Diskurs in voller Breite voran. Auch die schon erwähnte Herausgeberschaft der Theologischen Literaturzeitung mag in diesem Zu-

---

[5] NOWAK, Harnack als Zeitgenosse (wie Anm. 2) S. 1006.

sammenhang genannt werden – es gab Jahre, in denen nicht weniger als vierzig Rezensionen den Redaktor selbst zum Autor hatten.

Harnacks Nachfolger auf dem Berliner Lehrstuhl, Hans Lietzmann, hat in seiner Gedächtnisrede von 1931 hervorgehoben, jener habe »die Geschichte des Christentums als Untersuchung seiner Institutionen betrieben«[6] – eine Aussage, die von Äußerungen Harnacks selbst bestätigt wird. Daß die Institutionen – im weiten Sinn verstanden: Gesetz und Recht, Ämter und Rituale, maßgebliche Texte und Kodifikationen – »das eigentliche Feld des Historikers«[7] darstellten und daß nur in Hinsicht auf sie gesicherte Erkenntnis zu erlangen sei, war eine Überzeugung, die er mit Theodor Mommsen teilte. Freilich liegt die Vermutung nahe, daß nicht nur methodologische Überlegungen Harnack zu dieser Präferenz veranlaßt haben. Vielmehr kommt hier, so denke ich, zugleich jene oben angedeutete zweite Linie seines historiographischen Interesses zum Ausdruck, der universalgeschichtliche und der Gegenwartsbezug. Die Institutionen sind diejenigen geschichtlichen Erscheinungen, die am sichersten ihre Ursprünge überleben und in denen am deutlichsten die Vergangenheit in die Gegenwart hineinragt. So scheint zumal ihr Studium geeignet, die Gegenwart historisch aufzuklären.

Für Harnack hatte die Beschäftigung mit den Institutionen der Kirche einen eminent kritischen Akzent. Man kann sich fragen, welche Impulse bei ihm eher da waren, die Resultate der historischen Arbeit oder das Unbehagen des liberalen Theologen an den überindividuellen Normen und Instanzen des Religiösen. Jedenfalls untermauerte der Kirchenhistoriker Harnack vornehmlich auf Grund seiner Institutionenforschung seine Grundanschauung von der Kirchengeschichte. Diese erschien ihm in erster Linie als Geschichte eines Abfalls, der sich bis zur Reformation hin immer weiter gesteigert habe, um seither zwar umzuschlagen in eine Fortschrittsentwicklung hin zu einer zunehmend vergeistigten Religionsübung, die jedoch stets bedroht war. Es war dies eine in ihren wesentlichen Zügen der Aufklärung entlehnte Kirchengeschichtskonzeption, ihr war neben anderem der Vorzug zu eigen, einen weiten Spielraum für Gegenwartskritik zu eröffnen.

Diese Konzeption ist bekanntlich vor allem in Harnacks ›Lehrbuch der Dogmengeschichte‹ dargelegt, dem in der Hauptsache in den Gießener Jahren 1884/85 erarbeiteten, genialen Frühwerk des gerade 33jährigen, das wissenschaftlich sein berühmtestes und wirkungsreichstes Buch war und geblieben ist. Vielleicht ist es nützlich festzuhalten, daß schon die Wahl dieses Themas und zumal der enge Begriff von ›Dogma‹, den Harnack zugrunde

---

[6] ADOLF HARNACK, Kleine Schriften zur alten Kirche, Bd. 2, Leipzig 1980, S. 902.
[7] Ebd. S. 901.

legte, in der theologischen Schule, aus der er kam, derjenigen Albrecht Ritschls, keineswegs zwingend vorgegeben waren.[8] So erweisen sich die Durchführung und das Resultat seines Werkes, das sich in dem bekannten Satz zusammenfaßt, das Dogma sei »in seiner Konzeption und in seinem Ausbau ein Werk des griechischen Geistes auf dem Boden des Evangeliums«,[9] als ganz eigenständige Leistung des Verfassers. Sie wurde durch entsprechende Deutungen anderer Institutionen des frühen Christentums – des neutestamentlichen Kanons, der ›Regula fidei‹, des monarchischen Bischofsamtes – ergänzt und erweitert; das ganze Werk stellte sich als ein »im Medium des historischen Materials entwickelter systematisch-theologischer Entwurf« dar.[10]

»Man muß das Dogma durch die Geschichte läutern«, so hat Harnack einige Jahre später formuliert[11] – er hatte in der Absage an die dogmatischen Bindungen von Theologie und Kirche sein theologisches Lebensthema gefunden. Zugleich hatte er sich für seine Zeitgenossen nun scharf profiliert. So war im wesentlichen die ›Dogmengeschichte‹ der Anlaß für die Berufung nach Berlin im Jahre 1888, mit der Harnacks fachliche Karriere ihren Höhepunkt und Abschluß erreichte, und die Grundlage dafür, daß aus dem Theologen und Kirchenhistoriker eine Zentralgestalt werden konnte.

Man kann sich fragen, ob Harnack mit einer ›normaleren‹, einer weniger provokanten wissenschaftlichen Arbeit dieselben Folgewirkungen erzielt hätte, und wird die Frage wohl verneinen müssen. Es gab in der akademischen Welt des wilhelminischen Reiches ein verbreitetes Unbehagen der Theologie gegenüber, der sowohl unwissenschaftliche Vorurteile als auch Mediokrität unterstellt wurden – wir kommen darauf zurück –, und so wäre einem weniger profilierten Theologen wohl von vornherein weniger Kredit (wie auch schon weniger Aufmerksamkeit) eingeräumt worden. Ich denke im Gegenteil, es war geradezu eine Voraussetzung für die weitere Entwicklung der Lebensgeschichte Harnacks, daß dieser mit seiner historisch-dogmatischen Position in seinem eigenen Milieu, in der Theologie und in der Kirche, ebenfalls zu so etwas wie einem ›Außenseiter‹ wurde. Bekannt ist die bittere und grundsätzliche Absage seines Vaters, der dem Sohn »Geschichtsmacherei«[12] vorwarf, bekannt sind die näheren Umstände der Berufung nach Ber-

---

[8] MARTIN OHST, Ritschl als Dogmenhistoriker, in: Gottesreich und menschliche Freiheit. Ritschl-Kolloquium, hg. v. JOACHIM RINGLEBEN, Göttingen 1990, S. 112–130.

[9] ADOLF HARNACK, Lehrbuch der Dogmengeschichte, Bd. 1, Freiburg/Br. 1894³, S. 18.

[10] KURT NOWAK, Einleitung, in: DERS., Harnack als Zeitgenosse (wie Anm. 2) Bd. 1, S. 1–99; S. 14.

[11] AGNES VON ZAHN-HARNACK, Adolf von Harnack, Berlin 1951², S. 131.

[12] Ebd. S. 105.

lin, der Widerstand im Preußischen Oberkirchenrat, der die geforderte Zustimmung verweigerte, die Initiative des Kaisers, Wilhelms II., der soeben
den Thron bestiegen hatte und mit dem Ruf an Harnack wohl seine erste
wichtige kirchenpolitische Maßnahme traf. Nicht nur, daß spätere Konflikte
wie der Streit um das Apostolikum von 1892/93 oder die Auseinandersetzungen um radikalliberale Pastoren damit sozusagen eingeleitet waren, bei
denen Harnack dann jeweils in die Position kam, in öffentlichen Verlautbarungen als eine Art Anwalt zugleich verständnisvoll und beschwichtigend
aufzutreten. Vielmehr war überhaupt seine Stellung zur Kirche seither vor
aller Öffentlichkeit als ambivalent definiert: Der kirchenhistorische Professor, der zwar wohl nie erwogen hatte, Pfarrer zu werden, und der nicht or-
diniert war, verlor doch seither überhaupt die Fähigkeit, Ämter in der Kirche zu erhalten, er bildete Studenten aus, ohne sie in ihr Amt überführen zu
können, wurde weder in ein Prüfungskollegium noch in eine Synode berufen
– eine Erweiterung seiner Horizonte, Lebensräume und Wirkungsmöglich-
keiten konnte es von nun an nur außerhalb der Kirche geben.

Und dabei war Harnack doch keineswegs ein theologischer Aussteiger oder
Kirchenrebell. Zwar kann man sich fragen, ob er unter der Ambivalenz, von
der ich spreche, wirklich gelitten hat. Er hatte eine Theorie, die den Konflikt
verständlich machte, eben die Vorstellung von der Unverträglichkeit des eigentlich Religiösen, des Geistigen, mit der Institution, die absperrt, einschränkt und verengt, und so konnte er gelegentlich lebhafte Klage führen
über die Vorherrschaft des Landeskirchlichen gegenüber dem Protestantischen in der Gegenwart oder den ›Prozeß der Katholisierung des evangelischen Kirchenbegriffs‹, den er etwa in den Kirchenzeitungen wahrnahm,[13]
oder über die christlichen Vereine, durch die das gegenwärtige evangelische
Christentum »angespannt (sei) bis an die Grenzen des Erträglichen«.[14] Er
konnte also das evangelische Kirchentum seinerseits von sich distanzieren.
Doch ging es da für ihn immer nur um Erscheinungen im defizienten Modus,
denen er jeweils die Überzeugung entgegenhalten konnte, es werde das wahre, das geistige Christentum sich demgegenüber sicherlich Raum schaffen,
und das war eine Überzeugung, die er als Gelehrter, aufgrund wissenschaftlich gewonnener Einsicht aussprach – in der Sprache seines Bestsellers ›Das
Wesen des Christentums‹, wo die Grundidee der ›Dogmengeschichte‹ aufgenommen wurde, ausgedrückt: Es werde das »Evangelium Jesu« sich mit
und unter dem »Evangelium von Jesus« behaupten. Von daher verband sich

---

[13] So in dem Vortrag von 1896: ›Zur gegenwärtigen Lage des Protestantismus‹, bei Nowak,
Harnack als Zeitgenosse (wie Anm. 2) Bd. 1, S. 225 ff. (das Zitat S. 235).

[14] 1890: ebd., Bd. 2 (wie Anm. 2) S. 1279.

in der Zukunft Harnacks, wie gesagt, vorwiegend versöhnliches öffentliches
Eingreifen in kirchliche Konflikte jeweils mit einer gewissen Herablassung,
der Gelassenheit des Wissenden, die er andererseits auch solchen Anfechtungen entgegenhielt, die von der Wissenschaft ausgehen mochten: Es ist ein
»durch nichts zu begründender Anspruch unserer Zeit (...), wir besäßen besondere neue Erkenntnisse und ständen vor lauter neuen Problemen«, so
hieß es 1907; »zwischen der Religion auf der höchsten Stufe und der freien
Forschung (kann) niemals ein Konflikt entstehen«, 1908.[15] Vielleicht ist es
erlaubt, Harnacks Umgang mit der Ambivalenz seiner kirchlichen Stellung
am konzentriertesten dargestellt zu finden in seiner Mitarbeit an den Kir-
chenartikeln der Weimarer Reichsverfassung von 1919. Insbesondere zugunsten der Fortdauer der Theologischen Fakultäten an den staatlichen Universitäten hat er dort Argumente vorgebracht, die sowohl der Kirche und dem
Staat als auch der freien theologischen Wissenschaft gerecht zu werden versuchten – und von denen übrigens manche noch heute bedenkenswert sind.
Ich denke, Harnack hat hier seine eigene Stellung als Theologieprofessor,
seine berufliche Lebensaufgabe, zugleich als eine Art Schlüsselposition in
der Gesellschaft definiert.

Wir sind mit diesen letzten Darlegungen nun bereits weit in die Zeit hinein
vorgestoßen, in der aus dem Außenseiter Harnack die Zentralfigur geworden war. Dieser Gelehrte, der nicht direkt dem deutschen Bürgertum entstammte, freilich die stabilsten gesellschaftlichen Besitztümer mit sich führte, und der keine zentrale, sondern eine eher abseitige und fragliche wissenschaftliche Disziplin vertrat, freilich gegen deren Kodex aufbegehrte, war
»wohl überhaupt die gefeiertste und im besten Sinne repräsentative Persönlichkeit der deutschen Gelehrtenwelt« geworden, wie man bei seinem Tode
1930 in einem Nachruf in einer der führenden Tageszeitungen dann lesen
konnte.[16] Wir gehen dieser Wendung nun etwas genauer nach.

Die Fülle und Überfülle der Ämter, die Harnack im Laufe der vier Jahrzehnte, in denen er in Berlin lebte, zugefallen sind, ist schon öfter zusam-
mengestellt worden – ich wiederhole die Reihe hier als Basis für das Weitere,
übrigens ohne Anspruch auf Vollständigkeit. Sie beginnt mit Harnacks Wahl
in die Preußische Akademie der Wissenschaften 1890, wo er der dritte Theologe war nach Schleiermacher und Neander und nach einer Pause von vierzig
Jahren nach dem Tode des Letztgenannten wieder der erste. In der Akademie wählte man ihn zwar nicht 1895 zum Sekretar – Hermann Diels

---

[15] Nowak, Harnack als Zeitgenosse (wie Anm. 2) Bd. 1, S. 594; S. 829. Besonders aufschlußreich ist in dieser Hinsicht der Aufsatz ›Hat Jesus gelebt?‹ von 1910: ebd. S. 168 ff.
[16] In der München-Augsburger Abendzeitung vom 11.6. 1930, zitiert bei Schmidt, Zum Tode Harnacks (wie Anm. 1) S. 165.

spricht von dem »Schrecknamen *Theologe*«, der viele »sonst dem Manne geneigte abhielt, für ihn zu stimmen«[17] –, wohl aber 1896 zum Autor der offi-
ziellen Akademiegeschichte – eine Aufgabe, die er glanzvoll bewältigte und
die ihn zum Festredner des Jubiläums von 1900 prädestinierte, im selben
Jahr, in dem er Rektor der Universität war. 1902 wurde er Mitglied der Frie-
densklasse des Ordens Pour le mérite, als deren Vizekanzler er dann seit
1915, als deren Kanzler er seit 1920 fungierte. Im Evangelisch-Sozialen
Kongreß, dieser zentralen Instanz volkswirtschaftlicher und sozialpoliti-
scher Meinungsbildung des Bürgertums der wilhelminischen Zeit mit ihrer
weiten gesellschaftlichen Ausstrahlung, an deren Gründung 1890 er bereits
mitgewirkt hatte, war Harnack von 1903 bis 1911 Präsident; neun Kongresse hat er geleitet. Es folgte 1905 das Amt des Generaldirektors der Preußischen Staatsbibliothek, das er sechzehn Jahre lang, bis 1921, innegehabt hat
und in dem es ihm oblag, die grundlegende Modernisierung des preußischen
Bibliothekswesens zu leiten; auch die Fertigstellung und Indienstnahme des
Neubaus der Staatsbibliothek Unter den Linden 1914 fiel in seine Amtszeit.
Sodann – ich zähle weiter auf – leitete Harnack mit einer einflußreichen
Denkschrift von 1909 die Gründung der Kaiser-Wilhelm-Gesellschaft zur
Förderung der Wissenschaften maßgeblich ein, die zwei Jahre später voll-
zogen wurde; wieder wurde Harnack der Präsident und ist es fast zwanzig
Jahre lang, bis zu seinem Tod, geblieben. Neben kleineren Aufgaben wie der
Leitung oder Mitgliedschaft im Kuratorium des Deutschen Museums in
München, in der Luther-Kommission, im Beirat des Deutschen Historischen
Instituts in Rom wuchs Harnack schließlich noch einmal eine führende Rolle
zu beim Aufbau der Notgemeinschaft der Deutschen Wissenschaft, der nach
dem Ersten Weltkrieg gegründeten Vorläuferin der DFG, deren Vorstand er
angehörte und in deren Hauptausschuß er bis 1929 den Vorsitz geführt hat.
Nimmt man das ganze Bild zusammen, dann waren es also Hauptauf-
gaben der Zeit in der Wissenschafts-, der Kultur- und der Sozialpolitik, denen Harnack in diesen Ämtern diente, die meisten von ihnen hätten auch einen ganzen Mann beschäftigt, doch ist kaum je eine Klage zu hören, er habe
eines davon vernachlässigt oder mit der linken Hand geführt, ebensowenig
wie ihm Mangel an Kompetenz vorgeworfen wurde. Ob Harnack irgend-
eines dieser Ämter angestrebt hat, ist fraglich; allenfalls die Zugehörigkeit
zur Akademie käme hierfür vielleicht in Frage, die freilich so etwas wie die
Keimzelle der ganzen Erfolgsreihe war. Von einem bestimmten Zeitpunkt an
suchten ihn die Ämter, wie sich leicht verstehen läßt – er war gewiß so etwas

---

[17] Stefan Rebenich, Theodor Mommsen und Adolf Harnack, Berlin/New York 1997, S. 73,
Anm. 75.

wie das Muster eines Präsidenten: Ideale Gesinnungen kamen mit einem
stark ausgebildeten Wirklichkeitssinn, sachliches Engagement mit Beweg-
lichkeit zusammen, und er war im Maße der Zeit vollkommen unabhängig;
einer Partei hat er nie angehört, in eine Affäre war er nie verwickelt. Geradezu legendär aber war seine Arbeits- und Lebensdisziplin; zeitweise soll er 75
Briefe pro Woche empfangen und so gut wie niemanden länger als zwei Tage
auf Antwort haben warten lassen, doch galt die Regel: »In meinem Hause
wird nach 8 Uhr nicht mehr gearbeitet«.[18]

Dies alles ist eindrucksvoll genug und staunenswert. Daß Harnack zu der
Rolle, die ihm zuwuchs, wie kaum einer befähigt war, ist offenkundig und
übrigens ja auch unstrittig. Besonders merkwürdig und bedenkenswert jedoch erscheint der Umstand, daß auch diese hohen Befähigungen nichts
daran änderten, daß er Außenseiter war und blieb. Wie schon gesagt: Er ver-
hehlte den Theologen nie, ja stellte ihn unter Umständen geradezu heraus,
etwa auch darin, daß er an der Universität regelmäßig mindestens sein kir-
chengeschichtliches Seminar hielt – am Ende, im Sommer 1929, konnte er
auf eine ununterbrochene Reihe von 54 Jahren zurückblicken. Wenigstens in
jeder Woche *betätigte* er sich als Theologe.

Es ist nicht so, daß das Unbehagen der Zeit den Theologen gegenüber
ihm nicht begegnet wäre. Gelegentlich hat er entsprechende Szenen geschildert,[19] und gerade in seiner Heimstatt, der Akademie, hat ihn wenigstens eine Minorität von Kollegen eben aus diesem Grunde, wegen seines Berufs
und Faches, niemals wirklich akzeptiert. Ihm konnte der Ruch des Apologeten anhaften, und daß er, wie der katholische Theologe Hartmann Grisar
ihm bescheinigte, die lutherische Orthodoxie «zum Erliegen gebracht» habe,[20] war nicht überall eine hinreichende Empfehlung. Harnack war nie unabhängig von seinem Beruf einfach nur ein fähiger Mann, so wie ein Jurist
oder ein Mediziner es hätte gewesen sein können. Ich denke daher, es waren
nicht allein die Sympathien des Publikums, die ihn zu einer Zentralfigur
werden ließen, sondern auch das von ihm eigentümlich dargestellte, das
heißt bestätigte und zugleich widerlegte Unbehagen.

Im übrigen darf natürlich nicht übersehen werden, daß auch Instanzen innerhalb des politisch-gesellschaftlichen Systems des wilhelminischen Reiches, denen solche Vorbehalte gegen ihn (und damit Vorbehalte dagegen,
daß ein Theologe im Übermaß mächtig und einflußreich wurde,) fremd waren, an seiner Karriere mitgewirkt haben. Zwei solcher Instanzen sind leicht

---

[18] ZAHN-HARNACK, Harnack (wie Anm. 11) S. 209.
[19] Zum Beispiel bei NOWAK, Harnack als Zeitgenosse (wie Anm. 2) Bd. 2, S. 1403.
[20] Bei SCHMIDT, Zum Tode Harnacks (wie Anm. 1) S. 164.

zu benennen, die wichtigsten: Harnacks vorgesetzte Behörde, das Preußische Kultusministerium in der Ära Althoff, und der Kaiser. Beide haben ihn nachhaltig gefördert, und er seinerseits hat beiden wichtige Dienste erwiesen. In diesem Band wird hiervon noch ausführlich gesprochen werden, so daß ich mich jetzt auf diesen Hinweis beschränken kann, zu dem allerdings ein aus meiner Sicht wichtiger Zusatz gehört: Harnack bewahrte sich auch diesen Instanzen gegenüber beständig seine Unabhängigkeit, was er schon früh unter Beweis stellte und in seiner Bereitschaft, sich nach 1918 sogleich und ohne erkennbare Vorbehalte der Weimarer Republik zur Verfügung zu stellen, fortschrieb. Er hat auch in seinem letzten Lebensjahrzehnt noch beträchtliche öffentliche und politische Aktivitäten entfaltet, die vielfach deutlich auf eine Stärkung der Republik hinausliefen. Ein Treuebruch sich selbst oder anderen gegenüber war hierin aber nicht zu bemerken, und so erfuhren denn auch die Akzeptanz und die Inanspruchnahme, die ihm zuteil wurden, bis zum Ende seines Lebens keinerlei Minderung. Daß, als er starb, für das Bewußtsein der Zeit eine Hauptperson der Gesellschaft dahinging, kam 1930 im öffentlichen Echo überdeutlich zum Ausdruck; es dürfte damals nicht viele Persönlichkeiten in Deutschland gegeben haben, die so wie er glaubhaft alles auf einmal verkörperten: Zugehörigkeit zum Kaiserreich und zur Republik, Progressivität und Beharrung, Partizipation und Distanz. Ich denke, daß er Theologe war, gehörte zu den konstituierenden Bedingungen dieser Stellung.

Es hat seinen Reiz, heute, hundert Jahre nach seiner besten Zeit, Harnacks zu gedenken. Unvermeidlich wird man dabei zunächst zu konstatieren haben, daß er und sein Ruhm vergangen sind, und zwar nicht nur, weil die Katastrophen und Kahlschläge des weiteren 20. Jahrhunderts offenlegten, daß Harnacks Gesellschaftsideal, die »neuprotestantische Christlichkeit in den Rang der Leitkultur der Moderne schlechthin zu erheben«,[21] sich als nicht tragfähig erwies. Die unterschiedlichen atheistischen Ideologien, die in diesem Jahrhundert nacheinander zur Herrschaft kamen und je in ihrer Weise Barbarei praktizierten, bestätigten zwar Harnacksche Besorgnisse, verurteilten aber seine Gegenmittel zur Ohnmacht. Entsprechend wirkt der optimistische Grundton, der sozusagen alle seine Texte zu allgemeineren Fragen durchzieht, seine Neigung, Problematisierungen durch Darlegungen zu ersetzen, seine Tendenz, die Erörterung einer Frage jeweils von oben, nicht von unten her anzugehen, sehr veraltet; neben den Beschädigungen und Irri-

---

[21] KURT NOWAK, Bürgerliche Bildungsreligion? Zur Stellung Adolf von Harnacks in der protestantischen Frömmigkeitsgeschichte der Moderne, in: Zeitschrift für Kirchengeschichte 99 (1988) S. 326–353; S. 353.

tationen, die wir in dem Menschenalter seit Harnacks Tod erfahren haben, gehören Sensibilisierungen des sozialen Empfindens zu den Fundamentaleinsichten dieses Jahrhunderts, der Fortschrittsglaube aber ist uns tief suspekt geworden und weithin abhanden gekommen. So fehlt uns gewissermaßen die Basis zum Verstehen dieser Texte. Es gibt in ihnen Sätze, die uns Nachgeborene beinahe wie Karikaturen der Wahrheit anmuten mögen, wie etwa der aus der im übrigen im Maße ihrer Entstehungszeit durchaus einsichtigen politischen Denkschrift von 1916, wo man lesen kann: »Das deutsche Volk ist keine eroberungssüchtige Nation, und die Ideale der Konquistadoren haben hier keine Stätte«.[22] Freilich – wie sollte es anders sein? Mit welchem Autor aus älterer Zeit hätten wir, wo die Abgründe unseres Jahrhunderts im Spiel sind, jene gemeinsame Verstehensbasis?

Mit dem Veralten der gesellschaftstheoretischen Überzeugungen Harnacks ist auch ein Veralten ihrer wichtigsten Grundlage einhergegangen, des Bildes vom Christentum und von dessen Geschichte, das er in so genialer Weise entworfen hatte und mit dessen Hilfe er den christlichen Beitrag zur modernen Kultur neu zu bestimmen suchte. In dieser Hinsicht hat Harnack schon zu Lebzeiten fundamentale Kritik erfahren – etwa das Jesus-Bild seines Buches ›Das Wesen des Christentums‹ durch Albert Schweitzer oder der theologische Gesamtentwurf durch die frühe Dialektische Theologie; der Austausch kontroverser Thesen zwischen Harnack und Karl Barth im Jahr 1923 ist ein Hauptdatum der Theologiegeschichte dieses Jahrhunderts. Als Anstoß wurde jeweils vor allem eine Tendenz zur Verkürzung und gewissen Verharmlosung des ursprünglich und des eigentümlich Christlichen vermerkt; daß Harnack die Fremdheit des Urchristentums unterschätzt, aber auch die »Distanz des Glaubens gegenüber dieser Welt« (Barth)[23] eingeebnet habe, wurde ihm vorgeworfen. Was die Kirchengeschichte angeht, so sind wir inzwischen von Harnacks Institutionen- und Dogmenkritik ziemlich weit entfernt. Der tiefe Hiatus, den er zwischen dem Urchristentum und der früh- und altkatholischen Kirche sah und den er überdeutlich pointierte, wird heute so nicht mehr wahrgenommen, die Vielgestaltigkeit, aber auch der fundamentale Zusammenhang der frühchristlichen Geschichte eher betont. Daß die Geschichte des Christentums in der Weise, wie Harnack es versuchte, zur Kritik, aber auch zur Bereicherung der Gegenwart herangezogen werden könne, liegt uns heute fern, auch in dieser Hinsicht haben sich seine Kategorien als nicht tragfähig – vielleicht sollte man sagen: als zu

---

[22] Nowak, Harnack als Zeitgenosse (wie Anm. 2) Bd. 2, S. 1492.

[23] These 4, zuletzt: Kirchengeschichte. Deutsche Texte 1699–1927, hg. v. Bernd Moeller, Frankfurt a. M. 1994, S. 719.

harmlos – erwiesen. So könnte man, was uns von Harnack trennt, möglicherweise so zusammenfassen: So wie die Folgegeschichte des 20. Jahrhunderts zeigte, daß jedenfalls in Deutschland die bürgerliche Kultur viel radikaler in Frage gestellt und zerstört werden konnte als der moderate Kulturreformer Harnack es für möglich gehalten hatte, so zeigte die weitere Geschichte der Wissenschaft vom Christentum im 20. Jahrhundert, daß auch die christliche Verkündigung – in Harnacks Sprache: »das Evangelium« – eine viel radikalere Dynamik enthielt und viel elementarere Kräfte freizusetzen vermochte, als er sehen wollte.

Soviel in knapper und unweigerlich verkürzender Skizze zur Entfernung Harnacks von unserer Gegenwart. Es gibt freilich auch noch eine andere Seite der Sache – auch eine merkwürdige Modernität läßt sich trotz allem an ihm bemerken. Sie kann einem deutlich werden, wenn man noch einmal das Problem ›Außenseiter‹ und ›Zentralgestalt‹ unter dem Aspekt des Abstands der Zeiten ins Auge faßt. Es gibt Texte bei Harnack, bei deren Lektüre man beinahe meinen möchte, sie seien soeben erst geschrieben und auf Probleme unserer Gegenwart gemünzt. Darunter sind solche, die gesellschaftliche Reformen betreffen – erstaunlich unbefangen konnte er sich etwa zum Studium von Ausländern in Deutschland und zum Auslandsstudium von Deutschen äußern, zur Frauenbildung, zum Antisemitismus. Seine Besorgnis, »daß unsere Geisteswissenschaften neben den Naturwissenschaften thatsächlich und im Ansehen des Staates und der Nation nicht den kürzeren ziehen«, könnte frisch formuliert sein. Man denkt, Harnack wäre auch heute ein wissenschaftspolitischer Fachmann ersten Ranges, als hätte die Wissenschaft noch denselben Ort in der Gesellschaft.

Noch schlagender ist manches, was man zur Bedeutung von Theologie und Kirche in der Gesellschaft bei ihm liest. Zur Zustandsbeschreibung: »Unsere protestantischen Landeskirchen (...) sind sehr feste und schwer angreifbare Gebilde geworden. (...) Sind doch um die Wette Regierung und Gesellschaft, frommer Sinn und Indifferenz, in gewisser Weise Freund und Feind bemüht, den Kirchen auf der Entwicklungslinie, auf der sie sich befinden, zur Hilfe zu kommen, damit sie immer mehr das werden, was die natürliche Entwicklung der Dinge sie werden läßt« (1896).[24] Zur Reform: »Die oberste Aufgabe für die evangelischen Kirchen ist (...) zurzeit nicht die, in immer neuer Geschäftigkeit auf Mittel und Mittelchen zu sinnen, sondern ein solches Verständnis des Evangeliums wiederherzustellen, daß es in keinem Sinn als Last, sondern als die Macht der Befreiung und Erlösung emp-

---

[24] Nowak, Harnack als Zeitgenosse (wie Anm. 2) Bd. 1, S. 226.

funden wird« (1890).[25] Auch da denkt man, die Zeit sei stehengeblieben, der hellsichtige Theologe vor hundert Jahren habe es im Kern mit eben denselben Problemen zu tun, die noch uns beschäftigen, und man erinnert sich jener theologischen Einsicht, die als Harnacks wichtigste vielleicht doch unverlierbar geblieben ist, nämlich daß die christlichen Dinge letzten Endes fundamental einfach sind.

Ich schließe mit einem Ausspruch Theodor Mommsens, der als alter Mann Harnacks väterlicher Freund wurde, dem dieser den Eintritt und das Fußfassen in der Akademie und damit den Anfang seiner öffentlichen Laufbahn wesentlich verdankte und für den diese Freundschaft, wie er ihm im November 1901 schrieb, »ein innerlicher Halt« geworden ist.[26] In einem Brief Mommsens aus derselben Zeit, also während der Auseinandersetzung um Martin Spahn, liest man: »Ihre Stellung ist nicht bloß eine exceptionell gefährdete, sondern auch als die eines Theologen eine exceptionelle«.[27] Vielleicht ist die Schlüsselposition des ›Außenseiters‹ Harnack in diesem Ausspruch besonders treffend erfaßt.

---

[25] Nowak, Harnack als Zeitgenosse (wie Anm. 2) Bd. 2, S. 1284.
[26] Rebenich, Mommsen und Harnack (wie Anm. 17) S. 901.
[27] Ebd. S. 848.

Adolf von Harnack und Wilhelm II.

von

RÜDIGER VOM BRUCH

»Bei aller Bewunderung seiner Größe darf man doch fragen, ob er wirklich gewillt war, die Konsequenzen der Verhältnisse selbst noch zu ziehen, die er geschaffen hat. Sie forderten Maßnahmen, namentlich auf dem sozialen Gebiet, die er scheute, weil sie ihn gezwungen hätten, einen Teil seiner Eigenart aufzugeben. Es ist ihm erspart geblieben, hinter der Entwicklung seines eigenen Werkes zurückzubleiben; nun ist ihm der Ruhm der Grundlegung ungebrochen gesichert«. Diese Sätze finden sich gegen Ende eines Zeitungsartikels von Adolf Harnack, der unter der Überschrift ›Bismarck (gestorben den 30.Juli 1898)‹ am 26. Juli 1908 in der ›Wiener Neuen Freien Presse‹ erschien und in diesen Passagen Bismarcks Entlassung 1890 würdigt. Daneben ist auf dem Rand mit Bleistift vermerkt: »richtig«, »sehr gut«, unter dem Artikel: »vorzüglich!«. Der Artikel ist auf einen Karton mit dem Aufdruck ›Auswärtiges Amt‹ aufgeklebt, er enthält die Bemerkung ›v.S.M. 13/VIII‹, also von Seiner Majestät, und er befindet sich im Harnack-Nachlaß zu Beginn jener Mappe, die Korrespondenzen mit Wilhelm II. und mit seinem Geheimen Zivilkabinett enthält.[1]

Diese Sätze bestätigen erneut Harnacks bekannt meisterliche Formulierungskunst, die hier in kritischer Würdigung eines Scheiterns zugleich historische Gerechtigkeit für einen Bedeutenden einfordert, der gerade im Scheitern seiner Größe treu blieb, die in der Heroisierung Bismarcks zugleich die Notwendigkeit seiner Entlassung durch den jungen Kaiser stilisiert, der das Banner der Zukunft trägt. Trefflicher hat niemand sonst den Spagat bewältigt, die Stunde des jungen Kaisers aus der Größe des alten Kanzlers abzuleiten. Der Artikel erschien zu einem Zeitpunkt, als Harnack sich lange schon des besonderen Wohlwollens des Kaisers und einer bevorzugten Vertrauensstellung bei seinem noch amtierenden Reichskanzler Fürst Bülow er-

---

[1] Staatsbibliothek Berlin Preußischer Kulturbesitz, Nachlaß Adolf von Harnack, Kasten 45, Briefe Wilhelms II. und Geh. Zivilkabinett 1898–1925, Bl. 3 (künftig: Harnack-Nachlaß, Kaisermappe).

freute, zu einem Zeitpunkt ferner, als der Kaiser zwar nicht mehr theologische, aber doch historisch-wissenschaftliche Fragen mit Harnack erörterte.
Harnack hatte in diesem Sommer 1908 bereits seit drei Jahren als Direktor
der Königlichen Bibliothek eine neuartige und zu intensiven Reformen ge-
nutzte Machtstellung im preußischen Kulturbetrieb erlangt, er war nach
dem Ausscheiden Friedrich Althoffs, mit dem ihn ein ungewöhnlich enges
Vertrauensverhältnis verbunden hatte,[2] zum vorrangigen bildungs- und wissenschaftspolitischen Berater des Kaisers etwa in den Fragen einer zu refor-
mierenden höheren Frauenbildung oder in der Ausdehnung der Universität
bzw. in der Begründung außeruniversitärer Forschungsinstitute auf der königlichen Domäne in Dahlem aufgerückt, und er wurde in der Presse wiederholt als künftiger Kultusminister gehandelt.[3]
    Wie ist das Verhältnis zwischen dem aufbrausend-selbstgefälligen, stets
monologisierenden, durch Charme bezaubernden, durch stupende Detail-
kenntnisse faszinierenden, aber auch bramarbasierend-verletzenden preußischen König und deutschen Kaiser Wilhelm II. und dem baltisch-selbst-
bewußten, mit seiner undogmatischen Dogmengeschichte in frühen Jahren
schon zu internationalem Ruhm aufgestiegenen und international umworbe-
nen, deutsch-patriotisch empfindenden, geschliffen formulierenden, die
Dinge meisterhaft-präzise auf den Punkt bringenden, die eigene Position
unter kunstvoller Versöhnung divergierender Standpunkt konsensual vor-

---

    [2] Vgl. dazu etwa FRIEDRICH WILHELM GRAF, Adolf Harnack zum ›Fall Althoff‹. Zwei unbe-
kannte Harnack-Briefe aus dem Dezember 1901, in: Jahrbuch für Universitätsgeschichte 1
(1998) S. 177–204.
    [3] Die Anmerkungen beschränken sich im wesentlichen auf Zitat- und Quellennachweise; be-
kannte Fakten werden nicht gesondert nachgewiesen. Vgl. aus der bisherigen Harnack-Literatur
insbesondere nach wie vor unentbehrlich in Quellendichte und atmosphärischer Interpretation,
wenn auch mit den liebevollen Augen der Tochter, AGNES VON ZAHN-HARNACK, Adolf von Harnack, Berlin 1936; parteilich-ideologiekritisch, aber solide in der Quellenarbeit ERHARD PACHA-
LY, Adolf von Harnack als Politiker und Wissenschaftsorganisator des deutschen Imperialismus
in der Zeit von 1914 bis 1920, Diss. Berlin (O) 1964; grundlegend aus der neueren Literatur
KURT NOWAK, Bürgerliche Bildungsreligion? Zur Stellung Adolf von Harnacks in der protestantischen Frömmigkeitsgeschichte der Moderne, in: Zeitschrift für Kirchengeschichte 99 (1988)
S. 326–353; DERS., Historische Einführung. Adolf von Harnack. Wissenschaft und Weltgestal-
tung auf dem Boden des modernen Protestantismus, in: Adolf von Harnack als Zeitgenosse. Reden und Schriften aus den Jahren des Kaiserreichs und der Weimarer Republik, hg. v. KURT NO-
WAK, Berlin/New York 1996, Bd. 1, S. 1–99; DERS., Sozialpolitik als Kulturauftrag. Adolf von
Harnack und der Evangelisch-Soziale Kongreß, in: Soziale Reform im Kaiserreich. Protestantismus, Katholizismus und Sozialpolitik, hg. v. JOCHEN-CHRISTOPH KAISER u. WILFRIED LOTH,
Stuttgart/Berlin/Köln 1997, S. 79–93; STEFAN REBENICH, Theodor Mommsen und Adolf Harnack. Wissenschaft und Politik im Berlin des ausgehenden 19. Jahrhunderts, Berlin/New York
1997.

antreibenden, für Einflußsicherung, wohl auch Machtausübung aufgeschlossenen Theologen und effizienten Institutionenlenker Harnack einzuschätzen? Welche Einflußchancen boten sich damit Harnack, wie und in welchem Kontext konnte – oder wollte – er solche nutzen, um welchen Preis auch, wenn wir seinen politischen Weg vom früh schon engagierten Sozialreformer des Kaiserreiches zu einem Ebert respektierenden Vernunftrepublikaner bedenken?

Die zeitweise enge Beziehung Wilhelms zu Harnack – eine vice-versa-Formulierung verbietet sich angesichts des zeitgenössischen monarchischen Comments – setzte erst verhältnismäßig spät ein, erst 1900/01, also weit über ein Jahrzehnt nach Harnacks Berufung an die Berliner Universität, die der junge Kaiser zwar kurz nach seinem Regierungsantritt 1888 gegen Widerstände des Evangelischen Oberkirchenrats vollzogen, in den folgenden Jahren aber aufgrund des Apostolikum-Streits nicht eben freudig begrüßt hat. Zudem erschien ihm wohl das sozialpolitische Engagement Harnacks in den 1890er Jahren suspekt, vergleichbar dem in kaiserliche Ungnade gefallenen Kathedersozialisten Gustav Schmoller, der erst nach seiner Unterstützung der auf höchsten Wunsch eingebrachten Flottenvorlagen 1898 und 1900 sich kaiserlicher Wertschätzung erfreute. Im Falle Harnacks bewirkte offenbar die Zweihundertjahrfeier der Berliner Wissenschaftsakademie 1900 einen Umschwung der kaiserlichen Meinung. Pünktlich zum Festakt hatte Harnack binnen weniger Jahre die Auftragsarbeit vorgelegt, an ihr mit langfristiger Nachwirkung den Wert und die Bedeutung von Institutionen schätzen gelernt, sich zwar mit dem Wunsch nach einer Arbeitsteilung in den wissenschaftsgeschichtlichen Abschnitten nicht durchgesetzt, damit Einbußen im Gewicht des Werkes hinnehmen müssen, wohl aber eine staunenerregende Individualleistung vorgelegt, die nach einer eindrucksvollen institutions- und wissenschaftsgeschichtlichen Bilanzierung in eine nachgerade panegyrische Lobpreisung des königlichen Protektors einmündete. Beim Festakt selbst hatte am 19. März 1900 der Kaiser gesprochen, am folgenden Tag schloß Harnack seine Festrede nach einem Hinweis auf eine notwendig großbetriebliche Organisation in bestimmten Bereichen wissenschaftlicher Erkenntnisgewinnung mit einer Huldigung an die Königliche Unterrichtsverwaltung und fuhr fort: »Zu Höchst aber richtet sich unser Dank an unseren allergnädigsten Protector, König und Herrn. Unter Seinem Schutz arbeiten wir; Ihm ist auch die Wissenschaft vertraut; Seine Sorge waltet über uns. Königlich hat er diese Akademie geehrt«.[4]

---

[4] ADOLF HARNACK, Geschichte der Königlich Preußischen Akademie der Wissenschaften zu Berlin, Bd. 1/II, Berlin 1900, Neudruck Hildesheim/New York 1970; zum ›wissenschaftlichen

Diese Rede und die nachfolgende Schrift wirkten offenbar wie ein Sesam-öffne-Dich. Bald schon erhielt Harnack die Chance, kühne kulturpolitische Planungen dem Monarchen vorzutragen; 1901 warb er in enger Vorabsprache mit Althoff für einen großzügigen baupolitischen Entwurf für die Königliche Bibliothek, an deren Spitze er wenige Jahre später berufen wurde. Von nun an wurde er bis 1903 und dann wieder ab 1905 bis zum Sommer 1914 häufig, nicht selten mehrfach in einer Woche zu vertraulichen Gesprächen im kleinen und kleinsten Kreis ins Schloß geladen, auch aus Seminar oder Vorlesung heraus. In der Presse munkelte man viel über Harnacks Einfluß bei Hofe, auch wenn er selbst gegenüber einer ihn auf seinen Einfluß ansprechenden Dame einmal ironisch bemerkte: gewiß habe er viel Einfluß, aber wenn er ihn gebrauche, gehe er weg.[5] Auf die Beziehungen zu Hof und Hofgesellschaft ist also einzugehen, wovon die Tochter in einem eigenen Kapitel handelt,[6] es ist ferner die von Stefan Rebenich erörterte Frage nach Harnack als dem ›Hoftheologen‹ Wilhelms II. zu mustern.[7] Gehen wir zunächst den bekannten Vorwürfen nach, Harnack sei bei Hofe ein byzantinistischer Opportunist gewesen, und wenden wir uns dann jenen drei Fragen zu, die nach den vorliegenden Quellen die Beziehungen Harnacks zum Kaiser prägten: Theologie und Kirchengeschichte, Wissenschaftsförderung und Wissenschaftssteuerung, sowie Politik und öffentliche Meinung im Weltkrieg.

In seinen kurz nach Harnacks Tod erschienenen ›Denkwürdigkeiten‹ ergoß sich Bernhard Fürst von Bülow bekanntlich in maßlosen Schmähungen Harnacks, dessen Ansprachen in Akademie, Universität und Bibliothek »an Byzantinismus alles übertrafen, was sich Beamte oder Militärs bei uns je geleistet haben«.[8] So spießte er die bereits erwähnte Schlußpassage in Harnacks Akademierede von 1900 als »neue Blume am Strauch der Rosiflora Byzantinissima Linn« auf, überzog er Harnack mit Verbalinjurien wie »Speichellecker, Weihrauchstreuer und Kriecher«, nannte er ihn ein »Talent ohne Charakter«, wertete er Harnacks geschmeidige Grazie im Vergleich zu den plumpen Schmeicheleien des Osteuropahistorikers Theodor Schiemann als ein gefährlich tröpfelndes Gift.[9] Man muß nicht, wie Agnes von Zahn-Har-

---

Großbetrieb‹ S. 982, später systematisch verdichtet in: ADOLF HARNACK, Vom Großbetrieb der Wissenschaft, in: Preußische Jahrbücher 119 (1905) S. 193–201. Abdruck von Harnacks Festrede in: Die Zweihundertjahrfeier der Kgl. Preußischen Akademie der Wissenschaften am 19. und 20. März 1900, Berlin 1900.

[5] ZAHN-HARNACK, Harnack (wie Anm. 3) S. 346.
[6] Ebd. S. 339–355.
[7] REBENICH, Wissenschaft (wie Anm. 3) S. 537–555.
[8] BERNHARD FÜRST VON BÜLOW, Denkwürdigkeiten, Bd. 1, Berlin 1930, S. 526.
[9] Ebd. S. 526 f.; DERS., Denkwürdigkeiten, Bd. 3, Berlin 1931, S. 93 f.

nack, einen krankhaft geistigen Verfall Bülows bemühen, um seine wüsten
Ausfälle zu erklären.[10] Der weltgewandte Höfling, nach seiner Entlassung
1909 tief verbitterte und bei seinen Bemühungen um ein Comeback 1912 und
vor allem 1917 gescheiterte Ex-Reichskanzler verwand nicht, daß Harnack
zwar auch nach 1909 engen Kontakt mit ihm pflegte, aber den Nachfolger
Theobald von Bethmann Hollweg in seiner politischen Funktion akzeptierte,
sich mit ihm während des Krieges in den politischen Grundfragen arrangier-
te und offenkundig beim Kaiser nicht für eine Wiederberufung Bülows inter-
venierte.[11]

Hinzu kam, daß ein intriganter Karrierist wie Bülow den realpolitischen
Pragmatismus Harnacks, der in engem Austausch mit dem Schwager Hans
Delbrück die Wende vom Herzensmonarchisten zum Vernunftrepublikaner
vollzog, um eben so seinen gouvernementalen Maximen überparteilicher
Einflußwahrung in der Wissenschaftspolitik auch unter den Bedingungen
der Republik Geltung zu verschaffen, daß ein Bülow diesen Pragmatismus
nur als opportunistischen Verrat werten konnte. Die neuere Forschung hat
unterstrichen, mit welch prinzipienlosem taktischen Geschick Bülow die per-
sonalen Beziehungsgeflechte des ›Königsmechanismus‹[12] für die eigene Karriere nutzte.[13] Er wuchs und fiel mit diesem System, er taktierte mit Personen und unterstellte einem Hofmann wie Harnack unvermeidlich das Gleiche. Wie Bülow argumentierten viele andere Anhänger der versunkenen
Monarchie, die den vormaligen Kaiserliebling als gewissenlosen Wendehals
brandmarkten. Nicht zufällig konzentrierten sich die Angriffe auf Harnack
im Jahre 1925, als er zunächst zu Jahresbeginn eine Lanze für Ebert brach
und dann bei der Reichspräsidentenwahl für Marx, nicht für Hindenburg
votierte. Bülow selbst suchte bereits jetzt Harnack zu demontieren, die
Rechtspresse griff Hinweise auf Harnacks vormalige Kaiserhuldigungen be-
gierig auf, um ihn als ›Verräter‹ an den Pranger zu stellen.[14] In persönlichen

---

[10] ZAHN-HARNACK, Harnack (wie Anm. 3) S. 352.

[11] Im Sommer 1912 hatte Harnack ein von Bülow über den Ökonomen Gustav von Schmoller
an Harnack lanciertes Memorandum zur Außenpolitik entgegen Bülows Hoffnung nicht über
den Zivilkabinettschef von Valentini dem Kaiser zugespielt, sondern kühl auf den in der Sache
zuständigen Reichskanzler hingewiesen, vgl. BÜLOW, Denkwürdigkeiten, Bd. 3 (wie Anm. 9)
S. 115 f. Bethmann Hollweg war natürlich der letzte, den sich Bülow als Adressaten wünschen
konnte, um wieder Zugang zum Kaiser zu finden; der Vorgang bestätigt indes Harnacks korrekte Trennung zwischen Staatspolitik und persönlichem Vertrauensverhältnis zum Hof.

[12] Vgl. JOHN C. G. RÖHL, Der ›Königsmechanismus‹ im Kaiserreich, in: DERS., Kaiser, Hof
und Staat. Wilhelm II. und die deutsche Politik, München 1987, S. 116–140.

[13] Vgl. REBENICH, Wissenschaft (wie Anm. 3) S. 549 ff.; zu Bülow: GERD FESSER, Reichskanzler Bernhard Fürst von Bülow. Eine Biographie, Berlin 1991.

[14] Zu den Attacken der Rechtspresse im Frühjahr 1925 vgl. eher allgemein ZAHN-HARNACK,

Briefen, etwa am 7. März 1925 an seinen Freund Gustav Krüger, klagte
Harnack, »meine Freunde und Feinde wissen von meinem Verhältnis zum
Kaiser (1) viel mehr als ich, und (2) meistens ganz Falsches«.[15] Er wollte wirken und mußte versuchen, im Vereine mit Anderen soviele Güter der Vergangenheit auf den neuen Boden zu verpflanzen als irgend möglich, wie er
im gleichen Jahr an Wilhelm Stapel schrieb.[16] Öffentlich hielt er sich spröde
bedeckt, verwahrte sich lediglich gegen verfälschende Unterstellungen, wie
in einer nur im Briefkonzept belegten Zuschrift an die ›Neue Preußische
(Kreuz-)Zeitung‹ vom 28.10.1925.[17]
    Angriffe auf einen vormals den Kaiser »verhimmelnden«[18] Harnack aus
dem politisch rechten und insbesondere aus dem konservativ-monarchisti-
schen Lager während der Weimarer Republik waren politisch motiviert, aber
schon im Kaiserreich selbst sorgte seine gern beschworene attische Grazie vor
Hofe für Unmut und für gereizte Distanz bei Berliner Kollegen wie etwa
Mommsens Schwiegersohn, dem Harnack freilich ohnehin nicht wohlgeson-
nen Ulrich von Wilamowitz-Moellendorff.[19] Bülows Vorwürfe waren maßlos
und idiosynkratisch, erfaßten aber hellsichtig mit einem scharfen Gespür für
den am Kaiserhof gebotenen Ton Harnacks psychologisch kongeniales Geschick im Umgang mit Wilhelm II. Harnack war kein Opportunist, denn er
verriet niemals die ihn leitenden theologischen und wissenschaftlich erkämpf-

---

Harnack (wie Anm. 3) S. 527 f. Nach Harnacks Tod zeichneten Nachrufe in der Rechtspresse
vom 11.6.1930 ein ähnliches Schmähbild, vom ›Berliner Lokalanzeiger‹ über die ›Deutsche Ta-
geszeitung‹ bis zur ›Ostpreussischen Zeitung‹, zusammengetragen in einer im Januar 1999 an
der Humboldt-Universität eingereichten, ungewöhnlich quellendichten Magisterarbeit von
CHRISTIAN NOTTMEIER, Adolf von Harnack im Ersten Weltkrieg. Publizistik und politisches Engagement 1914 bis 1919.
    [15] Zit. nach REBENICH, Wissenschaft (wie Anm. 3) S. 553 f.
    [16] Brief vom 24.9. 1925, zit. nach ZAHN-HARNACK, Harnack (wie Anm. 3) S. 483 f.
    [17] Konzept auf KWG-Präsidenten-Papier an die Redaktion, Harnack-Nachlaß, Kaisermap-
pe, Bl. 60: »In Nr. 506 Ihrer Zeitung heißt es in dem Artikel *Eine Blasphemie auf den Kaiser*: ›Die
von anbetender Vergötterung strotzenden Kaisergeburtstagsreden eines Adolf Harnack‹. Ich habe meines Wissens überhaupt nur zwei Kaisergeburtstagsreden öffentlich gehalten – im Auftrag
der Universität im J. 1907, und im Auftrag der Akademie der Wissenschaften 1910. Beide Reden
sind in der Sammlung ›Aus Wissenschaft und Leben‹, Bd. 1, 1911, S. 226 ff. u. S. 21 ff. abgedruckt und enthalten schlechterdings nichts, was einen Anlaß zu der verleumderischen Charakteristik bietet, die der Verfasser jenes Artikels gegeben hat. Ich ersuche Sie daher hiermit, mir
mitzuteilen, auf welche Quellen sich der Verfasser stützt«.
    [18] Der von Harnack inkriminierte Kreuz-Zeitungs-Artikel, ein Verriß von Emil Ludwig
›Wilhelm II.‹, stellt Ludwig in eine Reihe mit Harnack, Albert Ballin, Walther Rathenau und anderen, die »vor dem Krieg in Verhimmelungen des Monarchen erstarben und nach seinem Sturz
in Schmähungen und Verunglimpfungen seiner Person sich überbieten«; Exemplar des Artikels
im Harnack-Nachlaß, Kaisermappe, Bl. 61, zugleich das letzte Dokument in dieser Mappe.
    [19] Vgl. REBENICH, Wissenschaft (wie Anm. 3) S. 549.

ten Positionen, er verstand sich aber darauf, diese in seltener Geschmeidigkeit voranzutreiben und sich eines Pathos zu bedienen, das die Grenze zwischen taktisch gebotener Stilkunst und Panegyrik unscharf werden ließ.

Recht genau belegt die Kombination von gezielter Information, werbendem Einverständnis und berechnender Huldigung ein Briefkonzept an den Kaiser vom 26.9.1915, zu einem Zeitpunkt also, als der persönliche Kontakt zu dem überwiegend im Großen Hauptquartier in Frontnähe weilenden Kaiser bereits abgebrochen war, Harnack seinerseits in seinen militär- und außenpolitischen Vorstellungen noch stark schwankte, sich aber bereits klar der gemäßigten Position seines Schwagers Hans Delbrück in scharfer Frontstellung gegen die industriell-annexinonistische, mit dem Namen seines Berliner Fakultätskollegen Reinhold Seeberg verbundene Adresse vom Frühjahr 1915 angeschlossen hatte. Ausgangspunkt seines Schreibens[20] ist ein vom Kaiser an Harnack übersandter Artikel aus der französischen Zeitung ›Le Temps‹, »der mich«, so Harnack, »als eine, in dieser Zeitung unerwartete Stimme der Vernunft erfreut. (…) Aber leider bedeutet diese eine Stimme innerhalb des Chores der französischen ›Intellektuellen‹, die die deutsche Bildung und Wissenschaft tot schreien wollen, noch wenig«. Harnack lenkt dann zur Kaiser-Wilhelm-Gesellschaft als »Wehr und Waffe« der »deutschen Volkskraft« über, freilich sei wenig zu berichten, »weil das, was sie tut, sich wie eine selbstverständliche Arbeit zum Besten der Kriegführung einstellt und abwickelt«. Es folgen, von Agnes Zahn-Harnack abgedruckt, bewundernde Bemerkungen zur Schrift ›Politische Ideale‹ von Chamberlain, den Wilhelm einst mit Harnack zusammengebracht hatte und den dieser als Deuter und Propheten preist. »Die Metamorphose, die aus einem Engländer einen Deutschen gemacht hat, ist eine gute Schöpfung«. Doch dann folgt im Konzept ein Passus, den Harnack wieder gestrichen und durch unverbindlichere Allgemeinplätze ersetzt hat: »Das deutsche Volk hat aufs neue sein unbegrenztes Vertrauen auf Ew. Majestät, und das herrliche Heer und die Heerführung durch die Kriegsanleihe bewährt. Es wird auch jedes andere Opfer freudig bringen, welches das Vaterland verlangt. Das ist gewiß, und wenn es von einer Morgenwache zur anderen harrt, daß der Frieden komme, so mischt sich kein Ton der Ungeduld oder der Unsicherheit hinein – es harrt in sicherer Hoffnung und Zuversicht. Es harrt im Aufblick zu Gott, der unsere Stärke ist, und in der Fürbitte, Gott möge Ew. Majestät, den Vater des Vaterlands, gesund und stark erhalten in allen den Sorgen und Prüfungen, die Ew. Majestät doppelt tragen, und Ew. Majestät, wie bisher, mit Sieg krönen. In dieser Gesinnung verharre ich«.

---

[20] Harnack-Nachlaß, Kaiser-Mappe, Bl. 47 f.

Wie gesagt, Harnack strich diese Sätze bei nochmaliger Durchsicht, sie
waren ihm wohl allzu leicht aus der Feder geflossen. Das ist nicht über-
zubewerten. Harnack beherrschte den bei Hofe gebotenen – und sein Ziel
erreichenden – Ton wie kaum einer. Er schlüpfte – auch hier meisterhaft – in
die Rolle des Hofmannes, ohne ein Hofmann zu sein. Sein Prestige auch
beim Kaiser verdankte er seiner ungewöhnlich anregenden geistigen Lebhaftigkeit, seinem wissenschaftlichen Rang; in der konkreten Situation 1915
sprach der glühende Patriot, zugleich Friedenschancen auslotend. Doch seine stilistische Geschmeidigkeit, auf den Adressaten berechnet, sich selbst
fortreißend, dann aber in kühler Neudurchsicht dem kritischen Urteil unter-
worfen, belegt eine nicht unbedenkliche Gratwanderung. Doch ist vor allem
zu klären, was Harnack vom Kaiser erwarten konnte, was er bewirkte, aber
auch, welche Position der Kaiser selbst insbesondere zu Wissenschaft und
Wissenschaftsbetrieb bezog.

»Harnack war von der Persönlichkeit des Kaisers außerordentlich gefesselt«, schreibt die Tochter. »Aber sie war ihm nicht leicht zu deuten, und er
bemühte sich immer wieder, manche in sich widerspruchsvolle Züge zu dem
richtigen Gesamtbild zusammenzufügen. Die ungemeine Lebhaftigkeit des
Kaisers, seine Beherrschung des Wortes, seine Art, Eindrücke und Erlebnisse zu schildern, waren sehr anziehend; aber im Gespräch wollte er der Gebende bleiben, wollte mitteilen, belehren, seine eigenen Gedankengänge entwickeln – und war weniger bereit, das aufzunehmen, was der Gesprächspartner zu bieten hatte. Manchmal gelang es durch eine geschickte Formulierung, dem Kaiser einen neuen Gedanken, manchmal auch eine weniger an-
genehme Wahrheit eindringlich zu machen, was dann auch bei ihm haftete;
aber das war eine Frage des Geschicks und des glücklichen Augenblicks«.[21]

Das ist treffend, aber zurückhaltend formuliert, wenn wir uns die drasti-
schen Beispiele vor Augen halten, die John Röhl zum Gesprächsverhalten
des Kaisers präsentiert hat.[22] Es bedurfte in der Tat hohen Geschicks und
vertrauten Umgangs, um bestimmte Anliegen in einer Unterredung an den
sprunghaft monologisierenden Kaiser heranzutragen. Beides traf auf Harnack zu, was insbesondere der ›heimliche Kultusminister‹ Friedrich Althoff
zu nutzen verstand. Zudem pflegte Wilhelm streng zwischen dienstlichen
Geschäften und höfisch-privater Geselligkeit zu unterscheiden, wie Harnack
1917 seinem Freund Loofs schrieb, der für seinen Sohn um Fürsprache beim
Kaiser gebeten hatte. »In Wahrheit steht es so, daß jeder Beamter, qua Be-

---

[21] ZAHN-HARNACK, Harnack (wie Anm. 3) S. 340.
[22] RÖHL, Kaiser (wie Anm. 12); DERS., Wilhelm II. Die Jugend des Kaisers 1859–1888, München 1993.

amter (vom Minister an), für ihn nur als Nummer existiert (...). Wer aber mit ihm persönlich verkehrt, der ist für ihn Mensch und kein Beamter, steht ihm in gewissen Sinne gleich, aber wird deshalb auch – Gott sei Dank – niemals ›belobt‹, niemals dienstlich bevorzugt, sondern nur durch Briefe, Bilder und kleine interessante Zusendungen (Zeitungsausschnitte usw.) erfreut«.[23]

Wie steht es nun um den nicht nur von Bülow so apostrophierten »Hoftheologen«? Insofern der Theologe Harnack bei Hofe verkehrte, trifft das Wort zu, das freilich anderes unterstellt. Sicher war er nicht der »Hofdogmenlehrer«, wie ihn Maximilian Harden 1911 in seiner Zeitschrift ›Die Zukunft‹ titulierte.[24] In theologisch-religiösen Fragen führte nur schwer eine Brücke von dem liberalen Kulturprotestanten zu dem lutherisch-glaubensfesten, freilich nicht dogmatisch verhärteten Monarchen, auch wenn man dies in seiner Umgebung und in der preußischen Orthodoxie gelegentlich argwöhnte und Dissens als Front wider den Kaiser vermarktete. Das alles ist hinlänglich bekannt, wie der junge König die vor dem Ableben Friedrichs III. unerledigte Berufung Harnacks von Marburg nach Berlin 1888 gegen orthodoxe Widerstände im evangelischen Oberkirchenrat und in Abstimmung mit seinem vertrauten Lehrer Hinzpeter unterzeichnete, daß er aber wenige Jahre später mit dem Apostolikumstreit 1892/93 auf Distanz zu Harnack ging und einer parallel eingerichteten ›Strafprofessur‹ zustimmte. »Es nahm sozusagen kein Hund ein Stück Brot von mir«, berichtete Harnack über einen Hofball, zu dem er als Dekan geladen war.[25]

Es waren denn auch nicht theologische Fragen, warum Wilhelm seit 1900 Harnacks Nähe suchte, sondern den Anlaß hatte die bereits erwähnte Festrede Harnacks zum Akademie-Jubiläum gegeben. Daß es dann auch um theologische Dinge ging, blieb nicht aus, zumal der faszinierte Chamberlain-Leser theologische Probleme in den ›Grundlagen des neunzehnten Jahrhunderts‹ gerne mit Harnack besprach und diesen mit Chamberlain 1901 in der wenige Jahre später ins Zwielicht geratenden ›Liebenberger Tafelrunde‹[26] zusammenführte.[27] Nicht auszuschließen sind auch Einflüsse Harnacks auf Wilhelms Görlitzer Rede vom 29. November 1902 mit der bemer-

---

23 Zit. nach Rebenich, Wissenschaft (wie Anm. 3) S. 547 f.

24 Nach ebd. S. 540.

25 Zahn-Harnack, Harnack (wie Anm. 3) S. 339. Vgl. auch Nowak, Historische Einführung (wie Anm. 3) S. 25 ff.

26 Zu der von Maximilian Harden unterstellten und skandalös breitgetretenen homophilen Atmosphäre in dieser Tafelrunde vgl. John C. G. Röhl, Graf Philipp zu Eulenburg – des Kaisers bester Freund, in: Röhl, Kaiser (wie Anm. 12) S. 35–77.

27 Die Quellen bestätigen durchweg eine über viele Jahre anhaltende Scharnierfunktion der gemeinsamen Chamberlain-Faszination im Austausch zwischen Harnack und Wilhelm II.

kenswerten, am Ende aber für den Kaiser typischen Formulierung: »Freiheit
für das Denken, Freiheit in der Weiterbildung der Religion und Freiheit für
unsere wissenschaftliche Forschung, das ist die Freiheit, die ich dem deutschen Volke wünsche und ihm erkämpfen möchte, aber nicht die Freiheit,
sich nach Belieben schlecht regieren zu lassen«. Weder früher noch später
hat er sich öffentlich so weit vorgewagt.[28] Doch seit dem in der Forschung
breit erörterten[29] und nur kurz zu erinnernden Babel-Bibel-Streit 1903 zur
These des Assyriologen Friedrich Delitzsch, die jüdische Religion sei ein
versprengter Ableger der babylonischen gewesen, bzw. zu dem dadurch provozierten Bekenntnisschreiben des Kaisers an Hollmann mit der seltsamen
Privattheologie von zwei Offenbarungsquellen wurden nach allen bekannten
Zeugnissen theologisch-religiöse Dinge zwischen Wilhelm und Harnack
künftig ausgespart.

In der Kaisermappe des Harnack-Nachlasses taucht Kirchlich-Theologi-
sches nur einmal noch auf, im Mai 1907 mit einer wohl vom Kaiser veranlaßten Übersendung aus dem Auswärtigen Amt, der Übersetzung eines Artikels

Harnack hatte sich als Theologe gefordert und zu einer behutsam-abgren-
zenden Klärung in den ›Preußischen Jahrbüchern‹ seines Schwagers Hans
Delbrück veranlaßt gesehen, daraufhin einen im Ton liebenswürdigen, in
der Sache entschiedenen Brief des Kaisers erhalten. In seiner postwendenden
Antwort fand Harnack jene Formel, die Positionen absteckte, eine gewisse
Abkühlung für einige Jahre nicht verhinderte, aber doch die Tür für ein weiterhin freundschaftliches Verhältnis offen hielt: »Ew. Majestät Glauben an
unseren Herrn und Heiland Jesus Christus ist auch mein Glaube, und ich
würde nicht länger Theologe bleiben, wenn ich diesen Glauben verlöre. Aber
die Theologie, als Wissenschaft, kann das Tiefste und Heiligste nur als
Grenze erreichen und soll und muß sich bescheiden, das Erkennbare zu erkennen«.[30]

---

[28] Ohne Hinweis auf Harnack verweist auf diese Rede Christian Simon, Kaiser Wilhelm II.
und die deutsche Wissenschaft, in: Der Ort Kaiser Wilhelms II. in der deutschen Geschichte, hg.
v. John C. G. Röhl, München 1991, S. 97. Diese Formulierungen sind für Wilhelm II. eher untypisch; man denke etwa an sein vorangegangenes Insistieren auf der ›Lex Arons‹ oder an seine
gleichzeitigen, eine heftige öffentliche Kunstdebatte auslösenden Bemerkungen über ›Rinnstein-
kunst‹; andererseits atmet diese Görlitzer Rede die Gesinnung Harnacks, mit dem der Monarch
während dieser Zeit den engsten Verkehr pflegte.

[29] Vgl. vor allem Klaus Johanning, Der Babel-Bibel-Streit, Frankfurt a. M./New York/Pa-
ris 1988.

[30] Vgl. Johanning (wie Anm. 29); Zahn-Harnack, Harnack; Nowak, Bildungsreligion;
ders., Einführung; Rebenich, Mommsen und Harnack (alle wie Anm. 3); Konzept des Har-
nack-Briefes an den Kaiser mit Überarbeitungsvermerken im Harnack-Nachlaß, Kaisermappe,
Bl. 11 f.

in der New Yorker Zeitschrift ›The Churchman‹ zu Harnacks aufsehenerregender Kaiser-Geburtstags-Rede vom 27. Januar über Katholizismus und Protestantismus in Deutschland. Doch der Gegenstand war vorrangig konfessionspolitisch akzentuiert, nicht eigentlich theologisch, da Harnack zum Befremden vieler Berliner Kollegen am Ende der ja gegen die Zentrumspartei gerichteten Hottentotten-Wahlkampagne die aufgerissenen Wunden zu lindern und erneuter Kulturkampfstimmung zu begegnen suchte.[31]

Gewiß kein Hoftheologe – die einzige Erwähnung Harnacks in Wilhelms Memoiren erfolgt denn auch nicht in dem Kapitel ›Mein Verhältnis zur Kirche‹, sondern unter ›Wissenschaft und Kunst‹.[32] An dieser Stelle geht Wilhelm kurz auf die widerstandsreiche, von ihm entschiedene Berufung Harnacks nach Berlin ein. Knapp nur verweist er auf dessen herausragende Bedeutung für den auf weitere Universitätsbedürfnisse abgestimmten Neubau der Königlichen Bibliothek, den Harnack in engster Fühlungnahme mit Althoff 1901 dem Monarchen erfolgreich nahebrachte, um dann als Bibliotheksdirektor eine grundlegende Modernisierung der Bestandserweiterung und des Katalogsystems vor der Vergleichsfolie der großen Nationalbibliotheken in Paris und London einzuleiten. Auch Harnacks Anteil an der Gründung der Kaiser-Wilhelm-Gesellschaft zur Förderung der Wissenschaften tritt in Wilhelms Rückblick eher in den Hintergrund, wenn er die formal zuständigen Amtsträger in den Mittelpunkt rückt, betont, daß es der Minister von Trott zu Solz und Althoff waren, die, »mit klarem Verstand die Situation erfassend, mir die Schaffung der Kaiser-Wilhelm-Gesellschaft ermöglicht und ihre Statuten entworfen« haben.[33] Doch auf die in letzter Zeit viel diskutierte Frage zum konzeptionellen Anteil Althoffs und Harnacks, zu dessen Schlüsselrolle beim Kaiser in der Gründung der Kaiser-Wilhelm-Gesellschaft ist hier nicht einzugehen,[34] das wird in diesem Band zudem an ande-

---

[31] Harnack-Nachlaß, Kaisermappe, Bl. 14 ff.; zum politischen Hintergrund der zum Bülow-Block führenden Wahlkampagne 1906/07 und den an verschiedenen Fronten sich 1906 verhärtenden neuen Kulturkampftendenzen mit konfessioneller Spaltungstendenz vgl. RÜDIGER VOM BRUCH, Wissenschaft, Politik und öffentliche Meinung. Gelehrtenpolitik im Wilhelminischen Deutschland 1890–1914, Husum 1980, S. 52, S. 180 ff.

[32] KAISER WILHELM II., Ereignisse und Gestalten aus den Jahren 1878–1918, Leipzig/Berlin 1922.

[33] Ebd. S. 164.

[34] Vgl. BERNHARD VOM BROCKE, Wissenschaftsgeschichte und Wissenschaftspolitik im Industriezeitalter. Das ›System Althoff‹ in historischer Perspektive, Hildesheim 1991; Forschung im Spannungsfeld von Politik und Gesellschaft. Geschichte und Struktur der Kaiser-Wilhelm-/Max-Planck-Gesellschaft, hg. v. RUDOLF VIERHAUS u. BERNHARD VOM BROCKE, Stuttgart 1990; Die Kaiser-Wilhelm-/Max-Planck-Gesellschaft und ihre Institute. Das Harnack-Prinzip, hg. v. BERNHARD VOM BROCKE u. HUBERT LAITKO, Berlin/New York 1996.

rer Stelle diskutiert. Hier geht es um das von Harnack gezeichnete Bild in
Wilhelms Erinnerungen. »Welch eine Persönlichkeit ist Harnack! Was für eine gebietende Stellung in der Geisteswelt hat er sich errungen! Welchen Nutzen und wieviel Wissen hat mir der rege und intime Verkehr mit diesem feu-
rigen Geist gebracht! Was hat er als Leiter der Königlichen Bibliothek und
als Dekan des Senats der Kaiser-Wilhelm-Gesellschaft geleistet, in der er,
der Theologe, die geistvollsten und inhaltsreichsten Reden über die exakten
Wissenschaften, über Forschungen und Erfindungen auf dem Gebiet der
Chemie usw. hielt«.[35]
Der Nachsatz läßt aufhorchen, und bemerkenswert sind die von Wilhelm
II. in diesem Kapitel namentlich hervorgehobenen Professoren:[36] der Elek-
trotechniker und Pionier für drahtlose Telegraphie Adolf Slaby an der TH
Charlottenburg, der Wasserbauingenieur an der TH Aachen Otto Intze, der
anerkannte Archäologe und zugleich kulturgeschichtliche Spekulant Wil-
helm Dörpfeld, der theologisch eigenwillige, aber archäologisch glänzende
Delitzsch, der ›kerndeutsche‹, feinsinnige und theaterspielende Germanist
Erich Schmidt, der Historiker und außenpolitische Ratgeber Theodor Schiemann, und eben der disziplinär undogmatische Harnack, der mit Sachver-
stand Naturwissenschaften und Großindustrie zusammenband, der, mit
denkbar geringer Resonanz, der Berliner Wissenschafts-Akademie den
Sprung mitten ins Leben empfahl.[37] Dieses Personen-Ensemble repräsentiert
kaum den vorherrschenden Typus der in traditionellen Disziplinen ver-
ankerten Universitäts-Gelehrten.[38] Wilhelm zog zwar nicht Außenseiter,
aber grenzensprengende Modernisten an sich; das klassische deutsche Uni-
versitätsmilieu behagte dem einst an der Universität Bonn eingeschriebenen
Kaiser wenig. Der Förderer der Technischen Hochschulen und Verfechter
angewandter Wissenschaft im internationalen Wettbewerb der Großmächte

---

[35] WILHELM II., Ereignisse (wie Anm. 32) S. 165.

[36] Ebd. S. 163–171.

[37] In einem Schreiben an den Akademie-Sekretar Hermann Diels vom 28.10. 1912 warb Harnack für eine Zusammenführung von Akademie und Kaiser-Wilhelm-Gesellschaft: »Die Akademie muß ins Leben hinein, weil die Wissenschaft heutzutage mitten im Leben steht – ganz anders als noch vor zwanzig Jahren. Zu diesem Zweck muß sie die großen Industriellen, die über
wissenschaftliche Stäbe in ihren Werken kommandieren, in ihre Mitte aufnehmen und sich ebenso zum Mittelpunkt machen für die zahlreichen wissenschaftlichen Vereine auf dem Gebiete des
Geistes«. Dieser jüngst aus anderer Archiv-Überlieferung als bedeutende Wiederentdeckung viel
zitierte Harnack-Brief war lange schon als Abschrift (»vertraulich und sekret«) im Harnack-
Nachlaß, Kasten 23 (Amtliche Tätigkeit), Mappe 2 (Gründung der KWG) zugänglich, nach der
hier zitiert wird.

[38] Für eine genauere Charakterisierung der genannten Hochschullehrer vgl. SIMON, Kaiser
(wie Anm. 28) S. 101 ff.

fand mit Harnack zusammen in der Sorge um den heutzutage viel beschworenen ›Wissenschaftsstandort Deutschland‹. Harnacks Hinweis auf den Zusammenhang von Wehrkraft und Wissenschaft angesichts drohender Überflügelung durch das Ausland in der Denkschrift von 1909 war klug auf den Kaiser berechnet.[39] Harnack bewegte sich, und hätte anders nicht sich halten können, als Hofmann, aber er wurde vom Kaiser geschätzt als Vordenker einer modernen deutschen Wissenschaft und einer lebensnahen Wissenschaftsorganisation im industriewissenschaftlich-imperialistischen Zeitalter. Nur als Hofmann vermochte der Modernist Harnack unter den Bedingungen des Kaiserreichs gestaltenden Einfluß in diesem Bereich zu erlangen.

Die politische, die Machtfrage also, stellte sich für Harnack im Ersten Weltkrieg. Er hatte den Aufruf des Kaiser an das deutsche Volk vom 6. August 1914 unmittelbar zuvor entworfen,[40] im September auf ein offenes Schreiben englischer Theologen scharf reagiert[41] und im Oktober den berüchtigten ›Aufruf der 93 an die Kulturwelt‹, nach eigener späterer Aussage ohne Textkenntnis, mitunterzeichnet.[42] Wenig später schloß er sich in Delbrücks ›Mittwochabend‹, ohnehin vorbereitet in dem allsonntäglichen Austausch mit dem Schwager, realistisch mäßigenden Konzeptionen an, innen- und gesellschaftspolitisch überzeugender als in seinen etwas unruhigschwankenden außenpolitischen Betrachtungen.[43] Im Zusammenspiel mit dem Zivilkabinettschef Rudolf von Valentini und anderen einflußreichen, politisch moderaten Personen der Hofgesellschaft suchte Harnack in den je für zweckmäßig erachteten Textsorten auf die Öffentlichkeit, auf die Gelehrtenrepublik und auf den Kaiser einzuwirken. Er setzte, mit dezenten, aber stets verhandlungsfähigen baltischen Besonderheiten, auf einen Ver-

---

[39] Harnack-Denkschrift an den Kaiser vom 21.11. 1909 zur Begründung der Kaiser-Wilhelm-Gesellschaft, abgedruckt in: 50 Jahre Kaiser-Wilhelm-Gesellschaft und Max-Planck-Gesellschaft zur Förderung der Wissenschaften 1911–1961. Beiträge und Dokumente, hg. v. der Generalverwaltung der Max-Planck-Gesellschaft zur Förderung der Wissenschaften e.V., Göttingen 1961, S. 80–94, Hinweis auf Wehrkraft und Wissenschaft S. 89. Zum Gesamtkomplex vgl. Lothar Burchardt, Adolf von Harnack, in: Wissenschaftspolitik in Berlin. Minister – Beamte – Ratgeber, hg. v. Wolfgang Treue u. Karlfried Gründer, Berlin 1987, S. 215–233.

[40] Axel von Harnack, Der Aufruf Kaiser Wilhelm II. beim Ausbruch des Ersten Weltkrieges, in: Die neue Rundschau 64 (1953) S. 613 f.

[41] Dazu ein Dank-Telegramm des Kaisers vom 17.9. 1914 aus dem Großen Hauptquartier, Harnack-Nachlaß, Kaiser-Mappe, Bl. 45.

[42] Vgl. detailliert Jürgen u. Wolfgang von Ungern-Sternberg, Der Aufruf ›An die Kulturwelt‹. Das Manifest der 93 und die Anfänge der Kriegspropaganda im Ersten Weltkrieg, Stuttgart 1996, bes. S. 17–27. Für Harnacks eigene Darstellung vgl. 1919 seinen ›Offenen Brief an Clemenceau‹, in: Nowak, Harnack als Zeitgenosse (wie Anm. 3) S. 1515–1517.

[43] Harnacks Kriegspublizistik, von Nottmeier, Erster Weltkrieg (wie Anm. 14) differenziert analysiert, kann hier nicht näher verfolgt werden.

ständigungs-, nicht auf einen Siegfrieden. Doch er blieb, im Unterschied zu
Hans Delbrück, Friedrich Meinecke und Ernst Troeltsch,[44] ein Hofmann,
der gesamtgesellschaftliche Problemlagen gemäß dem Königsmechanismus
personalisierte, auch wenn er als Präsident der Kaiser-Wilhelm-Gesellschaft
in enger Fühlung, 1916 freilich auch im Konflikt, mit den kriegswirtschaftli-
chen Interessen der deutschen Industrie stand.[45]

Zentrale Basis jener gemäßigten Gelehrtenpolitik war ein weitgehend kon-
sensuales Zusammenspiel mit Reichskanzler von Bethmann Hollweg gewesen, nach dessen Sturz 1917 die vertrauten Ansprechpartner in der Reichsleitung kaum mehr zur Verfügung standen. Während nahestehende Gelehrte
(und gleichfalls spätere ›Vernunftrepublikaner‹) wie Delbrück und Hermann
Oncken schon seit 1911/12 sich in enger Abstimmung mit dem Kanzler öffentlich für dessen Linie eingesetzt hatten,[46] rückte Harnack dem Kanzler
erst 1916/17 näher. Besonderen Wert besaß indes vornehmlich sein enger
Austausch mit Valentini als Einflußschiene zum Hof,[47] insofern lassen sich
im Delbrück-Harnack-Kreis arbeitsteilige Einflußstrategien aufzeigen. Als
Valentini Anfang 1918 auf Druck der diktatorischen Dritten Obersten Hee-
resleitung, verstärkt durch Intrigen des Kronprinzen, aus seinem Amt ausscheiden mußte, riß auch Harnacks Wirkungschance in der Reichsleitung
ab, um dann kurzfristig und folgenlos im Oktober 1918 in der engen Verbindung mit dem letzten kaiserlichen Reichskanzler Prinz Max von Baden erneut aufzuflackern. Den Zugang zum Hof hatte Harnack in der Notsituati-
on des Weltkrieges so lange wie möglich zu nutzen vermocht, wie die sorgsam gepflegte Verbindung zu Valentini belegt. Doch im persönlichen Kontakt mit dem Monarchen beschränkte sich Harnack, aus Klugheit und wohl
auch aus Überzeugung, auf die ihm zugedachte Rolle des anregenden Ge-
sprächspartners in wissenschaftlichen Fragen. Eben diese Zurückhaltung er-

---

[44] Aus der reichen Literatur zur Gelehrtenpolitik im Ersten Weltkrieg vgl. neuerdings besonders STEFAN MEINEKE, Friedrich Meinecke. Persönlichkeit und politisches Denken bis zum Ende
des Ersten Weltkrieges, Berlin/New York 1995; Kultur und Krieg, hg. v. WOLFGANG J. MOMM-
SEN, München 1996.

[45] Harnacks scharfe, sozialethisch gespeiste Kritik an den Kriegsprofiten der deutschen Industrie in seiner Rede ›An der Schwelle des dritten Kriegsjahrs‹ vom 1.8. 1916, in: NOWAK, Harnack als Zeitgenosse (wie Anm. 3) S. 1473–1490 – hat wesentlich zum Scheitern des ›Deutschen
Nationalausschusses‹ als einer angestrebten Sammlung eher moderater Politiker und vor allem
Wirtschaftsführer beigetragen, wie NOTTMEIER, Erster Weltkrieg (wie Anm. 14), jetzt dicht belegt nachzuweisen vermag.

[46] Vgl. RÜDIGER VOM BRUCH, Deutschland und England: Heeres- oder Flottenverstärkung?
Politische Publizistik deutscher Hochschullehrer 1911/12, in: Militärgeschichtliche Mitteilungen 29 (1981) S. 7–35.

[47] Aus den Quellen sorgfältig rekonstruiert von NOTTMEIER, Erster Weltkrieg (wie Anm. 14).

laubte es ihm aber auch, bei einzelnen wichtigen Weichenstellungen seit 1901 wissenschaftsorganisatorische und -politische Anliegen dem Kaiser so zuzuspielen, daß dieser derartige Anregungen als originär eigene und dann mit lebhaftem Nachdruck betriebene Ideen wahrnahm.

Die Korrespondenz mit dem Kaiser endet zunächst Ende Februar 1918. Den Umsturz im Oktober/November 1918 hat Harnack nicht begrüßt, aber akzeptiert; er hat sich, im Willen zum Wirken, darauf eingestellt. Er war auch vorübergehend bereit, entgegen der Aussage der Tochter, den Namen des Stifters aus der Gesellschaft zur Förderung der Wissenschaften zu entfernen. Harnack stellte sich auf den Boden der neuen Realität, aber er war gewiß kein Verräter, wie Bülow und die Rechtspresse unterstellten. Wilhelm selbst schien dies ähnlich zu sehen. Dafür spricht nicht nur sein bereits erwähntes Harnack-Bild in den 1922 publizierten Memoiren. Nachdem er sich in einem Brieftelegramm aus Haus Doorn für Harnacks Wünsche zu seiner (erneuten) Vermählung herzlich bedankt hatte,[48] übersandte er ihm Ostern 1925 seine Ausarbeitung ›Über den Ursprung des Sonnensymbols, wie es sich in der von Seiner Majestät Kaiser Wilhelm II. in Korfu gefundenen Darstellung darbietet‹.[49] Das Thema entsprach den früheren Kontakten, doch bemerkenswert ist der Zeitpunkt kurz nach den öffentlichen Angriffen der deutschen Rechtspresse auf Harnack, die dem die deutschen Verhältnisse genau beobachtenden Ex-Kaiser nicht entgangen sein werden. Beide, Harnack wie Wilhelm II., zeitweise in einem engem, doch unsichtbare Grenzen strikt beachtenden Austausch, reizvoll kontrastierend in Habitus und Persönlichkeitsprofil, sie waren sich und wohl auch einander treu geblieben.

---

[48] Harnack-Nachlaß, Kaisermappe, Bl. 55.
[49] Ebd. Bl. 56–59.

Der alte Meergreis, die Rose von Jericho und ein höchst vortrefflicher Schwiegersohn: Mommsen, Harnack und Wilamowitz

von

STEFAN REBENICH

Ac societatem cum utroque iniit, ne quid ageretur in re publica, quod displicuisset ulli e tribus. »Mit beiden schloß er ein Bündnis mit dem Ziel, daß nichts im Staate geschehen solle, was einem von den dreien mißfiele«. Mit diesen Worten beschreibt Sueton das sogenannte erste Triumvirat, das Caesar im Jahre 60 v. Chr. mit Pompeius und Crassus schloß.[1] Aus der negativen Formel spricht die Mühe, die es gekostet hatte, die drei so unterschiedlichen Persönlichkeiten an einen Tisch zu bringen. Doch die drei *principes civitatis*[2] stellten damals ihre persönlichen Dissonanzen aus politischen Erwägungen bewußt hintan. Die drei Männer, denen im folgenden unsere Aufmerksamkeit gelten soll, gelangten nie zu einer Verständigung, die im Interesse eines höheren Zieles wissenschaftliche und persönliche Differenzen überwand. Der unbedingte Wille, die ›res publica litterarum‹ zu dominieren, eignete allen dreien. Sie stellten ihre Disziplinen auf neue Grundlagen: Theodor Mommsen die Wissenschaft vom römischen Altertum, Ulrich von Wilamowitz-Moellendorff die hellenische, ja die gesamte Klassische Philologie, und Adolf Harnack die Geschichte der Alten Kirche. Ein nachgerade säkulares Askeseideal ließ sie ein gigantisches wissenschaftliches Oeuvre schaffen, von dem Generationen von Altertumswissenschaftlern heute noch zehren.[3] Sie haben

---

[1] Suet. Div. Jul. 19, 2. Vgl. MATTHIAS GELZER, Caesar. Der Politiker und Staatsmann, Wiesbaden 1960[6], S. 61 f.

[2] So Liv. per. 103: *conspiratio inter tres civitatis principes.*

[3] Vgl. die bibliographischen Nachweise bei KARL ZANGEMEISTER, Theodor Mommsen als Schriftsteller. Ein Verzeichnis seiner Schriften. Im Auftrage der königlichen Bibliotheken bearbeitet und fortgesetzt von EMIL JACOBS. Neu bearbeitet von STEFAN REBENICH, Hildesheim 2000; Ulrich von Wilamowitz-Moellendorff Bibliography 1867–1990. Revised and expanded after FRIEDRICH FREIHERR HILLER VON GAERTRINGEN and GÜNTHER KLAFFENBACH, by MICHAEL ARMSTRONG, WOLFGANG BUCHWALD, WILLIAM M. CALDER III, Hildesheim 1991, und FRIEDRICH SMEND, Adolf von Harnack. Verzeichnis seiner Schriften. Mit einem Geleitwort und bibliogra-

eine Vielzahl von Schülern hervorgebracht, die ihre Lehre im In- und Ausland fortschrieben.[4] Sie haben an der Transformation des deutschen Wissenschaftssystems zu einem internationalen Großbetrieb[5] entscheidenden Anteil gehabt.[6] Sie avancierten zu den wichtigsten Ratgebern des preußischen Hochschulreferenten Friedrich Althoff und übten einen nachhaltigen Einfluß auf die Berufungspolitik in ihren Disziplinen aus.[7] Und sie betrieben ih-

---

phischen Nachträgen bis 1985 von JÜRGEN DUMMER, Leipzig 1990[5]. Zur »innerweltlichen Askese« vgl. – im Anschluß an Max Weber – ALFRED HEUSS, Niebuhr und Mommsen. Zur wissenschaftsgeschichtlichen Stellung Theodor Mommsens, in: Antike und Abendland 14 (1968) S. 1–18, S. 9, = DERS., Gesammelte Schriften 3, Stuttgart 1995, S. 1699–1716, S. 1707.

    [4] Vgl. BERNHARD VOM BROCKE, ›Von des Attischen Reiches Herrlichkeit‹ oder die ›Modernisierung‹ der Antike im Zeitalter des Nationalstaats, in: Historische Zeitschrift 243 (1986) S. 101–136, S. 123 ff.; ERNST VOGT, Wilamowitz und die Auseinandersetzung seiner Schüler mit ihm, in: Wilamowitz nach 50 Jahren, hg. v. WILLIAM M. CALDER III u. a., Darmstadt 1985, S. 613–631, sowie die Beiträge zu ›Wilamowitz' Stellung im Ausland‹, ebd. S. 423–580. Eine systematische Untersuchung der Schüler Mommsens und Harnacks fehlt; vgl. zu Mommsen KARL CHRIST, Römische Geschichte und deutsche Geschichtswissenschaft, München 1982, S. 66 ff.; STEFAN REBENICH, Theodor Mommsen und Adolf Harnack. Wissenschaft und Politik im Berlin des ausgehenden 19. Jahrhunderts. Mit einem Anhang: Edition und Kommentierung des Briefwechsels, Berlin/New York 1997, S. 38 f., S. 485 ff. (mit weiterer Literatur zu Mommsens Einfluß im Ausland), und WOLFGANG WEBER, Priester der Klio. Historisch-sozialwissenschaftliche Studien zur Herkunft und Karriere deutscher Historiker und zur Geschichte der Geschichtswissenschaft 1800–1970, Frankfurt a. M. u.a. 1984, S. 272 ff.; zu Harnack vgl. AGNES VON ZAHN-HARNACK, Adolf von Harnack, Berlin 1936 (1951[2]), sowie die einschlägigen Beiträge im vorliegenden Kolloquiumsband.

    [5] Vgl. ULRICH VON WILAMOWITZ-MOELLENDORFF, Geschichte der Philologie, in: Einleitung in die Altertumswissenschaft 1, hg. v. ALFRED GERCKE u. EDUARD NORDEN, Leipzig/Berlin 1927[3], S. 71: »Der Großbetrieb der Wissenschaft kann die Initiative des einzelnen nicht ersetzen; niemand wußte das besser als Mommsen; aber der einzelne wird in vielen Fällen seine Gedanken nur im Großbetrieb durchführen können. Dazu muß ihm die gelehrte Körperschaft verhelfen (…). Die Zusammenarbeit aller Kulturunternehmen ist eine notwendige Folge des Großbetriebes«. Zum wissenschaftshistorischen Hintergrund vgl. allg. PIERANGELO SCHIERA, Laboratorium der bürgerlichen Welt. Deutsche Wissenschaft im 19. Jahrhundert, Frankfurt a. M. 1992.

    [6] Vgl. hierzu KURT NOWAK in: Adolf von Harnack als Zeitgenosse. Reden und Schriften aus den Jahren des Kaiserreichs und der Weimarer Republik, hg. u. eingel. v. KURT NOWAK, 2 Bde., Berlin/New York 1996, S. 46 ff.; REBENICH, Mommsen und Harnack (wie Anm. 4) S. 55 ff., und WOLFHART UNTE, Wilamowitz als wissenschaftlicher Organisator, in: Wilamowitz nach 50 Jahren (wie Anm. 4) S. 720–770, mit ausführlichen Literaturhinweisen.

    [7] Vgl. hierzu: Berufungspolitik innerhalb der Altertumswissenschaft im wilhelminischen Preußen. Die Briefe Ulrich von Wilamowitz-Moellendorffs an Friedrich Althoff (1883–1908), hg. v. WILLIAM M. CALDER III u. ALEXANDER KOŠENINA, Frankfurt a. M. 1989; BERNHARD VOM BROCKE, Hochschul- und Wissenschaftspolitik in Preußen und im Deutschen Kaiserreich 1882–1907: Das ›System Althoff‹, in: Bildungspolitik in Preußen zur Zeit des Kaiserreichs, hg. v. PETER BAUMGART, Stuttgart 1980, S. 9–118; Wissenschaftsgeschichte und Wissenschaftspolitik im Industriezeitalter. Das ›System Althoff‹ in historischer Perspektive, hg. v. BERNHARD VOM

re Wissenschaft nicht im Elfenbeinturm: Mommsen erhielt als erster Deutscher für seine dreibändige ›Römische Geschichte‹ 1902 den Literaturnobelpreis,[8] dem ›geborenen Conferencier‹ Wilamowitz saß, wenn er Montag und Donnerstag abends im Auditorium Maximum das Katheder an der Friedrich-Wilhelms-Universität zur öffentlichen Vorlesung bestieg, das Berliner Bildungsbürgertum zu Füßen,[9] und Harnacks berühmte Vorlesungen über das ›Wesen des Christentums‹, die er im Wintersemester 1899/1900 für Hörer aller Fakultäten hielt, erlebten noch im Erscheinungsjahr drei Auflagen, und bis zum Jahre 1927 folgten weitere elf mit insgesamt 71.000 Exemplaren.[10] Sie waren in der Tat ›tresviri rei publicae litterarum constituendae‹, jedoch fanden nur zwei näher zusammen und bildeten, wenn man denn will, ein Duumvirat: Theodor Mommsen und Adolf Harnack. Außen vor blieb Ulrich von Wilamowitz-Moellendorff, seit 1878 Mommsens Schwiegersohn und seit 1897 Harnacks gräzistischer Kollege an der Friedrich-Wilhelms-Universität zu Berlin. Es wird daher in diesem Beitrag nach den Gemeinsamkeiten und vor allem den Differenzen zwischen den drei herausragenden Gelehrten in wissenschaftlicher, wissenschaftsorganisatorischer und politischer Hinsicht zu fragen sein.[11]

BROCKE, Hildesheim 1991, und REBENICH, Mommsen und Harnack (wie Anm. 4) S. 94 ff., mit weiterer Literatur.

[8] Vgl. hierzu ALEXANDER DEMANDT, Theodor Mommsen, i Cesari e la decadenza di Roma, Roma 1995, S. 7.

[9] WERNER JAEGER, Die klassische Philologie an der Universität Berlin von 1870–1945, in: Studium Berolinense. Aufsätze und Beiträge zu Problemen der Wissenschaft und zur Geschichte der Friedrich-Wilhelms-Universität zu Berlin, Berlin 1960, Bd. 2, S. 459–485, S. 470.

[10] Vgl. ZAHN-HARNACK, Harnack (wie Anm. 4) S. 240 ff., und THOMAS HÜBNER, Adolf von Harnacks Vorlesungen über das Wesen des Christentums unter besonderer Berücksichtigung der Methodenfragen als sachgemäßer Zugang zu ihrer Christologie und Wirkungsgeschichte, Frankfurt a. M. u. a. 1994, bes. S. 98 ff. zur Wirkungsgeschichte.

[11] Dabei kommt verschiedenen Gelehrtenkorrespondenzen herausragende Bedeutung zu; besonders zu nennen sind die Briefwechsel zwischen Mommsen und Wilamowitz: Mommsen und Wilamowitz. Briefwechsel 1872–1903, hg. v. FRIEDRICH u. DOROTHEA HILLER VON GAERTRINGEN, Berlin 1935; eine erweiterte Neuauflage bereiten z. Zt. WILLIAM M. CALDER III und ROBERT KIRSTEIN vor; vgl. darüber hinaus JÜRGEN MALITZ, Nachlese zum Briefwechsel Mommsen-Wilamowitz, in: Quaderni di Storia 17 (1983) S. 123–150; zwischen Mommsen und Harnack – vgl. REBENICH, Mommsen und Harnack (wie Anm. 4) – und zwischen Harnack und Wilamowitz: vgl. JÜRGEN DUMMER, Ulrich von Wilamowitz-Moellendorff und die Kirchenväterkommission der Berliner Akademie, in: Studia Byzantina 2 (1973) S. 351–387. Nachzutragen sind Harnacks Schreiben an Wilamowitz in der Niedersächsischen Staats- und Universitätsbibliothek Göttingen und einige Briefe über die Edition der Porphyriusfragmente in der Staatsbibliothek zu Berlin, Preußischer Kulturbesitz.

I. Die Antike als Einheit: Das verlorene Ideal

»Die Partikel ἄν und die Entelechie des Aristoteles, die heiligen Grotten
Apollons und der Götze Besas, das Lied der Sappho und die Predigt der heiligen Thekla, die Metrik Pindars und der Meßtisch von Pompeji, die Frat-
zen der Dipylonvasen und die Thermen Caracallas, die Amtsbefugnisse der
Schultheißen von Abdera und die Taten des göttlichen Augustus, die Kegel-
schnitte des Apollonios und die Astronomie des Petosiris: alles, alles gehört
zur Philologie, denn es gehört zu dem Objekte, das sie verstehen will, auch
nicht eines kann sie missen«. In dieser Rede, die Wilamowitz als Prorektor
der Georg-August-Universität zu Göttingen am 1. Juni 1892 hielt,[12] definierte er programmatisch die Aufgabe seiner Disziplin: die Philologie hatte
sich um das griechisch-römische Kulturerbe als Ganzes, um die ›cognitio to-
tius antiquitatis‹, der heidnischen wie der christlichen, zu bemühen.[13] Also
tauschte er sich schon in Greifswald mit dem Alttestamentler Julius Wellhausen über philologisch-religionsgeschichtliche Fragen aus,[14] traktierte später
›Ein Bruchstück aus der Schrift des Porphyrius gegen die Christen‹ im ersten
Band der ›Zeitschrift für die Neutestamentliche Wissenschaft und die Kunde
der älteren Kirche‹[15] und gab seinem ›Griechischen Lesebuch‹ ein eigenes
Kapitel mit altchristlichen Zeugnissen bei, das die Lektüre des Neuen Testamentes in griechischer Sprache voraussetzte.[16] »Sie haben damit«, schrieb
Harnack nach Erhalt dieses Werkes, »den griechischen Unterricht auf eine

---

[12] Vgl. ›Philologie und Schulreform‹ in: ULRICH VON WILAMOWITZ-MOELLENDORFF, Reden
und Vorträge, 1925–26, Berlin 1901, S. 97–119, S. 105 (die zweibändige vierte Auflage von
1925/26 enthält die Rede nicht); vgl. WILAMOWITZ, Geschichte der Philologie (wie Anm. 5) S. 1,
wo als Aufgabe des Faches definiert wird, »die griechisch-römische Kultur in ihrem Wesen und
allen Äußerungen ihres Lebens zu erfassen«.

[13] Vgl. hierzu ERNST VOGT, Gräzistik und Patristik in Deutschland 1870–1930, in: Patristique et Antiquité tardive en France et en Allemagne de 1870 à 1930. Influence et échanges, Actes
du Colloque franco-allemand de Chantilly (25–27 octobre 1991), hg. v. JACQUES FONTAINE u. a.,
(Études Augustiniennes) Paris 1993, S. 52–70, bes. S. 59 ff., und WOLFGANG SCHINDLER, Die Archäologie im Rahmen von Wilamowitz' Konzeption der Altertumswissenschaft, in: Wilamowitz
nach 50 Jahren (wie Anm. 4) S. 241–262, bes. S. 252 ff.

[14] Vgl. ULRICH VON WILAMOWITZ-MOELLENDORFF, Erinnerungen 1848–1914, Leipzig 1928 (zitiert nach der zweiten Auflage von 1929), S. 188 ff. Zu Wilamowitz' Zugang zum frühen Christentum vgl. FAUSTO PARENTE, Wilamowitz über Neues Testament und Frühchristentum, in: Wilamowitz nach 50 Jahren (wie Anm. 4) S. 400–419.

[15] 1 (1900) S. 101–105.

[16] ULRICH VON WILAMOWITZ-MOELLENDORFF, Griechisches Lesebuch, Berlin 1926, I/2,
S. 343–363, S. 400–419; vgl. auch Wilamowitz' Briefwechsel mit Adolf Jülicher bei WILLIAM M.
CALDER III, Further Letters of Ulrich von Wilamowitz-Moellendorff, Hildesheim 1994,
S. 59–73.

neue Grundlage gestellt und ihm zugleich einen neuen Zweck gegeben. Melanchthon regiert nicht mehr, sondern Comenius. So gebührt's sich, wenn wir *wahre* Ideale u(nd) *unsre* Arbeit durch die Griechen stärken wollen«.[17]

Auch Mommsen postulierte kategorisch die Zusammenschau unterschiedlicher Methoden und Quellen, um die traditionelle Zersplitterung der Altertumswissenschaften, wie er sie zu Beginn seiner Laufbahn vorgefunden hatte, zu überwinden. Harnack hat in seiner Trauerrede auf Mommsen als »das Geheimnis seiner wissenschaftlichen Eigenart« bezeichnet, daß dieser »die Aufgaben und Geschäfte der Historie, die sonst verteilt zu sein pflegen, ja die sich auszuschließen scheinen, sämtlich und auf einmal in die Hand nahm und sie nun als der Meister festhielt«.[18] Aufgrund seines umfassenden methodischen Zugriffes auf die Geschichte Roms beschäftigte sich Mommsen schon früh mit Fragen des spätantiken römischen Staates und damit implizit mit dem frühen Christentum.[19] Seine bedeutendsten Beiträge zur Geschichte des frühen Christentums veröffentlichte Mommsen indes erst nach seiner Begegnung mit Adolf Harnack: ›Der Religionsfrevel nach römischem Recht‹,[20] ›Der Prozeß des Christen Apollonius unter Commodus‹,[21] ›Die Rechtsverhältnisse des Apostels Paulus‹,[22] ›Papianisches‹[23] und ›Die Pilatus-Acten‹.[24] Hinzu traten seine großen patristischen Editionen: ›Die Severinsvita des Eugipp‹,[25] der ›*Liber pontificalis*‹[26] und die Übersetzung der eusebianischen Kirchengeschichte durch Rufin.[27]

---

[17] Brief vom 26. Dezember 1901 in der Niedersächsischen Staats- und Universitätsbibliothek Göttingen, Nachlaß Wilamowitz.

[18] ADOLF HARNACK, Rede bei der Begräbnisfeier Theodor Mommsens am 5. November 1905, zitiert nach ADOLF HARNACK, Aus Wissenschaft und Leben 2, Gießen 1911, S. 323–332, S. 326, = in: NOWAK, Harnack als Zeitgenosse (wie Anm. 6) S. 1530–1539, S. 1533.

[19] Vgl. BRIAN CROKE, Mommsen and Byzantium, in: Philologus 129 (1985) S. 274–285, und DERS., Theodor Mommsen and the Later Roman Empire, in: Chiron 20 (1990) S. 159–189.

[20] Historische Zeitschrift 64 (1890) S. 389–429, = THEODOR MOMMSEN, Gesammelte Schriften, 8 Bde., Berlin 1905–1913, Bd. 3, S. 389–422.

[21] Sitzungsberichte der Preußischen Akademie der Wissenschaften 1894, S. 497–503, = MOMMSEN, Gesammelte Schriften 3 (wie Anm. 20) S. 447–454.

[22] Zeitschrift für Neutestamentliche Wissenschaft und die Kunde der älteren Kirche 2 (1901) S. 81–96, = MOMMSEN, Gesammelte Schriften 3 (wie Anm. 20) S. 341–446.

[23] Zeitschrift für Neutestamentliche Wissenschaft und die Kunde der älteren Kirche 3 (1902) S. 156–159, = MOMMSEN, Gesammelte Schriften 4 (wie Anm. 20) S. 566–569.

[24] Zeitschrift für Neutestamentliche Wissenschaft und die Kunde der älteren Kirche 3 (1902) S. 198–205, = MOMMSEN, Gesammelte Schriften 3 (wie Anm. 20) S. 423–430.

[25] Eugippii vita Severini, MGH SSrg, Berlin 1898.

[26] Gestorum pontificum Romanorum I: Liber pontificalis, pars prior, MGH Gest.pont. 1.1, Berlin 1898; vgl. hierzu STEFAN REBENICH, Theodor Mommsen und das Verhältnis von Alter Geschichte und Patristik, in: Patristique et l'Antiquité tardive (wie Anm. 13) S. 131–154, S. 145 ff.

[27] Eusebius Werke. Zweiter Band. Die Kirchengeschichte, hg. v. EDUARD SCHWARTZ. Die la-

Es entbehrt nicht einer gewissen Ironie, daß die beiden Agnostiker
Mommsen und Wilamowitz, die den christlichen Glauben ablehnten,[28]
durch ihre Arbeiten der kirchenhistorischen Forschung entscheidende Impulse gaben.[29] Doch für Wilamowitz und Mommsen war die Anwendung
der historisch-kritischen Methode auf die Geschichte des Christentums eine
wissenschaftliche Selbstverständlichkeit. Daß sich auch die protestantische
Theologie – gerade in ihrer historischen Dogmenkritik – diese Methode zu
eigen gemacht hatte, erfuhren sie durch Adolf Harnack, der – in Anschluß
an Schleiermacher, David Friedrich Strauß und Ferdinand Christian Baur –
Religion als Geschichte verstand und die Historisierung des Christentums
vorantrieb.[30] So wurde Harnack 1890 auf Mommsens Initiative wegen seiner
historischen Arbeiten in die Preußische Akademie der Wissenschaften aufgenommen, die »ergänzend und belebend in diejenige Geschichtsforschung
eingreifen, welche uns die Gegenwart verständlich macht, wie die griechisch-
römische Civilisation eben durch ihre meistenteils gegensätzliche Verschmelzung mit dem im Orient wurzelnden Christenglauben zu einem notwendigen
Bestandteil der heutigen geworden ist«.[31]

Alle drei waren gleichermaßen von der These der Hellenisierung des Christentums überzeugt. Die abendländische Kultur beruhte in ihren Augen auf
einer Synthese von Antike und Christentum.[32] Doch man zog unterschiedli-

---

teinische Übersetzung des Rufinus bearb. v. Theodor Mommsen (Griechische Christliche
Schriftsteller, Eusebius II 1–3), Leipzig 1903–1909.

[28] Vgl. zu Mommsen die Zeugnisse bei Rebenich, Mommsen und Harnack (wie Anm. 4)
S. 223 ff. »Christiana cor meum numquam intravere«, schrieb Wilamowitz in seiner lateinischen
Autobiographie, vgl. William M. Calder III, Studies in the Modern History of Classical Scho-
larship, Neapel 1984, S. 155 mit Anm. 41; Calder, Further Letters (wie Anm. 16) S. 59 f., und
Wilamowitz' Brief an Eduard Norden vom 23. Dezember 1918, in dem er sich als »paganus«
charakterisiert: »Sed serviendum officio«. The Correspondence between Ulrich von Wilamowitz-Moellendorff and Eduard Norden (1892–1931), hg. v. William M. Calder III u. Bernhard Huss, Hildesheim 1997, Nr. 181, S. 171; vgl. Nr. 194, S. 183 f.

[29] Vgl. hierzu sowie zum folgenden auch Gerhard May, Das Konzept ›Antike und Christentum‹ in der Patristik von 1870 bis 1930, in: Patristique et l'Antiquité tardive (wie Anm. 13)
S. 3–19, S. 7 ff.

[30] Vgl. dazu Zahn-Harnack, Harnack (wie Anm. 4) S. 227.

[31] Sitzungsberichte der Preußischen Akademie der Wissenschaften 1890, S. 791–793, zitiert
nach Theodor Mommsen, Reden und Aufsätze, hg. v. Otto Hirschfeld, Berlin 1905,
S. 208–210, = Adolf Harnack, Kleine Schriften zur Alten Kirche. Berliner Akademieschriften
1890–1907, hg. v. Jürgen Dummer, 2 Bde., Leipzig 1980, Bd. 1, S. 4 f.; Nowak, Harnack als
Zeitgenosse (wie Anm. 6) S. 980–982, S. 209 (S. 4 f. resp. S. 981).

[32] Vgl. z. B. Adolf Harnack, Lehrbuch der Dogmengeschichte 1, Tübingen 1909[4], S. 239 f.;
Mommsen, Reden und Aufsätze (wie Anm. 31) S. 208 f.; Theodor Mommsen, Römische Kaiser-
geschichte. Nach den Vorlesungsmitschriften von Sebastian und Paul Hensel, hg. v. Barbara u.
Alexander Demandt, München 1992, S. 224 f.; Ulrich von Wilamowitz-Moellendorff, Die

che Schlüsse hieraus. Für Mommsen, den intransigenten Apostaten aus dem südschleswigschen Pfarrhaus, blieb das Christentum die intolerante Religion der Plebejer und letztlich verantwortlich für den Untergang des Römischen Reiches.[33] Theologischen oder religionshistorischen Fragen öffnete er sich nicht – mit den Worten Louis Duchesnes: »Il entre dans l'érudition ecclésiastique comme un rhinocéros dans un champ de vigne, écrasant à droite et à gauche, sans s'émouvoir du dégat«.[34] Bezeichnend ist in diesem Zusammenhang sein Verhalten während des Streites um das Apostolikum im Jahre 1892: Damals machte Mommsen in der Akademie durch einige lobende Worte, die sich auf eine epigraphische Entdeckung Harnacks bezogen, deutlich, daß er zu dem Wissenschaftler Harnack stand; zu den kirchlich-theologischen Implikationen der Diskussion äußerte er sich nicht.[35] Die Geschichte des frühen Christentums interessierte ihn einzig unter historischem, philologischem und juristischem Blickwinkel. Wilamowitz hingegen integrierte die christliche Botschaft in sein Entwicklungsmodell der griechischen Religion. Demnach fand der romantisch verklärte und individualistisch überhöhte ›Glaube der Hellenen‹ seinen Höhepunkt in Platon, dem Inbegriff griechischer, ja überhaupt menschlicher Religiosität, für die sich Wilamowitz schon in Schulpforta entschieden haben will. Erst der Niedergang der griechischen Religion ermöglichte den Aufstieg des Christentums,[36] das als eine dem Hellenismus konträre Weltanschauung apostrophiert wurde.[37] Immerhin räumte er ein: »Im Evangelium und bei Paulus steckt Religion«, um sogleich aber hinzuzufügen: »Die ist mehr wert als Theologie und Kir-

---

griechische Literatur des Altertums, in: Die griechische und lateinische Literatur und Sprache, Leipzig/Berlin 1912[3], S. 231 ff.

[33] Vgl. MOMMSEN, Römische Kaisergeschichte (wie Anm. 32) S. 496, S. 500; THEODOR MOMMSEN, Trimalchios Heimat und Grabschrift, in: Hermes 13 (1878) S. 106–121, zitiert nach: DERS., Gesammelte Schriften 7 (wie Anm. 20), S. 191–205, S. 203: »Hic requiescit ist, wie alle Formeln, die ein Pathos in sich tragen, plebejisch und also in guter Zeit nicht unerhört, aber ebenso selten wie in christlicher gemein«. Vgl. allg. ALEXANDER DEMANDT, Mommsen zum Niedergang Roms, in: Historische Zeitschrift 261 (1995) S. 23–49.

[34] Vgl. Correspondance de Giovanni Battista de Rossi et de Louis Duchesne (1873–1894), établie et annotée par PATRICK SAINT-ROCH, Rom 1995, Nr. 559, S. 688 (Brief vom 13. November 1892), sowie allg. REBENICH, Mommsen und Harnack (wie Anm. 4) S. 228 f.

[35] ZAHN-HARNACK, Harnack (wie Anm. 4) S. 204 Anm. 1.

[36] Hierzu grundlegend ALBERT HENRICHS, ›Der Glaube der Hellenen‹: Religionsgeschichte als Glaubensbekenntnis und Kulturkritik, in: Wilamowitz nach 50 Jahren (wie Anm. 4) S. 263–305.

[37] Vgl. ULRICH VON WILAMOWITZ-MOELLENDORFF, Reden und Vorträge, 2 Bde., Berlin 1925–26[4] (Neudruck in einem Band Dublin u. Zürich 1967), Bd. 2, S. 1–17, bes. S. 4, sowie EDUARD NORDEN, Die antike Kunstprosa vom VI. Jahrhundert v. Chr. bis in die Zeit der Renaissance 2, Leipzig/Berlin 1909[2], S. 452 mit Anm. 1.

chengeschichte«.[38] Daß seine Apperzeption der griechischen Religion aus dem Geiste des verachteten liberalen Protestantismus geboren ist, steht auf einem anderen Blatt.[39] Harnack schließlich wollte durch die historisch-kritische Methode zum Proprium der christlichen Religion, dem von dem Ballast der antiken Überlieferung befreiten Evangelium Jesu Christi vordringen. In seinem Vortrag ›Was verdankt unsere Kultur den Kirchenvätern‹ ließ er keinen Zweifel daran, daß die ›Patres‹ Antike und Christentum der Nachwelt vermittelt, aber zu gleicher Zeit die ›Klassik‹ des Evangeliums und der Antike verdunkelt hatten.[40] Sein dialektischer Ansatz führte einerseits zur radikalen Relativierung der dogmengeschichtlichen Tradition, andererseits zur Enthistorisierung des gereinigten, überzeitlichen Evangeliums.

Mommsen, Wilamowitz und Harnack verfolgten gemeinsam das Ziel, aus der Vielfalt der Altertumswissenschaften wieder eine Einheit zu bilden.[41] Doch analog zu anderen Wissenschaftsbereichen wurden auch die Altertumswissenschaften weiter fragmentarisiert und segmentiert. Diese Entwicklung konnte durch die Konzeption einer alle Einzeldisziplinen umfassenden klassischen Altertumswissenschaft, wie sie Wilamowitz in Anlehnung an Vorstellungen August Böckhs verfocht, nicht aufgehalten werden. Also institutionalisierte sich auch die Wissenschaft vom Altertum in verschiedenen Sparten, in der Philologie, der Patristik, der Alten Geschichte, der Klassischen Archäologie, aber auch in der Epigraphik, der Numismatik und der

---

[38] WILAMOWITZ, Erinnerungen (wie Anm. 14) S. 82.

[39] Schon FRANZ OVERBECK, Christentum und Kultur. Gedanken und Anmerkungen zur modernen Theologie, hg. v. CARL A. BERNOULLI, Basel 1919 (Neudruck Darmstadt 1973) S. 192–195, S. 194, bezeichnete ihn malitiös als »frommen Herzenskünder der Heiden« und »Theologen des Heidentums«.

[40] ADOLF HARNACK, Aus Wissenschaft und Leben 2, Gießen 1911, S. 1–22. Zur theologie- und mentalitätsgeschichtlichen Einordnung des Harnackschen Ansatzes vgl. bes. GARLAND WAYNE GLICK, The Reality of Christianity. A Study of Adolf von Harnack as a Historian and Theologian, New York u. a. 1967; JOHANNA JANTSCH, Die Entstehung des Christentums bei Adolf von Harnack und Eduard Meyer, Bonn 1990, bes. S. 14 ff., S. 32 ff. u. S. 82 ff.; EGINHARD P. MEIJERING, Die Hellenisierung des Christentums im Urteil Adolf von Harnacks, Amsterdam 1985; DERS., Adolf von Harnack und das Problem des Platonismus, in: Patristique et l'Antiquité tardive (wie Anm. 13) S. 155–164; WILHELM SCHNEEMELCHER, Das Problem der Dogmengeschichte, in: Zeitschrift für Theologie und Kirche 48 (1951) S. 63–89, = DERS., Gesammelte Aufsätze, Thessaloniki 1974, S. 23–52; KARL GERHARD STECK, Dogma und Dogmengeschichte im 19. und 20. Jahrhundert, in: Das Erbe des 19. Jahrhunderts. Referate vom Deutschen Evangelischen Theologentag 1960, hg. v. WILHELM SCHNEEMELCHER, Berlin 1960, S. 21–66, sowie CHRISTOPH MARKSCHIES' Beitrag in diesem Band.

[41] Vgl. auch EDUARD SCHWARTZ, Ulrich von Wilamowitz-Moellendorff, in: Die Antike 5 (1929) S. 1–5, zitiert nach EDUARD SCHWARTZ, Gesammelte Schriften 1: Vergangene Gegenwärtigkeiten, Berlin 1938, S. 362–367, S. 364.

Papyrologie. Damit wurde die Antike als fächerübergreifendes Ideal zerstört und die Desintegration der einzelnen Fachbereiche beschleunigt, wie Wilamowitz selbst erkannte.[42] Die zumindest von Mommsen und Harnack gewünschte und beeinflußte ›naturwissenschaftliche‹ Modernisierung ihrer Fächer stand im Widerspruch zu der immer wieder beschworenen Einheit der Altertumswissenschaften.

II. Ein ›monstrum grammaticum‹ oder:
Wer soll die Kirchenväter edieren?

Am 22. Januar 1891 legte Harnack der philosophisch-historischen Klasse der Akademie den detaillierten Entwurf einer Eingabe an das Ministerium vor, in dem die Edition der literarischen Denkmäler des ältesten Christentums von seiner Entstehung bis zur Begründung der Reichskirche durch Konstantin unter Ausschluß des Neuen Testaments und der lateinischen Quellenschriften angeregt wurde.[43] Das damit umrissene Corpus der ›Griechischen Christlichen Schriftsteller der ersten drei Jahrhunderte‹,[44] kurz ›Kirchenväterausgabe‹ genannt, steht wie kein zweites Unternehmen für die erfolgreiche wissenschaftliche und akademiepolitische Zusammenarbeit von Mommsen, Harnack und Wilamowitz. Deren Kooperation illustriert zugleich die epochemachende Annäherung von ›klassischer‹ Altertumswissenschaft und Kirchengeschichte am Ende des 19. Jahrhunderts.[45]

Der Eintritt des Kirchenhistorikers in die Berliner Akademie der Wissenschaften im Jahr 1890 war von Mommsen gerade mit Blick auf die geplante patristische Editionsreihe unterstützt worden. Harnacks Antrittsrede und Mommsens Antwort lesen sich wie eine Antizipation des Förderungsantrages für die ›Kirchenväterausgabe‹. Eine weitere Lücke in der Erfassung des Quellenbestandes der Alten Welt sollte ein für allemal geschlossen werden.[46]

---

[42] ULRICH VON WILAMOWITZ-MOELLENDORFF, Der griechische Unterricht auf dem Gymnasium (1901), zitiert nach DERS., Kleine Schriften 4, Berlin/Amsterdam 1972, S. 77–89, S. 79: »Die Antike als Einheit und als Ideal ist dahin; die Wissenschaft selbst hat diesen Glauben zerstört«.

[43] Zum folgenden vgl. ausführlich REBENICH, Mommsen und Harnack (wie Anm. 4) S. 129 ff., sowie STEFAN REBENICH, Die Altertumswissenschaften und die Kirchenväterkommission an der Akademie: Theodor Mommsen und Adolf Harnack, in: Die Königlich-Preußische Akademie der Wissenschaften zu Berlin im Kaiserreich, hg. v. JÜRGEN KOCKA, Berlin 1999, S. 199–233, und NOWAK, Harnack als Zeitgenosse (wie Anm. 6) S. 46 ff. Ich beschränke mich daher in den Anmerkungen auf wenige Hinweise.

[44] So die ursprüngliche zeitliche Begrenzung im Titel, die nach 1945 aufgegeben wurde.

[45] Vgl. auch REINHART HERZOG in: Patristique et l'Antiquité tardive (wie Anm. 13) S. 292.

[46] Vgl. ADOLF HARNACK in seiner akademischen Antrittsrede, Sitzungsberichte der Preußi-

Man widmete sich gemeinsam der Aufgabe, die Mommsen in seiner pro-
grammatischen Antrittsrede von 1858 als »Grundlegung der historischen
Wissenschaft« bezeichnet hatte, nämlich der Ordnung der »Archive der Vergangenheit«.[47] So überrascht es nicht, daß die Editionsreihe nicht theologisch, sondern religionsgeschichtlich begründet und Harnack nicht als
Theologe, sondern als Kirchenhistoriker in die Akademie aufgenommen
wurde. Die theologische Wissenschaft spielte in der Akademiepolitik nur
dann eine Rolle, wenn sie zur Historisierung ihres Gegenstandes beitrug.

   Die Kirchenväterausgabe war für Mommsen, Wilamowitz und Harnack
kein konfessionelles, sondern ein wissenschaftstheoretisches Bekenntnis, das
man auch in gemeinsamen Publikationen ablegte.[48] Für Mommsen eröffnete
sich hierdurch die Möglichkeit, eine weitere Quellengruppe für die Geschichte des Imperium Romanum zu erschließen, Wilamowitz wollte rich-
tungweisende Editionen »für die Geschichte der griechischen Sprache und
die der antiken Kultur überhaupt« vorlegen,[49] und für Harnack war die Vä-
terausgabe das entscheidende Instrument zur historisch zuverlässigen Re-

schen Akademie der Wissenschaften 1890, S. 788–791, zitiert nach HARNACK, Kleine Schriften 1
(wie Anm. 31) S. 1–4, S. 3, = NOWAK, Harnack als Zeitgenosse (wie Anm. 6) S. 976–982, S. 979:
»Die Durchforschung der patristischen Litteratur hat seit den Tagen der gelehrten Benedictiner
und Jansenisten nur in Bezug auf das zweite Jahrhundert und die lateinischen Schriftsteller erhebliche Fortschritte gemacht. Noch immer gleichen weite Strecken dieser Litteratur nicht einem
gepflegten Garten, sondern einem Urwalde, den man sich zu betreten scheut«, und Harnacks
Antrag vom 22. Januar 1890: »Es sollen alle litterarischen Denkmäler des ältesten Christenthums
von seiner Entstehung bis zur Begründung der Reichskirche durch Konstantin (abgesehen von
dem Neuen Testament und den lateinischen Quellenschriften) herausgegeben werden«: Akademie der Wissenschaften Berlin-Brandenburg, Kommission für spätantike Religionsgeschichte,
II–VIII, 167, Bl. 1.
   [47] Sitzungsberichte der Preußischen Akademie der Wissenschaften 1858, S. 393–395; zitiert
nach MOMMSEN, Reden und Aufsätze (wie Anm. 31) S. 35–38, S. 37.
   [48] Vgl. ADOLF HARNACK und THEODOR MOMMSEN, Zu Apostelgesch. 28, 16 (Στρατοπεδάρχης
= Princeps peregrinorum), in: Sitzungsberichte der Preußischen Akademie der Wissenschaften
1895, S. 491–503, = HARNACK, Kleine Schriften 1 (wie Anm. 31) S. 234–246; MOMMSEN, Gesammelte Schriften 6 (wie Anm. 20) S. 546–554; ADOLF HARNACK und THEODOR MOMMSEN, Der ge-
fälschte Brief des Bischofs Theonas an den Oberkammerherrn Lucian, in: Texte und Untersuchungen, Neue Folge IX 3, Leipzig 1903, S. 93–117; vgl. MOMMSEN, Gesammelte Schriften 6
(wie Anm. 20) S. 649–652. Harnack und Wilamowitz kooperierten bei der Edition der Fragmente von Porphyrius ›Gegen die Christen‹, vgl. HARNACK, Kleine Schriften 2 (wie Anm. 31) S. 463,
sowie DUMMER, Wilamowitz (wie Anm. 11) S. 253.
   [49] Brief vom 8. Mai 1897, vgl. DUMMER, Wilamowitz (wie Anm. 11) Nr. III, S. 362; vgl. seinen
Brief vom 25. April 1909: »Am Ende wird die Reihe der altchristlichen Texte doch eine Etappe
in der Geschichte der Wissenschaft sein, und manche Schriften brauchen 300 Jahre nicht neu gedruckt zu werden«, ebd. Nr. XI, S. 377.

konstruktion der »paläontologischen Schicht des Christentums«[50] und seiner theologisch-dogmatischen Konditionierung. Also las er die patristischen Texte eher »als Urkunden (…) denn als literarische Werke«[51] und schrieb mit seiner ›Geschichte der altchristlichen Literatur bis Eusebius‹ keine theologische Formengeschichte, wie sie Franz Overbeck eingefordert hatte,[52] oder eine altchristliche Literaturgeschichte, wie sie Wilamowitz vorlegte,[53] sondern eine Dokumentengeschichte der frühen Kirche.[54]

Wilamowitz wurde Anfang Mai 1897 unmittelbar nach seiner Berufung auf das Berliner Ordinariat Mitglied der Kirchenväterkommission, der damals neben Mommsen und Harnack noch Hermann Diels, Oskar von Gebhardt und Friedrich Loofs angehörten.[55] Damit hatte man den führenden deutschen Gräzisten gewonnen, der in den fast dreieinhalb Jahrzehnten seiner Mitgliedschaft dem Unternehmen wichtige personelle und inhaltliche Impulse gab, der sich aber auch nie zu schade war, die entsagungsvolle Korrektur einzelner abgeschlossener Manuskripte zu übernehmen. Vor allem

---

[50] Den Begriff benutzte Harnack zum ersten Mal für die christliche Literatur bis auf Eusebius in seinem Bericht über die Tätigkeit für die Jahre 1891 bis 1915, vgl. Sitzungsberichte der Preußischen Akademie der Wissenschaften 1916, S. 104-112, S. 105, = Harnack, Kleine Schriften 1 (wie Anm. 31) S. 349; Nowak, Harnack als Zeitgenosse (wie Anm. 6) S. 1079; vgl. hierzu Jürgen Dummer in: Harnack, Kleine Schriften 1 (wie Anm. 31) S. XI mit Anm. 58.

[51] Vgl. seinen Brief an Wilamowitz vom 30. März 1916 im Zusammenhang mit der Edition der Fragmente der Schrift κατὰ Χριστιανῶν des Porphyrius, Niedersächsische Staats- und Universitätsbibliothek Göttingen, Nachlaß Wilamowitz.

[52] Vgl. bes. Franz Overbeck, Über die Anfänge der patristischen Literatur, in: Historische Zeitschrift 48 (1882) S. 417-472, als Einzelveröffentlichung Darmstadt 1954.

[53] Als Teil seiner Darstellung ›Die griechische Literatur des Altertums‹ (wie Anm. 32).

[54] Noch 1927, als Harnack in öffentlicher Sitzung über die Kirchenväterausgabe der Akademie Bericht erstattete, definierte er die altchristliche Literaturgeschichte als Dokumentengeschichte, »wie die Literaturgeschichte des römischen Rechts oder die Literaturgeschichte der griechischen Philosophie«, Adolf Harnack, Die Ausgabe der griechischen Kirchenväter der drei ersten Jahrhunderte (1916-1921), in: Sitzungsberichte der Preußischen Akademie der Wissenschaften 1927, S. XXVI-XXX, S. XXVII, = Harnack, Kleine Schriften 2 (wie Anm. 31) S. 358; Nowak, Harnack als Zeitgenosse (wie Anm. 6) S. 1128. Es ist hier nicht der Ort, die damit verbundenen grundlegenden methodischen Probleme zu reflektieren; ich verweise nur auf Reinhart Herzog, Einführung in die lateinische Literatur der Spätantike, in: Handbuch der lateinischen Literatur der Antike 5: Restauration und Erneuerung 284-374 n. Chr., München 1989, S. 38 f.; May, Konzept (wie Anm. 29) S. 15 ff.; Martin Tetz, Über Formengeschichte in der Kirchengeschichte, in: Theologische Zeitschrift 17 (1961) S. 413-431; ders., Altchristliche Literaturgeschichte – Patrologie, in: Theologische Rundschau 32 (1967) S. 1-42, sowie Mark Vessey, Patristics and Literary History, in: Journal of Literature and Theology 5 (1991) S. 341-354.

[55] Vgl. Dummer, Wilamowitz (wie Anm. 11) Nr. II, S. 361 f., und das Original des Briefes von Harnack vom 7. Mai 1897 in der Niedersächsischen Staats- und Universitätsbibliothek Göttingen, Nachlaß Wilamowitz.

setzte er sich energisch dafür ein, den zeitlichen Rahmen des Unternehmens zu erweitern; auf seine Initiative ist zurückzuführen, daß 1902 die Kirchenhistoriker des fünften Jahrhunderts in das Editionsprogramm aufgenommen wurden.[56] Doch schon vor seiner Kooptation hatte er, sozusagen als »stiller Teilhaber«[57] von Göttingen aus, Anteil an dem Editionsvorhaben genommen und sich mit Erfolg für die Mitarbeit des finnischen Klassischen Philologen Ivar August Heikel eingesetzt.[58]

Kaum Mitglied der interdisziplinär besetzten Kommission, griff Wilamowitz die damals in der wissenschaftlichen Öffentlichkeit geführte Diskussion auf, ob dem Theologen oder aber dem Philologen die eigentliche Kompetenz bei der Edition antiker christlicher Texte zukomme. Mit Hermann Usener war Wilamowitz der Auffassung, daß die Theologen »ihr besonderes Griechisch« hätten, das »zur Herausgabe griechischer Kirchenväter« nicht genüge.[59] Im konkreten Fall kam für Wilamowitz erschwerend hinzu, daß Harnack in seinen Augen kein Griechisch verstand.[60] Diese Auffassung teilten nicht nur die Philologen Eduard Schwartz und Richard Reitzenstein, sondern auch der Alttestamentler Julius Wellhausen.[61] Hermann Usener erregte sich schon 1892 über »ein monstrum grammaticum wie σκελοκοφθῇ«, das sich Harnack bei der Edition eines Evangelienfragmentes geleistet hatte,

---

[56] Vgl. seinen Brief an Hans Lietzmann vom 13. Juli 1906 in: Glanz und Niedergang der deutschen Universität. 50 Jahre deutscher Wissenschaftsgeschichte in Briefen an und von Hans Lietzmann (1892–1942), hg. v. KURT ALAND, Berlin/New York 1979, Nr. 137, S. 239 f.

[57] Vgl. die Wendung in Harnacks Brief an Wilamowitz vom 8. Mai 1897, DUMMER, Wilamowitz (wie Anm. 11) S. 361.

[58] Vgl. DUMMER, Wilamowitz (wie Anm. 11) S. 360; FRIEDHELM WINKELMANN, Ivar August Heikels Korrespondenz mit Hermann Diels, Adolf Harnack und Ulrich von Wilamowitz-Moellendorff, in: Klio 67 (1985) S. 568–587, sowie WILAMOWITZ, Erinnerungen (wie Anm. 14) S. 226.

[59] Hermann Diels, Hermann Usener, Eduard Zeller. Briefwechsel, hg. v. DIETRICH EHLERS, 2 Bde., Berlin 1992, Bd. 1, Nr. 266, S. 443; vgl. ebd. Nr. 277, S. 456 (Useners Brief vom 21. Februar 1893), sowie ZAHN-HARNACK, Harnack (wie Anm. 4) S. 262: »Für die Philologen war es ein unwillkommener Zustand, daß ein Theologe an der Spitze eines Unternehmens stand, welches hauptsächlich mit den Mitteln der philologischen Wissenschaft zu arbeiten hatte«.

[60] So Harnack in einem Brief an Adolf Jülicher vom 5. April 1889, Universitätsbibliothek Marburg, Nachlaß Jülicher, MS. 695/381: »Nun hat Wilamowitz dem sel. Ritschl u. Anderen gegenüber das Urtheil ausgesprochen, ich verstünde kein Griechisch, und dieses Urtheil ist dann mit der Kraft der fama weiterbefördert worden. Ich halte dieses Urtheil für ganz richtig; denn ich habe außer dem Griechischen so vieles Andere treiben müssen, daß ich in der That weniger davon verstehe, als ich in meinem Amte verstehen müßte. Allein diejenigen, welche dieses Urtheil weiter befördern, haben selten eine Ahnung davon, an welchen Maßstäben es bemessen ist«.

[61] Vgl. Glanz und Niedergang (wie Anm. 56) Nr. 179, S. 268; EDUARD SCHWARTZ, Rede auf Hermann Usener, in: Nachrichten von der Königl. Gesellschaft der Wissenschaften zu Göttingen, Geschäftliche Mitteilungen 1906, S. 1–14, zitiert nach: EDUARD SCHWARTZ, Gesammelte Schriften 1, Berlin 1938, S. 301–315, S. 312 f.; ZAHN-HARNACK, Harnack (wie Anm. 4) S. 263.

obgleich die korrekte Form σκελοκοπηθῇ, wie Usener betonte, sogar in der Handschrift gestanden habe.[62] Noch 1915 klagte Harnack in einem Brief an Karl Holl, daß von philologischer Seite seit Jahren ein energischer Krieg geführt werde, »ja nicht nur gegen meine Arbeiten, sondern gegen meine ganze Stellung in der Wissenschaft«.[63]

In der Tat sah Wilamowitz nicht nur durch Harnacks ungenügende philologische Kompetenz sein Postulat, das Christentum als »Erzeugnis der Kultur der alexandrinisch-caesarischen Welt«[64] zu studieren, ernsthaft gefährdet. Hinzu trat, daß er dem Ritschlschüler Harnack a priori methodische Voreingenommenheit unterstellte: »Sie bleiben christliche Theologen: es ist ihnen unmöglich, den heiligen Geist als eine rein mythische Figur zuzulassen: sie verflüchtigen ihn im Dogma«, schrieb er 1889 an Mommsen.[65] Tatsächlich fand Harnack nur bedingt Zugang zu den religionsgeschichtlichen Forschungen seiner Zeit. Untersuchungen, wie etwa Hermann Useners bahnbrechender Arbeit über ›Das Weihnachtsfest‹ von 1889, warf er mangelnde Kenntnis der einschlägigen theologischen Literatur vor;[66] zudem widersprach er der Benutzung paganer Quellen für die Interpretation urchristlicher Zeugnisse und forderte die stärkere Berücksichtigung der jüdischen Tradition.[67] Grundsätzlich unterstrich er die Individualität religiöser Aus-

---

[62] EHLERS, Diels, Usener, Zeller 1 (wie Anm. 59) Nr. 266, S. 443. Useners Einwand richtete sich gegen ADOLF HARNACK, Bruchstücke des Evangeliums und der Apokalypse des Petrus, Texte und Untersuchungen IX 2, Leipzig 1893, S. 9, § 14, wo sich allerdings die richtige Verbform findet, denn Usener hatte an Harnack gleich nach dem Empfang des Manuskriptes geschrieben, »um ihm einige Berichtigungen zu geben«, ebd.

[63] Vgl. ZAHN-HARNACK, Harnack (wie Anm. 4) S. 263. Vgl. auch seinen Brief an Martin Rade vom 5. Dezember 1912: Der Briefwechsel zwischen Adolf von Harnack und Martin Rade. Theologie auf dem öffentlichen Markt, hg. u. kommentiert v. JOHANNA JANTSCH, Berlin/New York 1996, Nr. 261, S. 444, wo von der »philologischen Unfreundlichkeit« die Rede ist, mit der die ersten drei Bände der Kirchenväterausgabe »geschulmeistert« worden seien.

[64] HILLER VON GAERTRINGEN, Mommsen u. Wilamowitz (wie Anm. 11) Nr. 289, S. 374.

[65] Ebd. Nr. 289, S. 374 (Brief vom 12. Mai 1889).

[66] Vgl. hierzu auch Harnacks Kritik an dem Usener-Schüler Eduard Schwartz, den er für einen »entsetzlich hochmüthigen Burschen« hielt, der »alle Unarten eines hochmüthigen Philologen« in sich vereinige und sich vor allem durch »die eigenthümliche Haltung« auszeichne, »seinem Verdienste alle Erkenntnisse zuzuschreiben, die er auf Gebieten fördert, die bisher kein Philologe bearbeitet hat; denn Theologen existiren nicht, u. was sie gefunden haben, haben sie als blinde Hühner gefunden, so daß jeder Philologe berechtigt ist, es noch einmal zu entdekken«, Brief an Jülicher vom 5. April 1889, Universitätsbibliothek Marburg, Nachlaß Jülicher, Ms. 695/382.

[67] Vgl. Theologische Literaturzeitung 14 (1889) S. 199–212. Zu Wilamowitz' keineswegs unkritischem Verhältnis zu Usener vgl. HENRICHS, Religionsgeschichte (wie Anm. 36) S. 278 ff., und: Usener und Wilamowitz. Ein Briefwechsel 1870–1905, hg. v. WILLIAM M. CALDER III, Stuttgart/Leipzig 1994².

drucks- und Erscheinungsformen und unterstellte der Religionsgeschichtlichen Schule die Vernachlässigung des Wandels religiöser Aussagen.[68] Ihm
mißfiel die These, wie er an Martin Rade schrieb, daß das Christentum »aus
einem hellenischen Winkelkult« entstanden sei.[69]

Folglich ließen Konflikte nicht lange auf sich warten. Zunächst war man
unterschiedlicher Meinung, in welchem Umfange die Katenen-Überlieferung
für die Textkonstituierung Berücksichtigung finden müsse.[70] 1899 spielte in
der polemisch geführten Diskussion um Paul Koetschaus Edition der Orige-
nesschrift ›Contra Celsum‹ die philologische Kritik an der theologischen
Leitung der Kirchenväterkommission eine wichtige Rolle.[71] Wenig später
entzweite man sich über die Gestaltung der Ausgabe der Kirchengeschichte
des Eusebius, die von Schwartz betreut wurde, während Mommsen die lateinische Übersetzung und Fortführung durch Rufin edierte. Mommsen ok-
troyierte damals den opponierenden Kommissionsmitgliedern seine Vorstellungen. Wilamowitz räsonnierte noch Jahre später über diesen Eklat. In einem Brief an Werner Jaeger aus dem Jahr 1928 heißt es: »Und was sagt der
Rufin neben dem Eusebius von Schwartz? Mommsen ist lediglich von Harnack vor dessen Wagen gespannt. Er hat das Christentum ignoriert«.[72]

---

[68] Vgl. allg. CARSTEN COLPE, Bemerkungen zu Adolf Harnacks Einschätzung der Disziplin
›Allgemeine Religionsgeschichte‹, in: Neue Zeitschrift für systematische Theologie und Religi-
onsphilosophie 6 (1964) S. 51–69; JOHANNA JANTSCH, Die Entstehung des Christentums bei
Adolf von Harnack und Eduard Meyer, Bonn 1990, S. 144 ff.; JANTSCH, Briefwechsel Harnack-
Rade (wie Anm. 63) S. 96 f.; GERD LÜDEMANN, Das Wissenschaftsverständnis der Religionsgeschichtlichen Schule im Rahmen des Kulturprotestantismus, in: Kulturprotestantismus. Beiträge zu einer Gestalt des modernen Christentums, hg. v. HANS MARTIN MÜLLER, Gütersloh 1991,
S. 78–107, bes. S. 95 f., S. 99 ff. u. S. 104 f.; MAY, Konzept (wie Anm. 29) S. 9 f.; ARNALDO MOMI-
GLIANO, Wege in die Alte Welt, Berlin 1991, S. 141 ff. u. S. 159 ff. (Originalveröffentlichung
1982); KURT RUDOLPH, Eduard Nordens Bedeutung für die frühchristliche Religionsgeschichte,
unter besonderer Berücksichtigung der ›Religionsgeschichtlichen Schule‹, in: Eduard Norden
(1868–1941). Ein deutscher Gelehrter jüdischer Herkunft, hg. v. BERNHARD KYTZLER u. a., Stuttgart 1994, S. 83–106, bes. S. 93 f.; HANS DIETER BETZ, Eduard Norden und die frühchristliche
Literatur, in: ebd. S. 107–127, bes. S. 119 ff., mit weiterer Literatur sowie REBENICH, Mommsen
und Harnack (wie Anm. 4) Nr. 177 mit Anm. 3.

[69] JANTSCH, Briefwechsel Harnack-Rade (wie Anm. 63) Nr. 471, S. 659 (Brief vom 30. August
1910).

[70] Vgl. DUMMER, Wilamowitz (wie Anm. 11) S. 363 ff., und Glanz und Niedergang (wie
Anm. 56) S. 15 ff. mit den dort zitierten einschlägigen Schreiben, aus denen hervorgeht, daß
Harnack seine ursprüngliche Position, die Ergebnisse der Katenenforschung nicht abzuwarten,
später revidierte.

[71] Vgl. REBENICH, Mommsen und Harnack (wie Anm. 4) S. 190 ff.

[72] WILLIAM M. CALDER III, Ulrich von Wilamowitz-Moellendorff: Selected Correspondence
1869–1931, Neapel 1983, S. 211 (Brief vom 15. Dezember 1928). Zum Hintergrund vgl. REBE-
NICH, Mommsen und Harnack (wie Anm. 4) S. 198 ff.

III. Der Streit um Mommsens Erbe

Wilamowitz hatte mithin Mommsens Beispiel vor Augen, als er den ›Despotismus‹ der Direktoren harsch kritisierte, gegen den die einfachen Mitglieder der akademischen Kommissionen nur schwerlich etwas auszurichten vermochten.[73] Er wußte, wovon er sprach, hatte er doch aus methodischen, finanziellen und organisatorischen Gründen gegen weitausgreifende Projekte seines Schwiegervaters Front gemacht, die monumentale, ja gigantomanische Züge tragen und den ungebrochenen positivistischen Glauben an wissenschaftlichen Erkenntniszuwachs durch umfassende Quelleneditionen spiegeln. Wilamowitz hingegen sah in ihnen eine Gefahr für den Fortschritt der Wissenschaft. Mommsen indes ließ sich nur schwer von seinen großen Vorhaben abbringen. Dabei verstand er es, durch die Verbindung mit Harnack seinen ohnehin schon beträchtlichen Einfluß auf die Wissenschaftspolitik der Preußischen Akademie noch zu steigern. Ein hervorragendes Beispiel ist Mommsens letztes Großprojekt, die ›Prosopographia Imperii Romani saec. IV.V.VI.‹[74] Loyal und vorbehaltlos machte sich Harnack Mommsens Vorgaben zu eigen; wissenschaftspolitisch äußerst geschickt realisierte man das Unternehmen. Um die weiteren Schritte zu koordinieren und um möglichen Widerständen schon im Vorfeld zu begegnen, arbeiteten Mommsen und Harnack eng zusammen. Das groß angelegte interdisziplinäre Vorhaben, das ein grundlegendes personenkundliches Arbeitsinstrument für Profan- und Kirchenhistoriker sowie Theologen und Philologen zuwege bringen wollte, scheiterte letztlich an dem zu weit gesteckten Ziel, das Mommsen zu verantworten hatte. Wilamowitz hingegen versuchte, das Projekt zu verhindern, da er es für undurchführbar erachtete und das hierfür ausgegebene Geld für editorische Aufgaben verwendet sehen wollte.[75] Aber er vermied die direkte Konfrontation und äußerte nur in der Akademie Bedenken gegen

---

[73] Vgl. Wilamowitz' Brief an Eduard Schwartz vom 15. November 1901: The Preserved Letters of Ulrich von Wilamowitz-Moellendorff to Eduard Schwartz, hg. v. WILLIAM M. CALDER III u. ROBERT L. FOWLER (Sitzungsberichte der Bayerischen Akademie der Wissenschaften, Phil.-hist. Klasse, Jahrgang 1986, H. 1) S. 31.

[74] Dazu ausführlich REBENICH, Mommsen und Harnack (wie Anm. 4) S. 247 ff., sowie STEFAN REBENICH, Mommsen, Harnack und die Prosopographie der Spätantike, in: Studia Patristica 29: Papers Presented at the Twelfth International Conference on Patristic Studies Held in Oxford 1995, Leuven 1997, S. 109–118.

[75] Vgl. Wilamowitz' Brief an Eduard Schwartz vom 10. Mai 1904: CALDER u. FOWLER, Briefwechsel Wilamowitz–Schwartz (wie Anm. 73) S. 57.

das finanziell bedenkliche, »chaotische«[76] und »uferlose«[77] Unternehmen, als weder Mommsen noch Harnack zugegen waren. Mommsen sah in der Opposition seines Schwiegersohns vor allem einen persönlichen Affront. »Ihre treue Freundschaft«, schrieb er in diesen Tagen an Harnack, »ist mir ein innerlicher Halt und ich brauche ihn«.[78]

Nicht nur dieses Unternehmen unterstützte Harnack. Allen Vorhaben Mommsens ließ er seine Hilfe und Fürsprache angedeihen. Darüber hinaus zeigte er im gelehrten Diskurs deutlich seinen Respekt vor der wissenschaftlichen Autorität und Reputation des älteren Kollegen,[79] von dem gelernt zu haben er offen aussprach.[80] Mommsen wiederum wandte sich häufig in wissenschaftlichen Fragen an Harnack, der in seinen Augen »mit allen christlichen Dingen au courant« war.[81] Je vertrauter der Umgang mit Harnack, desto gespannter wurde die Beziehung zu Wilamowitz,[82] den Mommsen als jungen Wissenschaftler intensiv gefördert hatte, der seit dem 20. September 1878 sein Schwiegersohn war und mit dem er bis zu seinem Tod im gelehrten Austausch stand.[83] Auch in der Wissenschaft ging man immer häufiger ge-

---

[76] REBENICH, Mommsen und Harnack (wie Anm. 4) Nr. 230 (Brief vom 29. November 1901).

[77] WILAMOWITZ, Erinnerungen (wie Anm. 14) S. 306.

[78] Vgl. REBENICH, Mommsen und Harnack (wie Anm. 4) Nr. 230. Dies ist im übrigen der einzige Brief Mommsens an Harnack, in dem Wilamowitz Erwähnung findet. Zum Motiv der ›treuen Freundschaft‹ vgl. auch die Briefe Nr. 112 u. 140.

[79] Man beachte in diesem Zusammenhang die kontroversen Diskussionen um die Abercius-Inschrift: REBENICH, Mommsen und Harnack (wie Anm. 4) Nr. 39 u. Nr. 44–46, und die Ordinationen im *Liber pontificalis* (ebd. Nr. 107–113) oder die Behandlung der Schmidt-Spiegelberg-Affäre, ebd. Nr. 167; Nr. 171 f.; Nr. 175–178.

[80] Vgl. ADOLF HARNACK, Eine bisher nicht erkannte Schrift des Papstes Sixtus II. vom Jahre 257/8, Texte und Untersuchungen XIII 1, Leipzig 1895, S. 1–70. Die Darstellung hatte Harnack mit folgenden Worten Theodor Mommsen gewidmet: »Seit Jahren haben Sie, hochverehrter Herr Kollege, vom Mittelpunkte des weiten Gebiets aus, das Sie beherrschen, den Limes ins Auge gefasst, den massiven aus Holz und Stein, aber auch jene Grenze, an der sich die Kirchengeschichte und ihre Litteratur mit der profanen berührt. Das jüngste Unternehmen unserer Akademie, die Herausgabe der vornicänischen griechischen Kirchenschriftsteller, ist von Ihnen zuerst geplant worden, und Sie vor Allen haben es ins Leben gerufen. Es ist mir ein Bedürfnis, Ihnen dafür herzlichen Dank auszusprechen und in diesen Dank alles das einzuschliessen, was ich aus Ihren Arbeiten und von Ihrer Arbeitsweise gelernt und im persönlichen Verkehr empfangen habe: nehmen Sie, bitte ich, die folgende Abhandlung, deren Abschluss in die Geburtsstunde unseres Unternehmens gefallen ist, freundlich auf als ein Zeichen der herzlichen Verehrung«.

[81] Vgl. REBENICH, Mommsen und Harnack (wie Anm. 4) Nr. 45.

[82] Hierzu ist grundlegend JÜRGEN MALITZ, Theodor Mommsen und Wilamowitz, in: Wilamowitz nach 50 Jahren (wie Anm. 4) S. 31–55, der alle wichtigen Zeugnisse zusammengetragen und ausgewertet hat; vgl. auch LOTHAR WICKERT, Theodor Mommsen. Eine Biographie, 4 Bde., Frankfurt a. M. 1959–80, Bd. 4, S. 28 f. mit Anm. 17a.

[83] Vgl. HILLER VON GAERTRINGEN, Briefwechsel Mommsen-Wilamowitz (wie Anm. 11). Der Briefwechsel war jedoch seit Wilamowitz' Berufung nach Berlin im Jahr 1896 weniger rege.

trennte Wege. So lehnte Mommsen 1891 Wilamowitz' ›Hippolytos‹[84] scharf ab; die Einwände, die er polemisch vortrug,[85] verletzten seinen Schwiegersohn tief, der zunehmend über Mommsens herrische »Caesarnatur« klagte und bekundete, dieser habe keine Achtung vor dem Gesetz gekannt und die Personen nicht respektiert.[86] In seinen Erinnerungen, die 1928 erschienen und die für ein größeres Publikum bestimmt waren, begnügte sich Wilamowitz noch damit, die Distanz anzudeuten, die zwischen ihm und seinem Schwiegervater bestanden hatte.[87] Im familiären Kreis und in seiner ebenfalls 1928 verfaßten lateinischen Autobiographie schlug er deutlichere Töne an; dort fiel auch das böse Wort von der »impotentia et vini et linguae et ambitionis«, die er an seinem Schwiegervater verabscheut habe.[88]

Mommsen jedenfalls wandte sich seit 1888 »bewundernd dem aufsteigenden Stern Adolf Harnacks« zu.[89] Als Wilamowitz zum Sommersemester 1897 nach schwierigen und mühsamen Verhandlungen an die Friedrich-Wilhelms-Universität wechselte,[90] war Mommsen gealtert und, wie Eduard Schwartz bemerkte, »im Banne neuer Freundschaften«.[91] Gemeint ist selbst-

---

[84] Euripides, Hippolytos. Griechisch und deutsch von ULRICH VON WILAMOWITZ-MOELLENDORFF, Berlin 1891.

[85] Vgl. die Beilage zu Mommsens Brief vom 17. September 1891: HILLER VON GAERTRINGEN, Briefwechsel Mommsen-Wilamowitz (wie Anm. 11) Nr. 343, S. 426–429, sowie CALDER, Studies (wie Anm. 28) S. 172 ff. Zu einem weiteren Dissens vgl. KARL CHRIST, ›…die schwere Ungerechtigkeit gegen Augustus‹. Augustus, Mommsen und Wilamowitz, in: Tria corda. Scritti in onore di Arnaldo Momigliano, Como 1983, S. 89–100, der Wilamowitz' negative Bewertung von Mommsens Augustusbild untersucht.

[86] Vgl. CALDER, Selected Correspondence (wie Anm. 72) S. 184 (Brief vom Dezember 1917) und CALDER u. FOWLER, Briefwechsel Wilamowitz-Schwartz (wie Anm. 73) S. 31: Brief vom 15. November 1901.

[87] Vgl. CALDER, Studies (wie Anm. 28) S. 158 Anm. 74.

[88] CALDER, Studies (wie Anm. 28) S. 147–164, S. 159.

[89] So lautet eine Formulierung Werner Jaegers, vgl. CALDER, Selected Correspondence (wie Anm. 72) S. 185 Anm. 105.

[90] Vgl. die einschlägigen Dokumente in Berufungspolitik (wie Anm. 7), v. a. die Briefe Nr. 55 bis 60 sowie Anm. 475, und HILLER VON GAERTRINGEN, Briefwechsel Mommsen-Wilamowitz (wie Anm. 11) Nr. 132, S. 153 f.; Nr. 137, S. 156 f.; Nr. 416 ff., S. 510 ff.; »Lieber Prinz«. Der Briefwechsel zwischen Hermann Diels und Ulrich von Wilamowitz-Moellendorff (1869–1921), hg. v. MAXIMILIAN BRAUN, WILLIAM M. CALDER III, DIETRICH EHLERS, Hildesheim 1995, Nr. 60 ff., S. 104 ff., sowie WILAMOWITZ, Erinnerungen (wie Anm. 14) S. 245 ff. und, WILLIAM M. CALDER III, Die Rolle Friedrich Althoffs bei den Berufungen von Ulrich von Wilamowitz-Moellendorff, in: VOM BROCKE, Wissenschaftsgeschichte (wie Anm. 7) S. 251–266, S. 260 ff.

[91] EDUARD SCHWARTZ, Ulrich von Wilamowitz-Moellendorff, in: Jahrbuch der Bayerischen Akademie der Wissenschaften 1932, S. 29–41, zitiert nach EDUARD SCHWARTZ, Gesammelte Schriften 1: Vergangene Gegenwärtigkeiten, Berlin 1938, S. 368–382, S. 374. In Emil Jacobs' Aufzeichnungen über Mommsens Beteiligung an den ›Musenklängen aus Deutschlands Leierkasten‹ – vgl. ZANGEMEISTER-JACOBS, Schriftsteller (wie Anm. 3) Nr. 127 – heißt es: »Wilamowitz

redend Adolf Harnack. Was begründete nun diese Freundschaft? Zunächst achtete Mommsen den Wissenschaftler. Schon 1889 schrieb er an seinen Schwiegersohn, nachdem er Harnacks Besprechung von Useners religionsgeschichtlicher Abhandlung über das Weihnachtsfest gelesen hatte, »Harnack gefällt mir überhaupt gut«.[92] Die Achtung vor der wissenschaftlichen Kompetenz, dem unermüdlichen Fleiß und der methodischen Zuverlässigkeit begründete eine gelehrte Freundschaft, die durch persönliche Sympathien vertieft wurde. In diesem Zusammenhang ist bezeichnend, daß man Wilamowitz im Gegensatz zu Harnack nur selten in der Öffentlichkeit an Mommsens Seite sah. Akademisch-gesellschaftlichen Zirkeln wie der Graeca,[93] die Mommsen und Harnack gemeinsam besuchten, blieb Wilamowitz fern: In solche Kreise, schrieb er später, habe er nicht gepaßt.[94]

Doch bald trat auf Mommsens Seite die Erkenntnis hinzu, in Harnack einen ›wissenschaftlichen Typus‹ gefunden zu haben, der, so meinte Werner Jaeger, ihm näher war als der Wilamowitzsche.[95] Hierher gehört die beiden gemeinsame Entschlossenheit, wissenschaftliche Großunternehmen nicht nur zu inaugurieren, sondern auch so zu konzipieren, daß sie abgeschlossen werden konnten. Nicht um jeden Preis sollten weitausgreifende editorische Vorstudien betrieben und Erkenntnisfortschritte abgewartet werden; lieber nahm man das Risiko in Kauf, später nachbessern zu müssen. Anders gewendet: Man hatte den Mut, sich Blößen zu geben, wie Harnack an Adolf Jüli-

---

hat das Manuscript meines ›Theodor Mommsen als Schriftsteller‹ gesehen und mit mir durchgesprochen (Ich bin sein Schüler und habe ihm zeitlebens nahe gestanden). Ihn interessierten die Mommsenschen Allotria sehr, sehr wenig. Wenn Wilamowitz und seine Gattin von der in ihrem Hause nicht lebenden Tradition sprechen, so hat doch diese Tradition im Hause Mommsen bestanden. Ich stelle – vertraulich – fest, daß Wilamowitz' Verhältnis zu Theodor Mommsen und seinem Hause seit Wilamowitz' Übersiedlung von Göttingen nach Berlin sich kühler (gelinde gesagt) gestaltet hat, wohl ohne seine Schuld: zwischen Mommsen und ihm stand ein Dritter«: Staatsbibliothek Berlin, Nachlaß Emil Jacobs Nr. 61. Als »Dritten« kann Jacobs nur Harnack bezeichnet haben.

[92] Vgl. Hiller von Gaertringen, Briefwechsel Mommsen-Wilamowitz (wie Anm. 11) Nr. 288, S. 373.

[93] Vgl. Wickert, Mommsen 4 (wie Anm. 82) S. 34 ff.; Richard Schöne, Erinnerungen an Theodor Mommsen zum 30. November 1917, hg. v. Hermann Schöne, Münster 1923, S. 20 f., sowie Eckart Mensching, Über Hermann Diels und die Berliner Graeca, in: Latein und Griechisch in Berlin und Brandenburg 38 (1994) S. 150–167 und 39 (1995) S. 12–42, = ders., in: Nugae zur Philologiegeschichte 8, Berlin 1995, S. 9–57.

[94] Vgl. Wilamowitz, Erinnerungen (wie Anm. 14) S. 246. Folglich gründete und leitete er »seine« eigene Graeca, »eine Pflegestätte schwerster Gelehrsamkeit«, Wickert, Mommsen 4 (wie Anm. 82) S. 254 Anm. 24. Vgl. William M. Calder III, The Members of Wilamowitz' Graeca, in: Quaderni di Storia 29 (1989) S. 133–139.

[95] Vgl. Calder, Selected Correspondence (wie Anm. 72) S. 185 Anm. 105.

cher schrieb, »denn ich sehe nicht ein, wie wir vorwärts kommen sollen, wenn man jenen Muth nicht besitzt«.[96] So wischte Harnack im Dezember 1897 Wilamowitz' durchaus berechtigten Einwand, für die Rekonstruktion der frühchristlichen Überlieferung müßten die Katenen ausgewertet werden, nicht zuletzt mit dem Argument vom Tisch, daß es darauf ankomme, in spätestens zwanzig Jahren die Kirchenväterausgabe abgeschlossen zu haben. Wenn es ihnen gelänge, in diesem Zeitraum alles zusammenzutragen, »was wir von der Litteratur des vorkonstantinischen Christenthums besitzen, (…) können wir m.E. das Verdict tragen, daß wir noch Vollkommeneres geleistet hätten, wenn wir 50 Jahre gearbeitet hätten«.[97] Ebendiese Sicht eignete auch Mommsen, der Hermann Usener zu denjenigen Wissenschaftlern zählte, »qui sibi, non aliis discunt«. Unzweideutig setzte er hinzu: »Das Fertigmachen ist auch ein Teil der Tüchtigkeit«.[98] Wilamowitz war hier vorsichtiger, skrupulöser. Harnack als verantwortlicher Leiter der Kirchenväterkommission war ihm auch deshalb suspekt, weil dieser »mehr für die Fixigkeit als für die Richtigkeit« sei.[99] Die Prosopographie der Spätantike, die ins Werk gesetzt wurde, weil Mommsen, »der Altmeister der historischen Wissenschaft« ex cathedra erklärt hatte, »der Zeitpunkt sei gekommen, um die Geschichte des 4.–6. Jahrhunderts von der Vernachlässigung zu befreien, in der sie liegt«,[100] hielt er für verfrüht, da ein großer Teil des einschlägigen patristischen Materials noch unveröffentlicht war.[101] Überhaupt teilte er nicht die

---

[96] Brief vom 5. April 1889 (Universitätsbibliothek Marburg, Nachlaß Jülicher, Ms. 695/382).

[97] Brief vom 8. Dezember 1897, Niedersächsische Staats- u. Universitätsbibliothek Göttingen, Nachlaß Wilamowitz. Vgl. auch Harnacks Rechtfertigung seiner Edition der Porphyriusfragmente gegen Wilamowitz' Einwände: »Ich glaubte, jetzt endlich müßte einmal eine Sammlung vorgelegt werden; denn in unserer kirchengeschichtlichen Vulgata tritt Porphyrius ganz ungebührlich zurück, weil man ihn nicht hat u. kennt. Zu warten, bis im Zusammenhang der Opp. omnia die Sammlung der Fragmente edirt werden werde, schien mir im Interesse der Sache nicht richtig. Ich sehe diese Sammlung, wie ich sie geben kann, als einen Baustein an für die große Gesammtausgabe. Natürlich bin ich mir bewußt, philologisch-literarisch nur etwas sehr Unvollkommenes liefern zu können u. sehe in diesem Sinn der Kritik entgegen; aber die Erwägung, daß für das eigentlich historisch Wertvolle die Hauptsache schon jetzt einigermassen geleistet werden kann, läßt mich den Versuch wagen«: Brief vom 30. März 1916; ebd.

[98] HILLER VON GAERTRINGEN, Briefwechsel Mommsen-Wilamowitz (wie Anm. 11) Nr. 65, S. 77 (Brief vom 6. November 1979).

[99] Brief vom 30. Juni 1894, ebd. Nr. 396, S. 497.

[100] Vgl. Harnacks Rundschreiben an die deutschen Kirchenhistoriker vom Frühjahr 1901, Akademie der Wissenschaften Berlin-Brandenburg, Kirchenväterkommission Nr. 1, Bl. 56; die gedruckte Fassung des Rundschreibens findet sich im Nachlaß Loofs in der Universitäts- und Landesbibliothek Sachsen-Anhalt in Halle.

[101] WILAMOWITZ, Erinnerungen (wie Anm. 14) S. 306. Hinsichtlich des unedierten Materials fügte Wilamowitz mit Blick auf die Arbeit an den ›Acta Conciliorum Oecumenicorum‹ hinzu, Eduard Schwartz habe seit dem Beginn des Unternehmens »eine Menge unbekannter Tatsachen

optimistischen Erwartungen, die Mommsen und Harnack in den ›Großbetrieb der Wissenschaften‹ setzten, und warnte vor der »Gefahr der unzu-
länglichen Lösungen«.[102] Mommsens Inschriftencorpus nannte er verächt-
lich »Dis Manibus-Wissenschaft«.[103]

Schließlich hatte Mommsen in Harnack einen kongenialen Organisator
gefunden, der den wissenschaftlichen Großbetrieb mit der erforderlichen
Souveränität und Autorität zu leiten vermochte. Bereits in seiner Antwort auf
Harnacks akademische Antrittsrede hatte Mommsen dessen Fähigkeit ge-
rühmt, die »Großwissenschaft« organisatorisch zu bewältigen und ihr als
»Führer« vorzustehen.[104] Als Mommsen am 20. Juni 1895 sein Amt als Sekretar der Akademie niederlegte, nachdem er die Wahl seines politischen
Gegners Heinrich von Treitschke zum ordentlichen Mitglied nicht hatte verhindern können,[105] favorisierte er – gemeinsam mit Hermann Diels – Harnack; doch dessen Kandidatur scheiterte daran, daß die Klassenmajorität
keinen Theologen im Amt des Sekretars haben wollte. In drei Wahlgängen
setzte sich schließlich Diels durch, der im persönlichen Gespräch keinen
Zweifel daran ließ, daß er als Mommsens »wahren Diadochen« in der Aka-

---

und Männer ans Licht gezogen«, ebd. Es ist wahrscheinlich, daß Wilamowitz in diesem Zusammenhang ebenfalls das Problem der fehlenden kritischen Editionen patristischer Autoren vor
Augen hatte; aus diesem Grund besaß für ihn die Edition der ›Griechischen Christlichen Schriftsteller‹ unbedingte Priorität.

[102] ULRICH VON WILAMOWITZ-MOELLENDORFF, Theodor Mommsen, in: Sokrates. Zeitschrift
für das Gymnasialwesen, Neue Folge 6 (1918) S. 1–10, zitiert nach: DERS., Kleine Schriften 6
(wie Anm. 42) S. 18–28, S. 27 f.

[103] Vgl. »Lieber Prinz«. Der Briefwechsel zwischen Hermann Diels und Ulrich von Wilamowitz-Moellendorff (1869–1921), hg. v. MAXIMILIAN BRAUN, WILLIAM M. CALDER III, DIETRICH
EHLERS, Hildesheim 1995, S. 232 und CALDER u. FOWLER, Briefwechsel Wilamowitz-Schwartz
(wie Anm. 73) S. 59 mit Anm. 266.

[104] »Aber eines der vielen Momente, um derentwillen wir Sie mit besonderer Freude als unseren Genossen begrüßen, gestatten Sie mir heute noch besonders zum Ausdruck zu bringen. Ich
meine Ihre Gabe jüngere Genossen zu fruchtbarer Arbeitsgemeinschaft zu gewinnen und bei
derjenigen Organisation, welche die heutige Wissenschaft vor allem bedarf, als Führer aufzutreten (…). Auch die Wissenschaft hat ihr sociales Problem; wie der Großstaat und die Großindustrie, so ist die Großwissenschaft, die nicht von Einem geleistet, aber von Einem geleitet wird,
ein notwendiges Element unserer Kulturentwicklung, und deren Träger sind die Akademieen
oder sollten es sein. Als einzelner Mann haben Sie in dieser Richtung getan, was wenige Ihnen
nachtun werden. Jetzt sind sie berufen dies im größeren Verhältnisse weiterzuführen«: Sitzungsberichte der Preußischen Akademie der Wissenschaften 1890, S. 791–793, zitiert nach: MOMM-
SEN, Reden und Aufsätze (wie Anm. 31) S. 208–210, S. 209, = HARNACK, Kleine Schriften 1 (wie
Anm. 31) S. 5; NOWAK, Harnack als Zeitgenosse (wie Anm. 6) S. 981; vgl. ZAHN-HARNACK, Harnack (wie Anm. 4) 254.

[105] Vgl. WICKERT, Mommsen 4 (wie Anm. 82) S. 20 f. u. S. 239 f. sowie, REBENICH, Mommsen
und Harnack (wie Anm. 4) S. 71 f. 346 ff. und Nr. 52 mit Anm. 3 f.

demie Wilamowitz erachtete, über dessen Berufung nach Berlin damals bereits verhandelt wurde.[106] Allein, dieser wurde später ebensowenig wie Harnack zum Sekretar der Akademie gewählt; aber Harnack verstand es, sich in den nächsten Jahren, vor allem im Zusammenhang mit der Zweihundertjahrfeier der Akademie, kontinuierlich wissenschaftsorganisatorische Autorität und wissenschaftspolitischen Einfluß zu erarbeiten. Als Wilamowitz 1899 zum ordentlichen Mitglied gewählt wurde,[107] hatte Harnack bereits die

---

[106] Am 8. November 1895 schrieb Diels an Mommsen: »(...) Sie werden gehört haben, dass die Klasse mich gestern zu Ihrem Nachfolger gewählt hat. Ich hatte gewünscht und dafür gewirkt, dass Harnack, den ich einzig unter den augenblicklich vorhandenen Mitgliedern für geeignet hielt, gewählt würde. Da aber der Schreckname ›Theologe‹ offenbar viele sonst dem Manne geneigte abhielt, für ihn zu stimmen, so wurde die Sache schliesslich zu einem Duelle zwischen Schmoller und mir, und ich habe die Kühnheit gehabt als die Entscheidung für mich fiel, anzunehmen. Ich fühle mich gedrungen Ihnen vertraulich zu gestehen, dass ich das nur als ein Geschäfts- und Übergangssekretariat ansehe. Der wahre Diadoche hat keine Zeit gehabt in Folge Ihres verfrühten Abganges hier zu erscheinen und warm zu werden. Aber ich betrachte ihn darum nicht minder als den wirklich prädestinirten. Meine Väter und Vorväter, soweit ich rechnen kann, haben die Praxis befolgt spätestens im 50. Lebensjahre von diesem schönen Planeten zu scheiden. Ich wüßte nicht, warum ich eine Ausnahme bilden sollte. So wird nach der Wahrscheinlichkeitsrechnung, die ich mit der Ruhe des Philosophen anstelle, schon aus äusseren Gründen das Intermezzo kurz sein. Es gereicht mir zur grössten Freude, dass ich auf alle Fälle Wilamowitz' Eintritt in die hiesige Wissenschaft gesichert weiss und hoffe, dass er rasch auch in der Akademie die Position gewinnen wird, die Sie nun zunächst leer gelassen haben. Mir wird es genügen müssen meine Pflicht zu thun. Dürfte ich dabei wie bisher auf den Rat meines hochverehrten Vorgängers rechnen dürfen, so würden Sie wenigstens etwas von der schweren Verantwortlichkeit mildern, deren ich voll bewusst bin«; Staatsbibliothek Berlin, Nachlaß Mommsen: Diels, Bl. 85 f. Mommsen antwortete noch am selben Tag, zitiert nach dem Exzerpt des Briefes ebd. Nachlaß Wickert, Bl. 9: »Es freut mich, daß die Sache zu diesem Ergebnis geführt hat. Meine Ansicht ist von Haus aus gewesen: entweder Harnack oder Sie; ich hatte allerdings geglaubt, daß die zwischen Ihnen und Vahlen bestehende Fach-Parität noch mehr ins Gewicht fallen würde als die Theologie. Aber das war also irrig, und so ist es gut. Vielleicht haben Sie doch auch Freude an einer Stellung, die wohl mehr sein könnte, wenn der Wurm, der an Deutschland nagt, nicht auch in diesem Holze säße, aber die immer noch einem Mann Ihres Blickes und Ihrer Tätigkeit gute Chance bietet (...)«. Vgl. auch: Akademie der Wissenschaften Berlin-Brandenburg, Sitzungsprotokolle, II–V,158, Bl. 56 f.; Philology and Philosophy. The Letters of Hermann Diels to Theodor and Heinrich Gomperz (1871-1922), hg. v. MAXIMILIAN BRAUN, WILLIAM M. CALDER III, DIETRICH EHLERS, Hildesheim 1995, Nr. 88, S. 127; EHLERS, Briefwechsel Diels, Usener, Zeller (wie Anm. 59) Bd. 1, Nr. 311, S. 500 u. Bd. 2, Nr. 102, S. 115; BRAUN, CALDER, EHLERS, Briefwechsel Diels-Wilamowitz (wie Anm. 103) Nr. 65, S. 111 f., sowie STEFAN REBENICH, »Mommsen ist er niemals näher getreten«. Theodor Mommsen und Hermann Diels, in: Hermann Diels (1848-1922) et la science de l'Antiquité (Entretiens sur l'Antiquité classique 45) Genf/Vandoeuvres 1999, S. 85-142.

[107] Vgl. CHRISTA KIRSTEN, Die Altertumswissenschaften an der Berliner Akademie. Wahlvorschläge zur Aufnahme von Mitgliedern von F. A. Wolf bis zu G. Rodenwaldt 1799-1932, Berlin 1985, Nr. 33, S. 115 ff.

Grundlagen gelegt, um nach der Jahrhundertwende in der Akademie
Mommsens Führungsposition zu übernehmen.[108] Dabei kam ihm zugute,
daß er seit dem Akademiejubiläum wie kaum ein anderer Hochschullehrer
Umgang mit dem Kaiser pflegte und in den ersten eineinhalb Jahrzehnten
seiner Tätigkeit in Berlin – mit Mommsens Hilfe – ein weitgespanntes Netz
persönlicher Beziehungen aufgebaut hatte, das er vorzüglich für seine Initiativen und Anliegen einzusetzen wußte.[109] Harnacks allmählicher Aufstieg
zum überragenden Repräsentanten des deutschen Wissenschaftssystems – im
Oktober 1905 wurde er gegen den Widerstand der Wissenschaftlichen Bibliothekare zum Generaldirektor der Königlichen Bibliothek in Berlin, der
späteren Preußischen Staatsbibliothek, ernannt, und 1911 wählte man ihn
zum Präsidenten der ›Kaiser-Wilhelm-Gesellschaft zur Förderung der Wissenschaften‹ – verschärfte die Spannungen zwischen ihm und Wilamowitz,
der es nicht verwand, daß Harnack Mommsens wissenschaftsorganisatorische Erbschaft angetreten hatte.[110] Wilamowitz hat es dem Theologen damit

---

[108] Vgl. den Brief Karl Johannes Neumanns zu Harnacks 60. Geburtstag:»Neben Mommsen
sind Sie aufgestiegen und sind als Repräsentant der deutschen Wissenschaft an seine Stelle getreten, zunächst und vor Allem der Historischen, der Geisteswissenschaften, und neuerdings noch
über sie hinaus; und wenn seinerzeit Mommsen in Ihnen neben Ihrer unerschöpflichen Kraft
persönlicher Arbeit die Kraft der Arbeitsorganisation begrüßte, so ist in der Folge dazu noch die
Organisation der Arbeitsmöglichkeiten getreten. Möge Ihnen dasselbe hohe Glück erblühen,
wie es Mommsen beschieden war, neben alle Förderung fremder Arbeit die unvergleichliche eigene Leistung bis in die höchsten Jahre zu führen, und möge Ihr Glück über das von Mommsen
noch hinausgehen, möge es Ihnen bestimmt sein, die Gesamtgeschichte der Kirche in der römischen Kaiserzeit zu schreiben!«; Staatsbibliothek Berlin, Nachlaß Harnack: Neumann, Bl. 20.
Vgl. ebenfalls Walter Goetz' Nachruf auf Harnack, wo es heißt:»Er überragte den Typus des
deutschen Gelehrten durch die Fähigkeit zum Organisieren in der Wissenschaft und durch den
sicheren Blick für Wissenschaft und Praxis, ihre Möglichkeiten und ihre Grenzen«; WALTER
GOETZ, Leben und Werk Adolf von Harnacks (1930), zitiert nach: DERS., Historiker meiner
Zeit. Gesammelte Aufsätze, hg. v. HERBERT GRUNDMANN, Köln u. Graz 1957, S. 394–404, S. 397.
Zu Harnacks Selbsteinschätzung vgl. seinen Brief an M. Rade vom 24. September 1909, JANTSCH,
Briefwechsel Harnack-Rade (wie Anm. 63) Nr. 447, S. 632.

[109] Vgl. REBENICH, Mommsen und Harnack (wie Anm. 4) S. 386 ff. u. S. 537 ff. sowie allg. den
Beitrag von RÜDIGER VOM BRUCH in diesem Band.

[110] CALDER u. FOWLER, Briefwechsel Wilamowitz-Schwartz (wie Anm. 73) S. 30, Brief vom 15.
September 1901:»Harnack ist der Mann, der Mommsens Erbschaft hat und noch viel mehr
will«. Über die persönlichen Differenzen konnten auch gemeinsame wissenschaftspolitische Aktivitäten nicht hinwegtäuschen, wie etwa die erfolgreiche Teilnahme an der Preußischen Schul-
konferenz Anfang Juni 1900, auf der zwar die Monopolstellung des Humanistischen Gymnasiums für die Zulassung zu den Hochschulen beseitigt wurde, es Harnack und Wilamowitz aber
dennoch gelang, das Griechische als Pflichtsprache des traditionellen Gymnasiums zu verteidigen; vgl. LUCIANO CANFORA, Wilamowitz und die Schulreform: Das ›Griechische Lesebuch‹, in:
Der Altsprachliche Unterricht 25 (1982) S. 5–19, = Wilamowitz nach 50 Jahren (wie Anm. 4)
S. 632–648; WILAMOWITZ, Erinnerungen (wie Anm. 14) S. 251 ff.; Berufungspolitik (wie Anm. 7)

vergolten, daß er ihm unterstellte, Mommsen nicht gekannt zu haben,[111] und ihm vorwarf, er habe jenen in der Kirchenväterkommission vor seinen Karren gespannt.[112]

IV. Der Achtundvierziger, der Junker und der Vernunftrepublikaner

Nicht nur wissenschaftliche und persönliche Differenzen erschwerten den Umgang zwischen Mommsen und Wilamowitz. Hinzu traten erhebliche Unterschiede in der politischen Orientierung. In den Augen von Wilamowitz hatte Mommsen, wie es in einem Brief an Werner Jaeger aus dem Jahre 1917 heißt, sich die Stimmung des Achtundvierzigers bewahrt, »wie er immer die Formen seiner Jugendverse beibehielt«.[113] Aus diesen Worten spricht das völlige Unverständnis für eine kompromißlose liberale Haltung, die sich aus den Idealen der 1848er Revolution speiste.[114] Die Unterschiede in der politischen Anschauung erschwerten den persönlichen Umgang der beiden außergewöhnlichen Gelehrten ungemein.[115] Für den ›Bürger‹ Mommsen war sein Schwiegersohn durch seine aristokratische Geburt und durch seinen politischen Konservatismus letztlich doch ein ostelbischer Junker,[116] der zwar

---

Nr. 73, S. 143–145; ZAHN-HARNACK, Harnack (wie Anm. 4) S. 210 ff., sowie REBENICH, Mommsen und Harnack (Anm. 4) Nr. 153 Anm. 2 mit weiterer Literatur.

[111] Vgl. CALDER u. HUSS, Correspondence Wilamowitz-Norden (wie Anm. 28) Nr. 170, S. 161 (Brief vom 2. Dezember 1917), mit REBENICH, Mommsen und Harnack (wie Anm. 4) Nr. 300 (Harnacks Entwurf für seine Ansprache zu Mommsens 100. Geburtstag), sowie CALDER, Selected Correspondence (wie Anm. 72) S. 61 Anm. 10.

[112] Vgl. CALDER, Selected Correspondence (wie Anm. 72) S. 210 (Brief an Werner Jaeger vom 15. Dezember 1928).

[113] Vgl. CALDER, Selected Correspondence (wie Anm. 72) S. 184. Vgl. hierzu auch OTTO SEECK, Zur Charakteristik Mommsens, in: Deutsche Rundschau, 30. Jg., H. 4 = Bd. 118, Januar 1904, S. 75–108, S. 104, der in seinem durchaus einfühlsamen und differenzierten Nachruf darauf abhebt, der »schon Gealterte« habe nicht mehr »die Biegsamkeit« besessen, »daß er hätte aufhören können, ein Achtundvierziger zu sein«. Zu Mommsen und Seeck vgl. STEFAN REBENICH, Otto Seeck, Theodor Mommsen und die ›Römische Geschichte‹, in: Imperium Romanum. Studien zu Geschichte und Rezeption. Festschrift für Karl Christ zum 75. Geburtstag, hg. v. PETER KNEISSL u. VOLKER LOSEMANN, Stuttgart 1998, S. 582–607.

[114] Vgl. hierzu REBENICH, Mommsen und Harnack (wie Anm. 4) S. 327 ff.

[115] Vgl. MALITZ, Mommsen (wie Anm. 82) S. 48 ff., und JÜRGEN MALITZ, Theodor Mommsen im wilhelminischen Reich, in: L'Antichità nell'Ottocento in Italia e Germania – Die Antike im 19. Jahrhundert in Italien und Deutschland, hg. v. KARL CHRIST u. ARNALDO MOMIGLIANO, Bologna/Berlin 1988, S. 321–359.

[116] Bereits am 2. Mai 1878 schrieb Mommsen an seine Frau über Wilamowitz: »(...) Seine Herkunft und seine Stellung (hebt) ihn aus der gewöhnlichen Professorenmisere so völlig heraus; das ist ein großes Glück, dessen wir uns mitfreuen sollen, aber eine Scheidung liegt darin

durch seine ›bürgerliche‹ Berufswahl und Heirat radikal mit seiner Familien-
tradition gebrochen hatte,[117] aber dennoch zu den erklärten Gegnern des
Politikers Mommsen zählte. »Mein sonst höchst vortrefflicher Schwiegersohn Prof. v. Wilamowitz gehört zwar nicht zu der agrarischen Gaunerban-
de, die jetzt auf Raub auszieht, aber ist keineswegs mit mir gleicher politischer Gesinnung«, schrieb Mommsen an seinen politischen Mitstreiter Lujo
Brentano.[118]

Indes, auch Harnack repräsentierte in politischer Hinsicht einen grundsätzlich anderen Gelehrtentypus als Mommsen.[119] Harnack gehörte, wie
Wilamowitz, einer jüngeren, ›monarchistischen‹ Generation erfolgreicher
Wissenschaftler an, die nicht mehr durch die politischen Erfahrungen der
48er Revolution geprägt waren, sondern die sich im Kaiserreich eingerichtet
hatten und durchaus ›loyalitätsbedürftig‹ das persönliche Regiment Wilhelms II. anerkannten. Darüber hinaus war Harnack weitaus stärker als
Mommsen von dem Leitbild des protestantischen Kulturstaates geprägt und
vertraute optimistisch auf die Entwicklungsfähigkeit der deutschen Nation
und die Integrationskraft eines säkularisierten protestantischen Bildungsideals. Ebendieser Optimismus fehlte Mommsen angesichts seiner politischen
Erfahrungen nach der Reichsgründung und angesichts des Niedergangs des
Liberalismus. Der abwägende, unterschiedliche Aspekte berücksichtigende
und differenziert argumentierende Theologe lehnte aus spontaner Erregung
geborene politische Manifeste kategorisch ab und vertraute – wie Hans Delbrück und Gustav Schmoller – viel eher auf persönliche Gespräche mit einflußreichen Repräsentanten der bürokratischen Elite, auf Denkschriften und

---

auch«; WICKERT, Mommsen 4 (wie Anm. 82) S. 250. So überrascht nicht, daß in der Korrespondenz zwischen Mommsen und Wilamowitz politische Themen nicht angeschnitten werden.

[117] Vgl. WILAMOWITZ, Erinnerungen (wie Anm. 14) S. 59, S. 84 sowie VOM BROCKE, Attisches
Reich (wie Anm. 4) S. 103; CALDER, Studies (wie Anm. 28) S. 134, S. 139 f.

[118] REBENICH, Mommsen und Harnack (wie Anm. 4) Nr. 198 (Brief vom 12. November 1901).
Des weiteren ist eine Episode aus dem Jahr 1890 für die politischen Differenzen zwischen
Mommsen und Wilamowitz aufschlußreich: Als Wilamowitz auf einer Griechenlandreise zusam-
men mit Heinrich von Treitschke und Reinhard Kekulé von Stradonitz die Nachricht von Bis-
marcks Entlassung erhielt, die für Mommsen eine »wahre Erlösung« war – vgl. seinen Brief an
Wolfgang Helbig vom 12. Mai 1890 bei WICKERT, Mommsen 4 (wie Anm. 82) S. 92 sowie allg.
REBENICH, Mommsen und Harnack (wie Anm. 4) S. 333 ff. –, entschlossen sich die drei Grie-
chenlandreisenden, von Theben aus ›ein Huldigungstelegramm‹ an Bismarck abzusenden, WILA-
MOWITZ, Erinnerungen (wie Anm. 14) S. 213. Zu Harnacks Bismarckbild vgl. REBENICH, Momm-
sen und Harnack (wie Anm. 4) S. 555 ff., und JANTSCH, Briefwechsel Harnack-Rade (wie
Anm. 63) Nr. 74, S. 216.

[119] Vgl. etwa REBENICH, Mommsen und Harnack (wie Anm. 4) S. 414 ff., zum ›Fall Spahn‹.
Nachzutragen ist FRIEDRICH WILHELM GRAF, Adolf Harnack zum ›Fall Althoff‹, in: Jahrbuch für
Universitätsgeschichte 1 (1998) S. 177–204.

Eingaben, um staatliche Entscheidungsprozesse zu beeinflussen.[120] Obgleich er sowohl in theologischen als auch in politischen Fragen liberale Positionen vertrat, schloß sich Harnack im Gegensatz zu dem politischen Professor Mommsen nie einer Partei an. Er sah sich als Mann der ›überparteilichen‹ Mitte, der das Gemeinwohl über Partikularinteressen stellen wollte und der auf die Macht des vernünftigen Wortes setzte.[121]

Wilamowitz verzichtete ebenfalls bewußt auf eine aktive parteipolitische Partizipation und engagierte sich vielmehr aus patriotischer Überzeugung in formell überparteilichen Organisationen wie dem Flottenverein.[122] Zu Beginn des Ersten Weltkrieges leisteten Harnack und Wilamowitz ihre vaterländische Pflicht mit der Feder:[123] Der Theologe verfaßte den Aufruf des Kaisers an das deutsche Volk,[124] der Philologe brachte wenig später die ›Er-

---

120 Aus dieser Einstellung resultierten Harnacks Vorbehalte gegen den ›Politiker‹ Mommsen, die in seiner Rede bei Mommsens Begräbnisfeier greifbar sind: »Die Universität ist in sich geschlossen, aber sie ist doch mit dem öffentlichen Leben verknüpft, und auch in ihm hat Theodor Mommsen eine weithin sichtbare Stellung eingenommen. Hier aber trat er auch in Kämpfe, und es erfüllte sich der Spruch an ihm: ›Viel Feind', viel Ehr'‹. Um ihn in diesen Kämpfen, die er mit seinem Herzblut geführt hat, zu verstehen, darf man nicht vergessen, daß er im Grunde eine weltabgezogene, eine Gelehrtennatur war, welche die Dinge besser kannte als die Menschen (...). Wieviel herrliche Worte hat er auch hier gesprochen! Wie hat er aufgerüttelt und geweckt! Wie hat er die Bürger einer zukünftigen Zeit zu erziehen versucht! Aber seine leidenschaftliche Natur hat sich wohl manchmal in den Mitteln vergriffen, und sein Wort prallte öfters an der harten Wirklichkeit der Dinge ab«; HARNACK, Mommsen (wie Anm. 18) S. 329 f. (S. 1536 f.). Zur historischen Einordnung grundlegend RÜDIGER VOM BRUCH, Wissenschaft, Politik und öffentliche Meinung. Gelehrtenpolitik im Wilhelminischen Deutschland (1890–1914), Husum 1980.

121 Er selbst nahm sich als unpolitischen Gelehrten wahr, der, wie er 1909 an Rade schrieb, »gegen alle nicht wissenschaftliche Öffentlichkeit eine Aversion« habe: JANTSCH, Briefwechsel Harnack-Rade (wie Anm. 63) Nr. 453, S. 638; vgl. Nr. 471, S. 657 ff.

122 BERNHARD VOM BROCKE, ›Wissenschaft und Militarismus‹. Der Aufruf der 93 ›An die Kulturwelt!‹ und der Zusammenbruch der Internationalen Gelehrtenrepublik im Ersten Weltkrieg, in: Wilamowitz nach 50 Jahren (wie Anm. 4) S. 649–719, S. 659 f.

123 Vgl. hierzu auch ZAHN-HARNACK, Harnack (wie Anm. 4) S. 443: »Der Stiftungstag der Universität (3. August 1914) war diesmal der Abschied der Alma Mater von ihren besten Söhnen; Max Planck sprach, nach akademischer Sitte, zunächst über ein wissenschaftliches Thema; dann wandte er sich mit einem ganz sparsamen, aber umso tiefer ergreifenden Pathos dem zu, was alle Gemüter erfüllte. Das Deutschlandlied erklang; hell und jung tönten die Stimmen der Studenten, und mit ihnen vereinigten sich die Stimmen der Lehrer. Sie standen in ihren Talaren, durchgearbeitete, vom geistigen Ringen geprägte Köpfe: Waldeyer, Kahl, Lasson, Gierke, Delbrück, Harnack und viele Andere; zu vorderst Ulrich von Wilamowitz' fein gemeißeltes Gesicht, über das, während er sang, die schweren Tränen rollten (...)«.

124 Wofür ihm Wilhelm II. in einem Telegramm aus dem Großen Hauptquartier kurz nach Kriegsausbruch dankte, vgl. Staatsbibliothek Berlin, Nachlaß Harnack: Wilhelm II., Bl. 45. Vgl. AXEL VON HARNACK, Der Aufruf Kaiser Wilhelms II. beim Ausbruch des Ersten Weltkriegs, in: Die neue Rundschau 64 (1953) S. 612–620.

klärung der Hochschullehrer des Deutschen Reiches‹ zu Papier,[125] und beide setzten ihre Unterschrift unter den berühmt-berüchtigten ›Aufruf der 93 an die Kulturwelt‹ vom 4. Oktober 1914.[126] Doch schon bald trennten sich ihre Wege. Während Wilamowitz 1915 die annexionistische Seeberg-Adresse unterzeichnete und später den unbeschränkten U-Boot-Krieg befürwortete, ging Harnack auf Distanz zu den expansionistischen Kriegszielforderungen nationalistischer Kreise.[127] Zum endgültigen Bruch ›in politicis‹ kam es, als sich Harnack nach dem Ende des Krieges und nach der Novemberrevolution »auf den Boden der Verfassung«[128] stellte, das heißt: der neuen Republik seine Unterstützung nicht verweigerte und der Reichsregierung seine Mitarbeit anbot.[129] Wilamowitz, dessen Sohn Tycho bereits im ersten Kriegs-

---

[125] Vgl. vom Brocke, Wissenschaft und Militarismus (wie Anm. 122) S. 650 ff.

[126] Zum Hintergrund vgl. etwa: Aufrufe und Reden deutscher Professoren im Ersten Weltkrieg, hg. v. Klaus Böhme, Stuttgart 1975; vom Brocke, Wissenschaft und Militarismus (wie Anm. 122); Klaus Schwabe, Wissenschaft und Kriegsmoral. Die deutschen Hochschullehrer und die politischen Grundfragen des Ersten Weltkrieges, Göttingen u. a. 1969; Jürgen und Wolfgang von Ungern-Sternberg, Der Aufruf ›An die Kulturwelt!‹. Das Manifest der 93 und die Anfänge der Kriegspropaganda im Ersten Weltkrieg, Stuttgart 1996. Zur theologiegeschichtlichen Bedeutung des von Harnack mitgetragenen Aufrufs und zu der protestantischen ›Kriegstheologie‹ vgl. z. B. Karl Hammer, Adolf von Harnack und der Erste Weltkrieg, in: Zeitschrift für evangelische Ethik 16 (1972) S. 85–101; ders., Deutsche Kriegstheologie 1870–1918, München 1974, sowie Wolfgang Huber, Evangelische Kirche und Theologie beim Ausbruch des Ersten Weltkriegs, in: Historische Beiträge zur Friedensforschung, hg. v. Wolfgang Huber, Stuttgart/München 1970, S. 134–215, bes. S. 169 ff.

[127] Vgl. vom Brocke, Wissenschaft und Militarismus (wie Anm. 122) S. 689, S. 711 f.; Lothar Burchardt, Adolf von Harnack, in: Berlinische Lebensbilder Bd. 3: Wissenschaftspolitik in Berlin, hg. v. Wolfgang Treue u. Karlfried Gründer, Berlin 1987, S. 215–233, S. 228 ff.; Jantsch, Briefwechsel Harnack-Rade (wie Anm. 63) S. 105 ff.; Carl-Jürgen Kaltenborn, Kontroverstheologie zur Weltgestaltung. Adolf von Harnacks Berliner Wirksamkeit, in: Beiträge zur Berliner Kirchengeschichte, hg. v. Günther Wirth, Berlin (Ost) 1987, S. 197–216, S. 206 ff., und Zahn-Harnack, Harnack (wie Anm. 4) S. 443 ff.

[128] So lautete eine Wendung Harnacks, die er – rückblickend – in einem Brief an Wilhelm Stapel aus dem Jahr 1925 benutzte: Zahn-Harnack: Harnack (wie Anm. 4) S. 483.

[129] Vgl. Adolf Harnack, Politische Maximen für das neue Deutschland. Der akademischen Jugend gewidmet, in: Adolf Harnack, Erforschtes und Erlebtes, Gießen 1923, S. 321–324, = Nowak, Harnack als Zeitgenosse (wie Anm. 6) S. 1518–1521. Es handelt sich hierbei um eine Zusammenfassung verschiedener Ansprachen aus der Anfangszeit der Weimarer Republik. Zum Hintergrund vgl. Herbert Döring, Der Weimarer Kreis. Studien zum politischen Bewußtsein verfassungstreuer Hochschullehrer in der Weimarer Republik, Meisenheim 1975, S. 150 f.; Jantsch, Briefwechsel Harnack-Rade (wie Anm. 63) S. 121 ff.; Kurt Nowak, Protestantismus und Weimarer Republik. Politische Wegmarken in der Evangelischen Kirche 1918–1932, in: Die Weimarer Republik 1918–1933, hg. v. Karl Dietrich Bracher, Manfred Funken u. Hans-Adolf Jacobsen, Düsseldorf 1987, S. 218–237; Douglas F. Tobler, Scholar between Worlds: Adolf von Harnack and the Weimar Republic, in: Zeitschrift für Religions- und Geistesgeschichte 28 (1976) S. 193–222.

jahr gefallen war, stand dem Staat von Weimar ablehnend gegenüber: Die »Novembermänner« hatten seine Heimat Westpreußen durch »schmählichen Verrat« preisgegeben[130] und die Welt, die er kannte, zerstört.[131] Das Mitglied des Reichsausschusses deutschnationaler Hochschullehrer lernte in diesen Tagen sein Volk verachten[132] – und Adolf von Harnack, dem er charakterlosen Verrat an der Treue zum Herrscherhaus unterstellte. Damit befand sich Wilamowitz in bester Gesellschaft: Der frühere Reichskanzler Bernhard Fürst von Bülow sowie seine Kollegen Eduard Schwartz und Ulrich Kahrstedt ereiferten sich über Harnack.[133] Als dieser nach Eberts Tod den Zentrumspolitiker Wilhelm Marx als Kandidaten für das Amt des Reichspräsidenten unterstützte,[134] war das Maß endgültig voll. Selbst ein wissenschaftlich-distanzierter Umgang fiel Wilamowitz nun schwer.[135]

Mommsens kompromißloser Liberalismus, Wilamowitz' elitär-antidemokratisches Denken und Harnacks pragmatische Überparteilichkeit schlossen gleichwohl politische Gemeinsamkeiten, genauer: Berührungspunkte nicht aus. Die vom Kulturprotestantismus geprägten Bildungsbürger grenzten sich

---

[130] WILAMOWITZ, Erinnerungen (wie Anm. 14) S. 11; CALDER u. HUSS, Correspondence Wilamowitz-Norden (wie Anm. 28) Nr. 178, S. 168 sowie ALEXANDER DEMANDT, Geschichte als Geschichte, Köln/Weimar/Wien 1977, S. 134–137.

[131] Vgl. GILBERT MURRAY, Memories of Wilamowitz, in: Antike und Abendland 4 (1954) S. 9–15, S. 14; vgl. auch VOM BROCKE, Wissenschaft und Militarismus (wie Anm. 122) S. 682 ff.

[132] Vgl. ALAND, Glanz und Niedergang (wie Anm. 56) Nr. 413, S. 408.

[133] Vgl. REBENICH, Mommsen und Harnack (wie Anm. 4) S. 549 ff.

[134] Vgl. CALDER u. FOWLER, Briefwechsel Wilamowitz-Schwartz (wie Anm. 73) S. 94 (Wilamowitz' Brief vom 10. Januar 1925): »Harnacks Pronunciamento für Ebert macht es immer schwerer für mich, dies Verhältnis aufrecht zu erhalten«. Zum Hintergrund vgl. ADOLF HARNACK, An die evangelischen Deutschen. Für Marx als Reichspräsidenten, in: Frankfurter Zeitung Nr. 298 vom 23. April 1925; JANTSCH, Briefwechsel Harnack-Rade (wie Anm. 63) Nr. 609 und Nr. 611; zu den Vorgängen um die Wahl des Reichspräsidenten im Jahr 1925 vgl. KARL HOLL, Konfessionalität, Konfessionalismus und demokratische Republik, in: Vierteljahreshefte für Zeitgeschichte 17 (1969) S. 254–275.

[135] Vgl. CALDER u. FOWLER, Briefwechsel Wilamowitz-Schwartz (wie Anm. 73) S. 97 f. Wilamowitz soll zugleich darauf bestanden haben, daß die Zusammenkünfte der Kirchenväterkommission nicht mehr in Harnacks Haus stattfanden, sondern auf neutralem Territorium, vgl. CALDER, Selected Correspondence (wie Anm. 72) S. 15. In der Korrespondenz ist nur ein Brief erhalten, der nach 1925 verfaßt ist: DUMMER, Wilamowitz (wie Anm. 11) Nr. XX, S. 386. Auch für die Zeit zwischen 1918 und 1925 sind die Zeugnisse spärlich: Sie handeln von Publikationen, die ausgetauscht wurden, und von der erforderlichen Reorganisation des Ordens pour le mérite, dem beide angehörten. Ein die höfliche Form beachtender Gratulationsbrief erreichte Harnack zu seinem 70. Geburtstag: DUMMER, Wilamowitz (wie Anm. 11) Nr. XVIII, S. 384. Wenig überzeugend sind die Hinweise auf eine Annäherung der beiden in den Zwanzigern, so ZAHN-HARNACK, Harnack (wie Anm. 4) S. 263, und FRIEDRICH SOLMSEN, Reply, in: Greek, Roman, and Byzantine Studies 20 (1979) S. 398–400, S. 399.

gleichermaßen vom katholischen, antisemitischen und sozialistischen Milieu ab, fochten für die Weltgeltung deutscher Wissenschaft, verteidigten die Überlegenheit des an der klassischen Antike orientierten Bildungsideals und propagierten die Identität von Protestantismus und nationaler Größe.[136]

V. Zusammenfassung

Am 7. Mai 1901 hielt der über dreißig Jahre ältere Mommsen eine Tischrede zu Harnacks 50. Geburtstag. Darin hieß es:»Ich alter Meergreis konnte keinen Anspruch mehr auf Freundschaften machen – daher betrachte ich es als ein unerwartetes Glück, daß ich noch meine Rose von Jericho gefunden habe in diesem Mann, der den Orient mit dem Occident verbunden hat«.[137]

Fragen wir abschließend nochmals nach den Gründen, die Mommsen zu diesem außerordentlichen Geständnis bewogen, nach den Ursachen, die ihn Harnacks Freundschaft suchen ließen und die ihn dadurch gleichzeitig von Wilamowitz entfremdeten.[138] Sicherlich stand der sozialpolitisch engagierte und liberale Harnack in politischen Dingen Mommsen viel näher als Wilamowitz,[139] aber die ausgleichende und abwägende Gelehrtenpolitik, die

---

[136] Vgl. hierzu VOM BROCKE, Attisches Reich (wie Anm. 4) S. 114 f.; VOM BROCKE, Wissenschaft und Militarismus (wie Anm. 122) S. 714 f.; JANTSCH, Briefwechsel Harnack-Rade (wie Anm. 63) S. 38 ff. mit Nr. 464 und Nr. 467 (S. 650 und 654) sowie S. 81 f.; GOTTFRIED MARON, Harnack und der römische Katholizismus, in: Zeitschrift für Kirchengeschichte 80 (1969) S. 176–193; REBENICH, Mommsen und Harnack (wie Anm. 4) S. 98 f., S. 346 ff., S. 462 ff., S. 555 ff.; WILAMOWITZ, Erinnerungen (wie Anm. 14) S. 309; CALDER u. HUSS, Correspondence Wilamowitz-Norden (wie Anm. 28) Nr. 188 und Nr. 281, S. 178, S. 262, und MANFRED WEITLAUFFS Beitrag in diesem Band.

[137] ZAHN-HARNACK, Harnack (wie Anm. 4) S. 265. Harnack erwiderte diese persönliche Verbundenheit; am 11. November 1898 schrieb er an Mommsen, »die großen und kleinen Dinge«, über die man sich »bei Gelegenheit der Druckbogen« des ›Liber pontificalis‹ unterhalten habe, hätten eine »Gemeinschaft der Gesinnung zur Aussprache« gebracht, »die mir stets zu den theuersten Lebenserinnerungen gehören wird«; REBENICH, Mommsen und Harnack (wie Anm. 4) Nr. 136; vgl. auch HARNACK, Mommsen (wie Anm. 18) S. 331 (S. 1538).

[138] Daß es Wilamowitz schwerfiel, Mommsens Freundschaft zu Harnack zu tolerieren, heben auch CALDER, Studies (wie Anm. 28) S. 158 Anm. 74, und MALITZ, Mommsen (wie Anm. 82) S. 53 hervor.

[139] Vgl. hierzu ZAHN-HARNACK, Harnack (wie Anm. 4) S. 266 f., und DIES., Mommsen und Harnack, in: Die neue Zeitung, Jg. 6, Nr. 81.5, April 1950, S. 2, zitiert nach WUCHER (wie Anm. 151) S. 144 f., wo es heißt, Harnack habe durch Mommsen ein neues Verhältnis zur Politik gewonnen, »in der besonderen Form des Freisinns«, und er habe in Mommsen den freisinnigen Politiker »erlebt«, »einen Typus, der ihm bis dahin ferngestanden hatte«. Doch Harnacks sozialpolitisches Engagement ist abgesehen von einer beiläufigen Erwähnung – REBENICH, Mommsen und Harnack (wie Anm. 4) Nr. 42 – nicht Gegenstand der Korrespondenz zwischen Mommsen und Harnack.

Harnack betrieb, war die Sache des politischen Professors Mommsen nicht. Fraglos war Harnack konzilianter und umgänglicher als der schroffe und widersprüchliche Wilamowitz.[140] Offenkundig ist zudem, daß das freundschaftliche Verhältnis der beiden Gelehrten nicht auf dem christlichen Bekenntnis gründete. Zu theologischen Problemen fand Mommsen, auch nachdem er Harnack kennengelernt hatte, keinen Zugang.[141] In welchem Umfang bei den allwöchentlichen Begegnungen der beiden[142] oder bei gesellschaftlichen Treffen im größeren Kreis[143] religiöse Fragen erörtert wurden, kann angesichts der Quellenlage nicht eindeutig geklärt werden.[144] Es mag sein, daß Mommsen im hohen Alter, sozusagen ›als späte Frucht‹, auch Verständnis für religiöse Belange aufbrachte und sich Harnack anvertraute.[145] Immerhin hat er kurz vor seinem Tod Harnack gegenüber Johann Rists Kirchenlied ›O Ewigkeit, du Donnerwort‹ mit großer Bewegung zitiert[146] und

---

[140] Vgl. die Charakterisierung von Uvo HÖLSCHER, Ulrich von Wilamowitz-Moellendorff, in: DERS., Die Chance des Unbehagens. Drei Essais zur Situation der klassischen Studien, Göttingen 1965, S. 7–30, S. 9.

[141] Dies zeigt zur Genüge der Briefwechsel, dem ebenfalls zu entnehmen ist, daß Harnack sein vielbeachtetes Buch über das ›Wesen des Christentums‹ Mommsen nicht zugeschickt hatte – vgl. REBENICH, Mommsen und Harnack (wie Anm. 4) Nr. 229 –, da er wohl wußte, daß es dessen Interesse nicht finden würde. Zudem ist ein Vergleich der Korrespondenzen, die Harnack mit seinen theologischen Kollegen wie Friedrich Loofs (in der Staatsbibliothek Berlin und in der Hallenser Universitäts- und Landesbibliothek Sachsen-Anhalt) und Martin Rade – JANTSCH, Briefwechsel Harnack-Rade (wie Anm. 63) – unterhielt, aufschlußreich: Weder Mommsen noch Harnack thematisierten Fragen des christlichen Glaubens, der evangelischen Kirche oder des persönlichen Bekenntnisses. Zudem übersandte Harnack seine kirchenhistorischen Arbeiten, nicht jedoch seine Äußerungen zu christlichen oder aktuellen kirchlichen Themen.

[142] ZAHN-HARNACK, Harnack (wie Anm. 4) S. 265.

[143] Vgl. ADELHEID MOMMSEN, Theodor Mommsen im Kreise der Seinen: Erinnerungen seiner Tochter, Berlin 1936, = Mein Vater. Erinnerungen an Theodor Mommsen, München 1992, S. 36 (zum ›Kränzchen‹).

[144] FRIEDRICH SCHMIDT-OTT, Erlebtes und Erstrebtes 1860–1950, Wiesbaden 1952, S. 36 f. bezeugt, er habe bereits ein Jahrzehnt mit Mommsen in Beziehung gestanden, bis es zu einem »persönlichen Ausdruck religiösen Bewußtseins« gekommen sei.

[145] Vgl. Harnacks Skizze zu Mommsens 100. Geburtstag: REBENICH, Mommsen und Harnack (wie Anm. 4) Nr. 300.

[146] Vgl. HARNACK, Mommsen (wie Anm. 18) S. 331 (S. 1538); ZAHN-HARNACK (wie Anm. 4) S. 562 Anm. 1. Die erste Strophe des Liedes lautet: »O Ewigkeit, du Donnerwort, o Schwert, das durch die Seele bohrt, o Anfang sonder Ende! O Ewigkeit, Zeit ohne Zeit, ich weiß vor großer Traurigkeit nicht, wo ich mich hinwende. Mein ganz erschrocknes Herz erbebt, daß mir die Zung am Gaumen klebt«. Offenbar setzten Mommsen zu diesem Zeitpunkt Depressionen heftig zu, unter denen er in vorgerücktem Alter häufiger litt und die möglicherweise durch die Erkrankung seiner Frau kurz vor seinem Tode verstärkt wurden, vgl. REBENICH, Mommsen und Harnack (wie Anm. 4) S. 378 ff. und Nr. 283 mit Anm. 2.

sich ausbedungen, daß bei seiner kirchlichen Trauerfeier einzig und allein Harnack spreche.[147] Daraus jedoch folgern zu wollen, »ein alter Mann, der sich vor dem Sterben fürchtete«, habe »einen jungen Theologen getroffen, mit dem er über den Glauben seiner Väter reden konnte, den er durch kritische Wissenschaft verloren hatte«, geht nicht an.[148] Der vertraute Umgang mit Harnack hinderte Mommsen nicht, bis zu seinem Ende dem christlichen Glauben mit »gebildeter, weltmännischer Verachtung« zu begegnen, die schon im vierten Jahrhundert »ein Teil der besten Männer« dem Christengott entgegenbrachten.[149]

In der Geburtstagsansprache begrüßt vielmehr der homerische γέρων ἅλιος,[150] Proteus, das Symbol der Auferstehung, die Rose von Jericho, will sagen, der jüngere Harnack gab dem alten, vereinsamten Mommsen durch gemeinsame Arbeit und bewundernde Freundschaft neue Kraft und Zuversicht. Zunächst faszinierte Harnack als Wissenschaftler. Durch ihn erfuhr Mommsen »die Theologie als Wissenschaft – eine Verbindung, der er, wie er in drastischer Form gestand, bisher noch nicht begegnet war; er erlebte in ihm den religiösen Charakter und wurde dadurch in seiner Beurteilung des Christentums als historische Erscheinung stark beeinflußt«.[151] Doch

---

[147] Vgl. THEODOR GOMPERZ, Ein Gelehrtenleben im Bürgertum der Franz-Josefs-Zeit. Auswahl seiner Briefe und Aufzeichnungen, 1869–1912, erl. u. zu einer Darstellung seines Lebens verknüpft v. HEINRICH GOMPERZ. Neubearb. u. hg. v. ROBERT A. KANN (Sitzungsberichte der Österreichischen Akademie der Wissenschaften, Phil.-hist. Kl., 295. Bd.) Wien 1974, S. 366. Zu Harnacks Rede bei der Begräbnisfeier vgl. auch ECKART MENSCHING, Die ›Vossische Zeitung‹ über Theodor Mommsens Erkrankung und Tod, in: Latein und Griechisch in Berlin und Brandenburg 37 (1993) S. 123–150, = DERS., in: Nugae zur Philologiegeschichte 7, Berlin 1994, S. 60–87, S. 142–147 (S. 79–84). Einen weiteren Versuch, die gesamte Persönlichkeit Mommsens zu würdigen, unternahm Harnack in seiner Ansprache zu dessen 100. Geburtstag am 30. November 1917, vgl. hierzu REBENICH, Mommsen und Harnack (wie Anm. 4) Nr. 300.

[148] Vgl. FRIEDRICH WILHELM GRAF, Meergreis ich grüße Dich. Mommsen, Harnack & Co.: Aus der Chefetage einer Denkfabrik, in: F.A.Z. Nr. 39, 16.2.1998, S. 44. Im übrigen hatte Mommsen dem »Glauben seiner Väter« schon als junger Mann abgeschworen. Wie Graf selbst bemerkt, ließ er sich bereits als Junge lieber Jens statt Theodor rufen.

[149] MOMMSEN, Römische Kaisergeschichte (wie Anm. 32) S. 532. RICHARD M. MEYER betonte in seinem Nachruf in: Goethe-Jahrbuch 25 (1904) S. 258–262, S. 262, Mommsen habe wie Goethe dem Zeitalter der Aufklärung angehört; »auch er (war), wie der Dichter des ›Faust‹, wenn kein ›Widerchrist‹, so doch ein ›decidirter Nichtchrist‹, dem das Wesen des aufsteigenden Christenthums fremd und unheimlich blieb, wie dem Biographen Cellinis das Bild des Savonarola«.

[150] Vgl. Hom. Od. 4, 349. 384.

[151] ZAHN-HARNACK, Harnack (wie Anm. 4) S. 266; vgl. ZAHN-HARNACK, Mommsen und Harnack (wie Anm. 139) S. 2, zitiert nach ALBERT WUCHER, Theodor Mommsen. Geschichtsschreibung und Politik, Göttingen 1968², S. 144: »Mommsen erfuhr in der geistigen Gemeinschaft mit Harnack, was die Theologie als Wissenschaft bedeutet. Er gestand in drastischer Form, daß ihm das bisher noch nicht begegnet sei. Er sah Harnack als einen tiefreligiösen Charakter und zu-

Mommsen erschloß sich mit Harnacks Hilfe nicht nur die Patristik. Gemeinsam beschwor man den wissenschaftlichen Fortschritt durch editorische
Grundlagenforschung. Und Mommsen erkannte schnell, daß Harnack es
glänzend verstand, den zukunftweisenden »Großbetrieb der Wissenschaft«[152] zu organisieren. Er hatte in ihm seinen Nachfolger in der ›res publica litterarum‹ gefunden.

gleich als einen Forscher, dem es darum ging, die historischen Grundlagen des Christentums
vorurteilslos zu erkennen«.

[152] ADOLF HARNACK, Vom Großbetrieb der Wissenschaft, in: Preußische Jahrbücher 119
(1905) S. 193–201, = DERS., Aus Wissenschaft und Leben 1, Gießen 1911, S. 10–20; NOWAK,
Harnack als Zeitgenosse (wie Anm. 6) S. 1009–1019.

»Über vierzig Jahre kamen sie Sonntag für Sonntag, mit ihren Frauen, zusammen«: Adolf von Harnack und Hans Delbrück

von

HARTMUT LEHMANN

In dem besonderen Reiz dieses Themas liegt dessen besondere Schwierigkeit. Adolf von Harnack und Hans Delbrück standen sich so nahe, daß kaum Materialien überliefert sind, die Aufschluß über ihre persönliche Beziehung geben. Um zu zeigen, was ich meine, einleitend einige Passagen aus der Harnack-Biographie von Agnes von Zahn-Harnack.[1] »Über 40 Jahre kamen sie (nämlich Harnack und Delbrück) Sonntag für Sonntag mit ihren Frauen zusammen«, schreibt sie, und ich sollte erklärend hinzusetzen, daß Adolf von Harnack und Hans Delbrück zwei Schwestern geheiratet hatten, Amalie und Lina Thiersch. »Andere Gäste wurden«, wie die Tochter, die unmittelbar nach dem Tode des Vaters beschlossen hatte, dessen Biographie zu schreiben, fortfährt, »selten zugezogen und auch die heranwachsenden Kinder (wurden) erst spät und nur als schweigende Zuhörer an den Abenden beteiligt«. Dann schildert sie die Szene, die sie so oft erlebt hatte: »Onkel Hans (Delbrück) betritt den Salon. Ja, das kann man nicht beschreiben, wie er die Hand ausstreckt, um allen Guten Abend zu sagen. Alle Müdigkeit und alle Schulsorgen verschwinden bei diesem kräftigen Händedruck. Und wenn er auch sorgenvoll blickt – wir wissen, es sind keine kleinen Dinge, die ihn bewegen«. Und weiter: »Nach der einfachen Mahlzeit und nach der Besprechung der Familienangelegenheiten entsteht eine kleine Pause und nun beginnt Onkel Hans das bedeutungsvolle: ›Was sagst du zu …?‹ Die Antwort wird aber (von ihm) nicht abgewartet, sondern gleich eine eigene Beurteilung hinzugefügt, die sehr scharf und bestimmt ist und jedenfalls von der durch die Zeitung gegebenen völlig abweicht. Jetzt kommt der pikante Augenblick,

---

[1] AGNES VON ZAHN-HARNACK, Adolf von Harnack, Berlin 1936 (2. Aufl. 1951), S. 137 f.

wo alles auf Papa (Adolf von Harnack) sieht, um seine Antwort zu hören. Er
beginnt diplomatisch, wie man einem Kaiser entgegnet, nämlich: ›Du hast
ganz recht‹. Er sagt dann nicht etwa ›aber‹, sondern aus dem Ton nur, in
dem er weiter zustimmt, läßt sich entnehmen, daß es noch eine interessante
Auseinandersetzung geben wird«. Auch die nächste Passage ist in unserem
Zusammenhang noch von Interesse: »An die Aussprache knüpfte sich dann
meist die Vorlesung der noch ungedruckten ›Politischen Korrespondenz‹
für das nächste Heft der ›Preußischen Jahrbücher‹. Im Austausch über die
hier erwachsenden Fragen wirkten«, wie Agnes von Zahn-Harnack betont,
»Harnack und Delbrück wechselseitig aufeinander ein: Harnack gewann ein
tieferes und gegründeteres politisches Verständnis und Interesse und eine genaue Kenntnis der parlamentarischen Möglichkeiten und Bedingtheiten;
Delbrück glättete manches allzuscharfe oder paradoxe Wort, das aus seiner
Feder geflossen war, und ließ sich von Harnack auf die Notwendigkeit hinweisen, im politischen Leben die Imponderabilien psychologisch zu werten
und stärker zu beachten, als es seiner unmittelbaren Anlage entsprach«. Und
die Themen, die Harnack und Delbrück traktierten, Sonntag für Sonntag,
40 Jahr lang? Noch einmal Agnes von Zahn-Harnack: »Langsam wuchs ich
in den Ideenkreis hinein, dem unsere Väter angehörten, und ich hatte das
unermeßliche Glück, Staats- und Weltgeschichte so kennen zu lernen, wie
sie kein Geschichtsbuch schildern kann, immer im Hinblick auf ihre Träger,
immer von der persönlichen Seite. Es wurde wenig theoretisiert; aber daß
hinter all den großen menschlichen Institutionen wie Staat, Armee, Kirche,
Schule Menschen stehen, lebendige Menschen mit ihren eigenen Wünschen
und Zielen, das prägte sich mir unauslöschlich ein«.

Der aus Dorpat stammende Harnack wurde 1888 nach Berlin berufen, im
Alter von 37 Jahren, der auf Rügen geborene und drei Jahre ältere Delbrück
als Extraordinarius 1885 und als Ordinarius 1895. Delbrück starb 1929,
Harnack 1930. Beide wirkten somit 40 Jahre in der gleichen Stadt und an
der gleichen Universität, der eine in der Theologischen, der andere in der
Philosophischen Fakultät. Beide wurden seit den 1890er Jahren weit über die
Universität hinaus aktiv, als Buchautoren, Publizisten, Wissenschaftsorganisatoren. Harnack besaß als Kirchenhistoriker internationales wissenschaftliches Profil, Delbrück als Militärhistoriker. Beide scheuten den Kontakt zur
Reichsspitze nicht. Delbrück war als junger Mann sechs Jahre lang Erzieher
im Haus Kaiser Friedrichs III. gewesen; Harnack fungierte später als Ratgeber Wilhelms II. Dies alles kann nur in Stichworten angedeutet werden.
Hier zu untersuchen ist vielmehr die Art und Weise, wie diese beiden mar-
kanten, bedeutenden Gelehrten über lange Jahre hinweg kooperierten. Die
acht Briefe und eine Karte von Delbrück im Harnack-Nachlaß und die 18
Briefe und fünf Karten von Harnack im Delbrück-Nachlaß belegen nur ei-

nen kleinen, wenngleich vielleicht durchaus nicht untypischen Teil ihrer langjährigen intensiven Beziehung.

Einige Zitate mögen dies verdeutlichen. 1888 beriet Harnack beispielsweise seinen Schwager Delbrück, wie er sich in Berufungsangelegenheiten verhalten sollte. Er dürfe niemand vor den Kopf stoßen, ließ Harnack Delbrück in einem Brief wissen, und er solle vor dem endgültigen Votum der Fakultät über die Liste nicht verlauten lassen, ob er den Ruf auch tatsächlich annehmen werde.[2] Weitere Beispiele aus den wenigen erhaltenen Briefen zwischen beiden: Harnack gratulierte Delbrück zu einem gelungenen Artikel in den ›Preußischen Jahrbüchern‹;[3] einige Zeit später schlug er ihm auch ein Thema für einen anderen Artikel vor.[4] Im Sommer 1916 unterrichtete Harnack von Berlin aus Delbrück, der sich an der See erholte, nicht nur über ein Gespräch, das er mit Reichskanzler Bethmann geführt hatte, sondern fügte auch praktische Ratschläge an: »Suche möglichst viel Fett zu essen«, so der Theologe an den Historiker, »das lieben die Nerven und strenge Dich körperlich gar nicht an; denn die Gymnastik des Alters ist Ruhe, Schlaf und Gleichmut«.[5] In den wenigen Briefen von Delbrück an Harnack, die überliefert sind, diskutierte dieser Fragen der Universitätspolitik sowie im ersten Weltkrieg auch Fragen der Kriegszielpolitik.[6] Ratschläge Delbrücks, wie Harnack sich ernähren soll, habe ich nicht gefunden, aber das mag an den Lücken der Überlieferung liegen.

Um zu erläutern, wie Harnack und Delbrück zueinander standen, will ich mich hier auf zwei Episoden konzentrieren: Bei der einen standen vor allem Harnacksche Interessen auf dem Spiel und Delbrück sekundierte – es war Harnacks Kampf um die Führung im Evangelisch-Sozialen Kongreß in den 1890er Jahren. Bei der anderen Episode scheint Delbrück stärker engagiert als Harnack – hier geht es darum, die Reichsregierung in den kritischen mittleren Jahren des Ersten Weltkriegs zu bewegen, eine maßvollere Kriegszielpolitik und eine aktivere Friedenspolitik zu betreiben.

Zunächst also zum Evangelisch-Sozialen Kongreß, der 1890 zum ersten Male in Berlin zusammentrat. Sowohl Harnack als auch Delbrück nahmen 1890 teil, und beide machten von Anfang an klar, daß sie die Richtung dieses Unternehmens, an dem sich liberale ebenso wie konservative Kräfte beteilig-

---

[2] Staatsbibliothek Berlin Preußischer Kulturbesitz, Handschriftenabteilung: Nachlaß Delbrück. Brief von Harnack an Delbrück, Marburg 11. Juli 1888.

[3] Ebd. Marburg 10. Oktober 1888.

[4] Ebd. Berlin 6. August 1894.

[5] Ebd. Berlin 7. Juli 1916.

[6] Ebd. Nachlaß Harnack. Briefe von Delbrück an Harnack vom 16. August 1895, 5. Juli 1916, 13. August 1916, 17. September 1916.

ten, mitbestimmen wollten. Delbrück wurde 1890 zum Mitglied des ›Vorläufigen Ausschusses‹ gewählt;[7] Harnack profilierte sich 1890 mit einem Redebeitrag, in dem er Ausführungen des Hofpredigers Stoecker zur Judenfrage kritisierte.[8] Die Art und Weise, wie Stoecker als Anführer der konservativen Fraktion des Kongresses über die Juden geredet habe, sei, so Harnack, »peinlich«. »Wenn wir aber als Evangelische zusammentreten, dann müssen wir sagen: Die Schuld der Christen gegen die Juden ist nicht geringer als die Schuld, welche die Juden gegenüber den Christen haben. Deshalb möchte ich in dieser Versammlung keinen andern Standpunkt vertreten finden, als den: Wir haben sie zu gewinnen, nachdem wir sie getreten haben«. Eine kontroverse Debatte schloß sich an, in der sich sowohl konservativ-antisemitische Stoeckeranhänger wie liberale Anhänger Harnacks zu Wort meldeten. In seinem Schlußwort beharrte Stoecker, der schon 1888 die Berufung von Harnack nach Berlin öffentlich kritisiert hatte, auf seinem Standpunkt.[9] Er nannte »die Judenpresse die schlimmste Pestbeule der Nation« und versprach, seinen »Mann« zu stehen, »wenn diese halbe Million Fremdlinge« sein »Volk« verwüste »und es dem Abgrunde« zutreibe. Harnack meldete sich nicht noch einmal zu Wort. Noch dominierte Stoecker den Evangelisch-Sozialen Kongreß.

Auch in den folgenden Jahren war Harnack bestrebt, dem Stoeckerschen Einfluß im Evangelisch-Sozialen Kongreß entgegenzuwirken. Harnack beeindruckte durch kluge Diskussionsbeiträge, in denen er mit seinen profunden kirchengeschichtlichen Kenntnissen brillierte.[10] Auf dem fünften Kongreß, 1894 in Frankfurt, hielt er das Hauptreferat. Sein Thema: ›Die evangelisch-soziale Aufgabe im Lichte der Geschichte der Kirche‹.[11] Harnacks gelehrte, engagierte Ausführungen interessieren in unserem Zusammenhang nicht, wohl aber die Auseinandersetzung, die folgte. Denn nach Harnacks Rede meldeten sich mehrere Versammlungsteilnehmer zu Wort, die von

---

[7] Bericht über die Verhandlungen des Ersten Evangelisch-Sozialen Kongresses, Berlin 1890, S. 152.

[8] Ebd. S. 142; siehe auch S. 149.

[9] Ebd. S. 149 f., das Zitat S. 150.

[10] Delbrück wurde 1891 in das ›Aktionskomitee‹ des Evangelisch-Sozialen Kongresses gewählt. Siehe Bericht über die Verhandlungen des Zweiten Evangelisch-Sozialen Kongresses, Berlin 1891, S. 4 f. Sehr interessant war zum Beispiel die Diskussion zwischen Naumann und Harnack auf dem Vierten Evangelisch-Sozialen Kongreß 1893 in Berlin über die Frage, ob die Sozialdemokratie »die erste große evangelische Häresie« darstelle und als »innerweltlicher Chiliasmus« bezeichnet werden könne. Siehe Bericht über die Verhandlungen des Vierten Evangelisch-Sozialen Kongresses, Berlin 1893, S. 34–43, obiges Zitat S. 36.

[11] Bericht über die Verhandlungen des Fünften Evangelisch-Sozialen Kongresses, Berlin 1894, S. 136–174; abgedruckt auch in den Preußischen Jahrbüchern 76 (1894) S. 502–542.

Harnack ein Glaubensbekenntnis einforderten, ein Redner ermahnte ihn gar, »Kirchenbuße« zu tun.[12] Dies war der Moment, in dem Stoecker in die Debatte eingriff und sich als Mann über den Parteien darzustellen versuchte.[13] »Händeringend nötig« sei es, »in unserem Volke Christentum und Bildung (...) wieder in die engste Verbindung zu bringen«. »Stürmischer, anhaltender Beifall« notiert das Protokoll. Indem Stoecker Harnack als Mann der Bildung bezeichnete, dem das rechte Christentum fehle, sprach er vielen Anwesenden, wie es scheint, aus dem Herzen. Harnack meisterte diese für ihn schwierige Situation. Er verzichtete auf ein Schlußwort und fügte lediglich an, er könne die Dinge gar nicht besser ausdrücken, als Stoecker es getan habe.[14] Wenn ich das Protokoll richtig verstehe, drückte er damit aus, es fehle Stoecker vielleicht nicht an Christentum, wohl aber an Bildung. »Lebhafter Beifall«, so das Protokoll. Auch Harnack hatte offensichtlich zahlreiche Freunde im Evangelisch-Sozialen Kongreß.

Ein Jahr später, 1895 in Erfurt, kam es zum Eklat. In einem großen Vortrag sprach sich Dr. Elisabeth Gnauck-Kühne für die Förderung der Frauenbildung und das Frauenstudium aus. Harnack eröffnete die Diskussion und stellte unmißverständlich fest: »Der heutige Tag ist nicht nur ein Freudentag für unsern Kongreß, sondern er wird auch Gedenktag werden in der Geschichte unserer evangelischen Kirche«. Und dann sang er das hohe Lob der edlen gebildeten Frauen. Im Kampf gegen den Unglauben seien sie Männern überlegen.[15] Stoecker war, so scheint es, konsterniert. Er mußte registrieren, daß er mit seinen strikt konservativen Positionen im Evangelisch-Sozialen Kongreß inzwischen nur noch wenig Einfluß besaß. Vielleicht verzichtete er deshalb darauf, Harnack sofort direkt anzugreifen. Ein Jahr später hatte Stoecker den Evangelisch-Sozialen Kongreß bereits verlassen. Was war geschehen?

Stoeckers öffentliche Position hatte sich in der zweiten Hälfte des Jahres 1895 rapide verschlechtert. Er war in Prozesse verwickelt, in denen ihm Opportunismus und Falschaussage vorgeworfen wurde.[16] Dann wurde dem sozialdemokratischen ›Vorwärts‹ ein Brief Stoeckers aus dem Jahre 1888 zugespielt und von dieser Zeitung auch publiziert, in dem Stoecker seinem konservativen Gesinnungsfreund, dem Freiherrn von Hammerstein, gegenüber dargelegt hatte, wie man den neuen Kaiser, Wilhelm II., gegen Bismarck ein-

---

12 Bericht des Fünften Evangelisch-Sozialen Kongresses (wie Anm. 11) S. 174 ff., Zitat S. 175.

13 Ebd. S. 176 f.

14 Ebd. S. 177 f.

15 Bericht über die Verhandlungen des Sechsten Evangelisch-Sozialen Kongresses, Berlin 1895, S. 122 f.

16 Dazu WERNER JOCHMANN/GÜNTER BRAKELMANN/MARTIN GRESCHAT, Protestantismus und Politik. Werk und Wirkung Adolf Stoeckers, Hamburg 1982. Siehe vor allem S. 55 f., S. 181 f.

nehmen könne.[17] Unter anderem verwies Stoecker dabei auch auf den 1888 gerade nach Berlin berufenen Harnack. Man müsse dem Kaiser klarmachen, ließ er Hammerstein wissen, »daß er in diesen Angelegenheiten«, also auch in der Berufung Harnacks nach Berlin, »nicht gut beraten ist und ihm den Schluß auf Bismarck überlassen«. Und weiter: »Man muß also rings um das politische Zentrum bzw. Kartell Scheiterhaufen anzünden und sie hell auf-lodern lassen, den herrschenden Opportunismus in die Flammen werfen und dadurch die Lage beleuchten«.

Dieser sogenannte ›Scheiterhaufenbrief‹ zeigte Stoecker in einer konspira-tiven Rolle und stellte ihn als Intriganten bloß. Wilhelm II. reagierte einige Monate später, Ende Februar 1896, als er sich demonstrativ von politisieren-den Pastoren wie Stoecker distanzierte.[18] Auch für führende Mitglieder des Evangelisch-Sozialen Kongresses war Stoecker inzwischen nicht mehr trag-bar. Nachdem dieser sich Anfang Februar 1896 von der Konservativen Partei getrennt und eine eigene Partei gegründet hatte, wurde er auf Wunsch von Harnack und Delbrück vom Vorsitzenden des Evangelisch-Sozialen Kon-gresses, Ökonomierat Dr. Nobbe, gebeten, das Amt des zweiten Vorsitzen-den niederzulegen. Stoecker empfand dies als Affront. Er schied nach kur-zem Zögern aus dem Evangelisch-Sozialen Kongreß aus. Wie er es öffentlich formulierte, fühlte er sich speziell durch Harnack hinausgedrängt. Stoeckers Fazit: »Der Liberalismus ist eben intolerant; und daß D. Harnack, der libe-ralste von allen Ritschlianern, zugleich der unduldsamste ist, liegt ganz in der Natur seiner Richtung«.[19] Wenig später gründete Stoecker die Freie Kirchlich-Soziale Konferenz.

In unserem Zusammenhang ist nicht nur interessant, daß Delbrück enge freundschaftliche Beziehungen zu Nobbe hatte, sondern daß er die Turbu-lenzen, in die Stoecker 1895/96 geriet, in den von ihm herausgegebenen ›Preußischen Jahrbüchern‹ laufend kommentierte und dadurch Harnack zu-mindest indirekt wertvolle Hilfe leistete.[20] Delbrück begrüßte es beispiels-weise in den ›Preußischen Jahrbüchern‹ ausdrücklich, daß progressive Pa-storen wie Friedrich Naumann im Evangelisch-Sozialen Kongreß an Einfluß

---

[17] WALTER FRANK, Hofprediger Adolf Stoecker und die christlich-soziale Bewegung, Ham-burg 1928 (2. Aufl. 1935), S. 318 f.

[18] FRANK, Hofprediger (wie Anm. 17) S. 183.

[19] DIETRICH VON OERTZEN, Adolf Stoecker. Lebensbild und Zeitgeschichte, Bd. 2, Berlin 1910, S. 193 ff. Dazu auch FRANK, Hofprediger (wie Anm. 17) S. 281; GRIT KOCH, Adolf Stoek-ker. 1835–1989. Ein Leben zwischen Kirche und Politik, Erlangen/Jena 1993, S. 158.

[20] Schon 1890 hatte Delbrück ADOLF HARNACK die Möglichkeit gegeben, den Artikel ›Der evangelisch-soziale Congreß von Berlin‹ in den Preußischen Jahrbüchern 66 (1890) S. 566–576 zu plazieren.

gewannen.[21] Wenig hielt Delbrück freilich aber auch von dem kaiserlichen Telegramm: »Stoecker hat geendet, wie ich es vor Jahren vorausgesagt habe. Politische Pastoren sind ein Unding«. Dadurch würde, so Delbrück, Stoecker in den Augen seiner Anhänger nur »eine Art Märtyrerkrone« aufgesetzt.[22] Mit Genugtuung vermerkte Delbrück in seinem Organ, daß führende Konservative im Evangelisch-Sozialen Kongreß blieben und sich Stoeckers Kirchlich-Sozialer Konferenz nicht anschlossen.[23]

Es bleibt anzufügen, daß auf der nächsten Jahrestagung des Kongresses, 1896 in Stuttgart, Delbrück ein Hauptreferat hielt.[24] In der anschließenden Diskussion leisteten Friedrich Naumann und der damals gerade 32jährige Max Weber eindrucksvolle Beiträge.[25] Und anzufügen ist ferner, daß Harnack und Delbrück auch auf den folgenden Jahrestagungen des Evangelisch-Sozialen Kongresses mit klugen Diskussionsbeiträgen glänzten,[26] während es um Stoecker und seine Kirchlich-Soziale Konferenz immer stiller wurde. Von 1903 bis 1911 amtierte Harnack schließlich als Präsident des Evangelisch-Sozialen Kongresses.

Um zu zeigen, wie Delbrück mit Harnack kooperierte, mit dem »Schwager und Freunde«, dem Delbrück sein Hauptwerk, die ›Geschichte der Kriegskunst‹, widmete,[27] ein zweites Beispiel. Als der Erste Weltkrieg ausbrach, engagierten sich die beiden prominenten Berliner Professoren politisch noch mehr als bisher. Am 11. September 1914 sprach Delbrück vor 2500 Zuhörern in Berlin ›Über den kriegerischen Charakter des deutschen Volkes‹.[28] Nach einer langen historischen Einleitung diskutierte er auch die

---

[21] Siehe Preußische Jahrbücher 81 (1895) S. 197 f., wo Delbrück auch ausführt, die Rede von Frau Dr. Gnauck-Kühne sei durch »so viel Talent, Geschicklichkeit und Takt« gekennzeichnet gewesen, »daß sie einen wahren Sturm der Begeisterung bei den Männern nicht weniger als bei den weiblichen Zuhörern erweckte«.

[22] Preußische Jahrbücher 84 (1896) S. 570.

[23] Siehe Preußische Jahrbücher 82 (1895) S. 566 ff.; 83 (1896) S. 589–593; 84 (1896) S. 565–570; 85 (1896) S. 405.

[24] Zum Thema ›Die Arbeitslosigkeit und das Recht auf Arbeit‹. Abgedruckt auch in: Preußische Jahrbücher 85 (1896) S. 80–96, sowie: Bericht über die Verhandlungen des Siebenten Evangelisch-Sozialen Kongresses, Berlin 1896, S. 105–119.

[25] Ebd., S. 119–146.

[26] Bericht über die Verhandlungen des Achten Evangelisch-Sozialen Kongresses, Göttingen 1897, S. 164 ff., S. 168–171; Bericht über die Verhandlungen des Neunten Evangelisch-Sozialen Kongresses, Göttingen 1897, S. 27–30, S. 50–56, S. 132 f.; Bericht über die Verhandlungen des Zehnten Evangelisch-Sozialen Kongresses, Göttingen 1899, S. 32–35.

[27] Siehe AXEL VON HARNACK, Hans Delbrück als Historiker und Politiker, in: Die Neue Rundschau 63 (1952) S. 413.

[28] Preußische Jahrbücher 158 (1914) S. 95–113; sowie als Separatdruck: Berlin 1914, in der Reihe ›Deutsche Reden in schwerer Zeit‹.

aktuelle Situation. Zwei Aspekte betonte er dabei besonders. Zunächst: »Wir sind angegriffen und wir müssen unsere Ehre und unser nationales Dasein verteidigen«. Diese Aussage impliziert, daß nach Delbrücks Ansicht die großen militärischen Anstrengungen nur solange und nur soweit gerechtfertigt waren, als sie der Verteidigung dienten. Darauf wird zurückzukommen sein. Zum anderen: »Wir wissen jetzt, was uns droht vom Osten, welches Volk seine Wogen gegen uns heranwälzt, gegen das wir uns verteidigen müssen, damit nicht die hohe Kultur unter die rohe Gewalt gerate (...) und nichts rechnen wir mehr den Kulturvölkern im Westen zur Schmach an, als daß sie sich mit diesen Halbbarbaren verbunden haben, um uns, die Mitträger der höchsten Kultur, niederzukämpfen«.

Für Delbrück gab es im Ersten Weltkrieg also zweierlei Feinde. Im Osten ging es darum, »unsere Kultur« zu verteidigen »gegen die Unkultur«; im Westen kämpften die Deutschen dagegen gegen Gleichberechtigte. Und dies galt, so Delbrück, vor allem für die Franzosen. »Als die am meisten Gleichberechtigten und Gleichwertigen stehen in meinen Augen«, so Delbrück, »noch die Franzosen da, die wirklich auch in sich eine große nationale Idee und eine Kultur, die wir ihnen nicht absprechen wollen, verteidigen. Das Schicksal zwingt uns, mit ihnen zu kämpfen, und wir werden uns ritterlich mit ihnen auseinandersetzen«. Die Engländer bezeichnete Delbrück demgegenüber als »die Geschäftsmänner, die bloß zahlen, die ihre Söldner ausschicken und die barbarischen Massen aufbieten und denken, uns damit niederwalzen zu können«. Diese wollen wir bekämpfen, so Delbrück, »nicht nur mit derselben Tapferkeit und wie wir hoffen auch mit demselben Erfolg, sondern auch mit der Überzeugung einer unendlichen inneren Überlegenheit«. »Stürmischer, lang anhaltender Beifall«, so die Reaktion seiner Zuhörer.

Delbrück beließ es aber nicht bei patriotischen Reden. Auf Anregung des Reichstagsabgeordneten und späteren Reichsjustizministers Eugen Schiffer versammelte er ab Ende August 1914 jeweils an den Mittwochabenden etwa zwanzig führende Köpfe der politischen Mitte, darunter auch Vertreter der Wissenschaft und der Wirtschaft. Der Vorsitz und damit die Gesprächsführung lagen bei Delbrück, und die Richtung der Gespräche war von Anfang an klar: Es sollte darum gehen, im Kreise von Gleichgesinnten die politische Lage kritisch zu analysieren.[29] Nach wenigen Monaten stand freilich nur noch eine Frage im Zentrum: Wie konnte der eskalierende Konflikt, der die

---

[29] Paul Rühlmann, Delbrücks ›Mittwochabend‹, in: Am Webstuhl der Zeit. Eine Erinnerungsgabe Hans Delbrück dem Achtzigjährigen von Freunden und Schülern dargebracht, hg. v. Emil Daniels u. Paul Rühlmann, Berlin 1928, S. 75–81.

deutschen Kräfte zu überfordern drohte, auf eine möglichst günstige Weise, das heißt durch einen ›Verständigungsfrieden‹,[30] beendet werden.

Adolf von Harnack, seit 1906 Generaldirektor der Preußischen Staatsbibliothek und seit 1911 Präsident der Kaiser-Wilhelm-Gesellschaft zur Förderung der Wissenschaften, war von Anfang an an den Mittwochabenden dabei. Auch Ernst Troeltsch und Friedrich Meinecke gehörten dazu. Harnacks Position war freilich nicht einfach. Denn anders als Delbrück, Meinecke und Troeltsch gehörte er zu den Unterzeichnern des ›Aufrufs der 93 An die Kulturwelt‹, der im September 1914 entstand und in dem im Stile eines mißverstandenen Martin Luther thesenhaft und apodiktisch behauptet wurde: »Es ist nicht wahr, daß Deutschland diesen Krieg verschuldet hat (...). Es ist nicht wahr, daß wir freventlich die Neutralität Belgiens verletzt haben (...). Es ist nicht wahr, daß eines einzigen belgischen Bürgers Leben und Eigentum von unseren Soldaten angetastet worden ist (...). Es ist nicht wahr, daß unsere Truppen brutal gegen Löwen gewütet haben (...). Es ist nicht wahr, daß unsere Kriegsführung die Gesetze des Völkerrechts mißachtet (...). Es ist nicht wahr, daß der Kampf gegen unseren sogenannten Militarismus kein Kampf gegen unsere Kultur ist, wie unsere Feinde heuchlerisch vorgeben«.[31] Dieser Aufruf wurde im Herbst 1914 bei Neutralen und im westlichen Ausland verbreitet, wo er bald als Beweis dafür galt, daß die deutsche geistige Elite sich uneingeschränkt hinter die expansionistischen machtpolitischen Ziele des preußisch-deutschen Militarismus gestellt und die Brücken zu Kollegen in anderen Ländern bewußt abgebrochen hatte.

Wie inzwischen feststeht, hatte Harnack, wie viele andere Unterzeichner, seine Unterschrift gegeben, ohne den Text zu kennen. Wie es scheint, war er telephonisch um Zustimmung gebeten worden.[32] Max Planck, der ebenfalls unterzeichnet hatte, distanzierte sich schon mitten im Kriege in einem Brief an einen niederländischen Kollegen vom Aufruf und erwähnte in diesem Schreiben, auch Harnack und andere teilten inzwischen seine Ansicht.[33] Als

---

[30] Dazu ANNELISE THIMME, Hans Delbrück als Kritiker der Wilhelminischen Epoche, Düsseldorf 1955, S. 121 f., sowie EMIL DANIELS, Delbrück als Politiker, in: ›Am Webstuhl‹ der Zeit (wie Anm. 29) S. 29. Den ganzen Krieg über kommentierte Delbrück in den Preußischen Jahrbüchern regelmäßig sowohl die politische als auch die militärische Lage.

[31] JÜRGEN VON UNGERN-STERNBERG u. WOLFGANG VON UNGERN-STERNBERG, Der Aufruf ›An die Kulturwelt‹, Stuttgart 1996, S. 144–147. Eine ähnliche Position vertrat Harnack auch in seiner Antwort an die elf englischen Theologen vom 10. September 1914. Siehe: Adolf von Harnack als Zeitgenosse. Reden und Schriften aus den Jahren des Kaiserreichs und der Weimarer Republik, hg. v. KURT NOWAK, Teil 2: Der Wissenschaftsorganisator und Kirchenpolitiker, New York 1996, S. 1438–1444.

[32] UNGERN-STERNBERG, Der Aufruf (wie Anm. 31) S. 23.

[33] Ebd. S. 72, S. 76.

der französische Ministerpräsident Clemenceau im französischen Senat im
Jahre 1919 aus dem Aufruf der 93 zitierte, um zu beweisen, wie gering die
Chance auf einen Gesinnungswandel der Deutschen sei, entgegnete ihm
Harnack in einem offenen Brief. Allein auf einen Satz komme es in dem Aufruf an, schrieb Harnack an Clemenceau, auf den Satz: »Es ist nicht wahr,
daß Deutschland diesen Krieg verschuldet hat; weder das Volk hat ihn ge-
wollt, noch die Regierung, noch der Kaiser«. Er könne inzwischen viele Sätze des Aufrufs nicht mehr teilen, so Harnack, vor allem bedaure er die Verletzung der belgischen Neutralität. Auch sollten alle, die Kriegsverbrechen
begangen hatten, bestraft werden. Das eigentliche »Kapitalverbrechen« sei
aber die »Schuld am Kriege«. Deshalb fordere er den französischen Mini-
sterpräsidenten dazu auf, alles zu tun, damit diese Frage geklärt werden
könne, so vor allem durch Öffnung der französischen Archive.[34]

Zurück in die Kriegsjahre. Im zweiten Kriegsjahr, 1915, wurden von verschiedenen Seiten Denkschriften an die Reichsregierung gerichtet, um deren
Politik zu beeinflussen.[35] Zum einen waren dies Denkschriften, die sich im
Sinne der Alldeutschen und des von diesen maßgeblich beeinflußten Septem-
berprogramms von 1914 für eine kräftige Expansion aussprachen, so etwa
die Denkschrift der sechs wirtschaftlichen Verbände vom Mai 1915 oder die
von dem Theologen Reinhold Seeberg organisierte Denkschrift vom Juli
1915, die nicht weniger als 1341 Unterschriften trug, darunter die Unterschriften von 352 Hochschullehrern. Tausende unterschrieben zudem noch
nachträglich. Eine Minderheit mahnte damals die Regierung freilich bei den
Kriegszielen auch zur Mäßigung, so vor allem eine maßgeblich von Delbrück und Harnack initiierte Gegenadresse. Delbrück hatte sich schon vor
dem Kriege dazu geäußert, wie notwendig ein Interessenausgleich zwischen
den Weltmächten sei.[36] Im Kriege gab es für ihn zu einem ›Verständigungsfrieden‹ keine Alternative. Unter der von ihm formulierten Denkschrift standen schließlich 141 Namen.

Damit waren im zweiten Kriegsjahr die Richtungen markiert, über die bis
in den Herbst 1918 gestritten werden sollte: ›Siegfrieden‹ oder ›Verständigungsfrieden‹. Für Delbrück und Harnack war die Suche nach einem Ausgleich mit den Westmächten entscheidend. Wenn der Krieg ein Verteidi-

---

[34] Ebd. S. 80, S. 207 f.; auch in: NOWAK, Zeitgenosse (wie Anm. 31), Teil 2, S. 1515–1517.

[35] Dazu FRITZ K. RINGER, The Decline of the German Mandarins. The German Academic
Community, 1890–1933, Cambridge, Mass. 1969, S. 190 f.; ZAHN-HARNACK, Harnack (wie
Anm. 1) S. 346–365; KLAUS SCHWABE, Wissenschaft und Kriegsmoral. Die deutschen Hochschul-
lehrer und die politischen Grundfragen des Ersten Weltkrieges, Göttingen 1969.

[36] Vor und nach dem Weltkrieg. Politische und historische Aufsätze 1902–1920, Berlin 1920,
S. 337.

gungskrieg war, so betonten sie, dann galt es, im Westen auf alle Eroberungen zu verzichten und einen Kompromißfrieden zu schließen. Wie Fritz Fischer betont, lehnte Delbrück freilich nicht jedwede Expansion ab.[37] So befürwortete er den Ausbau des deutschen Kolonialreichs und auch einen engeren Anschluß der baltischen Staaten an das Deutsche Reich. Der in Dorpat geborene Harnack empfand vor allem für letztere Idee viele Sympathien.[38]

Wie aus den wenigen erhaltenen Briefen zwischen Delbrück und Harnack hervorgeht, verfaßten beide im Sommer und Herbst 1916 weitere Denkschriften. Neben erneuten Vorschlägen, wie mit den Westmächten doch noch zu einem Verständigungsfrieden zu kommen sei, formulierten sie nun auch Vorschläge für innere Reformen im Reich, vor allem für eine Wahlrechtsreform in Preußen. Das folgte für sie konsequent aus dem Aufruf des Kaisers vom 4. August 1914, der als Motto des inneren Burgfriedens galt und nach dem er keine Parteien mehr kenne, sondern nur noch Deutsche. Eine einschlägige Denkschrift arbeitete Harnack im Sommer 1916 nach einem Gespräch mit Reichskanzler Bethmann aus, nach einem Gespräch, »welches«, so Harnack in einem Brief an Delbrück, »zum Auftrag einer ›Denkschrift‹ führte über das, was sofort im Innern ›feierlich‹ anzukündigen u. in die Wege zu leiten ist, sobald der Friede in Sicht ist u. die Zensur fällt. Das war ein schwerer Auftrag«, so weiter Harnack. »Vorgestern habe ich die Denkschrift eingereicht. (…) Ich habe – um mit Luther zu reden – ›hoch gesungen‹ u. die notwendige Neuordnung auf allen Gebieten, über die ich einigermaßen ein Urteil habe, skizziert«.[39]

Bei einer weiteren Denkschrift lag die Initiative bei Delbrück. Er übermittelte Mitte September 1916 Harnack einen Entwurf, dieser ließ ihn aber wissen, er könne diese Eingabe nicht unterschreiben. Die Gründe? »Weil ich«, so Harnack, »die Verantwortung der Initiative nicht tragen kann und will«, ferner, »weil die Natur dieser delikaten Angelegenheit« seines Erachtens »nur eine mündliche, nicht aber eine schriftliche Aussprache zuläßt«, schließlich, »weil ich Denkschriften, Unterschriften, Anregungen etc. genug

---

[37] Fritz Fischer, Griff nach der Weltmacht, Düsseldorf 1961, S. 186 f., S. 202, S. 347, S. 813.

[38] Entsprechende Pläne wurden besonders im Frühjahr 1918 diskutiert. Siehe zum Beispiel den Artikel von Adolf Harnack, Die deutschen Ostseeprovinzen: der nächste Schritt, in: Preußische Jahrbücher 172 (1918), wo er die Wiederaufrichtung der Universität Dorpat forderte und kategorisch feststellte: »Wir Deutsche sind jetzt vor Gott, vor unserer Nation und vor unserer Geschichte verpflichtet, die deutsche Kultur für alle Zeiten den Ostseeprovinzen zu erhalten« (S. 130 f.).

[39] Staatsbibliothek zu Berlin, Nachlaß Delbrück. Brief von Harnack an Delbrück, Berlin 7. Juli 1916. Der Text in: Nowak, Harnack als Zeitgenosse (wie Anm. 31) Teil 2, S. 1491–1509.

gegeben habe und nur noch in statu confessionis solche zu geben gedenke, im übrigen aber schweigen werde«. In einem Postskriptum fügte Harnack an, er halte die Anfertigung von Kopien dieser Denkschrift für »so gefährlich«, daß er davon abrate. Seines Erachtens sollte Delbrück diese »verbrennen, damit die Gefahr, daß sie auf irgend einem Weg in die Öffentlichkeit kommt, ausgeschlossen ist«.[40] Die Denkschrift, die Harnack für so gefährlich hielt, publizierte Delbrück am 9. November 1916 in den ›Preußischen Jahrbüchern‹. Unter dem Schlagwort des ›realpolitischen Pazifismus‹ diskutierte er die Schaffung eines weltumfassenden Friedensbundes und eines allgemeinen Schiedsgerichts – Ideen, mit denen er den amerikanischen Präsidenten Wilson zu gewinnen hoffte und die auch Reichskanzler Bethmann wenige Tage später vor dem Hauptausschuß des Reichstags aufgriff. Dies war, so Klaus Schwabe, »einer der wenigen Fälle, bei denen sich nachweisen läßt, daß der Einfluß eines deutschen Gelehrten direkt auf die Entschlüsse der Reichsregierung eingewirkt hat« und, so Schwabe, »ein Sieg der gemäßigten Richtung, der doch nur eine Episode blieb«, da die Reichsregierung sich wenige Wochen später für den uneingeschränkten U-Bootkrieg und damit für die von der ›Siegfriedens‹-Partei geforderte Linie entschied.[41]

Als der Kaiser in seiner Osterbotschaft 1917 Reformen ankündigte, konkrete Schritte aber ausblieben, äußerten sich Delbrück und auch Harnack zusammen mit acht anderen noch einmal in einer Denkschrift, in der sie speziell innere Reformen anmahnten.[42] Das war kurz vor Bethmanns Sturz. Zu dessen Nachfolgern, zu den Reichskanzlern Michaelis und Graf Hertling, hatten Harnack und Delbrück keine engeren Beziehungen. So mußten sie mit ansehen, wie Hindenburg, Ludendorff und Tirpitz die Linie der deutschen Politik in den letzten beiden Kriegsjahren bis hin zur Niederlage bestimmten.

Es wäre lohnend, auch die Reaktionen von Harnack und Delbrück auf Niederlage und Revolution zu verfolgen, und lohnend wäre es auch, sie durch die Jahre der Weimarer Republik zu begleiten, in denen sie als die Minderheit von 1915 nunmehr zum Kern der ›Vernunftrepublikaner‹ gehör-

---

[40] Ebd. Brief von Harnack an Delbrück, Berlin 20. September 1916.

[41] Dazu Schwabe, Wissenschaft und Kriegsmoral (wie Anm. 35) S. 116 sowie S. 244, Anm. 162.

[42] Zusammen mit Meinecke hatten sich Delbrück und Harnack Anfang April 1917 auch in einem Telegramm an die Reichsregierung gegen die Erklärung des uneingeschränkten U-Bootkriegs gewandt. Zur Denkschrift der ›Zehn‹ vom 3. Juli 1917 siehe Zahn-Harnack, Harnack (wie Anm. 1) S. 355; Thimme, Hans Delbrück (wie Anm. 30) S. 142, siehe Nowak, Harnack als Zeitgenosse (wie Anm. 31) Teil 2, S. 1510–1514.

ten.[43] Dazu wäre eine eigene Abhandlung notwendig. Als Hans Delbrück im Juli 1929 starb, war Harnack tief erschüttert. Er hatte den Freund und Schwager während dessen letzter schwerer Krankheit begleitet und war an seinem Sterbebett gestanden. Am Grabe war es Harnack, der bei so vielen Gelegenheiten immer wieder öffentlich gesprochen hatte und, wie es scheint, nie um passende Worte verlegen war, nicht möglich, auch nur einen Satz zu sagen. So schwer trug er an dem Verlust. Vielleicht ahnte er auch, daß auch sein Weg bald zu Ende gehen würde.[44]

Ich fasse zusammen: Enge Freundschaft kennzeichnet die Beziehung zwischen Harnack und Delbrück, getragen von Respekt und Vertrauen. Gemeinsame, oder doch ähnliche, Überzeugungen bestärkten die familiäre Verbindung. Daß sie auf den Gebieten, auf denen sie als Fachleute tätig waren, immer wieder starken Anfeindungen ausgesetzt waren, daß viele zeitgenössische protestantische Theologen Harnacks historisierende Deutung des Christentums ablehnten, während führende preußische Militärs sich nicht von Delbrück sagen lassen wollten, wie sie ihre Kriegs- und Militärgeschichte zu verstehen hätten, mag ihre Zusammenarbeit durchaus bestärkt und ihre Freundschaft zusätzlich vertieft haben. Denn ganz offensichtlich lag ein Reiz dieser Freundschaft gerade darin, daß jeder der beiden Partner eigenwillige, unorthodoxe Positionen vertrat und daß der andere dieses besondere Profil nicht als lästiges Hindernis akzeptierte, das es im Sinne des Familienfriedens zu tolerieren galt, sondern als eine intellektuell attraktive Stärke schätzte. Aus der familiären Verbindung wurde, wie es scheint, auf diese Weise eine Art Kampfbündnis, das sich bei ganz unterschiedlichen Auseinandersetzungen bewährte.

Nicht bei allem, was Harnack und Delbrück gemeinsam unternahmen, hatten sie Erfolg. Als Erfolg verstanden sie es gewiß, daß es ihnen gelang, den Evangelisch-Sozialen Kongreß von dem reaktionären Einfluß Stoeckers zu befreien und so für progressive Ideen zu öffnen.[45] Als Mißerfolg mußten sie ihre verschiedenen Versuche einer Einwirkung auf die Reichsregierung während des Ersten Weltkrieges verbuchen. Es gelang ihnen nicht, die deutsche Kriegszielpolitik etwa im Hinblick auf eine vollständige Wiederherstellung Belgiens und damit auf die Anbahnung von Friedensmöglichkeiten zu beeinflussen. Wichtiger als Erfolg oder Mißerfolg sind im Rückblick aber die Ziele und Prinzipien, die beide leiteten: Soziale Verantwortung und Auf-

---

[43] So Ringer, The Decline (wie Anm. 35) S. 202 f.

[44] Zahn-Harnack, Harnack (wie Anm. 1) S. 436.

[45] In seinem ›Rückblick auf den Evangelisch-Sozialen Kongreß‹ von 1927 erwähnte Harnack freilich Stoecker mit keinem Wort. Siehe: Nowak, Harnack als Zeitgenosse (wie Anm. 31) Teil 2, S. 1403–1407.

geschlossenheit für fortschrittliche Kräfte, so im Evangelisch-sozialen Kongreß; Bereitschaft zur Friedensanbahnung und die Einsicht, daß innere Reformen notwendig seien, so in ihren Denkschriften während des Ersten Weltkriegs. Vielleicht macht es den Kern der einzigartigen Freundschaft zwischen Harnack und Delbrück aus, daß sie, obwohl sie in verschiedenen Disziplinen zuhause waren, diese Positionen teilten.

Harnack, Rade und Troeltsch

Wissenschaft und politische Ethik

von

GANGOLF HÜBINGER

Bekannt ist die Autobiographie des protestantischen Predigers Friedrich Rittelmeyer, des späteren Gründers der freireligiösen und an Rudolf Steiners Anthroposophie ausgerichteten ›Berliner Christengemeinschaft‹. Sie enthält ein Kapitel ›Liberale Theologie‹. Dieses Kapitel nennt nur drei intellektuelle Referenzen: Adolf von Harnack und das ›Wesen des Christentums‹, Martin Rade und die ›Christliche Welt‹, Ernst Troeltsch und dessen religionsphilosophische Aufsätze.[1] Besonders Harnack war Rittelmeyer zu Dank verpflichtet. Denn Harnack verhalf dem zwischen Pietismus und Nietzsche schwankenden Rittelmeyer 1906 vor dem Evangelisch-sozialen Kongreß zum ersten großen öffentlichen Auftritt und riet zur intensiven Beschäftigung mit Tolstois Ethik. Die ›Christliche Welt‹ druckte eine Zeitlang als einzige religiöse Zeitschrift Rittelmeyers Aufsätze. Und Ernst Troeltsch hörte zeitweilig dessen Berliner Predigten.

Schon zeitgenössisch ist mit der biographischen Konfiguration ›Harnack–Rade–Troeltsch‹ eine markante Position der wilhelminischen Kulturgeschichte abgesteckt, die mehr ist als eine theologische Denkrichtung. ›Harnack–Rade–Troeltsch‹ gilt bei Freund und Feind als Chiffre für die Gesinnungsreligiosität des kulturprotestantischen Bildungsbürgertums. Sie sind die reichsweit beachteten theologischen wie sozialpolitischen Vordenker in einer Phase, in der diese Bildungsschichten ihre seit Goethe und Hegel etablierten kulturellen Deutungsmonopole zu verlieren beginnen. In ihnen verkörpert sich die entschiedene Historisierung des kirchlichen Dogmas und der in unmittelbarem Gottvertrauen gründende ethische Personalismus mit dem Gebot der Vita activa. Ihr Werk kennzeichnet die wissenschaftliche Endstation eines interdisziplinären Historismus in praktischer Absicht. Und

---

[1] FRIEDRICH RITTELMEYER, Aus meinem Leben, Stuttgart 1949, S. 257–268.

ihr Lebensweg demonstriert zum letzten Mal das bildungsbürgerliche Ideal
der Einheit von Wissenschaft, Publizistik und Politik im Dienst eines liberalen Reformkurses in Staat und Gesellschaft. Eine Bewertung dieser Konfiguration hängt stark von der gewählten Perspektive ab. Von außen gesehen, sei
es vom konservativen Gegenlager des von Troeltsch so bezeichneten ›Systems Seeberg‹ oder der antihistoristischen Folgegeneration Karl Barths,
Friedrich Gogartens oder eben Rittelmeyers, verschwimmen die drei Exponenten zu einer Figur, formen sie einen negativen Idealtypus. Aus einer Bin-
nengeschichte des Kulturprotestantismus kommen dagegen stärker die Differenzen in den Blick. Harnack, Rade und Troeltsch können als unterschiedliche und auch teilweise gegeneinander gerichtete Typen protestantischer
Weltfrömmigkeit gesehen werden mit unterschiedlicher intellektueller An-
schlußfähigkeit. Der älteste, Harnack, repräsentiert klassisch den überparteilichen und staatstragenden Gelehrtenpolitiker mit engstem Kontakt zu
den traditionalen preußischen Eliten. Der sechs Jahre jüngere Rade machte
keine theologische Blitzkarriere, er war sogar mehr Berufsjournalist als
Pfarrer und bildete mit seinem Schwager Friedrich Naumann die politische
Klammer einer linksbürgerlichen intellektuellen Kleinpartei; damit schuf er
die Voraussetzung für die Fortschrittliche Volkspartei und die DDP als politische Identifikationsorte des liberalen Protestantismus. Ernst Troeltsch,
vierzehn Jahre und mehr als eine Gelehrtengeneration jünger als Harnack,
forcierte aus der Heidelberger Distanz zur preußischen Repräsentationskul-
tur am stärksten die intellektuelle Reflexion auf die Ambivalenzen der Moderne, die ihn nach ebenfalls wissenschaftlichem Blitzstart aus der Theologie
heraus in den ›salon des refusés‹ der Historiker und Soziologen führte.

Die Fülle der biographischen Schnittlinien und literarischen Parallelen
kann hier nicht annähernd behandelt werden. Aus kirchenpolitischer Solidarität und fachfreundschaftlicher Aufmerksamkeit wurde um 1900 engere
persönliche Freundschaft, – immer durch Irritationen auf die Probe gestellt.
So begründete Troeltsch 1915 seinen Wechsel auf den Berliner Lehrstuhl für
›Religions-, Sozial- und Geschichts-Philosophie und die christliche Religionsgeschichte‹[2] mit dem innerprotestantischen Polarisierungsprozeß: »Das
System Seeberg ist übermächtig und kämpft gegen niemand so nachdrücklich als gegen mich. Sollte man nun den Leuten den Gefallen tun und die

---

[2] Offizielle Information Troeltschs durch den Minister der geistlichen und Unterrichtsangele-
genheiten, Berlin, 15.8. 1914, Archiv der Humboldt-Universität Berlin, Bestand Phil.Fak.,
Nr. 1466, S. 341 f. Zum Text dieses Berufungsschreibens und zu Troeltschs Eintritt in die Welt-
hauptstadt des Historismus siehe ausführlicher GANGOLF HÜBINGER, Ernst Troeltschs Berlin. Im
›Bund der Intellektuellen‹, in: FRIEDRICH WILHELM GRAF (Hg.): Ernst Troeltschs »Historismus«,
Gütersloh 2000, S. 164–180, hier S. 169 f.

Professur nicht annehmen? (...) Konnte ich Harnacks dringender Bitte, ihn nicht allein zu lassen, taube Ohren machen?«. Mit Hinweis auf die ausgehandelte Kennzeichnung der Professur bekräftigt Troeltsch im gleichen Atemzug dagegen eine gewisse Distanz zu Freund Rade: »Herrmann schimpft auf mich, Weinel fällt mir in den Rücken, Deissmann verrät mich, Rade ist kühl bedenklich. (...) Wir müssen alle – Naumann, Harnack, Traub usw. – aus der Theologie hinaus und werden mehr oder minder sanft geschoben«.[3] Ganz abgesehen also von den neuen Strömungen bei den ›Neu-Positiven‹ um den mächtigen Reinhold Seeberg hielt Troeltsch selbst den engeren ›Freundeskreis der Christlichen Welt‹ für nicht ›elastisch‹ genug, um den intellektuellen Zeitanforderungen durch theologische Selbstreflexion gerecht zu werden. Religionssoziologisch, von Gruppenbildungen, öffentlicher Mobilisierung und wissenschaftlichen Werturteilen her gesehen, überwiegen aber die Gemeinsamkeiten eindeutig die hier zitierten Vorbehalte. Der Bogen läßt sich spannen von der Mobilisierung und Polarisierung des Protestantismus im Apostolikumstreit um Harnack von 1892 bis zu den politischen Ortsbestimmungen der frühen Weimarer Republik. Nur drei Aspekte sollen hierzu herausgegriffen werden: Erstens, die ›Freunde der Christlichen Welt‹ als die entscheidende Kommunikationszentrale kulturprotestantischer Weltsicht. Zweitens, die theoretische Konzipierung der Theologie als eine historische Kulturwissenschaft. Drittens, der Kampf um eine politische Ethik der bürgerlichen Gesellschaftsordnung.

I.

Untrennbar mit dem Namen Harnack verbunden ist der preußische Apostolikumstreit von 1892, der zugleich in die allgemeine moderne Verfassungsgeschichte eingegangen ist. Nicht wegen der inhaltlichen Diskussion um die Glaubensformeln, ›geboren aus Maria der Jungfrau‹ oder ›empfangen durch den Heiligen Geist‹, sondern durch die nachhaltige öffentliche Wirkung, die dieser tiefe innerkonfessionelle Konflikt durch Harnacks klare historisierende Stellungnahme gegenüber den Studenten und durch Martin Rades offensive Pressepolitik erzielte.[4] Rade drängte Harnack förmlich in die Öffentlichkeit. »Es geht faktisch nicht mehr an, daß Du Dich nur als Kirchenhistoriker fühlst und Dich auf Deine Bücher und Studenten zurückziehst. Du bist

---

[3] Brief an Wilhelm Bousset vom 27.7. 1914, in: ERIKA DINKLER-VON SCHUBERT, Ernst Troeltsch. Briefe aus der Heidelberger Zeit an Wilhelm Bousset 1894–1914, in: Heidelberger Jahrbücher 20 (1976) S. 19–52, Zitate S. 48.
[4] ERNST RUDOLF HUBER, Verfassungsgeschichte, Bd. 4, Stuttgart 1969, S. 870 f.

vor Welt und Kirche unser Führer geworden, magst Du es wollen oder nicht«.[5] Dem Brief ist auch ein persönlicher Stilwechsel zu entnehmen. Aus dem ›Sie‹ des Lehrer-Schüler-Verhältnisses ist nach Rades Etablierung als Pfarrer an der Paulskirche in Frankfurt am Main und im Zuge des eskalierenden Apostolikumstreits das ›Du‹ einer sich intensivierenden Freundschaft und Vertrautheit geworden.

Rade stellte Harnack die ›Christliche Welt‹ als Sprachrohr zur Verfügung und transformierte so die ursprünglich überpolitische Zeitschrift zu einem entschiedenen Organ und Sprechsaal der kirchlich-liberalen Strömungen im gesamten deutschsprachigen Bereich. Das geht deutlich hervor aus dem kürzlich veröffentlichten Briefwechsel und dessen detaillierter Kontextualisierung durch Johanna Jantsch. Wie ein roter Faden zieht sich Kirchenpolitik durch diese Korrespondenz. Vor allem Martin Rades politisches Naturell widerlegt die These von der Einheit eines protestantischen Milieus in einem nationalen Lager mit übergeordnetem Wertekonsens, demgegenüber der kirchenpolitische Streit von nachrangiger Bedeutung sei, und stützt die Auffassung vom innerprotestantischen ›Kampf um die Leitkultur‹ mit nicht überbrückbaren Gräben zwischen Orthodoxen und Modernen.[6] So übte Rade mit Briefkopf der ›Redaktion der Christlichen Welt‹ behutsame Kritik an Harnacks üblicher Zurückhaltung: »Und damit sind wir bei der Machtfrage. Unser kirchliches Leben ist doch nur ein Teil des öffentlichen überhaupt. In der Politik ist die Ärmlichkeit und Erbärmlichkeit an der Tagesordnung. Sonst könnte der Eine (gemeint ist Adolf Stoecker, G. H.) nicht diese Rolle spielen«.[7] Bereits Johannes Rathje hat in seiner Radebiographie von 1952 auf die Zäsur hingewiesen, die der Apostolikumstreit für die politische Kultur im Kaiserreich bedeutet hat. »Harnack und Rade kommen in eine gleiche Kampflinie«, so Rathje, und dies habe nachhaltige geistige wie institutionelle Konsequenzen nach sich gezogen: »So werden in diesem Kampf um das Apostolikum die Eisenacher Zusammenkünfte der ›Freunde der C(hristli-

---

[5] Rade an Harnack vom 28.11. 1892, in: Der Briefwechsel zwischen Adolf von Harnack und Martin Rade. Theologie auf dem öffentlichen Markt, hg. v. JOHANNA JANTSCH, Berlin 1996, S. 264.

[6] Diesen Kampfbegriff, der stärker zu explizieren wäre, wählt KURT NOWAK, Geschichte des Christentums in Deutschland. Religion, Politik und Gesellschaft vom Ende der Aufklärung bis zur Mitte des 20. Jahrhunderts, München 1995, S. 185. Zur Auseinandersetzung mit der im Anschluß an Karl Rohes Wahlforschungen für den Gesamtprotestantismus reklamierten Lager-These siehe GANGOLF HÜBINGER, ›Maschine und Persönlichkeit‹. Friedrich Naumann als Kritiker des Wilhelminismus, in: RÜDIGER VOM BRUCH (Hg.), Friedrich Naumann in seiner Zeit, Berlin 2000, S. 167–188.

[7] Rade an Harnack vom 10.11. 1894, in: Der Briefwechsel zwischen Harnack und Rade (wie Anm. 5) S. 300.

chen) W(elt)‹ geboren, die dann (mit gelegentlicher Ortsänderung) Jahrzehnte hindurch ein wichtiges Stück deutscher theologischer und kirchlicher
Entwicklung darstellen sollen«.[8] Rathje ist auch nicht entgangen, daß in diesem Gründungskontext eines theologischen Elitenbundes zum ersten Mal
der Name Troeltsch fällt, und zwar aus der Sicht Rades, der einen rechten
und einen linken Flügel dieses Bundes unterscheidet, als eines »etwas un-
heimlichen Linken«.[9] Mit dem Apostolikumstreit ist also ein Strukturwandel
der protestantischen Öffentlichkeit verbunden. Kirchliche und profane Presse, lokales und überregionales Vereins- und Verbandswesen werden, wie
schon die empirisch gesättigten zeitgenössischen Studien des praktischen
Theologen Paul Drews und seiner Mitarbeiter zum ›kirchlichen Leben der
evangelischen Landeskirchen‹ zeigen, von der nicht abzubauenden Entfremdung zwischen Orthodoxen und Modernen erfaßt.[10] Dazu ist angesichts der
gegenwärtigen Forschung eine methodische Nebenbemerkung nötig, sowohl
was die Reizworte ›liberal‹ als auch ›Kirchenpolitik‹ angeht. Nimmt man in
den Quellen die Selbstcharakterisierung der Akteure zum Nennwert und erschließt ihre Position im Feld der Kämpfe um die Deutungskultur der Moderne nur semantisch, so sind Harnack und Rade weder liberal noch betreiben sie Kirchenpolitik. Als ›Liberale‹ gelten für sie im politischen Tages-
geschäft vorrangig die fortschrittsseligen und durchsäkularisierten Kirchen-
gegner und die ruppigen Wirtschaftsegoisten, denen gegenüber Gebildete
Distanz zu wahren haben. Die Bevorzugung einer »metapolitischen« (Thomas Nipperdey) Diskursebene vor der direkten politischen Konfrontation
war allerdings als Bestandteil der idealistischen Kulturtradition nicht auf
Theologenkreise beschränkt. Rekonstruiert man gleichwohl die symbolisch
vermittelten Handlungsmuster, so zeigt sich im Falle Harnacks, Rades und
später Troeltschs das Gegenteil einer derartigen Distanzwahrung. So merkwürdig es klingen mag, das Wort ›liberal‹ war ihnen so suspekt, wie der Einsatz für den liberalen Grundwert der autonomen ethischen Persönlichkeit
für sie selbstverständlich war. Das trifft aus bislang unzureichend erforschten Gründen auf die Geschichte des Liberalismus insgesamt zu. Die politischen Parteien nannten sich mit Vorliebe ›fortschrittlich‹ oder ›freisinnig‹,
später ›demokratisch‹, am wenigsten jedoch ›liberal‹.

Harnack, Rade und Troeltsch forcierten einen Strukturwandel protestantischen Politikdenkens, indem sie die ›Individualmoral‹ der ›Gemeinschafts-

---

[8] Johannes Rathje, Die Welt des freien Protestantismus. Ein Beitrag zur deutsch-evangeli-
schen Geistesgeschichte. Dargestellt an Leben und Werk von Martin Rade, Stuttgart 1952, S. 67.

[9] Ebd. S. 71.

[10] Vgl. Gangolf Hübinger, Kulturprotestantismus und Politik. Zum Verhältnis von Liberalismus und Protestantismus im wilhelminischen Deutschland, Tübingen 1994, S. 192, S. 206.

moral‹, so die Terminologie in der ›Christlichen Welt‹, als höherrangige politische Ethik voranstellten. In der mit dem Stichwort ›Adolf Stoecker‹ indizierten frühen Geschichte des Evangelisch-sozialen Kongresses, die nach dessen Austritt von 1896 durch Harnack und Rade gestaltete Liberalisierung als Teil der *bürgerlichen* Sozialreform, fand diese Auffassung ihren direkten Niederschlag. Harnack, das ist in diesem Kontext wichtig, neben Gustav Schmoller *die* Repräsentationsfigur der deutschen Geistes- und Staatswissenschaften, suchte im Evangelisch-sozialen Kongreß ein Jahr später die sozialpolitische Gegenposition zum Staatssozialisten Schmoller. »Wir werden es nicht nötig haben, die Grundlagen der bürgerlichen Gesellschaft zu ändern«, erklärte Harnack, methodisch ein Vertreter des Historismus ebenso wie Schmoller. Aber die Entstehung von Bürgerlichkeit datierte er bereits auf das 13. Jahrhundert und rechnete ihr erhebliche, bis in die Gegenwart reichende staatlich-religiöse Folgen zu. Die Reformation fuße auf der Wirtschaftsverfassung des 13. Jahrhunderts: »Damit ist gesagt, daß von seinem Ursprung her der evangelische Protestantismus und die bürgerliche Ordnung der Gesellschaft zusammengehören«.[11] Mit einer so dezidierten historischen Legitimierung bürgerlicher Sozialordnung gehört Harnack zweifellos zu einer Minderheit der wilhelminischen Bildungseliten allgemein und der Theologen im besonderen, die eher in Kategorien staatsautoritärer Wohlfahrtsbürokratien dachten. Eine allgemeine Geschichte der von Harnack und Rade betriebenen Innovationen müßte, aber das ist ein Forschungsdesiderat, die auf solchen Vorgaben ruhende kulturelle Bedeutung der ›Freunde der Christlichen Welt‹ als gesamte Gruppe erfassen und ihre Prägung der protestantischen Streitkultur in den deutschen Regionen analysieren. Allein die Vortragsthemen der regelmäßigen Jahresversammlung demonstrieren die Spannweite, aber auch typische Akzentverlagerungen der aktuellen Problemfelder. Ein Jahr nach Gründung des Freundeskreises war der »geschichtliche Christus« (Bousset, 1893) das beherrschende Thema. 1899 durfte Arthur Bonus über die ›Germanisierung des Christentums‹ referieren, Ausdruck für Einbruchstellen völkischen Denkens auch in den liberalen Kulturprotestantismus. 1901 stellte Ernst Troeltsch seine berühmten Thesen über die ›Absolutheit des Christentums und die Religionsgeschichte‹ auf. 1907 ging es um ›Religionspsychologie‹ als neue theologische Teildisziplin, und 1913 stellte Rade selbst die Frage: ›Welche Verpflichtung haben wir zur Politik?‹[12] Hier geht es aber nicht um Ausweitungen des kulturprotestanti-

---

[11] Zitiert ebd. S. 165.
[12] Im Prinzip ist eine Untersuchung zu den ›Freunden‹ durchführbar mit der inzwischen leicht zugänglichen Hauptquelle: An die Freunde. Vertrauliche d. i. nicht für die Öffentlichkeit

schen Problembewußtseins allgemein, sondern nur um die Frage, wie und auf welchem Terrain Ernst Troeltsch ›im Bund der Dritte‹ wurde. Menschlich blieb, anders als bei Rade, Troeltschs Verhältnis zu dem durchgängig als ›hochverehrter Herr College‹ angeschriebenen Harnack unterkühlt. Das geschah nicht nur aus einer unübersehbaren intellektuellen Rivalität heraus, sondern hatte auch sachliche Gründe. Der Dank für das ›Wesen des Christentums‹ mit dem höchsten Lob für die ›Darstellung des Evangeliums‹ mündete in den Vorbehalt:»In Bezug auf die historische Entwicklung hätte ich dagegen mannigfache Abweichungen zu verzeichnen«, [13] Abweichungen, die Troeltsch in einer 70seitigen Rezension für die ›Christliche Welt‹ sehr ontologisch auf den ›Wesensbegriff‹ ausrichtete.[14] Und auf Harnacks Anfrage von 1911, ob er sein Nachfolger als Präsident des Evangelisch-sozialen Kongresses werden wolle, reagierte Troeltsch sehr zurückhaltend: er verstehe nicht genug von »praktisch-sozialen Dingen«, habe »eigentlich kein politisch-soziales Programm«, arbeite nicht in »sozial ausgezeichneter Stellung«. Daß Troeltsch tatsächlich wenig Sinn für die praktische Organisation einer sozialpolitischen Vereinigung wie des Evangelisch-Sozialen Kongresses besaß, zeigt sein Vorschlag eines Doppelpräsidiums, er selbst für die »theoretisch-kontemplative«, Hans von Berlepsch oder Arthur von Posadowsky-Wehner für die praktische Seite.[15]

Immer aber, wenn es um öffentliche kirchenpolitische oder lehrdogmatische Konflikte ging, ergänzten sich Harnack, Rade und Troeltsch bruchlos, was ihre Führungsrolle unter den ›Freunden der Christlichen Welt‹ untermauerte.[16] Die zentrale soziologische Bedeutung dieser Konstellation liegt zweifellos auch darin, dem liberalen Protestantismus bei aller Institutionenskepsis einen festeren organisatorischen bzw. kommunikativen Rahmen verschafft zu haben. Ich gehe aber über zum zweiten Aspekt, der gemeinsamen

---

bestimmte Mitteilungen (1903–1934). Nachdruck mit einer Einleitung v. CHRISTOPH SCHWÖBEL, Berlin 1993. Leider ist dieser Reprint nicht durch ein Register erschlossen worden.

[13] Brief Troeltschs an Harnack vom 10.7. 1900. Harnack-Nachlaß, Staatsbibliothek Preußischer Kulturbesitz Berlin.

[14] ERNST TROELTSCH, Was heißt ›Wesen des Christentums?‹ Tübingen 1913, S. 386–451.

[15] Brief vom 25.6. 1911.

[16] Die Bedeutung dieses Kreises für Ernst Troeltsch ist jetzt prägnant herausgearbeitet worden in der Einleitung der Herausgeber zu einer seiner wichtigsten Schriften, deren Grundthesen auf der Jahresversammlung der ›Freunde der Christlichen Welt‹ am 3. Oktober 1901 in Mühlakker vorgestellt worden sind: ERNST TROELTSCH, Die Absolutheit des Christentums und die Religionsgeschichte (1902/1912), mit den Thesen von 1901 und den handschriftlichen Zusätzen hg. v. TRUTZ RENDTORFF in Zusammenarbeit mit STEFAN PAUTLER, Berlin 1998 (ERNST TROELTSCH, Kritische Gesamtausgabe Bd. 5).

Arbeit Harnacks, Rades und Troeltschs an der Transformation der Theologie zu einer historischen Kulturwissenschaft.

II.

Exakt im Jahr 1900 erschienen zwei absolute Bestseller der deutschsprachigen Kultur- und Naturgeschichte: Ernst Haeckels ›Welträtsel‹ und Adolf Harnacks ›Wesen des Christentums‹. Die internationale Übersetzungs- und Wirkungsgeschichte ist bekannt. Beide Autoren sind auf unterschiedliche Weise Teil eines großen geistigen Transformationsprozesses in Europa. »Es gibt Perioden, in denen die gesamte Art und Weise, wie der Mensch sich sein Bild vom Universum macht und dieses zu begreifen sucht, innerhalb einer ziemlich kurzen Zeitspanne verworfen und radikal verändert wird«, so bezeichnet der britische Sozialhistoriker Eric Hobsbawm die europäische Umbruchperiode um 1900.[17] Hobsbawm spielt mit den großen Namen, die zur Revolution des Wissens beigetragen haben. Plancks Quantentheorie, Husserls ›Logische Untersuchungen‹ und Freuds ›Traumdeutung‹ sind im selben Jahr 1900 erschienen. An deren Stelle könne man zur Veränderung der Welterfassung auch Puccinis ›Tosca‹ oder Colettes ersten Roman der ›Claudine‹-Serie nehmen, fügt er an, um die Verbreiterung des kulturellen Spektrums in dieser Zeit der entstehenden Massenkommunikationsgesellschaft in seiner ganzen Spannweite vorzuführen.[18] Otto Gerhard Oexle greift den Topos von der ›Achsenzeit‹ auf, gemeint ist die Zeit um 1900 als Zeit eines radikalen Denkwandels, in der sich die historischen Geistes- und Sozialwissenschaften ihrer Erkenntnisprinzipien neu vergewissern.[19] Wo steht hier Adolf Harnack, und wie haben die um eine Gelehrtengeneration jüngeren Martin Rade und Ernst Troeltsch reagiert?

Als Typus verkörpert Harnack einen methodisch bereits problematisch gewordenen historischen Evolutionismus, mit dem er in der klassischen Unterscheidung von drei Generationen deutscher Gelehrtenpolitik durch Friedrich Meinecke dem ›empiristisch-fortschrittsgläubigen Optimismus‹ eines Gustav Schmoller auf der idealistischen Basis einer ›harmonischen Persönlichkeit‹ zuzurechnen ist.[20] An einem längeren Zitat aus dem Schlußteil von ›Wesen

---

[17] Eric J. Hobsbawm, Das imperiale Zeitalter 1875–1914, Frankfurt a. M. 1989, S. 305.

[18] Ebd. S. 321.

[19] Otto Gerhard Oexle, Geschichte als historische Kulturwissenschaft, in: Kulturgeschichte heute, hg. v. Wolfgang Hardtwig u. Hans-Ulrich Wehler, Göttingen 1996, S. 14–40.

[20] Friedrich Meinecke, Drei Generationen deutscher Gelehrtenpolitik, in: Historische Zeitschrift 125 (1922) S. 248–283, hier S. 264.

des Christentums‹ ist leicht zu erkennen, wie sehr Harnack sich an den historischen Stufenlehren orientiert, die bereits die Vormärzhistoriker mehr oder weniger hegelianisierend als Erklärungsmuster für die Abfolge und Ausprägungsformen von Nationalkulturen verwandt haben: »Es ist oftmals die Frage aufgeworfen worden, ob und in welchem Maße die Reformation ein Werk des *deutschen* Geistes gewesen ist. Ich vermag hier auf dieses komplizierte Problem nicht einzugehen; soviel aber scheint mir gewiß, daß zwar Luthers entscheidendes religiöses Erlebnis mit seiner Nationalität nicht zusammenzustellen ist, daß aber die Folgen, die er ihm gegeben hat, sowohl die positiven als die negativen, den *deutschen* Mann zeigen – den deutschen Mann und die deutsche Geschichte. Von dem Momente an, in welchem sich die Deutschen in der ihnen überlieferten Religion wirklich heimisch zu machen versuchten – erst vom 13. Jahrhundert an ist das geschehen –, haben sie auch die Reformation vorbereitet. Und wie man das morgenländische Christentum mit Recht das *griechische,* das mittelalterlich-abendländische das *römische* nennt, so darf man auch das reformatorische als das *germanische* bezeichnen, trotz Calvin, denn er ist Luthers Schüler gewesen, und er hat nicht unter den Romanen, sondern unter den Engländern, Schotten und Niederländern am nachhaltigsten gewirkt. Die Deutschen bezeichnen durch die Reformation eine Stufe in der *allgemeinen* Kirchengeschichte; von den Slawen läßt sich ähnliches nicht behaupten«.[21]

Nationale Identitätsgeschichte, bürgerliche Emanzipationsgeschichte und individuelle Freiheitsgeschichte fallen in dem von Harnack besonders markant ausgedrückten kulturprotestantischen Geschichtsdenken zusammen. Diese geschichtliche Stufenlehre folgt einer Spielart des Historismus, für die sich in Großbritannien und gemünzt auf die liberale Geschichtsschreibung der Topos der ›whig interpetation of history‹ eingebürgert hat, im Sinne einer teleologisch auf die eigene Sozialgruppe und ihr Gesellschaftsbild zulaufenden Freiheitsgeschichte. Insbesondere für Deutschland läßt sich der Historismus, sei es Rankescher oder Droysenscher Spielart, als ›Geschichtsreligion‹ interpretieren; die Geschichtsschreibung vom frühen 19. bis zum frühen 20. Jahrhundert kann als »Ausdruck eines religiösen Zugangs zur Wirklichkeit« gedeutet werden. Der »geschichtlichen Bildung und den durch sie vermittelten Wertorientierungen und Einsichten« kommt dann folgerichtig »religiöse, das heißt absolute Qualität zu«.[22] Die Intensität der religiös-ontologischen Bezüge der Fachhistorie, für die bei allen wichtigen Repräsen-

---

[21] ADOLF HARNACK, Das Wesen des Christentums, Leipzig 1900, S. 177.

[22] Schlüssig entwickelt bei WOLFGANG HARDTWIG, Geschichtsreligion – Wissenschaft als Arbeit – Objektivität. Der Historismus in neuer Sicht, in: Historische Zeitschrift 252 (1991) S. 1–32, Zitate S. 1, S. 9.

tanten überzeugende Belege zu finden sind, macht aber nur die eine geistesgeschichtliche Seite des historistischen 19. Jahrhunderts aus. Hinzuzuneh-
men ist die umgekehrte Öffnung der Theologen zur realen historisch-politi-
schen Welt. Denn so, wie die historistische Geschichtsschreibung Geschichte
als Religion konzipierte, konzipierte der Kulturprotestantismus von Schleiermacher über David Friedrich Strauß, Ferdinand Christian Baur bis zu
Harnack und Troeltsch Religion als Geschichte. Die kulturprotestantische
Weltfrömmigkeit manifestierte sich in ihrem Bildungsideal hauptsächlich als
Geschichtsfrömmigkeit. Der Sakralisierung des Historischen entspricht die
Historisierung des Sakralen. In dieser Hinsicht läßt sich der Historismus als
spezifische Ausprägung des kulturprotestantischen Denkstils[23] begreifen.
Denn entsprechend der Weise, in der »der Objektivitätsanspruch der Geschichtswissenschaft in letzter Instanz metaphysisch, nicht logisch abge-
sichert wurde«,[24] formulierte die liberale Theologie ihre Metaphysikkritik
als historische Dogmenkritik. Es hat sich als Handbuchwissen eingebürgert,
von den drei historischen Schulen der Rechtswissenschaften, der Nationalökonomie und der Fachhistorie zu sprechen. Als vierte historische Schule gehört hierzu die interdisziplinär viel zu wenig beachtete religionsgeschichtliche Schule, der ursprünglich auch Ernst Troeltsch entstammte. Erst der
Vergleich aller vier disziplinären Richtungen und ihrer wechselseitigen Beeinflussung ermöglicht eine zureichende Interpretation der sprichwörtlichen
›Krise des Historismus‹ als einer Krise der religiös imprägnierten Ge-
schichtsbildung. Nicht zufällig verliefen die Krise des Historismus und die
Krise des Kulturprotestantismus parallel und erreichten schon vor dem Weltkrieg in den Debatten um leitende Kultur- und Bildungswerte und ihre Be-
gründungs- bzw. Hierarchisierbarkeit einen Höhepunkt.[25] In Absetzung von
Harnack konstruiert Troeltsch einen anderen, ambivalenteren Kulturtypus
der modernen Welt. Spätestens seit der ›Absolutheitschrift‹ kreist sein wissenschaftliches Lebenswerk um die Dauerspannung von Historisch-Indivi-
duellem und auf einem religiösen Apriori ruhenden normativ ethischen Prin-

---

[23] Von dieser Übereinstimmung her erklärt sich auch die scharfe Kritik katholischer Historiker an der Universitätshistorie, etwa an Leopold Ranke. Darauf verweist CHRISTOPH WEBER,
Deutscher Katholizismus und protestantischer Bildungsanspruch, in: Bildungsbürgertum im
19. Jahrhundert, hg. v. REINHART KOSELLECK, Teil 2: Bildungsgüter und Bildungswissen, Stuttgart 1990, S. 152 f. Es ist aber weit mehr als nur die Kritik am Wissenschaftsprinzip »der bloß
empirisch-genetischen Erklärung«, wie Weber annimmt (S. 153), es geht um den Historismus als
einer im oben beschriebenen Sinne identifizierten protestantischen Weltanschauung.

[24] HARDTWIG, Geschichtsreligion (wie Anm. 22) S. 7.

[25] Zur logischen Struktur dieser Debatte, nachgezeichnet entlang der Position Max Webers,
vgl. auch WOLFGANG SCHLUCHTER, Religion und Lebensführung, Bd. 1, Frankfurt a. M. 1991,
bes. S. 274 ff.

zip. Die geistesgeschichtlich etwas phantasielos gewordenen Fachhistoriker belehrte Troeltsch auf dem 9. Historikertag in Stuttgart 1906 in diesem Sinn: »Alles in allem wird man sagen dürfen: die auf die Geschichte sich stützende, aber sie nicht dogmatisch verhärtende Überzeugungs- und Gewissensreligion des protestantischen Personalismus ist die der modernen individualistischen Kultur gleichartige und entsprechende Religiosität, ohne im einzelnen mit ihren Schöpfungen einen allzu engen Zusammenhang zu besitzen. Freilich in dem Maße, als diese Gleichartigkeit erkannt und durchgeführt wird, wird er selbst verwandelt und in die schwierigsten Aufgaben verwickelt, deren Lösung heute noch nicht entfernt absehbar ist«.[26]

Martin Rade ist nicht ganz so in diese wissenschaftsgeschichtlich bedeutsame Umbruchperiode einzubeziehen. Seine Überlegungen zur ›Bedeutung des geschichtlichen Sinnes im Protestantismus‹ von 1900 haben eher eine kulturpolitische als eine erkenntniskritische Ausrichtung.[27] Aber auch zu Harnack wäre noch einmal festzuhalten – gerade wenn man Kurt Nowaks These akzeptiert, daß man ihm am ehesten gerecht wird, wenn man »sein Verständnis der Geschichte ernst nimmt« und seine »Neigung zum Konkreten« anstelle geschichtsphilosophischer Höhenflüge,[28] – daß die Kulturwissenschaften um 1900 sich in großer Geschwindigkeit und Ausdifferenzierung von seiner Position entfernt haben, sei es in der hermeneutischen Schule und der Sprachphilosophie Diltheys, den Spielarten des Neukantianismus oder der symbolischen Anthropologie Ernst Cassirers. Am stärksten hat Troeltsch den Anschluß an die neuen Richtungen gesucht und sie in seinem Spätwerk über die ›Krise des Historismus‹ verarbeitet.[29] Es ist im Wesentlichen eine Grundfrage, welche die Historismusstudie von der ersten bis zur letzten Seite variiert. Wie können strenge historische Tatsachenforschung und die Kul-

---

[26] ERNST TROELTSCH, Gesammelte Schriften, Bd. 1, Tübingen 1911, S. 101.

[27] In: MARTIN RADE, Ausgewählte Schriften, Bd. 3: Recht und Glaube, Gütersloh 1989, S. 98–122.

[28] Adolf von Harnack als Zeitgenosse. Reden und Schriften aus den Jahren des Kaiserreichs und der Weimarer Republik, hg. v. KURT NOWAK. Mit einem bibliographischen Anhang von HANNS-CHRISTOPH PICKER, Bd. 1, Berlin 1996, S. 28.

[29] Siehe vor allem den komprimierenden Essay »Die Krisis des Historismus«, in: ERNST TROELTSCH, Schriften zur Politik und Kulturphilosophie 1918–1923, hg. v. GANGOLF HÜBINGER in Zusammenarbeit mit JOHANNES MIKUTEIT, erscheint in Berlin 2001 (Ernst Troeltsch – Kritische Gesamtausgabe, Bd. 15). Zu Troeltschs wissenschaftlicher Biographie und zu seinem Geschichtsdenken vgl. GUSTAV SCHMIDT, Ernst Troeltsch, in: Deutsche Historiker, hg. v. Hans-Ulrich Wehler, Bd. 3, Göttingen 1972, S. 91–108; HANS-GEORG DRESCHER, Ernst Troeltsch. Leben und Werk, Göttingen 1991; FRIEDRICH WILHELM GRAF und HARTMUT RUDDIES, Religiöser Historismus. Ernst Troeltsch 1865–1923, in: Profile des neuzeitlichen Protestantismus, hg. v. FRIEDRICH WILHELM GRAF, Bd. 2/2, Göttingen 1993.

turwerte einer modernen Gesellschaft in einen vernünftigen Bezug zueinander gesetzt werden? Wie kann formal und inhaltlich, entgegen dem ›he-
roischen‹ Erkenntnispessimismus seines Freundes Max Weber, den er zu
überwinden sucht, empirische Rekonstruktion vergangener Wirklichkeit
Maßstäbe gegenwärtiger Orientierung liefern? Und wie ist der Zugriff auf
die Geschichte als einer Einheit von Vergangenheit, Gegenwart und Zukunft
durch aktuelle Wertethiken gesteuert?[30] Der großen Identitätskrise der Moderne, die der Anarchie aller Werte nur durch einen Relativismus der Welterfassung oder durch radikale Dezisionen zu entkommen vermeint, begegnet
Troeltsch mit der Rekonstruktion der historischen Entwicklungskonzeptio-
nen der Neuzeit, aus deren Bedeutungsgehalten, und sonst nirgendwoher,
eine »Erneuerung der europäischen Humanitätsidee«[31] zu erwarten sei. Wie
dies gelingen soll, erörtert Troeltsch von Vico bis zu Henri Bergson und Oswald Spengler in einem universalistischen Bezugsrahmen, der »vom gegenwärtigen Moment aus« zu fixieren ist.[32] Troeltsch rechnet mit den synergeti-
schen Kräften von vier »Grundgewalten«, die den europäisch-nordamerikanischen Gesellschaften nach der Urkatastrophe des Ersten Weltkriegs
und der ›Revolution‹ in Bildung und Wissenschaft neue Wertperspektiven
vermitteln können. Das sind der hebräische Prophetismus, das klassische
Griechentum, der antike römische Imperialismus und das abendländische
Mittelalter. Sie werden auf ihre Langzeitwirkungen hin untersucht, die sie
für den »Aufbau der europäischen Kulturgeschichte« besessen haben und
auf geistige Potentiale, die sie dem neuzeitlichen Individualismus und seinem
Willen zur Zukunftgestaltung noch liefern können. Damit folgt Troeltsch
zweifellos Jacob Burckhardt, dessen ›Weltgeschichtliche Betrachtungen‹ er
in die ›Krise des Historismus‹ einbezogen hat, in diesem Fall der methodischen Devise, das sich Wiederholende und Typische »als ein in uns An-
klingendes und Verständliches« zu erfassen und für eine Ethik der Moderne
nutzbar zu machen. Hier liegt auch die Erklärung dafür, daß Troeltsch zwar
Nordamerika, nicht aber Asien in seine universalistischen Überlegungen ein-
bezieht. Da dies mit Bezug auf die gegenwärtig leitenden Orientierungswis-
senschaften der Ethnologie und Kulturanthropologie des öfteren moniert
worden ist, soll hier doch angemerkt werden, daß bei Troeltsch nicht einfach eurozentrische Ignoranz vorherrscht. Troeltsch reflektiert dieses Problem; in seiner Vortragsserie für die 1923 geplante England- und Schott-
landreise kommt er gleich zu Beginn darauf zu sprechen: »Vergleichende

---

[30] ERNST TROELTSCH, Der Historismus und seine Probleme. Erstes Buch: Das logische Problem der Geschichtsphilosophie, Tübingen 1922 (Gesammelte Schriften Bd. 3).
[31] Ebd. S. 656.
[32] Ebd. S. 8.

und evolutionistische Betrachtungen von den Primitiven der Eiszeitalter bis zu der modernsten europäischen und asiatischen Kultur, von Australien und Innerafrika bis nach Europa, Amerika und Ostasien erfüllen heute die Literatur«.[33] Für sich selbst kommt er aber zu dem erkenntniskritischen Schluß, den heutige Kulturwissenschaftler nicht mehr teilen, im hermeneutischen Gehäuse europäischer Denktraditionen, des »Systems der Ethik«[34] in abendländischer Genese, asiatische Kulturwerte nicht hinreichend verstehen und deshalb auch nicht gerecht beurteilen zu können. So blieb es bei der Beschränkung auf den europäisch-nordamerikanischen Kulturkreis, dessen Zusammenhalt in einem zweiten Band inhaltlich dargestellt werden sollte. Troeltschs Tod im Jahre 1923 verhinderte die Ausführung. Die Veröffentlichung der geistesgeschichtlich weit ausgreifenden und mit internationaler Literatur überfrachteten Historismusstudie fiel exakt in die Zeit der intellektuellen Revolte gegen alle historisch-genetischen Welterklärungen nach strengen wissenschaftlichen Prinzipien. Der von Troeltsch scharf angegriffene Privatgelehrte Oswald Spengler avancierte mit dem ›Untergang des Abendlandes‹ zum Erfolgsautor der unmittelbaren Nachkriegszeit, während der Absatz des mit dreitausend Exemplaren aufgelegten ›Historismus‹ dagegen äußerst mäßig war. Im Erscheinungsjahr 1922 waren es 685, in Troeltschs Todesjahr 1923 dann 812, und ein Jahr später nur noch 369 Exemplare.[35] Als Aufklärungsbuch für ein neues Nachkriegseuropa entworfen, wurde es am Rande der Ideenkämpfe der Weimarer Republik zum Kompendium für geistesgeschichtliche Spezialisten, dies immerhin in einer kaum zu überbietenden Weise.

III.

Den größten gemeinsamen Nenner dürften Harnack, Rade und Troeltsch in ihrem vom Naturell her verschiedenen, aber mit gleicher Energie betriebenen Kampf um eine politische Ethik der bürgerlichen Gesellschaftsordnung gefunden haben. In der politischen Umsetzung, zu der das für Theologen schwer akzeptierbare *partei*politische Engagement gehörte, hat sich vor allem Martin Rade profiliert, der in dieser Konsequenz jedoch eine Ausnahme blieb.[36]

---

[33] Ernst Troeltsch, Der Historismus und seine Überwindung, eingeleitet v. Friedrich v. Hügel, Berlin 1924, S. 2.

[34] Ebd. S. 3.

[35] Die Zahlen sind dem Verlagsarchiv J. C. B. Mohr (Paul Siebeck) in Tübingen entnommen.

[36] Jetzt detailliert nachzulesen bei: Anne Nagel, Martin Rade – Theologe und Politiker des sozialen Liberalismus, Marburg 1995.

Reinhart Koselleck stellt für das protestantische Bildungsideal die These auf: »Bildung führt nicht zu kontemplativer Passivität, sondern nötigt immer zu kommunikativen Leistungen, führt zu vita activa«.[37] Welche Muster der Vita activa haben Harnack, Rade und Troeltsch, in unterschiedlichen Grundzügen und dann in der bekannten wechselseitigen politischen Verstärkung durch Weltkrieg und Revolution, entwickelt? Für Harnack findet sich ein eindrucksvoller Brief an Rade von 1910, eine Art autobiographische Skizze: »Im Grunde bin ich nichts anderes, kann nichts anderes, will nichts anderes sein als Kirchenhistoriker und akademischer Lehrer, und jedes Hinausschreiten aus diesem Kreise empfinde ich als etwas mir innerlich Fremdes. (...) Eben deshalb habe ich kein Urteil und keine Neigung in Fragen wie die: Trennung von Kirche und Staat, Neuordnung des sexuellen Lebens, Umwälzung der sozialen Gliederung, Neubau des theologischen Studiums usw«.[38]

Das ist direkt gegen Martin und seine Frau Dora Rade und gegen den offenen Kurs der ›Christlichen Welt‹ zu allen lebensreformerischen Fragen gerichtet, indirekt auch gegen den Heidelberger Kulturdiskurs um Ästhetik, Erotik, Religion und Politik und die Verselbständigung dieser Lebenssphären, an dem Ernst Troeltsch partizipierte. Mit Ausbruch des Weltkrieges blieb nur die Politik, der sprichwörtliche ›Kampf mit der Feder‹. Obwohl niemand von ihnen eine extrem chauvinistische Position einnahm, trugen alle drei dazu bei, im In- und Ausland den Topos vom Kulturkrieg zu festigen. Im Kriegsverlauf, spätestens seit dem welthistorischen Zäsurjahr mit dem Kriegseintritt der Vereinigten Staaten und den russischen Revolutionen, geschah dies mehr und mehr verkoppelt mit der Forderung nach strukturellen Reformen der deutschen Reichsverfassung. Gut ausgeforscht sind die diversen Berliner Elitenzirkel, in denen Harnack und der 1915 nach Berlin wechselnde Troeltsch sich näherkamen: ›Deutsche Gesellschaft 1914‹, ›Mittwochsgesellschaft‹, ›Volksbund für Freiheit und Vaterland‹. Hier prägte sich der liberale Minimalkonsens über den Weg aus der Kriegsniederlage aus.

Stärker als für Rade und selbst Harnack stellte für Ernst Troeltsch, der bisher nur als Vertreter der Heidelberger Universität in der Ersten Badischen Kammer hervorgetreten war, der Weltkrieg einen enormen Politisierungsschub dar. Erst durch den Weltkrieg wurde er zum Gelehrtenpolitiker in dem von Meinecke bezeichneten Sinne. Eine christlich fundierte politische Ethik dürfe keine auf Machtpragmatismus und ›Kampf‹ beruhende Verantwortungsethik im Sinne Max Webers sein; für Troeltsch ist sie auf eine per-

---

[37] Reinhart Koselleck, Einleitung, in: Bildungsbürgertum im 19. Jahrhundert (wie Anm. 23) Teil 2, S. 21.
[38] Brief vom 30.8. 1910, Jantsch, Briefwechsel Harnack/Rade (wie Anm. 5) S. 658.

manente Vermittlungs- und Versöhnungsleistung angewiesen. Die halsstar-
rigen konservativen Beamten- und Militäreliten haben sich hiernach den
Forderungen nach Parlamentarisierung und Demokratisierung in gleicher
Weise zu öffnen, wie die dogmatische Sozialdemokratie ihre Aversion gegen
eine individuelle bürgerliche Lebensgestaltung aufzugeben hat. Außenpolitisch wandelt sich Troeltschs Emphase für den ›Kulturkrieg‹ wie bei vielen
seiner liberalen Freunde im Windschatten der militärischen Erfolgsgeschich-
te. Zuerst in Ermunterung und sittlicher Rechtfertigung. Zuletzt in Rückbesinnung auf übergreifende historische Kulturwerte und beachtenswerte
Entwürfe zu einer europäischen Neuordnung, in der auch die Weimarer Verfassung ihre Legitimität erhält.[39]

In der Soziologiegeschichte wurde paradigmatisch gefragt, inwieweit bei
ihren führenden Vertretern durch den Weltkrieg wissenschaftliche Grundmuster der gesellschaftlichen Orientierung aktualisiert und verdichtet worden sind. In Deutschland ist das für Werner Sombart, Max Weber und Georg Simmel idealtypisch durchgespielt worden: Sombart, der den Kapitalismus ganz dem angelsächsischen Händlergeist zurechnet und für Deutschland neue Kulturwerte aus dem Geist des Krieges erhofft; Weber, der den
ewigen Machtkampf der Nationen sieht und in die politischen Entscheidungsprozesse einzugreifen begehrt; Simmel, der aus seiner Kulturtheorie
der Vorkriegszeit kriegsbedingt einen lebensphilosophischen Erfahrungs-
schub zu neuer Individualität ableitet.[40] Wo stehen, auf solche Grundmuster
hin befragt, Harnack, Rade und in diesem Fall insbesondere Troeltsch? So
wie alle drei Theologie als historische Kulturwissenschaft begreifen, läßt sich
mit ihnen ein vierter Idealtypus, quer zu den stärker voluntaristischen Optio-
nen der Soziologen, aber sehr realitätsbezogen, konstruieren. Sie plädieren
für eine Revision des Historismus, für ein neues Zusammendenken von Ge-
schichtskultur und politischer Ethik, von Vergangenheit, Gegenwart und
Zukunft. Das schuf den geistigen Raum für die Legitimierung der Weimarer
Verfassungskultur, die jeder nach seiner eingangs unterschiedenen persönlichen Färbung bekundete. Harnack, der gouvernementale Präsident aus Beruf, Rade, ganz dezidiert auch Parteipolitiker aus Beruf, Ernst Troeltsch,
zuletzt als ›Spectator‹ immer mehr intellektueller Kritiker und Gegenwarts-
analytiker aus Beruf. Viel stärker als Harnack und erst recht Martin Rade

---

[39] Vgl., wenngleich mehr referierend als analysierend, ULRICH PLATTE, Ethos und Politik bei
Ernst Troeltsch. Von der ethischen Theorie zur politischen Konkretion in seiner Kriegspublizistik, Egelsbach 1995.

[40] Die Typisierung ist übernommen von HANS JOAS, Die Sozialwissenschaften und der Erste
Weltkrieg: Eine vergleichende Analyse, in: Kultur und Krieg 1914–1918, hg. v. WOLFGANG J.
MOMMSEN, unter Mitarbeit v. ELISABETH MÜLLER-LUCKNER, München 1995, S. 17–29.

arbeitete sich Troeltsch auch in seinen politischen Schriften an der zirkulä-
ren Leitfrage seiner Historismusstudien ab, daß einerseits ethische Maßstäbe
politischen Handelns nur auf »historischer Grundlage« zu erwerben seien,
wie es schon im Vormärz Friedrich Christoph Dahlmann und nach 1848 Johann Gustav Droysen lehrten, daß aber andererseits ebendiese Wertmaßstä-
be die notwendige Voraussetzung der empirischen »Tatsachengliederung«
(Max Weber) im unendlichen Strom der Geschichte darstellen. Für Troeltsch
erhebt der Erste Weltkrieg dieses Problem zur politischen Existenzfrage der
Deutschen im Rahmen der gesamteuropäischen Kultur. ›Das Wesen des
Weltkrieges‹ lautet der Titel eines seiner letzten kriegspublizistischen Beiträge, den er, auf signifikante Weise überarbeitet und gestrafft, im Revolutions-
winter von 1918/19 als ex-post-Analyse einer ›Entscheidung der Weltgeschichte‹ erneut veröffentlicht.[41] Gründe für diese erste universalhistori-
sche Katastrophe des 20. Jahrhunderts sieht Troeltsch in schicksalhaften historischen Konstellationen und erst nachrangig in Schuld und mangelnder
Urteilskraft der politischen Eliten. Troeltschs Konstellationsanalyse ist nach
wie vor der Diskussion wert, weil er sich sowohl von dem der Zensur ge-
schuldeten Ballast befreit, den Krieg als reinen »Verteidigungs- und Exi-
stenzkrieg«[42] rechtfertigen zu müssen, als auch der literarischen Versuchung
entgeht, ihn als etwas »Unbegreifliches, Unerklärliches, Mystisch-Fürchter-
liches«[43] symbolisch zu stilisieren. Erst nach der Niederlage wagt Troeltsch
allerdings, den Krieg öffentlich als »Weltwahnsinn« zu charakterisieren,[44]
der um so stärker nach einer rationalen Aufarbeitung des historischen Bedin-
gungsgefüges verlange. Troeltsch vergegenwärtigt sehr klar, wenn auch sehr
spät, die neuralgischen Felder moderner Staatenkonflikte. Noch ganz im alten rankeanischen Geist denkt er zwar noch internationale Beziehungen als
»System großer Mächte«, das »naturgemäß« periodischer kriegerischer Ent-
ladungen bedürfe, – der Krieg als Schicksal.[45] Neue universale Maßstäbe habe der Weltkrieg erlangt durch die imperialistisch globalisierten »Riesenrei-
che, die mit der modernen Verkehrstechnik eine innere Geschlossenheit und

---

[41] ERNST TROELTSCH, Das Wesen des Weltkrieges, in: Der Weltkrieg in seiner Entwicklung
auf das deutsche Volk, hg. v. MAX SCHWARTE, Leipzig 1918, S. 7–25; entscheidend gekürzt und
überarbeitet unter dem Titel: Wahnsinn oder Entwicklung. Die Entscheidung der Weltgeschichte, in: Kunstwart 32 (1919) 2. Februarheft, S. 81–87; eine textkritische Bearbeitung beider Fas-
sungen erscheint in: ERNST TROELTSCH, Politische und kulturphilosophische Schriften
1918–1923 (wie Anm. 29).
[42] TROELTSCH, Wesen des Weltkrieges (wie Anm. 41) S. 21.
[43] Ebd. S. 8; gleichlautend: TROELTSCH, Wahnsinn oder Entwicklung (wie Anm. 41) S. 82.
[44] Ebd.
[45] TROELTSCH, Wesen des Weltkrieges (wie Anm. 41) S. 7; gleichlautend: DERS., Wahnsinn
oder Entwicklung (wie Anm. 41) S. 81.

eine planetarische Allgegenwart gewannen«,[46] wie durch die massenpsycho-
logischen Wirkungen der Demokratisierung, die zum totalen, Front und
Heimat gleichermaßen aufreibenden Kriegseinsatz geführt habe. Vor allem
habe die »Technisierung des Krieges« auf allen Seiten »zu der größten Gefahr einer Selbstzerstörung der ganzen modernen Kultur« geführt.[47] Für
Troeltsch sind damit globalisierte Wirtschaft, Massendemokratie und technische Weltbeherrschung allgemeine Kennzeichen der europäischen Moderne. Er stellt sich deshalb allen Geschichtskonstrukten ›konservativer Revolu-
tionäre‹ wie Oswald Spengler oder Werner Sombart entgegen, welche die
vermeintliche Gemeinschaftsethik eines preußischen Staatssozialismus und
die Individualmoral angelsächsischer Wirtschaftsgesinnung zu welthistorischen Gegensätzen erklären und deren baldigen Entscheidungskampf pro-
gnostizieren. Die grundsätzliche Aufarbeitung der Historismusproblematik
führt Troeltsch aus derartigen nationalistischen Engführungen heraus. Angesichts des »Weltwahnsinns« der Moderne, der im Weltkrieg seinen Ausdruck fand, dramatisiert sich für Troeltsch ganz generell die Zirkularität
von Geschichte und Ethik, von historischem »Schicksal« und ethischer
Steuerungskapazität »großer Staatsmänner«.[48] Die Botschaft, die er für sein
britisches Publikum vorbereitete und die postum im englischen Buchtitel einen besseren Niederschlag fand als im deutschen,[49] lautete denn auch, daß
sich »über dem Bereich der Politik und des naturalistischen Kräftespiels ein
Reich des Geistes und der Religion (erhebe), das die Individuen der einzelnen Völker unter sich aus ganz anderen Kräften und Motiven verbindet«.[50]

---

[46] TROELTSCH, Wesen des Weltkrieges (wie Anm. 41) S. 12, dort heißt es noch im Präsens »gewinnen«; ansonsten gleichlautend: DERS., Wahnsinn oder Entwicklung (wie Anm. 41) S. 84.

[47] TROELTSCH, Wesen des Weltkrieges (wie Anm. 41) S. 14; nur in der Nachkriegsfassung
›Wahnsinn oder Entwicklung‹ hebt Troeltsch die deutsche Selbstüberschätzung heraus: »Nur in
diesem Rausch der Technik konnte die Idee entstehen, mit ein paar U-Booten die englische
Weltherrschaft niederzuwerfen«, DERS., Wahnsinn oder Entwicklung (wie Anm. 41) S. 85.

[48] Vgl. Troeltschs an Max Webers Idealtypus vom charismatischen, aber letztlich zu Kom-
promissen verpflichteten Berufspolitiker anknüpfenden Vortrag ›Politik, Patriotismus, Religion‹, in: Der Historismus und seine Überwindung (wie Anm. 33) S. 101. Anders als Weber veranschlagt Troeltsch jedoch die religiös vermittelten Bildungswerte des Historismus sehr hoch:
»Die Politik muß bis zu einem gewissen Grad humanisiert und ethisiert werden können«, ebd.
Auf die Verantwortung »großer Männer« geht mit Bezug auf Treitschke auch ein bislang unbe-
achteter Vortrag Troeltschs zum Thema ›Politik und Wissenschaft‹ ein, Bericht der Neuen Zür-
cher Zeitung , Nr. 528 vom 10. 4. 1921, fünftes Blatt.

[49] Der Titel ›Der Historismus und seine Überwindung‹ stammt nicht von Troeltsch selbst.
Die englische, ebenfalls von Friedrich von Hügel eingeleitete Ausgabe trug den Titel ›Christian
Thought: its History and Application‹. Die englische wie die deutsche Fassung werden ediert in
Bd. 20 der Troeltsch-Gesamtausgabe

[50] TROELTSCH, Der Historismus und seine Überwindung (wie Anm. 33) S. 101.

Einmal mehr kommt in solchen Wendungen mit dem Vertrauen auf religiöse Integrationseffekte der europäischen Kultur die kulturprotestantische Welt- und Geschichtsfrömmigkeit zum Ausdruck, die auch Harnacks politische Schriften[51] und Rades Ruf nach »mehr Idealismus in der Politik«[52] durchzieht. Auch wenn die enorme wissenschaftliche Produktion und hohe Rezensionskultur, dazu die Übernahme politischer Kommissionen, Ämter und Mandate, hier nicht im Detail zum Beleg dieser Welthaltung vorgestellt werden können, läßt sich doch der eingangs mit Friedrich Rittelmeyer identifizierte kulturprotestantische Idealtypus Harnack – Rade – Troeltsch auf drei Elemente hin konzentrieren. Das ist die selbstbewußte Plazierung der Theologie im interdisziplinären System der historischen Kulturwissenschaften, dann die reflektierte Einheit von Wissenschaft, Publizistik und Politik in der gelehrtenpolitischen Tradition des 19. Jahrhunderts, schließlich die konsequente Reformorientierung an bürgerlichen Werten und Institutionen, ganz in dem emphatischen Freiheitsbewußtseins eines Theodor Mommsen, »ich wünschte, ein Bürger zu sein«![53]

---

[51] NOWAK, Harnack als Zeitgenosse (wie Anm. 28) Teil 2.

[52] MARTIN RADE, Mehr Idealismus in der Politik, Jena 1911.

[53] Zum Stellenwert dieses gelehrtenpolitischen Topos bei Theodor Mommsen siehe LOTHAR GALL, ›Ich wünschte ein Bürger zu sein‹. Zum Selbstverständnis des deutschen Bürgertums im 19. Jahrhundert, in: Historische Zeitschrift 245 (1987) S. 601–623.

Evangelium und Kultur

Die Kontroverse zwischen Adolf von Harnack und Karl Barth

von

Hartmut Ruddies

Prof. Dr. Trutz Rendtorff
Prof. Dr. Bernd Moeller
zum 70. Geburtstag

I.

Adolf von Harnack gehört zu den protestantischen Theologen, in deren Werk sich das Erbe der Reformation mit der deutschen Geistes- und Kulturgeschichte in Freiheit verbunden hat. Er war so sehr der überzeugende und selbstkritische Repräsentant des Kulturprotestantismus um die letzte Jahrhundertwende, daß er vom generellen Verdikt gegen den gesellschaftlich angeblich nur rein affirmativen Kulturprotestantismus nicht getroffen wurde. Denn der Kulturprotestant Harnack wußte zu genau – seine Augustindeutung zeigt es deutlich an – »aus welcher Tiefe die Menschheit zu Gott schreit«.[1]

Als exemplarischer Vertreter des protestantischen Bildungsbürgertums seiner Zeit war Harnack gewiß auch von dessen Konventionen geprägt; aber er war nicht in ihnen gefangen. Sein Theologieverständnis, das mit seinem Wissenschaftsverständnis zusammenfiel und auch die Basis für sein religiös-kirchliches und vor allem für sein intensives sozialpolitisches Engagement bildete,[2] war ebenso einfach wie komplex. Die Theologie war für Harnack unzweifelhaft eine historische Wissenschaft mit einer optimistischen geschichtsphilosophischen Perspektive. Sie fand ihren prägnanten Ausdruck in

---

[1] Agnes von Zahn-Harnack, Adolf von Harnack, Berlin 1936, S. 516 f.

[2] Vgl. Kurt Nowak, Sozialpolitik als Kulturauftrag. Adolf von Harnack und der Evangelisch-Soziale Kongreß, in: Soziale Reform im Kaiserreich. Protestantismus, Katholizismus und Sozialpolitik, hg. v. Jochen-Christoph Kaiser u. Wilfried Loth, Stuttgart/Berlin/Köln 1997, S. 79–93.

einem Geschichtsbild, »in dem es historisch aufwärts geht, und wir verfügen über die Kräfte, die aufwärts führen«.[3] Gleichwohl notierte Harnack auch Spannungsverhältnisse zwischen der wissenschaftlichen Theologie und der christlichen Religion: »Die Theologie muß heute die Wissenschaft sein, die die christliche Religion von der Wissenschaft befreit«. Und er fügte hinzu: »Aus der Paradoxie dieser Aufgabe entspringt der größte Teil der Schwierigkeiten, die sie (die Theologie) belasten«.[4]

Harnacks Bedeutung für die protestantische Theologie lag letztlich in seinem Engagement für ein undogmatisches, sozial gesinntes und politisch bewußtes, ›einfaches‹ Christentum im Anschluß an die Person Jesu von Nazareth, die der Menschheit das überzeitliche Evangelium vom ›Vatergott‹ verkündet hatte.[5] Seine Theologie, ja sein gesamtes Wirken zeigen Harnack als einen frei in der Tradition des evangelischen Christentums verwurzelten Zeitgenossen, der seiner Gegenwart die christliche Botschaft ohne unnötige Anstöße, aber auch ohne bequeme Anpassung mitteilen wollte.[6] So war Harnacks Frage nach dem Wesen des Christentums zuallererst und im Kern die Frage nach der Gegenwartsmächtigkeit des Christentums. Karl Holl las das populärwissenschaftliche Hauptwerk Harnacks deshalb als ein religiöses »Bekenntnis«, von dem er sich wünschte, daß seine Leser heute »den einfachen Sinn für die Herrlichkeit des Christentums wiedergewinnen«.[7]

Angesichts dieser Christentumsauffassung, die alles andere war als ›rein historisch‹, haben nicht nur konservative Protestanten wie Hermann

---

[3] ADOLF HARNACK, Reden und Aufsätze. Aus der Werkstatt des Vollendeten, hg. v. AXEL VON HARNACK, Gießen 1913, S. 15.

[4] ADOLF HARNACK, Reden und Aufsätze 2, Gießen 1904, S. 374.

[5] Zu Harnacks Wirkungen in der zeitgenössischen protestantischen und katholischen Theologie vgl. den Nachrufkatalog von ERNST ROLFFS, Harnacks Bild im Geiste der Nachwelt, in: Christliche Welt 21 (1937) Sp. 877–882 und 22 (1937) Sp. 919–923; KARL LUDWIG SCHMIDT, Zum Tode von Adolf von Harnack. Die Nekrologe der Tagespresse und ein Wort dazu, in: Theologische Blätter 9 (1930) Sp. 163–177.

[6] Harnacks theologische Ansichten finden sich am deutlichsten in: DERS., Das Wesen des Christentums, Leipzig 1900; vgl. nun die neue Ausgabe, hg. u. komm. v. TRUTZ RENDTORFF, Gütersloh 1999; dieses »Jahrhundertbuch« (Wolfgang Trillhaas) wurde, in 15 Sprachen übersetzt, zum populärsten theologischen Buch seiner Zeit. Zur Entstehungs- und Wirkungsgeschichte vgl. nun die akribische Studie von THOMAS HÜBNER, Adolf von Harnacks Vorlesungen über das Wesen des Christentums unter besonderer Berücksichtigung der Methodenfragen als sachgemäßer Zugang zu ihrer Christologie und Wirkungsgeschichte, Frankfurt a. M./Berlin/Wien/New York/Paris 1994. Das Buch enthält auch eine 590 Titel umfassende, chronologisch geordnete Bibliographie aller im Druck erschienenen Rezensionen, ebd. S. 252–292.

[7] KARL HOLL, Brief an Harnack vom 1.7. 1900, in: Karl Holl (1866–1926). Briefwechsel mit Adolf von Harnack, hg. v. HEINRICH KARPP, Tübingen 1966, S. 28 f.

Cremer[8] und modernistische Katholiken wie Alfred Loisy[9] auf die Grenzen und Unschärfen in Harnacks Theologiebegriff hingewiesen; auch liberale Protestanten wie Ernst Troeltsch[10] und liberale Juden wie Leo Baeck[11] machten gerade auf die historischen Schwächen und Atopien bei Harnack aufmerksam. Der Philosoph Heinrich Scholz, sein enger Berliner Schüler und Freund aus den Anfangsjahren des Jahrhunderts, nannte den Theologen Harnack im Rückblick einen »Schreiber der Vielstimmigkeit«.[12] Der Respekt vor der Leistung des Historikers verband sich für viele Zeitgenossen mit der Kritik an den Unschärfen seines Theologiebegriffs. Sie liegen vor allem darin beschlossen, daß Harnack in seinem Theologiebegriff in prinzipieller Hinsicht die Grundüberzeugung von der regulativen Bedeutung der historischen Wissenschaft für den christlichen Glauben mit der These von der konstitutiven Bedeutung der geschichtlichen Wissenschaft für die Theologie verbunden hat. In spezieller Hinsicht bedeutete das dann für die christologische Grundfrage nach der Erkenntnis der Wirklichkeit und Wahrheit Jesu, daß Harnack zwar

---

[8] HERMANN CREMER, Das Wesen des Christentums. Vorlesungen im Sommersemester 1901 vor Studierenden aller Fakultäten an der Universität Greifswald, Gütersloh (1.-3. Aufl.) 1902; Cremers Gegenschrift ist die bedeutendste konservative Kritik Harnacks. Vgl. HÜBNER, Harnacks Vorlesungen (wie Anm. 6) S. 304 f.

[9] Zu den Grenzen der angeblich rein historischen Christentumsauffassung Harnacks vgl. schon die scharfe und auch treffende Kritik des katholischen Theologen ALFRED LOISY in seiner Gegenschrift zu Harnacks ›Wesen des Christentums‹: L'Evangile et l'Eglise, Paris 1902; deutsch: Das Evangelium der Kirche, München 1904.

[10] ERNST TROELTSCH, Was heißt ›Wesen des Christentums‹?, jetzt verändert in: DERS., Gesammelte Schriften 2, Tübingen 1981, S. 386–451.

[11] LEO BAECK, Harnacks Vorlesungen über das Wesen des Christentums, in: Monatsschrift für Geschichte und Wissenschaft des Judentums September (1901) S. 97–120; dann auch separat, erweitert und mit Anmerkungen versehen Breslau 1902. Harnacks Zentenarschrift wurde zum Ausgangspunkt von Baecks Hauptwerk: Das Wesen des Judentums, Berlin 1905 (2. erw. Aufl. 1921, 4. überarb. Aufl. 1925, 8. Aufl. – Nachdruck der 4. Aufl. – Darmstadt 1988). Zur Entstehung dieses Hauptwerks des liberalen deutschen Judentums vgl. ALBERT FRIEDLÄNDER, Leo Baeck. Leben und Lehre, München 1990, S. 75 ff. Zur Kritik Baecks an Harnack, aus der keine Kontroverse entstand, vgl. HARTMUT RUDDIES, »Man muß die Juden kennen, wenn man das Evangelium verstehen will«. Leo Baecks Kritik an Adolf von Harnack, in: In unserer Mitte leben: Mit uns leben. Themenheft zur Woche der Brüderlichkeit, Bad Nauheim 1996, S. 27–29.

[12] HEINRICH SCHOLZ, Hochschulerinnerungen und Hochschulgedanken, in: Kölnische Zeitung Nr. 27, 16. Januar 1938. Zu Barths Verhältnis zu Scholz, den er aus Harnacks Seminar in Berlin im Wintersemester 1906/07 kannte, das sich in der gemeinsamen Münsteraner Zeit zu einer Freundschaft wandelte, vgl. den Brief an Eduard Thurneysen vom 29.12. 1929 in: Karl Barth-Eduard Thurneysen. Briefwechsel, Bd. 2: 1921–1930, hg. v. EDUARD THURNEYSEN, Zürich 1974, S. 692–694, bes. S. 693 f.; ARIE L. MOLENDIJK, Eine ›rätselhafte Freundschaft‹. Die Korrespondenz zwischen Heinrich Scholz und Karl Barth, in: Zeitschrift für Dialektische Theologie 5 (1992) S. 75–98; GEORG PFLEIDERER, Theologische Fragmente eines Nicht-Theologen. Heinrich Scholz' Beitrag zu einer kulturprotestantischen Theorie des Christentums, Waltrop 1995.

zwischen dem Jesus als Gegenstand der historischen Forschung und als Gegenstand des christlichen Glaubens unterschieden hat, aber zugleich Transpositionen zwischen dem historischen Bewußtsein und dem evangelischen Glauben vornahm, die schon den Zeitgenossen nicht einleuchtend waren.[13]

Aber diese vielstimmige Kritik zeigte auch, daß Harnack mit seiner Theologie den Nerv der Zeit getroffen hatte. Er hatte nämlich darauf aufmerksam gemacht, daß der Protestantismus seinem Wesen nach ein unvollendetes Projekt ist; er baut, seit den Tagen der Reformation, religiöse Gewißheit am Ort des Individuums auf und will damit auch noch den modernen Zerfall dogmatischer Plausibilitäten auffangen und steuern. Der Erwerb einer neuen Steuerungskompetenz für den Gegenwartsprotestantismus in der kulturellen Situation der Moderne war das zentrale Anliegen Harnacks. Auf dieser Ebene sind die Kontroversen um seine Theologie zu rekonstruieren, auch die Kontroverse mit Karl Barth.

Als im Jahre 1950 Harnacks ›Wesen des Christentums‹ nach fünfzig Jahren von Rudolf Bultmann neu herausgegeben wurde[14] und als man am 7. Mai 1951 seines einhundertsten Geburtstags gedachte, da haben Theologen aller Couleur, Rudolf Bultmann und Walther von Loewenich genauso wie Georg Merz, Wolfgang Trillhaas und Wilhelm Schneemelcher, eine Neubewertung der Theologie Harnacks einzuleiten versucht, die bis heute nicht abgeschlossen ist.[15]

Dabei wurden der Reichtum und die Probleme des Harnackschen Theologiebegriffs erneut deutlich gemacht und es wurde vor allem auf die Barriere hingewiesen, die die theologische Harnackrezeption seit den 20er Jahren zu überwinden hatte. Die Kritik der Dialektischen Theologie an seinem Werk und das heißt vor allem: die prinzipielle theologische Kritik seines ehemaligen Schülers Karl Barth an den historistischen Grundlagen und den kulturpraktischen Folgen seiner Theologie haben die Wirkungsgeschichte Harnacks in der protestantischen Theologie für lange Zeit begrenzt. Die prinzipielle Kritik Barths an seinem Berliner Lehrer hat sich in mehreren Etappen

---

[13] Vgl. insbesondere die Kritik von Ernst Troeltsch an Harnacks systematischen Naivitäten in: TROELTSCH, ›Wesen des Christentums‹ (wie Anm. 10); vgl. nun HARTMUT RUDDIES, ›Wesensbestimmung ist Wesensgestaltung‹. Der Beitrag Ernst Troeltschs zur Wesensbestimmung des Christentums, in: MARIANO DELGADO (Hg.), Das Christentum der Theologen im 20. Jahrhundert, Stuttgart 2000, S. 23–26.

[14] ADOLF VON HARNACK, Das Wesen des Christentums. Mit einem Geleitwort v. RUDOLF BULTMANN, München u. Hamburg 1950; vgl. RENDTORFF, Wesen des Christentums (wie Anm. 6) S. 7–35.

[15] Vgl. KURT NOWAK, Bürgerliche Bildungsreligion? Zur Stellung Adolf von Harnacks in der protestantischen Frömmigkeitsgeschichte der Moderne, in: Zeitschrift für Kirchengeschichte 99 (1988) S. 326–353.

aufgebaut und führte dann im Jahre 1923 zu jener theologiegeschichtlich bedeutsamen öffentlichen Kontroverse, in der die protestantische Theologie
erneut in eine Diastase von historischer und dogmatischer Begriffsbildung
zu geraten schien und in der das Problem des Verhältnisses von Protestantismus und Kultur ins Zentrum der Diskussion rückte.[16]

Die Genese dieser Kontroverse, ihre primären Differenzpunkte und einige
ihrer Folgen für den Protestantismus der Zwischenkriegszeit werde ich nun
in fünf Etappen nachzeichnen.

II.

Karl Barth, dessen Vater, der religiös positive, also konservative Berner Kirchenhistoriker Fritz Barth mit Harnack in einem nur gelegentlichen, dann
aber intensiven Briefwechsel stand, studierte im Wintersemester 1906/07 in
Berlin, weil er nach einem väterlichen Gebot nicht in Marburg bei Wilhelm
Herrmann studieren durfte und selber nicht an den konservativen Fakultäten
in Halle und Greifswald studieren wollte. Harnacks Bedeutung für seine
theologische Entwicklung hat Barth dann später, nicht ohne selbststilisieren-
de Züge, aber immer noch unter dem Eindruck seiner wissenschaftlichen
Persönlichkeit, so beschrieben: »(...) Ich sagte mir, das ist der große Augenblick: du bist mit dem Theologen der Zeit zusammen«.[17]

Barth hörte Harnacks Vorlesung über ›Dogmengeschichte‹ und erkannte
in ihm »de(n) Historiker ohne Gleichen«,[18] wurde jüngster Teilnehmer seiner
Sozietät, schrieb eine 158seitige Seminararbeit über ›Die Missionsthätigkeit
des Paulus nach der Darstellung der Apostelgeschichte‹[19] und war auch Gast
im Hause Harnacks in der Fasanenstraße im noblen Berlin-Wilmersdorf.

In Briefen an seine Eltern beschrieb er den Gewinn der Begegnung mit
Harnack, so am 13. Dezember 1906: »Was mir (...) fürs ganze Leben bleiben wird, das ist die Art, wie uns Harnack die Texte behandeln lehrt, näm-

---

[16] Die Texte der Kontroverse sind jetzt abgedruckt unter dem Titel ›Briefwechsel zwischen
Karl Barth und Adolf von Harnack‹ (sic!), in: Anfänge der dialektischen Theologie, Teil 1, hg.
v. JÜRGEN MOLTMANN, München (4. Aufl.) 1977, S. 323–347. Es handelt sich eigentlich um einen
Briefwechsel zwischen Harnack und Barth.

[17] EBERHARD BUSCH, Karl Barths Lebenslauf. Nach seinen Briefen und autobiographischen
Texten, München 1975, S. 51.

[18] Brief an Otto Lauterburg vom 30.11. 1906, Teildruck in: KARL BARTH, Vorträge und kleinere Arbeiten 1905–1909, hg. v. HANS-ANTON DREWES u. HINRICH STOEVESANDT, Zürich 1992,
S. 148–149, hier S. 148.

[19] KARL BARTH, Die Missionsthätigkeit des Paulus nach der Darstellung der Apostelgeschichte, jetzt in: BARTH, Vorträge (wie Anm. 18) S. 148–243.

lich daß man überall in erster Linie unerbittlich fragt: was ist die Meinung
des Autors? eigentlich eine banale Sache, die aber gar nicht überall selbstverständlich ist, am wenigsten bei den ›Voraussetzungslosen‹, von den Dogma-
tikern links und rechts gar nicht zu reden! Wenn einem eine solche Methode
einmal in Fleisch und Blut übergegangen ist, (wozu ich Anstrengungen ma-
che), dann ist eigentlich alles übrige (...) minder wichtig«. Und im Blick auf
die latenten bis manifesten dogmatischen Voraussetzungen vor allem in der
exegetischen und historischen Theologie und in der kirchengeschichtlichen
Grundlagendebatte um die Jahrhundertwende[20] fügte er hinzu: »Man kann
es Harnack gar nicht genug danken, daß er die Wissenschaft einmal von diesem Mehltau befreit hat, wenn es nur wirkt!«.[21]

Barth erwartete Harnacks Urteil über seine Arbeit wie ein Delinquent,
sprach vom Tag der Notengebung als von einem »Dies irae dies illa«[22] und
befürchtete sein persönliches »Jena«[23], aber Harnack bescheinigte ihm ein
»sehr fleißig und sehr tüchtig« sowie »Umsicht u. Besonnenheit« und monierte schon damals, daß Barth »(m)anches zu breit behandelt«.[24]

Aber Barth stand schon 1906/07 nicht nur im Banne Harnacks und seines
theologischen Historismus; gleichzeitig entdeckte er den frühen Schleiermacher und begeisterte sich für Wilhelm Herrmann. Die folgenden Jahre bis
zum Weltkrieg standen bei Barth im Zeichen einer Kombination von Herrmann und Harnack und das heißt: das historistische Bündnis von Religion
und Wissenschaft, wie es Harnack formuliert hatte und das auch Barth mit-
vollzog, hatte sein Widerlager in einer auch antihistoristischen Erlebnistheo-
logie, die von einer Aporie zwischen Religion und Wissenschaft bestimmt
war, die nur in der Begegnung mit dem »inneren Leben Jesu« aufgehoben
werden kann.[25] Dieses religiöse Erlebnis – so Wilhelm Herrmann – wird
durch die christliche Überlieferung vermittelt, ist aber selber von der Art,
daß es durch die wechselnden und stets ungewissen Resultate der historischen Forschung nicht mehr erschüttert werden kann. Die zugleich geschichtliche und übergeschichtliche Fundierung des christlichen Glaubens-
fundaments ermöglichte Barths frühe kombinatorische Theologie zwischen

---

[20] Dazu nun ULRICH KÖPF, Kirchengeschichte oder Religionsgeschichte des Christentums?
Gedanken über Gegenstand und Aufgabe der Kirchengeschichte um 1900, in: Der deutsche Protestantismus um 1900, hg. v. FRIEDRICH WILHELM GRAF u. HANS MARTIN MÜLLER, Gütersloh
1996, S. 42–66.

[21] Brief vom 13.12. 1906 an Fritz Barth, in: BARTH, Vorträge (wie Anm. 18) S. 151 f.

[22] Brief vom 31.1. 1907 an Fritz Barth, ebd. S. 152.

[23] Brief vom 7.2. 1907 an Fritz Barth, ebd. S. 153.

[24] Schlußbemerkung von Harnacks Gutachten, ebd. S. 243.

[25] HARTMUT RUDDIES, Karl Barth und Wilhelm Herrmann. Aspekte aus den Anfängen der
dialektischen Theologie, in: Zeitschrift für Dialektische Theologie 1 (1985) S. 52–89, bes. S. 56 f.

Herrmann und Harnack, sie begrenzte aber auch Barths Wahrnehmung des
theologischen Historismus Harnacks durch eine religiös-theologische Position, die auch im Zeichen einer unmittelbaren, nicht nur geschichtlich vermittelten Erlebnisreligion stand, für die Herrmann der primäre, aber keineswegs der einzige Garant war. Denn der liberale Theologe Karl Barth stand –
auch mit seinen reformierten und pietistischen Traditionen[26] – immer auch
außerhalb der Grundsätze der liberalen Theologie, und das gilt sowohl für
sein Verhältnis zum historischen Liberalismus Harnacks wie auch für seine
Beziehungen zum ethischen Liberalismus Wilhelm Herrmanns und erst recht
für sein ebenso komplexes wie ausgesprochen feindseliges Verhältnis zum
kulturprotestantischen Liberalismus Ernst Troeltschs.[27]

Der »Schüler Harnacks«[28] – wie er sich bis 1914 immer wieder in Briefen
an Freunde und Verwandte bezeichnete – nährte sich zwar »in allen all-
gemeinern Fragen (…) von den Brocken, die von Harnacks Tische fielen«,[29]
was seine jüngst edierten Vorträge und Aufsätze aus der Zeit vor dem Weltkrieg deutlich zeigen.[30] Er bildete aber bereits vor dem Weltkrieg eine theologische Position aus, die den modernen Abstand von Religion und Wirklichkeit dogmatisch erläuterte. Am Vorabend des Ersten Weltkriegs beschrieb Barth in einer scharfen Kritik an der Theologie Friedrich Naumanns
die moderne Krise der Religion nicht durch eine Analyse der Bedingungen,
unter denen sie faktisch steht; sondern er vergrößerte die Distanz von Religion und Wirklichkeit durch eine Redogmatisierung der Religion. Der »Schüler Harnacks« begann, sich selbstständig zu machen, und dabei wurde die
Kritik am verehrten Lehrer zunehmend auch eine Folie der Selbstdarstellung
Barths.

III.

Zur ersten größeren Kritik Barths an Harnack kam es zu Beginn und im
Verlauf des Ersten Weltkriegs. Sie verlief auf einer politisch-kulturellen und
auf einer exegetisch-hermeneutischen Linie und fand ihren Rückhalt in einer

---

[26] EBERHARD BUSCH, Karl Barth und die Pietisten. Die Pietismuskritik des jungen Barth und
ihre Entwicklung, München 1978, S. 17 ff.

[27] Vgl. HARTMUT RUDDIES, Karl Barth und die liberale Theologie. Fallstudien zu einem theologischen Epochenwechsel, Göttingen 1994, S. 142–165; S. 165–187.

[28] Postkarte an Pfarrer P. Walter vom 5.11. 1909, zit. nach BARTH, Vorträge (wie Anm. 18)
S. 149.

[29] Brief an die Eltern vom 21.1. 1908, in: ebd. S. 246.

[30] Barths Vorträge in den 20er Jahren sind durchsetzt mit Zitaten aus Harnacks ›Dogmengeschichte‹, die erst jetzt bei der kritischen Edition ausdrücklich gemacht worden sind; vgl.
KARL BARTH, Vorträge und kleinere Arbeiten 1922–1925, hg. v. HOLGER FINZE, Zürich 1990.

neuen Theologie, deren Exponent der erste ›Römerbriefkommentar‹ Barths
vom Jahre 1918/19 war.

Harnack, dessen Nähe zu Wilhelm II. bekannt war, galt für viele Zeitgenossen auch als Mitverfasser des kaiserlichen Aufrufs an das deutsche Volk
vom 4. August 1914. Er unterzeichnete wenig später den ›Aufruf an die evangelischen Christen im Ausland‹ und das Manifest der 93 Intellektuellen ›An
die Kulturwelt‹, in denen jede deutsche Verantwortung für den Kriegsausbruch abgelehnt wurde.[31] Harnack, dessen Überlegungen zur Bedeutung des
Krieges sehr vielschichtig waren,[32] verband in seinen Äußerungen Anteilnahme an der allgemeinen Kriegsbegeisterung mit einer tiefen Erschütterung
über den Kriegseintritt Englands und versah die Kritik an der alliierten Kul-
turkriegspropaganda mit dem Hinweis auf die Notwendigkeit tiefgreifender
politischer und sozialer Reformen im Deutschen Reich; seine innenpolitischen Forderungen in den beiden Denkschriften an den Reichskanzler von
Bethmann Hollweg[33] drangen auf die überfällige Parlamentarisierung des
Reichs: »Macht die Regierung aber jetzt die Wahlreform nicht, so ist nicht
abzusehen, welches Unglück entstehen wird«.[34] Im Gegensatz zur politischen Rechten und vor allem zu seinem Berliner Kollegen und Antipoden
Reinhold Seeberg wandte er sich gegen Annexionen in einem Siegfrieden
und trat für einen Verständigungsfrieden auch mit Rußland ein, was für den
gebürtigen Deutsch-Balten sicherlich nicht einfach war.

Seine religiöse Deutung des Krieges verstärkte sich, als die Kriegsbegeisterung abflachte, sie war aber auch hier auf einen Ton gestimmt, der mit religiösen Gründen ethisch-sozialen Erwägungen den Vorrang vor dem Macht-
staatsgedanken gab.[35] Harnack war auf dem Weg zum Vernunftrepublikaner und reflektierte auf die politische Ordnung im Nachkriegseuropa, die er
– wie schon vor dem Krieg – von einem deutsch-englischen Ausgleich abhängig sah.

---

[31] Harnack hat 1919 in einem offenen Brief an Clemenceau versichert, daß er weder der Verfasser dieses Manifestes war noch seinen Wortlaut vor der Unterzeichnung gekannt habe, in:
Deutsche Allgemeine Zeitung vom 6.11.1919.

[32] WOLFGANG HUBER, Evangelische Theologie und Kirche beim Ausbruch des Ersten Weltkriegs, in: Historische Beiträge zur Friedensforschung, Stuttgart/München 1970, S.134–215,
zu Harnack: S.169–174.

[33] Zit. nach LOTHAR BURCHARDT, Adolf von Harnack, in: Berlinische Lebensbilder. Wissenschaftspolitik in Berlin. Minister, Beamte, Ratgeber, hg. v. WOLFGANG TREUE u. KARLFRIED
GRÜNDER, Berlin 1987, S.213–233, hier: S.229.

[34] MICHAEL MURRMANN-KARL, Nestor der Wissenschaften. Adolf von Harnack (1851–1930),
in: Evangelische Kommentare 12 (1995) S.728–731, hier: S.730.

[35] HUBER, Evangelische Theologie (wie Anm. 32) S.173.

Barth hatte seit Mitte August 1914 vor allem Martin Rades, dann aber auch Troeltschs, Naumanns und Harnacks Beteiligung an der Kriegstheologie scharf kritisiert. Diese Kritik, die zunächst noch im Rahmen der Schweizer Religiös-Sozialen erfolgte, wurde von Barth zum entscheidenden theologischen, ethischen und politischen Distanzierungspotential gegenüber der liberalen Theologie ausgebaut und ist von ihm als der primäre ethische Anstoß zu seinem umfassenden theologischen Neuanfang bezeichnet worden. Barths Kritik an seinen liberalen Lehrern differenzierte nicht zwischen den individuellen Positionen der deutschen Theologen; für ihn bildete die deutsche Theologie in der Kriegsfrage eine Einheit, die von Gottfried Traub und Ernst von Dryander, von Friedrich Naumann über Martin Rade bis hin zu Ernst Troeltsch und Adolf von Harnack reichte. Im Licht seiner neuen Theologie, die nach den politischen Konsequenzen des christlichen Glaubens an den ›absoluten‹ Gott fragte, relativierten sich alle Unterschiede. Die Verarbeitung der Erkenntnis der Wehrlosigkeit des religiösen Historismus gegenüber seiner nationalreligiösen Überwältigung führte Barth zu einer Grundsatzkritik an der historischen Theologie, wie er sie bei Rade und Harnack kennengelernt hatte, und zu einer Neubewertung der Bedeutung der historischen Forschung für die Theologie.

In den exegetisch-hermeneutischen Passagen, vor allem in den Vorworten zu seinen Römerbriefkommentaren von 1918/19 und 1922 und in einigen Begleitschriften hat Barth diese Historismuskritik vorgeführt. Seit 1916, als er mit der Niederschrift des Römerbriefs anfing, begann Barths Absatzbewegung vom theologischen Historismus. Seine Exegese band sich nicht an die historisch-kritische Methode: Barth setzte sie voraus, aber er setzte sie nicht absolut. Weil der Inhalt der Bibel kein historisches Datum ist, sondern die Beziehung von Gott und Mensch zum Thema hat, kann auch die Methode der Bibelinterpretation nicht exklusiv historisch sein. Wo sich die historische Methode zum Ganzen aufschwingt und die transzendente Relation der Texte nicht mehr zur Sprache bringt, da begann für Barth die Ideologie des geschichtlichen Immanentismus. Sie besagt: Das erste und letzte, was wir in den biblischen Texten finden, sind historische Informationen, Menschenmeinungen, von denen jede im Grunde denselben Wahrheitswert hat. Worauf Barth dagegen hinaus wollte, war, daß die Bibel selber einen Mehrwert gegenüber dem historisch-menschlichen Wissen zur Sprache bringt. Deshalb muß die Theologie die Spannung zwischen der unhistorischen Sache der Bibel und der historischen Bibelauslegung präsent halten. Es ging Barth nicht primär darum, die Rätsel der historischen Urkunde des Römerbriefs zu lösen, sondern dem Rätsel der theologischen Sache auf die Spur zu kommen, von der der Römerbrief als historisches Dokument handelt. Erst wenn sich beide Seiten im Verstehensvorgang, die historische Kritik des Aus-

legers und die Sache der Bibel, unter Anleitung der Bibel treffen, dann ereig-
net sich ein Verstehen, das seinen Namen verdient.[36]

Barth hat sich freilich geweigert, dieses Verstehen hermeneutisch exakt zu
beschreiben, weil es ihm um die Dialektik und den Konflikt von historischem Wissen und theologischer Erkenntnis ging, den er für unaufhebbar
hielt. Dieses Konfliktbewußtsein fand dann, gerade was seine Auseinandersetzung mit Harnack anging, seine erste Zuschärfung in Barths Overbeck-
rezeption.

IV.

In den ersten Monaten des Jahres 1920 wandelte sich Barths Verhältnis zu
Harnack erneut: Er entdeckte das Werk Franz Overbecks für sich, der mit
seiner Auffassung von einem Bruch zwischen dem eschatologischen, weltverneinenden Urchristentum und der späteren, weltbejahenden Kirche hervorgetreten war. Die eschatologisch gestimmte ›Urgeschichte‹ des Christentums
ist unwiederbringlich vergangen, und damit hat das Christentum im Verlauf
seiner Geschichte aufgehört zu existieren. Was heute, so Overbeck, unter
dem Namen ›Christentum‹ oder ›christliche Theologie‹ auftritt, ist eine einzige große Selbsttäuschung, und er verdeutlichte diese Auffassung insbesondere in seiner Kritik an der Schule Albrecht Ritschls[37] und dabei wiederum
vor allem an Adolf von Harnack,[38] den er als den »derzeitige(n) Hohepriester«[39] der modernen Theologie bezeichnete. In Harnacks Werk ist in der
modernen Theologie das zum Ausdruck gekommen, was die christliche
Theologie von Anfang an betrieben hat: sie war als »Unterhändler«[40] zwischen der jeweils modernen Welt und dem Christentum »stets die natürliche
Verrätherin des Christenthums«.[41] In der Moderne ist das Christentum in
den Händen der liberalen Theologen zu einer Religion geworden, »mit welcher man machen kann, was man will«.[42]

---

[36] Karl Barth, Der Römerbrief (1922), Zürich 1967[10], S. V–XXV.

[37] Franz Overbeck, Christentum und Kultur. Gedanken und Auffassungen zur modernen
Theologie, Basel 1919, S. 159–180: ›Albrecht Ritschl als theologisches Schulhaupt‹.

[38] Ebd. S. 198–241: ›Adolf Harnack. Ein Lexikon‹. Vgl. dazu Klauspeter Blaser, Harnack in
der Kritik Overbecks, in: Theologische Zeitschrift 21 (1965) S. 96–112.

[39] Franz Overbeck, Ueber die Christlichkeit unserer heutigen Theologie, Nachwort zur 2.
Aufl. 1903, jetzt in: Ders., Werke und Nachlaß, Bd. I: Schriften bis 1873, hg. v. Ekkehard W.
Stegemann u. Niklaus Peter, Stuttgart/Weimar 1994, S. 273–318, hier: S. 316.

[40] Ebd.

[41] Ebd. S. 317.

[42] Zit. bei Niklaus Peter, Art. Overbeck, Franz, in: Metzler Philosophen Lexikon, 2. Aufl.
Stuttgart, Weimar 1995, S. 643–647, hier: S. 646.

In seiner Rezension von Franz Overbecks posthumem Werk ›Christentum und Kultur‹, das 1919 erschienen[43] und das er als seinen »Melchisedek«,[44] also als Weissagung auf Jesus Christus begrüßte,[45] stellte Barth die ganze Kirchen- und Christentumsgeschichte als eine einzige »Verfallsgeschichte«[46] dar; er übte mit großer Schärfe Kritik speziell am »weltklug gewordenen Christentum« der gesamten modernen Theologie, die »der Welt das Christentum unter der ausdrücklich heilig gesprochenen Hülle der modernen Kultur aufzudrängen (sucht) unter Unsichtbarmachung, ja Verleugnung seines asketischen Grundcharakters«.[47]

Barth teilte Overbecks Harnack-Kritik und seine Ansicht vom weltverneinenden, eschatologischen Charakter des Christentums, an den die Theologie auch unter modernen Bedingungen wieder anknüpfen muß, wenn sie die alte Wahrheit festhalten will.[48] Overbeck wurde für Barth der negative Zeuge für die Notwendigkeit eines theologischen Ausbruchs aus der historischen Theologie. Als moderner Antimodernist ist Overbeck zugleich Barths positiver Zeuge für eine Modernitätskritik, die die Achristlichkeit der modernen Kultur herausstellt und sie aufheben möchte, ohne dabei die Moderne zu verabschieden und ohne das Christentum an die moderne Kultur zu akkomodieren.[49] Dabei hat Barth selber die Position Overbecks – wie schon die Zeitgenossen vermerkten – gezielt an seine eigene Theologie akkomodiert.[50] Er hat die prinzipielle Theologiekritik Overbecks als Ermöglichung eines theologischen Neuanfangs gelesen und dabei das Instrumentarium der gesamten, apologetisch orientierten modernen Theologie mit Einschluß ihrer Bibelauslegung in Frage gestellt.

---

[43] Vgl. Anm. 36.

[44] Karl Barth-Eduard Thurneysen, Briefwechsel, Bd. 1: 1913–1921, hg. v. Eduard Thurneysen, Zürich 1973, S. 364.

[45] Hebr. 5, 6 ff. bezeichnet Melchisedek als Weissagung auf den königlichen Hohepriester des Neuen Bundes, also auf Jesus Christus.

[46] Karl Barth, Unerledigte Anfragen an die heutige Theologie (1920), in: Die Theologie und die Kirche. Gesammelte Vorträge 2, Bd., München 1928, S. 1–25, hier S. 12.

[47] Ebd. S. 19f.

[48] Overbeck hatte im 4. Kapitel von ›Ueber die Christlichkeit unserer heutigen Theologie‹ (1873) eine ›kritische Theologie‹ angekündigt; in der zweiten Auflage der Schrift von 1903 hat er diese Ankündigung zurückgenommen und damit seiner Theologiekritik die konstruktive Perspektive genommen.

[49] Barths differenzierte Position in den 20er Jahren war auch an diesem Punkt seiner Overbeck-Rezeption also kein einfacher Ausstieg aus der Moderne.

[50] Eberhard Vischer, Overbeck und die Theologen, in: Kirchenblatt für die reformierte Schweiz 35 (1920) S. 122 ff.; Walter Nigg, Franz Overbeck. Versuch einer Würdigung. München 1931; Hans Schindler, Barth und Overbeck, Gotha 1933; Hans Burri, Der wirkliche Overbeck, in: Zwischen den Zeiten 11 (1933) S. 452–458 (Rez. von Nigg).

Das Harnack-Bild Barths verschob sich im Verlauf des Jahres 1920 und wurde religiös-polemisch aufgeladen: Harnack war nicht nur theologischer Historist und ein Kombattant der deutschen Kriegstheologie, sondern Repräsentant einer Moderne, die das Christentum verrät, indem es seine Umdeutung an den Zeitgeist betreibt. Im Blick auf seinen bevorstehenden öffentlichen Disput mit Harnack im April 1920 in Aarau schrieb Barth an Thurneysen: »Das werden Großkampftage, wie soll ich mich nur darauf rüsten? Daß Harnack ein Abbé sei und das übrige Lexikon (Overbecks) kann ich ihm doch nicht ins Gesicht schleudern?«.[51]

Barth hat Harnack seine Kritik in dieser Form nicht mitgeteilt; aber er hat ihm gegenüber theologisch zu entfalten versucht, was er sich von Overbeck hat sagen lassen: »Das Christentum unter den Begriff des Historischen stellen, also zugeben, daß es historisch geworden ist, heißt zugeben, daß das Christentum von dieser Welt ist und in ihr, wie alles Leben, nur gelebt hat, um sich auszuleben«.[52] Ein Christentum aber, das sich selber auslebt, ist nicht mehr der Zeuge des eschatologischen Gehalts seiner Botschaft.

Barth wollte damit wie auch Overbeck, aber in anderer Blickrichtung, zum Ausdruck bringen, daß eine historisch orientierte Theologie den ›finis christianismi‹, das Ende des Christentums, nicht aufhalten oder verhindern kann, sondern beschleunigt. Umgekehrt stört eine eschatologisch orientierte Theologie den Ausgleich der frommen Existenz mit der Welt und nimmt der theologischen »Unterhändlerei« die Vermittlungsbasis zur modernen Kultur.[53]

So mußte Barth seit den 20er Jahren selber Versuche unternehmen, theologisch legitime Vermittlungen zwischen dem Evangelium und der modernen Kultur herzustellen. Seit dem Tambacher Vortrag ›Der Christ in der Gesellschaft‹ stehen sie nicht mehr unter dem Stichwort der Vermittlung, sondern unter dem Signal des Gleichnisses.[54] Damit hat Barth eine theologische Ausgangsposition bezogen, die nicht bei der faktischen Realität der modernen Kultur einsetzt, sondern die mit solchen Kommunikationsverhältnissen zwischen der Kirche und der Kultur rechnet, in denen das Wort Gottes auch die moderne Kultur erschließt. Barth entwickelte bereits in dieser Zeit eine theo-

---

[51] Barth an Thurneysen am 31. Januar 1920, in: Thurneysen, Briefwechsel Barth-Thurneysen (wie Anm. 43) S. 366 f. Barth spielt auf Overbecks Polemik gegen Harnack an; vgl. Blaser, Harnack in der Kritik (wie Anm. 37).

[52] Overbeck, Christentum und Kultur (wie Anm. 36) S. 7.

[53] Dies hat Barth noch einmal mit großer Klarheit in seiner Replik auf den Overbeck-Forscher Eberhard Vischer ausgeführt, in: Karl Barth, Immer noch unerledigte Anfragen (1922), jetzt – mit einem wichtigen Brief von Ida Overbeck – in: Ders., Vorträge und kleinere Arbeiten 1922–1925, hg. v. Holger Finze, Zürich 1990, S. 58–63, bes. S. 61–63.

[54] Karl Barth, Der Christ in der Gesellschaft (1919), jetzt in: Anfänge der dialektischen Theologie, Teil I, hg. v. Jürgen Moltmann, München (4. Aufl.) 1977, S. 3–37, bes. S. 27 f.

logische Weltdeutungskompetenz, die die Welt nicht sich selber überläßt, sondern eine theologische Aufklärung der modernen Welt betreibt, in der die Lebensdienlichkeit des christlichen Glaubens aus seinen eigenen Wurzeln auch eine eigene kulturelle Gestalt gewinnt.[55] Damit aber erhält seine Harnackkritik einen spezifischen Grundzug: Barth fixiert Harnack auf eine historistische Grundform seiner Theologie, in der Harnack nicht aufgeht. Und Barth selbst befindet sich in einer theologischen Umbruchphase, in der sich Gegensatzdependenzen zur liberalen Theologie und seine eigenen theologischen Neuanfänge immer wieder kräftig überlagern.

V.

Die theologischen und kulturpraktischen Gegensätze zwischen Barth und Harnack traten bei der 24. Aarauer Studenten-Konferenz vom 15.–17. April 1920 umfassend zu Tage:[56] Harnack referierte zum Thema ›Was hat die Historie an fester Erkenntnis zur Deutung des Weltgeschehens zu bieten?‹,[57] Barth sprach über ›Biblische Fragen, Einsichten und Ausblicke‹[58] und präzisierte sein sehr allgemein gehaltenes Thema sogleich im Blick auf seinen Vorredner: »Was uns die Bibel an Erkenntnis zur Deutung des Weltgeschehens zu bieten hat, fragen wir«.[59]

Die Thematik der Tagung stand offensichtlich im Schatten der Katastrophe des Weltkriegs und ihrer mentalen Folgen vor allem bei der jungen Generation:[60] sie wollte – wie aus dem Anschreiben des Präsidenten des Zen-

---

[55] HARTMUT RUDDIES, Karl Barth im Kulturprotestantismus. Eine theologische Problemanzeige, in: Wahrheit und Versöhnung. Theologische und philosophische Beiträge zur Gotteslehre. Festschrift Hans-Georg Geyer, hg. v. DIETRICH KORSCH u. HARTMUT RUDDIES, Gütersloh 1990, S. 193–231.

[56] Auf der Aarauer Studentenkonferenz wurden Vorträge gehalten von Friedrich Baltzer, Adolf von Harnack, Gerhard Hotz und Karl Barth. Die ersten drei Vorträge wurden publiziert in: Aarauer Studentenkonferenz 1920, Basel 1920. Barths Vortrag erschien zunächst als Separatum 1920 in München, dann in: DERS., Das Wort Gottes und die Theologie, München 1924, S. 70–98.

[57] Jetzt in: ADOLF HARNACK, Ausgewählte Reden und Aufsätze, hg. v. AGNES VON ZAHN-HARNACK u. AXEL VON HARNACK, Berlin 1951, S. 171–204.

[58] Jetzt in: Anfänge der dialektischen Theologie, Teil I, hg. v. JÜRGEN MOLTMANN, München (4. Aufl.) 1977, S. 49–76.

[59] Ebd. S. 49.

[60] Die Quellenlage zur 24. Aarauer Konferenz scheint schwierig: Die Konferenzakten sind nicht mehr oder nur unvollständig vorhanden, das Konferenzthema ist nachträglich verändert und der Jahrgang 1920 ist in der Konferenzbibliographie nicht aufgeführt. Vgl. PETER HENKE, Erwählung und Entwicklung. Zur Auseinandersetzung zwischen Adolf von Harnack und Karl Barth, in: Neue Zeitschrift für systematische Theologie 18 (1976) S. 195–208, hier S. 196 f.

tralkomitees der Aarauer Konferenz vom 12. November 1919 an Harnack hervorgeht[61] – geistige Orientierungshilfen erarbeiten, zunächst von einem Naturwissenschaftler, dann von dem Theologen, der der Repräsentant der historischen Bildung war, und zuletzt von dem Wortführer der jungen Dialektischen Theologie. Das Anschreiben an Harnack zeigt, daß weniger die Inszenierung eines ›show-downs‹ der beiden theologischen Antipoden geplant war, als vielmehr eine intensive Debatte über die intellektuelle Krise der frühen 20er Jahre und ihre Verarbeitung in der internationalen neoromantischen und antihistoristischen Jugendkultur. Genauere Informationen zum Tagungshintergrund sind angesichts der Quellenlage derzeit nicht möglich.[62]

Harnack bestimmte zunächst die Aufgabe der Geschichtsschreibung in einem umfassenden Sinn: »Wir treiben Geschichte, nicht nur um zu erkennen, nicht nur um zu wissen, was gewesen ist, sondern um uns von der Vergangenheit zu befreien, wo sie uns zur Last geworden ist, ferner um in der Gegenwart das Richtige tun zu können, und drittens, um die Zukunft umsichtig und zweckmäßig vorzubereiten«.[63]

Dann zerlegte er das Thema ›Was hat die Historie an fester Erkenntnis zur Deutung des Weltgeschehens zu bieten?‹ in zwei Fragen: 1. »Hat die Historie überhaupt feste Erkenntnisse zu bieten?«, 2. »Welches ist die Erkenntnis, die die Historie zur Deutung des Weltgeschehens zu bieten hat, und welcher Wert kommt dieser Erkenntnis zu?«.

Bei der ersten Frage nach der Möglichkeit fester historischer Erkenntnisse rekurrierte Harnack auf die historische Forschungspraxis: die Historie »bietet eine Fülle gesicherter Tatsachen (...) aus allen Zweigen des Lebens«, die sich in Weltchroniken, Denkmälern und vor allem in den Institutionen darbieten, »auf die sich daher das Studium der Geschichte in erster Linie, ja nahezu ausschließlich zu richten hat«.[64] Institutionen sind »alles, was sich in Form von Gesetzgebungen, Rechtsbüchern, Verordnungen, Verträgen, Agenden, Liturgien, Schulordnungen, wirtschaftlichen Ordnungen usw. niedergeschlagen hat«.[65] Sie sind der objektivierte Geist in der Geschichte. Die Historie kann sie anschaulich machen und ordnet sie mit dem Mittel der Analogie zu einheitlichen Gruppen und kann ihre Abfolge durch Ver-

---

61 Das Anschreiben befindet sich im Harnack-Nachlaß, L 1, Staatsbibliothek Berlin Preußischer Kulturbesitz; zit. bei CARL-JÜRGEN KALTENBORN, Adolf von Harnack als Lehrer Dietrich Bonhoeffers, Berlin (Ost) 1973, S. 231.

62 Harnack, Ausgewählte Reden (wie Anm. 56) S. 196 f.

63 Ebd. S. 182.

64 Ebd. S. 185.

65 Ebd.

mutungsevidenzen verständlich machen, so daß sogar historische Prognosen möglich werden, freilich, wie Harnack ironisch einschränkt, mit der Wahrscheinlichkeit von Wettervorhersagen.[66]

Bei der zweiten Frage, der Hauptfrage, ging es nach der Möglichkeit fester historischer Erkenntnisse nun um die historische Erkenntnis zur Deutung des Weltgeschehens und um die Bestimmung ihres Wertes. Harnack erarbeitete sie auf drei Stufen:

1. Die Institutionen, der objektivierte Geist, bilden in der Geschichte ein Koordinatenkreuz; das Nacheinander gleichartiger Institutionen wird zur horizontalen Zeitachse; die verschiedenen, aber gleichzeitigen Institutionen bilden die senkrechte Zeitachse und geben Auskunft über den Stil und den Charakter einer Zeit.[67]

2. Hinter jeder Institution steht eine Idee: »Alle Institutionen stammen aus Ideen«; und: »die Ideen aber sind Geist«. Das heißt: Alle Geschichte ist Geistesgeschichte und der Geist ist Einer.[68] Damit will Harnack den Gegensatz von Geist und Leben genauso wie den Gegensatz von Geist und Institution unterlaufen: Das Leben ist kein »Karrusellfahren um das eigene Ich«,[69] sondern Auftrag zur Bildung, die sich auf die Objektivationen der Geschichte einläßt; und die Institutionen sind kein Gegensatz zum Geist, sondern der Ort, an dem der Geist konkret wird, was für Harnack die Notwendigkeit permanenter Institutionenkritik aus der Kraft der Ideen einschließt.[70]

3. Dieser Kampf zwischen Ideen und Institutionen verlangt einen Wertmaßstab. Er ist aus der Geschichte selbst zu erheben, »freilich nur unter einer Voraussetzung, nämlich der, daß das Leben etwas schlechthin Wertvolles sei«.[71] Mit diesem Wertmaßstab, dessen Verneinung »vom Teufel«[72] wäre, hat Harnack »den Maßstab für die wertende Deutung des Weltgeschehens, ohne bei der Religion Anleihen machen zu müssen«.[73] Geradezu umgekehrt gilt: Die Geschichte selber »predigt« und »bestätigt« das Wort Jesu: »Ich lebe und ihr sollt auch leben«.

---

[66] Ebd. S. 192.
[67] Henke, Erwählung (wie Anm. 59) S. 197.
[68] Harnack, Historie (wie Anm. 56) S. 196.
[69] Ebd. S. 197.
[70] Ebd. S. 197 f.
[71] Ebd. S. 198 f.
[72] Ebd. S. 199.
[73] Ebd.

Harnack hatte damit seine Deutung des Weltgeschehens für sein Empfinden widerspruchsfrei mit der Religion verbunden, wenn er im Blick auf das menschliche Streben nach einem würdigen Leben sagt: »Die Religion ist es, die dieses Streben als Gottes- und Nächstenliebe deutet«.[74] Die Deutung des Weltgeschehens durch die Historie und die Religion sind klar voneinander zu unterscheiden, aber sie konvergieren in der gemeinsamen Hochschätzung einer Moral, die das Leben als höchsten Wert bejaht. Man könnte sagen, daß Harnack hier von einer impliziten Theologie der geschichtswissenschaftlichen Forschung ausgeht, die mit der expliziten, zünftigen Theologie konvergent ist.

In der wissenschaftlichen Betrachtung der geschichtlichen Welt erschließt sich dem historischen Geist mit dem Verständnis für die Fülle und Mannigfaltigkeit des geschichtlichen Lebens und seiner Wertperspektiven zugleich auch die Einsicht in den letzten, einheitlichen Sinngrund dieses Lebens, der auch die Sinnhaftigkeit des gesamten geschichtlichen Weltprozesses garantiert. Harnack schloß seinen Aarauer Vortrag denn auch mit Überlegungen zum Problem des Fortschritts in der Geschichte: Er ist nicht einfach gegeben, sondern steht unter der Bedingung unserer aktiven Teilnahme an der Geschichte. Den orientierungslosen Studenten in der Kulturkrise der frühen 20er Jahre rief er abschließend zu: »Lernen wir, daß wir nicht völlig hilflos einem ehernen Geschick gegenüberstehen, sondern daß der wichtigste Teil unseres Schicksals in unsere eigene Hand gelegt ist. Bekennt euch also zum amor fati, d. h. nehmt das Geschick hochgemut hin und schafft es um!«.[75]

Barth begann seinen Vortrag mit einem theologischen Trompetenstoß: Auf die Frage, »was uns die Bibel an Erkenntnis zur Deutung des Weltgeschehens zu bieten hat«, muß »ohne Besinnen die Antwort gegeben werden: Erkenntnis Gottes bietet die Bibel, also keine besondere, nicht diese oder jene Erkenntnis, sondern den Anfang und das Ende, den Ursprung und die Grenze, die schöpferische Einheit und die letzte Problematik aller Erkenntnis«.[76]

Was enthält nun diese »Erkenntnis Gottes« an Potentialen zur »Deutung des Weltgeschehens«? Um diese Frage zu beantworten, zitiert Barth in grundlegender Weise den ersten und den vorletzten Satz der Bibel: *Am Anfang schuf Gott Himmel und Erde* (Gen 1, 1) und *Amen ja komm, Herr Jesus!* (Ap Joh. 22, 20).

---

[74] Ebd. S. 201.
[75] Ebd. S. 204.
[76] BARTH, Biblische Fragen (wie Anm. 57) S. 49.

Das bedeutet: Gotteserkenntnis in Erinnerung des Schöpfers und in Erwartung des Erlösers ist die Erkenntnis, die zur Deutung des Weltgeschehens und zur Selbsterkenntnis nötig und geboten ist. Authentische Gotteserkenntnis ist der Schlüssel zur Welt- und Selbstdeutung. Diese Gotteserkenntnis ist aber keine religiöse oder kulturelle Gegebenheit, sondern – wie Barth ausführt – im Blick auf die menschliche Kultur eine Nichtnotwendigkeit, weil nicht jeder Mensch zur Erkenntnis Gottes gelangt, und im Blick auf Gott eine Nichtunmöglichkeit, weil sie von Gott je und je geschenkt werden kann.

Fachtheologisch gesprochen: Barth verankert die Gotteserkenntnis in der Erwählung und bestimmt sie als eine eschatologische Chance des menschlichen Lebens im Einzelnen und im Ganzen. In der Gotteserkenntnis setzt sich Gottes Gegenwart in der Weltgeschichte und im individuellen Leben diskontinuierlich zur Geschichte durch und wird zum Ursprung einer Selbst- und Weltdeutung, die – an Kreuz und Auferstehung Jesu orientiert – die Geschichte theologisch begreifen und handelnd in sie eingreifen kann.

Barths Darlegungen waren ohne Zweifel eine Irritation des historischen Verstandes – und eine Provokation Harnacks. Er setzte ihnen noch eine selbst- und sachbewußte Spitze auf, indem er ausführte: »Der unverstandene Logos kann es ertragen, unterdessen im Schandenwinkel des Mythos zu stehen. Besser das, als daß er durch (…) historisierende Verständigkeit seines Ewigkeitscharakters entkleidet wird«.[77]

Nach Barths Vortrag gab es einen scharfen Disput zwischen ihm und Harnack, dessen Inhalt unbekannt ist,[78] den Barth aber 1945 als »fast kirchengeschichtlich bedeutsamen Zusammenstoß mit Adolf von Harnack« charakterisiert hat.[79] Drei Tage nach der Konferenz trafen sich Harnack und Barth in Basel im Haus des dortigen Neutestamentlers Eberhard Vischer; Harnack entließ ihn – wie Barth schreibt – »mit der Weissagung, daß ich nach allen Erfahrungen der Kirchengeschichte eine Sekte gründen und Inspirationen empfangen werde«. Barth selbst kommentierte das Treffen so: »Es ist offenbar, daß der Götze wackelt. Harnack machte den Eindruck eines im Grunde gebrochenen Mannes, er wußte wirklich erstaunlich wenig außer seinen erhabenen Witzlein, die ihm auch noch einmal ausgehen werden«.[80]

---

[77] Ebd. S. 73.

[78] Brief von Eberhard Vischer an Adolf Harnack vom 2. Mai 1920, Harnack-Nachlaß, Nr. 40, Staatsbibliothek Berlin, zitiert bei KALTENBORN, Harnack als Lehrer Bonhoeffers (wie Anm. 60) S. 24; vgl. aber auch BUSCH, Karl Barth (wie Anm. 17) S. 127 (Brief Barths an Agnes von Zahn-Harnack vom 23.12. 1935).

[79] Brief Barths an H. Hug vom 16.2. 1945, zit. nach BUSCH, Karl Barth (wie Anm. 17) S. 127.

[80] Barth an Thurneysen am 20. April 1920, in: THURNEYSEN, Briefwechsel Barth-Thurneysen (wie Anm. 43) S. 378–380.

Harnacks Empfindungen nach diesem Zusammentreffen mit Barth beschrieb dessen Tochter und Biographin so: »Die Wirkung auf Harnack war
erschütternd. Da war nicht ein Satz, nicht ein Gedanke, den er mitdenken
konnte. Er anerkannte den tiefen Ernst, in dem Barth sprach, aber es schau-
derte ihn geradezu vor dieser Theologie«.[81] Im Mai 1920 schrieb er an Eberhard Vischer, der Teilnehmer der Tagung in Aarau war: »Der Vortrag von
Barth verliert (...) in meiner Erinnerung nichts von seinen schweren Anstößen – im Gegenteil. Er erscheint mir immer bedenklicher, ja in mancher Hinsicht empörender. Die Erwägung, daß sich diese Art Religion überhaupt nicht
ins wirkliche Leben umsetzen läßt, sondern nur als Meteor, und zwar als ein
zerplatzender, über ihm erscheinen kann, mildert den Eindruck wenig«.[82]
In den folgenden Jahren beobachtete Harnack die Entwicklung der Dialektischen Theologie mit Mißtrauen und verortete sie in dem aufkommenden
europäischen Antihistorismus und Irrationalismus. In der Schlußpassage seiner Gedenkrede zum 100. Geburtstag Albrecht Ritschls in Bonn am 30.5.
1922 sprach er seine Befürchtungen deutlich aus: »An Sie aber, meine Herren
Kommilitonen, möchte ich noch ein kurzes Wort richten: über (...) die europäische Kulturwelt geht zur Zeit wieder einmal eine internationale romantische Welle. Ihre Anfänge liegen schon in der Zeit vor dem Weltkriege; aber
die Enttäuschung, die er gebracht, und die Einsicht, wie wenig die überlieferten Weltanschauungswissenschaften hier haben helfen können, haben sie
mächtig verstärkt. Statt ›Wissenschaft‹ will man ›Leben‹, statt der ›Ratio‹ die
›Intuition‹ (...). Wirklich stecken Keime eines gehaltvollen Lebens in der
neuen Bewegung; aber (...) sie selbst (...) ist (...) eine wogende und schwan-
kende Erscheinung (...), wer sich ihr ganz hingibt in der Meinung, die überlieferte Wissenschaft und die überlieferten Lebensideale und -kräfte seien
abgetan, (...) der ist verblendet, und auf die Verblendung folgt die Zerrüttung (...). Halten Sie daher die Wissenschaft hoch (...), sie vermag nicht alles zu leisten, aber niemand darf sich von ihr emanzipieren (...) und sie ist
trotz ihrer Verächter ein Stahlbad des Geistes«.[83]

VI.

Durch die weitere Entwicklung der Dialektischen Theologie sah sich Harnack genötigt, Anfang 1923 seine ›Fünfzehn Fragen an die Verächter der

---

[81] Zahn-Harnack, Harnack (wie Anm. 1) S. 415.
[82] Ebd.
[83] Adolf Harnack, Albrecht Ritschl, in: Ders. Reden und Aufsätze, Neue Folge 4, Gießen
1923, S. 344 f.

wissenschaftlichen Theologie unter den Theologen‹ zu publizieren.[84] Es war
also Harnack, der die Kontroverse begonnen hat, was die Sekundärliteratur,
die ganz überwiegend von Barthianern stammt,[85] verdeckt; hier hat man den
Eindruck erzeugt, daß Barth hier mit der liberalen Theologie in der Gestalt
Harnacks abrechnet.[86] Man kann historisch mit größerem Recht sagen, daß
Harnack zunächst den Dialektikern die Leviten las, daß Barth von ihm in
die Zange genommen wurde und daß Barth dann in diesem öffentlichen Disput selber einen gewichtigen Grundtext für das Verhältnis von historischer
und dogmatischer Theologie vorgelegt hat, in dem sich das Sach- und
Selbstbewußtsein der Dialektischen Theologie mit ihrem epochalen Anspruch präsentierte.

Barth hat nach der Lektüre der ›15 Fragen‹ am 14. Januar 1923 auf einer
Postkarte die Anfrage an Harnack gerichtet, ob die ›15 Fragen‹ gegen ihn
gerichtet seien.[87] Harnack hat, natürlich ebenfalls auf einer Postkarte, Karl
Barth seine Beweggründe für diese ›15 Fragen‹, die ja keinen direkten Adressaten nannten, am 16. Januar 1923 erläutert: »Ich habe jene Fragen vor sechs
Wochen in einem plötzlichen Entschluß ohne literarische Vorbereitung in einem Zuge niedergeschrieben auf Grund eines Gesamtkomplexes von Ein-
drücken, die ich im letzten Jahr (...) gewonnen habe und die mich mit Sorgen für die Zukunft unserer wissenschaftlichen Theologie erfüllten. Zuletzt
hatte ich einen Aufsatz von Tillich[88] und eine mir halb unverständliche Ex-
pektoration von Gogarten[89] gelesen. Von Ihnen habe ich im vergangenen
Jahr (...) nur einen Artikel gelesen, der mich gleichzeitig zur Zustimmung

---

[84] Vgl. Anm. 16.

[85] DIETRICH BRAUN, Der Ort der Theologie. Entwurf für einen Zugang zum Verständnis des
Briefwechsels zwischen Adolf von Harnack und Karl Barth aus dem Jahre 1923, in: Parrhesia.
Karl Barth zum achtzigsten Geburtstag am 10. Mai 1966, Zürich 1966, S. 11–49; ERICH FASCHER,
Adolf von Harnacks und Karl Barths Thesenaustausch, in: Frage und Antwort, Berlin 1968;
HANS MARTIN RUMSCHEIDT, Revelation and Theology. An Analysis of the Barth-Harnack Cor-
respondence of 1923, Cambridge, Mass. 1972; HENKE, Erwählung und Entwicklung (wie
Anm. 59).

[86] Die gründlichste Studie zur Harnack-Barth-Kontroverse von dem kanadischen Theologen
HANS MARTIN RUMSCHEIDT, Revelation and Theology (wie Anm. 84) ist sogar von Karl Barth
selber beraten worden und erneuert diesen Abrechnungsgestus. Vgl. auch Barths Brief an Rumscheidt vom 1.11. 1967, in: DERS., Briefe 1961–1968, hg. v. JÜRGEN FANGMEIER u. HINRICH STOE-
VESANDT, Zürich 1975, S. 439–441.

[87] Harnack-Nachlaß, K 26, Staatsbibliothek Berlin, zitiert nach KALTENBORN, Harnack als
Lehrer Bonhoeffers (wie Anm. 60) S. 26.

[88] Paul Tillich, Kritisches und positives Paradox (1923), jetzt in: MOLTMANN, Barth und Harnack (wie Anm. 16) S. 165–174.

[89] FRIEDRICH GOGARTEN, Wider die romantische Theologie, in: Christliche Welt 36 (1922)
Sp. 498–502; Sp. 514–519.

und zu starkem Widerspruch nötigte.[90] Aber gewiß dürfen Sie annehmen, daß sich meine Fragen nicht in letzter Linie auch an Sie richten, so wenig wie mir bei der einzelnen Frage eine bestimmte Person vorschwebte. Ich kann mich daher nur freuen um der Sache willen, wenn Sie meine Fragen öffentlich beantworten wollen. Gar nicht zu sprechen bin ich freilich in Bezug auf Overbeck. Denn zu diesem Thema werde ich stets schweigen, abwartend, ob die neue evangelische Losung: ›Heiliger Franz, bitt' für uns‹, durch eine noch verstiegenere überboten werden wird (...)«.[91]

Der 70jährige Harnack initiierte also einen öffentlichen Disput um die Bedeutung der historischen Wissenschaft für Theologie, Kirche und Kultur. Barth hat diese Debatte damals als »Spiel mit Harnack«[92] bezeichnet und damit erneut sein theologisches Überlegenheitsgefühl zum Ausdruck gebracht. Harnack war über diese Debatte, in die er – wie sein Briefwechsel mit Martin Rade zeigt – viel Energien gesteckt hatte,[93] enttäuscht, verbittert und hilflos. Noch 1928 benannte er in einem Brief an Ernst Rolffs sein Unverständnis für Barths Changieren zwischen religiösem Skeptizismus und naivem Biblizismus und vermutete, »daß die dialektische Theologie schließlich sicherlich in die orthodoxe Positivität münden« werde.[94]

Die Harnack-Barth Kontroverse vom Jahresbeginn 1923 im literarischen Zentralorgan des Kulturprotestantismus, der ›Christlichen Welt‹ Martin Rades, vollzog sich in fünf Etappen: Harnack publizierte – in Anlehnung an den Untertitel von Schleiermachers Frühschrift[95] – ›Fünfzehn Fragen an die Verächter der wissenschaftlichen Theologie unter den Theologen‹, die Karl Barth veranlaßten, mit ›Fünfzehn Antworten an Herrn Professor von Harnack‹ zu antworten. Es folgten noch zwei offene Briefe, in denen Harnack und Barth ihre antithetischen Positionen präzisierten, ohne zu ihrer Auflösung zu gelangen; ein abschließendes ›Nachwort‹ Harnacks zu seinem offenen Brief an Barth hielt diesen kontroversen Diskussionsstand fest und be-

---

[90] Karl Barth, Das Wort Gottes als Aufgabe der Theologie (Elgersburger Vortrag) 1922, jetzt in: Ders., Vorträge (wie Anm. 52) S. 144–175.

[91] Postkarte Harnacks an Barth vom 16.1. 1923, vollständiger Abdruck im Rundbrief Barths vom 23.1. 1923 in: Thurneysen, Briefwechsel Barth-Thurneysen, Bd.2., (wie Anm.12) S. 129–137, hier S. 135.

[92] Rundbrief Barths vom 18. Mai 1923, in: ebd. S. 165.

[93] Harnack an Rade am 14.11. 1922, in: Der Briefwechsel zwischen Adolf von Harnack und Martin Rade. Theologie auf dem öffentlichen Markt, hg. v. Johanna Jantsch, Berlin, New York 1996, S.772.

[94] Karte Harnacks an Rolffs, mitgeteilt in: Ernst Rolffs, Adolf von Harnack und die Theologie der Krisis, in: Christliche Welt 2 (1938) Sp. 61ff., hier Sp. 63.

[95] Friedrich Schleiermacher, Über die Religion. Reden an die Gebildeten unter ihren Verächtern (1799), Neudruck hg. v. Hans-Joachim Rothert, Hamburg 1958.

schloß die öffentliche Debatte, indem Harnack seine irenische Absicht bei
der polemischen Debatte mit Barth unterstrich: er wollte »einem befreunde-
ten Theologen gegenüber zur Klarheit kommen«.[96]

Im Zentrum dieser Debatte stand nichts weniger als der Streit um die
Form, den Ort und den Sinn der protestantischen Theologie.[97] Der erste
Streitpunkt war das Verhältnis von Theologie und Wissenschaft. Harnack
fragte, ob es eine Theologie geben könne, die nicht in fester Verbindung zur
Geschichtswissenschaft steht. In einer historischen Theologie sah er keinen
akademischen Selbstzweck, sondern die Bedingung dafür, daß die Kirche
ihren Auftrag im Rahmen der Kultur erfüllen kann. Die kirchliche Verkündigung, die Glauben wecken soll, muß auf historischer Grundlage stehen,
die Predigt ist ohne historisches Wissen und historische Kritik inhaltslos.
Maß und Grund der protestantischen Theologie ist die Predigt des historischen Jesus, das ›schlichte Evangelium‹.

Barth hingegen insistierte darauf, daß die Theologie eine besondere Sachlichkeit habe, die von dem historischen Verständnis der Bibel gar nicht erreicht wird. Deshalb unterschied er sofort zwischen dem Gotteserlebnis als
einer psychologisch-historischen Größe und dem Glauben, der durch das
Wort konstituiert wird. Hat bei Harnack das historische Wissen konstitutive
Bedeutung für die Theologie, dann hat es bei Barth dezidiert eine nur regu-
lative Bedeutung. Maß und Grund der protestantischen Theologie ist das biblische und reformatorische Wort Gottes, das in der Korrelation von Wort
und Geist erkannt wird und das mit dem ›schlichten Evangelium‹ Harnacks
nicht identisch ist.

Damit ist der erste große Streitpunkt umschrieben: Es ist der Streit zwischen der Wissenschaftlichkeit und der Sachlichkeit der protestantischen
Theologie. Mit provozierender Einseitigkeit betonte Barth im Gegensatz zu
Harnack das kritische Gegenüber der Theologie zu den Wissenschaften; die
Gegenstandskonvenienz der Theologie ist für Barth wichtiger als ihre Wissenschaftskonvenienz.[98] Mit Bestimmtheit betonte dagegen Harnack, daß
die Theologie ihre Gültigkeit und Verbindlichkeit aus ihrer Konformität
zum Geist und zu den Methoden der historischen Wissenschaft gewinnt.

Der zweite große Streitpunkt folgte mit Notwendigkeit aus der Debatte
um den Theologiebegriff: Es war der Streit um das Verhältnis von Evangelium und Kultur. Harnack und Barth stand gemeinsam vor Augen, daß in der
Theologie zentral das Verhältnis bedacht werden muß, das zwischen dem

---

[96] Vgl. Anm. 16.
[97] Braun, Ort der Theologie (wie Anm. 84).
[98] Moltmann, Briefwechsel Barth-Harnack (wie Anm. 16) S. 335.

menschlichen Leben in der Welt und zwischen Gott, der kein Bestandteil dieser Welt ist, besteht.

Harnack vermutete, daß für Barth »Gott und Welt (...) schlechthin Gegensätze sind«,[99] und befürchtete eine »Verwüstung der Kultur« durch die Dialektische Theologie. Er sah den Sinn der Theologie darin, der Menschheit im Einzelnen wie im Ganzen »eine Erziehung zu Gott hin, das heißt zum Guten« zu geben.[100] Es war nun für Harnack evident, daß der Mensch nicht nur verpflichtet ist, Gott als den Inbegriff und Geltungsgrund aller Werte zu erkennen, sondern daß er auch imstande ist, seine innerste Bestimmung geschichtlich zu realisieren. Bei Harnacks Synthese von Glaube und Kultur bildete die Kultur den Anfang des Weges zu Gott, dessen Vollendung die christliche Religion darstellt, die zugleich eine Konsolidierung der Kultur und damit ihre Sicherung gegen den Rückfall in die Barbarei bewirkt. In der Kulturaufgabe des Protestantismus sah Harnack den Endzweck, in dem die wissenschaftliche Theologie und der praktische Glaube zusammenstimmen, ohne daß sie dabei ihre spezifische Verschiedenheit verlieren.

Demgegenüber insistierte Barth auf der Differenz von Glaube und Kultur.[101] Die Kultur ist nicht der Anfang des Weges zu Gott und die Religion ist nicht seine Vollendung, sondern die Kultur ist der Ort, an dem die christliche Verantwortung für die Welt so wahrzunehmen ist, daß der christliche Glaube als Maßgabe für die kulturelle Praxis der Christen deutlich wird. Für den Weg der Kirche in der Welt der Kultur bedarf es freilich einer Vergewisserung über das objektive Fundament und die wahre Relation von Kirche und Kultur, wenn die produktive Teilnahme des Protestantismus an der modernen Kultur nach Maßgabe seiner evangelischen Substantialität erfolgen soll. Pointiert gesagt: Die Aufgabe, die moderne Kultur mit zu gestalten, ergibt sich für Barth aus dem Auftrag des Evangeliums, für Harnack aus der Zeitgenossenschaft des religiösen Menschen mit der Moderne, die selber eine Folgegestalt der Reformation und darum religiös erschließbar ist. Beide – Harnack und Barth – haben im Widerspruch zueinander zwei Pole des protestantischen Wirklichkeits- und Kulturverständnisses formuliert, deren Zusammenführung in einem neuen, geschichtlich wie theologisch reflektierten

---

[99] Ebd.

[100] Ebd.

[101] Ebd. S. 327: »Schleiermachers Bangemachen vor der Barbarei ist als unwesentlich und unsachlich abzulehnen, weil das Evangelium mit der ›Barbarei‹ so viel und so wenig zu tun hat wie mit der Kultur«. Zur Verortung dieses ›starken‹ Satzes in Barths theologischer Entwicklung vgl. RUDDIES, Barth im Kulturprotestantismus (wie Anm. 54).

Zusammendenken von Protestantismus und Kultur nach wie vor ein Desiderat protestantischer Theologie ist.[102]

VII.

Mit der Harnack-Barth-Kontroverse verbindet sich vor allem die Erinnerung an einen theologischen Konflikt, in dem es zentral um die Ausmittlung
des Charakters der evangelischen Theologie als einer theoretischen Disziplin
ging. Während Harnack die Wissenschaftskonvenienz der protestantischen
Theologie unterstrich, betonte Barth die Objektkonvenienz der Theologie,
durch die sie dann in eine größere Nähe zur Predigtaufgabe als zur Wissenschaftskultur gestellt wird. Wenn Harnack die geistige Einheit der Theologie
mit den Wissenschaften betonte, dann unterstrich er zugleich die selbstkon-

---

[102] Eine weitere und letzte Begegnung zwischen Barth und Harnack erfolgte im November
1925, als Barth Theologieprofessor in Münster war und Harnack dort vom 2. bis 10. November
1925 sechs Vorlesungen über die ›Vorkonstantinischen christlichen Buchsammlungen‹ und am
12. November abends eine öffentliche Vorlesung im Auditorium Maximum über ›Die religionsgeschichtliche Bedeutung der Reformation Luthers‹ hielt. Dieser Vortrag – gedruckt in: Christliche Welt 40 (1926) Sp. 4–10 – enthielt deutliche Kritikpunkte an den Vertretern der Dialektischen Theologie. Im Verlauf eines längeren Gesprächs mit Barth über die Möglichkeit und die
Aufgabe einer evangelischen Dogmatik hatte Harnack ihm den Rat gegeben, eine Dogmatik ab-
zufassen und zugleich angedeutet, daß er eine allenfalls von ihm zu verfassende Dogmatik unter
den Titel ›Das Leben der Kinder Gottes‹ stellen würde. Barth hat diesen Vorschlag so aufgegrif-
fen, daß er ihn als Titel für eine Dogmatik ablehnte, aber den ethischen Fragenkreis der Prolegomena seiner ›Kirchlichen Dogmatik‹ mit genau diesem Titel versah (Kirchliche Dogmatik
I/2, § 18, S. 397–504). Damit hat er Harnacks Vorschlag auf seine eigene Weise ›zu Ehren‹ gebracht und zugleich das Anliegen des Neuprotestantismus so gewürdigt, indem er ihm den seines
Erachtens legitimen Ort im Rahmen der Lehre vom Heiligen Geist gab (ebd. S. 402 f.). Nachdem
Barths erste Dogmatik publiziert worden war (Die christliche Dogmatik im Entwurf, 1. Bd.:
Prolegomena zur christlichen Dogmatik, München 1927), hat sich Harnack auf einer Postkarte
an Martin Rade vom 15.9. 1928 m. W. abschließend zur Theologie Barths geäußert: »Unsre heutige Theologie – erfreulich ist (und das ist etwas Großes), daß sie es ernst meint und daß sie auf
die Hauptsache geht. Aber wie schwach ist sie als Wissenschaft, wie eng und sektirerisch ist ihr
Horizont (...), wie expressionistisch ist ihre logische Methode (...) und wie kurzsichtig ihre
Auffassung der Geschichte! (...) Was übrigens einstweilen ganz verloren zu gehen droht, ist für
die Theologie ihr Zusammenhang mit der universitas litterarum und der Kultur; dagegen tauchen neue Verbindungen dieser evangelischen Theologie mit dem Katholizismus und der Ro-
mantik auf. Hoffen wir, daß das alles ein Verpuppungsstadium bedeutet, u. ein wirklich evangelischer Schmetterling einst diesen Hüllen entsteigen wird. Barth's Dogmatik habe ich vor Monaten teils mit den Augen, teils mit den Fingern gelesen. Von der Trinitätslehre und Christologie
habe ich nur den Eindruck erhalten, daß sie für mich von A–Z nicht diskutabel waren, dazu weder gelehrt noch poetisch. In schrecklicher Erinnerung ist mir der Abschnitt über die Geburt aus
der Jungfrau«.; in: JANTSCH, Briefwechsel Harnack-Rade (wie Anm. 92) S. 836 f., hier S. 837.

stitutive und kirchenkritische Aufgabe der modernen Theologie. Barths Betonung der Objektkonvenienz der Theologie war freilich keine einfache Zurückweisung ihres Wissenschaftscharakters; sondern indem er für alle Wissenschaft – wie auch für die Theologie – eine gegenständliche objektive Intention reklamierte, ging es Barth primär darum, die Priorität der gegenständlichen objektiven Intention vor der wissenschaftlichen Methode zu betonen. Indem die Theologie sich im Haus der Wissenschaften in dieser Form auch wissenschaftskritisch bewegt, demonstriert sie einerseits ihre eigene gegenständliche Intention und erinnert andererseits auch die Wissenschaften daran, daß sie mit ihren Methoden demselben Grund verpflichtet sind, dem auch und gerade die Theologie verbunden ist: der Darstellung der objektiven Wahrheit, deren Inbegriff Gott ist.

Damit ist die Harnack-Barth-Kontroverse nicht nur theologisch interessant, sondern sie ist auch eine Parallele zu den Kultur- und Wissenschaftsdebatten des frühen 20. Jahrhunderts, in denen es darum ging, ob die tradierten Gestalten des wissenschaftlichen Denkens einander entkräften, ergänzen oder einen einzigen Einheits- und Wahrheitsgrund voraussetzen, in dem sie sich erfassen lassen. Die zeitgenössischen Debatten über Kant oder Hegel, über Wissenschaft oder Leben, über eine Erweiterung der transzendentalphilosophischen Fragestellung oder deren Preisgabe durch eine Fundamentalontologie, über eine Erneuerung des Platonismus oder seine Verwindung im Wissenschaftspositivismus umschreiben – genau so wie die innertheologische Debatte über Geschichte oder Dogmatik – eine Problemkonstellation, in der sich das Wissen und eine verantwortbare Wissenschaft wieder auf ihre abgeschnittenen Ursprünge und Gründe besinnen.[103]

Die theologische Bedeutung der Harnack-Barth-Kontroverse liegt unzweifelhaft darin, daß sie die Frage nach der Begründung der Theologie als Wissenschaft in den Konfliktraum von historischem und dogmatischem Denken eingewiesen hat. Ihre kulturelle Bedeutung besteht wohl darin, daß sich die protestantische Theologie hier mit ihrer kritischen Reflexion auf die Krise der historischen Vernunft, aber auch mit ihrem dezisionistischen Tonfall, mit ihrem Blick auf die Dialektik der historischen Aufklärung, aber auch mit ihrem dogmatischen Pathos, mit ihrer Kritik an der Tyrannei der Methode gegenüber der Wahrheit, aber auch mit ihrem Kontakt zu den Werten des klassischen Humanismus der Goethe-Zeit mit ihrer eigenen Thematik auf der Höhe ihrer Zeit dargestellt hat.

---

[103] Vgl. zum Hintergrund: Intellektuellendiskurse in der Weimarer Republik. Zur politischen Kultur einer Gemengelage, hg v. MANFRED GANGL u. GÉRARD RAULET, Darmstadt 1994; KURT NOWAK, Geschichte des Christentums in Deutschland. Religion, Politik und Gesellschaft von der Aufklärung bis zur Mitte des 20. Jahrhunderts, München 1995, S. 205 ff.

Adolf von Harnack und Max Planck

von

JÜRGEN RENN, GIUSEPPE CASTAGNETTI, SIMONE RIEGER*

Ein problematischer Vergleich

Wenn die Geschichte der deutschen Forschungsorganisationen nur ein wenig anders verlaufen wäre als sie tatsächlich verlaufen ist, gäbe es wohl keinen Anlaß, ausgerechnet Adolf von Harnack und Max Planck miteinander zu vergleichen. Ihre Fachrichtungen, Theologie und theoretische Physik, sind ebenso verschieden wie die Umstände, unter denen sie zu führenden Persönlichkeiten in der Wissenschaft geworden sind.

Ein Vergleich, der sich nicht auf offensichtliche Gemeinsamkeiten stützen kann, verlangt von vornherein einen eher strukturellen Gesichtspunkt. Der Gesichtspunkt, den wir gewählt haben, nimmt vergleichbare Herausforderungen in den Blick, denen sich Harnack und Planck als Wissenschaftler, als Wissenschaftsorganisatoren und als Wissenschaftspolitiker gegenüber gestellt sahen und fragt nach den jeweils verschiedenen intellektuellen Ressourcen, die ihre Reaktionen auf diese Herausforderungen bestimmt haben.

Bei der Bearbeitung solcher Fragen konnte die persönliche Dimension der Biographien von Harnack und Planck nicht im Vordergrund stehen. Insbesondere die tragische Größe Max Plancks und sein durch den Verlust von vier Kindern unsagbar schweres Schicksal kann hier keinen zentralen Platz einnehmen, auch wenn es schwer fällt, nicht wenigstens vom Widerstands-

* Dieser Text beruht auf einem Vortrag, den Jürgen Renn auf dem von Kurt Nowak und Otto Gerhard Oexle veranstalteten Kolloquium zu Adolf von Harnack gehalten hat. Vor allem sei hier den Organisatoren für hilfreiche Anregungen und Diskussionen gedankt. Darüber hinaus möchten wir insbesondere dem Direktor des Archivs zur Geschichte der Max-Planck-Gesellschaft, Eckart Henning, für seine Hinweise und Hilfsbereitschaft danken. Peter Damerow, Dieter Hoffmann und Urs Schoepflin vom Max-Planck-Institut für Wissenschaftsgeschichte haben mit ihren kritischen Anmerkungen zur Entstehung dieser Arbeit wesentlich beigetragen. Dem ehemaligen Präsidenten der Max-Planck-Gesellschaft, Hans F. Zacher, sei hier gedankt für seine Ermutigung, ein heikles Thema offen anzusprechen.

kampf seines Sohns gegen das NS-Regime und von dessen Ermordung durch die Nazis zu berichten. Nur die bewegenden Ausführungen auch zu diesem Punkt in der Darstellung von Fritz Stern machen einen solchen Verzicht überhaupt möglich.[1]

Entscheidungen für die Wissenschaft

Adolf Harnack wurde 1851 als das zweite von fünf Kindern einer Dorpater Professorenfamilie geboren.[2] Sein Vater war Professor der Theologie und Universitätsprediger. Harnacks Familienhintergrund hat offenbar schon früh den Horizont seiner intellektuellen und beruflichen Entwicklung abgesteckt. Schon vor dem Abitur stand für ihn fest, daß er Theologie studieren werde. Seine Perspektive auf dieses Fach war von vornherein durch die Spannung zwischen einer skeptisch-wissenschaftlichen Distanzierung von den tradierten Glaubensinhalten und der Suche nach Antworten auf drängende Lebensfragen in der evangelischen Theologie gekennzeichnet. Auch diese Spannung selbst war Harnack früh bewußt; er suchte sie zu vermitteln, in dem er sich mit den beiden Polen in bewußter Offenheit auseinandersetzte und sie somit zur treibenden Kraft seiner weiteren Entwicklung machte. Diese bemerkenswerte und früh gefundene Konstellation von Glaube, Wissenschaft und Weltzugewandtheit ist durch einen Brief dokumentiert, in dem Harnack seine Entscheidung für die Theologie einem Freund aus der Kindheit gegenüber rechtfertigte: »Wie Du wissen wirst, werde ich Theologie studieren. Ich weiß nicht, ob Du auch zu denen gehörst, die auf alles, was Religion und Theologie heißt, mit Verachtung oder doch mit Gleichgültigkeit hinuntersehen. Allein, mag man das Christentum auch ansehen wie man es wolle; ja auch zugegeben, es sei ein Irrtum; ist es da nicht von dem größten Interesse, der Geschichte dieses Irrtums nachzugehen und sich zu überzeugen, welche weltbewegende Ereignisse, Umwälzungen dieser Irrtum hervorgerufen hat, in welche ungewohnte Bahnen er den Geist der Jahrhunderte gelenkt hat, wie er unsere ganze heutige Kultur und Bildung durchzogen hat und untrennbar von ihr ist.

Allein noch weiter. Je länger ich lebe (und wie kurze Zeit haben wir doch erst hinter uns) desto mehr erfahre ich es täglich, wie alle Probleme und

---

[1] Fritz Stern, Max Planck: Größe des Menschen und Gewalt der Geschichte, in: Eugen Hintsches/Dieter Hoffmann, Max Planck: Vorträge und Ausstellungen zum 50. Todestag, Berlin 1997, S. 34–51.

[2] Die folgenden biographischen Ausführungen zu Adolf von Harnack beruhen im wesentlichen auf: Agnes von Zahn-Harnack, Adolf von Harnack, Berlin 1951.

Konflikte immer schließlich auf das Gebiet des Religiösen rekurrieren und dort zum Austrag kommen, und wie deshalb ein christlicher Standpunkt niemals überwunden sein kann. Und darum bin ich ein begeisterter Theologe; denn ich hoffe, in dieser Wissenschaft den Weg zur Lösung der Hauptprobleme unseres Lebens zu finden; nicht freilich die ganze Lösung; aber doch wenigstens den rechten Weg; denn ich bin mir wohl bewußt, daß man diesen Weg tagtäglich von Neuem anfangen muß. Nicht eine Fülle fertig gemachter Glaubenssätze begehre ich, sondern jeden einzelnen Satz in dem Gewebe will ich mir selbsttätig produzieren und zu eigen machen. Vielleicht liest Du über diese Zeilen schnell hinweg oder wunderst Dich wenigstens über diese seltsame Weise; allein hier unter meinen Schulkameraden bin ich oft gezwungen, Zeugnis abzulegen von meiner Meinung und habe dabei die Erfahrung gemacht, daß ich da überall am besten verstanden bin, wo ich am offensten aussprach, wie mirs ums Herz ist«.[3]

1872, nach sieben Semestern Studium, verließ Harnack die Universität Dorpat, um in Leipzig zu promovieren und sich zu habilitieren. Von Leipzig ging es 1879 auf ein Ordinariat in Gießen, später nach Marburg. In dieser Zeit entstanden die Grundlagen für Harnacks dreibändiges Lehrbuch zur Dogmengeschichte, das von vielen geschätzt wurde, ihm aber auch den Vorwurf eintrug, durch seine Quellenkritik den neutestamentlichen Kanon erschüttert zu haben.[4] Von 1888 bis zu seiner Emeritierung im Jahre 1921 gehörte er schließlich der theologischen Fakultät der Berliner Universität an. Bereits 1890 wurde Harnack ordentliches Mitglied der preußischen Akademie. Seine zweite Lebenshälfte war durch die Übernahme vielfältiger kirchen- und wissenschaftspolitischer Verantwortung gekennzeichnet: als Präsident des Evangelisch-Sozialen Kongresses; als Generaldirektor der Staatsbibliothek; und von 1911 bis an sein Lebensende im Jahre 1930 als erster Präsident der Kaiser-Wilhelm-Gesellschaft.

Max Planck war sieben Jahre jünger als Harnack; er wurde 1858 in Kiel geboren – ebenfalls in einer protestantischen Professorenfamilie; seit 1867 wuchs er in München auf.[5] Wie Planck sich später in einer Antwort auf eine

---

[3] Adolf von Harnack an Wilhelm Stintzing, 1868, zitiert nach: ZAHN-HARNACK, Harnack (wie Anm. 2) S. 23–24.

[4] ADOLF HARNACK, Grundriß der Dogmengeschichte: Die Entstehung des Dogmas und seine Entwicklung im Rahmen der morgenländischen Kirche, Freiburg i. Br. 1889.

[5] Zu Plancks Biographie siehe insbesondere JOHN L. HEILBRON, Max Planck: Ein Leben für die Wissenschaft 1858-1947, Stuttgart 1988, der auch die folgenden Ausführungen Vieles verdanken. Für die Bibliographie von Max Planck siehe PETRA HAUKE, Planck-Bibliographie, München 1997; für die unveröffentlichten Quellen siehe DIRK ULLMANN, Quelleninventar Max Planck (Veröffentlichungen aus dem Archiv zur Geschichte der Max-Planck-Gesellschaft 8) Berlin 1996.

Umfrage erinnerte, kam er zur Physik eher durch zufällige Anstöße, fühlte sich dann aber wegen seines »tiefen Interesse(s) für Fragen der Weltanschauung« zu ihr hingezogen.[6] In einer autobiographischen Skizze erläutert Planck, was ihn – aus weltanschaulicher Perspektive – an der Physik fasziniert hat: »Was mich zu meiner Wissenschaft führte und von Jugend auf für sie begeisterte, ist die durchaus nicht selbstverständliche Tatsache, daß unsere Denkgesetze übereinstimmen mit den Gesetzmäßigkeiten im Ablauf der Eindrücke, die wir von der Außenwelt empfangen, daß also dem Menschen möglich ist, durch reines Denken Aufschlüsse über jene Gesetzmäßigkeiten zu gewinnen. Dabei ist von wesentlicher Bedeutung, daß die Außenwelt etwas von uns unabhängiges Absolutes darstellt, dem wir gegenüberstehen, und das Suchen nach den Gesetzen, die für dieses Absolute gelten, erschien mir als die schönste wissenschaftliche Lebensaufgabe«.[7]

Wo Harnacks wissenschaftliches Interesse sich gerade auf die menschlichen Umgestaltungen des christlichen Grundgedankens richtete, und damit auf die verwickelten historischen Vermittlungsprozesse, die diesen Gedanken lebendig erhalten haben, glaubte Planck in den Gesetzen der Physik seiner Zeit *unmittelbar* eine vom Menschen unabhängige Offenbarung erkennen zu dürfen. »So kam es, daß ich als erstes Gesetz, welches unabhängig vom Menschen eine absolute Geltung besitzt, das Prinzip der Erhaltung der Energie, wie eine Heilsbotschaft in mich aufnahm«.[8]

Planck schloß sein Physikstudium 1879 mit der Promotion ab. Kurz darauf, im Jahre 1880, folgte die Habilitation, fünf Jahre später die Berufung zum außerordentlichen Professor für mathematische Physik in Kiel. Etwa zur gleichen Zeit wie Harnack, im Jahre 1889, kam Planck als Professor an die Berliner Universität. 1894 wurde er – wie Harnack – Mitglied der Akademie und 1912 Beständiger Sekretar der physikalisch-mathematischen Klasse. 1930 übernahm er als Nachfolger Harnacks das Präsidentenamt der Kaiser-Wilhelm-Gesellschaft, das er bis 1937 innehatte. Er starb 1947 in Göttingen, dem Ort, an dem die Max-Planck-Gesellschaft gegründet wurde.

---

[6] MAX PLANCK, Antwort vom 14. Dezember 1930, in: Physikalische Blätter 25 (1969) S. 558.
[7] MAX PLANCK, Wissenschaftliche Selbstbiographie, Leipzig 1970, S. 8.
[8] PLANCK, Selbstbiographie (wie Anm. 7) S. 8.

Herausforderungen durch die Wissenschaft

Wer sich im letzten Drittel des 19. Jahrhunderts für die Wissenschaft entschied, stand vor der Alternative zwischen der Einarbeitung in ein hochspe-
zialisiertes Fachgebiet mit gefestigten Grundlagen und dem Einstieg in die
Auseinandersetzungen um für die Wissenschaft neu zu gewinnendes Terrain.
Zu den Fachgebieten mit gefestigten Grundlagen gehörten in erster Linie die
Physik, aber auch Geisteswissenschaften wie die Philologie. Für die Wissenschaft neues Terrain wurde zum Beispiel von der Immunologie, aber auch
von der historischen Theologie in Angriff genommen. In solchen Pionier-
unternehmungen verbanden sich häufig empirische oder theoretische Einzel-
arbeit mit dem Ringen um Grundlagenprobleme, aber auch mit einer Auseinandersetzung um die praktischen Konsequenzen der Verwissenschaftlichung
von Wissen. Während also Grundlagen- und Anwendungsfragen in den Pio-
nierunternehmungen von zentraler Bedeutung waren, nahmen im Gegensatz
dazu diese Fragen in den gesicherten Territorien der Wissenschaft eine eher
marginale Stellung ein. Man konnte sich dort ruhigen Gewissens in seine
Spezialprobleme vertiefen und diese Fragen der Sonntagsreflexion oder dem
Alltagsverstand überlassen.

Aus der Perspektive eines in seine Spezialprobleme vertieften Wissen-
schaftlers waren in der Tat die ›Erdbeben‹, die sich gerade in den scheinbar
so gefestigten Territorien seit der Mitte des 19. Jahrhunderts abzeichneten,
nicht unbedingt erkennbar. Nehmen wir das Beispiel der Physik: Gewaltig
aber langsam wie tektonische Platten verschoben sich die Kerngebiete der
klassischen Physik, Mechanik, Elektrodynamik und Thermodynamik, in ihrer gegenseitigen Lage. Elektrodynamik und Thermodynamik trennten sich
in ihren begrifflichen Grundlagen immer mehr von jenem Urkontinent der
Physik, in dessen Herzen die Mechanik lag, rieben sich aber zugleich an seinen Rändern und drohten in der Behandlung bestimmter Grenzprobleme
mit der Mechanik, aber auch untereinander erneut zusammenzuprallen. An
den Faltungszonen zwischen den begrifflichen Kontinenten der klassischen
Physik häuften sich jene Probleme, die aus der Sicht der Bewohner eines einzelnen Kontinents zwar jeweils nur als randständig erschienen, aber aus glo-
baler Perspektive von besonderer Brisanz waren.

Ein solches Grenzproblem war auch die wohl bedeutendste wissenschaftliche Herausforderung, der sich Max Planck im Laufe seiner wissenschaftlichen Karriere stellte. Das Problem der Wärmestrahlung lag an der Grenze
zwischen der Strahlungstheorie, die seit Maxwell Teil der Elektrodynamik
war, und der Wärmelehre. Es hatte sich gezeigt, daß in einem Hohlraum ein-
geschlossene Strahlung im Gleichgewichtszustand thermische Eigenschaften

besitzt, die von allen spezifischen Umständen wie etwa den Materialeigenschaften des Hohlraums unabhängig sind. Die diese Strahlung charakterisierende universelle Energieverteilung, die durch Präzisionsmessungen experimentell ermittelt werden kann, wird durch die Strahlungsformel, die Planck im Jahre 1900 aufstellte, exakt beschrieben.[9] Mit der Planckschen Strahlungsformel war dieses Spezialproblem an der Grenze zwischen Elektrodynamik und Thermodynamik in einer auch noch heute gültigen Weise gelöst.

Hinter diesem Spezialproblem verbarg sich allerdings eine Grundlagenkrise der klassischen Physik. Die der klassischen Strahlungstheorie zugrunde liegende Vorstellung eines Kontinuums von Wellen aller möglichen Energien läßt sich mit Plancks Strahlungsformel nicht vereinbaren. Es stellte sich vielmehr heraus, daß völlig neue, nicht-klassische Begriffe notwendig waren, um die durch diese Formel beschriebene Energieverteilung von Strahlung im thermischen Gleichgewicht zu beschreiben und für das von Planck eingeführte Wirkungsquantum eine physikalische Interpretation zu finden.

Plancks Zeitgenossen wurde bald nach der Veröffentlichung seiner Strahlungsformel klar, daß dessen Formel mit der klassischen Theorie der Strahlung unvereinbar ist. Im Jahre 1905 brachte zuerst Albert Einstein die Quantenstruktur der Strahlung als eine mögliche Erklärung für Plancks Strahlungsgesetz ins Spiel.[10] Im Verlaufe der nächsten beiden Jahrzehnte wurde dieses Gesetz zu einem der Kristallisationspunkte der neben der Relativitätstheorie zweiten nicht-klassischen Basistheorie der modernen Physik, der Quantentheorie.

Max Planck hatte an dieser Entwicklung allerdings keinen bedeutenden Anteil mehr. Jahrelang verweigerte er sich sogar der Einsicht, daß sein Strahlungsgesetz nicht mit der klassischen Physik vereinbar sei. Noch 1913 wurde Einsteins Quantenhypothese in dem von Planck mitunterzeichneten Berufungsvorschlag für die Berliner Akademie geradezu als entschuldbarer Fehltritt eines ansonsten herausragenden jungen Forschers behandelt: »Daß er in seinen Spekulationen gelegentlich auch einmal über das Ziel hinausgeschossen haben mag, wie z. B. in seiner Hypothese der Lichtquanten, wird man ihm nicht allzuschwer anrechnen dürfen; denn ohne einmal ein Risiko zu wagen, läßt sich auch in der exakten Naturwissenschaft keine wirkliche Neuerung einführen«.[11]

---

[9] Zur Geschichte von Plancks Strahlungsformel siehe THOMAS S. KUHN, Black-Body Theory and the Quantum Discontinuity 1894–1912, Chicago 1987.

[10] Siehe dazu JÜRGEN RENN, Einstein as a Disciple of Galileo: A Comparative Study of Conceptual Development in Physics, in: Science in Context 6 (1993) S. 311–341.

[11] Zitiert nach: Albert Einstein in Berlin 1913–1933, hg. v. CHRISTA KIRSTEN u. HANS-JÜRGEN TREDER, Berlin 1979, Bd. 1, S. 96.

Im Gegensatz zur Ansicht auch vieler heutiger Physiker rechnete Planck sich selbst – auch im späteren Rückblick – kaum Verdienste bei der eigentlichen Begründung der Quantentheorie zu. Selbst in seinem Nobelpreisvortrag von 1920 wies er in der ihm eigentümlichen Bescheidenheit und Wahrhaftigkeit darauf hin, daß die Entscheidung darüber, ob das von ihm eingeführte Wirkungsquantum nur eine fiktive Größe sei oder ob es in der Physik eine fundamentale Rolle spiele, weitgehend auf die Arbeiten anderer Physiker zurückgeht: »Die Erfahrung hat für die zweite Alternative entschieden. Daß aber die Entscheidung so bald und so zweifellos fallen konnte, das verdankt die Wissenschaft nicht der Prüfung des Energieverteilungsgesetzes der Wärmestrahlung, noch weniger der von mir gegebenen speziellen Ableitung dieses Gesetzes, sondern das verdankt sie den rastlos vorwärtsdrängenden Arbeiten derjenigen Forscher, welche das Wirkungsquantum in den Dienst ihrer Untersuchungen gezogen haben«.[12]

Nach dieser, allerdings sehr verkürzten Bestandsaufnahme der zentralen wissenschaftlichen Herausforderung, der sich Planck stellte, kommen wir nun zu den intellektuellen Ressourcen, die seine Reaktion auf diese Herausforderung bestimmten. Weshalb gelang es Plancks zeitgenössischen Kollegen nur in einem mühsamen und langwierigen Prozeß, ihn von der Tragweite seiner eigenen Entdeckung zu überzeugen? Welches waren die wissenschaftlichen Kenntnisse und Erfahrungen, die Plancks Perspektive auf das Problem der Wärmestrahlung bestimmten, eine Perspektive, die, wie angedeutet, den Blick auf die umwälzenden Konsequenzen seiner Lösung dieses Problems zunächst nicht einschloß?

Um uns einen Einblick in Plancks intellektuelle Ressourcen zu verschaffen, kehren wir kurz zum Ausgangspunkt seiner wissenschaftlicher Laufbahn zurück. Nach drei Jahren des Studiums der Experimentalphysik und der Mathematik entschloß er sich 1877, die Münchener Universität zu verlassen, um in Berlin theoretische Physik zu studieren. Welche Erwartungen Planck mit diesem Schritt verband, geht aus einem späteren Interview hervor, in dem er sich an ein Gespräch über seinen Entschluß mit dem Münchener Physikprofessor Jolly erinnert. Dieser äußerte sich skeptisch, ob der junge Planck in der theoretischen Physik Neues würde leisten können: »Theoretische Physik, das ist ja ein ganz schönes Fach, obwohl es gegenwärtig keine Lehrstühle dafür gibt. Aber grundsätzlich Neues werden Sie darin kaum mehr leisten können. Denn mit der Entdeckung des Prinzips der Erhaltung der Energie ist wohl das Gebäude der theoretischen Physik ziemlich voll-

---

[12] Max Planck, Die Entstehung und bisherige Entwicklung der Quantentheorie, in: ders., Physikalische Rundblicke, Leipzig 1922, S. 158.

endet. Man kann wohl hier und da in dem einen oder anderen Winkel ein Stäubchen noch rauskehren, aber was prinzipiell Neues, das werden Sie nicht finden«.[13]

Vor dem Hintergrund unserer knappen Skizze der Lage der klassischen Physik gegen Ende des 19. Jahrhunderts wird Jollys Position verständlich. In seiner Arbeit konzentrierte er sich auf Spezialprobleme innerhalb eines vorgegebenen und scheinbar feststehenden begrifflichen Rahmens.[14] Große theoretische Umwälzungen waren aus einer solchen Perspektive nicht zu erwarten. Die Perspektive des jungen Planck unterschied sich nicht wesentlich von der seines Lehrers, wie an Plancks Reaktion auf Jollys Worte deutlich wird: »Wenn mich diese Worte nicht abhalten ließen, den ins Auge gefaßten Weg zu gehen, so war es eigentlich weniger mein Gedanke, daß ich etwas Neues leisten könnte, sondern vielmehr der Wunsch, den Naturgesetzen noch etwas näher nachzuforschen«.[15]

Diesem bescheidenen Wunsch blieb Planck in den nächsten Jahren und Jahrzehnten treu. Geleitet von seiner ursprünglichen Faszination durch das Energieprinzip, die er, wie wir gesehen haben, als »Offenbarung« empfand, wählte er die auf dieses Prinzip gegründete Wärmelehre als den ihm heimischen Kontinent der klassischen Physik. Arnold Sommerfeld formulierte es in einer Rede zu Plancks 60. Geburtstag mit den knappen Worten: »Die wissenschaftliche Persönlichkeit Plancks wurzelt in der Thermodynamik«.[16] In der Thermodynamik suchte und fand Planck die theoretische Grundlage und die Nischen für seine Einzeluntersuchungen – in einem anderen, dramatischeren Bilde würde man von der ›Front der Forschung‹ sprechen.

Plancks Perspektive auf das Problem der Wärmestrahlung war also die eines Spezialisten, der für die Lösung dieses Problems zwar außerordentlich tiefgehende Kenntnisse nicht nur der Werkzeuge, sondern auch der Grundlagen seines Faches mitbrachte, gepaart mit scharfem Verstand und fast unglaublicher Ausdauer. Aber er besaß nicht den Überblick, der ihn die brisante Stellung des Strahlungsproblems als die eines Grenzproblems der klassischen Physik erkennen ließ, das deren Grundfesten erschüttern konnte.

---

[13] Ausschnitt aus dem Film ›Geheimrat Max Planck‹ (1942), Transkription in: HINTSCHES u. HOFFMANN, Planck: Vorträge und Ausstellungen (wie Anm. 1) S. 92.

[14] Für eine knappe Skizze des begrifflichen Rahmens der klassischen Physik siehe CHRISTA JUNGNICKEL/RUSSELL MACCORMMACH, Intellectual Mastery of Nature: Theoretical Physics from Ohm to Einstein, Chicago 1986, Bd. 1, S. 282.

[15] Zitiert nach HINTSCHES u. HOFFMANN, Planck: Vorträge und Ausstellungen (wie Anm. 1) S. 92.

[16] ARNOLD SOMMERFELD, Max Planck zum sechzigsten Geburtstag am 23. April 1918, in: MAX PLANCK, Max Planck in seinen Akademie-Ansprachen, Berlin 1948, S. 170.

Plancks profundes Spezialistentum war zweifellos die Voraussetzung für den wissenschaftlichen Erfolg, den die Auffindung des Strahlungsgesetzes darstellt. So hat es auch Plancks Kollege, Arnold Sommerfeld, in der schon zitierten Ansprache gesehen: »Es ist ein schönes Beispiel wissenschaftlicher Konzentration, wie Planck während einer Reihe von Jahren, nicht rechts und links blickend, sein Ziel im Auge behielt«.[17]

Aus dieser Perspektive war es aber offenbar schwer, zugleich die Spannungen und Risse im Fundament der klassischen Physik wahrzunehmen und in Erwägung zu ziehen, daß auch die absoluten Sicherheiten, nach denen Planck strebte, von diesen Spannungen und Rissen betroffen sein könnten. Wo jüngere Physiker wie Einstein das Gebäude der klassischen Physik bereits in Trümmern sahen, beobachtete Planck nur einzelne Quader, die ihren Ort gewechselt haben. So beschrieb es Planck selbst 1913 in seiner Antrittsrede als Rektor der Berliner Universität: »So mag die gegenwärtige theoretische Physik den Eindruck eines zwar altehrwürdigen, aber morsch gewordenen Gebäudes gewähren, an dem ein Bestandteil nach dem andern abzubröckeln beginnt und dessen Grundfesten sogar ins Schwanken zu geraten drohen. Und doch wäre nichts unrichtiger als eine derartige Vorstellung. Gewiß gehen in dem Aufbau der physikalischen Theorien gegenwärtig große tiefgreifende Veränderungen vor sich. Aber eine nähere Besichtigung ergibt, daß es sich hier keineswegs um Werke der Zerstörung, sondern vielmehr um Ergänzungs- und Erweiterungsbauten handelt, daß gewisse Quadern des Baues nur deshalb von der Stelle gerückt werden, um an einem anderen Orte zweckmäßigeren und festeren Platz zu finden, und daß die bisherigen eigentlichen Fundamente der Theorie gerade gegenwärtig so fest und so gesichert ruhen wie zu keiner Zeit vorher«.[18]

Aus der Sicht eines Spezialisten waren also die tiefgreifenden begrifflichen Umwälzungen, die sich mit dem Übergang von der klassischen zur modernen Physik abzeichneten, selbst 1913 noch nicht erkennbar.

Ohne Zweifel kannte auch die theologische Wissenschaft des späten 19. Jahrhunderts bereits die Probleme und Herausforderungen der Spezialisierung. Ebensowenig zweifelhaft ist aber, daß eine andere Herausforderung ungleich zentraler für sie war, die des Verhältnisses von Wissenschaft und Offenbarung, von Theologie als Wissenschaft und Theologie als Weltanschauung. Diese Herausforderung war zwar nicht neu, veränderte und

---

[17] SOMMERFELD, Max Planck (wie Anm. 16) S. 173.
[18] MAX PLANCK, Neue Bahnen der physikalischen Erkenntnis 1913, in: DERS., Wege zur physikalischen Erkenntnis: Reden und Vorträge, Leipzig 1934, S. 35.

verstärkte sich aber durch den raschen Fortschritt der historischen Wissenschaften.

Harnacks Arbeiten zu den Schriften der Kirchenväter und zur Dogmengeschichte stellen Durchbrüche dieser historischen Forschung dar, die auch heute noch Bezugspunkte bilden. Es gelang ihm zum einen, eine breite Textbasis zu schaffen, auf deren Grundlage übergreifende Fragen zur Geschichte des christlichen Dogmas behandelt werden konnten. Es gelang ihm zum anderen zu zeigen, daß die Entstehungsgeschichte des kirchlichen Dogmas erst viel später abgeschlossen war als bis dahin weithin angenommen.[19] Diese Beschäftigung mit der Dogmengeschichte machte es ihm möglich, sich gewissermaßen zwar *ex negativo*, aber dafür auf der Grundlage reichen historischen Materials dem Ursprung des Christentums zu nähern, ohne sich auf die spärlichen Informationen über den historischen Christus beschränken zu müssen, auf die die zeitgenössische ›Leben Jesu‹-Forschung angewiesen war.

Aber vor dem Hintergrund der beschriebenen Konfliktlage der historischen Theologie stellt Harnacks Werk noch in einem anderen Sinne eine herausragende Leistung dar. Harnack reihte nicht nur wissenschaftliche Spezialarbeiten aneinander, sondern er bestand auch vor dem Anspruch, diese Spezialarbeiten für die brennenden theologischen Streitfragen seiner Zeit fruchtbar gemacht zu haben, ohne sie ihnen jedoch zu unterwerfen. Insbesondere schuf die historische Kritik überlieferter Dogmen neue Handlungsspielräume für diejenigen, die sich im Sinne eines liberalen Protestantismus den Herausforderungen ihrer Zeit stellen wollten. Im folgenden wollen wir uns allerdings wiederum auf die Spannungen zwischen spezialistischer Einzelforschung einerseits und theoretischer Integration andererseits konzentrieren, die Harnack selbst als ein zentrales Problem seiner Wissenschaft wahrgenommen hat.

Schon Harnacks Dissertation, die der Quellenkritik der Geschichte des Gnostizismus gewidmet war, stieß auf die Kritik eines seiner Lehrer, weil sie textkritische Detailforschung mit einer allgemeineren und eher theoretischen Betrachtung historischer Entwicklung verband.[20] In einem Brief seines Lehrers heißt es über diese Betrachtung: »Sie paßt nicht recht mit ihrer schwungvollen Sprache und der großartigen Konstruktion geschichtlicher Verhältnisse zu dem trefflichen Unterbau aus sorgfältig behauenen Quadern«.[21]

Wie bei Planck stehen die ›Quader‹ auch hier offenbar für die einzelnen, festen und unverlierbaren Wahrheiten, aus denen sich nach Auffassung der

---

[19] ZAHN-HARNACK, Harnack (wie Anm. 2) S. 100.

[20] ADOLF HARNACK, Zur Quellenkritik der Geschichte des Gnosticismus, Leipzig 1873.

[21] Baron Moritz Engelhardt an Adolf von Harnack, zitiert nach: ZAHN-HARNACK, Harnack (wie Anm. 2) S. 45.

zeitgenössischen Spezialisten erfolgreiche Wissenschaft aufbaut. Harnacks Antwort auf die zitierte Kritik zeigt demgegenüber, daß ihm diese Auffassung von Wissenschaft Unbehagen bereitete: »Weiter Steine behauen ist eine Notwendigkeit, wo Paläste gebaut werden sollen – das ist gewiß richtig: aber zu wissen, daß man nie weiter kommen wird und doch dabei einen wunderschönen Palast in der Vorstellung fortwährend zu sehen freilich hie und da noch nebelhaft verhüllt, aber doch klar genug, um zu erkennen, daß es der rechte ist, und weder Wort noch Feder zu haben, das Bild dauernd zu fixieren und ganz, ganz bestimmt zu wissen, das einem das nie gelingen wird – und dann Lobsprüche hören, weil man ein paar Schnitzel gekräuselt hat und sich aufs Schnitzelkräuseln versteht (...)«.[22]

Trotz des Anspruchs, einen Palast bauen zu wollen, blieb Harnack allerdings, um in diesem Bilde zu bleiben, beim ›Steineklopfen‹ und litt dabei zugleich weiterhin unter der beschränkten Perspektive, die sich seiner Auffassung nach mit einer nur spezialistischen Forschung verbindet. Seine eigene Habilitation betrachtete er als »die kleinkrämerische Untersuchung eines der minutiösesten und unwichtigsten Probleme aus der Geschichte des Gnostizismus«.[23] Als er sich dann aber schließlich seinem großen Thema, der Dogmengeschichte, zuwandte, warf er die Fesseln der Detailforschung keineswegs zugunsten eines großartigen freien Entwurfs ab, sondern blieb dabei, auch hier, wie er schrieb, »sein eigner Kärrner sein« zu wollen.[24] Ohne die spannungsreiche Synthese zwischen strukturellen Fragen und Detailforschung wäre der wissenschaftliche Durchbruch, den Harnacks Dogmengeschichte darstellt, wohl undenkbar gewesen.

Herausforderungen durch die Wissenschaftsorganisation

Die Expansion und Ausdifferenzierung der Wissenschaften im 19. Jahrhundert stellten nicht nur neue Anforderungen an den Einzelnen, der in ihr Gebiet eintreten und sich dort als Forscher behaupten wollte. Diese Entwicklung bedeutete vor allem auch eine Herausforderung für die überlieferten Formen der Wissenschaftsorganisation. Überlieferte Vorstellungen wie die von der immer wieder beschworenen ›Einheit der Wissenschaft‹ konnten den komplexer gewordenen Mechanismen der Tradierung und Erzeugung von wissenschaftlichem Wissen kaum mehr gerecht werden. Um so wichtiger wa-

---

[22] Adolf von Harnack an Baron Moritz Engelhardt, August 1873, zit. nach: ZAHN-HARNACK, Harnack (wie Anm. 2) S. 45.

[23] Zitiert nach ebd. S. 46.

[24] Zitiert nach ebd. S. 100.

ren die konkreten Erfahrungen, die mit verschiedenen Modellen der Forschungsorganisation gewonnen wurden, ebenso wie die sich aus der Reflexion solcher Erfahrungen speisenden Sichtweisen der Einzelnen, die sich um die Jahrhundertwende mit diesen Problemen als Herausforderungen der Praxis zu beschäftigen hatten.

Die verwickelte Gründungsgeschichte der Kaiser-Wilhelm-Gesellschaft und Harnacks Beteiligung an dieser Gründung sind nicht Gegenstand dieses Beitrags.[25] Es sei hier nur daran erinnert, wie wichtig für diese Gründung insbesondere das enge Zusammenwirken von Wissenschaftlern wie Harnack und Wissenschaftspolitikern wie Schmidt-Ott war. Sie hätte sich womöglich nicht durchsetzen lassen, wenn nicht ein Gelehrter vom Range Harnacks sich mit Wort und Tat für diese neue Organisationsform von Wissenschaft in Deutschland eingesetzt hätte. Daß Harnacks Engagement durchaus riskant war, zeigt sich zum Beispiel an den Konsequenzen, die seine prominente Beteiligung an der Gründung der Kaiser-Wilhelm-Gesellschaft für seine Stellung in der Akademie hatte. Obwohl Harnack durch die Verfassung der Geschichte der Akademie und durch seine Rolle als gefeierter Festredner bei ihrem 200. Jubiläum geradezu prädestiniert war, das Amt eines ihrer Beständigen Sekretare zu übernehmen, umging die Akademie ihn bei der Neuwahl im August 1911 und provozierte damit einen Eklat.[26]

Eine genauere Analyse von Harnacks Beitrag zur Gründung der Kaiser-Wilhelm-Gesellschaft kann hier nicht gegeben werden; im Vordergrund unseres Interesses steht die erstaunliche und jedenfalls unbestrittene Tatsache, daß ein Theologe zu so verwandten Einsichten in die neuen Herausforderungen an die Wissenschaftsorganisation gerade auch der Naturwissenschaften kommen konnte wie erfahrene Wissenschaftspolitiker aus dem Umkreis des großen Friedrich Althoff. Wenden wir uns daher unserer Frage nach den Ressourcen zu, die Harnack für seine folgenreiche Reaktion auf die Herausforderungen durch Probleme der Wissenschaftsorganisation zur Verfügung standen.

Harnacks eigene Lebenserfahrungen als Forscher und Wissenschaftsorganisator haben ihn in der Tat für die Mitwirkung an dieser Konzeption vorbereitet. Wichtig erscheint uns insbesondere, was Harnack für Fragen der Wissenschaftsorganisation aus seiner eigenen Forschungstätigkeit lernen

---

[25] Für eine ausführliche Darstellung, auf die wir uns im Folgenden beziehen, siehe BERNHARD VOM BROCKE, Die Kaiser-Wilhelm-Gesellschaft im Kaiserreich: Vorgeschichte, Gründung und Entwicklung bis zum Ausbruch des Ersten Weltkriegs, in: Forschung im Spannungsfeld von Politik und Gesellschaft: Geschichte und Struktur der Kaiser-Wilhelm-/Max-Planck-Gesellschaft, hg. v. RUDOLF VIERHAUS u. BERNHARD VOM BROCKE, Stuttgart 1990, S. 17–162.
[26] Siehe VOM BROCKE, Die Kaiser-Wilhelm-Gesellschaft (wie Anm. 25) S. 66 f.

konnte. Ein Beispiel muß hier genügen: Die Verfassung der Geschichte der preußischen Akademie, die er im Jahre 1900 abschloß, regte ihn dazu an, Einsichten aus dem Bereich der Kirchengeschichte in den Bereich der Wissenschaftsgeschichte zu übertragen.[27] Dazu gehört nicht nur die Verbindung von historischer Detailforschung mit allgemeinen strukturellen Fragestellungen, sondern – für unseren Zusammenhang wichtiger – der Versuch, die Dynamik der Wissenschaftsgeschichte aus den Spannungen zwischen Institutionalisierung, Einzelpersönlichkeiten, und Ideenentwicklung heraus zu verstehen. So formulierte er auch das programmatische Ziel seiner Arbeit: »Die Geschichte der Akademie muß eine Verbindung von Verfassungs-, Wissenschafts- und Gelehrtengeschichte darstellen«.[28]

Harnacks erfolgreiches Wirken als Wissenschaftsorganisator und -politiker, gerade auch bei der Begründung der Kaiser-Wilhelm-Gesellschaft, legen von der praktischen Wirksamkeit solcher historischen Einsichten in den organischen Zusammenhang zwischen den verschiedenartigen Bedingungen wissenschaftlicher Arbeit ein beredtes Zeugnis ab. Er selbst hat seine darauf beruhenden Anschauungen im Jahr seines Todes in einer Art von wissenschaftspolitischem Credo niedergelegt, von dem mancher Satz ein ›Harnack-Prinzip‹ genannt zu werden verdiente, wie zum Beispiel der folgende: »Naturwissenschaft und Geisteswissenschaft (Kulturwissenschaft) sollen zusammenarbeiten; keine darf auf Kosten der anderen gepflegt werden, denn die Erkenntnis des Universums bedarf beider in gleicher Weise«.[29]

Eine genauere Analyse des Zusammenhangs von Wissenschaftspolitik und Wissenschaftsverständnis scheint uns nicht nur im Falle Harnacks ein Desiderat der Forschung zu sein. Im Falle Plancks ist selbst die Chronik seiner zahlreichen Aktivitäten als Wissenschaftsorganisator und -politiker noch nicht geschrieben. Diese umfassen seine Tätigkeiten in den Führungsgremien der Akademie der Wissenschaften, der Berliner Universität, der Physikalischen Gesellschaft, der Notgemeinschaft der deutschen Wissenschaft, der Physikalisch-Technischen Reichsanstalt, des Deutschen Museums und nicht zuletzt der Kaiser-Wilhelm-Gesellschaft. Behauptungen über Plancks Wirksamkeit in diesen Bereichen haben deshalb einen vorläufigen Charakter.

---

[27] ADOLF HARNACK, Geschichte der Königlich Preußischen Akademie der Wissenschaften zu Berlin, Berlin 1900.

[28] Zitiert nach: ZAHN-HARNACK, Harnack (wie Anm. 2) S. 203.

[29] Zitiert nach: DIETRICH GERHARD, Adolf v. Harnacks letzte Monate als Präsident der Kaiser-Wilhelm-Gesellschaft, in: Jahrbuch der Max-Planck-Gesellschaft zur Förderung der Wissenschaften (1970) S. 142.

Zu Plancks ersten wissenschaftsorganisatorischen Leistungen als Sekretar der Akademie gehörte 1913 seine Beteiligung an der Berufung Einsteins nach Berlin und an der geplanten Gründung des Kaiser-Wilhelm-Instituts für Physik, an dem unter anderem auch Planck selbst als Direktoriumsmitglied mitwirken wollte.[30] Die ursprüngliche Konzeption des Instituts war eng an die preußische Akademie der Wissenschaften und ihr Modell der Forschungsförderung angelehnt. Es war zunächst ein Institut ohne Gebäude, eine Art Briefkastenfirma unter Einsteins Privatadresse. In der Praxis des Kaiser-Wilhelm-Instituts für Physik bedeutete dies, daß bei der Geldvergabe die individuelle Wertschätzung der eingereichten Anträge und oft auch der Antragsteller durch die Mitglieder des Direktoriums eine weitaus wichtigere Rolle spielte als ein Forschungskonzept.[31]

Als Mitglied des Fachausschusses Physik der Notgemeinschaft folgte Planck in den zwanziger Jahren offenbar einer ähnlichen Vergabepolitik wie sie am Kaiser-Wilhelm-Institut für Physik *Usus* war. So antwortete er 1923 auf einen Antrag Sommerfelds auf Unterstützung theoretischer Forschungen: »Zwar sind die Mittel ›vorzugsweise für experimentelle Forschungen‹ bestimmt, aber man wird die Sache so darstellen können, daß es sich hier um die Ausarbeitung von experimentellen Forschungen handelt. Die Hauptsache tut natürlich Ihr Name«.[32]

Über den Einsatz für sein eigenes Fachgebiet hinaus hat Planck als Präsident der Kaiser-Wilhelm-Gesellschaft – soweit uns bekannt ist – keine eigenen Initiativen zur Bearbeitung bestimmter Forschungsgebiete oder zur Gründung neuer Institute unternommen, jedenfalls wenn man von einer einzigen, allerdings kuriosen Ausnahme absieht. Gefragt nach seinen besonderen Anliegen und nach den vordringlichen Aufgaben, die er als Präsident der Gesellschaft sehe, antwortete Planck in einem Interview aus dem Jahre 1932: »Da will ich Ihnen ein Beispiel sagen. Sie wissen, daß gewisse Fragen, wie die der Erdstrahlen und der Wünschelrute, die Gemüter recht erregen. Leider schleicht sich in die öffentliche Behandlung dieser Fragen oft ein übles Geschäftsinteresse ein. Man sollte also in der Kaiser-Wilhelm-Gesellschaft ein Forschungsinstitut dafür errichten, so das öffentliche Leben reinigen – es hat es wahrlich nötig genug! – und Fragen klären, die eben nur mit den Mit-

---

[30] Die folgende Darstellung beruht auf Jürgen Renn u. a., Albert Einstein: Alte und neue Kontexte in Berlin, Max-Planck-Institut für Wissenschaftsgeschichte (Preprint 104), Berlin 1998.

[31] Zu Plancks Verständnis von Forschungsförderung siehe z. B. Max Planck, Das Wesen des Lichts, in: Die Naturwissenschaften 7 (1919) S. 909.

[32] Max Planck an Arnold Sommerfeld, 8. Juli 1923, zitiert nach: Heilbron, Max Planck: Leben für die Wissenschaft (wie Anm. 5) S. 100.

teln der reinen Wissenschaft geklärt werden können. Scharlatanerie haben wir gerade genug«.[33]

Auch im Falle Plancks stellt sich die Frage nach den intellektuellen Ressourcen für seine Reaktion auf die Herausforderung durch Probleme der Wissenschaftsorganisation. In welchem Verhältnis stand insbesondere sein Engagement in der Wissenschaftsorganisation zu seinem Verständnis von Wissenschaft, wie er es in zahllosen Vorträgen und allgemeinverständlichen Schriften dokumentiert hat? Im Gegensatz zu Harnack gab es für Planck offenbar keinen Grund, an den überkommenen Organisationsformen der Wissenschaft zu zweifeln. Er wandte sich 1915 sogar ausdrücklich gegen Harnacks Begriff vom ›Großbetrieb der Wissenschaft‹, den er als eine »nicht ganz unbedenklicher Analogie« bezeichnete und stellte ihm entgegen, was er für das Wesentliche der Tradition der Akademie hielt, den Geist der auf empirischer Grundlage betriebenen Einzelforschung.[34]

Ähnlich wie Harnack erkannte auch Planck die Herausforderung, die Ergebnisse der sich verzweigenden Einzelforschung zu übergreifenden Einsichten zu integrieren. Er hat sich ihr insbesondere bei Gelegenheit von Vorträgen gestellt, in denen er – wie so viele seiner Zeitgenossen – das Ideal der Einheit der Wissenschaften hochhielt.[35] Im Gegensatz zu Harnack sah Planck allerdings nicht die wissenschaftsorganisatorische Dimension dieses Einheitsideals. Trotz der Vielzahl verantwortlicher Funktionen, die Planck im Wissenschaftsbetrieb der Kaiserzeit, der Weimarer Republik und der NS-Zeit ausgeübt hat, nehmen Reflexionen zu wissenschaftsorganisatorischen und wissenschaftspolitischen Fragen in seinen Schriften nur einen sehr kleinen Raum ein. Seine zahlreichen, nicht fachbezogenen Vorträge und Veröffentlichungen sind fast ausschließlich wenigen, für ihn zentralen Fragen weltanschaulichen Charakters gewidmet. Blättert man durch diese Schriften, hat man den Eindruck, daß hier nicht die wissenschaftliche Realität der äußeren Welt verhandelt wird, sondern Probleme der Wissenschaft in Plancks innerer Welt, wie zum Beispiel das Verhältnis von Kausalgesetz und Willensfreiheit.[36] Es kann also vor dem Hintergrund von Plancks Verständnis von Wissenschaft, mit Blick insbesondere auf den Charakter und die Schwer-

[33] Max Planck u. Hans Hartmann, Ein Rundfunkgespräch mit Max Planck gehalten im ›Gelehrtenfunk‹ in Berlin (Ende 1932), in: Hans Hartmann, Max Planck als Mensch und Denker, Berlin 1938, S. 68.

[34] Siehe Max Plancks Ansprache vom 1. Juli 1915 in: Planck, Akademie-Ansprachen (wie Anm. 16) S. 27–28.

[35] Siehe z. B. Max Plancks Ansprache vom 29. Juni 1922, in: Planck, Akademie-Ansprachen (wie Anm. 16) S. 41–48.

[36] Max Planck, Kausalgesetz und Willensfreiheit, Berlin 1923.

punkte seines Nachdenkens über sie, kaum überraschen, daß er – mit einer
noch zu besprechenden Ausnahme – nicht wie Harnack auch als Gestalter
der wissenschaftlichen Institutionen hervorgetreten ist, in denen er führende
Verantwortung getragen hat.

Herausforderungen durch die Politik

Harnack und Planck standen als Funktionsträger wissenschaftlicher Institutionen nicht nur vor den Herausforderungen einer sich rasch wandelnden
Wissenschaftslandschaft, sie waren auch in dieser Verantwortlichkeit direkt
mit den großen politischen Umbrüchen der ersten Hälfte dieses Jahrhunderts konfrontiert. In ihrem menschlichen, wissenschaftlichen und wissenschaftspolitischen Handeln verkörperten Harnack und Planck jeweils ein
Stück Kontinuität über die großen Umbrüche hinweg. Es soll nun erneut versucht werden, das Handeln von Harnack und Planck angesichts der politischen Herausforderungen, vor denen sie standen, vor dem Hintergrund ihrer intellektuellen Ressourcen, in diesem Falle ihres jeweiligen politischen
Denkens, ebenso wie der Lebenserfahrungen, die sie vor diesen Umbrüchen
gesammelt haben, zu interpretieren.

Max Planck war gleich zu Beginn der NS-Herrschaft, im März 1933, als
Sekretär der Akademie mit einer politischen Herausforderung konfrontiert,
dem Protest Albert Einsteins gegen die Verbrechen des neuen Regimes, dem
Einstein bald seine Austrittserklärung aus der Akademie folgen ließ.[37] Einsteins Protest, der zunächst in ausländischen Zeitungen veröffentlicht wurde, hatte die Form einer Unterstützungserklärung für die Liga gegen den
Antisemitismus. Auf die Vorfälle in Deutschland geht die Erklärung nur mit
einem einzigen Satz ein: »Die Akte brutaler Gewalt und Bedrückung, die gerichtet sind gegen alle Leute freien Geistes und gegen die Juden, diese Akte,
die in Deutschland stattgefunden haben und noch stattfinden, haben glücklicherweise das Gewissen aller Länder aufgerüttelt, die dem Humanitäts-
gedanken und den politischen Freiheiten treu bleiben«.[38]

Trotz dieser im Grunde moderat formulierten Erklärung war Einstein für
die Führung und die Mehrheit der Akademie untragbar geworden. Er kam
mit seinem Austritt aus der Akademie nur knapp einem formellen Ausschluß
zuvor. Dennoch veröffentlichte die Akademie noch nachträglich eine Erklä-

---

[37] Albert Einstein an die Preußische Akademie der Wissenschaften, 28. März 1933, in: KIR-
STEN u. TREDER, Einstein in Berlin (wie Anm. 11) Bd. 1, S. 246.
[38] Zitiert nach: SIEGFRIED GRUNDMANN, Einsteins Akte: Einsteins Jahre in Deutschland aus
der Sicht der deutschen Politik, Berlin 1998, S. 368.

rung zu seinem Ausscheiden, in der es unter anderem heißt: »Die Preußische Akademie der Wissenschaften hat mit Entrüstung von den Zeitungsnachrichten über die Beteiligung Albert Einsteins an der Greuelhetze in Amerika und Frankreich Kenntnis erhalten. Sie hat sofort Rechenschaft von ihm gefordert. Inzwischen hat Einstein seinen Austritt aus der Preußischen Akademie der Wissenschaften erklärt mit der Begründung, daß er dem Preußischen Staate unter der jetzigen Regierung nicht mehr dienen könne. Da er Schweizer Bürger ist, scheint er auch zu beabsichtigen, die preußische Staatsangehörigkeit aufzugeben, die er 1913 lediglich durch die Aufnahme in die Akademie als ordentliches hauptamtliches Mitglied erlangt hat. Die Preußische Akademie der Wissenschaften empfindet das agitatorische Auftreten Einsteins im Auslande um so schwerer, als sie und ihre Mitglieder seit alten Zeiten sich aufs engste mit dem Preußischen Staate verbunden fühlt und bei aller gebotenen strengen Zurückhaltung in politischen Fragen den nationalen Gedanken stets betont und bewahrt hat. Sie hat aus diesem Grunde keinen Anlaß den Austritt Einsteins zu bedauern«.[39]

Um die Zeit, als diese Erklärung verfaßt wurde, befand Planck sich im Urlaub auf Sizilien, wurde aber aus Deutschland ständig auf dem laufenden gehalten, auch darüber, daß hier inzwischen selbst Institute der Kaiser-Wilhelm-Gesellschaft von SA und SS überfallen wurden. Obwohl er von Wissenschaftlern wie Max von Laue bedrängt wurde, sobald wie möglich nach Deutschland zurückzukehren, um dort seine Verantwortung als Präsident der Kaiser-Wilhelm-Gesellschaft und als Sekretar der Akademie auszufüllen, entschied Planck sich dennoch, in Italien ruhig abzuwarten, bis sich die Wogen geglättet haben. Laues Drängen beurteilte er als »aufgeregt« und »urteilslos«.[40] Planck sah diese Zeit als eine Übergangsperiode an und wurde in dieser Haltung von den führenden Vertretern der Generalverwaltung der Kaiser-Wilhelm-Gesellschaft bestärkt, die ihm auch dazu rieten, erst einmal in Italien zu bleiben.[41]

---

[39] Presseerklärung der Akademie der Wissenschaften zum Austritt Albert Einsteins aus der Akademie, 1. April 1933, in: KIRSTEN u. TREDER, Einstein in Berlin (wie Anm. 11) Bd. 1, S. 248.

[40] Max Planck an Friedrich Glum, 18. April 1933, Archiv zur Geschichte der Max-Planck-Gesellschaft, V. Abt. a, Rep. 11 Planck, Nr. 1065.

[41] Von Cranach schreibt dazu an Planck: »Ich habe soeben mit Excellenz Schmidt-Ott gesprochen und konnte nur feststellen, daß Seine Excellenz mit mir durchaus dahin übereinstimmt, daß Ihnen, sehr verehrter Herr Geheimrat, abzuraten ist, Ihren Urlaub abzukürzen. Wenn ein Teil unserer Professoren stark beunruhigt ist, so ist das wohl zu verstehen, aber eine Beruhigung oder Änderung der Sachlage könnte auch nicht eintreten, wenn Sie, sehr verehrter Herr Geheimrat, ihren Urlaub abbrechen würden (Max Lukas von Cranach an Max Planck, 10. April 1933, Archiv zur Geschichte der Max-Planck-Gesellschaft, I. Abt., Rep. 1A, Nr. 53 1/1, Bl. 4–5).

In der Einstein-Angelegenheit war Planck in ständigem Kontakt mit dem Vorsitzenden Sekretar der Akademie, von Ficker. Er war sich mit diesem einig in der Überzeugung, daß es Einsteins Pflicht gewesen wäre, für statt *gegen* die neue deutsche Regierung Stellung zu beziehen.[42] Das hätte sich dann offenbar vertragen mit der »strengen Zurückhaltung in politischen Fragen«, von der in der Akademieerklärung die Rede ist. Die zitierte Stellungnahme Einsteins muß im Gegensatz dazu für Planck eine so unerhörte *politische* Meinungsäußerung dargestellt haben, daß er es – wohl nicht zuletzt aufgrund der Wertschätzung, die er für Einstein empfand – sogar für möglich hielt, daß alles auf einem Irrtum beruhte und Einstein in Wirklichkeit gewillt war, die neue deutsche Regierung gegen eine derartige Kritik zu verteidigen.[43]

Planck beschränkte sich allerdings nicht auf Reaktionen auf derartige Herausforderungen, sondern wirkte in der Folgezeit aktiv an der Gestaltung des neuen Verhältnisses zwischen Staat und Wissenschaft mit. In seiner anfänglichen Haltung gegenüber dem neuen Staat, auf deren Betrachtung wir uns hier beschränken, unterschied Planck offenbar zwischen den von ihm abgelehnten Extremen, die er dem Charakter einer Übergangsperiode zuschrieb,[44] und dem grundsätzlich Positiven, das er in dem »langersehnte(n) großartige(n) nationale(n) Umschwung« sah.[45] Angesichts sowohl der Probleme der Übergangszeit als auch der positiveren Erwartungen, die er für die Zukunft hegte, fand Planck, gemeinsam mit anderen führenden Vertretern der Kaiser-Wilhelm-Gesellschaft wie Friedrich Glum schon bald zu einer charakteristischen und aktiven Politik, die die Gesellschaft gegenüber dem neuen Regime dann konsequent verfolgte. Diese Politik hatte zum einen das Ziel, die Autonomie der Gesellschaft so weit wie möglich zu bewahren, zum zweiten das Ziel, die Verluste der politischen Umstrukturierung für die deutsche Wissenschaft möglichst gering zu halten, und zum dritten das Ziel, die Gesellschaft möglichst reibungslos in den Dienst des neuen Staates zu stellen.

---

[42] Siehe den Briefwechsel zwischen Heinrich von Ficker, Albert Einstein und Max Planck: Heinrich von Ficker an Albert Einstein, 7. April 1933; Heinrich von Ficker an Max Planck, 8. April 1933; Max Planck an Heinrich von Ficker, 13. April 1933; in: KIRSTEN u. TREDER, Einstein in Berlin (wie Anm. 11) Bd. 1, S. 252–254.

[43] Planck an von Ficker, 13. April 1933 (wie Anm. 42).

[44] Siehe z. B. Planck an Glum, 18. April 1933 (wie Anm. 40).

[45] MAX PLANCK, Die Kaiser-Wilhelm-Gesellschaft, in: Der Kaiser: Wie er war – wie er ist, hg. v. FRIEDRICH EVERLING u. ADOLF GÜNTHER, Berlin 1934, S. 172.

Der Besuch bei Hitler, der im Mai 1933 auf Plancks Initiative hin zustande kam, stand wahrscheinlich bereits unter dem Zeichen dieser Politik.[46] Planck wies Hitler auf die problematische Lage der Kaiser-Wilhelm-Gesellschaft und damit der deutschen Wissenschaft angesichts der NS-Entlassungspolitik hin, versuchte durch die Unterscheidung zwischen den für die Wissenschaft »wertvollen« und den »wertlosen« Juden – eine Begrifflichkeit, an der Planck noch nach dem Kriege festhielt – den Preis, den die Wissenschaft für den »nationalen Umschwung« zu zahlen hatte, zu minimieren, und versprach offenbar, wie er sich in einem eine Woche später an Hitler gerichteten Grußtelegramm ausdrückte: »daß auch die deutsche Wissenschaft bereit ist, an dem Wiederaufbau des neuen nationalen Staates, der ihr Schutz und Schirmherr zu sein gewillt ist, nach besten Kräften mitzuarbeiten«.[47] Planck erreichte von Hitler die Zusage, daß – wie Heisenberg es kurz nach dem Treffen formulierte: »über das neue Beamtengesetz hinausgehend nichts von der Regierung unternommen werde, das unsere Wissenschaft erschweren könnte«.[48]

Dieses NS-Beamtengesetz wurde innerhalb der Gesellschaft zügig und rückhaltlos umgesetzt. Planck »freute sich«, wie er an Laue 1937 schrieb, wenn das »Ausscheiden der Nichtarier« dabei wenigstens ohne Skandal abging.[49] Nur in einigen prominenten Ausnahmefällen hat er sich persönlich und mit Nachdruck für Mitarbeiter, die von diesem Gesetz betroffen waren, eingesetzt.[50] Nicht nur seine entsprechenden Eingaben an das Ministerium, sondern auch Anspielungen in Vorträgen, die er während der NS-Zeit hielt, zeigen, daß sich Planck auch der Verluste für die deutsche Wissenschaft bewußt war, zu der die NS-Vertreibungspolitik führte.[51]

---

[46] Die hier gegebene Interpretation beruht auf HELMUTH ALBRECHT, Max Planck: Mein Besuch bei Adolf Hitler – Anmerkungen zum Wert einer historischen Quelle, in: Naturwissenschaft und Technik in der Geschichte, hg. v. HELMUTH ALBRECHT, Stuttgart 1993, S. 41–63.

[47] Max Planck an Adolf Hitler, 23. Mai 1933, zitiert nach: ALBRECHT, Besuch bei Hitler (wie Anm. 46) S. 49.

[48] Werner Heisenberg an Max Born, 2. Juni 1933, zitiert nach: ALBRECHT, Besuch bei Hitler (wie Anm. 46) S. 46.

[49] Max Planck an Max von Laue, 17. November 1937, Archiv zur Geschichte der Max-Planck-Gesellschaft, V. Abt. a, Rep. 11 Planck, Nr. 1121.

[50] Siehe z. B. Max Planck an Fritz Haber, 27. Juni 1933, Archiv zur Geschichte der Max-Planck-Gesellschaft, 1. Abt., Rep. 1A, Nr. 54 1/3, Bl. 30; Max Planck an Max Hartmann, 27. Juni 1933, ebd., 1. Abt., Rep. 1A Planck, Nr. 534/4, Bl. 4; Max Planck an Walther Horn, 27. Juni 1933, ebd., 1. Abt., Rep. 1A, Nr. 535/2, Bl. 2.

[51] Siehe z. B. MAX PLANCK, Schlußwort, in: Sitzungsberichte der Preußischen Akademie der Wissenschaften (1937), S. LIII.

Dennoch, auch angesichts der erheblichen Schwierigkeiten, die diese Politik für die Kaiser-Wilhelm-Gesellschaft verursachte, bemühte sich ihre Führung, mit dem Regime zu kooperieren. Im April 1933 schrieb Planck an Glum: »Ich hoffe sehr, dass die bevorstehende Jahresversammlung der K(aiser)-W(ilhelm)-G(esellschaft) Veranlassung geben wird, die persönlichen Beziehungen zu den Ministern des Reiches und der Länder womöglich noch enger zu gestalten als sie es bei den früheren Regierungen waren. Hier ist es gut, dass Mussolinis Vorbild nutzen kann, der gern sein Interesse für die Wissenschaft nach aussen zur Schau trägt«.[52]

Die Kooperation der Kaiser-Wilhelm-Gesellschaft mit dem Regime bestand u. a. darin, daß auf die Affinität einzelner Institute zur NS-Politik hingewiesen wurde, so zum Beispiel in dem bereits im Mai 1933 veröffentlichten und von Planck mitunterzeichneten Jahresbericht mit Bezug auf das Institut für Anthropologie, menschliche Erblehre und Eugenik.[53] Als im Juli dieses Jahres August Wilhelm Prinz von Preußen als Vorsitzender des Kuratoriums dieses Instituts gewonnen werden sollte, nahm Planck in seinem Brief an den Prinzen ebenfalls Bezug auf die Affinität der Forschungen des Instituts mit der rassistischen Politik des neuen Regimes: »Ich hoffe, dass Eure Königliche Hoheit sich dazu entschliessen werden, die Wahl zum Vorsitzenden des Kuratoriums des Kaiser-Wilhelm-Instituts für Anthropologie, menschliche Erblehre und Eugenik anzunehmen, zumal da dieses Institut in den Dienst der grossen rassenhygienischen Aufgaben der Regierung sich gestellt hat«.[54]

Auch in öffentlichen Stellungnahmen hat Planck mehrfach auf die Bedeutung der Arbeit von Kaiser-Wilhelm-Instituten für eine auch »rassenhygienisch« verstandene »Volksgesundheit« hingewiesen.[55]

Es erübrigt sich hier, weitere Beispiele für die ›Selbstgleichschaltung‹ der Kaiser-Wilhelm-Gesellschaft zum Zwecke der Anpassung an das NS-System zu geben, die von Planck mitgetragen wurde. Sie erreichte weitgehend ihr Ziel, die Gesellschaft vor der Übernahme fanatischer NS-Wissenschaftler vom Schlage eines Lenard oder Stark zu bewahren und den Wissenschafts-

---

[52] Planck an Glum, 18. April 1933 (wie Anm. 40).

[53] MAX PLANCK/MAX LUKAS VON CRANACH, Tätigkeitsbericht der Kaiser-Wilhelm-Gesellschaft zur Förderung der Wissenschaften (April 1932 bis Ende März 1933), in: Die Naturwissenschaften 21(1933) S. 424.

[54] Max Planck an August Wilhelm Prinz von Preußen, 20. Juli 1933, Archiv zur Geschichte der Max-Planck-Gesellschaft, 1. Abt., Rep. 1A, Nr. 92, Bl. 52.

[55] Siehe z. B. MAX PLANCK/HANS HARTMANN, Wissenschaft und Leben: Ein Zwiegespräch gehalten im Deutschlandsender im Frühjahr 1935, in: HARTMANN, Planck als Mensch und Denker (wie Anm. 33) S. 76.

Die Frage an die exakte Wissenschaft von *Geheimrat Prof. Dr. Max Planck*

Um die Frage nach der Bedeutung der exakten Wissenschaft in positivem Sinn beantworten zu können, müssen wir vor allem nach einem Ausgangspunkt suchen, an dessen Festigkeit sich keinerlei Skepsis heranwagen kann. Das Allersicherste nun, was wir wissen, ist zweifellos das, was wir selber an unserem eigenen Leibe erfahren. Es sind die Eindrücke, die wir im Leben unmittelbar durch unsere Sinnesorgane: Auge, Ohr usw., von der Außenwelt empfangen. Wenn wir etwas sehen, hören, fühlen, so ist das einfach eine gegebene Tatsache, an der kein Skeptiker rütteln kann. Daher bildet die erlebte Sinnenwelt die einzige unangreifbare Grundlage für die Arbeit der exakten Wissenschaft.

Wir werden daher für die Resultate, welche die Wissenschaft bei ihrer Arbeit erzielt hat, ein anschauliches Verständnis dadurch gewinnen, daß wir an die Erfahrungen anknüpfen, welche uns aus dem Verlauf des täglichen Lebens bekannt und vertraut sind. Diese Erfahrungen haben uns dahin geführt, daß wir uns von der umgebenden Welt eine einheitliche Vorstellung, ein zusammenfassendes praktisch brauchbares Bild machen, daß wir uns die Umwelt denken als erfüllt von Gegenständen, die auf unsere verschiedenen Sinnesorgane einwirken und dadurch die verschiedenartigen Sinneseindrücke erzeugen. Dieses praktische Weltbild, das jeder von uns in sich trägt, besitzt aber, da es nicht unmittelbar gegeben, sondern auf Grund unserer Erlebnisse erst allmählich erarbeitet ist, keinen endgültigen Charakter, sondern es wandelt und korrigiert sich mit jeder

neuen Erfahrung, die wir machen, von der Kindheit bis zum Erwachsenenalter. Ganz das nämliche läßt sich behaupten von dem wissenschaftlichen Weltbild. Auch das wissenschaftliche Weltbild ist nichts Endgültiges, sondern ist in steter Wandlung und Verbesserung begriffen. Um zu einem richtigen Verständnis des wissenschaftlichen Weltbildes zu gelangen, werden wir daher am besten verfahren, wenn wir uns zuerst einmal mit dem primitivsten, dem kindlich naiven Weltbild beschäftigen.

Sobald das Kind zu denken anfängt, geht es an die Formung seines Weltbildes. Zu diesem Zweck richtet es seine Aufmerksamkeit auf die Eindrücke, die es durch seine Sinnesorgane empfängt, es sucht sie zu ordnen und macht dabei allerlei Entdeckungen, so z. B. die, daß die so verschiedenartigen Eindrücke des Sehens, Tastens, Hörens doch in gewisser regelmäßiger Weise zusammenhängen. Was denkt nun das Kind bei diesen Entdeckungen? Zunächst wundert es sich. Dieses Gefühl des Sich-Wunderns ist der Ursprung und die nie versiegende Quelle seines Erkenntnistriebes. Es drängt das Kind unwiderstehlich dazu, das Geheimnis zu lüften, und wenn es dabei auf irgendeinen ursächlichen Zusammenhang stößt, so wird es nicht müde, das nämliche Experiment zehnmal, hundertmal zu wiederholen, um immer wieder von neuem den Reiz der Entdeckung auszukosten. Auf diese Weise gelangt das Kind in unablässiger täglicher Arbeit allmählich zur Ausgestaltung seines Weltbildes bis zu dem Grade, wie es dessen für das praktische Leben bedarf. Je reifer das Kind wird, je vollkommener sein Bild wird, um

Der Reichsmarschall mit besonders ausgezeichneten Nachtjägern. Von links nach rechts: Hauptmann zur Lippe-Weißenfels, Major Lent, Major Herrmann, Hauptmann Meurer, die kürzlich vom Führer mit den Schwertern bzw. mit dem Eichenlaub zum Ritterkreuz des Eisernen Kreuzes ausgezeichnet wurden

362

Aus: *Deutsche Luftwacht*/Ausg. *Luftwelt* 10 (1943)

betrieb der Kaiser-Wilhelm-Gesellschaft – trotz der Vertreibungen – funktionsfähiger zu erhalten als es unter den Bedingungen einer Gleichschaltung von außen möglich gewesen wäre.

Die Tragik dieser Politik lag allerdings darin, daß diese Funktionsfähigkeit letztlich vor allem dem NS-Regime und seinen verbrecherischen Zielen zugute kam. Das gilt selbst in gewissem Sinne für Plancks unablässiges Wirken während der NS-Zeit als Vertreter seiner Wissenschaft in Vorträgen und populären Schriften, trotz mancher darin enthaltenen kritischen Bemerkung und trotz seines unbeirrbaren Festhalten an guter Wissenschaft. Denn die Bedeutung seiner Worte – wie die seiner Taten – ergab sich nicht nur aus ihrem inneren Wert für die Wissenschaft, sondern auch aus dem äußeren Kontext, in dem sie standen. Das wird besonders deutlich an einem Text, den Planck 1943 in der ›Deutschen Luftwacht‹ veröffentlichte (siehe Abbildung). Den Text seines Beitrags über exakte Wissenschaft hätte Planck, ohne ein einziges Wort zurücknehmen zu müssen, nach dem Kriege wieder abdrukken können. Erst durch die von der Redaktion hinzugefügten Abbildungen erhält der Text und insbesondere sein Schlußsatz den spezifischen Sinn, den die Herausgeber ohne Zweifel mit ihm verbinden wollten. Plancks Schlußsatz aus dieser Schrift lautet: »In jedem Falle bleibt dem einzelnen nichts übrig, als in seinem Lebenskampfe geduldig und tapfer auszuharren und dem Willen der höheren Macht, die über ihm waltet, sich zu beugen«.[56]

Kommen wir wiederum zurück auf die Frage nach den intellektuellen Ressourcen, die Planck für die Bewältigung der gewaltigen politischen Herausforderungen, mit denen er konfrontiert war, zur Verfügung standen. Mit welchen Ansichten, Erfahrungen und Einsichten stellte er sich noch im Alter von weit über 70 Jahren diesen Herausforderungen?

Planck hatte sich bereits in jüngeren Jahren mehrmals mit vergleichbaren, wenn auch zum Teil weniger tiefgreifenden gesellschaftlichen Umbrüchen auseinanderzusetzen, insbesondere beim Ausbruch des ersten Weltkriegs, während der Revolution am Ende des Kriegs, und angesichts der Erosion der Weimarer Republik. Betrachten wir kurz, welche Erfahrungen er hier gewonnen hat und welche Konsequenzen er aus diesen Erfahrungen gezogen hat.

Die Ansprachen, die Planck als Rektor der Berliner Universität kurz nach dem Ausbruch des Krieges 1914 hielt, unterscheiden sich nicht von den patriotischen Tiraden anderer Gelehrter dieser Zeit.[57] Folgenreicher war, daß

[56] MAX PLANCK, Die Frage an die exakte Wissenschaft, in: Deutsche Luftwacht/Ausg. Luftwelt 10 (1943) S. 363.
[57] Siehe z. B. MAX PLANCK, Dynamische und statistische Gesetzmäßigkeit, in: DERS., Physikalische Abhandlungen und Vorträge, Braunschweig 1958, Bd. 3, S. 77.

er sich für die Unterschrift unter den unseligen ›Aufruf an die Kulturwelt‹
gewinnen ließ, ohne ihn auch nur gelesen zu haben.[58] Es stellte sich bald heraus, daß dieser Aufruf katastrophale Auswirkungen auf die internationalen
Beziehungen der deutschen Wissenschaft hatte, weit über deren Trübung
durch den Krieg hinaus.[59] Einige Wissenschaftler im In-und Ausland, wie
Albert Einstein und der niederländischen Physiker Hendrik Antoon Lorentz, versuchten deshalb, die Unterzeichner zu einem Rückzug ihrer Unterschriften zu bewegen.[60] Sie erreichten immerhin, daß Planck Anfang 1916
an Lorentz einen offenen Brief schrieb, zu dem übrigens auch Harnack seine
ausdrückliche Zustimmung gab. In dem Brief bekräftigte Planck zwar die
Unzertrennlichkeit von deutschem Heer und deutschen Gelehrten, zu der
sich der Aufruf bekannt hatte, gab aber auch der Überzeugung Ausdruck,
»daß es Gebiete der geistigen und sittlichen Welt gibt, welche jenseits der
Völkerkämpfe liegen, und daß ehrliche Mitwirkung bei der Pflege dieser internationalen Kulturgüter, wie auch nicht minder persönliche Achtung vor
Angehörigen eines feindlichen Staates, wohl vereinbar ist mit glühender Liebe und tatkräftiger Arbeit für das eigene Vaterland«.[61]

Für Planck war diese Erklärung »eine Art Widerruf«, wie er an Lorentz
schrieb, »allerdings nur bezüglich der Fassung, nicht bezüglich des Sinnes«.[62] Zu weitergehenden Schritten, zu denen Einstein und Lorentz drängten, konnte sich Planck nicht durchringen, schon weil sie für ihn eine politische Handlung dargestellt hätten, vor der er eine Art Scheu empfand, wie
Einstein es beschrieb.[63] Auch der Brief an Lorentz war für Planck kein politischer Akt, sondern offenbar der Versuch, den Patriotismus der Wissenschaftler mit dem internationalen Charakter der Wissenschaft dadurch zu

---

[58] Albert Einstein an Hendrik A. Lorentz, 2. August 1915, in: ALBERT EINSTEIN, The Collected Papers 8, hg. v. ROBERT SCHULMANN u. a., Princeton 1998, S. 155.

[59] Siehe dazu BERNHARD VOM BROCKE, Wissenschaft und Militarismus. Der Aufruf der 93 ›An
die Kulturwelt!‹ und der Zusammenbruch der internationalen Gelehrtenrepublik im Ersten
Weltkrieg, in: Wilamowitz nach 50 Jahren, hg. v. WILLIAM M. CALDER u. a., Darmstadt 1985,
S. 649–719.

[60] Siehe z. B.: Albert Einstein an Hendrik Antoon Lorentz, 2. August 1915 (wie Anm. 58);
Hendrik Antoon Lorentz an Wilhelm Wien, 3. Mai 1915, Archiv zur Geschichte der Max-
Planck-Gesellschaft, V. Abt. a, Rep. 11 Planck, Nr. 701; Max Planck an Hendrik Antoon Lo-
rentz, 27. Februar 1916 (privater Brief), ebd. Nr. 717.

[61] Max Planck an Hendrik Antoon Lorentz, 27. Februar 1916 (offener Brief), Archiv zur Geschichte der Max-Planck-Gesellschaft, V. Abt. a, Rep. 11 Planck, Nr. 718, zitiert nach HANS
WEHBERG, Wider den Aufruf der 93!, Berlin 1920, S. 19.

[62] Max Planck an Hendrik Antoon Lorentz, 28. März 1916, Archiv zur Geschichte der Max-
Planck-Gesellschaft, V. Abt. a, Rep. 11 Planck, Nr. 722.

[63] Albert Einstein an Hendrik Antoon Lorentz, 13. November 1916, in: EINSTEIN, Collected
Papers 8 (wie Anm. 58) S. 363.

versöhnen, daß die Wissenschaft in die ätherischen Gefilde jenseits der Tageskämpfe verwiesen wird.

Durch den Zusammenbruch und die Revolution von 1918 wurde die Wissenschaft für Planck vollends zur Fluchtburg vor den Wechselfällen der Politik.[64] In der Weimarer Republik bezog er, trotz seiner zahlreichen Funktionen als Wissenschaftsorganisator, eine Position, die zunächst als unpolitisch erscheinen mag. Der latent politische Charakter dieser Position offenbarte sich nur dann, wenn sie herausgefordert wurde, zum Beispiel durch die politischen Debatten um Einsteins Relativitätstheorie. Die Theorie wurde in öffentlichen Versammlungen angegriffen und Einstein zunehmend auch persönlich bedroht.[65] Im September 1920 legte daher das Preußische Kultusministerium der Akademie nahe, sich schützend vor ihr Mitglied Einstein zu stellen.[66] Diese Erwartung traf jedoch auf wenig Gegenliebe bei den Entscheidungsträgern der Akademie, auch bei Max Planck, der eine Stellungnahme zu Einsteins Gunsten ablehnte.[67] Für Planck war die Distanz der Akademie zur Politik offenbar wichtiger als eine offizielle Verteidigung Einsteins seitens der Akademie. Seine persönliche Distanz zur Weimarer Republik tat darüber hinaus ein Übriges, ihn zur Zurückhaltung in solchen politischen Konflikten zu bewegen und denen, die sich an ihnen beteiligten, mit Mißtrauen zu begegnen. So überprüfte Planck 1925 mit Argwohn, ob die Berufung Hans Reichenbachs nach Berlin angesichts seines politischen Engagements für pazifistische Positionen nach dem Kriege überhaupt wünschenswert sei.[68]

Was allerdings für Planck ›politisch‹ und was ›unpolitisch‹ war, orientierte sich an einem seit der Kaiserzeit nur wenig veränderten Koordinatensystem. So wandte er sich 1931 gegen einen Verzicht auf den Namen ›Kaiser-Wilhelm-Gesellschaft‹ zugunsten eines politisch neutraleren Namens mit dem Argument, daß dadurch »ein Element der Beunruhigung durch eine politische Frage« in die Gesellschaft käme.[69] Plancks Politikverständnis wird auch

---

[64] Siehe z. B. Max Plancks Ansprache vom 3. Juli 1919, in: PLANCK, Akademie-Ansprachen (wie Anm. 16) S. 29–31.

[65] Siehe dazu HUBERT GOENNER, The Reaction to Relativity Theory I: The Anti-Einstein Campaign in Germany in 1920, in: Science in Context 6 (1991) S. 107–133.

[66] Gustav Roethe an Max Planck, 10. September 1920, in: KIRSTEN u. TREDER, Einstein in Berlin (wie Anm. 11) Bd. 1, S. 205.

[67] Max Planck an Gustav Roethe, 14. September 1920, in: Ebd. S. 206.

[68] HARTMUT HECHT/DIETER HOFFMANN, Die Berufung Hans Reichenbachs an die Berliner Universität, in: Deutsche Zeitschrift für Philosophie 30 (1982) S. 654.

[69] Niederschrift über die Sitzung des Verwaltungsausschusses der Kaiser-Wilhelm-Gesellschaft zur Förderung der Wissenschaften vom 10. Februar 1931, Archiv zur Geschichte der Max-Planck-Gesellschaft, 1. Abt. 1A, Nr. 91, Bl. 333.

aus seiner Bereitschaft deutlich, 1932 – also bereits als Präsident der Kaiser-
Wilhelm-Gesellschaft – einer nationalsozialistisch orientierten Zeitschrift,
der ›Ernte‹, für ein Interview über wissenschaftliche Fragen zur Verfügung
zu stehen[70] und 1935 einen Beitrag für einen den deutschen Kaiser glorifizie-
renden Sammelband zu liefern und ihn mit einer Hommage an den »nationalen Umschwung« abzuschließen.[71] Es ist anzunehmen, daß Planck selbst
diese Publikationen nicht als Ausdruck unangemessener Nähe der Wissenschaft zur Politik empfand, sondern als Beiträge zu einem engen Verhältnis
zwischen der Wissenschaft und einer nationalen Ordnung, wie er sie sich
vorstellte. Nur so ist zu erklären, daß er die in der Weimarer Zeit geübte politische Zurückhaltung in der beginnenden NS-Zeit aufgab.[72]

Adolf von Harnack sind die Herausforderungen der NS-Zeit erspart geblieben. Aber er hat, im Gegensatz zu Planck, die heraufziehende Gefahr frühzeitig erkannt. 1922 wandte er sich in einer Ansprache direkt an die akademische Jugend mit der Warnung: »Eins aber ist gewiß – wer sich (dieser
Bewegung) ganz hingibt in der Meinung, die überlieferte Wissenschaft und
die überlieferten Lebensideale und -kräfte seien abgetan und dem Untergang
verfallen, der ist verblendet, und auf die Verblendung folgt die Zerrüttung –
nicht die Zerrüttung der Wissenschaft, sie geht ihren ehernen Gang, man
kann ihn stören, aber nicht aufhalten – wohl aber die Zerrüttung der Ver-
blendeten. Halten Sie daher die Wissenschaft hoch und in Ehren«.[73]
    Wie im Falle Plancks gab es auch zwischen Harnack und führenden Wis-
senschaftspolitikern der Weimarer Republik Meinungsverschiedenheiten
und, kurz vor Harnacks Tod, sogar eine heftige Auseinandersetzung um die
Finanzierung und auch den Status der Kaiser-Wilhelm-Gesellschaft im Rahmen der Bildungs- und Wissenschaftspolitik. Harnacks Widerpart in diesem
Konflikt war der Preußische Kultusminister Carl Heinrich Becker.[74] Über
solche Meinungsverschiedenheiten hinweg verband aber Harnack mit Bek-
ker das Bemühen, für die Kaiser-Wilhelm-Gesellschaft den angemessenen
Platz im Wissenschaftssystem eines demokratischen Staates zu finden. In einem Brief an Becker betonte Harnack, daß die Gesellschaft verfassungs-

[70] MAX PLANCK, Ein Blick auf das Universum, in: Ernte 13 (1932) Nr. 7, S. 31–33.

[71] PLANCK, Kaiser-Wilhelm-Gesellschaft (wie Anm. 45) S. 172.

[72] Siehe auch Max Planck an Eduard Spranger, 15. Januar 1946, Archiv zur Geschichte der
Max-Planck-Gesellschaft, V. Abt. a, Rep. 11 Planck, Nr. 1847.

[73] ADOLF HARNACK, Albrecht Ritschl, in: Adolf von Harnack als Zeitgenosse: Reden und
Schriften aus den Jahren des Kaiserreichs und der Weimarer Republik, hg. v. KURT NOWAK, Berlin 1996, Bd. 2, S. 1570 f.

[74] GERHARD, Harnacks letzte Monate (wie Anm. 29) S. 124 f.

mäßig »den Staat in ihrer Mitte hat« und bat ihn daher, »die Institute der Kaiser-Wilhelm-Gesellschaft nicht als fremde zu betrachten (...)«.[75]

Trotz seiner engen Verbundenheit mit dem Kaiserreich hatte sich Harnack schon früh zur Republik bekannt. Bereits 1919 formulierte er ›Politische Maximen für das neue Deutschland‹ Sie beginnen mit den Worten: »Wir sind in ein neues Zeitalter seit dem Weltkriege und der Revolution eingetreten, oder die Geschichte hat überhaupt keinen Sinn. Denjenigen, die die Parole ausgeben, wir Deutschen dürften und könnten nichts anderes tun, als uns auf ›das Zeitalter Bismarcks‹ besinnen und es zurückführen, sage ich: ›Diese Parole ist falsch‹. Dieses Zeitalter ist unwiederbringlich dahin; der Zeiger der Zeit steht nicht mehr hier und kehrt niemals wieder dorthin zurück. Vor uns liegt, das ist unzweifelhaft, ob es gleich in mancher Hinsicht nicht so scheint, das Zeitalter der Demokratie und des Sozialismus, wobei Sozialismus nicht mit Sozialdemokratie zu verwechseln ist«.[76]

Was waren Harnacks Ressourcen in seiner eigenen Lebenserfahrung für diese Konfrontation mit dem Zusammenbruch eines Systems, dessen Teil er war? Wie kam der im Vertrauen des Kaisers stehende und durch ihn mit Orden und Adelstitel ausgezeichnete Wissenschaftspolitiker dazu, so rasch eine entschiedene und in die Zukunft blickende Antwort auf die historische Herausforderung des Umbruchs von 1918/19 zu finden? Harnacks Entscheidung wird verständlicher, wenn man sich vor Augen führt, wie reich seine Biographie bereits vor diesem Wendepunkt an Erfahrungen mit politischen Konfliktsituationen war. Schon seine Berufung im Jahre 1888 kam nur gegen den Widerspruch des evangelischen Oberkirchenrates und gegen die Agitation der kirchlich und politisch konservativen Zeitungen zustande.[77] Es war dies nur der erste ›Fall Harnack‹ in einer Reihe von Auseinandersetzungen mit kirchlichen Autoritäten. Später hat Harnack zwar ebenso wie Planck die erste Kriegsbegeisterung geteilt, verschloß sich aber nicht gegenüber der Wahrnehmung politischer Probleme wie der Frage des unbegrenzten Einsatzes aller Machtmittel im Kriege, der zukünftigen Gestaltung des Friedens, und der Kriegsgewinne.[78] Insbesondere hat er die durch den Krieg entfachte

---

[75] Adolf von Harnack an Carl H. Becker, 20. März. 1929, zitiert nach: GERHARD, Harnacks letzte Monate (wie Anm. 29) S. 130.

[76] ADOLF HARNACK, Politische Maximen für das neue Deutschland, in: HARNACK, Reden und Schriften (wie Anm. 73) Bd. 2, S. 1518.

[77] ZAHN-HARNACK, Harnack (wie Anm. 2) S. 116 f.

[78] ADOLF HARNACK, ›Der Abschied von der weißen Weste‹, in: HARNACK, Reden und Schriften (wie Anm. 73) Bd. 2, S. 1465–1472. Hartmut Lehmann hat allerdings zurecht auf die offene Frage hingewiesen, wie sich Harnack als Präsident der Kaiser-Wilhelm-Gesellschaft zu der in Fritz Habers Kaiser-Wilhelm-Institut betriebenen Giftgasforschung für militärische Zwecke gestellt hat.

historische Dynamik in Richtung einer stärkeren Beteiligung des Volkes an politischen Entscheidungen deutlich gesehen.[79] Lange vor dem Weltkrieg sammelte Harnack als Student in Leipzig erste Erfahrungen mit den sozialen Problemen und Auseinandersetzungen seiner Zeit. Er bezog diese Erfahrungen auch in seine wissenschaftliche Arbeit ein und schrieb einen Vortrag über die ›Beurteilung der Armut im Mittelalter‹, in dem er zu dem Schluß kam, daß der mittelalterlichen Kirche eine Art von sozialistischem Ideal vorgeschwebt habe.[80]

Wissenschaft war für Harnack zentral, aber dennoch kein Selbstzweck. Sie war vor allem für ihn nicht durch bloß abstrakte ethische Werte, sondern durch den lebendigen Bezug auf seine vielfältigen Erfahrungen eingebunden in ein Verständnis der eigenen historischen Situation. Nicht eine vorgefertigte Philosophie oder Theologie, sondern Harnacks unablässiges Bemühen, zwischen verschiedenen Erfahrungsbereichen zu vermitteln, war die Grundlage seiner Reflexionen über Wissenschaft sowohl als über Politik.

Bleibende Herausforderung

Wir haben Harnack und Plancks Herausforderungen in den drei Dimensionen verfolgt, in denen sie für uns zu Figuren von historischer Bedeutung geworden sind, als Wissenschaftler, als Wissenschaftsorganisatoren und als Wissenschaftspolitiker. Wie eingangs bemerkt, ist ein solcher Vergleich schwierig, insbesondere angesichts der verschiedenen zeithistorischen Kontexte, in denen Harnack und Planck als Wissenschaftspolitiker agieren mußten, das Kaiserreich und die Weimarer Republik einerseits, die Weimarer Republik und das NS-Regime andererseits. Es ist deutlich geworden, daß in der Art und Weise, die vorhandenen Freiräume des Handelns zu nutzen, der Vergleich zwischen Harnack und Planck zwei kaum miteinander zu vereinbarende Pole der Prinzipien des Handelns in Forschung und Forschungspolitik gezeigt hat, die Orientierung an überhistorischen Leitlinien und das Einlassen auf eine historische Dialektik, die absolute Antworten nicht zuläßt. Es dürfte auch klargeworden sein, daß keiner der beiden Pole auf Kosten des anderen zur Norm erhoben werden kann, zumal die Ambivalenz von grandiosen wie auch schrecklichen Konsequenzen eines von der jeweiligen Norm bestimmten Handels damit nicht beseitigt würde.

---

[79] ADOLF HARNACK, An der Schwelle des dritten Kriegsjahres. Rede am 1. August 1916 in Berlin gehalten, in: HARNACK, Reden und Schriften (wie Anm. 73) Bd. 2, S. 1473–1490.

[80] ZAHN-HARNACK, Harnack (wie Anm. 2) S. 162.

Ohne Frage steht heute – nicht nur in der Max-Planck-Gesellschaft, sondern auch im öffentlichen Bewußtsein – Max Planck in allen diesen Bereichen in weitaus höherer Anerkennung als Adolf von Harnack. Das liegt zum einen an der epochemachenden wissenschaftlichen Leistung, die mit Plancks Namen verbunden ist, und natürlich auch an der unübersehbaren Auszeichnung dieser Leistung durch den Nobelpreis, für den es im Bereich der Geisteswissenschaften kein ähnlich eindeutiges Äquivalent gibt und wohl auch nicht geben kann. Das liegt zum anderen an der größeren Eindeutigkeit, mit der uns Planck auch als moralische Figur entgegentritt, die ihr Handeln auf unerschütterliche Überzeugungen gegründet hat. So hat Planck sich auch selbst gesehen. In einer Akademie-Ansprache aus dem Jahre 1922 warf er die Frage auf, ob angesichts des ›Elends der gegenwärtigen Zeit‹ Leibniz immer noch an dem Satz festhalten würde, daß unsere Welt unter allen möglichen die beste sei. Er gab darauf die folgende aufschlußreiche Antwort: »Wir dürften auch dann nicht an der Bejahung dieser Frage zweifeln, wenn wir nicht genau wüßten, daß Leibniz sich bis in seine letzten, durch widrige Schicksale und Enttäuschungen aller Art getrübten Lebensjahre immer wieder eifrig mit seiner Theodizee beschäftigt hat, und wir werden kaum fehlgehen in der Annahme, daß er gerade in den traurigsten Lagen seines Lebens an ihr Halt und Trost fand – wieder ein eindringliches Beispiel für die alte Wahrheit, daß unsere tiefsten und heiligsten Überzeugungen letzten Grundes unabhängig von äußeren Erfahrungen im eigenen Innern wurzeln«.[81]

Die für Harnack charakteristische beständige Vermittlung zwischen Erfahrungen und Überzeugungen, die sich in diesem Prozeß auch verändern können, findet dagegen nicht so leicht Anerkennung wie Plancks Beständigkeit – nicht einmal bei dem Betroffenen selbst. Als Harnack sich im Jahre 1919 vor die Herausforderungen der politischen Parteinahme gestellt sah, schrieb er in einem privaten Brief: »Je weniger es meiner Natur entspricht, mich auf eine extreme Richtung einzulassen, da ich immer das Für und Wider sehe, um so mehr habe ich Anerkennung, hin und her sogar Neid, gegenüber denen, die, alles eindeutig sehend und beurteilend, stets wissen, wohin sie gehören, sei es ganz Links oder ganz Rechts. Ich möchte einmal eine ›Psychologie der Mittleren‹ schreiben, um diese Spezies zu Ehren zu bringen, in der sich freilich neben den Besten auch die Lumpigsten befinden. Die wertvollen ›Mittleren‹ sehen nichts punktuell, sondern fassen alle äußeren und inneren Vorgänge als Punkte auf einer Linie auf; darum haben sie eigentlich auch keinen Standort, sondern nur eine Richtung; dieser Richtung

---

[81] PLANCK, Ansprache vom 29. Juni 1922, in: PLANCK, Akademie-Ansprachen (wie Anm. 16) S. 42 f.

sind sie so treu wie die Extremen ihrem Punkte, werden aber von ihnen nie verstanden«.[82]

Die Herausforderungen, die an Forschungsinstitutionen unserer Zeit gestellt sind, unterscheiden sich – glücklicherweise – in vielem von denen der Kaiser-Wilhelm-Gesellschaft Harnacks und Plancks. Dennoch repräsentieren beide, nicht nur Max Planck sondern auch Adolf von Harnack, intellektuelle und menschliche Potentiale, die auch angesichts der Herausforderungen der modernen Wissenschaft lebendig und unverzichtbar sind. Man kann sogar behaupten, daß auch heutige Wissenschaftler, wenn sie an ihr eigenes Verhalten diesen Herausforderungen gegenüber denken, sich in gewissem Grade sowohl in Planck als auch in Harnack wiedererkennen können.

Wenn man hochspezialisierte Forschung betreibt, kann man nicht von vornherein wissen, ob sie zu einem wissenschaftlichen Durchbruch führen wird oder womöglich nur zur Ausgestaltung einer letztlich belanglosen Nische dient. Dennoch ist sie notwendig und kann ohne die Beharrlichkeit, die Konzentration und die fachliche Brillanz, die für Max Planck charakteristisch waren, nicht zum Erfolg geführt werden. Andererseits stellt uns der anhaltende Fortschritt der Spezialisierung vor neue Herausforderungen der Integration von Wissen über Disziplinen hinweg, eine Integration, die ethische und Anwendungsfragen ebenso betrifft wie Grundlagenfragen. Diesen Herausforderungen gegenüber werden wir nicht gewappnet sein ohne eine Reflexion, der es gelingt, die Spannung zwischen Einzelforschungen und übergreifenden Interessen miteinander zu vermitteln, eine Reflexion, die für Adolf von Harnack charakteristisch war.

Auch die heutigen Aufgaben der Wissenschaftsorganisation erfordern von uns einzelnen Wissenschaftlern sowohl die Bereitschaft und Ausdauer eines Planck, unsere Arbeits- und Gestaltungskraft in den Dienst von Institutionen zu stellen, die wir wohl doch am Ende nicht verändern können, als auch den Blick eines Harnack für den ›Kairos‹, in dem eine solche Veränderung möglich wird und sinnvoll ist.

Die seit den Zeiten Harnacks und Plancks gestiegene Verflechtung der Wissenschaft mit anderen Bereichen der Gesellschaft wie Wirtschaft und Staat zwingt uns schließlich dazu, ähnlich wie Planck die immer nur begrenzten Möglichkeiten freier Wissenschaft realistisch einzuschätzen und danach zu handeln. Diese Verflechtung zwingt uns aber auch dazu, im Sinne Harnacks die Wissenschaft in ihrem Kontext zu reflektieren und die politische Verantwortung nicht zu scheuen, die sich aus solcher Reflexion ergibt.

---

[82] Adolf von Harnack an Berta Thiersch, 6. Juli 1919, zitiert nach: ZAHN-HARNACK, Harnack (wie Anm. 2) S. 379.

Zwischen Reformeifer und KWG-Raison

Adolf von Harnack und die Industrie

von

Lothar Burchardt

I. Vorbemerkungen

Dieser Band ist (mindestens vordergründig) *einer* Person gewidmet. Hat ein rein biographischer Ansatz nach heutigem Selbstverständnis unseres Faches noch einen Sinn? Lohnt es sich, dem Leben und Wirken *einer* Person nachzugehen, obwohl der Handlungsspielraum der historischen Persönlichkeit heute eher gering eingeschätzt und strukturellen Faktoren weit größere Bedeutung beigemessen wird? Mit Recht haben die Initiatoren den Begriff des Geflechts ins Spiel gebracht. Er signalisiert, daß der Einzelne nicht autonom handelt, sondern in Beziehungen, Konstellationen und Strukturen eingebettet ist. Sie wiederum prägen nicht nur sein Vorverständnis, sondern wirken auch auf ihn ein und beeinflussen sein aktives Handeln. Umgekehrt verändert die handelnde Persönlichkeit ihre Umgebung, langfristig vielleicht sogar die sie umgebenden Strukturen.

Ein personenbezogener Ansatz hat also auch heute noch manches für sich – sofern er über das rein Biographische hinausgreift. Auch ein Harnack handelte nicht autonom. Oft wurde er getrieben (oder gebremst), nahm Rücksichten (oder setzte sich über mögliche Verstimmungen auf der Gegenseite hinweg) oder wurde als Repräsentant einer Denkrichtung oder einer Institution wahrgenommen, wo er allein auf eigenes Risiko zu handeln gemeint hatte. Es kann also nicht einfach darum gehen, Harnack in seiner ganzen geschäftigen Vielseitigkeit noch genauer kennenzulernen, so reizvoll das im einzelnen auch sein mag. Vielmehr müssen wir versuchen, ihn als ein kleines Teilchen größerer Zusammenhänge – größerer ›Geflechte‹, um diesen Begriff nochmals aufzunehmen – zu verstehen. Wir müssen Harnack aber auch sehen als jemanden, der – allein oder gemeinsam mit anderen – diese Zusammenhänge zu beeinflussen, zu verändern suchte und dabei an seine Grenzen stieß. Die folgenden Bemerkungen sollen dies für einen Teilbereich tun – für Harnacks Verhältnis zur Industrie.

II. Die Vorkriegsjahre

Harnacks Lebensgeschichte braucht hier nicht nochmals nachgezeichnet zu werden: Das ist anderswo mindestens skizzenhaft geschehen, wenn auch eine wissenschaftlichen Ansprüchen genügende Biographie bis heute fehlt.[1] Deshalb sei hier nur kurz auf einige Punkte hingewiesen, die für das Verständnis des Folgenden von Belang sind. Harnack entstammte einer streng lutherisch gesonnenen Familie, wandte sich aber schon als junger Theologe einer historisch verstandenen Theologie zu. Zu ihr gehörte auch ein handfester Glaube an den menschlichen Fortschritt, der Harnack fortan bis an sein Lebensende begleiten und leiten sollte: Die Menschheit befand sich, so schien es Harnack, auf einem aufsteigenden Entwicklungspfad, und jeder war aufgerufen, an seinem Platz seinen Beitrag zu weiterer Verbesserung zu leisten. Das konnte er freilich nur, wenn er über die nötigen Einsichten gebot und eine der Problematik angemessene ethische Grundhaltung einnahm. Deshalb hing nach Harnacks Meinung viel davon ab, ob es den Verantwortlichen gelang, kulturelle Kenntnisse und Erkenntnisse zu ermitteln, auf deren Boden sich eine solche persönliche Ethik erst herausbilden konnte. Für ihn blieb zumindest bis zum Ersten Weltkrieg die soziale Frage in erster Linie eine Bildungsfrage.

Als Harnack 1879 seinen ersten Ruf auf das Giessener Ordinariat für Kirchengeschichte erhielt und annahm, besiegelte er seine Schwenkung vom orthodoxen Luthertum zu einer historisch fundierten, fortschrittsorientierten Theologie, indem er den ersten Band seiner Dogmengeschichte herausbrachte: Dieser wurde allgemein als Absage nicht nur an die Orthodoxie selbst, sondern auch an die sprichwörtlich konservativen Gremien der Preußischen Union verstanden.

In diesen Jahren begann Althoff auf den jungen Giessener Kirchenhistoriker aufmerksam zu werden. Althoff besaß damals zwar noch nicht seine spätere Machtfülle, doch fielen Berufungen auf freie Professuren in seinen

---

[1] Winfried Döbertin, Adolf von Harnack. Theologe, Pädagoge, Wissenschaftspolitiker, Frankfurt a. M. 1985; Agnes von Zahn-Harnack, Adolf von Harnack, Berlin (2. Aufl.) 1951. Einen knappen Überblick gibt Lothar Burchardt, Adolf von Harnack, in: Wissenschaftspolitik in Berlin, hg. v. Wolfgang Treue u. Karlfried Gründer, Berlin 1987, S. 215–233.

Kompetenzbereich.[2] Deshalb trat er an Harnack heran, als sich 1886 eine Vakanz in Marburg abzeichnete. Erste persönliche Kontakte und die Berufung selbst folgten wenig später.[3] Mittlerweile hatte sich Althoff entschlossen, Harnack bei erster Gelegenheit nach Berlin zu holen. Eine solche Chance bot sich schon 1888, doch leistete die Orthodoxie erbitterten Widerstand. So bedurfte es höchst gründlicher Vorarbeiten, ehe Harnack wirklich berufen werden konnte.[4] In dieser Zeit entstand seine enge Beziehung zu Althoff. Sie sollte für Harnacks weiteres Leben und Wirken zentrale Bedeutung erlangen, da sie ihn mit Althoffs vielfältigen Reformprojekten, insbesondere mit seinen Plänen für Dahlem in Berührung brachte.

Kaum hatten sich die Wogen nach Harnacks Berliner Berufung einigermaßen geglättet, als sich an der Frage der Auslegung des Apostolischen Glaubensbekenntnisses der sogenannte Apostolikumsstreit entzündete.[5] Harnack bezog mit Entschiedenheit Stellung, doch genügte das jungen Kollegen wie dem damals noch eine theologische Universitätskarriere anstrebenden Paul Rohrbach nicht: Sie wünschten sich, daß Harnack und andere liberale Professoren kämpferischer aufträten und mit der Orthodoxie schärfer ins Gericht gingen, doch war das keineswegs in Harnacks Sinn: Er blieb konziliant und wandte sich entschieden gegen Scharfmacher wie Rohrbach, dessen Habilitation er nicht zuletzt aus diesem Grund vereitelte.[6]

Als Harnack 1899 über ›Das Wesen des Christentums‹ las und seine Vorlesung im folgenden Jahr veröffentlichte,[7] löste das in orthodoxen Kreisen erneut Irritationen aus. Wie wenig sich freilich die Wissenschaft von solchen Turbulenzen beeindrucken ließ, zeigten die höchst positive Aufnahme von Harnacks etwa gleichzeitig erscheinender Akademiegeschichte und seine wenig später erfolgende Berufung in den Orden Pour le mérite.[8]

Mittlerweile begann sich der nächste Konflikt abzuzeichnen, der sogenannte Bibel-Babel-Streit. Er entzündete sich nicht an Harnack, sondern an einem Vortrag des Berliner Orientalisten Delitzsch, den die Orthodoxen scharf kritisiert hatten. Diesmal mochte sich Harnack mit keiner der beiden Seiten identifizieren; deshalb bezog er in den von seinem Schwager Hans

---

[2] Zum frühen Althoff vgl. besonders ARNOLD SACHSE, Friedrich Althoff. Werk und Mensch, Berlin 1928, sowie BERND VOM BROCKE, Friedrich Althoff, in: TREUE u. GRÜNDER (wie Anm. 1) S. 195–214.

[3] ZAHN-HARNACK, Harnack (wie Anm. 1) S. 106.

[4] Zur Vorgeschichte der Berufung nach Berlin vgl. BURCHARDT, Harnack (wie Anm. 1) S. 216–218.

[5] ZAHN-HARNACK, Harnack (wie Anm. 1) S. 144 ff.

[6] WALTER MOGK, Paul Rohrbach und das ›Größere Deutschland‹, München 1972, S. 44–50.

[7] ADOLF HARNACK, Das Wesen des Christentums, Leipzig 1900.

[8] ZAHN-HARNACK, Harnack (wie Anm. 1) S. 207 f.

Delbrück herausgegebenen Preußischen Jahrbüchern eine mittlere Position.[9] Da sich jedoch der Kaiser (nach anfänglicher Begeisterung für Delitzsch) mittlerweile auf die orthodoxe Seite geschlagen hatte, weckte selbst dies Verstimmung in der Orthodoxie. Insbesondere war Wilhelm II. selbst empört, der Harnack bislang gelegentlich in theologischen Fragen zu Rate gezogen hatte und ihn nun jahrelang ignorierte.[10]

Danach wurde es etwas ruhiger um Harnack. Zwar störte seine Berufung an die Spitze der Königlichen Bibliothek in Berlin die Bibliothekare, weil keiner der Ihren Preußens höchsten Bibliotheksposten erhalten hatte, doch blieben das Randerscheinungen.[11] Ernster wurde es einige Jahre später: Als 1911/12 zwei liberale Pastoren von ihrer vorgesetzten Kirchenbehörde gemaßregelt wurden, nahm Harnack zu ihren Gunsten Stellung. Dies erzürnte nicht nur die Kirchenleitung, sondern auch deren Schirmherrn Wilhelm II. Zeitweise erwog Harnack daraufhin, das gerade erst übernommene Präsidentenamt der Kaiser-Wilhelm-Gesellschaft (fortan abgekürzt: KWG) abzugeben, da er nicht mehr das Vertrauen ihres kaiserlichen Protektors zu besitzen meinte,[12] doch glätteten sich die Wogen schließlich wieder.

Vorstehende grobe Skizze der ›Fälle‹, die Harnacks Berliner Jahre begleiteten, sollte vor allem zweierlei deutlich machen: Erstens verbarg Harnack seine Meinung nicht, wenn er ihm wichtig erscheinende Werte gefährdet sah. Zweitens war er gleichwohl kein Fanatiker: Er vertrat seine Meinung ohne Verbissenheit und suchte stets nach Möglichkeiten, Konzilianz zu üben. Zu ändern pflegte er seine Meinung freilich nur dann, wenn ihn die Argumentation der Gegenseite überzeugt hatte.

Diese Einstellung prägte auch Harnacks Wirken innerhalb des Evangelisch-Sozialen Kongresses. 1890 war der Kongreß in Berlin auf Initiative des Hofpredigers Stoecker und des ›Kat<hedersozialisten‹ Adolf Wagner gegründet worden.[13] Nach Ausweis seiner Satzung sollte er »die sozialen Zustände unseres Volkes vorurteilslos (...) untersuchen, sie an dem Maßstabe der sittlichen und religiösen Forderungen des Evangeliums messen (...) und diese selbst für das heutige Wirtschaftsleben fruchtbar (...) machen«.[14] Als Mitglie-

[9] ADOLF HARNACK, Der Brief Seiner Majestät des Kaisers an Admiral Hollmann, in: Preußische Jahrbücher 111 (1903) S. 584–589.

[10] ZAHN-HARNACK, Harnack (wie Anm. 1) S. 266 f.

[11] Ebd. S. 249–251.

[12] Brief Harnacks an Friedrich Schmidt-Ott vom 28.1. 1913, Geheimes Staatsarchiv Berlin-Dahlem, Nachlaß Schmidt-Ott, Nr. 12.

[13] Zum Evangelisch-Sozialen Kongreß vgl. u. a. den knappen Überblick in: Die bürgerlichen Parteien in Deutschland, Bd. 1, Leipzig 1968, S. 792–797 sowie MOGK (wie Anm. 6) S. 69–86.

[14] Zitiert bei DÖBERTIN, Harnack (wie Anm. 1) S. 27.

der wünschten sich die Initiatoren »Männer aller politischen und kirchlichen Parteien, welche auf staatserhaltendem und kirchentreuem Boden stehen«.[15]

Harnack fühlte sich sofort zum Evangelisch-Sozialen Kongreß hingezogen. Ihn reizte die Aufgabe, »unter liberalen Gesichtspunkten an einer Versöhnung der Gegensätze zu arbeiten, gleichgültig, ob diese traditioneller Natur waren oder frisch aus dem Leben der Gegenwart geboren wurden«, wie es Harnacks Lehrstuhlnachfolger Hans Lietzmann 1930 auf der Trauerfeier für Harnack formulierte.[16]

Zunächst hatte der Evangelisch-Soziale Kongreß Schwierigkeiten, ein klares Profil zu finden. Sein erster Generalsekretär Paul Göhre suchte Kontakt zur SPD, während die Älteren um Stoecker umgekehrt die Sozialdemokratie durch eher patriarchalisch gehaltene Reformen zu bekämpfen wünschten und andere an größere Nähe zur Inneren Mission dachten. Wagner wiederum orientierte seine Vorstellungen am ›Verein für Socialpolitik‹, der wirtschaftswissenschaftlich ansetzte.[17] Schließlich lösten eine Reihe von Austritten und ein Revirement an der Vereinsspitze das Problem. Fortan suchte man den Kongreß auf einer mittlerer Linie zwischen Wirtschaftswissenschaft und Sozialarbeit zu halten, doch überwog sein »eigentümlich akademischer Charakter«. So konzentrierte sich der Evangelisch-Soziale Kongreß üblicherweise darauf, wirtschaftliche und ethische Probleme in eher wissenschaftlicher als politischer Manier zu untersuchen.[18]

Harnack war dem Evangelisch-Sozialen Kongreß beigetreten, weil er dessen Ziele billigte und sich von seiner eher theoretischen Herangehensweise angesprochen fühlte.[19] Bald gehörte er zum Präsidium des Kongresses, und 1902 wurde er zu dessen Vorsitzendem gewählt. Dieses Amt sollte er fast zehn Jahre lang innehaben, bis er es aus Arbeitsüberlastung im Zusammenhang mit der Gründung der Kaiser-Wilhelm-Gesellschaft abgab.[20] In dieser Funktion suchte er den mittleren Kurs des Evangelisch-Sozialen Kongresses fortzuführen und ihn aus weiteren selbstzerstörerischen Konflikten herauszuhalten. Während er mit letzterem durchaus Erfolg hatte, gelang ersteres nur unvollkommen: Der Evangelisch-Soziale Kongreß konnte die Gruppen

---

[15] Zitiert bei MOGK, Rohrbach (wie Anm. 6) S. 68.

[16] Adolf von Harnack zum Gedächtnis, Berlin 1930, S. 9.

[17] Die bürgerlichen Parteien (wie Anm. 13) Bd. 1, S. 794; MOGK, Rohrbach (wie Anm. 6) S. 69 f.

[18] Zitiert bei ERNST WOLF, Evangelisch-Sozial, in: Religion in Geschichte und Gegenwart, Bd. 2, Tübingen (3. Aufl.) 1958, Sp. 793. Vgl. auch MOGK, Rohrbach (wie Anm. 6) S. 69.

[19] Vgl. hierzu ausführlich: Adolf von Harnack und der Evangelisch-Soziale Kongreß, hg. v. JOHANNES HERZ, Göttingen 1930.

[20] ZAHN-HARNACK, Harnack (wie Anm. 1) S. 287–292.

um Stoecker und Naumann sowie die dezidiert linksliberalen Protestanten niemals wirklich integrieren. Statt dessen wurde und blieb er eine rein ›kulturprotestantische‹ Organisation. Dementsprechend ergriff der Kongreß unter Harnacks Vorsitz nur selten praktische Maßnahmen; beispielsweise rief er 1905 zu Spenden für streikende Bergarbeiter an der Ruhr auf, weil er deren Anliegen für berechtigt hielt.[21] Im übrigen überwogen jedoch die praxisfernen Aktivitäten bei weitem.

Das hieß keineswegs, daß Harnack als Kongreß-Vorsitzender das deutliche Wort in der Öffentlichkeit scheute. Es bedeutete lediglich, daß er selbst (und mit ihm die große Mehrheit der einflußreichen Mitglieder) sich primär als Wissenschaftler verstanden, denen es aufgegeben war, Streitfragen mit dem methodischen Instrumentarium des Geisteswissenschaftlers zu untersuchen. Die Bereitstellung der dabei gewonnenen Ergebnisse würde, so hofften Harnack und die große Mehrheit der ›Kulturprotestanten‹, zur Herausbildung der für einen nachhaltigen Wandel in positiver Richtung unabdingbaren ethischen Einstellung beitragen.[22] Hier griffen Harnacks theologische und sozialpolitische Überzeugungen nahtlos ineinander.

Harnack benutzte vor allem die Jahrestagungen des Evangelisch-Sozialen Kongresses dazu, seine Position deutlich herauszuarbeiten.[23] Er ging aus von der Überzeugung, daß die Kirche »keinen Beruf (habe), irdischer Not zu steuern und irdische Verhältnisse zu verbessern«. Demgemäß könne aus den Evangelien nicht abgeleitet werden, wie sich der Christ in sozialen Fragen zu verhalten habe : Jesus sei kein Sozialreformer gewesen und habe weder für die Revolution, noch für den Status Quo geworben, schrieb er einige Jahre später in seiner Schrift ›Das Wesen des Christentums‹.[24] Andererseits schien es Harnack zu einfach, sich auf diese Weise aus der Verantwortung zu stehlen. Gewiß habe, so argumentierte er, die Kirche nichts mit Fragen aus dem Bereich der Steuern, des Preis- und Lohngefüges, der Verstaatlichung zu schaffen. »Aber wo sie in den öffentlichen Zuständen schwere sittliche Schäden als geduldete bemerkt, da soll sie eintreten«.[25] Freilich, so schränkte Harnack so-

---

[21] Vgl. den Spendenraufruf im Organ des Evangelisch-Sozialen Kongresses: Evangelisch-Sozial (1905) Nr. 1/2, unten S. 165 und ZAHN-HARNACK, Harnack (wie Anm. 1) S. 289.

[22] KURT NOWAK, Sozialpolitik als Kulturauftrag. Adolf von Harnack und der Evangelisch-Soziale Kongreß, in: Soziale Reform im Kaiserreich, hg. v. JOCHEN-CHRISTOPH KAISER u. WILFRIED LOTH, Stuttgart 1997, S. 81 u. S. 85.

[23] Vgl. seine Aufsätze ›Der Evangelisch-Soziale Kongreß zu Berlin‹, in: ADOLF HARNACK, Aus Wissenschaft und Leben, Bd. 2, Gießen 1911, S. 329–343 und ›Die evangelisch-soziale Aufgabe im Lichte der Geschichte der Kirche‹, in: ADOLF HARNACK, Reden und Aufsätze, Bd. 2, Gießen 1904, S. 25–76. Aus diesen beiden Aufsätzen stammen die folgenden Zitate.

[24] Zitiert bei DÖBERTIN, Harnack (wie Anm. 1) S. 109.

[25] HARNACK, Die evangelisch-soziale Aufgabe (wie Anm. 23) S. 72.

fort ein, lehre die Kirchengeschichte, »daß warmherzige Christen, wenn sie wirtschaftliche Fragen aufgreifen, zu radikalen Vorschlägen neigen (...). Daß diese Gefahr auch heute unter uns vorhanden ist, kann nicht geleugnet werden (...). Das Liebäugeln mit der Sozialdemokratie, das schon jetzt hin und wieder wahrzunehmen ist, ist wahrlich nicht ungefährlich«.[26]

Damals und später hielt Harnack entschieden an der Auffassung fest, daß man durchaus Sozialist sein könne, ohne Sozialdemokrat zu sein.[27] Er selbst war gewiß kein Demokrat und konnte schon deshalb schwerlich mit der SPD harmonieren. Auch verwarf er das Egalitätsprinzip als Gleichmacherei. Vor allem aber schied ihn sein Eintreten für den Privatbesitz und die »freie Tatkraft des Einzelnen« von der Sozialdemokratie. Gerne bezeichnete er den Privatbesitz als »Hebel des Fortschritts«, und er fügte hinzu: »Mehr als bedenklich ist es auch, wenn man die ›Reichen‹ und ganze Stände von vornherein preisgibt und davon träumt, man werde von unten herauf allmählich ein neues christliches Gemeinwesen schaffen«.[28]

Umgekehrt erwuchsen für den Reichen daraus klare Verpflichtungen. Mehrfach lobte Harnack den amerikanischen Stahlmillionär Andrew Carnegie wegen seiner Bereitschaft, nur den kleineren Teil seines Besitzes zu vererben, den größeren aber schon zu Lebzeiten sozial zu nutzen.[29] Dementsprechend sprach er sich entschieden für eine Steuer gerade auf große Erbschaften aus: »Möglichste Freiheit für jeden ehrlichen Erwerb, angemessene Beschränkungen bei Schenkungen und Erbschaften, strenge soziale Pflichten für jeden Besitz – das sind die Forderungen, die sich durchsetzen müssen, damit wir das Privateigentum, diesen ›rocher de bronze‹ unserer Kultur, mit gutem Gewissen aufrechterhalten können«.[30]

Wie Harnack den letzten Halbsatz verstanden wissen wollte, hatte er schon bald nach seinem Beitritt zum Evangelisch-Sozialen Kongreß erläutert: Wo schrankenlose Freiheit bei der Nutzung privaten Besitzes bestehe, müsse dies langfristig »zur vollkommensten Unterdrückung des Schwäche-

---

[26] Ebd. S. 73.

[27] Vgl. seine Ansprache ›Politische Maximen für das neue Deutschland‹ (1919), in: ADOLF HARNACK, Erforschtes und Erlebtes, Gießen 1923, S. 321.

[28] Eröffnungsrede auf dem Evangelisch-Sozialen Kongreß von 1910, in: HARNACK, Aus Wissenschaft (wie Anm. 23), Bd. 1, S. 183f.; HARNACK, Die evangelisch-soziale Aufgabe (wie Anm. 23) S. 74.

[29] ADOLF HARNACK, Carnegies Schrift über die Pflichten der Reichen (1903), in: DERS., Aus Wissenschaft (wie Anm. 23) Bd. 1, S. 167–171.

[30] ADOLF HARNACK, Die Nachlaßsteuer vom sozial-ethischen Gesichtspunkt (1909), in: DERS., Aus Wissenschaft (wie Anm. 23) Bd. 1, S. 172–182. Das Zitat findet sich bei ZAHN-HARNACK, Harnack (wie Anm. 1), S. 289.

ren führen«. Die Möglichkeit unkontrollierbarer Kapitalkonzentration in Großfirmen betrachtet er entsprechend sorgenvoll.[31]

Aus alledem leitete Harnack bestimmte Forderungen auch an den Staat ab: Der Staat mußte durch Umverteilungsmaßnahmen wie beispielsweise die Erbschaftssteuer dafür sorgen, daß keine ungesunden Vermögens- und damit Machtkonzentrationen entstanden. Er mußte andererseits aber auch Augenmaß bewahren. Überzog er seine Maßnahmen, so gefährdete er das freie Spiel der Kräfte und der privaten Initiative, die Harnack, wie wir bereits sahen, beide für unentbehrlich hielt.[32]

So tritt uns der Harnack der Friedensjahre vor 1914 als ein Mann der Mitte entgegen. Er war, wie er selbst sagte, »kein Reformator«, der Großes wollte,[33] sondern fühlte sich vor allem durch die Entkirchlichung immer breiterer Bevölkerungsschichten motiviert, wie sie ihm unter anderem aus den Erfolgen der Sozialdemokratie deutlich wurde. Wer ihr entgegenwirken wollte, durfte nicht bei einer unverbindlichen Verkündung des Evangeliums stehenbleiben, sondern mußte auch dann Farbe bekennen, wenn jenen ärmeren sozialen Schichten soziales Unrecht von Seiten der Besitzenden widerfuhr. Allerdings sah Harnack dort die Grenzen seiner Aktionsbereitschaft, wo sich »unsere öffentlichen und wirtschaftlichen Verhältnisse in die staatssozialistische Richtung (zu) entwickeln« drohten: Einer solchen Entwicklung vermochte er sich – bei aller Kritik an konkreten Mißständen in der Gegenwart – nicht rückhaltlos anzuschließen.[34] Vielmehr erwartete er vom Staat einerseits Schutz der sozial Schwächeren vor der Macht der Besitzenden, andererseits aber soviel Augenmaß und Zurückhaltung, wie erforderlich waren, um die unternehmerische Kreativität der Besitzenden zu erhalten.

Die in konservativen Kreisen grassierende hysterische Angst vor der SPD bzw. vor einer sozialistischen Revolution teilte er nicht oder jedenfalls nicht uneingeschränkt. Bezeichnend für seine Einstellung ist sein Kommentar zum sozialdemokratischen Wahlsieg von 1912, den er wenig später vor dem Evangelisch-Sozialen Kongreß abgab: Je mehr die SPD wachse, desto ungefährlicher werde sie, da sie dann zunehmend selbst Verantwortung überneh-

---

[31] HARNACK, Die evangelisch-soziale Aufgabe (wie Anm. 23) S. 60. Vgl. auch NOWAK, Sozialpolitik (wie Anm. 22) S. 88.

[32] Eröffnungsrede auf dem Evangelisch-Sozialen Kongreß von 1910, in: HARNACK, Aus Wissenschaft (wie Anm. 23) Bd. 1, S. 183. Vgl. auch: DERS., Die evangelisch-soziale Aufgabe (wie Anm. 23) S. 75.

[33] Zitiert bei ZAHN-HARNACK, Harnack (wie Anm. 1) S. 159.

[34] HARNACK, Die evangelisch-soziale Aufgabe (wie Anm. 23) S. 75.

men müsse. Mitarbeiten aber heiße, so fügte er hinzu, »sich auf den Boden des Gegebenen zu stellen«.[35]

Der Industrie, und hier besonders der Schwerindustrie, war der Evangelisch-Soziale Kongreß von Anbeginn ein Dorn im Auge. Schon ein Jahr nach seiner Gründung erschien ein Buch seines Generalsekretärs Paul Göhre, das Aufsehen erregte:[36] Göhre hatte drei Monate lang inkognito in der Industrie gearbeitet und nun seine streckenweise recht kritischen Beobachtungen veröffentlicht. Daß er nicht nur engere Kontakte zur SPD forderte, sondern ihr (nach seinem Ausscheiden aus dem Evangelisch-Sozialen Kongreß) auch beitrat, steigerte diese Skepsis noch weiter. Wilhelm II., der sich wenige Jahre zuvor als Arbeiterkaiser dargestellt hatte, erklärte nun, »christlich-sozial (sei) Unsinn«.[37] Vor allem der Freiherr von Stumm-Halberg, konservativer saarländischer Abgeordneter und gelegentlich als ›König Stumm von Saarabien‹ verschrieener autoritärer Zechenbesitzer, wurde nicht müde, den Evangelisch-Sozialen Kongreß zu attackieren. Er griff den Kongreß als »neues Schwärmertum« an und lieferte sich mit Adolf Wagner publizistische Gefechte.[38] Besonders Friedrich Naumann und seine Zeitschrift ›Die Hilfe‹ wurden von ihm und anderen immer wieder als Helfershelfer der Sozialdemokratie bezeichnet.[39]

Nun waren Naumann und der Evangelisch-Soziale Kongreß keineswegs in allen Punkten einer Meinung, doch differenzierten Stumm und seine Gesinnungsgenossen hier nicht weiter. Ihr Mißtrauen erhielt neue Nahrung, als der Evangelisch-Soziale Kongreß 1905 seinen schon erwähnten Aufruf zugunsten der Ruhrkumpel veröffentlichte. Dort hieß es unter anderem: »Wir maßen uns nicht an, über die einzelnen Streitpunkte zwischen den Grubenbesitzern und den Bergarbeitern ein Urteil abzugeben. Aber wir empfinden es als eine Herausforderung (...) des gesamten deutschen Volkes, daß die Grubenbesitzer das von der Regierung an sie gerichtete Ersuchen, mit den gewählten Vertrauensleuten der Arbeiter über ihre Beschwerden und Wünsche zu verhandeln, abgelehnt haben. Die Arbeitgeber sind fest organisiert, den Arbeitern aber verweigert man das gleiche Recht«.[40] Daß der Kongreß

---

[35] Zitiert bei Zahn-Harnack, Harnack (wie Anm. 1) S. 290.

[36] Paul Göhre, Drei Monate Fabrikarbeiter, Leipzig 1891. Vgl. auch Zahn-Harnack, Harnack (wie Anm. 1) S. 168 f. u.: Die bürgerlichen Parteien (wie Anm. 13) Bd. 1, S. 794.

[37] Die bürgerlichen Parteien (wie Anm. 13) Bd. 1, S. 793.

[38] Vgl. dazu ausführlich Adolf Wagner, Mein Konflikt mit dem Freiherrn von Stumm-Halberg, Berlin 1895.

[39] Vgl. zum Beispiel: Stenographische Berichte über die Verhandlungen des Deutschen Reichstages, Bd. 138, S. 211 u. S. 728 (Sitzungen vom 9.1. u. 7.2. 1895).

[40] Zitiert bei Zahn-Harnack, Harnack (wie Anm. 1) S. 289.

mit seiner Stellungnahme keineswegs zum Umsturz aufrief, sondern lediglich gleiche Chancen für beide Seiten anmahnte, wurde dabei übersehen, ja
bewußt ignoriert.

Insgesamt wird man wohl festzuhalten haben, daß die Angriffe gegen den
Evangelisch-Sozialen Kongreß in erster Linie aus dem schwerindustriellen
Lager kamen. Andere Industriezweige wie etwa die chemische oder die elek-
trotechnische Industrie pflegten die Dinge etwas differenzierter zu sehen,
weil sie Stumms extremen ›Herr-im-Haus-Standpunkt‹ nicht teilten.

III. Die ersten Kriegsjahre

Der Kriegsausbruch von 1914 schuf in mehrfacher Hinsicht eine neue Lage.
Zunächst finden wir sie gekennzeichnet von einer überbordenden Welle nationaler Solidarität, die über Klassen-, Schichten- und Parteiengrenzen hin-
wegging. Nationale Euphorie war die Forderung des Tages. Sie ergriff fast
alle, die in irgendeiner Weise öffentlich oder publizistisch tätig waren. Von
Dauer konnte sie freilich nicht sein, denn die in Friedenszeiten trennenden
Unterschiede der Schichtzugehörigkeit und vor allem des Zugangs zur wirtschaftlichen und politischen Macht waren zwar vorübergehend von nationa-
lem Pathos gleichsam kaschiert, keineswegs aber beseitigt oder auch nur abgeschwächt worden.

Als neuralgische Punkte erwiesen sich frühzeitig zwei Problemfelder, die
eng zusammenhingen – der Preisauftrieb und die Kriegsgewinne. Allen amtlichen Höchstpreisverordnungen zum Trotz begannen die Preise am ersten
Kriegstag anzusteigen, und das sollten sie während des nächsten Jahrzehnts
fast ununterbrochen tun. Teilweise gingen diese Steigerungen auf erhöhte
Produktionskosten zurück, teilweise waren sie aber auch bloße Folge der
steigenden Marktmacht der Anbieter. Ein Blick in die Geschäftsberichte vieler Aktiengesellschaften mußte diesen Eindruck noch verstärken. Beispielsweise stiegen von 1913/14 bis 1915/16, also in nur zwei Geschäftsjahren,
die Dividenden bei MAN von 8 auf 16, bei der Gutehoffnungshütte von 10
auf 20, bei Daimler gar von 4 auf 28 Prozent.[41] Ähnliche Beispiele ließen
sich in fast beliebiger Zahl beibringen. Zu einer Zeit, da die Realeinkünfte
fast allgemein unaufhaltsam absanken und sich insbesondere die wirtschaftlichen Verhältnisse der Soldatenfamilien stetig verschlechterten,[42] empfan-

---

[41] LOTHAR BURCHARDT, Zwischen Kriegskosten und Kriegsgewinnen: Krupp im Ersten Weltkrieg, in: Zeitschrift für Unternehmensgeschichte 32 (1987) Tabelle 13.

[42] Einen knappen Überblick gibt LOTHAR BURCHARDT in: Militärgeschichtliche Mitteilungen

den weite Kreise dies als ein Ärgernis, für das sie keine moralische Rechtfertigung erkennen konnten. Diese Entwicklung trug viel dazu bei, daß die Euphorie der ersten Kriegswochen verflog und Ernüchterung an ihre Stelle trat.

Bald bildeten die Kriegsgewinne ein innen- und ordnungspolitisches Problem ersten Ranges. Es ließ sich bis zuletzt nicht befriedigend lösen.[43] Beides galt erst recht für den Preiswucher, zumal er die gesamte Bevölkerung unmittelbar betraf. Die an sich vorhandenen Höchstpreisgesetze führten immer häufiger dazu, daß die betreffende Ware teilweise vom regulären Markt verschwand und statt dessen ›schwarz‹ zu überhöhten Preisen angeboten wurde. Die Anzeigenseiten überregionaler Zeitungen waren voll von nur leicht verschleierten ›schwarzen‹ Angeboten, und in den Parlamenten wurden immer neue Beispiele von Kettenhandel und Preistreiberei vorgetragen.

Als eine an exponierter Stelle wirkende Persönlichkeit mit ausgeprägtem Interesse für öffentliche Angelegenheiten hatte Harnack das innerdeutsche Geschehen von Anfang an gespannt verfolgt. Die Einberufung von Reservisten und die hohe Zahl freiwilliger Meldungen hatte nicht nur die Hörsäle weitgehend geleert, sondern auch die Arbeit der KWG und ihrer Institute vorübergehend fast zum Erliegen gebracht.[44] Um so mehr fühlte sich Harnack wie viele seiner Kollegen gedrängt, auf andere Weise seinen ganz persönlichen Beitrag zum Gewinnen des Krieges zu leisten. Für den Militärdienst kam er als fast fünfundsechzigjähriger Theologe offensichtlich nicht in Frage. Deshalb erkundigte er sich, ob der Staat eine andere Kriegsverwendung für ihn habe, doch wurde er abschlägig beschieden.[45] Harnacks außerordentliche Aktivität während der Kriegsjahre wird man zu einem guten Teil aus dieser Zurückweisung erklären müssen: Der Daheimgebliebene stand vor sich selbst, aber auch gegenüber seiner Umgebung unter einem deutlichen Rechtfertigungs- und Performanzdruck.

Fortan sah Harnack seine Pflicht zunächst einmal darin, der Forderung des Tages zu genügen. Neben seiner langsam wieder anlaufenden Lehrtätigkeit bestand sie darin, die KWG und die Königliche Bibliothek arbeitsfähig zu erhalten und auf die durch den Krieg veränderten Gegebenheiten umzu-

---

15 (1974) S. 83 f. Zu diesem Fragenkomplex wird Rudolf Vogel (Konstanz) eine Dissertation vorlegen.

[43] WOLFGANG WETTE, Reichstag und Kriegsgewinnlerei 1916–1918, in: Militärgeschichtliche Mitteilungen 36 (1984) S. 31–56.

[44] Göttinger Kriegsgedenkbuch, Göttingen 1935, S. 149; LOTHAR BURCHARDT, Die Kaiser-Wilhelm-Gesellschaft im Ersten Weltkrieg, in: Forschung im Spannungsfeld von Politik und Gesellschaft, hg. v. RUDOLF VIERHAUS u. BERND VOM BROCKE, Stuttgart 1990, S. 163 f.

[45] JEFFREY A. JOHNSON, Vom Plan einer Chemischen Reichsanstalt zum ersten Kaiser-Wilhelm-Institut: Emil Fischer, in: VIERHAUS u. VOM BROCKE, Forschung (wie Anm. 44) S. 486–515.

stellen. Beides ist an anderer Stelle geschildert worden und braucht uns hier nicht weiter zu beschäftigen.[46] Daneben suchte er nach anderen Aufgaben, die es ihm ermöglichen sollten, seinen persönlichen Beitrag zu leisten. Als ihre wirksamste Waffe betrachteten die Geisteswissenschaftler das geschriebene oder gesprochene Wort. Harnack teilte diese Auffassung. Wie zahlreiche andere Theologen, Historiker und Ökonomen, so meinte auch er, die deutsche und die internationale Öffentlichkeit über Deutschlands Motive aufklären und Sympathien für das Reich einwerben zu müssen.[47]

Schon wenige Wochen nach Kriegsausbruch schloß sich Harnack einer Gruppe von Kollegen verschiedener Fachrichtungen an, die sich mit einem Aufruf ›An die Kulturwelt‹ wenden wollten.[48] Sie zielten darauf ab, dem neutralen Ausland deutlich zu machen, daß die alliierte Greuelpropaganda nicht der Wahrheit entspreche, sondern das eigentliche Deutschland verleumde. Harnack unterschrieb diesen berühmt-berüchtigten ›Aufruf der 93‹ offenbar ohne genaue Kenntnis seines Inhalts. Jedoch stand er ihm zumindest nicht fern, wie sich beispielsweise aus seinem Gedankenaustausch mit seinem politisch liberaleren Schwager Hans Delbrück erkennen läßt. In dieselbe Richtung weist im übrigen auch Harnacks Versuch, eine Gruppe englischer Theologen von der Verwerflichkeit der britischen und der Lauterkeit der deutschen Position zu überzeugen.[49] Er glaubte ehrlich und fest, daß England »aus gemeinem Konkurrenzneid«, Deutschland hingegen nur aus Notwehr gehandelt habe. Die Aggressivität seiner eigenen Position ist ihm zumindest damals vermutlich gar nicht bewußt gewesen.

Allerdings hinderte diese Ansicht Harnack keineswegs, sich auch inneren Mißständen zuzuwenden. Man wird sogar sagen können, daß er sehr bald auf *diesem* Gebiet seine eigentliche Kriegsaufgabe erblickte. Erstmals wurde dies deutlich aus der Broschüre ›Was wir schon gewonnen haben und was wir noch gewinnen müssen‹, die Harnack im Herbst 1914 zum Druck gab.[50]

---

[46] ZAHN-HARNACK, Harnack (wie Anm. 1) S. 346–350; BURCHARDT, Die Kaiser Wilhelm-Gesellschaft (wie Anm. 44) S. 164–172.

[47] Dazu ausführlich und immer noch grundlegend KLAUS SCHWABE, Wissenschaft und Kriegsmoral. Die deutschen Hochschullehrer und die politischen Grundfragen des Ersten Weltkriegs, Göttingen 1969.

[48] Vgl. dazu neuerdings JÜRGEN u. WOLFGANG VON UNGERN-STERNBERG, Der Aufruf ›An die Kulturwelt!‹. Das Manifest der 93 und die Anfänge der Kriegspropaganda im Ersten Weltkrieg, Stuttgart 1996.

[49] Gedruckt in: ADOLF HARNACK, Aus der Friedens- und Kriegsarbeit, Gießen 1916, S. 293–299.

[50] ADOLF HARNACK, Was wir schon gewonnen haben und was wir noch gewinnen müssen, Berlin 1914; zitiert wird nach dem Abdruck in: DERS., Aus der Friedens- und Kriegsarbeit (wie Anm. 49) S. 311–330.

In dieser Schrift ging er aus von der Annahme, daß der Krieg bald mit einem deutschen Erfolg enden werde und man deshalb schon jetzt an die Nachkriegszeit denken müsse. Im Reich habe, so argumentierte er, der Krieg die »Irrlichter« des Internationalismus und Kosmopolitanismus ausgelöscht und »die heilige Flamme des Vaterlandes wieder entfacht«. Bis zum Kriegsbeginn sei in der Wirtschaft alles erlaubt gewesen, was nicht ausdrücklich den Gesetzen widersprochen habe; das könne und dürfe künftig nicht mehr so sein.[51] Vielmehr gelte es, »mehr Verträglichkeit und mehr Duldung und Versöhnlichkeit untereinander« zu praktizieren, den Klassen- und Kastengeist zu überwinden und allgemein möglichst viel von der Aufbruchstimmung der ersten Kriegswochen zu bewahren.

Es wäre falsch, hier einen Linksruck sehen zu wollen. Harnack empfand sich weiterhin als »durch und durch konservativer Mann«,[52] der dem Kaiser und den Streitkräften uneingeschränkt vertraute und fest mit einem deutschen Sieg rechnete. Allerdings wurde er auch jetzt kein Scharfmacher. Die Haltung der SPD bei Kriegsbeginn hatte ihn in seiner früheren Auffassung bestärkt, daß sich diese Partei allmählich auf den Boden der Tatsachen zu stellen beginne. Als er im Frühjahr 1916 eine Attacke des konservativen Abgeordneten Zedlitz-Neukirch gegen die Lauen im Lande beantwortete, vertrat er die Auffassung, daß Deutschland beide brauche – »die Unternehmungsfreudigen und die Umsichtigen«: Erst aus ihrer geistigen Auseinandersetzung entwickle sich »die richtige Linie«.[53]

Wenig später gab ihm eine Bitte des Reichskanzlers von Bethmann Hollweg Gelegenheit, seine Position nochmals in einer Denkschrift darzustellen.[54] Dort betonte Harnack, wie sehr sich im Laufe des Krieges »der Staat zu einer brüderlichen sozialen Arbeitgemeinschaft entwickelt« habe. Er fügte hinzu, daß ›sozial‹ hier nicht mit ›sozialdemokratisch‹ gleichzusetzen sei, sondern einen Staat bezeichne, in dem »die sehr verschiedenen Einzelnen (…) den Spielraum ihrer Kräfte nur durch organische Einordnung in das Ganze zu gewinnen vermögen«.[55] Jedoch sei noch viel zu tun: Angesichts der Opfer, die insbesondere die Soldaten gebracht hätten, werde es nach Kriegs-

---

[51] Zum Folgenden vgl. HARNACK, Aus der Friedens- und Kriegsarbeit (wie Anm. 49) S. 326–330.

[52] Schreiben Harnacks an Valentini vom 30.10. 1917, zitiert bei ZAHN-HARNACK, Harnack (wie Anm. 1) S. 355.

[53] Der Tag vom 21.4. 1916, Abdruck in: HARNACK, Aus der Friedens- und Kriegsarbeit (wie Anm. 49) S. 300–307.

[54] Gedruckt in: HARNACK, Erforschtes und Erlebtes (wie Anm. 27) S. 279–291.

[55] Ebd. S. 280.

ende innere Reformen geben müssen, zumal »das ganze Volk einen neuen politischen Horizont erhalten« habe.

An konkreten Maßnahmen mahnte Harnack neben besserer Fürsorge für Kinder und Jugendliche erneut die Überwindung des Kastengeistes an, vor allem aber ein neues Wahlrecht in Preußen, sowie »die volle Freiheit und aufrichtige Anerkennung des Koalitionsrechtes und der Gewerkschaften«. Dies gelte um so mehr, als die Gewerkschaften »die Massen der Arbeiter (...) erhoben und zu guten deutschen Bürgern erzogen« hätten.[56] Im übrigen liege Deutschland in seiner Kenntnis anderer Länder hinter seinen Nachbarstaaten zurück; Harnack fand dafür die interessante (und bis heute zu einem gewissen Grad aktuelle) Erklärung, daß in Deutschland »die Professuren für neuere Geschichte fast samt und sonders Professuren für *deutsche oder preußische* [sic!] Geschichte sind«.[57] Um so unverständlicher erschienen Harnack die »politisch frivolen Träume politisch blinder Alldeutscher, lediglich durch die Faust den Erdball zu bezwingen«.[58] Kein Zweifel also, nach zwei Kriegsjahren sah Harnack – wie unzählige andere Deutsche auch – die Dinge nicht mehr ganz so euphorisch wie 1914. Die seitdem gemachten Erfahrungen hatten ihm die Erkenntnis vermittelt, daß die Reformaufgaben der Friedenszeit durch den Krieg keineswegs gegenstandslos geworden waren.

IV. Die Jahre 1916–1921

An diesem Punkt erlangte die für Harnack so kennzeichnende Mischung von Konservativismus und Modernität, von Bejahung des Status Quo und Reformeifer, eine neue Qualität. In den Vorkriegsjahren hatte sich dieser Reformeifer vor allem in Bildungsangelegenheiten erschöpft. Sofern konkrete Schritte ergriffen worden waren, hatten sie sich an die Adresse einzelner Unternehmen, allenfalls einzelner Industriezweiges gewandt. Mittlerweile war Harnack jedoch zu der Auffassung gelangt, daß es damit nicht mehr getan sein konnte: 1905 hatte er zu privaten Spenden für Streikende aufgerufen, denen die Arbeitgeber keine Gerechtigkeit widerfahren ließen. Ein Jahrzehnt später forderte er, der Staat müsse durch strukturelle Veränderungen dafür sorgen, daß künftig solche Situationen gar nicht erst eintreten könnten.

---

[56] Ebd. S. 288.
[57] Ebd. S 291.
[58] ADOLF HARNACK, Friedensaufgaben und Friedensarbeit, in: DERS., Erforschtes und Erlebtes (wie Anm. 27) S. 296.

Wenige Wochen später konnte Harnack seine Gedanken einem größeren Hörerkreis vorstellen. Die Vereinigung für vaterländische Vorträge hatte ihn um einem Vortrag am 1.August 1916 ›An der Schwelle des dritten Kriegsjahres‹ in der Berliner Philharmonie gebeten. Diese Aktion zielte wesentlich darauf ab, neben den ständig in Wort und Schrift aktiven Alldeutschen auch Vertreter gemäßigter Ansichten verstärkt zu Wort kommen zu lassen. Dementsprechend nutzte Harnack den Anlaß, sich »rückhaltlos« zu äußern; angesichts seiner herausgehobenen Stellung in der Öffentlichkeit fügte er aber gleich hinzu, daß dies »lediglich auf meine Verantwortung« geschehe.[59] Seine Rede, die unmittelbar anschließend als Broschüre erschien und wenig später nochmals in einem Sammelband kleiner Harnackscher Schriften abgedruckt wurde, kann hier nicht umfassend referiert werden, doch sollen einige wichtige Punkte Erwähnung finden.

Harnack hielt es für verfrüht, konkrete äußere Kriegsziele zu benennen. Jedoch forderte er schon jetzt, im Osten »die abendländische Grenze (…) mit fester Hand und für uns und die ganze abendländische Kultur zu ziehen«.[60] Hier knüpfte er offenbar an Delbrücks Rußland betreffende Ausführungen von 1914 an. Damals waren sie Harnack zu konziliant gewesen, und er hatte statt dessen den weit aggressiveren ›Aufruf der 93‹ unterzeichnet. Delbrück war mittlerweile in der damals eingeschlagenen Richtung weiter fortgeschritten, wozu Harnack noch nicht bereit war. Deshalb konnte er sich Delbrücks noch vorsichtiger gewordenen Äußerungen vom Herbst 1916 nicht nur nicht anschließen, sondern er riet Delbrück entschieden von ihrer Veröffentlichung ab.[61] Im Westen wollte Harnack Deutschland dagegen gesichert sehen, »daß England allein auf dem Meer herrscht und Belgien seine Satrapie bleibt«.

Insgesamt hatte Harnack also seine Ansichten gegenüber 1914 abgeschwächt, doch blieb ein handfester annexionistischer Unterton bestehen. Das mag zu einem gewissen Teil daran gelegen haben, daß Harnack sich für diesen Bereich nicht wirklich kompetent fühlte und deshalb in der Öffentlichkeit Gängiges relativ unreflektiert wiederholte. Wichtiger war ihm am 1.8. 1916 wie schon bei früheren Gelegenheiten der innenpolitische Bereich, und hier wurde er sehr viel präziser und origineller. Zunächst nannte er die Ziele, die schon in seiner Denkschrift für den Reichskanzler auftauchen – Sorge für die Volksgesundheit, Abbau von Klassenschranken und eine um-

---

[59] ADOLF HARNACK, An der Schwelle des dritten Kriegsjahres, Berlin 1916. Zitiert wurde nach der Fassung in: DERS., Aus der Friedens- und Kriegsarbeit (wie Anm. 49) S. 331–348.

[60] Ebd. S. 343–345.

[61] Delbrück veröffentlichte sie trotzdem im Novemberheft 1916 der Preußischen Jahrbücher, S. 177–187.

fassende Wahlrechtsreform;[62] sie bedürfen hier keiner genaueren Betrachtung. Dann folgte jedoch eine Passage, die für Aufsehen sorgte. Harnack forderte, »daß in unserem nationalen Wirtschaftsleben eine entscheidende Änderung eintritt«, und erläuterte anschließend, was er darunter verstand: Sollten in einem künftigen Krieg die derzeit üblichen »schrankenlosen Kriegsgewinne« vermieden werden, so gelte es, ordnungspolitische Grundlagen dafür schon im Frieden zu schaffen. Konkret dachte Harnack an »gemischte Unternehmungen (...) in großer Zahl, an denen der Staat und die Kommunen beteiligt sind«.[63] Private Initiativen sollten weiterhin möglich bleiben, doch müßten sie »an den Bedürfnissen und an dem Wohle des Ganzen (...) ihre Grenzen finden.« Seit Kriegsbeginn sei, so erläuterte Harnack, »eine unbekümmerte, lediglich auf den Profit gestimmte, heimische Privatwirtschaft« aufgewachsen. Dies habe nur deshalb geschehen können, weil die derzeitige Wirtschaftsverfassung »den vollen Handelsegoismus und das rücksichtslose Verdienen auch im Kriege« erlaube.

Obendrein wies Harnacks Rede einige Reizworte auf, die nicht überall genehm sein konnten. Beispielsweise forderte er eine »deutsche Gemeinwirtschaft«. Er definierte sie recht nebulös als »nationale Arbeitsgemeinschaft« und stellte sich offenbar nichts allzu Präzises darunter vor, doch dürfte mancher Leser Wichard von Moellendorffs wenig vorher erschienene ›Deutsche Gemeinwirtschaft‹ gekannt haben, die sich sehr viel konkreter äußerte und weit über den ordnungspolitischen Status Quo hinauswies.[64] Besonders Eigentümer-Unternehmer mußten sich von dieser Schrift geradezu existenziell bedroht fühlen, setzte doch Moellendorff an die Stelle unternehmerischer Entscheidungsspielräume eine weitreichende zentrale Planung, von der er sich erhöhte volkswirtschaftliche Effizienz erhoffte.[65] Auch hatte sich Moellendorff wiederholt gegen schrankenlose Kriegsgewinne gewandt, weil er sie als Indizien unbefriedigend gelöster gesamtwirtschaftlicher Verteilungsaufgaben empfand. Demgemäß betrachtete er als den eigentlichen kreativen Gestalter in der Wirtschaft nicht den Unternehmer, der vorrangig auf seinen persönlichen Profit achtete, sondern den Ingenieur, der nach Moellendorff als »Hoher Priester des Wirkungsgrades« über solchen Privategoismen stand

---

[62] HARNACK, An der Schwelle (wie Anm. 59) S. 339–341.

[63] Ebd. S. 341 f.

[64] Vgl. hierzu LOTHAR BURCHARDT, Technischer Fortschritt und sozialer Wandel. Das Beispiel der Taylorismusrezeption, in: Deutsche Technikgeschichte, hg. v. WILHELM TREUE, Göttingen 1977, S. 52–98, sowie KLAUS BRAUN, Konservativismus und Gemeinwirtschaft. Eine Studie über Wichard von Moellendorff, Duisburg 1978.

[65] Die wichtigere Literatur zum Thema ›Gemeinwirtschaft‹ wird bei BRAUN, Konservativismus (wie Anm. 64) nachgewiesen.

und stets die gesamte Volkswirtschaft im Auge behielt. Indem Harnack unreflektiert jenen Begriff der »deutschen Gemeinwirtschaft« übernahm, der zumindest äußerlich derjenige Moellendorffs zu sein schien, hatte er in dieser
Angelegenheit bewußt oder unbewußt Partei ergriffen.

Erst recht mußten Harnacks Bemerkungen über »schrankenlose Kriegsgewinne« und »gemischte Unternehmungen« Aufsehen erregen, denn Harnack war kein beliebiger Redner, sondern galt allgemein als der Repräsentant des deutschen Bildungsbürgertums schlechthin. Er war vom Kaiser ge-
adelt, von Preußen an die Spitze der Königlichen Bibliothek gestellt, von
der KWG zum Gründungspräsidenten berufen worden und stand mit zahlreichen Großindustriellen auf vertrautem Fuß. Was bewog einen mit dem so-
zio-politischen System seiner Zeit so offensichtlich eng verwachsenen Sprecher, plötzlich so scharf gegen ein Geschäftsgebaren Stellung zu nehmen,
das in Unternehmerkreisen als völlig normal galt?

Wer so dachte, kannte Harnack nicht. Wie wir bereits sahen, hatte er schon
lange vor dem Krieg die wirtschaftliche Unterdrückung des Schwächeren
durch den Stärkeren kritisiert und für Gleichberechtigung der Sozialpartner
unter staatlicher Mitwirkung plädiert. Nichts anderes tat er hier. Im übrigen
hatte er schon im Vorfeld der KWG-Gründung mit Erfolg darauf gedrängt,
die KWG nicht allein privatwirtschaftlich zu finanzieren, sondern mit einer
gemischten Finanzierungsform auszustatten: Nur die Einschaltung des Staates schien ihm geeignet, »das Kapital in ein ›reinliches‹ [sic!] Bett« zu leiten.[66]
Dasselbe sollten die 1916 vorgeschlagenen »gemischten Unternehmungen«
bewirken. Wie große Teile der interessierten Öffentlichkeit, so betrachtete
auch Harnack die Kriegsgewinne als problematisch, ja anstößig. Für ihn lag
hier erneut der Fall vor, der ihn schon 1905 zu seiner Stellungnahme gegen die
Zechenbesitzer bewogen hatte: Die soziale Gerechtigkeit war gestört worden
und mußte wiederhergestellt werden – um des sicheren Fortbestandes der so-
zio-politischen Verfassung willen. Und diesmal durfte man nicht bei Einzel-
maßnahmen stehenbleiben, sondern mußte strukturelle Veränderungen her-
beiführen, welche die Wirtschaftsverfassung insgesamt betrafen.

Harnacks Augustrede bildete also keineswegs einen einmaligen Ausrut-
scher, sondern fügte sich (läßt man seine unreflektierten Ausführungen zur
Gemeinwirtschaft einmal außer Betracht) relativ zwanglos den Ansichten an,
die er schon vor 1914 wiederholt vertreten hatte. Wenn er 1916 umfassender
ansetzte, so deshalb, weil das Phänomen der übersteigerten Kriegsgewinne
ein gesamtgesellschaftliches war und demgemäß auch gesamtgesellschaftlich

---

66 Zitiert bei ZAHN-HARNACK, Harnack (wie Anm. 1) S. 329. Vgl. auch Lothar BURCHARDT,
Wissenschaftspolitik im wilhelminischen Deutschland, Göttingen 1975, S. 53 u. S. 89–94.

angegangen werden mußte. Was während der KWG-Gründung kaum Beachtung gefunden hatte, erregte nun freilich erhebliches Aufsehen, zumal es
nicht in kleinem Kreis, sondern öffentlich ausgesprochen worden war.

Zunächst hatte es keineswegs so ausgesehen:[67] Wie gewohnt, hatte Harnack eine sorgfältig formulierte, rhetorisch geschliffene Rede gehalten. Wie
gewohnt, hatte er anschließend den kollektiven Beifall der Zuhörerschaft sowie die persönlichen Glückwünsche verschiedener Anwesender empfangen,
unter denen sich auch Unternehmer befunden hatten; ein Routinevorgang also, wie er dem redegewandten Harnack zahllose Male widerfahren war.
Dann allerdings hatte sich die Rechtspresse der Angelegenheit bemächtigt
und Harnacks Rede als einen globalen Angriff auf das Institut der Privatwirtschaft dargestellt.

Daraufhin brach, so erinnerte sich Harnack einige Monate später, »der
Teufel los«. Innerhalb von zwei Wochen erhielt er »90 Briefe über die Rede,
darunter auch einige von Mitgliedern der KWG«. Solange die Kritiker einfach an Harnack als Person Anstoß nahmen, kam dem keine übermäßige
Bedeutung zu, doch gerade dies war nicht der Fall: Die meisten KWG-Mitglieder unter den Beschwerdeführern dachten eher wie Wilhelm von Siemens, der Harnacks Rede als scharfe Attacke gegen »das moralische Verhalten der Privatwirtschaft und damit auch der Industrie im Kriege« empfand
und darauf mit der kaum verhüllten Drohung reagierte, nun müsse er »natü-
lich die Lage prüfen, in die ein Mitglied der KWG durch diese Kritik ihres
Präsidenten gebracht worden sei«.[68]

Auch soweit sie der KWG nicht angehörten, übertrugen die sich beschwe-
renden Industriellen ihren Ärger häufig von Harnack persönlich auf die von
ihm geleitete KWG. Das wiederum drohte deren Bemühen um die Werbung
neuer Mitglieder gerade in der Industrie zu gefährden. Der Nobelpreisträger
und KWG-Vizepräsident Emil Fischer erfuhr über seine zahlreichen Indu-
striekontakte von der Angelegenheit und schrieb daraufhin einen Brief an
Harnack, in dem er diesen auf die Gefahren seiner Äußerungen für die
KWG hinwies. Henry Theodor von Böttinger, führender Chemieindustriel-
ler, Vorstandsmitglied der KWG und ihr rührigster Mitgliedswerber, erntete
nach Harnacks Augustrede »vielfach Schwierigkeiten und leider sogar positive Ablehnung, der KWG beizutreten«, ähnlich der Elekrounternehmer und
langjährige KWG-Senator Wilhelm von Siemens. Böttinger führte das darauf zurück, daß »die Herren das Verhalten des Herrn Präsidenten ebenso

---

[67] Das folgende nach Harnacks Schreiben an Wilhelm von Siemens vom 9.2. 1917, Siemens-
Archiv München, SAA 4/LK 112, Nachlaß Wilhelm von Siemens. Ich danke dem Archiv herzlich für die unbürokratische Bereitstellung dieses Briefs und der dazugehörigen Schriftstücke.
[68] Schreiben von Wilhelm von Siemens an Harnack vom 7.2. 1917, ebd.

unbegreiflich finden wie ich«, während Siemens von Beitrittskandidaten ent-
gegengehalten wurde, der KWG-Präsident habe »in öffentlicher Rede die
Privatwirtschaft, und damit auch die Industrie beschimpft«.[69]

Offensichtlich mußte also etwas geschehen. Schließlich ergriff der Erste
Vizepräsident der KWG, Gustav Krupp von Bohlen und Halbach, die Initiative. Am 22. Oktober 1916 fragte er bei seinem Vorstandskollegen Walter
vom Rath an, ob dieser meine, »daß ich an die anderen Herren des Verwaltungsausschusses (der KWG) – mit Ausnahme von Exzellenz von Harnack
gegebenenfalls auch von Exzellenz Fischer (?) schreiben soll, um sie zu einer
vorherigen Besprechung über unsere Stellungnahme zu den bekannten Ausführungen Harnacks einzuladen, oder ob Sie es Ihrerseits tun wollen. Ich
glaube, es ist doch nötig, daß wir unter uns, die wir der Industrie angehören,
klar werden über das, was Harnack zu sagen wäre und gegebenenfalls in
welcher Form dies zu geschehen hätte«.[70]

Vom Rath antwortete postwendend: Auch er halte es für »ganz richtig«,
vor der nächsten Sitzung des Verwaltungsausschusses dessen Mitglieder –
ohne Harnack und den Behördenvertreter, aber mit Fischer – zu einem Gespräch über besagte Äußerungen zu bitten.[71] Demgemäß lud Krupp von
Bohlen diesen Personenkreis auf den Nachmittag des 28. Oktober in den
Berliner ›Kaiserhof‹.[72] Einziger Besprechungspunkt sollte es sein, zu klären,
»ob und in welcher Form Exzellenz v. Harnack von uns auf die schädlichen
Folgen aufmerksam zu machen sein wird, die sich unzweifelhaft aus seinen
Ausführungen für die Weiterentwicklung der KWG hinsichtlich ihrer Unter-
stützung durch Industriekreise ergeben«.[73]

Alle Eingeladenen sagten zu, so daß die Besprechung wie geplant stattfinden konnte. Leider scheint über sie keine Niederschrift zu existieren. Immerhin wissen wir, daß man übereinkam, Harnack während der unmittelbar anschließenden Sitzung des Verwaltungsausschusses[74] auf die Angelegenheit

[69] Schreiben Henry Theodor von Böttingers an Gustav Krupp von Bohlen vom 27.10. 1916,
Historisches Archiv der Friedr. Krupp, Essen – fortan abgekürzt: HAFK –, FAH 4 E 246,
Bl. 172; Schreiben von Wilhelm von Siemens an Harnack vom 7.2. 1917 (wie Anm. 67).

[70] Schreiben Krupp von Bohlens an Walther vom Rath vom 22.10. 1916, HAFK, FAH 4 E
246, Bl. 190 f. Der Verwaltungsausschuß war der engere geschäftsführende Vorstand der Kaiser-
Wilhelm-Gesellschaft.

[71] Schreiben vom Raths an Krupp von Bohlen vom 24.10. 1916, HAFK, FAH 4 E 246,
Bl. 189.

[72] Eingeladen wurden Walther vom Rath, Emil Fischer, Franz von Mendelssohn, Eduard
Arnhold und Henry Theodor von Böttinger. Vgl. den Vermerk vom 24.11. 1921 in: HAFK,
FAH 4 E 60, Bl. 32.

[73] Einladungsschreiben vom 26.10. 1916, HAFK, FAH 4 E 246, Bl. 177–179.

[74] Aus Gründen der Zeitersparnis pflegten Verwaltungsausschuß und Senat unmittelbar nach-

anzusprechen. Krupp von Bohlen berichtete später über letzteres Gespräch folgendermaßen: »Ich hatte daraufhin mit verschiedenen Herren der KWG Exzellenz v.Harnack auf die Möglichkeit mißverständlicher Auffassungen aufmerksam gemacht, woraufhin er sofort aufs ernsthafteste versicherte, daß ihm jeder Angriff gegen die Privatwirtschaft als solche ferngelegen habe und daß er gerne die erste Gelegenheit benutzen würde, dies auch einwandfrei festzustellen«.[75]

Um seine Argumentation zu unterstützen, sandte Harnack Krupp von Bohlen wenige Tage später Auszüge aus einer Rede vor den Mitgliedern der KWG, in der er sich für den Schutz des Privateigentums ausgesprochen und dazu aufgerufen hatte, »dem Individuum und seine Kräften Raum zu lassen und das Gleichgewicht der kollektiven und persönlichen Verantwortung zu erhalten«.[76] Diesem Gedanken habe er, so fuhr Harnack fort, wiederholt Ausdruck gegeben, und das tat er auch in den folgenden Monaten mehrfach. Dem zweiten Abdruck seiner umstrittenen Rede schaltete er eine Klarstellung vor: Die bemerkenswerten Leistungen gerade der Großindustrie während des gegenwärtigen Krieges seien ihm bekannt. Deshalb habe seine Kritik auch keineswegs der Großindustrie oder gar der Privatwirtschaft als solcher gegolten, sondern lediglich den Unternehmerkreisen, »die sich im Kriege nicht gescheut haben, Wucher und Hamsterei zu treiben«.[77] Krupp von Bohlen wiederum nahm Gelegenheit, anläßlich einer Rede vor dem Vorstandsrat des Deutschen Museums (der großenteils aus Industriellen bestand) die Angelegenheit nochmals aufzugreifen und in Harnacks Sinne zurechtzurücken.[78]

Trotzdem war die Industrie noch keineswegs beruhigt. Siemens, der erst verspätet bei der Werbung neuer KWG-Mitglieder auf Harnacks Rede hingewiesen worden war, forderte Harnack Anfang 1917 brieflich auf, »die Lage in der erforderlichen Weise befriedigend wiederherzustellen«, faktisch also Abbitte zu leisten.[79] Mit dieser Richtigstellung tat Harnack sich schwer. Er erklärte das Ganze zum Mißverständnis, das nur durch die verzerrende Presseberichterstattung habe entstehen können. Dann wiederholte er, daß

einander zu tagen. Aus demselben Grund fand die von Krupp angesetzte Besprechung direkt vor der Sitzung des Verwaltungsausschusses statt.

[75] Schreiben Krupp von Bohlens an Geschäftsführer Petersen vom Verein Deutscher Eisenhüttenleute vom 25.11. 1921, HAFK, FAH 4 E 60, Bl. 33 f.

[76] Schreiben Harnacks an Krupp von Bohlen vom 31.10. 1916, HAFK, FAH 4 E 60, Bl. 25. Die zitierte Passage ist gedruckt im Jahresbericht der Kaiser-Wilhelm-Gesellschaft vom April 1916, S.6.

[77] HARNACK, Aus der Friedens- und Kriegsarbeit (wie Anm. 49) S. 332.

[78] Schreiben Krupp von Bohlens an Harnack vom 2.2. 1917, HAFK, FAH 4 E 60, Bl. 28 f.

[79] Vgl. oben Anm. 68.

seine Kritik nur den Wucherern und Hamsterern gegolten habe, wozu die
Großindustrie nicht gehöre. Demgemäß habe er sie weder gemeint, noch
auch nur »an sie (...) gedacht«. In gemischte Unternehmen schließlich habe
er nur solche umwandeln wollen, »die gut gedeihen können, ohne daß sie
den Genius, die Tatkraft und die Verantwortlichkeit des Einzelnen brauchen«.[80] Seine gemeinwirtschaftliche Passage erwähnte er ebensowenig wie
die Tatsache, daß er in seiner Rede ausdrücklich die staatliche höchst positiv
mit der privaten Wirtschaft verglichen, an letzterer sehr umfassende und
grundsätzliche Kritik geübt und davon die Großindustrie keineswegs ausgenommen hatte.

Falls Harnack allerdings glaubte, mit dieser Antwort alle Mißstimmung
bei Siemens ausgeräumt zu haben, befand er sich im Irrtum: Als Siemens'
Privatsekretär seinem Chef über Harnacks Antwort berichtete (schon allein
die Tatsache, daß Siemens diesen Brief gar nicht mehr selbst las, kennzeichnet seine Stimmung hinlänglich), interpretierte er ihn als wenig eleganten
Rückzieher. Er teilte Siemens lapidar mit, Harnack sehe ein, »daß er eine
große Dummheit gemacht hat und versucht, sich rauszureden, so gut es
geht. Aber es gelingt schlecht«.[81] Einige Monate später bestellte der KWG-
Senat neben Emil Fischer und Krupp von Bohlen auch Harnack in das Kuratorium des gerade entstehenden Kaiser-Wilhelm-Instituts für Eisenforschung.[82] Harnack rechnete fest damit, daß ihn anschließend das Kuratorium zum Vorsitzenden wählen würde, wie es bei Neugründungen üblich war,
doch erlebte er eine herbe Enttäuschung: Nicht er, sondern der Ruhrindu-
strielle Springorum erhielt den Vorsitz.[83] Einige Tage später erklärte Krupp
von Bohlen Harnack die Hintergründe dieser Wahl: Die Industrie mißtraue
ihm, Harnack, noch immer.[84]

Nun bestand das Kuratorium des Kaiser-Wilhelm-Instituts für Eisenforschung satzungsgemäß aus sieben stimmberechtigten Mitgliedern, die ihren
Vorsitzenden selbst wählten.[85] Die KWG entsandte die bereits genannten
drei Vertreter in das Kuratorium, das preußische Kultusministerium Friedrich Schmidt-Ott, der die Geschicke der KWG von Anbeginn mit Tatkraft

[80] Vgl. oben Anm. 67.

[81] Vermerk von Siemens' Privatsekretär bei Harnacks Schreiben vom 9.2. 1917 (wie Anm. 67).

[82] Protokoll der Senatssitzung der Kaiser-Wilhelm-Gesellschaft vom 6.7. 1917, HAFK, FAH
4 E 304.

[83] Protokolle der konstituierenden Sitzung des Kuratoriums vom 17.11. 1917, Archiv der
Max-Planck-Gesellschaft Berlin – fortan abgekürzt: MPGA – , Nr. 1958, Bl. 9–12.

[84] Schreiben Krupp von Bohlens an Harnack vom 19.11. 1917, MPGA, Nr. 1958, Bl. 40 f.

[85] Ein Exemplar der Satzung des Kaiser-Wilhelm-Instituts für Eisenforschung findet sich im
MPGA, Nr. 1958, Bl. 70–72.

und Engagement mitgestaltet hatte. Der Verein Deutscher Eisenhüttenleute, der das Institut im wesentlichen finanzierte, benannte neben Springorum die Herren Vögler und Niedt. Außerdem gehörten Vereins-Geschäftsführer Petersen und KWG-Generalsekretär Trendelenburg dem Kuratorium ohne Stimmrecht an.

Harnack und Schmidt-Ott votierten zweifellos für Harnack, die drei Vertreter des Vereins Deutscher Eisenhüttenleute ebenso sicher für Springorum. Den Ausschlag gaben also Fischer und Krupp von Bohlen. Nach allem, was wir über Krupps Bemühen um eine Beilegung der Angelegenheit wissen, fällt es schwer, in ihm eine Stimme gegen Harnack zu vermuten. Dann bliebe nur die Möglichkeit, daß Fischer sich die Bedenken des Vereins Deutscher Eisenhüttenleute zu eigen machte und gegen Harnack stimmte. In der Tat ist dies nicht auszuschließen: Fischer stand der Industrie aufgrund seiner zahlreichen fachlichen Kontakte viel näher als Harnack und hatte seinerzeit Krupps Einladung zu der erwähnten Besprechung über Harnack emphatisch begrüßt.[86] Außerdem hatte er in der KWG von Anfang an eine dominierende Rolle gespielt und bei der Planung des ersten industrienahen Instituts (des Kaiser-Wilhelm-Instituts für Kohlenforschung) führend mitgewirkt, ja eigentlich dessen Richtung vorgegeben. Nicht zufällig hatte sich Harnack 1913 vorübergehend mit dem Gedanken getragen, gerade zu Fischers Gunsten vom Präsidentenamt zurückzutreten.[87]

Bezeichnenderweise hatte Harnacks Rede das Interesse der Schwerindustrie an der Gründung des Eisenforschungsinstituts nicht gemindert,[88] denn sie hatte sich offenbar bald davon überzeugt, daß Harnack 1916 wirklich nur für sich selbst gesprochen hatte und daß man wenn nicht ihm, so doch der KWG auch weiterhin vertrauen konnte. Ähnlich wurden auch bei der Planung der übrigen industrienahen Institute, die seit 1917 diskutiert wurden und ab 1920 allmählich in Betrieb gingen, niemals Bedenken gegen die KWG als solche laut.[89] Selbst der Mitgliedsbestand, um den sich der Verwaltungsausschuß hinter Harnacks Rücken gesorgt hatte, wurde letztlich

---

[86] Vgl. seine Antwort auf Krupp von Bohlens Einladung, HAFK, FAH 4 E 60.

[87] Schreiben Harnacks an Schmidt-Ott vom 28.1. 1913, Geheimes Staatsarchiv Berlin-Dahlem, Nachlaß Schmidt-Ott Nr. 12.

[88] Vgl. z. B. die Zeitschrift Stahl und Eisen, Jg.1917, Nr.11, S.5f.; Protokoll des Senats der Kaiser-Wilhelm-Gesellschaft vom 11.5. 1917, MPGA, Nr. 1871, Bl. 106 f. Ergänzendes Material findet sich im MPGA, Nr.1329.

[89] Es handelte sich vor allem um die Kaiser-Wilhelm-Institute für Metallforschung, Faserstoffchemie, Silikatforschung und Lederforschung. Vgl. dazu BURCHARDT, Die Kaiser-Wilhelm-Gesellschaft (wie Anm. 44) S. 176–191.

nicht ernsthaft tangiert.[90] Anders ausgedrückt: Mit Springorums Wahl hatte die Schwerindustrie Harnack eine Rechnung ad personam präsentiert, ja sie war möglicherweise von Emil Fischer mitgetragen worden.

Dieser Vorfall illustriert nochmals, wie weit Harnack 1916 danebengegriffen hatte. Er, der sich immer viel auf seinen Sinn für Realitäten und auf seine Fähigkeit zu situativem Handeln zugutegehalten hatte, war am 1. August 1916 von beiden Eigenschaften im Stich gelassen worden. Er hätte wissen müssen, daß er als Präsident einer (damals noch) ganz überwiegend von der Wirtschaft finanzierten Institution diese Rede nicht halten konnte, ohne der KWG Schwierigkeiten zu bereiten – und daß er sie obendrein viel sorgfältiger hätte durchdenken, formulieren und insbesondere belegen müssen. Statt dessen hatte er es sich erheblich zu leicht gemacht, indem er lediglich einige alte Ideen weiterspann, sie um vage Globalvorwürfe und verschiedene offenbar nur halb verstandene Gedanken über Gemeinwirtschaft ergänzte – und das Ganze nicht nur vortrug, sondern obendrein auch noch mehrfach veröffentlichte.

Das in Springorums Wahl zum Ausdruck kommende Mißtrauen gegen Harnack als Person wirkte noch lange nach. Als die festliche Einweihung des Kaiser-Wilhelm-Instituts für Eisenforschung im Herbst 1921 bevorstand und Harnack den Verein Deutscher Eisenhüttenleute wissen ließ, daß er bei dieser Gelegenheit die Festrede halten wolle, wandte sich Vereins-Geschäftsführer Petersen mit folgender Anliegen an Krupp von Bohlen: Er war – offenbar von August Thyssen – gefragt worden, ob er eigentlich wisse, daß Harnack 1916 »über die Privatwirtschaft ein abfälliges Urteil gefällt« habe. Nun erbat Petersen Krupps Meinung, um gegebenenfalls »dem einen oder anderen (...) die notwendige Aufklärung zu geben«.[91] Krupp v. Bohlen teilte ihm daraufhin mit, es bestehe kein Anlaß mehr, auf die Angelegenheit zurückzukommen, denn sie sei 1917 »zur vollen Befriedigung der Beteiligten geklärt und beigelegt worden«.[92]

Daß Harnack insgesamt glimpflich davonkam und daß die KWG keinen Schaden nahm, verdankte er in erster Linie Krupp von Bohlen. Dieser stand zu Harnack in einem geradezu freundschaftlichen Verhältnis, das deutlich über gegenseitige Wertschätzung unter KWG-Vorstandskollegen hinausreichte.[93] Krupp war es deshalb auch, der im Oktober 1916 die Initiative er-

---

[90] Vgl. dazu BURCHARDT, Die Kaiser-Wilhelm-Gesellschaft (wie Anm. 44) S. 172–176. Ergänzendes Material findet sich im HAFK, FAH 4 E 314.

[91] Schreiben Petersens an Krupp von Bohlen vom 23.11. 1921, HAFK, FAH 4 E 60, Bl. 30 f.

[92] Schreiben Krupp von Bohlens an Petersen vom 25.11. 1921 (HAFK, FAH 4 E 60, Bl. 33 f.). Petersens Antwort vom 26.11. 1921 findet sich ebd. Bl. 35.

[93] Zahlreiche Belege hierfür enthalten die beiderseitigen Briefe im HAFK, FAH 4 E 60 und FAH 4 E 247.

griffen hatte, diesen etwas delikaten Fall zu bereinigen. Anschließend hatte er Harnack dazu bewogen, seine strittige Formulierung mehr oder weniger deutlich zurückzunehmen, so daß er selbst der Öffentlichkeit gegenüber die ganze Angelegenheit als erledigt erklären konnte. Wie das genannte Beispiel zeigt, blieb Krupp auch danach bemüht, etwa noch vorhandene Bedenken abzubauen.

Dabei kam ihm zweifellos zugute, daß die Angelegenheit außerhalb der Schwerindustrie wohl gelassener betrachtet worden war. Zwar hatte es auch dort Kritik gegeben, doch hatte Harnacks Rede insgesamt weniger Staub aufgewirbelt als beispielsweise im Verein Deutscher Eisenhüttenleute. Hier setzten sich Verhaltensmuster fort, denen wir schon in den Vorkriegsjahren begegneten: Der Evangelisch-Soziale Kongreß hatte mehrfach Anlaß gesehen, gerade die Schwerindustrie zu kritisieren und hatte in ihr wohl seine vorrangige Gegnerin erblickt. Umgekehrt war die Schwerindustrie dem Evangelisch-Sozialen Kongreß stets mit ganz besonderer Abneigung begegnet.

Unter dem Eindruck von Krupps Vorhaltungen (der übrigens für sein Unternehmen erhöhte Kriegsgewinne schon 1914 verboten hatte und dieses Verbot auch durchsetzte),[94] aber auch angesichts der sich wandelnden Gesamtlage änderte Harnack seine Vorstellungen in mehreren Punkten. 1916 hatte er voller Siegesgewißheit geschrieben. Die annexionistischen Passagen in seiner Augustrede sprechen für sich selbst, und auch sein damaliges Bekenntnis zur ›gemischten Unternehmung‹ muß vor diesem Hintergrund interpretiert werden: Es zielte nach Harnacks eigenem Zeugnis darauf ab, Deutschland aus einer Position der Stärke heraus für einen künftigen Krieg strukturell besser vorzubereiten. Als er sich ein gutes Jahr später nochmals mit einer Denkschrift (diesmal unaufgefordert) an den Reichskanzler wandte, hatten der ›Kohlrübenwinter‹ 1916/17, der amerikanische Kriegseintritt und die Massenstreiks vom April 1917 die Lage nachhaltig verändert.

Die Denkschrift von 1917 zeigt deutlich, daß Harnack diese Veränderung erkannt hatte und ihr große Bedeutung beimaß.[95] Zwei Beispiele mögen das verdeutlichen. Er plädierte wie schon 1916 für eine umfassende Reform des preußischen Wahlrechts, fügte nun aber eine bezeichnende Anmerkung hinzu: Anders als im Vorjahr sei er jetzt der Meinung, daß man eine solche Reform nicht auf die Nachkriegszeit vertagen, sondern *sofort* durchführen müsse. Andernfalls drohe wenn nicht Revolution (»die haben wir in Deutschland – Gott sei Dank! – nicht zu fürchten«), so doch »dumpfe Resignation

---

[94] BURCHARDT, Zwischen Kriegskosten (wie Anm. 41) S. 101.
[95] Gedruckt in: HARNACK, Erforschtes und Erlebtes (wie Anm. 27) S. 298 ff.

und innerer Verfall«. Außenpolitisch, so fuhr Harnack diesmal fort, müsse Deutschland zu jedem Opfer bereit sein, und dazu rechne er »Belgien, Polen, ja selbst Verhandlungen über elsaß-lothringische Grenzregulierungen«.[96] Von den Gebietsforderungen früherer Jahre war ebensowenig mehr die Rede wie von den ›gemischten Unternehmungen‹, die Harnack 1916 der Industrie gleichsam als Preis für den gewonnenen Krieg und die erwirtschafteten Kriegsgewinne hatte abverlangen wollen.

Im übrigen war Harnack zwar hinsichtlich seiner innen- und außenpolitischen Kriegsziele bescheidener geworden, aber keineswegs nach links abgedriftet. Einige Monate nach Abfassung der Denkschrift von 1917 ermahnte er den Zivilkabinettschef von Valentini (mit dem er auf vertrautem Fuß stand und offen sprechen konnte), mit der Wahlrechtsreform nicht länger zu warten. Er begründete das folgendermaßen: »Den Parlamentarismus werden wir am sichersten vermeiden, wenn wir ihn jetzt nicht durch Zögern und Unwilligkeit (bei der Wahlrechtsreform) großziehen helfen«.[97]

Auch als Harnack 1921 seine bereits erwähnte Einweihungsrede im Kaiser-Wilhelm-Institut für Eisenforschung hielt, kam er mit keinem Wort auf seinen Vorschlag von 1916 zurück.[98] Statt dessen bot er eine brillante Rede, die manche Zuhörer tief beeindruckte,[99] im übrigen aber völlig unverbindlich blieb und keinerlei kontroverse Aussagen enthielt. Ähnlich verfuhr er in seinen späten Lebensjahren. 1926 sprach er vor Eisenhüttenleuten eindrucksvoll ›Über die Bedeutung geistiger Werte für den Wiederaufbau der Wirtschaft‹, ohne dabei aber auf irgendwelche heiklen Punkte einzugehen. Bei der Einweihung des Harnackhauses schließlich betonte er die »vielfach (...) herzliche, hin und wieder (...) innige Beziehung«, die er zu vielen Industriellen unterhalte und ließ es dabei bewenden.[100]

V. Möglichkeiten und Grenzen der Harnackschen mittleren Linie

Abschließend soll die im Titel dieses Beitrags implizierte Frage nochmals aufgenommen werden: Stand Harnack in seinem Verhältnis zur Industrie zwischen Reformeifer und KWG-Raison? Harnack war eine ungewöhnliche

---

[96] Ebd. S. 301 f.
[97] Zitiert bei ZAHN-HARNACK, Harnack (wie Anm. 1) S. 356.
[98] Gedruckt in: HARNACK, Erforschtes und Erlebtes (wie Anm. 27) S. 253–263.
[99] WALTER ROHLAND, Bewegte Zeiten. Erinnerungen eines Eisenhüttenmannes, Stuttgart 1978, S. 31.
[100] ZAHN-HARNACK, Harnack (wie Anm. 1) S. 336 u. S. 383.

Persönlichkeit, die sehr verschiedene Facetten aufwies. Er war umfassend
klassisch gebildet – und pflegte trotzdem intensiven Kontakt zu den Naturwissenschaften und ihren Fachvertretern, was zu seiner Zeit keineswegs
selbstverständlich war. Er verstand sich als Generalist – und konnte sich
dennoch in das philologische Detail verlieren. Er vertrat eine eher welt-
abgewandte Disziplin – und brachte doch »für die Faktoren des öffentlichen
Lebens ein feinfühliges Verständnis auf«,[101] ja wußte sich obendrein der Öffentlichkeit mitzuteilen wie wenige seiner Zeitgenossen. Er war weder naturwissenschaftlich noch betriebswirtschaftlich vorgebildet – und begriff doch
die Bedeutung der Wissenschaft für die Industrie früher und klarer, als ein
großer Teil der deutschen Unternehmerschaft. Er war Einzelforscher – und
verfocht doch den Großbetrieb der Wissenschaft.[102] Er war kein Fanatiker –
und löste doch immer wieder Kontroversen aus.

Zu diesen scheinbaren Ungereimtheiten gehörten auch sein Konservativismus und sein Verhältnis zu Industrie und Staat. Tief in seinem Inneren war
und blieb Harnack konservativ und eingeschworener Anhänger des Status
Quo. Jedoch vertrat er auch eine Theologie, die an den sittlichen Fortschritt
glaubte und vom einzelnen Christen forderte, daß er für dessen Realisierung
eintrat. Letztlich verfolgte Harnacks Aktivität im Evangelisch-Sozialen
Kongreß wohl auch das Ziel, eklatante Mißbräuche im politischen und sozialen Bereich abzustellen, um den dadurch gleichsam geläuterten Status
Quo desto sicherer bewahren zu können. Sein Eintreten für eine Wahlrechtsreform, um durch sie wirklichen Parlamentarismus abzuwehren,[103] illustriert
dies hinlänglich.

Zum Staat selbst hatte Harnack, sieht man von seiner absoluten Staats-
treue einmal ab, ein ähnlich mehrschichtiges Verhältnis. Er schätzte den
Staat, wie er ihn vorfand und rief ihn auf, die Reichen durch eine Erbschaftssteuer fester in die Pflicht zu nehmen. Zugleich warnte er den Staat
davor, durch sozio-ökonomische Zwangsmaßnahmen »den Spielraum und
die Tatkraft des Einzelnen (zu) hemmen«.[104] Als 1910/11 über die finanzielle Ausgestaltung der gerade entstehenden KWG beraten wurde, trat Harnack jedoch für eine Mischfinanzierung ein, weil ihm nur der Staat wirksamen Schutz gegen überbordende Herrschsucht des Privatkapitals zu bie-

---

[101] GEORG SCHREIBER, Die Kaiser-Wilhelm-Gesellschaft in Reichsetat und Reichsgeschehen,
in: Jahrbuch der Max-Planck-Gesellschaft 1951, S. 92.
[102] Vgl. dazu beispielsweise HARNACK, Aus Wissenschaft und Leben (wie Anm. 23), Bd. 1,
S. 10 f.
[103] Vgl. oben S. 181.
[104] Vgl. Harnacks Rede zur Eröffnung des Evangelisch-Sozialen Kongresses am 18.5. 1910,
gedruckt in: HARNACK, Aus Wissenschaft und Leben (wie Anm. 23) Bd. 1, S. 183 f.

ten schien.[105] Wie oben dargestellt wurde, lag dieser Gedanke auch seinen ordnungspolitischen Forderungen ›An der Schwelle des dritten Kriegsjahrs‹ zugrunde. (Wie sein Eintreten für unternehmerische Freiräume mit seinen gemeinwirtschaftlichen Forderungen hätte in Einklang gebracht werden können, ließ er freilich offen; vermutlich war ihm diese Unstimmigkeit gar nicht voll bewußt geworden.)

Harnacks Verhältnis zur Industrie gestaltete sich in gewisser Hinsicht komplementär zu dem Obengesagten. Er war sich über die Bedeutung der Industrie für Deutschland völlig klar, ja gebot in dieser Hinsicht über ein weit kompetenteres Urteil als die große Mehrzahl seiner Fach- und Berufskollegen. Da er natürlich auch die schlechthin vitale Bedeutung der Wirtschaft für die KWG-Finanzen realistisch einschätzte, versäumte er keine Gelegenheit, ihre Spendenfreudigkeit durch Anreize verschiedenster Art zu steigern. Leiteten spendende Unternehmer oder Verbände allerdings aus ihren Spenden Mitspracherechte ab, so wurde er vorsichtig und suchte solche Bestrebungen abzubiegen oder mindestens in ungefährliche Bahnen zu lenken. Dahinter stand die Annahme, daß Unternehmen sich egoistisch verhielten, falls man sie nicht mäzenatisch motivieren und in die Pflicht nehmen konnte. Schlimmstenfalls mußte der Staat helfen, jenen Egoismus einzudämmen. Als dann in den zwanziger Jahren jedoch das Reich in die KWG vordrang und daraus Forderungen ableitete, während sich die Industrie eher zurückzog, versuchte Harnack, diesen Vorgang nach Kräften umzukehren: Wie er ein Jahrzehnt zuvor Preußen als Gegengewicht gegen die übermächtige Wirtschaft mobilisiert hatte, so suchte er nun privatwirtschaftliche Hilfe gegen das Reich. Dabei mag verstärkend hinzugekommen sein, daß dieses Reich nicht mehr das wilhelminische, sondern ein parlamentarisch verfaßtes war.[106]

Die Schwerindustrie hatte sich mit dem Beitritt zur KWG lange schwer getan, weil sie im Grunde deren Daseinsberechtigung nicht recht einsah und keinen Eigenbedarf an wissenschaftlichen Inventionen zu haben meinte.[107] Ein gewisser antimoderner Affekt mag hinzugekommen sein. Erst als sich innerhalb der KWG der neue Typus des ›industrienahen Instituts‹[108] abzeichnete, wuchs das Interesse der Schwerindustrie. Während des Krieges entwickelten auch andere Branchen in sozusagen vorwissenschaftlicher Naivität

---

[105] Vgl. oben S. 173.

[106] Burchardt, Adolf von Harnack (wie Anm. 1) S. 230.

[107] Burchardt, Wissenschaftspolitik (wie Anm. 66) S. 62 u. S. 100–104.

[108] Burchardt, Kaiser-Wilhelm-Gesellschaft (wie Anm. 44) S. 176–191. Vgl. auch die Definition in einem Positionspapier der Kaiser-Wilhelm-Gesellschaft von ca. Juni 1920, HAFK, FAH 4 E 247, Bl. 260–275.

die Vorstellung, daß die KWG geeignet sei, ihnen in dem ›Wirtschaftskrieg nach dem Krieg‹ zu helfen, den sie befürchteten.

Einen Sonderfall bildete Gustav Krupp von Bohlen, obwohl er eigentlich als der Schwerindustrielle schlechthin galt und gilt: Als die erste Werbekampagne der KWG anlief, hatte sich der Kaiser persönlich in die Verhandlungen mit Krupp eingeschaltet. Dieser hatte daraufhin eine der höchsten Spendensummen gezeichnet[109] und war im Gegenzug Senator und Vizepräsident der Gesellschaft geworden. Sein ausgeprägtes Pflichtbewußtsein und sein immer enger werdendes Verhältnis zu Harnack machten ihn zum zuverlässigsten Partner der KWG in der Industrie. Als solcher übernahm er immer wieder Brückenfunktionen, wenn der Kontakt zwischen Industrie und KWG gefährdet schien.

Dieser Fall trat ein, als Harnack seine Augustrede gehalten hatte. Harnack hatte damals nicht als Präsident der KWG sprechen wollen, sondern als betroffener Bürger, den die Angst vor der innenpolitischen Brisanz überhöhter Kriegsgewinne motivierte; Entrüstung über den offenkundigen Mißbrauch von Marktmacht durch zahlreiche Firmen kam hinzu. Hier wie bei der Gründung der KWG erhoffte sich Harnack Hilfe vom Staat. Zwar führte er seinen Gedanken der ›gemischten Unternehmungen‹ nicht weiter aus, doch ist zu vermuten, daß er sie sich mutatis mutandis ähnlich vorstellte wie die gemischt finanzierten industrienahen Kaiser-Wilhelm-Institute: als Kapitalgesellschaften mit einer staatlichen Beteiligung, die gerade hinreichte, dem Staat in ihren Gremien eine Sperrminorität oder wenigstens Sitz und Stimme zu sichern.

Mit der empörten Reaktion der Industrie hatte Harnack schwerlich gerechnet und ebensowenig mit der Möglichkeit, daß sich seine Vorschläge gegen die KWG kehren könnten. Wie sehr er sich verschätzt hatte, zeigte unter anderem die Reaktion des Verwaltungsausschusses. Daß dieser nicht nur hinter dem Rücken seines Präsidenten, sondern auch *über ihn* beriet, war ein in der Geschichte der KWG einmaliger Vorgang. Er wog um so schwerer, als im Verwaltungsausschuß von 1916 ja keineswegs nur die Schwerindustrie saß, sondern außerdem auch der Großhandel, die chemische Industrie, die Hochschulchemie und der Bankensektor vertreten waren. Während sich mindestens die konservativeren Schwerindustriellen um Thyssen und Stinnes durch Harnack wenn nicht geradezu bedroht, so doch persönlich angegriffen fühlten, fürchteten die Vertreter der übrigen im Ausschuß präsenten

---

[109] Rechnet man seine späteren Spenden hinzu, so war Krupp von Bohlen der mit Abstand gebefreudigste KWG-Spender.

Wirtschaftszweige wohl in erster Linie für das finanzielle Wohlergehen der KWG.

Krupp von Bohlen übernahm es, nach beiden Seiten Klarheit zu schaffen. Vermutlich wurde Harnack erst in diesem Augenblick ganz klar, welche Folgen sein Vorstoß zugunsten ›gemischter Unternehmungen‹ schon gezeitigt hatte und noch zeitigen konnte. In dieser Lage blieb ihm nur die Wahl zwischen Standhaftigkeit ohne Rücksicht auf die Folgen – und dem Widerruf. Nun war Harnack ein Mann des Ausgleichs und obendrein ein Mann, für den die KWG oberste Priorität besaß. Wie er 1911 zugunsten der KWG das Präsidentenamt des Evangelisch-Sozialen Kongresses aufgegeben hatte, so opferte er ihr nun die ›gemischten Unternehmungen‹: Er widerrief und kam nie mehr auf seinen Vorschlag von 1916 zurück.

Gewiß erledigte sich das Problem der Kriegsgewinne durch Kriegsende und Inflation bald von selbst, doch hörte man in den zwanziger Jahren ganz generell keine industriekritischen Worte mehr von Harnack, was vor 1914 durchaus anders gewesen war. Teilweise mag er sich zurückgehalten haben, weil er nicht mit der ungeliebten Republik gemeinsame Front gegen die Industrie machen wollte. Den Ausschlag gab aber wohl, daß sich die KWG nun mehr denn je auf die Industrie angewiesen sah: Krieg und Inflation hatten ihre finanziellen Reserven vernichtet, und das Reich knüpfte an seine Zuschüsse Bedingungen, die Harnack nicht glaubte annehmen zu können. Um so nötiger schien es, die Spendenfreudigkeit der Industrie wenigstens für die industrienahen Institute sorgsam zu pflegen.

Auf den ersten Blick mag Harnacks Haltung opportunistisch erscheinen. Darüber sollte jedoch nicht vergessen werden, daß die KWG im Grunde nur deshalb hatte entstehen und wachsen können, weil es gelang, immer mehr Unternehmer als Spender zu gewinnen. Dies wiederum glückte nicht zuletzt deshalb, weil von Anfang an ein ausgefeiltes System von Anreizen benutzt wurde, um potentiellen Spendern größere Zuwendungen schmackhaft zu machen.[110] Rücksichtnahme auf diesen Personenkreis rangierte im Instrumentarium des Spendenwerbers an prominenter Stelle. Es gehörte zu Harnacks Vielseitigkeit, daß er auf diesem Gebiet, das in den USA seit langem mit gutem Erfolg gepflegt wurde, Virtuosität schon zu einer Zeit entwickelt hatte, als dergleichen in Deutschland noch weitgehend unbekannt war.

Das wilhelminische Deutschland war in gewissem Sinne ein Zwischenreich. Wir finden dort Ungleichzeitiges nebeneinander – Spätfeudalismus neben Demokratie, vorindustrielle neben hochkomplexen Produktionstechniken, ostelbische Junker neben weitblickenden Sozialreformern, frühindu-

---

[110] BURCHARDT, Wissenschaftspolitik (wie Anm. 66) S. 53 f.

strielle Betriebstyrannen neben versierten Industriemanagern. Wie wir sahen, verkörperte Harnack viele von diesen Gegensätzlichkeiten. Seine Neigung, Mittelwege einzuschlagen und auf Ausgleich hinzuwirken, half ihm, solche Gegensätze zu bewältigen, brachte ihn aber gelegentlich auch in Schwierigkeiten.

Harnacks Verhältnis zur Industrie fällt in letztere Kategorie. Er war bestrebt, Auswüchsen entgegenzuarbeiten, um die bestehende Ordnung desto stabiler und überlebensfähiger zu machen. Dieses Bestreben zieht sich von den frühen neunziger Jahren bis weit in den Ersten Weltkrieg hinein durch Harnacks Wirken im Evangelisch-Sozialen Kongreß, aber auch in der KWG hindurch. Wie wir sahen, trug ihm das nicht selten Kritik vom beiden Seiten ein. Die Schwerindustrie mißtraute dem Evangelisch-Sozialen Kongreß und nahm Harnack seine Augustrede übel. Umgekehrt sah die Linke in ihm einen Handlanger der ›herrschenden Kreise‹. Noch Wendels Arbeit über die frühe KWG enthält die Formulierung, »Harnack glaubt zu schieben, aber er wird geschoben«[111] – und zwar laut Wendel genau von den Industriellen, die ihn in Wirklichkeit als unsicheren Kantonisten angriffen.

Bei seinem Kampf gegen Fehlentwicklungen und Auswüchse erhoffte sich Harnack Hilfe vom Staat, speziell von Preußen – im Vertrauen darauf, daß der Staat, desinteressiert über den partikularen Interessen stehend, sich seinen Standpunkt zu eigen machen würde. Bei der Gründung der KWG erfüllte sich dieser Wunsch, beim Ruf nach ›gemischten Unternehmungen‹ hingegen blieb der Staat passiv. Statt dessen setzten industrielle Kritiker Harnack unter Druck, indem sie schädliche Folgen für die KWG androhten oder mindestens andeuteten. Damit war Harnacks sozialreformerischer Mittelkurs an seine Grenzen gestoßen, und er selbst mußte sich letztlich fügen. Daß er dies nicht aus Opportunismus tat, sondern pragmatisch handelte, um Schaden von der KWG abzuwenden, wurde schon berichtet.

Auch hinsichtlich der KWG selbst scheiterte Harnacks mittlere Linie letztlich: Je weiter sich die Industrie zurückzog, desto mehr wandelte sich die KWG zur staatlichen Institution, die sich nun Pressionen nicht mehr seitens der Industrie, sondern seitens des Reiches ausgesetzt sah. Diesmal fehlten ihr die Bundesgenossen, die sie früher gegenüber der Industrie in Gestalt Preußens und gegenüber Preußen notfalls in Gestalt des Kaisers besessen hatte. Hier war die politische Entwicklung über Harnacks Konzept hinweggegangen und hatte es obsolet werden lassen. Jedoch hatte die KWG mittler-

---

[111] GÜNTER WENDEL, Die Kaiser-Wilhelm-Gesellschaft 1911–1914. Zur Anatomie einer imperialistischen Forschungsgesellschaft, Berlin 1975, S. 124.

weile soviel an Substanz und Prestige gewonnen, daß sie sich auch ohne solche Hilfe erfolgreich zur Wehr setzen konnte.

Soll man Harnacks Haltung und das letztliche Scheitern seiner mittleren Linie als kleines Mosaiksteinchen im Kolossalgemälde eines deutschen Sonderweges in die Moderne deuten? Für Harnack als Privatperson könnte man vielleicht gleichsam von einem Sonderweg en miniature sprechen, doch für Harnack den KWG-Präsidenten schiene eine solche Interpretation wenig zweckdienlich. Er fand keinen Sonderweg, sondern adaptierte und perfektionierte lediglich, was zahlreiche amerikanische Forschungs- und Bildungsinstitutionen seit langem praktizierten und was in Deutschland die Göttinger Vereinigung für angewandte Mathematik unter Henry Theodor von Böttinger und Felix Klein vorgemacht hatte.[112] Seine Leistung bestand vielmehr darin, daß er die Tragfähigkeit dieses Konzepts auch für die Großforschung unter europäischen Bedingungen früher als zahlreiche andere Wissenschaftspolitiker seiner Zeit erkannte und umsetzte. Pragmatismus beim Umgang mit industriellen Spendern bildete eine unabdingbare Voraussetzung für das Gelingen solcher Umsetzung. Wäre ihm eine dauerhafte Mittellösung zwischen staatlich und privat finanzierter Großforschung und ohne dominanten Einfluß einer Seite gelungen, so könnte man möglicherweise von einem Sonderweg sprechen, doch gerade diese Lösung gelang eben nicht dauerhaft, sondern nur während der ersten Phase der KWG-Geschichte. Die durch den Ersten Weltkrieg eingeleitete Weichenstellung ließ an die Stelle der von Harnack erträumten Mischkonzeption immer deutlicher eine Dominanz des Staates treten, die zwar nicht mehr dem amerikanischen Muster entsprach, aber keineswegs als spezifisch deutsch gelten konnte. Harnack bremste diesen Prozeß nach Kräften, konnte ihn aber letztlich nicht verhindern. Damit verlor das Verhältnis der KWG und ihres Präsidenten zur Industrie einiges von der zentralen Qualität, die es in früheren Jahren besessen hatte. 1928 hätte Harnack nicht mehr Abbitte im Sinne von 1916 leisten müssen, denn da sah sich die KWG längst einer veränderten Situation gegenüber, die nur noch zum deutlich geringeren Teil von den Geldern und Wünschen der Industrie bestimmt wurde.

---

[112] Vgl. dazu Karl-Heinz Manegold, Universität, technische Hochschule und Industrie, Berlin 1970, S. 221–248.

Theologie, Philologie und Geschichte

Adolf von Harnack als Kirchenhistoriker

von

Kurt Nowak

Die Anfänge Adolf von Harnacks als Kirchenhistoriker liegen in den 1870er Jahren. Nach verbreiteter Auffassung begann der ältere idealistische Historismus damals zu verblassen. Die großen historischen Erzählungen hätten der Quellenphilologie und der kleinteiligen Spezialstudie den Platz räumen müssen. »Die strengen und strenger werdenden Forderungen der Wissenschaftlichkeit konzentrieren sich auf die Quellen, auf Sammlung und kritische Bearbeitung von Inschriften und Monumenten, Urkunden, Handschriften und Akten: ›Quellenkritik‹ wird – wie auch die ›Methode‹ – zu einer Art Selbstzweck«. Eduard Bernheims ›Lehrbuch der historischen Methode‹ gilt als literarisches Dokument des Umschwungs von einer ›Historik‹, die Johann Gustav Droysen noch in fast ontologischer Dimension entfaltet hatte, zum Positivismus mit seiner »Scheu vor den großen Zusammenhängen, vor dem ›Geist‹ der Dinge«.[1]

Folgte man diesem Urteil, könnte man in Harnack und den anderen Historikern des Bismarckschen und Wilhelminischen Zeitalters philologische Kärrner und sonst nichts vermuten. Das war offensichtlich nicht der Fall. Auch in der positivistischen Phase des Historismus fehlten die großen Erzählungen nicht. Die Repräsentanten der politisch-nationalen Geschichtsschreibung, an erster Stelle Treitschke, beugten sich dem ›Positivismus‹ ebensowenig wie der Neuerer Karl Lamprecht, die Althistoriker Eduard Meyer und Otto Seeck, oder eben Harnack. Erinnert sei überdies an die ›Cambridge Modern History‹, an der mitzuarbeiten auch Harnack eingeladen war. Die Projektbeschreibung der ›Cambridge Modern History‹ las sich wie ein Gegenprogramm zur historiographischen Askese der Quellen-

---

[1] Thomas Nipperdey, Deutsche Geschichte 1866–1918, Bd. 1: Arbeitswelt und Bürgergeist, München 1991², S. 634.

spezialisten. »Ultimate history we cannot have in this generation, but (...) every problem has become capable of solution«.[2]

Allerdings war Harnack die philologische Kleinarbeit nicht fremd. In den Anfängen seiner wissenschaftlichen Laufbahn konzentrierte er sich in Gemeinschaft mit Oscar von Gebhardt und Theodor Zahn auf eine historisch-kritische Edition der ›Patrum apostolorum opera‹. Weiteres folgte. Von 1891 bis 1930 stand Harnack in der Verantwortung für die Edition der ›Griechischen Christlichen Schriftsteller‹. Harnack war vom Eros der Quellenphilologie wie vom Ethos des darstellenden Historikers beseelt. Er vereinigte beide historiographischen Elemente in seiner Person. Harnack als Kirchenhistoriker darzustellen fordert dazu auf, seine Doppelseitigkeit nicht zu übersehen. In seinem Werk überkreuzt sich der Ehrgeiz des Geschichtsbildners mit dem Geist der Philologie. Den Historiker der Alten Kirche zu porträtieren heißt jedoch auch, den Geschichtsbildner und Philologen als Theologen wahrzunehmen. In Kauf zu nehmen ist eine auf Hauptlinien konzentrierte Betrachtung. Lückenlose Erfassung aller in Frage kommenden Gesichtspunkte lag nicht in der Reichweite dieses Beitrags.

I. Teilgeschichte und Gesamtgeschichte

Harnack war Patristiker. Auf die Alte Kirche wurde er während seiner Studienzeit in Dorpat gelenkt. In einer wissenschaftlichen Selbstcharakteristik von 1888 hielt er fest: »Durch Engelhardt erhielt ich die Richtung aufs *Historische*, auch auf den geschichtl(ichen) Christus; ferner lebte er ganz im Problem d(er) Entstehung der altkath(olischen) Kirche. Durch ihn wurde ich auf das Buch von Ritschl aufmerksam, welches ich so oft gelesen h(at)te, daß ich es fast auswendig konnte. Engelhardt stellte 1870 die Preisaufgabe über *Marcion*, welche ich löste, wodurch ich 1) in Tertullian mich versenkte, 2) in den *Gnosticismus* (...). Meine Aufgaben sind: 1) Entstehung des Katholicismus, 2) Altchristl(iche) Literat(ur) Gesch(ichte) 3) *Augustin* in seiner Weltgesch(ichtlichen) Bedeutung, u(nd) damit auch die Reformation«.[3]

---

[2] The Cambridge Modern History. Its Origins, Autorship and Production (1907), S. 10 ff. Zit. nach E. HALLET CARR, What is History? The George Macaulay Trevelyan Lectures delivered in the University of Cambridge January–March 1961, London 1961, S. 1. Zur Einladung Harnacks: Lord Acton an Harnack vom 14. Dezember 1896, Harnack-Nachlaß Staatsbibliothek Berlin Preußischer Kulturbesitz, Kasten 26.

[3] Der Briefwechsel zwischen Adolf von Harnack und Martin Rade. Theologie auf dem öffentlichen Markt, hg. v. JOHANNA JANTSCH, Berlin/New York 1996, Nr. 65 (Harnack an Rade vom 14. September 1888).

Über den altkirchlichen Themenkreis ist Harnack in seinen wissenschaftlichen Publikationen nur selten und bei hervorgehobenen Gelegenheiten hinausgeschritten, etwa beim Luther-Jubiläum von 1883 und beim Melanchthon-Jubiläum des Jahres 1897. Er war Spezialist für die Alte Kirche wie Mommsen für die römische und Wilamowitz-Moellendorf für die griechische Geschichte.

Ein Element der Askese und Beschränkung ist hierin unverkennbar, wenn man auf die großen Traditionen der protestantischen Kirchengeschichtsschreibung blickt. Kirchengeschichtsschreibung war bis in die erste Hälfte des 19. Jahrhunderts und teilweise über sie hinaus Gesamtdarstellung. Kein prominenter Kirchenhistoriker verzichtete auf sie, auch wenn die Last bei der Durchdringung der riesigen Stoffmassen immer schwerer wurde. Die Gründe für das Festhalten an der ›interprétation totale‹ waren von theologischer Art. Es erschien als falsch und untunlich, die Kirchengeschichte in einzelne Epochen aufzuspalten, ohne sie gleichzeitig in ihrer Einheit zu bewahren. Wie Karl von Hase ausführte, bestand der »*unbedingte* Werth der Kirchengeschichte« darin, »daß sie das Selbstbewußtsein der Kirche hinsichtlich ihrer gesammten Entwickelung ist (…). Wer irgend einem Theile der Kirche selbstthätig vorstehen will, muß an diesem Selbstbewußtsein der Kirche theilnehmen, ohne welches die gegenwärtige Lage der Kirche nicht verstanden, noch ihre Zukunft vorausgesehn und besonnen herbeigeführt werden kann«.[4]

Als akademischer Lehrer der Kirchengeschichte zunächst in Leipzig (1874–1879) und Gießen (1879–1886), dann in Marburg (1886–1888) und schließlich in Berlin (1888–1921) hielt Harnack Vorlesungen über die gesamte Kirchengeschichte. Sein Lehrprogramm entfaltete sich im Rahmen einer ›interprétation totale‹. An der Theologischen Fakultät der Friedrich-Wilhelms-Universität hielt er sieben große Vorlesungen: 1. Kirchengeschichte der alten Zeit, 2. Kirchengeschichte des Mittelalters, 3. Kirchengeschichte der neueren Zeit, 4. Kirchengeschichte des 19. Jahrhunderts, 5. Dogmengeschichte, 6. Symbolik, 7. Einleitung in das Neue Testament.[5] Im Lehr-

---

[4] KARL HASE, Kirchengeschichte. Lehrbuch zunächst für academische Vorlesungen, (zweite verb. Aufl.) Leipzig 1836, S. 3. Ganz ähnlich auch noch JOHANN HEINRICH KURTZ, Lehrbuch der Kirchengeschichte für Studierende. Zwei Bände, (dreizehnte Auflage) besorgt v. N. BONWETSCH u. P. TSCHACKERT, Leipzig 1899, Bd. 1, S. 1 f.

[5] Nachweise bei KURT NOWAK, Adolf von Harnack. Wissenschaft und Weltgestaltung auf dem Boden des modernen Protestantismus, in: Adolf von Harnack als Zeitgenosse. Reden und Schriften aus den Jahren des Kaiserreichs und der Weimarer Republik. Zwei Teile, hg. v. KURT NOWAK, Berlin/New York 1996, S. 1–99; hier S. 24.

betrieb blieb der Anspruch auf das Ganze erhalten – abgesehen davon, daß
er durch die Lehrverpflichtung auch erzwungen war.

Um so dringlicher stellt sich die Frage nach der Relevanz und den Konsequenzen einer Kirchengeschichte im Fragment, in Harnacks Fall also der
Spezialisierung auf die Alte Kirche. Analoge Spezialisierungen ereigneten
sich in den 1880er Jahren für das Mittelalter (Albert Hauck), die Reformation (Brieger und andere) und für die Kirchengeschichte der Neuesten Zeit
(Friedrich Nippold). Anders und schärfer als die Teilspezialisten seiner Generation hielt Harnack am Konzept der ›interprétation totale‹ fest. Er kon-
zeptualisierte die Kirchengeschichte – hierin Erbe der historiographischen
Tradition des Protestantismus von Adam Rechenberg bis zu Schroeckh, Neander und Ferdinand Christian Baur – als Totum, ohne sich in einer Epoche
arbeitsteiliger Spezialisierung und Professionalisierung freilich noch in der
Lage zu sehen, sie in allen ihren ereignis- und problemgeschichtlichen Dimensionen zu bearbeiten. Kürzer gesagt, Harnack extrapolierte aus seinem
Spezialfeld ein Gesamtbild (und vice versa). Meines Erachtens liegt hier ein
Schlüssel für Harnacks Eigenart. Weil die Geschichte der Kirche – die geschichtliche Lebensform der ›Gemeinde der Gläubigen‹ – als Kontinuum von
Vergangenheit, Gegenwart und Zukunft zu begreifen war, ist Harnack
genötigt gewesen, die von ihm bearbeitete Teilgeschichte (Alte Kirche) einerseits im virtuellen Horizont einer Gesamtgeschichte der Kirche zu organisieren, sie andererseits für eine Gesamtgeschichte paßfähig zu machen. Harnacks vielfach vorgetragene Ansicht, das Studium der Alten Kirche sei
schlechthin fundamental für das Verständnis der Kirchengeschichte, klingt
zunächst nach einer Selbstverständlichkeit. Bei näherem Hinsehen enthüllt
sie sich als eine substitutive Strategie. Sie folgte dem Prinzip der Erschließung des Ganzen über das Partikulare. Erkauft hat Harnack seine ›interprétation totale‹ durch viele kritikanfällige Urteile über Ereignisse und Entwicklungen der Kirchengeschichte, in denen er fachlich nicht zu Hause war.
Die Zeitgenossen haben diese Spannung gesehen, vielfach sogar gemeint,
selbst in seiner ureigensten Domäne sei Harnack weniger vom Geist der Historie als demjenigen der Spekulation geleitet. Harnack ziehe allzu weitreichende Schlußfolgerungen.

II. Hauptwerke zur Alten Kirche

Neben Hunderten von Spezialuntersuchungen, kleineren Monographien
und Editionen verfaßte Harnack drei magistrale Werke zur Alten Kirche:
das ›Lehrbuch der Dogmengeschichte‹, die ›Geschichte der altchristlichen
Litteratur bis Eusebius‹ und ›Die Mission und Ausbreitung des Christentums

in den ersten drei Jahrhunderten‹.[6] Ob auch der ›Marcion‹ in die Reihe der ›chefs d'œuvres‹ gehört, wird weiter unten zu erörtern sein.[7] Idealtypisch gesprochen zeigte sich Harnack im ›Lehrbuch der Dogmengeschichte‹ in erster Linie als Theologe, in der ›Geschichte der altchristlichen Litteratur‹ als Philologe und in der ›Mission und Ausbreitung des Christentums‹ im Ornat des Historikers. Zwischen dem dogmengeschichtlichen Lehrbuch, der Literaturgeschichte und der Missions- und Ausbreitungsgeschichte lag ein allgemeinhistorisches Werk, die ›Geschichte der Königlich Preussischen Akademie der Wissenschaften‹.[8] Sie stellte besondere Herausforderungen an Harnacks historiographischen Weitblick und seine interdisziplinäre Kompetenz. Nachdem Harnack die Akademiegeschichte – nach dem Urteil der Zeitgenossen bravourös – gemeistert hatte, trat er auch als Historiker der Alten Kirche auf eine neue Stufe.

---

[6] ADOLF HARNACK, Lehrbuch der Dogmengeschichte, Bd. 1: Die Entstehung des kirchlichen Dogmas, Bd. 2: Die Entwickelung des kirchlichen Dogmas (1.); Bd. 3: Die Entwickelung des kirchlichen Dogmas (2. 3.), Freiburg i. Br. 1886, 1888, 1890; DERS., Geschichte der altchristlichen Litteratur bis Eusebius. Erster Theil: Die Überlieferung und der Bestand (1. und 2. Hälfte); Zweiter Theil: Die Chronologie der altchristlichen Litteratur bis Eusebius. Erster Bd.: Die Chronologie der Litteratur bis Irenäus. Nebst einleitenden Untersuchungen; Zweiter Bd.: Die Chronologie der Litteratur von Irenäus bis Eusebius, Leipzig 1893, 1897, 1904; DERS., Die Mission und Ausbreitung des Christentums in den ersten drei Jahrhunderten, Leipzig 1902. Zu den weiteren Ausgaben FRIEDRICH SMEND, Adolf von Harnack. Verzeichnis seiner Schriften bis 1930. Mit einem Geleitwort und bibliographischen Nachträgen bis 1985 v. Jürgen Dummer, Leipzig 1990; HANNS-CHRISTOPH PICKER, Ergänzungen zur Personalbiographie Harnacks, in: Harnack als Zeitgenosse (wie Anm. 5) S. 1655–1683.

[7] ADOLF HARNACK, Marcion. Das Evangelium vom fremden Gott. Eine Monographie zur Geschichte der Grundlegung der katholischen Kirche (Texte und Untersuchungen zur Geschichte der altchristlichen Literatur 45; 3. Reihe, 15. Bd. des Archivs für die von der Kirchenväter-Commission unternommene Ausgabe der älteren christlichen Schriftsteller) Leipzig 1921; DERS., Neue Studien zu Marcion (Texte und Untersuchungen 44, 3. Reihe 14, 4) Leipzig 1923; DERS., Marcion. Das Evangelium vom fremden Gott. Eine Monographie zur Geschichte der Grundlegung der katholischen Kirche (2. verb. und verm. Aufl.) Leipzig 1924; zusammengefaßt in DERS., Marcion. Das Evangelium vom fremden Gott. Eine Monographie zur Geschichte der Grundlegung der katholischen Kirche. Neue Studien zu Marcion, Berlin 1960.

[8] Geschichte der Königlich Preussischen Akademie der Wissenschaften zu Berlin. Im Auftrage der Akademie bearbeitet v. ADOLF HARNACK. Erster Bd. (zwei Hälften); Zweiter Bd.: Urkunden und Actenstücke zur Geschichte der Königlich Preussischen Akademie der Wissenschaften; Dritter Bd.: Gesamtregister über die in den Schriften der Akademie erschienenen wissenschaftlichen Abhandlungen und Festreden, bearbeitet v. DR. OTTO KÖHNKE, Berlin 1900.

1. ›Lehrbuch der Dogmengeschichte‹

Vertraut man dem Urteil und der Erinnerung von Harnacks altem Freund
und Schüler Martin Rade, dann war die Konzeption der Dogmengeschichte
schon im Sommer 1877 fertig. Damals las Harnack erstmals in Leipzig Dogmengeschichte. Der mit einem Autorenexemplar des ersten Bandes des
›Lehrbuchs‹ bedachte Rade schrieb dem Verfasser am 1. Januar 1886: »Nun
werden Sie kein Lob u(nd) überhaupt kein Urteil von mir erwarten. Aber
ganz ungeheuer habe ich mich doch gefreut, Ihre Dogmengeschichte nun in
so ausgereifter Gestalt wiederzusehen. Ueberall kam mir das alte Heft in
den Sinn u(nd) ich verglich im Geist«.[9] Niedergeschrieben hat Harnack das
Manuskript des ersten Bandes rasend schnell, in kaum mehr als einem Jahr,
und zwar in Gießen, wohin er Anfang 1879 übergewechselt war, nachdem
die Aufbesserung seines Leipziger Extraordinariats zu einer Vollprofessur
gescheitert war. Eine werkgeschichtliche Zwischenstufe bildete das im Nachlaß schlummernde (undatierte) Manuskript ›Christliche Dogmengeschichte‹.[10] Dieses Manuskript ist theologischer angelegt als das mit viel realhisto-
rischem Material angereicherte Lehrbuch. Im März 1885 lagen vom ersten
Band der Dogmengeschichte etwa dreiundzwanzig Bogen vor; »nur noch

---

[9] Rade an Harnack vom 1. Januar 1886, in: JANTSCH, Briefwechsel Harnack-Rade (wie
Anm. 3) Nr. 34.

[10] Harnack-Nachlaß (wie Anm. 2) Kasten 5. Das Manuskript der ›Christlichen Dogmengeschichte‹ (ca. 100 Blatt) enthält eine Gliederung, die nach den ›Prolegomena‹ (§ 1 ›Die christlichen Dogmen und die Aufgabe der Disciplin der Dogmengeschichte‹; § 2 ›Die Geschichte und
die Quellen der Dogmengeschichte‹) zwei Hauptteile mit jeweils drei Hauptkapiteln aufführt.

›I. Haupttheil:Die Entstehung einer apostolisch-katholischen Glaubenslehre und einer
    kirchlichen Theologie.

   Cap.   I: Die geschichtlichen Voraussetzungen.
   Cap. II: Der Glaube der Heidenchristen des 1. Jahrhunderts (c. 50–150).
   Cap. III: Die Entstehung der altkatholischen Kirche, eines katholischen Lehrbekenntnisses
             und einer kirchlichen Theologie (c. 150–250, resp. bis 325).

II. Haupttheil: Die Entwicklungsgeschichte der katholischen Kirchenlehre.
   I. Periode (verbessert in: Stufe): Die Entwicklungsgeschichte der Glaubenslehre als
   Theologie und Christologie im 4.–7. Jahrhundert.

   Cap.   I: Einleitung
   Cap. II: Die Voraussetzungen der Erlösungslehre.
   Cap. III: Die Lehre von der Erlösung durch Christus‹.

7 Bogen« waren zu schreiben.[11] Der zweite und dritte Band folgten 1887 und 1889/90.

Wer eine Dogmengeschichte verfaßte, bewegte sich im Zwischenbereich von Historiographie und Theologie. Dogmengeschichte war im 19. Jahrhundert die Königsdisziplin des Protestantismus, auf deren Boden sich alle Menschheitsfragen zu entscheiden schienen. So war sie von Ferdinand Christian Baur und David Friderich Strauß und – mit Abstrichen – auch von Gottfried Thomasius und Theodor Kliefoth behandelt worden. Harnack verfuhr kaum anders, und er wurde im Pro und Kontra der Meinungen entsprechend bewertet. Harnack, der Zeitgenosse des Historismus in seiner Hochblüte, legte sich noch stärker als seine Vorgänger auf die Seite der historischen Rekonstruktion des Dogmas. »Die Dogmen entstehen, entwikkeln sich und werden neuen Absichten dienstbar gemacht, dies geschieht in allen Fällen durch die T h e o l o g i e. Die Theologie aber ist abhängig von unzähligen Factoren, vor allem von dem Geiste der Zeit; denn es liegt im Wesen der Theologie, dass sie ihr Object v e r s t ä n d l i c h machen will«.[12] Mit der Historisierung der Dogmen leistete Harnack eine aufklärende Arbeit. Das hatten allerdings auch schon die pragmatischen Kirchenhistoriker des 18. Jahrhunderts getan, indem sie gegen die hermeneutischen An- und Zumutungen der Historia sacra und gegen die konfessionell ausgerichteten Deutungen auf rational verständlichen Erklärungen der (kirchen-)historischen Phänomene beharrt hatten. Die Aufgabe der Dogmengeschichte erschöpfte sich jedoch nicht in der Historisierung. Sie stellte weiterreichende Ansprüche.

Bereits die schlichte Frage, wo die Dogmengeschichte anfing und wo sie aufhörte, erzwang tiefere Entscheidungen. Sie führten von der Geschichte in die Theologie. Harnack meinte in der Dogmengeschichte »deutlich drei Baustile« zu erkennen: »den Stil des O r i g e n e s, den des A u g u s t i n u s und den r e f o r m a t o r i s c h e n«.[13] Auf der Basis dieser Theorie errichtete er sein Gebäude. Vorab jedoch hatte Harnack, um im Bilde zu bleiben, im Fundament des Gebäudes die Urkunde einer religiösen Überzeugung versenkt, deren Lektüre auf das Gebäude ein verändertes Licht warf. Gemeint ist Harnacks theologisches Axiom, daß von der Verkündigung Jesu kein zwingender Weg zu den Dogmen der Kirche führte. »Das Dogma«, so einer von Harnacks berühmten Sätzen, »ist in seiner Conception und in seinem Ausbau ein Werk des griechischen Geistes auf dem Boden des Evangeliums«.[14]

---

[11] Harnack an Rade vom 21. März 1885, in: Jantsch, Briefwechsel Harnack-Rade (wie Anm. 3) Nr. 31.
[12] Harnack, Lehrbuch (wie Anm. 6) Bd. 1, S. 12 (4. Aufl. 1910).
[13] Ebd. S. 11 f.
[14] Ebd. S. 20.

Die Dogmengeschichte zielte nach Harnacks Lesart auf die Aufhebung des Dogmas durch Rückkehr der Christen in die Einfachheit des vordogmatischen Ursprungs: in die jesuanische Verkündigung. Den historischen ›Beweis‹ dafür konstruierte Harnack mit seiner Theorie vom »dreifachen Ausgang« der Dogmengeschichte. Der Ausgang lenkte in das Evangelium Jesu zurück.[15]

Harnacks ›Dogmengeschichte‹ repräsentierte unter und mit dem historischen Material (welches sie in staunenswerter Fülle verarbeitete) den Typus einer ›Whig interpretation of history‹. Der innere Gang der Geschichte der Theologie und der Dogmen wurde, aufsteigend von der frühesten Zeit über das Mittelalter bis zur Reformation und virtuell bis an die Schwelle der Gegenwart, zugunsten der eigenen Sozialgruppe gedeutet. Harnacks Dogmengeschichte war, pointiert gesprochen, eine historische Epopöe des ›freien Christentums‹, zu dem sich der Autor aus lebens- und wissenschaftsgeschichtlichen Gründen in der Frühzeit seiner Laufbahn durchgerungen hatte. Andere auf das Gebiet der Geschichte geführte Theologen sind unter dem desillusionierenden Druck der historisch-kritischen Methode aus der Theologie ausgewandert, beispielsweise Jacob Burckhardt und Ernest Renan. Harnack schlug den Weg einer Entmythologisierung und Sublimierung der christlichen Glaubensbestände ein. Hierin war er Schleiermacher, Baur und Strauß nahe verwandt, obschon unter anderen theologischen und philosophischen Voraussetzungen.

Harnack bezeichnete die Dogmengeschichte als eine »historisch-kritische Disciplin«, die ihren Anfang im 18. Jahrhundert mit den Arbeiten von Mosheim, Walch, Ernesti, Lessing und Semler genommen hatte.[16] Tatsächlich war (und blieb) sie auch eine theologische Disziplin. Es fällt schwer zu entscheiden, auf welcher Ebene Harnack in seinem Lehrbuch mehr leistete: auf der Ebene der historisch-genetischen Rekonstruktion oder derjenigen der theologischen Konzeption. Daß die theologische Konzeption gleichsam ›objektiv‹ aus der historisch-genetischen Rekonstruktion der Dogmengeschichte hervorwuchs, hat Harnack zwar immer gemeint und behauptet. Doch der Blick auf die Vielfalt der historiographischen Kulturen lehrt anderes: einen ›Pluralismus der Lesarten‹, welcher für die Dogmengeschichte ebenso gilt wie für jede andere Geschichte. Der Überhang an positioneller Theologie in der ›Dogmengeschichte‹ könnte auch an ihrer Wirkungsgeschichte verdeutlicht werden. Die ›Dogmengeschichte‹ schlug hohe Wellen in Theologie und Kirche. In der altertumswissenschaftlichen Forschung fiel die Resonanz ge-

---

[15] Ebd. Bd. III, S. 9 ff.
[16] Ebd. Bd. I, S. 25.

ringer aus, auch wenn das Werk auf Betreiben Mommsens dem Autor 1890 die Mitgliedschaft in der ›Königlich Preussischen Akademie der Wissenschaften‹ eintrug.

2. ›Geschichte der altchristlichen Litteratur‹

Eine andere methodisch-konzeptionelle Handschrift zeigt Harnacks zweites großes im Umkreis der altkirchlichen Studien entstandenes Werk, die ›Geschichte der altchristlichen Litteratur bis Eusebius‹. Hier ging es um die Sichtung der »Archive der Vergangenheit«.[17] Nach Vorstößen von Eduard Schwartz und Mommsen hatte Harnack den Plan eines ›Corpus Patrum Graecorum Antenicaenorum‹ entwickelt und ihn im Benehmen mit Mommsen sowie dem Klassischen Philologen Hermann Diels der philosophisch-historischen Klasse der Akademie vorgelegt. Alsbald war Harnack ermächtigt, dem preußischen Kultusministerium ein Gesuch um Unterstützung der ›Ausgabe der gesammten christlichen vornicänischen Literatur in griechischer Sprache‹ zu unterbreiten.[18] Die Arbeitsplanung für das editorische Großunternehmen, das in Idealkonkurrenz zur Edition des ›Corpus Scriptorum Ecclesiasticorum Latinorum‹ durch die Wiener Akademie der Wissenschaften 1866 ff. stand, sah einen ›Conspectus‹ vor, »der die gesammte vornicänische Litteratur genau verzeichnet und bei jedem Schriftstück die Art der Erhaltung, die Handschriften und – in Kürze – die Geschichte der Überlieferung angiebt«.[19]

Unter der Voraussetzung der Mitarbeit eines jungen Kirchenhistorikers hatte Harnack für die Anfertigung des ›Conspectus‹ einen Zeitraum von »c. zwei Jahren« veranschlagt. Das war eine Fehldiagnose, wie auch der Umfang des ›Corpus Patrum Graecorum Antenicaenorum‹ – man dachte anfangs an fünfundvierzig Bände – unterschätzt worden ist. Entgegen der ursprünglichen Absicht, nur das griechische Schrifttum zu erfassen, bezog Harnack auch die lateinische Literatur in die Überlieferungsgeschichte der christlich-vornicänischen Literatur ein. Die Fülle des Materials ließ es als aussichtslos erscheinen, daß Harnack und der am 15. April 1891 als wissenschaftliche

---

[17] Eine Formulierung Mommsens in seiner Akademie-Antrittsrede von 1858. Zit. nach STEFAN REBENICH, Theodor Mommsen und Adolf Harnack. Wissenschaft und Politik im Berlin des ausgehenden 19. Jahrhunderts. Mit einem Anhang: Edition und Kommentierung des Briefwechsels, Berlin/New York 1997, S. 133.

[18] Antrag Harnacks vom 17. Januar 1891 (Entwurf), in: Archiv der Berlin-Brandenburgischen Akademie der Wissenschaften, II-VIII, 167, Bl. 1[r-v].

[19] Ebd. Bl. 1[r].

Hilfskraft angestellte Erwin Preuschen die Aufgabe allein bewältigten, mochte beider Fleiß noch so stupend sein. Harnack sah sich zur Gewinnung von Co-Autoren veranlaßt. 1893 lag der ›Erste Theil‹ der ›Geschichte der altchristlichen Litteratur‹ in zwei stattlichen Bänden mit dem Gesamtumfang von 1021 Seiten vor, ein Gemeinschaftswerk Harnacks und Preuschens mit Beiträgen von Dillmann (äthiopische Überlieferung), Bonwetsch (Übersicht über die altchristliche Literatur in slavischer Sprache), Achelis (Überlieferung zu Hippolyt) und Carl Schmidt (koptische Übersetzungsliteratur).[20] 1897 folgte der erste Band des ›Zweiten Theils‹ unter dem Titel ›Die Chronologie der altchristlichen Litteratur bis Eusebius‹. Er reichte bis Irenäus. Abgeschlossen war der ›Conspectus‹ – eine inzwischen mehr als untertreibende Bezeichnung – im Jahr 1904 mit dem zweiten Band des ›Zweiten Theils‹. Er behandelt die Chronologie von Irenäus bis Eusebius.

Eine Arbeit von dreizehn Jahren war getan. Länger hat Harnack, den ›Marcion‹ ausgenommen, an keinem seiner Werke gearbeitet. Im Hintergrund des Unternehmens stand Mommsen mit seiner jahrzehntelangen Erfahrung bei editorischen Großprojekten. Minimalistische Lösungen waren angesichts von Mommsens berühmt-berüchtigter ›Gigantomanie‹ von vornherein ausgeschlossen. In der ›Geschichte der altchristlichen Litteratur‹ präsentierte sich Harnack als Philologe und Textforscher. Ungewohnt war ihm diese Tätigkeit nicht. Zwischen 1875 und 1891 hatte er sich bereits einschlägig ausgewiesen: durch die bereits erwähnte Ausgabe der Apostolischen Väter und die Herausgabe der ›Texte und Untersuchungen zur Geschichte der altchristlichen Litteratur‹ (1882 ff. in Gemeinschaft mit Oscar von Gebhardt).[21] In den ›Texten und Untersuchungen‹ fand sich Vieles, was Harnack im ›Conspectus‹ nur aufzuarbeiten und zu ergänzen brauchte, beispielsweise die Studie von 1882 ›Die Überlieferung der griechischen Apologeten des 2. Jahrhunderts in der alten Kirche und im Mittelalter‹.[22]

Betrachtet man die Zielrichtung der ›Geschichte der altchristlichen Litteratur‹ – ein Lage- und Wegeplan für die Edition –, und zieht man den Ehrgeiz in Betracht, die Überlieferungen der Antike bis in den letzten Winkel zu erfassen, wird man zögern, dem Autor bloß den Stempel des philologischen Quellensammlers aufzudrücken. Der Verfasser und Koordinator der ›Geschichte der altchristlichen Litteratur‹ war mehr. Indes, darstellender Historiker im Vollklang des Begriffs und konzeptionsbildender Theologe (wie im ›Lehrbuch der Dogmengeschichte‹) war Harnack hier nicht. Sammlung,

---

[20] Vgl. Anm. 6.
[21] Smend, Verzeichnis (wie Anm. 6) Nr. 6, Nr. 183.
[22] Ebd. Nr. 184.

Sichtung, Bewertung und Ordnung standen im Vordergrund. Die Bezeichnung ›Geschichte‹ führte ein wenig in die Irre. Nüchtern geurteilt hatte man ein Handschriften- und Druckverzeichnis samt seinen überlieferungsgeschichtlichen Verzweigungen und chronologischen Einordnungen vor sich. Feinheiten der Komposition, zirkuläre Kohärenz zwischen den einzelnen Teilen und Abschnitten waren kaum gefragt. Preuschen hat zahlreiche Artikel – Apokryphe Apostelgeschichten, Irenäus, Clemens Alexandrinus, Origenes usf. – völlig selbständig abgefaßt. Harnack merkte dazu an: »einzelne Abschnitte habe ich controlirt sowie andere ergänzt, und der unverdrossene Fleiss und Eifer, mit dem Herr Preuschen die Untersuchung geführt hat, bürgt wohl für ihre Brauchbarkeit«.[23] Erst recht haben die Co-Autoren ihre Arbeiten hinzugegeben, ohne daß kompositorische Fragen eine Rolle spielten. Bei der ›Chronologie‹ trat die Komposition dann vollends in Hintergrund. Die ›Chronologie‹ folgte dem Prinzip, das Sichere voranzustellen und die schwierigen Untersuchungen folgen zu lassen. »Auf die Ordnung, in der die einzelnen Schriftwerke hier behandelt sind, ist somit sachlich oder historisch kein Gewicht gelegt«.[24] All das verwies nicht auf ›Geschichte‹, sondern auf Sammlung.

Ein theologischer Nebeneffekt der ›Geschichte der altchristlichen Litteratur‹ und der Edition der ›Griechischen Christlichen Schriftsteller‹ (so der Titel seit 1897) soll nicht unerwähnt bleiben. Indem die ›Königlich Preussische Akademie der Wissenschaften‹, die mit Harnack erst den dritten Theologen nach Schleiermacher und Neander in ihre Reihen aufgenommen hatte, sich jetzt auch für die christliche Überlieferung der Spätantike engagierte, setzte sie einen beachtlichen kultur- und kirchenpolitischen Akzent. Doch auch ein anderer, ein eher sublimer Effekt ist festzuhalten. Harnack stellte sich bei seinen überlieferungsgeschichtlichen Expertisen programmatisch auf den Boden der älteren Traditionen. Er tat dies entschiedener, als man es bei seinem historisch-kritischen Geist hätte erwarten können. Harnack verwarf den für seinen Geschmack überzüchteten Kritizismus der Tübinger Schule. »Es hat eine Zeit gegeben – ja das grosse Publicum befindet sich noch in ihr –, in der man die älteste christliche Litteratur einschließlich des Neuen Testaments als ein Gewebe von Täuschungen und Fälschungen beurtheilen zu müssen glaubt. Diese Zeit ist vorüber«.[25] Harnack beklagte an der Tübinger Schule ein Verfahren, »wie es ein böswilliger Staatsanwalt übt«, eine »kleinmeisterliche Methode«, die ein »unbestimmtes Mißtrauen« zurückge-

---

[23] HARNACK, Geschichte der altchristlichen Litteratur (wie Anm. 6) Erster Theil, Erste Hälfte (= I/1), S. VII.
[24] Ebd. Zweiter Theil, Erste Hälfte (= II/1), S. V.
[25] Ebd. S. VIII.

lassen habe, welches sich noch immer wie Meltau über die Texte legte.[26] Er
hielt die Tradition im wesentlichen für tragfähig. »Die älteste Litteratur der
Kirche ist in den Hauptpunkten und in den meisten Einzelheiten, litterar-historisch betrachtet, wahrhaftig und zuverlässig«. Bei einer Reihe von literar-
und tendenzkritischen Überlegungen mochte es gute Gründe geben, sich in
den Schutz der Tradition zu stellen und selbst noch hinter den »mittleren
Stand der historischen Kritik« zurückzugehen. Doch nicht in jedem Falle
war Harnacks »reactionäre Richtung«, wie er sie nannte,[27] durch die Text-
befunde gerechtfertigt. Ein Beispiel ist die Datierung der Ignatianen. Harnack hielt an ihrer Authentizität und ihrer Frühdatierung auf die Zeit um
110 fest, obschon es beachtenswerte Argumente gab, sich für eine Datierung
in die letzten Jahrzehnte des 2. Jahrhunderts zu entscheiden. Renan hatte in
seiner ›Histoire des origines du christianisme‹ eine Datierung um 180 bevorzugt.[28] Durch Harnack ist das Datierungsproblem der Ignatianen nahezu
ein Jahrhundert lang stillgelegt worden und bricht erst in jüngster Zeit wieder auf.[29] Wer gegen Baur und gegen die kritischen Thesen der »neuesten
holländischen Schule«[30] die Tradition im Rücken hatte, gleichviel ob sie in
allen Punkten verläßlich war, brauchte sich nicht als Außenseiter mit problematischen Theorien zu empfinden. Die Kehre gegen den Hyperkritizismus
der Tendenzkritik empfahl sich in den Augen von konservativen Theologen
als ein Moment der Wiedergewinnung des Vertrauens in die altchristliche Literatur und die Verlaufsgeschichte der frühen Kirche.

Strittig ist – nicht zuletzt wegen der widersprüchlichen Äußerungen Harnacks selber –, inwieweit er sich mit der ›Geschichte der altchristlichen Litteratur‹ in einer Pioniersituation vorfand. In einem Rückblick von 1911 zeichnete Harnack ein recht düsteres Bild der altkirchlichen Forschungen, wie er
sie in den Anfängen seiner Laufbahn vorgefunden habe. In der Textkritik sei
damals noch »so gut wie nichts geleistet« gewesen. Und noch schärfer: »Der
einzige, der wirklich wissenschaftlich arbeitete, war Th. Z a h n«.[31] Differenzierter hatte Harnack 1886 in seinem Artikel ›The present state of research

---

[26] Ebd. S. IX.

[27] Ebd. S. VIII.

[28] ERNEST RENAN, Histoire des origines du christianisme. Acht Bände, Paris 1863–1883 (Bd. 1
erschien zunächst in Berlin); insbesondere Bd. 7: Marc Aurèle et la fin du monde antique (1882).

[29] REINHARD M. HÜBNER, Thesen zur Echtheit und Datierung der sieben Briefe des Ignatius
von Antiochia, in: Zeitschrift für Antikes Christentum 1 (1997) S. 44–72.

[30] HARNACK, Geschichte der altchristlichen Litteratur (wie Anm. 6) II/1, S. VII.

[31] ADOLF HARNACK, Die Entwicklung der kirchenhistorischen Arbeit in den 37 Jahren des Bestehens des Kirchenhistorischen Seminars, in: NOWAK, Harnack als Zeitgenosse (wie Anm. 5)
Teil 1, S. 847–855; hier S. 847.

in early church history‹ geurteilt.[32] Nochmals anders nahmen sich die Bekundungen in der ›Geschichte der altchristlichen Litteratur‹ aus: »»Neues‹ wird der kundige Forscher nicht viel in dem Buche finden, zumal wenn er auch selbst über eine ähnliche Sammlung zum Privatgebrauche verfügt; aber es war auch nicht unsere Absicht, den Meistern zu nützen, sondern den Gesellen (...). Für den Mangel des ›Neuen‹ entschädigt vielleicht der Grundsatz, den wir befolgt haben, keine Angaben aufzunehmen, ohne sie an den letzten Quellen zu controliren«.[33] Noch bescheidener waren die Sätze in der ›Chronologie‹ formuliert. »Selbstverständlich habe ich die Untersuchungen nicht so geführt, als würden sie hier zum ersten Mal in Angriff genommen. Das wäre angesichts der zahlreichen und eindringenden Arbeiten, die wir auf diesem Gebiet besitzen, eine Undankbarkeit oder eine Maskerade gewesen. Ich habe mich vielmehr umgekehrt bemüht, alles das nur in knapper Form zu behandeln, was von Anderen bereits ausreichend erforscht worden ist«.[34]

Wüste oder blühende Landschaft? Fest steht, daß Harnack sich bei den Recherchen zur ›Geschichte der altchristlichen Litteratur‹ auf ältere Gelehrte wie Cotelier, Tillemond, Grabe, Fabricius, Routh, Thilo, Mai und Pitra stützen konnte. Unter den Lebenden verdankte er Wichtiges den Arbeiten von Duchesne, Hartel, Hilgenfeld, Tixeront und Zahn. Hatte in den USA nicht auch Richardson 1887 seine synoptische Bibliographie ›The Ante-Nicene-Fathers‹ vorgelegt? Waren Caspari, Hatch, Hort, de Lagarde, Lightfoot und Lipsius – von Harnack als »ausgezeichnete Patristiker« bezeichnet –, nicht mit bedeutenden Leistungen vorausgegangen? Außerdem lief seit 1866 die Edition des CSEL, um vom Abschluß des ›Migne‹, dem unkritischen Nachdruck älterer griechischer und lateinischer Kirchenschriftsteller, zu schweigen. Eine Schubwirkung kam der 1876 gegründeten ›Zeitschrift für Kirchengeschichte‹ und der zweiten Ausgabe von Herzogs ›Realencyklopädie für protestantische Theologie und Kirche‹ zu (1877–1888). Die dritte Ausgabe der ›Realencyklopädie‹ (1897 ff.) markierte dann ein nochmals neues Stadium. Ein beachtenswertes Seitenstück der ›Realencyklopädie‹ bildete

---

[32] SMEND, Verzeichnis (wie Anm. 6) Nr. 326.

[33] HARNACK, Geschichte der altchristlichen Litteratur (wie Anm. 6) I/1, S. XI.

[34] Ebd. II/1, S. V f. Sehr günstig urteilte Albert Hauck über das Werk. Über den ersten Band der ›Litteraturgeschichte‹, der ihm im Auftrag Harnacks übersandt worden war, schrieb er dem Autor, er sei erfüllt von einem »Gefühl des Staunens über die unvergleichliche Herrschaft über ein vielschichtiges Gebiet der Wissenschaft«. Auch der zweite Band fand Haucks Lob. Das Werk »erscheint mir je länger je mehr als die abschließende Summe der Arbeiten unseres Jahrhunderts von der ältesten christlichen Literaturgeschichte«, Hauck an Harnack vom 2. April 1893 und vom 3. Juni 1897 aus Leipzig, Harnack-Nachlaß (wie Anm. 2) Kasten 32.

die von F. Lichtenberger 1877–1882 herausgegebene ›Encyclopédie des sciences religieuses‹ in dreizehn Bänden. Das Bild reichert sich weiter an, blickt man auf den von William Smith und Henry Wace redigierten ›Dictionary of Christian biography, literature, sects and doctrines‹. Seit 1877 erschien er in London in vier Bänden.[35] Zu einem historiographischen Ereignis gestaltete sich die mehrbändige ›Histoire des origines du christianisme‹ von Ernest Renan (1863–1883). Harnack zollte ihr in der ›Theologischen Literaturzeitung‹ bei aller Kritik im Detail hohes Lob.[36] In der Ansprache von 1911 kam er noch einmal auf sie zurück: ein »ausgezeichnetes Werk (…), in welchem nur gerade der I. Band, Das Leben Jesu, ganz minderwertig ist«.[37] Häufig zitiert ist Renan in der ›Mission und Ausbreitung des Christentums‹.

Ein Editionsprojekt in der Reihe der ›Griechischen Christlichen Schriftsteller‹ übernahm Harnack nicht. Als Geschäftsführer der ›KirchenväterKommission‹ erklärte er sich 1899 außerdem als nicht verantwortlich für die Anlage und Qualität der Editionen. »Ich habe mit der Vorbereitung derselben in Correspondenzen, Beschaffung des Materials usw. so ungeheuer viel zu thun, daß ich gar nicht daran denken kann über allgemeine Anordnungen hinaus mich an den Editionen selbst zu beteiligen. Auch die Commission kann m. E. keine Verantwortung für sie übernehmen über die Beschaffung des Materials und die Auswahl der Arbeiter hinaus«.[38] Bei diesem Wort von 1899 blieb es nicht ganz. Teamarbeit, Beratertätigkeit und Begutachtung verstärkten sich in der Kommission allmählich.[39]

---

[35] Encyclopédie des sciences religieuses, hg. v. FRÉDÉRIC LICHTENBERGER, 13 Vol., Paris 1877–1882; A Dictionary of Christian Biography, Literature, Sects and Doctrines: Being a Continuation of ›The Dictionary of the Bible‹, hg v. WILLIAM SMITH u. HENRY WACE, 4 Vol., London 1877–1887.

[36] Harnack bedauerte, daß es in Deutschland »fast nöthig sei, daran zu erinnern, daß dieses Werk existirt (…) Und doch haben wir in den letzten Jahren auf dem Gebiet der ältesten Kirchengeschichte kein Werk erhalten, welches dem Renan'schen ebenbürtig ist«, Theologische Literaturzeitung 10 (1885) Sp. 179–187.

[37] HARNACK, Entwicklung (wie Anm. 31) S. 848.

[38] Harnack an Friedrich Loofs vom 12. September 1899, gedruckt in: REBENICH, Mommsen und Harnack (wie Anm. 17) S. 197 f.

[39] Dazu trug nicht unerheblich die Einrichtung einer wissenschaftlichen Mitarbeiterstelle bei, ein Novum im Arbeitsstil der deutschen Akademien, an dem Harnack erheblichen Anteil hatte. Besonders hinzuweisen ist auf Harnacks ›Promemoria betreffend Ernennung von Adjuncten und Hülfsarbeitern bei der Königlichen Akademie der Wissenschaften‹ vom 16. Juli 1898, Harnack-Nachlaß (wie Anm. 2) Kasten 23 (Kanzleiausfertigung).

3. ›Mission und Ausbreitung des Christentums‹

Noch ehe die ›Geschichte der altchristlichen Litteratur‹ 1904 abgeschlossen war, legte Harnack der gelehrten Welt sein drittes großes Werk zur Alten Kirche vor: ›Die Mission und Ausbreitung des Christentums in den ersten drei Jahrhunderten‹. In seiner Erstgestalt von 1902 handelte es sich um ein für Harnacks Verhältnisse schlankes Buch von 561 Seiten in klar gezeichneten Linien. Durch ständige Überarbeitung und Erweiterung schwoll es in der Letztgestalt der vierten Auflage von 1924 nahezu auf den doppelten Umfang von 1000 Seiten an. Das Verfahren der ständigen Auffüllung – in der zweiten Auflage um mehr als zehn Bogen, in der dritten Auflage um etwa neun Bogen, in der vierten Auflage um nochmals acht Bogen – hat der Vermehrung des Informationsstoffes sicher gut getan, schwerlich aber der darstellerischen Transparenz gedient. Der Geschichtsdarsteller und der Quellensammler standen einander im Wege. Harnack ist hier, wie bereits in der ›Geschichte der altchristlichen Litteratur‹, von Mommsens positivistischem Glauben an die Vollendung der historischen Erkenntnis durch das vollständige Studium der Quellen eingeholt worden.

›Die Mission und Ausbreitung des Christentums‹ bot nicht in allen Kapiteln Neuigkeiten. Harnack benutzte die Monographie, um Einzelstudien aus mehr als zwanzig Jahren zusammenzuführen. »Einige früher von mir verfaßte Abhandlungen zur Missionsgeschichte sind in erweiterter und verbesserter Gestalt in dieses Buch aufgenommen worden«.[40] Das Kapitel ›Das Evangelium vom Heiland und von der Heilung‹ fußte auf der Abhandlung ›Medicinisches aus der ältesten Kirchengeschichte‹ von 1892. Auch der Exkurs ›Der Kampf gegen die Dämonen‹ schöpfte aus ihr. Der Exkurs φίλοι hatte 1899 einen Druck als Manuskript erlebt. Ein anderer Exkurs – ›Die Rufnamen der Christen‹ – lag in seiner Erstgestalt in der Zeitschrift ›Die Christliche Welt‹ vor.[41] Auch manche Passagen und Formulierungen aus dem ›Lehrbuch der Dogmengeschichte‹ finden sich in der ›Mission und Ausbreitung des Christentums‹ wieder.

Bloßer Sammelort für bereits Erschienenes war das Buch nicht. Die Komposition des Textes stellte ihre eigenen Ansprüche. Der Gegenstand mutete spezialistisch an, doch das war er keineswegs. Hinter der Darstellung der Missions- und Ausbreitungsgeschichte des Christentums im Imperium Romanum verbarg sich eine Gesamtgeschichte des antiken Christentums in nu-

---

[40] HARNACK, Mission (wie Anm. 6) S. VIII.
[41] Ebd. S. 72 ff.; S. 92 ff.; S. 300; S. 304.

ce. War eine solche Gesamtgeschichte möglich, ohne in den Stil der Geschichtserzählung zu verfallen (gegen die Harnack, der so viele Quellen durchpflügt hatte, mißtrauisch war)? Mit dem ›Lehrbuch der Dogmengeschichte‹ hatte er eine ›große Erzählung‹ vorgelegt, jedoch auf der Ebene der religiösen Denkgeschichte. Hier ließen sich Zusammenhänge, vorwärtstreibende und retardierende Elemente sehr viel sicherer zeigen als auf dem Feld der Ereignisgeschichte. Ein Geschichtserzähler, der narrative Kompetenz für sich beanspruchte, wollte Harnack nicht sein. Sein Sinn für die Dramatik von Geschehensabläufen und für die Eigenart von Personen war nicht sonderlich hoch entwickelt. Das hatte schon Mommsen bei der Durchsicht von Harnacks ›Geschichte der Königlich Preussischen Akademie der Wissenschaften‹ gesehen und die Ermunterung ausgesprochen, mehr Farbe zu geben.[42]

Harnacks darstellerisches Mittel der Wahl in der ›Mission und Ausbreitung des Christentums‹ war der Längsschnitt. Vorausgeschickt hat er dem Werk in den Sitzungsberichten der Akademie zwei Probierstücke, nämlich ›Vorstudie(n) zu einer Geschichte der Verbreitung des Christentums in den ersten drei Jahrhunderten‹.[43] Die Methode des Längsschnitts entband Harnack von den historiographischen Problemen eines durchkomponierten Werks; gleichzeitig vermochte die Zusammenschau der Längsschnitte beim Leser den Eindruck von Kohärenz entstehen lassen. »Der Versuch, in einer Folge von Längsschnitten den Problemen gerecht zu werden, schien mir hier am Platze, nicht nur um Wiederholungen zu vermeiden, sondern vor allem um die Hauptlinien und Hauptkräfte der christlichen Religion einheitlich und scharf hervortreten zu lassen. Die einzelnen Kapitel sind so gefaßt, daß sie für sich gelesen werden können; aber die Einheitlichkeit des Ganzen hat dadurch, hoffe ich, nicht gelitten«.[44] Die Längsschnitte beherrschten die erste Hälfte des Werks (Erstes bis Drittes Buch). Die zweite Hälfte (Viertes Buch) trägt den Charakter der historischen Geographie und Statistik. Diese Anlage weist nochmals auf die beiden Seelen in Harnacks Brust hin. Teilweise besteht der zweite Teil nur aus Listen von Städten, Bischöfen und Gemeinden. Allerdings erscheint die Einbettung der historischen Geographie und Statistik in den Fluß einer größeren Erzählung auch prinzipiell schwer

---

[42] AGNES VON ZAHN-HARNACK, Adolf von Harnack, Berlin-Tempelhof 1936, S. 277 f. Zu berücksichtigen ist, daß Harnack die Geschichte der Akademie in deren Auftrag und zu repräsentativen Zwecken verfaßte. Der Subjektivität des Autors waren Grenzen gesetzt.

[43] SMEND, Verzeichnis (wie Anm. 6) Nr. 750 (›Vorstudie zu einer Geschichte der Verbreitung des Christentums in den ersten drei Jahrhunderten‹); Nr. 753 (›Zweite Vorstudie zu einer Geschichte der Verbreitung des Christentums in den ersten drei Jahrhunderten‹).

[44] HARNACK, Mission (wie Anm. 6) S. VI.

durchzuführen zu sein. Die Längsschnitte erzeugten ein historiographisches Panorama, in das sich immer weitere Einzelheiten eintragen ließen. Das Panorama lieferte die Folie für die Geographie und Statistik. Dadurch war sie mit dem Atem der Historie beseelt. Daß eben darin Harnacks Ehrgeiz bestand, läßt sich aus einer Bemerkung im Vorwort zur vierten Auflage ablesen. Der Autor hoffte auf Stärkung des Interesses für die Geschichte der alten Kirche gegenüber der »Vorliebe für allerlei ›christlichen‹ Kleinkram, den die Geschichte bietet«.[45]

Harnacks ›Über-Ich‹ bei der Abfassung der Missions- und Ausbreitungsgeschichte war Mommsen. Wie konnte er als Autor vor diesem Mann bestehen? Mommsen war gleichmäßig exzellent als Geschichtsschreiber und Editor. Schonsamkeit lag nicht in seiner Natur. Über den Eindruck von Mommsens vernichtenden Urteilen auf Harnack, beispielsweise über den Aufsatz von Ernst von Dobschütz: ›Die Pilatus-Acten‹ und dessen Buch ›Christusbilder. Untersuchungen zur christlichen Legende‹ von 1899, kann man nur Vermutungen anstellen. »Ich weiß nicht, ob Sie den letzten Aufsatz von Dobschütz gelesen haben – das meiste Zusammenraffen, der Mangel an Logik und Methode ist hier im Kleinen selbst schlimmer als in dem Wälzer der Christusbilder«.[46]

Zu seinem Freund Martin Rade sprach Harnack 1904 von einer »empfindliche(n) Schranke« seines Interesses. Das Geständnis bezog sich auf eine Initiative zur Erhaltung frühchristlicher Bauten in Kleinasien. Die Erschließung der archäologischen Überreste Kleinasiens war durch William Mitchell Ramsey energisch vorangetrieben worden. Harnack seufzte, er sei »nun einmal kein Antiquar u(nd) Archäologe in der Geschichte, sondern so zu sagen ein Intellektualist«.[47] Zieht man diese geistes- und theologiegeschichtliche Ausrichtung in Betracht, so hat Harnack sich mit der ›Mission und Ausbreitung des Christentums‹ weiter als sonst in die Felder der Historiker vorgearbeitet: in die Sozial-, Wirtschafts-, Mentalitäts- und Herrschaftsgeschichte. Über altchristliche Bau- und Architekturgeschichte äußerte sich Harnack in der ersten Auflage noch nicht. Das geschah erst in den erweiterten Ausgaben, möglicherweise unter dem Eindruck von Haucks Artikel ›Kirchenbau‹ in der ›Realencyklopädie‹. In den späteren Ausgaben rangierte das The-

---

[45] ADOLF HARNACK, Die Mission und Ausbreitung des Christentums in den ersten drei Jahrhunderten (vierte verb. und verm. Auflage mit elf Karten) Leipzig 1924, Vorwort (Neudruck Wiesbaden o. J.).

[46] Mommsen an Harnack vom 3. Juni 1902, in: REBENICH, Mommsen und Harnack (wie Anm. 17) Nr. 269.

[47] Harnack an Rade vom 13. Dezember 1904, in: JANTSCH, Briefwechsel Harnack-Rade (wie Anm. 3) Nr. 378.

ma unter dem Begriff ›Zusatz‹.[48] Die Einbeziehung sozial- und wirtschafts-
geschichtlicher Perspektiven veranlaßte Harnack nicht zu einer grundsätz-
lichen Modifizierung seiner Geschichtsbetrachtung. Wie wenig er sich hier
herausgefordert sah, geht aus den lobenden, doch inhaltsleeren Erwähnun-
gen von Troeltschs ›Soziallehren‹ und der Arbeiten von Max Webers in der
dritten und vierten Auflage hervor. Zu Weber notierte Harnack: »Wie man
die sublime Frage der Einwirkung religiöser und sittlicher Bewußtseins-In-
halte auf materielle Verhältnisse in der Breite und Tiefe aufzufassen hat, dafür hat M a x W e b e r in seinen Abhandlungen über ›die protestantische
Ethik und der Geist des Kapitalismus‹ (...) ein glänzendes Muster vorgestellt«.[49]
Von Auflage zu Auflage fühlte sich Harnack stärker bedrängt durch die
Ausweitung des Spezialwissens auf dem Gebiet, auf dem er ein Bahnbrecher
hatte sein wollen. In der ersten Ausgabe von 1902 hatte der Autor noch froh-
gemut festgestellt, eine monographische Darstellung des Gegenstands liege
bislang nicht vor. »Die Schwierigkeit der Erhebung und Abgrenzung des
Stoffs und die noch größeren Schwierigkeiten, das geographisch-statistische
Material zu sammeln und zu sichten, mögen abgeschreckt haben«.[50] Zwei
Jahrzehnte später (das heißt in der vierten Auflage) zog sich Harnack, bevor
er den geographisch-statistischen Rundgang durch die Länder, Provinzen
und Städte des Imperium Romanum eröffnete, fast auf eine Entschuldigung
für sein Unternehmen zurück: »Die bescheidenen Blätter, die ich im folgenden darbiete, und die zu veröffentlichen ich fast Bedenken trage, haben ihren Zweck erreicht, wenn sie eine in der Hauptsache richtige Umrißzeich-
nung geben«. Der Kirchenhistoriker könne »zurzeit nicht mehr tun, als das
k i r c h e n h i s t o r i s c h e Material vollständig und reinlich vorzulegen. Das
ist bisher nicht geschehen«.[51] Harnack fühlte sich Jahr um Jahr durch jene
Forschungen überflügelt, zu denen er nach eigener Bekundung nur ein ge-
brochenes Verhältnis besaß: die Forschungen zu den Baudenkmälern und
Inschriften. Bei ihrer Erschließung glänzten W. M. Ramsay, F. Cumont,
P. L. Duchesne und andere. 1904 beklagte Harnack eine Zersplitterung seiner Existenz als Kirchenhistoriker – Ausdruck eines sublimen Unbehagens
am Schwinden seiner fachlichen Souveränität: »ich bin überhaupt nur ein

[48] HARNACK, Mission (4. Aufl.) (wie Anm. 45) S. 611–618 mit ausdrücklichem Verweis auf den
Artikel Haucks (S. 611, Anm. 1).
[49] Ebd. S. 958.
[50] HARNACK, Mission (1. Aufl.) (wie Anm. 6) S. V.
[51] HARNACK, Mission (4. Aufl.) (wie Anm. 45) S. 621, Anm.

Haufen Fragmente in den Händen Anderer, angespannt z(um) Th(eil) für Dinge, die mich kaum im dritten Grade der Entfernung interessiren«.[52]

III. Denker der Geschichte

Über Harnack als Denker der Geschichte sind die Akten der Forschung noch kaum aufgeschlagen. Das Thema führt über den altkirchlichen Bereich hinaus, ist aber ohne ihn nicht zu verstehen. Die theologische Forschung nähert sich ihm durch die Rekonstruktion von Harnacks Verständnis der Kirche, des Dogmas, der Reformation und der Stellung des Christentums im Gang der (Welt-)Geschichte. In den allgemeinhistorischen Forschungen zur Geschichte der Geschichtswissenschaft ist Harnack bisher sehr stiefmütterlich behandelt. Die Studien zum Historismus verzeichnen seinen Namen und sein Werk allenfalls am Rande. Horst Walter Blanke, Jörn Rüsen und Annette Wittkau gehen an Harnack vorbei. Die zwischen Theologiegeschichte und Historismusforschung angesiedelte Studie von Murrmann-Kahl beachtet ihn nur peripher.[53]

Einen geschlossenen Entwurf zur Begründung, Bedeutung und Reichweite des historischen Wissens und der Instrumente zu seiner Erarbeitung legte Harnack nicht vor. Auch eine ›Historik‹ mit spezieller Kontur, das heißt eine Theorie der Kirchengeschichte, steht als systematisch gerundeter Text nicht zur Verfügung. Den Aufsatz ›Kirchengeschichte‹ in der ›Realencyklopädie‹ schrieb nicht Harnack, sondern der Herausgeber selber, Albert Hauck.[54] Gleichwohl ist nicht von einem geschichtstheoretischen Defizit zu

---

[52] Harnack an Rade vom 13. Dezember 1904 (wie Anm. 47).

[53] Horst Walter Blanke, Historiographiegeschichte als Historik (Fundamenta Historica. Texte und Forschungen 3) Stuttgart/Bad Cannstadt 1991; ders., Transformationen des Historismus. Wissenschaftsorganisation und Bildungspolitik vor dem Ersten Weltkrieg, Waltrop 1994; Friedrich Jaeger/Jörn Rüsen, Geschichte des Historismus. Eine Einführung, München 1992; Annette Wittkau, Historismus. Zur Geschichte des Begriffs und des Problems, Göttingen 1992 (keine Erwähnung Harnacks); Michael Murrmann-Kahl, Die entzauberte Heilsgeschichte. Der Historismus erobert die Theologie 1880–1920, Gütersloh 1992, S. 393–395 (ahistorischer ›Pyrrhussieg‹ Harnacks mit seiner These vom ›Kern‹ des Evangeliums). In den historiographiegeschichtlichen Rückblicken des Sammelbandes: Historismus am Ende des 20. Jahrhunderts. Eine internationale Diskussion, hg. v. Gunter Scholtz, Berlin 1997, ist Harnack lediglich in einer Fußnote gegenwärtig: neben Lamprecht, Troeltsch, Weber sei er Vortragsredner auf dem ›International Congress of Arts and Sciences‹ 1904 in St. Louis gewesen (S. 48, Anm. 26).

[54] Näheres bei Kurt Nowak, Albert Hauck. Historiker des deutschen Mittelalters im wilhelminischen Kaiserreich, in: Herbergen der Christenheit. Jahrbuch für deutsche Kirchengeschichte 19 (1995) S. 27–44.

sprechen. Von den 1890er bis zu den 1920er Jahren finden sich bei Harnack
Texte, die wichtige Bausteine zu seinem Geschichtsdenken liefern.

Methodisch empfiehlt sich als Zugang zu Harnacks Geschichtsdenken die
Kombination einer expliziten und einer impliziten Sichtweise. Die explizite
Sichtweise bezieht sich auf jene Texte Harnacks, die eigens als Beiträge zum
Historikdiskurs geschrieben sind, beispielsweise ›Über das Verhältnis der
Kirchengeschichte zur Universalgeschichte‹ (1904), ›Über die *Vorzeichen*
der in der Geschichte wirksamen Kräfte‹ (1905), ›Was hat die Historie an fester Erkenntnis zur Deutung des Weltgeschehens zu bieten?‹ (1920) und
›Stufen der wissenschaftlichen Erkenntnis‹ (1930).[55] Die implizite Sichtweise
meint die in Harnacks historische Arbeiten eingesenkten geschichtstheoretischen Annahmen mit den ihnen korrespondierenden Deutungen. Eine dritte
Perspektive eröffnet sich durch das Studium von Texten, die weder explizit
noch implizit geschichtstheoretische Ansprüche erheben, sie aber involvie-
ren, etwa die Predigten und Andachten. Eine Sonderstellung nimmt ›Das
Wesen des Christentums‹ ein. Der durch studentische Nachschriften überlieferte Text oszilliert zwischen expliziter und impliziter Perspektive.

Markante Beiträge zur Würdigung Harnacks als Denker der Geschichte
leisteten in einer Frühphase der Rezeption Ernst Troeltsch und Erich Seeberg. Troeltschs Aufmerksamkeit fußte auf eigenen Interessen an der Theorie der Geschichte. Als sich Troeltsch 1921 zu Harnack äußerte, war er seit
längerem mit dem ›Historismus und seinen Problemen‹ befaßt.[56] Seeberg
ging in seinen ›Erinnerungsworten‹ von 1930 auf Harnacks Geschichtsverständnis ein.[57] Sowohl Troeltsch wie Seeberg hoben an Harnacks
Geschichtsdenken das Wirken des ›Geistes‹ als leitendes Prinzip hervor.
Troeltsch spürte »einen starken Anklang an die Idee einer allgemeinen Entwicklung des Geistes«, der »fast an Hegels Dialektik« erinnere. Seeberg sah
bei Harnack eine »stille Liebe zu der geächteten rationalen Metaphysik« des
Zeitalters der Aufklärung. Sie habe Harnacks historiographischem Konzept
den entscheidenden Auftrieb gegeben.[58] Strittig scheint, ob Harnack über relativ großräumige Theoreme hinausgelangte. Ist sein Geschichtsverständnis,

---

[55] NOWAK, Harnack als Zeitgenosse (wie Anm. 5) Teil 1, Abschnitt VII, Nr. 3–5; SMEND, Verzeichnis (wie Anm. 6) Nr. 1604 (›Stufen der wissenschaftlichen Erkenntnis‹).

[56] ERNST TROELTSCH, Adolf von Harnack und Ferdinand Christian v. Baur, in: Festgabe von
Freunden und Genossen Adolf von Harnacks zum siebzigsten Geburtstag dargebracht, Tübingen 1921, S. 282–291.

[57] ERICH SEEBERG, Gedächtnisrede, in: Adolf von Harnack. Erinnerungsworte, gesprochen in
der Friedrich-Wilhelms-Universität zu Berlin am 12. Juli 1930 von ERHARD SCHMIDT, Rektor
der Universität (Sammlung gemeinverständlicher Vorträge aus dem Gebiet der Theologie und
Religionswissenschaft 150) Tübingen 1930, S. 17.

[58] TROELTSCH, Harnack (wie Anm. 57) S. 283; SEEBERG, Gedächtnisrede (wie Anm. 57) S. 17.

dessen Letztbegründung nach meinem Dafürhalten in einer Theologie der Liebe Gottes zur Schöpfung und seinen Geschöpfen zu suchen ist, abgestützt durch eine planvolle Geschichtstheorie? Sodann: wie sehen die Verbindungsglieder zwischen Geschichtstheorie, -philosophie und -theologie aus? Geschichtstheorie meint hier die Verarbeitung der Empirie zu größeren Einheiten (Struktur, Typ, Prozeß). Philosophie und Theologie der Geschichte stellen demgegenüber weiterreichende Ansprüche. Sie zielen auf Sinnstiftung.

Klar dürfte sein, daß bei Harnack die Wahrnehmung der Welt mit und durch Geschichte erfolgte. In diesem Betracht war er ›Historist‹, ein Anhänger der historischen Denkform par excellence. In einem frühen geschichtstheoretischen Text, dem Vortrag ›Das Christentum und die Geschichte‹, verwahrte er sich mit Nachdruck gegen eine Betrachtung der Geschichte als bloßes Akzidenz von ›ewigen Wahrheiten‹ der Vernunft oder der Religion. Harnacks rückwirkende Kritik richtete sich gegen den englischen Deismus und gegen die (vermeintlich) ahistorischen Denkmodelle Lessings und Rousseaus. Herder, die Romantiker, Hegel und Ranke hätten das »Wahngebilde einer von Anfang an fertigen Vernunft« gestürzt. An seine Stelle trat die »Erkenntnis der Geschichte, der Geschichte, aus der wir empfangen haben, was wir besitzen, und der wir verdanken, was wir sind«.[59] Das Bekenntnis zur Geschichte als Daseinsform des Menschen und als Deutungsform seiner Existenz war in Harnacks Augen selbstverständlich.

Auf der Ebene der Theologie zog das ›Ja‹ zur Geschichte kritische Abgrenzungen gegen einen (dogmatischen) Antihistorismus im kirchlichen Christentum nach sich. Harnacks Verhältnis zu den drei großen christlichen Konfessionen, dem Protestantismus, dem römischen Katholizismus und der Ostkirche, bestimmte sich nicht zuletzt nach Maßgabe ihrer theologischen Denkfähigkeit und -bereitschaft im Rahmen der historischen Denkform. Ähnliches scheint für das Judentum zu gelten. Harnack gewann zum Judentum kaum ein Verhältnis, auch wenn er ein scharfer Gegner des Antisemitismus war.[60] Katholizismus, Ostkirche und Judentum folgten wenig oder gar nicht dem Erkenntnispfad des Historischen. Geschichtliches Denken im Sinne Harnacks schloß eine weitere Abgrenzung ein: gegen ein Verständnis der

---

[59] Adolf Harnack, Das Christentum und die Geschichte, in: Nowak, Harnack als Zeitgenosse (wie Anm. 5) Teil 1, S. 880–899; hier S. 883.

[60] Harnacks Gegnerschaft zum Antisemitismus ist unter anderem belegt durch seinen Protest gegen die Schändung jüdischer Friedhöfe (Antwort Harnacks auf die Rundfrage der Central Vereins-Zeitung zur ›Schmach der Friedhofsschändungen‹, in: Central Vereins-Zeitung. Blätter für Deutschtum und Judentum. Organ des Central-Vereins deutscher Staatsbürger jüdischen Glaubens VII (1928) Nr. 47 vom 23. November, S. 658.

»Geschichte als Prozeß naturhaften Geschehens«.[61] Diese unscharfe Formulierung – sie ist nicht untypisch für Harnacks latitudinaristischen Stil – umfaßte eine Denkrichtung, in die man Auguste Comte ebenso einordnen konnte wie Henry Thomas Buckle, die Sozialdarwinisten, Karl Lamprecht und
andere. Der Wirtschaftsgeschichte billigte Harnack eine »gewisse Stringenz
der Erscheinungen« zu, aber auch sei sie immer wieder »durchbrochen durch
ideale Momente, welche in kräftiger Weise eingreifen«.[62] Diese Bekundung
reflektierte den Rang der Wirtschafts- und Sozialgeschichte, der in Deutschland 1893 mit der Gründung der ›Zeitschrift für Sozial- und Wirtschaftsgeschichte‹ befestigt war – in Abgrenzung von der stark theorieförmigen
›Nationalökonomie‹ und in klarer Anbindung an die quellenkritische Methodik der Geschichtswissenschaft. Auch der ›Historischen Schule der Nationalökonomie‹ mit Gustav Schmoller und deren typenbildenden Interessen
(zum Beispiel ›Wirtschaftsstufen‹) räumte Harnack ein Daseinsrecht ein.

Die Hinlenkung zur Geschichte durch den Dorpater Lehrer Engelhardt
reicht nicht aus, um Harnacks ›Historismus‹ zu verstehen. Auch die Sogwir-
kung des Zeitalters, in welches der baltische Theologensohn hineingeboren
wurde, erklärt meines Erachtens nicht alles. Maßgebliche Theologen verwei-
gerten sich der Herrschaft der historischen Denkform, indem sie auf dem
unaufhebbaren Widerspruch zwischen historischer und dogmatischer Methode insistierten, also einen epistemologischen Doppelstandort proklamier-
ten.[63] Harnacks Unbeirrbarkeit beim Begreifen der Welt als Geschichte resultierte wohl nicht zuletzt aus seinem Wissen um die Folgen einer Absage
an das Irdische, wie er sie bei seinen frühen Studien zu Marcion und zur
Gnosis kennengelernt hatte. Am Anfang hatte die Dorpater Preisaufgabe
von 1870 zu Tertullians Schrift ›Adversus Marcionem‹ gestanden. Gefolgt
waren die Dissertation ›Zur Quellenkritik der Geschichte des Gnostizismus‹
von 1873 und die Schrift zur Erlangung der Lehrbefähigung ›De Apellis
gnosi monarchica‹ von 1874. Bei Marcion, bei Apelles und in den christlich-
gnostischen Systemen des ägyptischen Raums war Harnack eine Entwirk-
lichung und Depotenzierung der Welt entgegengeschlagen, die ihn veranlaßten, sich auf die Seite der Welt hinüberzulegen. Die Absage an alle Formen
der Weltverneinung gehört zu den Axiomen von Harnacks Verständnis des
Christentums wie der Geschichte. Er legitimierte sie durch Luthers reformatorische Theologie. Die Ankunft der Christen im Alltag der Welt markierte
in seinen Augen eine neue Stufe der Religionsgeschichte, die zugleich in den

---

[61] Harnack, Christentum und Geschichte (wie Anm. 59) S. 885.

[62] Ebd. S. 886.

[63] Klassisch Julius Kaftan, Dogmatik und Historismus, in: ders., Zur Dogmatik. Sieben Abhandlungen, Tübingen 1904, S. 56–108.

Ursprung des Christentums zurücklenkte.[64] Weltflüchtige Haltungen sah Harnack weder bei Jesus noch bei den frühen Christen. Auch verwies er auf die theologischen Arbeitserträge der ›altkatholischen Väter‹ des 2./3. Jahrhunderts, auf Irenäus, Hippolyt, Cyprian. Deren Polemiken gegen die Kirche Marcions und die Gnosis hätten Gottes Einheit, die Identität des höchsten Gottes mit dem Weltschöpfer, die Schöpfung der Welt aus dem Nichts, die Einheit des Menschengeschlechts, den Ursprung des Bösen aus der Freiheit und die Unverlierbarkeit der Freiheit eingeschärft.[65] Harnacks positives Weltverständnis spiegelt eine antignostische Hintergrundidentität. Sie verknüpfte sich mit einem antikatholischen Affekt. Harnack meinte, die magischen, weltflüchtigen und mythologischen Elemente des Katholizismus seien im Gnostizismus antizipiert worden: Kultusmagie, Sakramentslehre, weibliche Himmelsmächte und andere.[66] Harnacks Historismus erscheint in diesem Licht als Verschmelzung einer theologischen Grundaussage (die Welt ist die *eine* Welt Gottes) mit der historischen Denkform.

1. Metahistorische Einlagerungen

Bei näherem Hinsehen finden sich in Harnacks Geschichtsverständnis metahistorische Einlagerungen. Eine erste Einlagerung dieses Typs zielt auf das Prinzip der Individualität.»›Individuum est ineffabile‹, das heißt es umschließt ein Element in sich, das unerschöpflich ist und jeder Erklärung spottet. Das gilt nicht nur von den menschlichen Individuen; es gilt auch vom Individuum überhaupt und von jenen nur in besonderem Maße«.[67] Die Beto-

---

[64] Zu Harnacks Verständnis von Luther und dessen Theologie EGINARD PETER MEIJERING, Der ›ganze‹ und der ›wahre‹ Luther. Hintergrund und Bedeutung der Lutherinterpretation Adolf von Harnacks (Mededelingen der Koninklijke Nederlandse Akademie van Wetenschapen, AFD. Letterkunde, Niewe Reeks, Deel 46-N° 3) Amsterdam/Oxford/New York 1983.

[65] Besonders prägnant formuliert in ADOLF HARNACK, Dogmengeschichte (Grundriß der Theologischen Wissenschaften. Vierter Teil/Dritter Bd.) Tübingen 1931, S. 138 (siebente, photomechanisch gedruckte Auflage).

[66] Ebd. S. 76.

[67] ADOLF VON HARNACK, Was hat die Historie an fester Erkenntnis zur Deutung des Weltgeschehens zu bieten? Ein Vortrag, in: NOWAK, Harnack als Zeitgenosse (wie Anm. 5) Teil 1, S. 952–972; hier S. 955. Diesen Vortrag hielt Harnack 1920 auf Einladung der Aarauer Studentenkonferenz. Harnack nahm eine der Fragen auf, die der einladende Kandidat der Medizin, Mattheus Fischer, formuliert hatte:»Mit den drei Fragen: was hat die Naturwissenschaft an fester Erkenntnis zu bieten zur Deutung des Weltgeschehens? Was die Historie? Was die Bibel? möchten wir das Programm umschreiben«, Harnack-Nachlaß (wie Anm. 2) Kasten 1 (Reise in die Schweiz). Den biblischen Vortrag (›Biblische Fragen, Einsichten und Ausblicke‹) hielt Karl Barth.

nung der ›Irregularität‹ des Individuums ist noch nicht metahistorisch per se.
Sie läßt sich in alle historischen Denkformen einbauen, welche nicht prätendieren, Erklärungen der Wirklichkeit vorzulegen, die sie bis auf den Grund
durchsichtig machen. Tatsächlich fügte Harnack die Ineffabilität des Individuums bis zu einem gewissen Grade in die Geschichte ein: in einer Mischung
von phänomenologischen und funktionalen Perspektiven. Phänomenologisch blieb das Individuum uneinholbar. Das Individuum war nicht die Summe seiner Umweltfaktoren, nicht »Exponent seiner Zeit und der Verhältnisse«.[68] Gar das besondere Individuum, der ›Genius‹, blieb ein Mysterium.
Diese Anschauung war ein Reflex der idealistisch-goetheanischen Persönlichkeitskultur. Ihr Urimpuls liegt jedoch in Harnacks Perspektive bei Jesus,
dem Gottmenschen. In funktionaler Hinsicht ließ sich das Individuum als eine Kraft begreifen, die gerade vermöge ihrer irregulären Qualität zum Gestaltungsfaktor der Geschichte wurde. Das Individuum war in dieser phänomenologisch-funktionalen Dialektik also durchaus geschichtlich gedacht.
Gleichwohl faßte Harnack es auch als ›animal metahistoricum‹. In seinem
Vortrag auf dem wissenschaftlichen Weltkongreß in St. Louis von 1904 betonte er: »(…) es gibt e i n inneres Erlebnis, das ein jeder erleben kann, das
für jeden, der es erlebt, wie ein Wunder ist, und dessen Entstehung sich nicht
einfach ableiten läßt. Das ist die Tatsache, welche die christliche Religion als
›Wiedergeburt‹ bezeichnet«.[69] ›Wiedergeburt‹ meinte die geschichtlich uneinholbare Einschmelzung der Seele des Menschen in Gott. Später gebrauchte Harnack die Formulierung des Epheserbriefs vom »inwendigen Menschen«. Der »inwendige Mensch« wohnte in der »Welt des Ewigen, die zu
Gott gehört und unsere wahre Heimat ist«.[70] Zwischen der transzendenten
Dimension des Menschen, ihrer transzendentalen Begründung und der historischen Daseinsform des Menschen sind Bruchstellen erkennbar.

Ein Element der Metahistorie wohnte auch der Absage Harnacks an die
Religionsgeschichte inne. Im Horizont des historischen Denkens bleiben
Harnacks Überzeugungen von der Absolutheit, Autonomie und Unüberholbarkeit des Christentums theologisch aufgesetzte Postulate. Ein besonders
sprechender Text ist in diesem Zusammenhang Harnacks Rede von 1901
›Die Aufgabe der theologischen Fakultäten und die allgemeine Religionsgeschichte‹.[71] Der aktuelle Hintergrund – Aufstieg des Fachs ›Allgemeine

---

[68] Ebd. S. 955.

[69] ADOLF HARNACK, Über das Verhältnis der Kirchengeschichte zur Universalgeschichte, in:
NOWAK, Harnack als Zeitgenosse (wie Anm. 5) Teil 1, S. 901–921; hier S. 920.

[70] ADOLF HARNACK, Vom inwendigen Menschen. Predigt im Akademischen Gottesdienst gehalten am 28. Juli 1918, in: ebd. S. 724–734; hier S. 733.

[71] Ebd. S. 797–824.

Religionsgeschichte‹, Aufschwung der ›Religionsgeschichtlichen Schule‹, kritische Diskurse um die Wissenschaftsfähigkeit der Theologie – gab den Formulierungen ihre besondere Schärfe. In der Substanz sprach Harnack nur aus, was in seiner Gedankenarbeit schon länger herangereift war. Gerade deshalb tritt das Element des metahistorisch Behauptenden plastisch hervor. Ließen sich Harnacks Sätze über die universal-integrative Rolle und Stellung des Christentums vor dem Forum des historischen Denkens rechtfertigen? »Wer diese Religion nicht kennt, kennt keine, und wer sie samt ihrer Geschichte kennt, kennt alle«. Oder: »Der Schauplatz dieser Religionsgeschichte ist der Schauplatz der Geschichte überhaupt«.[72] Harnack zufolge faßte das Christentum die religionsgeschichtliche Entwicklung der Menschheit in sich zusammen und brachte sie durch eine »ungeheure Reduktion« zur Eindeutigkeit. Das Christentum habe den »Kern« aller Religionen enthüllt. Die Grundfigur eines religionstheoretischen Modells, welches das Christentum zur ›Religion der Religionen‹ macht, findet sich bereits in Schleiermachers Reden ›Über die Religion‹. Harnack ergänzte sie durch einen Gedanken, bei dem sich die Vermutung einer religionstheoretischen Transformation von Ernst Haeckels ›biogenetischem Grundgesetz‹ aufdrängt. Bei Haeckel hieß es, die Ontogenese sei eine geraffte Rekapitulation der Phylogenese. Harnack meinte, im Christentum wiederholten sich in eigentümlicher Umformung und Steigerung alle früheren Erscheinungen der Religionsgeschichte. Namentlich der mittelalterliche Katholizismus repräsentiere alle Erscheinungen der Religionsgeschichte. »Die ganze Religionsgeschichte in der Sukzession ihrer Erscheinungen ist auf katholischem Boden gleichsam repetiert und unifiziert«.[73] Im besten Falle handelt es sich bei diesem Argument um eine religionsgeschichtliche Hypothese, deren Verifikation noch aussteht. Harnack handhabe sie wie gesichertes Tatsachenwissen, um ein Argument für seine metahistorische Exemtion des Christentums zu gewinnen.

Andere Gedanken in der Rede von 1901 sind mit dem historischen Denken ebenfalls nicht kompatibel. Wahrhaft »sichere Erkenntnis«, legte Harnack seinen Zuhörern dar, lasse sich, wie Biologie und Sprachforschung zeigten, nur im Kontakt mit dem Lebendigen gewinnen. So auch in der Religion. In anderen Worten: Harnack nahm für das Christentum den Vorzug

---

[72] Ebd. S. 805; S. 806. Noch unduldsamer (und wiederum ahistorisch) mutet der Satz an: »Ob eine dauernde und gehaltvolle Zivilisation ohne die Predigt des Evangeliums möglich ist, die Frage mag man bejahen oder verneinen – gewiß ist, daß die Völker, welche die Erde jetzt aufteilen, mit der christlichen Zivilisation stehen und fallen, und daß die Zukunft keine andere neben ihr dulden wird«, ebd. S. 803.

[73] Ebd. S. 807.

seines Hineinragens aus der Vergangenheit in die Gegenwart in Anspruch.
Den naheliegenden Hinweis auf andere lebendige Weltreligionen, die den
gleichen Vorzug besaßen, wehrte er ab. Aus dem Islam und aus dem
Buddhismus gewinne man keine feste Erkenntnis der Religion.[74]

2. Gesetzmäßigkeit und Kontingenz

Einen nahezu durchweg säkularen Charakter trug die Rede von 1917 im
Deutschen Museum in München. In ihr rang Harnack um die Vermittlung
von Theorien der Gesetzmäßigkeiten der Geschichte und ihrer kontingenten
Gestalt. War die Geschichte nur eine »fable convenue«,[75] oder ließen sich
ihr objektivationsfähige Faktoren, Kräfte und Entwicklungen zuschreiben?
Harnack hob drei »Faktoren« hervor, aus denen sich das »Gewebe« der Geschichte bildete: den »elementaren Faktor« (naturräumliche Voraussetzungen, »Anlagen« des Volkes), den »kulturellen Faktor« (Tradition, Sitte, reli-
giös-ethische Kräfte, Kunst, Wissenschaft) und den »individuellen Faktor«
(Individuum, Persönlichkeit, Talent, Genius). Anstelle der Metapher »Gewebe« konnte er auch die Metaphorik der Farbfotographie benutzen: »der
Druck in e i n e r Farbe bietet schon das Bild und das ungeübte Auge findet
sogar, es sei naturtreu. Aber erst wenn man die drei Farben über einander
druckt, ist das zutreffende und wirkliche Bild gegeben!«[76] Mit der Kombination des elementaren, des kulturellen und des individuellen Faktors
nahm Harnack kurrente Linien der damaligen Geschichtsschreibung auf: die
naturräumliche Komponente im Gefolge Roschers, die kulturelle Dimension
in Anschluß an den geistesgeschichtlichen Historismus des 19. Jahrhunderts,
die individuelle Linie im Fahrwasser Carlyles und dessen Theorie der großen
Männer. Die festesten Phänomene der Geschichte sah Harnack in den ›Institutionen‹ gegeben. Mochten bei der Betrachtung des elementaren, kulturellen und individuellen Faktors viele Fragen unerledigt zurückbleiben, bei
den ›Institutionen‹, so Harnack, stehe die Geschichte auf festem Boden. »Ich
verstehe hier unter Institutionen die Staatsverfassungen und -gesetze, die
Rechtsbücher und Staatsverträge, die Kirchenordnungen, die Liturgien und

---

[74] Ebd. S. 809: »Gewiß gebieten der Buddhismus und der Islam über einen ähnlichen Reichtum; aber im besten Falle lernen wir hier unsicher, was wir bei uns selber besser und sicherer zu
erkennen vermögen«.
[75] ADOLF HARNACK, Über die Sicherheit und die Grenzen geschichtlicher Erkenntnis, in: No-
WAK, Harnack als Zeitgenosse (wie Anm. 5) Teil 1, S. 927–947; hier S. 937.
[76] Ebd. S. 935.

Agenden, die Schulordnungen, die Stadtgesetze, die Stände- und Zunftord-
nungen, die Preisbestimmungen, kurz alles, was an Verordnungen im wei-
testen Sinn des Worts auf uns gekommen ist. Auf ihrem Grunde ist der Charakter einer Epoche genau zu bestimmen, und überall haben wir Material
die Fülle, Material, welches ungleich wichtiger ist als alles Vereinzelte und
Individuelle, sei es auch noch so anziehend. Hier ist das eigentliche Feld des
Historikers«.[77] Mit der Heraushebung der Verfassungsgeschichte folgte
Harnack dem ›mainstream‹ der Sozial- und Wirtschaftshistoriker. Mangels
trennscharfer Kategorisierungen betrieb man ›Sozial- und Wirtschaftsgeschichte‹ damals noch überwiegend als Verfassungsgeschichte. Rückendeckung besaß Harnack auf diesem Gebiet durch seine eigenen Arbeiten zur
Verfassungs- und Liturgiegeschichte der Alten Kirche.[78]

Das Angebot einer säkular kommunikationsfähigen Theorie der Geschichte war der Versuch zur Ausbalancierung von idealistischer Historiographie (Primat des ›Geistes‹) und naturalistischer Historiographie, einer
auf die materiellen Grundlagen der Geschichte zielenden Geschichtswissenschaft. Person, Geist und Idee standen für Kontingenz, die naturräumlichen
Gegebenheiten, Soziales und Wirtschaft für Objektivationen ins quasi Ge-
setzmäßige. Geschichte vollzog sich in der Stetigkeit kontingenter Faktoren
auf der Basis intersubjektiver Daten. Harnack befriedete hier auf seine Art
die Dauerfehde zwischen Regelmäßigkeit (Determinismus) und Individualität (Idealismus), die sich seit den 1890er Jahren in immer neuen Frontbildun-
gen aktualisierte (Sozial- und Wirtschaftsgeschichte versus Historische
Nationalökonomie; Lamprecht-Streit und anderes). Auf die Seite von Theo-
retikern wie Troeltsch, die Geschichte konsequent als Leistung des kon-
struktiven Bewußtseins begriffen, stellte sich Harnack nicht. Im Pendel-
schlag zwischen Gesetzmäßigkeit und Kontingenz verharrte er in einem
vorkritischen Pathos der Objektivität der Geschichte.

Harnacks Sicht der Faktoren der Geschichte und ihres Zusammenwirkens
enthielt geschichtsphilosophische Implikate. Gleichsam hüllenlos tritt die
Geschichtsphilosophie im Zusammenhang mit dem Begriff ›Entwicklung‹
hervor. Geschichte war nach Harnack Entwicklung zum sittlich Guten. In

---

[77] Ebd. S. 940 f.

[78] Als ›pars pro toto‹ sei hervorgehoben ADOLF HARNACK, Entstehung und Entwicklung der
Kirchenverfassung und des Kirchenrechts in den zwei ersten Jahrhunderten. Nebst einer Kritik
der Abhandlung R. Sohms: ›Wesen und Ursprung des Katholizismus‹ und Untersuchungen über
›Evangelium‹, ›Wort Gottes‹ und das trinitarische Bekenntnis, Leipzig 1910. Die Darstellung
der Kirchenverfassung und des Kirchenrechts bildete eine erweiterte Fassung von HARNACKS Artikel: Verfassung, kirchliche, und kirchliches Recht im 1. und 2. Jahrhundert, in: Realencyklopädie für protestantische Theologie und Kirche 20 (1903³) S. 508–546.

den Thesen ›Wie soll man Geschichte studiren, insbesondere Religionsgeschichte?‹ vollzog Harnack freilich eine wichtige methodische Einschränkung: ›Entwicklung‹ sei kein Universalschlüssel für alle geschichtlichen
Probleme.[79] Die historische Empirie war reichhaltiger, uneindeutiger und
widersprüchlicher als der Entwicklungsgedanke. Streng genommen bedeutete das: der Historiker vermochte mit letzter Sicherheit weder von Retar-
dationen noch von Progressionen des Geschichtsprozesses zu sprechen.
Retardation und Progression setzten ein unmittelbares Verhältnis zum prä-
tendierten Telos voraus, in dem einen Fall ex negativo, in dem anderen Fall
bekräftigend. Die geschichtliche Empirie hätte zum Bilderbuch einer Ent-
wicklungstheorie mit ge- und mißlungenen Beispielen herabsinken müssen.
Die Empirie blieb geschichtsphilosophisch uneinholbar. Der Entwicklungsgedanke verstand sich deshalb als Aussage über die Grundrichtung der Geschichte und nicht als deren heuristisches Instrument. Harnack tadelte die,
wie er sie nannte, oberflächlichen Historiker. Sie gingen mit dem Entwick-
lungsbegriff nicht sorgfältig genug um. Sie nahmen »die Tatsachen viel zu
einfach und kommen daher zu dürftigen und unrichtigen Bildern und
Schlüssen«.[80] Man habe beim Begriff Entwicklung ein »Naturgeheimnis« zu
beachten, »das unerforschliche Ineinander von Übergang und Selbst- und
Endzweck«. Darüber hinaus habe man der Unergründlichkeit des Individuellen Rechnung zu tragen. Ungeachtet solcher Vorbehalte fielen Harnacks
Aussagen zur Zielrichtung der Geschichte eindeutig aus. Die Menschheit
entwickelte sich »im Sinn der fortschreitenden Objektivierung des Geistes
und der fortschreitenden Beherrschung der Materie«.[81]

---

[79] ADOLF HARNACK, Neun Thesen. Wie soll man Geschichte studiren, insbesondere Religionsgeschichte?, Harnack-Nachlaß (wie Anm. 2) Kasten 13. Druck (erstmals): JOHANNA JANTSCH,
Die Entstehung des Christentums bei Adolf von Harnack und Eduard Meyer (Habelts Dissertationsdrucke. Reihe Alte Geschichte) Bonn 1990, S. 53; weiterer Druck (unter Beigabe der Vor-
tragsnachschrift von Eivind Berggrav-Jensen) durch CHRISTOPH MARKSCHIES, Adolf von Harnack, Wie soll man Geschichte studiren, insbesondere Religionsgeschichte? Thesen und Nachschrift eines Vortrags vom 19.10. 1910 in Christiania/Oslo, in: Zeitschrift für Neuere Theologiegeschichte 2 (1995) S. 148–159; hier S. 153 f. Das Zitat heißt im vollen Wortlaut: »Vergessen
Sie nie, dass alle Geschichte als Entwicklungsgeschichte verläuft, aber bleiben Sie eingedenk,
dass kein geschichtliches Problem mit diesem Schlüssel allein erschlossen werden kann!«
[80] HARNACK, Sicherheit, in: NOWAK, Harnack als Zeitgenosse (wie Anm. 5) S. 930.
[81] Ebd.

3. Weltgeschichte und Christentum

Im Rahmen einer christlichen Geschichtsschau warf Harnacks Zielbestimmung der Geschichte ein weitreichendes Problem auf. Wie verhielten sich der Entwicklungsgedanke und die ›Erfüllung der Zeit‹ in Jesus Christus, nach der prinzipiell keine Steigerung mehr zu erwarten war, zueinander? In Jesus Christus waren die vollkommene Erkenntnis Gottes beschlossen, die Gottsuche des Menschen zu unüberbietbarer Eindeutigkeit gebracht, alle Gegensätze versöhnt. In Teilen der Aufklärungstheologie und des Pietismus war der Knoten des Widerspruchs zwischen der vorausgreifenden Erfüllung in Jesus Christus und dem noch ausstehenden ›Reich Gottes‹ durch die Idee aufgelöst, die Vollendung der Geschichte sei nicht einem Anfangs- und Zwischenpunkt vorbehalten. Sie liege am Ende der Geschichte. Damit war eine Überbietung des Unüberbietbaren unterstellt. Harnack entschied sich für ein anderes Denkmodell. Er kombinierte den Vollendungsstatus des Anfangs mit der erst noch zu erreichenden Vollendung des geschichtlichen Endes. Die logisch unausweichliche Folge bestand in der Verschmelzung einer Zyklen- und einer Progressionstheorie der Geschichte. Im zyklentheoretischen Denkkreis folgte Harnack dem Theorem der Rückneigung des Christentums in die Unüberbietbarkeit seines Ursprungs. Die Rückneigung gestaltete sich um so intensiver, je mehr sich im Gang der Entwicklung eine sachliche Differenz zum Ursprung (der authentischen Jesusverkündigung) aufbaute. Der historische Musterfall der Rückneigung gemäß der zyklischen Trias Ursprung – Verfall – Erneuerung war nach Harnack die Reformation. In der vorkritischen Phase der Kirchen- und Christentumsgeschichtsschreibung hatte man einen analogen Rückneigungseffekt durch Mittel des figuralen und typologischen Denkens erzielt. Man zog den goldenen Ursprung durch eine ›Memoria der Unmittelbarkeit‹ an die Gegenwart heran. Das figurale und typologische Denken war ahistorisch, während Harnack die Rückkehr in den Ursprung über Instanzen der historischen Vermittlung vollzog. Zyklentheoretischen Wert schrieb Harnack über die Reformation des 16. Jahrhunderts hinaus auch dem eigenen historischen Standort zu. Harnack behauptete vom ›freien Christentum‹, daß es in die jesuanische Erfüllung zurücklenkte.[82]

Die Vermittlung zwischen Zyklen- und Progressionstheorie fand Harnack in der Anthropologie. Die ›conditio humana‹ fungierte als Integrations-

---

[82] Näheres bei KURT NOWAK, Bürgerliche Bildungsreligion? Zur Stellung Adolf von Harnacks in der protestantischen Frömmigkeitsgeschichte der Moderne, in: Zeitschrift für Kirchengeschichte 99 (1988) S. 326–353.

instanz der Geschichte. Harnack schrieb dem Menschen eine natürliche Anlage zu, die Jesus, der Gottmensch, durch seine Botschaft (in Harnacks Lesart: Verkündigung des Gottesreichs, des liebenden Vatergotts und des unendlichen Wertes der Menschenseele sowie der besseren Gerechtigkeit und
des Liebesgebots)[83] zur Eindeutigkeit brachte. Von Jesus ergriffen zu sein
hieß deshalb, den Weg des ›Natürlichen‹ religiös wie sittlich zu vollenden
und geschichtsmächtig werden zu lassen. Waren alle Menschen dem Gottmenschen gleichgestaltet, kam die Geschichte an ihr Ziel.

Den Aufstieg des Christentums zur kulturellen und gesellschaftlichen Füh-
rungsmacht zunächst im Imperium Romanum, sodann im Abendland und
schließlich in weltweiter Ausdehnung hat Harnack stets gefeiert. In Harnacks Geschichtshorizont war es der Kirche bestimmt, ›Weltkirche‹ zu
werden. Nur dem Christentum wohnte nach Harnacks Urteil wahre Univer-
salität inne. Keine andere Religion besaß eine ähnlich starke kulturelle Inte-
grations- und Transformationskraft. ›Das Wesen des Christentums‹ von
1899/1900, das nach Harnacks kritischem Kommentar zu dem schnell in
die Bestsellerlisten aufgerückten Titel besser ›Einführung in das Christentum‹ geheißen hätte,[84] entfaltete mit der Darstellung der Jesusverkündigung
in liberal-protestantischer Version diesen Gedanken in der Differenzierung
der Konfessionskulturen.

4. Kampf der Geschichtsbilder

Harnacks kirchenhistorische Werke lassen sich nach vielen Seiten als Gegen-
entwürfe zum zeitgenössischen Geschichtsdenken lesen. Sie generierten diese
Qualität in der Begegnung mit Geschichtskonzepten, die zwischen 1880 und
1930 am Horizont der Zeit auftauchten bzw. ihre Wirkungsgeschichte ent-

---

[83] ADOLF HARNACK, Das Wesen des Christentums. Sechzehn Vorlesungen vor Studierenden
aller Facultäten im Wintersemester 1899/1900 an der Universität Berlin gehalten, Leipzig 1901[4],
S. 33.

[84] Loofs sah in den Vorlesungen »eine neue Auflage der Dogmengeschichte, umgearbeitet für
die praktische Wirksamkeit«, zit. nach ZAHN-HARNACK, Harnack (wie Anm. 42) S. 244. Wie der
Vorlesungsnachschrift von C. F. G. Israel (Schneeberg/Erzgebirge) zu entnehmen ist, betonte
Harnack, die Frage »Was ist Xt [Christentum]?« sei mit Mitteln der Geschichtserkenntnis zu
beantworten: Vorlesungsheft Israel Nr. 11 – Privatbesitz des Verfassers. Von C. F. G. Israel liegen noch weitere Vorlesungsnachschriften vor: Heft Nr. 9: Harnack, Dogmengeschichte (WS
1899/1900); Heft Nr. 10: Harnack, Einleitung ins NT (WS 1899/1900) – Privatbesitz des Verfassers. Im Sommersemester 1904 hielt Harnack eine weitere Vorlesung für Hörer aller Fakultäten: Über die Glaubwürdigkeit der evangelischen Geschichte, Harnack-Nachlaß (wie Anm. 2)
Kasten 20; Druck der Eröffnungsvorlesung in: Die Christliche Welt 19 (1905) Sp. 170–176; außerdem Sp. 314–320; Sp. 434–441; außerdem SMEND, Verzeichnis (wie Anm. 6) Nr. 873.

falteten. Im Rückblick auf die gemeinsamen Leipziger Jahre schrieb er an Rade im April 1927: »Vor uns lag, wie ein gewaltiger Ozean, das große Gebiet der alten Kirchengeschichte, eng verbunden mit der Reformationsgeschichte. Sonnenbeglänzt war dieser Ozean, und wir wußten, welches Schiff wir zu besteigen und welchen Kurs wir zu nehmen hatten. Die Sonne, welche dieses Meer beglänzte, war die evangelische Botschaft (...); das Schiff war die strenge geschichtliche Wissenschaft, der wir uns bedingungslos anvertrauten; der Kurs ging aus dem Verworrenen zum Einfachen, aus dem Mystischen zum Logos«.[85] Harnack feierte die Geschichte als Erlebnis-, Erkenntnis- und Daseinsraum des Menschen. Für Nietzsches Wahrnehmung der Geschichtsschreibung als »ein mächtig feindseliges Gestirn«, das zwischen Leben und Historie trat, so daß das Wissen um die Vergangenheit nicht mehr vom Leben regiert war, sondern von einer Wissenschaft, welche alle Grenzpfähle niederriß, besaß er kein Organ.[86] Die Auseinandersetzung mit Nietzsche, dem Antihistoristen, blieb peripher. Man hat Mühe, bei Harnack den Namen überhaupt zu finden. Über Nietzsches Philosophie urteilte Harnack, sie sei »aperçuhaft, sprunghaft, aufblitzend usw., ohne methodische Zusammenhänge u(nd) umsichtiges Maßhalten«: nichts, wofür ein Gelehrter sich ernstlich zu interessieren hatte. Lediglich an einem Punkt fühlte sich Harnack durch Nietzsche herausgefordert, nämlich beim Stichwort ›Übermensch‹. Harnack verwarf den ›Übermenschen‹ nicht, stellte ihn jedoch unter das ›Evangelium Jesu‹ und verlieh ihm dadurch einen gegenläufigen Sinn. Das Übermenschentum war jetzt ein anderer Ausdruck für die Gotterfülltheit des Menschen. Es zeigte sich im Dienen und in der Hingabe: »So daß zuerst der, der sein Leben hingibt, es wahrhaftig gewinnt«.[87]

Viele Zeitgenossen haben die kulturelle Signalqualität von Harnacks Werk in den Jahren des Wilhelminischen Kaiserreichs und in der Frühphase der Weimarer Republik empfunden. Hier sprach ein (Kirchen-)Historiker mit größter Unbeirrbarkeit gleich gegen mehrere Arten der Geschichtsdeutung: gegen die Heilsgeschichte älteren Typs, gegen die naturalistischen Ge-

---

[85] Harnack an Rade vom April 1927, in: JANTSCH, Briefwechsel Harnack-Rade (wie Anm. 3) Nr. 653.

[86] FRIEDRICH NIETZSCHE, Werke in drei Bänden, hg. v. KARL SCHLECHTA, Darmstadt 1997 (Lizenz der Ausgabe von 1954). Erster Bd.: Unzeitgemäße Betrachtungen. Zweites Stück: Vom Nutzen und Nachteil der Historie für das Leben (S. 209–285). »Unzeitgemäß ist (...) diese Betrachtung, weil ich etwas, worauf die Zeit mit Recht stolz ist, ihre historische Bildung, hier einmal als Schaden, Gebreste und Mangel der Zeit zu verstehen versuche, weil ich sogar glaube, daß wir alle an einem verzehrenden historischen Fieber leiden und mindestens erkennen sollten, daß wir daran leiden« (S. 210).

[87] Harnack an Rade vom 12. November 1899, in: JANTSCH, Briefwechsel Harnack-Rade (wie Anm. 3) Nr. 255; Nachschrift Berggrav-Jensen, in: MARKSCHIES, Harnack (wie Anm. 79) S. 159.

schichtsbilder, gegen den »Sceptizismus« Jacob Burckhardts, an dessen Ende der »Sturz von Moralen und Religionen« stand,[88] gegen die Untergangs-
prophetie von Oswald Spengler (dem Harnack gleichwohl das methodische
Verdienst zuerkannte, die Bedeutung der ›Analogie‹ in der Geschichtsbetrachtung herausgearbeitet zu haben).[89] In einer tieferen Schicht stand
Harnacks Werk auch gegen Max Weber. Weber verbannte die Frage: ›Wie
sollen wir handeln?‹ aus der wissenschaftlichen Erkenntnis. Bei Harnack finden sich Sentenzen, die gerade auf den Zusammenhang von Erkennen und
Handeln drängen. Wissenschaft sei »Erkenntnis des Wirklichen zu zweck-
vollem Handeln«.[90] Seit dem Ende des 18. Jahrhunderts war das alteuropä-
ische Verständnis der Wissenschaft als interesselose Anschauung verwandelt
durch die Einfügung der »geistigen Arbeit« in das »arbeitsteilige System der
Lebenserhaltung und Lebenssteigerung«.[91] Weber hatte seinen wissenschaftlichen Erkenntnisbegriff aus jener Tradition herausgelöst, die gleichermaßen
das Wissenschaftsverständnis der idealistischen Philosophie, des Marxismus
und des Positivismus bestimmte. Harnack hingegen bekräftigte in immer
neuen Paraphrasierungen diesen Zusammenhang. »Auf Taten kommt es in
der Geschichte an oder vielmehr auf Gedanken, die zur Tat werden und
neue Formen schaffen«.[92] Selbst ein solcher Satz, der nur indirekt auf das
wertschöpfende Element der wissenschaftlichen Erkenntnis zielte, zeigt das
›Nein‹ gegen die Webersche Trennung von Tatsachenerkenntnis (wissenschaftlich) und Wertbildung (persönlichkeits- und glaubensbestimmt). Webers Anliegen, »das Feld frei (zu machen) für eine neue Ethik, die sich in der
Rechenschaftslegung über letzte Wertentscheidungen legitimiert«,[93] konnte
bei Harnack schwerlich mit tieferem Verständnis rechnen. Weber war im damaligen Gefüge der Geistes- und Sozialwissenschaften »unzeitgemäß«. Die

---

[88] JACOB BURCKHARDT, Über das Studium der Geschichte. Der Text der ›Weltgeschichtlichen
Betrachtungen‹ nach den Handschriften, hg. v. PETER GANZ, München 1982, S. 229.

[89] HARNACK, Historie (wie Anm. 67) S. 957.

[90] Belege im Briefwechsel Harnack-Rade (wie Anm. 3) S. 80 mit zusätzlichem Verweis auf
ähnliche Wendungen in dem Manuskript ›Kirchengeschichte I‹ im Harnack-Nachlaß (wie
Anm. 2) Kasten 18.

[91] So WOLFGANG HARDTWIG, Genossenschaft, Sekte, Verein in Deutschland, Bd. 1: Vom Spätmittelalter bis zur Französischen Revolution, München 1997, S. 275.

[92] HARNACK, Entstehung (wie Anm. 78) S. 120. Formuliert ist dieser verallgemeinerungsfähige
Satz im Kontext von Luthers reformatorischer ›Tat‹ sowie in der Erwartung etwaiger weiterer
Taten.

[93] DETLEV J. K. PEUKERT, »Der Tag klingt ab, allen Dingen kommt nun der Abend (…)«.
Max Webers ›unzeitgemäße‹ Begründung der Kulturwissenschaften, in: Kulturwissenschaften
um 1900. Krise der Moderne und Glaube an die Wissenschaft, hg v. RÜDIGER VOM BRUCH,
FRIEDRICH WILHELM GRAF u. GANGOLF HÜBINGER, Wiesbaden 1989, S. 155–173; hier S. 171.

›Werturteilsfreiheit‹ als methodologische Folge eines diskursiven Erkenntnisbegriffs, der zunächst sinn- und praxisneutral war, wurde damals noch nicht als produktive Gegenposition gegen die Prätentionen des ›Naturalismus‹, ›Panlogismus‹, ›Emanantismus‹ etc. erkannt. Harnack bildete hier keine Ausnahme.

Gleichfalls distanziert stand Harnack dem Konzept der ›Krise‹ gegenüber. Der Terminus Krise war an der Wende des 19. zum 20. Jahrhunderts ein prominentes Schlagwort der Zivilisationskritik, und er lag als Instrument der Geschichtswissenschaft bereit. Jacob Burckhardt hatte die ›Krise‹ als Deutungsmuster für historische Prozesse kategorial gehaltvoll ausgebildet. Das Hauptmerkmal von geschichtlichen Krisen erblickte Burckhardt im Verlust des »rechtfertigenden Zusammenhangs« der Potenzen Staat, Religion, Kultur mit ihrem Ursprung.[94] Harnack stand sowohl der zivilisationskritischen Chiffre wie dem historiographischen Modell ›Krise‹ mit größtem Abstand gegenüber. »Historia non facit saltus«, vermerkte er in seinen (zunächst) anonym veröffentlichten Aphorismen.[95] Der Weltprozeß geriet in Harnacks historiographischem Konzept nirgendwo aus dem Gleis. Denkbar waren Rückschläge, das Zurücksinken ganzer Völker und Kulturen hinter bereits erreichte Entwicklungen, nicht aber fundamentale Brüche der Geschichte. Harnacks große Werke, die im Gegensatz zu den kleineren Spezialstudien auf Überschau, weiterreichende Richtungsangaben und Urteile drängen, enden durchweg mit beflügelnden Sequenzen. In ihnen spricht sich der Historiker der ›Anti-Krise‹ aus.

Im engeren Umfeld der Alten Kirchengeschichte kann man Harnacks historiographische Botschaften als Auseinandersetzung u. a. mit Gibbon (›History‹), Burckhardt (›Die Zeit Constantins des Großen‹) und Renan (›Histoire des origines du christianisme‹) verstehen. Über die Konkurrenz seines Werks zu diesen Historikern hat sich Harnack nicht geäußert. Dennoch ist sie evident. Das zeigt sich in den Details wie in der Gesamtanlage. Eine historische Schlüsselfigur ist Konstantin der Große. Gibbon und Burckhardt urteilten ungünstig über ihn und damit auch über die Erhebung des Christentums zur kultur- und staatstragenden Religion. In Harnacks Konzept mußte früher oder später ein Konstantin die Bühne der Weltgeschichte betreten, gleichviel ob er diesen oder einen anderen Namen trug.[96]

---

[94] Näheres bei RUDOLF VIERHAUS, Zum Problem historischer Krisen, in: Historische Prozesse, hg. v. KARL-GEORG FABER u. CHRISTIAN MEIER (Beiträge zur Historik 2) München 1978, S. 313–329.

[95] Sie sind zuerst gedruckt in: Die Christliche Welt 9 (1895) Nr. 1, Sp. 15 ff.; Nr. 3, Sp. 62 ff.; Zitat Nr. 3, Sp. 63.

[96] Zum Kampf der Geschichtsbilder im Medium der religionspolitischen Wende zu Beginn

Renans ›Histoire‹, von Harnack als erstes großes Werk einer Frühgeschichte des Christentums gewürdigt, das nach allen Regeln der historischen Methode durchgeführt war, forderte ihn noch auf andere Weise zum
Widerspruch heraus. So lobenswert Renans Leistungen als Historiker waren,
so sehr bot die ›Histoire‹ doch eine Demonstration für den Preis der Historisierung. Das Christentum versank in der Geschichte. Renan schwächte die
Geltungsmacht des antiken Christentums für die Gegenwartskultur. Die
Folgen fand Harnack unannehmbar. Renans Entwicklung zum unbestimmt
religiös affizierten Modephilosophen Frankreichs bestätigte ihn in seinem
Urteil. In der Rezension von Renans Drama ›L'Abesse de Jouarre‹ fand er
darüber höchst spitze Worte.[97] Gerade weil Renan eine beachtliche historische Leistung vollbracht hatte, schärften sich an diesem Gegenüber um so
mehr Harnacks Anstrengungen zugunsten eines christlichen Geschichtsbilds.

In Harnacks Lebens- und Wirkungszeit verzeichnete man einen eminenten
Aufschwung der patristischen Studien. An ihm waren die Gelehrtenkulturen
mehrerer Länder beteiligt, insbesondere Frankreichs, Englands, Italiens, der
USA, Österreichs und Deutschlands. »Nicht sowohl neue Entdeckungen haben ihn herbeigeführt – sie waren eine Folge des Aufschwunges –, sondern
vielmehr die stets wachsende Erkenntnis der grundlegenden Bedeutung der
Epoche, in welcher die Väter der Kirche gewirkt und geschrieben haben.
Wer eine Antwort auf die Frage sucht, wie die Fundamente unserer Cultur in
der Verbindung von Christentum und Antike gelegt worden sind, wer die
Entstehung der katholischen Reichskirche ermitteln will, wer die Ursprünge
der Verfassungsformen, die das mittelalterliche Europa beherrscht haben,
studiert, sieht sich auf die patristische Litteratur gewiesen, und diese Litteratur ist auch der Mutterschoss der Litteraturen aller romanischen und germa-
nischen Völker gewesen«.[98]

Das Studium des frühen Christentums nahm um 1900 in Deutschland mul-
tidisziplinären Charakter an. Die Kirchen- und Dogmenhistoriker fanden
sich in steigendem Maße in einem Feld konkurrierender Fächer vor, die den
gemeinsamen Gegenstand keineswegs einsinnig bearbeiteten. Zwischen Alt-

---

des 4. Jahrhunderts im Imperium Romanum KURT NOWAK, Der erste christliche Kaiser. Konstantin der Große und das ›Konstantinische Zeitalter‹ im Widerstreit der neueren Kirchengeschichte, in: Die Konstantinische Wende, hg. v. EKKEHARD MÜHLENBERG (Veröffentlichungen
der Wissenschaftlichen Gesellschaft für Theologie 13) Gütersloh 1998, S. 186-233.

[97] Theologische Literaturzeitung 12 (1887) Sp. 89-93.

[98] HARNACK, Geschichte der altchristlichen Litteratur (wie Anm. 6) II/1 (Texte der Verlags-
ankündigung der ersten Bände der Edition ›Die griechischen christlichen Schriftsteller der ersten drei Jahrhunderte‹: Hippolytus Werke. I. Bd.: Exegetische und homiletische Schriften, hg.
v. NATHANAEL BONWETSCH u. HANS ACHELIS; Origenes Werke. I. Bd., hg. v. PAUL KÖTSCHAU).
Die Diktion des Verlagstextes weist auf Harnack hin.

historikern und Altphilologen wie Wilamowitz-Moellendorf und Schwartz
auf der einen, Harnack und seinen kirchenhistorischen Kollegen auf der anderen Seite herrschte eine teils offene, teils verdeckte Konkurrenz. Je mehr
die althistorisch-altphilologische Forschung sich der Zeit vom Principat des
Augustus bis zum Ausgang des 4. Jahrhunderts zuwandte, desto nachhalti-
ger rückte das Christentum in ihren Horizont ein. Entsprechende Signale
hatte am Ende der 1880er Jahre Theodor Mommsen gegeben, ein Gelehrter,
dem das Christentum bis dahin historisch und persönlich ferngelegen hatte.
Vom wem, in welchem Geist und in welcher traditionspolitischen Absicht
war die Überlieferung des antiken Christentums zu pflegen? Sollten die Kirchenväter nur Objekte eines Historiker- und Philologenehrgeizes sein, dem
Homer, Caesar und Cicero näher standen als Jesus Christus und die Theologen und Bischöfe des Christentums?

Max Weber tauchte damals das antike Christentum in das Licht der So-
ziologie. Wie er ungefähr ein Jahr vor seinem Tode bekanntgab, plante er
Studien zur Wirtschaftsethik und Herrschaftssoziologie des Urchristentums,
des talmudischen Judentums, des Islam und des orientalischen Christentums.
Vorstudien, die mindestens bis zum Jahr 1910 zurückreichten, lagen bereit.[99]
Ihn interessierten die religiösen Lebensorientierungen in den verschiedenen
Religionen und deren interkultureller Vergleich. In ›Wirtschaft und Gesellschaft‹ fungierte die Jesusbewegung als Bezugspunkt für die Herausarbei-
tung des Typs der charismatischen Herrschaft. Webers Untersuchungen zum
frühen Christentum blieben Fragment. Dennoch waren die Hauptmomente
seiner Forschungsinteressen deutlich. Ihn beschäftigten die Prozesse der Ra-
tionalisierung in den großen Religionen und Zivilisationen. Das Urchristentum rückte zu einen ursachenarchäologischen Faktor der okzidentalen Ra-
tionalisierung auf. Kulturbegründung war durch Kultursoziologie abgelöst.

Ernst Troeltsch betrachtete in seinen ›Soziallehren der christlichen
Kirchen und Gruppen‹, die seit 1908 in Teilstücken im ›Archiv für Sozialwis-
senschaft und Sozialpolitik‹ erschienen waren, das Christentum in der Dop-
pelperspektive von sozialkonservativer Vergleichgültigung der Welt und

---

[99] WILLIAM H. C. FREND, Die Bedeutung der Arbeiten Max Webers für die Untersuchung der
frühen christlichen Sektenbewegungen, in: Max Webers Sicht des antiken Christentums. Interpretation und Kritik, hg. v. WOLFGANG SCHLUCHTER, Frankfurt a. M. 1985, S. 466–485 weist darauf hin, daß Weber »natürlich Harnacks Arbeiten« kannte und von ihnen beeinflußt war. Zwar
sei »Harnacks Hauptanstrengung (…) im Grunde auf eine ›Literaturgeschichte‹ der frühen Kirche gerichtet«. Indes habe er mit seinem Buch ›Die Mission und Ausbreitung des Christentums
in den ersten drei Jahrhunderten‹ die »erste wirklich soziologische Untersuchung des frühen
Christentums geschrieben« (S. 466). Man muß hinzufügen: freilich nicht in soziologischer Absicht.

(unbeabsichtigter) sozialrevolutionärer Wirkung. Troeltsch fand das Christentum durch ein dauerhaftes Dilemma geprägt, welches eine nur indirekte Christianisierung der Welt ermöglicht hatte. Sie war durch die christliche Umformung des – im Vergleich mit dem ›absoluten Naturgesetz des Urstandes‹ – nur relativen Naturrechts erfolgt. Der sozialethische Geltungsanspruch des Christentums für die Gegenwart stellte sich dementsprechend in ambivalenten Wertziehungen dar. Einen unmittelbaren Einfluß des frühen Christentums auf die Gegenwart erblickte Troeltsch nur in der individuellen Unmittelbarkeit der Gottesbeziehung, welche durch die Reformation und die neuzeitlichen Sekten neuerlich zur Geltung gebracht war.[100]

In Basel zog der von Nietzsches Kritik des Christentums beeinflußte Franz Camille Overbeck nochmals andere Linien. In der zeitgenössischen Wissenschaftswelt ein Außenseiter, postulierte Overbeck eine unaufhebbare Differenz zwischen der christlichen »Urliteratur« (dem Neuen Testament und den ›Apostolischen Vätern‹) und allen weiteren Schriften. Overbeck bewertete die literarischen Formen der ›Urliteratur‹ als originäre Schöpfung der Christen, die ihr folgende Literatur jedoch als durchtränkt von den Eigenarten der heidnischen Antike. Daraus leitete er seine Theorie des Bruchs zwischen Urchristentum und Kirche ab. Das Urchristentum war weltflüchtig, die spätere Kirche weltförmig. Sie trug den christlichen Namen zu Unrecht und erlag einer Selbsttäuschung. Nach vielen kollegial-freundlichen Briefkontakten mit Harnack entwickelte sich Overbeck zum grimmigem Gegner des »Kulturchristen«.[101] Er sah in Harnack und Kaiser Wilhelm II. eine unheilvolle Reinkarnation des historischen Irrwegs der Christenheit, staatspolitisch verfestigt durch Konstantin den Großen und theologisch illegitim gefeiert von seinem »Hoftheologen« Euseb von Caesarea.[102]

Tieferes historisches Begreifen der abendländischen Zivilisation, darin waren sich die Streitparteien einig, setzte die Kenntnis der Antike voraus: der Kultur- und Staatenwelt der Jahrhunderte von ca. 500 vor Christus bis etwa 500 nach Christus. Der Schwerpunkt der historischen Arbeit lag bei den Griechen, Römern, Juden und Christen. Dieser kulturelle Konsens erfuhr eine Einschränkung, mancherorts sogar eine partielle Aufkündigung durch die Wissenschaften des Alten Orients. Die Kulturen vor und außer-

---

[100] Zur Werkgeschichte und Deutung: Ernst Troeltschs Soziallehren. Studien zu ihrer Interpretation, hg. v. Friedrich Wilhelm Graf u. Trutz Rendtorff (Troeltsch-Studien 6) Gütersloh 1993.

[101] Harnack-Nachlaß (wie Anm. 2) Kasten 38; Franz Overbeck, Werke und Nachlaß 4: Kirchenlexikon. Texte, Auswahl, Artikel A–I, Stuttgart 1995, S. 436–585.

[102] Ebd. S. 531: Harnack verrichte »den Dienst eines Friseurs der theolog(ischen) Perrücke des Kaisers, ganz wie weiland Eusebius bei Constantin«.

halb der griechisch-römischen Antike und des judäo-christlichen Kulturkreises rückten allmählich nach vorn. Am Ende des 19. Jahrhunderts verlieh die Konkurrenz der Kolonialmächte im Vorderen Orient der orientalischen Altertumsforschung zusätzliche Schubkräfte. Harnack war als Wissenschaftsorganisator und Gelehrtenpolitiker souverän genug, um an der Förderung der altorientalischen Studien mitzuwirken. 1911 warf er sein Gewicht bei der Sammlung der Schriftdenkmäler Assyriens, Babyloniens, Ägyptens und Zentralasiens in die Waagschale.[103] Nochmals schaltete er sich 1913 und 1917 in die orientalischen Studien ein. Er plädierte für die Einverleibung des ›Orientalischen Seminars‹ in die Universität Berlin – dies gegen das Projekt einer selbständigen Auslandshochschule –, und er benutzte die Gelegenheit zu einem Vorschlag für die Reorganisation der Friedrich-Wilhelms-Universität. Klassische Antike und altorientalische Studien waren zusammenzufassen zur »Fakultät für klassische und altorientalische Philologie, Altertumskunde und Geschichte, oder kurzweg: die Fakultät für Altertumskunde«.[104] Dem Auseinanderfallen der philologischen und der historischen Studien sollte damit ebenso vorgebeugt werden wie der fachlichen Separation der mittelmeerischen Antike und des orientalischen Altertums. Eine kulturpolitische Spannung blieb gleichwohl unübersehbar. Der griechisch-römische und der judäo-christliche Kulturkreis relativierten sich im breiteren Einzugsfeld der Altertumswissenschaften, was Folgen für deren Rang im Kulturhaushalt der Menschheit hatte.

Die christliche Antike war im Umbruch der Neuzeit zur Moderne ein prominenter historischer Raum kultureller Selbstvergewisserung. Harnack bewegte sich auf heftig umkämpftem Gelände. Durch die antihistorische ›Theologierevolution‹ der Jahre nach 1918 erwuchs Harnack eine zusätzliche Gegnerschaft im Kampf der Geschichtsbilder.[105]

---

[103] Stellungnahme Harnacks zur Einrichtung einer ›Orientalischen Kommission‹ an der Akademie in Berlin, Archiv der Berlin-Brandenburgischen Akademie der Wissenschaften II-VI, 17.

[104] ADOLF HARNACK, Über die Zukunft des Orientalischen Seminars, den Plan einer Auslandshochschule und die Teilung der Berliner Philosophischen Fakultät, in: NOWAK, Harnack als Zeitgenosse (wie Anm. 5) Teil 2, S. 1086–1104; hier S. 1099.

[105] Zu beachten sind außerdem die auch nach 1918 fortbestehenden wissenschaftsinternen Spannungen zwischen Graecophilie und Christentum. Aufschlußreich FAUSTO PARENTE, Wilamowitz über Neues Testament und Frühchristentum, in: Wilamowitz nach 50 Jahren, hg. v. WILLIAM M. CALDER III, HELMUT FLASHAR u. THEODOR LINDKEN, Darmstadt 1985, S. 400–419.

IV. Antikes Christentum und Gegenwartskultur

Harnack bemühte sich auf vielen Ebenen um Bewußtmachung der Zusammenhänge von christlicher Antike und Gegenwartskultur. »Was verdankt unsere Kultur den Kirchenvätern?« fragte er 1910 in der 4. Ordentlichen Versammlung des Vereins der Freunde des humanistischen Gymnasiums in Wien. Der Erstdruck in den Mitteilungen des Vereins stand unter der Überschrift ›Über eine der antiken Grundlagen der modernen Kultur‹, bekundete mithin bereits in der Titelgebung die Stoßrichtung. In der Maske einer wissenschaftsgeschichtlichen Kritik an den großen klassischen Philologen des frühen 19. Jahrhunderts, welche die »Klassik« emporgehoben und die Kirchenväter als »die traurigsten Gesellen« herabgesetzt hatten, führte Harnack eine Attacke gegen den Klassizismus der Gegenwart. Mit Genugtuung erinnerte er daran, daß Humboldt im ›Kosmos‹ Naturschilderungen des Gregor von Nazianz aufgenommen habe und Goethe von Augustinus beeinflußt sei. Zwei Gedanken rückte er in den Mittelpunkt: 1. Die wohlgelungene Synthese von Antike und Christentum bei den Kirchenvätern; 2. Die fortdauernde Geltungsmacht dieser Tradition. »Man mag über diese Geschichte urteilen, wie man will, man mag sie als abgeschlossen und in jedem Sinne als vergangen betrachten – aber sie ist unsere Mutter; aus diesem Mutterschoß sind wir mit unserer Kultur hervorgegangen«.[106]

Bei seinen Berichten über den Fortgang der Edition der ›Griechischen Christlichen Schriftsteller‹ nahm Harnack stets die Gelegenheit wahr, die Denk- und Kulturarbeit des frühen Christentums mit dem Akzent der fortdauernden weltgeschichtlichen Importanz zu versehen. Die literarischen

---

[106] ADOLF HARNACK, Was verdankt unsere Kultur den Kirchenvätern?, in: NOWAK, Harnack als Zeitgenosse (wie Anm. 5) Teil 2, S. 1233–1254; hier S. 1250; S. 1253; S. 1254. Ein Teil von Harnacks Anstrengungen richtete sich auf die Bekanntmachung der riesigen Hinterlassenschaft der griechischen und lateinischen Kirchenväter. »Was nützen diese die Bibliotheken schmückenden Bände, wenn kaum Einer sie liest. Ich höre den Einwand, es sei ›unwissenschaftlich‹, die Rosinen aus dem Teig zu ziehen und als Mahlzeit vorzusetzen. Allein, wie die Aufgabe, solche Exzerpte herzustellen, eine streng wissenschaftliche ist und nur unter der Voraussetzung gründlicher Kenntnisse gelöst werden kann, so kann auch ein streng wissenschaftlicher Gebrauch von ihnen gemacht werden«; ADOLF VON HARNACK, Der kirchengeschichtliche Ertrag der exegetischen Arbeiten des Origenes (I. Teil: Hexateuch und Richterbuch); Die Terminologie der Wiedergeburt und verwandte Erlebnisse in der ältesten Kirche (Texte und Untersuchungen zur Geschichte der altchristlichen Litteratur 42/3 = 3. Reihe, 12. Bd., H. 3) Leipzig 1918; DERS., Der kirchengeschichtliche Ertrag der exegetischen Arbeiten des Origenes (II. Teil: Die beiden Testamente mit Ausschluß des Hexateuchs und des Richterbuchs) (Texte und Untersuchungen [...] 42/4 = 3. Reihe, 12. Bd., H. 4) Leipzig 1919.

Quellen der ersten drei Jahrhunderte fand Harnack unter textkritischen Gesichtspunkten einigermaßen ungetrübt. Bei den schriftlichen Überresten des
4. und 5. Jahrhunderts vermehrten sich die »vielfachen Exzerpte, Plagiate
und Verunstaltungen«. Sollten sie deshalb weniger sorgsam beachtet werden,
da sie doch ungeheuer »lebenskräftig« seien? Noch habe es in Europa, meinte Harnack in seinem Bericht von 1916, »keinen Mann gegeben, der sich an
Umfang des Form und Inhalt gebenden Einflusses mit Augustin und seinen
griechischen und lateinischen Zeitgenossen messen könnte«. Die ost- und
westeuropäischen Nationalliteraturen, gleichviel ob geistlich oder profan,
seien »aus der Arbeit jener Kirchenväter entstanden und wurzeln stofflich
und formell in ihnen«.[107]

Harnacks Goethe-Exegese, durchgeführt auf der Folie der Theologie und
Frömmigkeit des Bischofs von Hippo Regius, sowie die (sachlich anfecht-
bare) Demonstration der religiösen Gemeinsamkeit zwischen Goethe und
Augustinus entsprach nicht nur der Liebhaberei eines Hobby-Literaten.
Harnack ›christianisierte‹ Goethe durch Augustinus. Damit vollbrachte er
eine mehrfache strategische Leistung: 1. Die neuerliche Einschärfung des
Zusammenhangs von christlicher Antike und neuzeitlicher Kultur; 2. Die
Einholung des bürgerlichen Kultursymbols Goethe in den Raum des Chri-
stentums; 3. Das Plädoyer für eine antidogmatische Innerlichkeit des Christ-
seins.[108]

Der Fülle der Impulse, die Harnack zugunsten des Zusammenhangs von
Antike und Gegenwart sowie der fortdauernden Geltung der mittelmeerischen Grundlegung der christlichen Kultur entwickelte, kann hier nicht
weiter nachgegangen werden. Das Material ist zu umfangreich. Beispielhaft
sei deshalb nur noch auf Harnacks Stellung bei der Reform des Gymnasial-
wesens hingewiesen. Das wissenschaftlich-technische Zeitalter machte die
Gleichstellung des Realgymnasiums und der Oberrealschule mit dem humanistischen Gymnasium erforderlich. Die klassischen Bildungsinhalte waren
durch die Erlangung technischer Fertigkeiten und vertiefter Kenntnisse in
den naturwissenschaftlichen Fächern zu ergänzen. Im Jahr 1900 waren in
Preußen alle drei Schulformen gleichberechtigt anerkannt. Harnack war an
dieser Weichenstellung beteiligt. Um so mehr galt seine Sorge den Gefahren
einer Niveauabsenkung bei den humanistischen Studien. Das humanistische
Gymnasium war der institutionell privilegierte Ort im Bereich der Bildung,

---

[107] ADOLF HARNACK, Bericht über die Ausgabe der griechischen Kirchenväter der drei ersten
Jahrhunderte (1891–1915), in: NOWAK, Harnack als Zeitgenosse (wie Anm. 5) Teil 2,
S. 1078–1085; hier S. 1078 f.

[108] ADOLF HARNACK, Die Religion Goethes in der Epoche seiner Vollendung, ebd. Teil 1,
S. 735–764.

an dem Antike und Gegenwartskultur zusammentrafen. Ihn zu deprivilegie-
ren hätte in Harnacks Augen bedeutet, das Band der historisch-kulturellen
Kontinuität zu lockern, wenn nicht gar – bei Strafe des Kulturverfalls – auf-
zulösen. Unter der Voraussetzung, daß allen drei Schultypen ein gewisses
Maß an Bildungsgut gemeinsam war – Deutsch, Geschichte, Religion,
Fremdsprachen, Grundzüge der Mathematik, Physik, Mechanik –, plädierte
Harnack für einen integrativen Begriff der Schule bei Berücksichtigung ihrer
jeweils speziellen Ausprägung. Das hinderte ihn nicht, dem humanistischen
Gymnasium eine Leitfunktion zuzuschreiben: wegen der Pflege des Griechischen und Lateinischen (»hier liegen die Grundlagen unserer geistigen Entwicklung«) und wegen der, wie Harnack zu betonen nicht müde wurde,
überragenden Bedeutung der antiken Welt für den Wertekanon der Gegenwart.[109]

V. ›Marcion‹

Weihnachten 1920 lag Harnacks letzte große Monographie zur Alten Kirche
vor.[110] Bildete ›Marcion. Das Evangelium vom fremden Gott‹ den Schluß-
stein in einem imponierenden Gebäude, oder setzte das Buch mehr Fragezei-
chen, als dem Autor lieb sein konnte? Seiner Gewohnheit gemäß schickte
Harnack Vorausexemplare an engste Freunde und Fachgenossen. Der Be-
gleitbrief an Rade fiel lang aus. Der Autor warb beim Redaktor der ›Christlichen Welt‹ für sein Werk, möglicherweise in der Vorahnung der kommenden
Schwierigkeiten. »Das Buch ist leider 40 Bogen stark geworden, aber es war
meine Absicht, Marcion endlich sein Recht in der Kirchengeschichte zu geben u(nd) das gesamte Material so vorzulegen, daß jeder Einsichtige sich
selbst ein Urteil bilden kann. Es soll deutlich werden, welcher Platz ihm zukommt: Er war zwischen Paulus u(nd) Augustin der BEDEUTENDSTE CHRIST.
Wenn Du selbst das Buch anzeigen wolltest, würde es mich besonders freu-
en; wenn es Dir nicht möglich ist, so wäre mir JÜLICHER der liebste«.[111] Rade
folgte Harnacks Wunsch, das Werk selber vorzustellen, nicht. Er ließ es,
Harnacks Zweitwunsch gemäß, von Adolf Jülicher, Professor für Neues Testament und Kirchengeschichte in Marburg, besprechen. Auch Rades Dank
für die Buchgabe fiel etwas verlegen aus: »(...) ich halte Deinen Marcion in

---

[109] ADOLF HARNACK, Die Notwendigkeit der Erhaltung des alten Gymnasiums in der modernen Zeit, ebd. Teil 1, S. 1171–1188; hier S. 1180.

[110] Vgl. Anm. 7.

[111] Harnack an Rade vom 28. Dezember 1920, in: JANTSCH, Briefwechsel Harnack-Rade (wie
Anm. 3) Nr. 579.

Hände(n) un(d) bin gerührt davon, daß Du ihn mir geschenkt hast. Ich lese darin u(nd) bin voll von Erinnerungen. On revient toujours (...)«.[112] Nach der Rezension Jülichers (die niemandem weh tat)[113] fand Harnack einige Monate später in den Spalten der ›Christlichen Welt‹ einen Vortrag von Erich Foerster unter dem Titel ›Marcionitisches Christentum‹, gehalten auf der Eisenacher Tagung des Bundes für Gegenwartschristentum.[114] Foerster, einstiger Redaktionshelfer der ›Christlichen Welt‹, Verfasser eines Standardwerks über die Entstehung der preußischen Landeskirche unter Friedrich Wilhelm III. und seit 1915 Honorarprofessor für Kirchengeschichte in Frankfurt/Main, bekundete, der ›Marcion‹ habe ihm »schwere Tage« bereitet und zu »starkem Widerspruch« herausgefordert.[115] Ein anderer mit dem Buch beschenkter Zeitgenosse, den Harnack zusammen mit Leibniz, Schleiermacher, Ferdinand Christian Baur, Ritschl und Wellhausen unter die genialen Begabungen der protestantischen Theologie zählte, nämlich Ernst Troeltsch, reagierte gleichfalls kritisch. Troeltsch urteilte: Marcion mußte scheitern, weil seine Vereinfachung (»Simplifikation«) des Christentums nicht im Zug der Zeit lag. War das nicht auch ein verborgener Hieb gegen Harnack?[116]

Alsbald erschienen in der nationalen und internationalen Fachpresse Kritiken zu ›Marcion‹. Sie veranlaßten Harnack zu ›Neuen Studien zu Marcion‹, die er 1923 separat erscheinen ließ. Treffender wäre die Überschrift gewesen ›Zur Auseinandersetzung mit meinen Kritikern‹. 1924 legte er die verbesserte zweite Auflage vor. 1925 ließ Harnack in der ›Zeitschrift für neutestamentliche Wissenschaft‹ noch den Spezialbeitrag ›Der marcionitische Ursprung der ältesten Vulgataprologe zu den Paulusbriefen‹ folgen.[117]

Marcion, der Ketzer aus Sinope, war Harnacks Favorit. Darüber ließ er bei den Lesern seines Altersbuchs keinen Zweifel. Den Grund dafür hatte 1870 die Preisaufgabe der Theologischen Fakultät der Universität Dorpat gelegt: ›Marcionis doctrina e Tertulliani adversus Marcionem libris eruatur

---

[112] Rade an Harnack vom 7. Januar 1921, ebd. Nr. 581.

[113] Adolf Jülicher, Marcion, in: Die Christliche Welt 35 (1921) Sp. 315–319.

[114] Erich Foerster, Marcionitisches Christentum. Der Glaube an den Schöpfergott und der Glaube an den Erlösergott, in: Die Christliche Welt 35 (1921) Sp. 809–827.

[115] Ebd. Sp. 809.

[116] Troeltsch an Harnack vom 31. Dezember 1920, Harnack-Nachlaß (wie Anm. 2) Kasten 44. Troeltsch ging – konträr zu Harnack – vom »synkretistische(n) Charakter« der Christusreligion aus, an dem er »längst keinen Zweifel mehr« hegte; »gerade an dieser Zusammenfassung aller Elemente in den Unterbau einer sich selbst tragenden kirchlichen Gemeinschaft (lag) das Große und Siegreiche des alten Christentums«. Weitere briefliche Reaktionen (Loofs, Karl Holl, Ludolf von Krehl, Internist/Heidelberg), bei Zahn-Harnack, Harnack (wie Anm. 42) S. 513 f.

[117] Smend, Verzeichnis (wie Anm. 6) Nr. 1435.

et explicetur‹. »Durch Marcion bin ich in die Textkritik des Neuen Testaments, in die älteste Kirchengeschichte, in die Geschichtsschreibung der Baurschen Schule und in die Probleme der systematischen Theologie eingeführt worden: es konnte keine bessere Einführung geben! Er ist daher in der Kirchengeschichte meine erste Liebe gewesen, und diese Neigung und Verehrung ist in dem halben Jahrhundert, das ich mit ihm durchlebt habe, selbst durch Augustin nicht geschwächt worden«.[118] Überblickt man Harnacks wissenschaftliche Produktion, so war das Thema ›Marcion‹ seit 1870 immer wieder hervorgetreten, obschon nicht in so prominenter Form wie im Buch von 1921. Erinnert sei an die Arbeiten über den Marcion-Schüler Apelles von 1874, die ›Beiträge zur Geschichte der marcionitischen Kirchen‹ von 1876, die Marcion-Passagen im ›Lehrbuch der Dogmengeschichte‹, den Artikel ›Marcion‹ in der ›Encyclopaedia Britannica‹ von 1911 sowie den Aufsatz ›Rhodon und Apelles‹ in der Festgabe zu Albert Haucks 70. Geburtstag von 1916.[119] Jahr um Jahr, teilte Harnack den Lesern mit, habe er »das Material gesammelt und Vollständigkeit angestrebt«. Berühmt wurde das Bekenntnis des Autors: »In drei Hauptberufen stehend, habe ich diese Arbeit in abgestohlenen Stunden, ja in halben Stunden niederschreiben müssen und manchmal an der Vollendung gezweifelt«.[120]

Die Forschung beurteilte den fachwissenschaftlichen Ertrag des ›Marcion‹ teils zustimmend, teils kritisch. Am stärksten konsensfähig war die Abhebung Marcions vom persischen Dualismus (und damit die Erledigung der These Wilhelm Boussets). Das bedeutete allerdings nicht, den von Harnack herausgearbeiteten Gegensatz zwischen Marcion und der Gnosis rundweg zu bejahen. Walter Bauer und der niederländische Patristiker Greijdanus erhoben starke Bedenken. Gegen diese Kritiker behielt Harnack mit seinen Differenzierungen insgesamt recht. Marcion war nicht umstandslos zum Gnostiker zu stempeln, auch wenn er »mit einem Bein« (K. Rudolph) in der Gnosis stand.[121] Andere Einwände richteten sich gegen Harnacks Analysen von Marcions ›gerechtem Gott‹. Der Vorwurf lautete, der Autor negiere das

---

[118] Harnack im Vorwort zur Erstausgabe des ›Marcion‹ von 1921.

[119] SMEND, Verzeichnis (wie Anm. 6) Nr. 2; Nr. 10c; Nr. 1076; Nr. 1229.

[120] HARNACK, Marcion (wie Anm. 7) S. III.

[121] KURT RUDOLPH, Die Gnosis. Wesen und Geschichte einer spätantiken Religion, Göttingen 1990³, S. 338 (»Marcions Bedeutung liegt in vielem außerhalb der Gnosis; er ist aber nicht ohne sie zu verstehen und gehört daher in ihre Geschichte«). Zur Debatte um Harnacks Bild von Marcion und seiner Beziehung zur Gnosis aus dem Abstand der späteren Forschung BARBARA ALAND, Marcion. Versuch einer neuen Interpretation, in: Zeitschrift für Theologie und Kirche 70 (1973) S. 420–447; zur Stellung von Harnacks Buch in der Marcion-Forschung überhaupt (»eine brillante Monographie«) ebenfalls BARBARA ALAND, Art. Marcion (ca. 85–160)/Marcioniten, in: Theologische Realenzyklopädie XXII (1992) S. 89–101.

Umschlagen des ›gerechten‹ zum ›bösen‹ Gott. Harnack hielt den Kritikern
entgegen: »allein in den Worten ἐγὼ ὁ ποιῶν εἰρήνην καί ὁ κτίζων κακά ist sowohl die erste Hälfte zu beachten als auch der artikellose Plural κακά «.[122]
Eine weitere Flanke der Kritik war Marcions Deutung im Lichte des »Pau-
linisch-Lutherischen Gegensatz(es) von Gesetz und Gnade, Glauben und
Werken«. Harnack verkenne, so der Vorwurf, bei Marcion die Entleerung
der Dialektik von Gesetz und Gnade, er schwäche die Hypostasierung dieser Dialektik zu einer Zwei-Götter-Lehre ab, übersehe zudem die Aufrichtung eines neuen Gesetzes durch die Askese.[123]

Den Kern der Debatte bildete die Auseinandersetzung um Marcions Rang
in der Frühgeschichte des Christentums. War es statthaft, Marcion für den
bedeutendsten Theologen zwischen Paulus und Augustinus zu halten? Harnack behauptete: »Keine zweite religiöse Persönlichkeit kann ihm zur Seite
gestellt werden, die im Altertum nach Paulus und vor Augustin mit ihm riva-
lisieren könnte«.[124] In früheren Arbeiten hatte er sich zurückhaltender geäußert. Marcion war in den breiten Strom der Gnosis eingeordnet. In der Monographie von 1921 rückte Harnack seinen Helden unbeirrbar an Paulus
heran, und zwar so konsequent, daß sich daraus weitreichende Folgen erga-
ben: 1. Eine Neubestimmung des theologischen und religionsgeschichtlichen
Orts von Paulus, 2. Die Deutung Marcions als Erbe des Apostels, 3. Die Behauptung einer Zentralstellung Marcions für die Christentumsgeschichte der
Alten Welt mit Konsequenzen für das Selbstverständnis des Gegenwartschri-
stentums. Harnack verband Marcion mit Paulus durch die These, beiden
Theologen sei an »Simplifikation, Einheitlichkeit und Eindeutigkeit des
Christlichen« (im Original gesperrt – K. N.) gelegen.[125] Schon Paulus habe
durch Betonung »seines« Evangeliums beträchtliche Teile einer allzu kom-
plexen Überlieferung ausgeschieden und »andere Elemente« so akzentuiert,
daß die ›complexio oppositorum‹ im Aggregat der christlichen Verkündigung zu verschwinden drohte.[126] Andere Denker seien dem paulinischen
Streben gefolgt, »indem sie sich vom AT, vom Spätjudentum und damit vom
Synkretismus der religiösen Motive zu befreien und dem Christentum einen
eindeutigen Ausdruck zu geben versuchten«.[127] Indem sie jedoch Eindeutigkeit durch die Rezeption von Mythen und Mysterien herstellen zu können

---

[122] HARNACK, Neue Studien (wie Anm. 7) S. 13.
[123] Ebd. S. 4.
[124] HARNACK, Marcion (wie Anm. 7) S. 20.
[125] Ebd. S. 18.
[126] Ebd. S. 11 f.
[127] Ebd. S. 13.

glaubten, seien sie einem anderen Synkretismus verfallen, der Gnosis. Sie bildeten ein paulinisches Anliegen mit falschen Mitteln ab: offenbarungsphilosophisch, magisch, mysterienhaft. Von hier führte – in verwandelter Gestalt – eine Linie zum mittelalterlichen Katholizismus. Anders Marcion. Harnack zufolge stand er mit seiner Predigt vom fremden Gott der Liebe auf paulinischem Boden und auf dem Boden der Gnosis (deren mythologischen Synkretismus er gleichwohl scharf bekämpfte). Marcions Anliegen bestand im Festhalten an der »Paradoxie der Religion«: »die wahre Religion muß ebenso eindeutig und transparent sein, wie sie fremd und absolut-paradox sein muß« (im Original gesperrt – K. N.).[128]

Harnacks Umgang mit Marcion erinnerte an Lessings ›Rettungen‹. Stark belastet war die Wirkungsgeschichte des Buchs von Anbeginn durch die Abweisung des Alten Testaments als kanonische Glaubensurkunde der Christenheit. Der Verfasser geriet in den Verdacht, dem Antisemitismus und den deutsch-christlichen Religionsbildungen zuzuarbeiten. Ehrenerklärungen von jüdischer Seite nützen Harnack, der in der Linie von Wellhausen zwar ein zweifelhaftes Bild von Pharisäismus besaß, doch keineswegs im Lager der Antisemiten stand, wenig.[129] Man wollte das theologische Vorzeichen nicht sehen, welches der Beurteilung des Alten Testaments für die christliche Frömmigkeit Sinn und Richtung gab: das (angeblich) paulinische Anliegen der Reduktion von Komplexität, die Zusammenziehung des Christentums auf die Gnadenbotschaft des Liebesgottes.

Im Pro und Kontra der zeitgenössischen Diskussion rückte der ›Marcion‹ zum Gründungsdokument der neueren und neuesten Marcion-Forschung empor. Harnack leistete Bahnbrechendes bei der Rekonstruktion der ›Antitheseis‹, für das Verständnis der marcionitischen Lehrentwicklung und Kirchenbildung, bei der Spurensammlung von Marcions Lebensgeschichte, bei der Beschreibung der katalytischen Funktion Marcions in der Geschichte des Kanons sowie bei der Nachzeichnung der Auseinandersetzungen mit dem ›Häretiker‹ in der griechischen und lateinischen Literatur des 4./5. Jahrhunderts. Auf allen diesen Gebieten spielte Harnack seine Stärken als Textforscher und Theologe aus. Als Monographie konzipiert, sollte der ›Marcion‹ einen Beitrag gegen die Zersplitterung der patristischen Studien leisten. »Es ist eine Ehrenpflicht der jüngeren und der kommenden Generation von Kirchenhistorikern, daß sie ihren Dank für die Texte und Vorarbei-

---

[128] Ebd. S. 18.
[129] Vgl. Abwehrblätter. Mitteilungen des Vereins zur Abwehr des Antisemitismus 35 (1925) Nr. 9/10 vom 20. Mai.

ten, die ihr bereitgestellt worden sind, in biographischen Monographien abstattet. Bleiben sie aus, so wird die Geschichtsschreibung der alten Kirche im nächsten Menschenalter verkümmern«.[130]

Das Marcion-Buch war und wollte mehr sein als ein Fachbeitrag. In diesem Mehranspruch besteht seine anhaltende Irritation. Im ›Marcion‹ zeigte sich Harnack womöglich noch stärker als Theologe als in allen seinen vorherigen Werken. Er hoffte – horribile für die Spezialisten wie für die Fachfremden – auf einen ›Marcion redivivus‹. Bei aller Kritik an Marcion, die auch er nicht unterdrückte (z. B. mangelnde Denkschärfe und schroffe Askese), meinte Harnack: man könne »nur wünschen, daß sich in dem wirren Chor der Gottsuchenden heute wieder auch Marcioniten fänden; denn ›leichter erhebt sich die Wahrheit aus der Verirrung als aus der Verwirrung!‹« Marcion – ein verirrter, aber eben doch ein Zeuge der Wahrheit mit reinigender Kraft für die Gegenwart? Der Protest der Zeitgenossen gegen diese Nutzanwendung Marcions ließ Harnack offenbar nicht unbeeindruckt. In einer Nebenbemerkung der ›Studien‹ findet sich die Anheimstellung an die Adresse der Kritiker, daß auch er, Harnack, im Dickicht der korrupten Überlieferung nicht immer das Richtige getroffen haben könne. Er habe seine Marcion-Deutung »an den größtenteils verschütteten Quellen ganz allmählich gewonnen, bin aber freilich dem naheliegenden Einwand gegenüber wehrlos, daß ich bei der langjährigen und eifrigen Bemühung um den Gegenstand mich verlaufen habe«.[131]

Das Problem des ›Marcion‹ scheint in der Überanstrengung des Themas zu liegen. Die Schwierigkeit beginnt im Formalen, und sie endet bei der theologiepolitischen Aktualisierung. Formal gab das fragmentarische Material einen großen monographischen Entwurf nur unter äußerster Mühe her. Von darstellerischem Schwung beseelt sind die ersten 235 Seiten, obschon auch in ihnen der Fließtext mehrfach durch textkritische Rekonstruktionen aufgehalten und unterbrochen ist. Die ›Beilagen‹ – nahezu doppelt so umfangreich wie die eigentliche Darstellung – zeigen dann vollends die Unmöglichkeit einer abgerundeten Monographie. Das Thema zerfließt zu Spezialuntersuchungen. Die Sprödigkeit des Materials verstärkte Harnacks Pendeln zwischen seiner Doppelbegabung als Geschichtsschreiber und Textphilologe. Die fragmentarischen Texte holten ihn ein. Ein Meisterwerk patristischer Geschichtsschreibung hat der Leser mit dem ›Marcion‹ nur bedingt vor sich, so prägnant das Buch in der Gedankenführung und in den Einzelheiten ist.

---

130 HARNACK, Marcion (wie Anm. 7) S. VI.
131 Ebd. S. 235; (Neue Studien) S. 21.

Der Vorsatz, die patristischen Studien durch eine »tüchtige Monographie« zu fördern,[132] endete zwiespältig.

Harnack plazierte den Marcion im Jahr seines 70. Geburtstages auf dem Buchmarkt. Erwägt man den Gelehrtenehrgeiz, ein Lebenswerk durch ein ›chef d'œuvre‹ zu krönen, dann war der ausbleibende Jubel ein negativ beredtes Echo.

Der konservativ-dogmatische Protestantismus sah sich außerstande, in Marcion anderes als einen Ketzer zu sehen. Den »Erstgeborenen des Satans« hatte ihn Polycarp von Smyrna einst genannt, ein Urteil, das die spätere Zeit nur allzugern wiederholte. Auch der ›freie Protestantismus‹, dem Marcion jetzt als Prototyp anempfohlen war, der in der Linie des Apostels Paulus das Christentum vereinfacht hatte und den Gott der unendlichen Liebe predigte, entwickelte kein Verständnis für die marcionitische Vorliebe des Kulturchristen Harnack. Ein Christ, der Askese und Weltverneinung predigte, weil ihm die Schöpfung ein mißratenes Werk des Gottes Jahwe, des Demiurgen war, paßte nicht in das Passepartout des ›freien Protestantismus‹. »Die Justificatio«, hob Foerster in seiner Auseinandersetzung mit dem ›Marcion‹ hervor, »vollzieht sich durch die Schöpfung hindurch, durch die Ansprüche und Forderungen, die sich aus unsrer individuellen Lage ergeben, als Mann, Weib, Vater, Kind, jung, alt, gesund, krank, als Wesen mit den Bedürfnissen nach Nahrung, Wohnung, Kleidung, Schutz, Gemeinschaft, als Bewohner einer Welt (...). Der Glaube an die Justificatio des Sünders wird entwurzelt, wenn man ihm einredet, daß er von der Welt nichts empfangen habe und ihr nichts schuldig sei. Der Ring der Religion umschließt Gott, die Seele und – die Welt«.[133] Foerster fand, Harnack zerreiße unbegreiflicherweise den Zusammenhang von Gott und Welt und beschädige das kostbarste Erbe des Protestantismus, die Weltoffenheit des christlichen Glaubens. Karl Ludwig Schmidt erblickte in Harnacks ›Marcion‹ einen Seitengänger und Eideshelfer der Theologierevolution nach 1918. Der Marcionitismus erinnere an das ›Nein‹ der religiös-eschatologischen Gruppierungen der jüngsten Gegenwart, und es lasse denken an Karl Barths, Friedrich Gogartens und Eduard Thurneysens Krisentheologie. Man dürfe diese Analogie nicht überspannen, kommentierte Foerster, da sich in diesen Gruppen weder die Zwei-Götter-Lehre noch die Ablehnung des Alten Testaments als kanonische Urkunde fänden. »Der Kultur gegenüber aber ist in der Tat das Weltgefühl dieser Jüngsten Marcionitisch, das heißt absolut verneinend. Ihre Kulturverneinung

---

[132] Ebd. S. V.
[133] FOERSTER, Marcionitisches Christentum (wie Anm. 114) Sp. 825.

spricht sich am deutlichsten aus in der Versagung der Mitarbeit an einer Verchristlichung der Kultur«.[134]

Hielt Harnack den kritischen Hinweis auf die ›amici falsi‹ für gegenstandslos, vielleicht gar für absurd? Zum Vorwurf des Widerspruchs, der mit dem Lob Marcions im Hinblick auf das Kulturchristentum gegeben war, schwieg er sich aus, abgesehen von dem Eingeständnis, auch er könne irren. Harnack zog sich auf die Diskussion philologisch und historisch strittiger Befunde zurück. Die ›Neuen Studien zu Marcion‹ enden mit textkritischen Erwägungen: die Einwirkung von Marcions Neuem Testament auf die katholische Kanon-Tradition könne erst geklärt werden, wenn der ›W-Text‹ (= der ›I-text‹ von Sodens) sowie Tatians ›Diatessaron‹ völlig rekonstruiert seien. Als Grundlage werde die altlateinische Überlieferung und Marcions Text zu nehmen sein. »Man wird hier zu überraschenden und sicheren Resultaten gelangen und endlich der Bevorzugung von B. Origenes ein Ende machen«.[135] So notwendig das weitere Gespräch über die textkritischen Probleme war, es ging einher mit einem Ausweichen vor der theologischen Grundfrage nach der Stellung der Christen in der Welt und nach der Welt als der guten Schöpfung des einen Gottes.

Versucht man über Harnacks unvermittelten Aktualisierungsversuch hinaus einen Zugang zur Empfehlung des ›Evangeliums vom fremden Gott‹ für die Gegenwartskultur des Christentums zu finden, bietet sich ein mehrstufiges Erklärungsmodell an. Ein erstes Modell fällt relativ schlicht aus und führt m. E. noch nicht auf den Kern. Fasziniert von Marcions Konstrukt des Liebesgottes, das seinen eigenen Vorstellungen vom ›Wesen des Christentums‹ entgegenkam, beachtete Harnack die dunkle Seite Marcions nicht hinreichend: den Götter-Dualismus, die Weltverneinung, die Herabsetzung des irdischen Daseins und Tätigseins des Menschen zu einer Last des θεός δίκαιος.

Ein zweites Erklärungsmodell könnte in eine tiefere Dimension führen als das erste Modell, das den Schönheitsfehler besitzt, Harnack auf einem Auge für blind zu erklären. Seit Overbeck, seit der Erneuerung der ›radikalen Eschatologie‹ und seit Troeltschs ›Soziallehren‹ lag die Frage nach den welt-

---

[134] Ebd. Sp. 814. Barbara Aland glaubt feststellen zu können, daß Harnack »tief schockiert war, als zu *seiner* Zeit, und zwar gerade als er sein Marcionbuch abschloß, ein Theologe auftrat, der wie Marcion von dem ›ganz anderen‹ Gott sprach – Karl Barth«, ALAND, Marcion, (wie Anm. 121) S. 421. 1931 faßte Hans Lietzmann die wichtigsten textgeschichtlichen Untersuchungen zusammen und legte sie zum 80. Geburtstag des Verstorbenen vor. Vgl. ADOLF VON HARNACK, Studien zur Geschichte des Neuen Testaments und der Alten Kirche (Arbeiten zur Kirchengeschichte 19), hg. v. HANS LIETZMANN, Berlin/Leipzig 1931.

[135] HARNACK, Marcion (wie Anm. 7) S. 73.

flüchtigen und den weltförmigen Anteilen des ursprünglichen Christentums auf dem Tisch. Die radikal-eschatologisch optierende Richtung der protestantischen Exegeten und Religionsgeschichtler hatte einen Hiatus zwischen ursprünglicher Weltflucht und späterer Inkulturation des Christentums konstruiert. Troeltsch hatte sich in den ›Soziallehren‹ für ein dialektisches Sowohl-als-Auch entschieden. Er fand die Veralltäglichung des religiösen Urimpulses unausweichlich und schlug so eine Brücke zwischen radikaler Eschatologie und nachmaliger Weltförmigkeit des Christentums. Wie bereits weiter oben ausgesprochen, hatte Harnack – jedenfalls nicht bis zum ›Marcion‹ – sich auf die Idee der prinzipiellen und unaufhebbaren Abständigkeit des christlichen Glaubens von der Welt nicht eingelassen. Insbesondere seine zahlreichen Deutungen der ›Konstantinischen Wende‹ lesen sich, streicht man die kritischen Bemerkungen zur Person des Kaisers und den Motiven seiner Religionspolitik ab, fast wie eine moderne Vision der ›ecclesia triumphans‹ im Stil des Euseb und des Laktanz. Lediglich an versteckter Stelle findet sich in den 1920er Jahren die Bemerkung, der von Konstantin gebahnte Weg des Christentums zur ›Weltkirche‹ trage auch den Beiklang »verweltlichte Kirche«.[136] Artikulierte sich im ›Marcion‹ das Streben, einen Beitrag zur Debatte über Weltflucht und Weltbejahung des christlichen Glaubens zu leisten – einen Beitrag, der, gefesselt an das historische Material, keine hinreichende systematische Konsistenz besaß? Der ›Marcion‹ stünde in dieser Perspektive für den weltflüchtigen Aspekt des Christentums.

Diese Erwägung führt auf ein drittes Erklärungsmodell. Harnack trug das marcionitische ›Nein‹ zur Welt in seinen christlichen Weltentwurf ein, nicht im Sinne eines (eigentlich unbegreiflichen) Selbstwiderspruchs, vielmehr im Sinne eines radikalisierten und nach Lage der Dinge etwas problematischen Memento. Evangelium und Kultur, Religion und Welt, Christentum und Geschichte wirkten ineinander und aufeinander. Miteinander identisch waren sie für Harnack – wie die theologischen Scherbengerichte über den ›Kulturprotestantismus‹ nach 1918 glauben machen wollten – nicht. Harnack betonte stets auch die Differenz von Evangelium und Kultur. Ihn einer zivilreligiösen Verschleuderung der weltüberlegenen Kraft des Evangeliums bezichtigen zu wollen, ginge an den Tatsachen vorbei, auch wenn bei Harnack, im Gegensatz zum ›totaliter aliter‹ der frühdialektischen Theologie, das ›Ja‹ das ›Nein‹ überstrahlte. Dem dritten Erklärungsmodell zufolge wäre der Marcion-Effekt die Bekräftigung und Verschärfung der im ›Kulturprotestantis-

---

[136] HARNACK, Mission (wie Anm. 45) S. 528.

mus‹ unverlorenen Überzeugung von der Differenz zwischen Evangelium und Kultur.

Die Verlustbilanz von Harnacks marcionitischer Botschaft scheint höher als der Gewinn. Wer Harnack in seiner ›complexio oppositorum‹ und ›varietatum‹ verstehen wollte, hielt sich weiterhin an das ›Lehrbuch der Dogmengeschichte‹, an ›Das Wesen des Christentums‹ und die Beiträge zur Theorie der Geschichte sowie des Christentums im Gang seiner historischen Entwicklung. Der ›Marcion‹ blieb ein änigmatisch-irritierender Schlußakkord. Harnacks wissenschaftliche und populäre Produktion vom Erscheinen des ›Marcion‹ 1921 bis zu seinem Tod im Jahr 1930 setzte keinen wesentlichen neuen Akzent mehr. Harnack verwaltete schriftstellerisch und kulturpolitisch sein bis dahin geschaffenes Werk und fügte ihm Ornamente[137] hinzu. Die ›Kaiser-Wilhelm-Gesellschaft‹ und die ›Notgemeinschaft der deutschen Wissenschaft‹ forderten gerade auch in den 1920er Jahren Kräfte von ihm, die dem Theologen und Kirchenhistoriker fehlten.

Harnacks Alters- und Schmerzensbuch riß einen Widerspruch auf, der auch dann noch fühlbar bleibt, wenn man ihn aufhebt (drittes Erklärungsmodell). Insofern war der ›Marcion‹ ein Zeichen der Zeit. Die kaiserzeitliche Integration von ›freiem Christentum‹ und Kultur zeigte erhebliche Verwerfungen. Der zwischen zwei Göttern und zwei Welten zerrissene Marcion mochte dafür das patristische Symbol sein.

---

[137] Harnacks schriftstellerischer Schwung nach dem Abschluß des ›Marcion‹, von dem seine Tochter berichtet und der ihn eine ›Einleitung ins Neue Testament‹ und eine ›Kirchengeschichte im Umriß‹ planen ließ, verknüpfte sich mit der Frage: »aber ob etwas davon fertig werden wird?«, Zahn-Harnack, Harnack (Anm. 42) S. 515. Zahlreiche Vorstudien lagen immerhin bereit, z. B. Adolf von Harnack, Beiträge zur Einleitung in das Neue Testament VII, Leipzig 1915 (›Zur Revision der Prinzipien der neutestamentlichen Textkritik‹; ›Die Bedeutung der Vulgata für den Text der katholischen Briefe und der Anteil des Hieronymus an dem Übersetzungswerk‹). Interessant ist das Urteil Max Maurenbrechers über das Marcion-Buch. Harnack besitze kein Empfinden dafür, was Marcion – neben Paulus und Johannes – für das religiöse Leben der »deutschen Zukunft« bedeute. Eine ähnliche Grenze liege im ›Wesen des Christentums‹ mit seinem milden »sittlichen Rationalismus« (Unterhaltungsbeilage der ›Deutschen Zeitung‹ Nr. 208 vom 7. Mai 1921).

›Catholica non leguntur‹?
Adolf von Harnack
und die ›katholische‹ Kirchengeschichtsschreibung

Mit einem Briefanhang

von

MANFRED WEITLAUFF

›Catholica non leguntur?‹ Es handelt sich um die Frage, ob und inwieweit sich der protestantische Theologe, Dogmen- und Kirchenhistoriker Adolf (seit 1914: von) Harnack vielleicht nicht mit der katholischen Theologie seiner Zeit und ihren Erzeugnissen allgemein, aber doch mit der kirchen- und dogmengeschichtlichen Forschung katholischer Provenienz beschäftigt und wie er sie eingeschätzt hat. Dabei kann es im Rahmen dieses Beitrags nicht – oder höchstens einmal am Rande – um die Frage nach ›Recht‹ oder ›Unrecht‹ der Beurteilungen Harnacks oder der jeweiligen theologischen Position der von ihm Beurteilten gehen, noch um die Frage, wie sich gegenüber der Position Harnacks die heutige ›opinio communis‹ darstellt. Im folgenden geht es in der Hauptsache vielmehr darum, Harnack als Rezensenten katholischer Autoren darzustellen und sein kritisches – stets aus einem reichen Wissensfundus schöpfendes und geistvoll formuliertes – Urteil zur Sprache zu bringen.

Eine frühe ›Standort‹-Bestimmung Harnacks

Es bezeichnet sowohl die konfessionelle Atmosphäre am Ende des 19. Jahrhunderts – und noch lange darüber hinaus – als auch in gewisser Weise Harnacks theologischen Standpunkt, wenn er im Januar 1891 beim Bund evangelischer Studierender zu Berlin einen Vortrag über das damals höchst ungewöhnliche Thema ›Was wir von der römischen Kirche lernen und nicht lernen sollen‹ hielt und ihn mit den folgenden Worten einleitete: »Was wir von der römischen Kirche lernen und nicht lernen sollen: vielleicht wird die erste

Hälfte der Frage nicht wenige befremden. Sie werden sagen: Von der römischen Kirche haben wir nichts zu lernen. Allein bei näherem Nachdenken wird wohl jeder gestehen müssen, daß es mit der bloßen Abwehr nicht getan ist. Sollen wir doch auch vom Feinde lernen, und die römische Kirche ist nicht in jeder Hinsicht unser Feind«.[1]

Das war gewiß in akademisch-›popularisierter‹ Form gesprochen, auf einen Hörerkreis ›zugeschnitten‹, dessen große Mehrheit wohl ›katholisch‹ in eins setzte mit fanatisch-doktrinär, geistig unterdrückt und zurückgeblieben, obskurant. Und von außen besehen, aus preußisch-protestantischer Perspektive, mag ja in der Tat manches, was damals, in der Zeit zwischen Erstem Vatikanum und ›Modernismus‹-Streit, als offiziell-katholische Verlautbarung erging – sofern man es überhaupt zur Kenntnis nahm –, dieser Sicht entsprochen haben, so unverständlich, fremd und befremdend mutete es an. Der Kulturkampf, der ganz im Zeichen der Abwehr des Ersten Vatikanums (1869/70) und seiner die päpstliche Stellung und Vollgewalt umschreibenden dogmatischen Beschlüsse gestanden hatte – obwohl seine geistigen Wurzeln weit vor das Erste Vatikanum zurückreichten und es in ihm letztlich um die grundsätzliche Durchsetzung des Prinzips der ›Staatsräson‹ gegen kirchlich-jurisdiktionelle Ansprüche zumal von ›jenseits der Berge‹ ging –, war zwar eben abgeflaut oder im Abflauen begriffen, aber die scharfen konfessionellen Konfrontationen, die vor allem die preußische Variante des Kulturkampfs verursacht hatte, wirkten über Jahrzehnte hin unvermindert weiter, trübten aufs schwerste den Blick für die jeweils andere Konfession und deren religiös-geistiges Erbe und belasteten entsprechend das konfessionelle Zusammenleben.[2] Daß zur nämlichen Zeit Vertreter des ›politi-

---

[1] ADOLF HARNACK, Was wir von der römischen Kirche lernen und nicht lernen sollen, in: Adolf von Harnack als Zeitgenosse. Reden und Schriften aus den Jahren des Kaiserreichs und der Weimarer Republik, hg. u. eingel. v. KURT NOWAK. Teil 1: Der Theologe und Historiker; Teil 2: Der Wissenschaftsorganisator und Gelehrtenpolitiker, Berlin/New York 1996, hier Teil 1, S. 344–360, S. 345.

[2] ISIDOR SILBERNAGL, Die kirchenpolitischen und religiösen Zustände im neunzehnten Jahrhundert. Ein Kulturbild, Landshut 1901, S. 309–447 (als kritische zeitgenössische Replik immer noch lesenswert); CHRISTOPH WEBER, Kirchliche Politik zwischen Rom, Berlin und Trier 1876–1888. Die Beilegung des preußischen Kulturkampfes (Veröffentlichungen der Kommission für Zeitgeschichte. Reihe B: Forschungen 7) Mainz 1970; DERS., ›Eine starke, enggeschlossene Phalanx‹. Der politische Katholizismus und die erste deutsche Reichstagswahl 1871 (Düsseldorfer Schriften zur Neueren Landesgeschichte und zur Geschichte Nordrhein-Westfalens 35) Essen 1992 (mit sehr kritischer Einschätzung der Rolle des Zentrums); GEORG FRANZ-WILLING, Kulturkampf gestern und heute. Eine Säkularbetrachtung 1871–1971, München 1971, S. 9–75; GOTTFRIED MARON, Die römisch-katholische Kirche von 1870 bis 1970 (Die Kirche in ihrer Geschichte 4/N2) Göttingen 1972, S. 256–263; Handbuch der Kirchengeschichte, hg. v. HUBERT JEDIN, VI/2, Freiburg/Basel/Wien 1973, S. 28–48, S. 59–78; RUDOLF LILL, Die Wende im Kul-

schen Katholizismus‹, das heißt der Zentrumspartei, die gerade in den kulturkämpferischen Auseinandersetzungen an Profil gewonnen hatte und sich zunehmend als stabilisierender Faktor der Reichspolitik erwies, in der Umgebung des Kaisers ›hoffähig‹ zu werden begannen,[3] trug in weiten evangelischen Kreisen nur zur Verstärkung des konfessionellen Mißtrauens bei, und der 1886 gegründete ›Evangelische Bund zur Wahrung der deutsch-protestantischen Interessen‹ mit seiner beträchtlich wachsenden Mitgliederzahl mobilisierte, von Phobien förmlich besessen, seine ganzen Kräfte, um den konfessionellen Zwiespalt noch zu vertiefen.[4]

In Anbetracht der verhärteten konfessionellen Fronten war es um so bemerkenswerter, daß ein evangelischer Theologieprofessor der Berliner Universität vom Rang und Ansehen Harnacks – er hatte eben sein monumentales dreibändiges ›Lehrbuch der Dogmengeschichte‹ (Freiburg 1886–1890) zum Abschluß gebracht – es sich zum Anliegen machte, einem breiteren evangelischen Studentenpublikum nicht nur einige positive Werte aufzuzeigen, die seinem Urteil nach der römische Katholizismus bewahrt hatte, sondern diese zugleich auch als Defizite oder zumindest als Desiderate des Protestantismus darzustellen, auch auf die Gefahr hin, dabei »nicht von vornherein auf Zustimmung rechnen« zu können: nämlich 1. Geduld in Bezug auf die nur sehr langsam mögliche Herausbildung des wahren Wesens einer Konfession, zu der der »römische Katholizismus (…) mehr als 1500 Jahre gebraucht« habe und »an diesem Maßstabe gemessen (…) der Protestantismus sich noch in der Zeit der Kinderkrankheiten« befinde, mit Blick auf die von vielen als Normalität empfundene Spaltung nicht nur zwischen Katholizismus und Protestantismus, sondern auch des letzteren »in unzählige Landeskirchen und Freikirchen, die sich sogar häufig die Bruderhand verweigern«; 2. den

---

turkampf. Leo XIII., Bismarck und die Zentrumspartei 1878–1880, Tübingen 1973; Lothar Gall, Bismarck. Der weiße Revolutionär, Frankfurt a. M./Berlin/Wien 1980, S. 459–502; Thomas Nipperdey, Deutsche Geschichte 1866–1918. Bd. 1: Arbeitswelt und Bürgergeist, München 1990, S. 428–530, Bd. 2: Machtstaat vor der Demokratie, München 1992, S. 364–381; Kurt Nowak, Geschichte des Christentums in Deutschland. Religion, Politik und Gesellschaft vom Ende der Aufklärung bis zur Mitte des 20. Jahrhunderts, München 1995, S. 149–204; Manfred Weitlauff, Kirchentreue und -entfremdung. Ein Rückblick auf das 19. Jahrhundert, in: Carl Amery/ Johann Baptist Metz, Sind die Kirchen am Ende?, Regensburg 1995, S. 21–67; Kirche im 19. Jahrhundert (Themen der Katholischen Akademie in Bayern), hg. v. Manfred Weitlauff, Regensburg 1998; Antimodernismus und Modernismus in der katholischen Kirche. Beiträge zum theologiegeschichtlichen Vorfeld des II. Vatikanums (Globalkultur und Vaticanum 2), hg. v. Hubert Wolf, Paderborn/München/Wien/Zürich 1998.

[3] Gall, Bismarck (wie Anm. 2) S. 642–683; Nipperdey, Deutsche Geschichte (wie Anm. 2) Bd. 1, S. 451–457; Bd. 2, S. 541–554.

[4] Nipperdey, Deutsche Geschichte (wie Anm. 2) Bd. 1, S. 478; Heiner Grote, Evangelischer Bund, in: Theologische Realenzyklopädie 10 (1982) S. 683–686.

»Gedanke(n) der Katholizität« im Sinne einer kurzsichtigen Patriotismus überwindenden »allgemeinen und wirksamen Verbrüderung der Menschen durch das Evangelium«; 3. das Moment der Anbetung innerhalb und außerhalb des öffentlichen Gottesdienstes; 4. die private Beichte als »ein Mittel für die Gesundheit der Seele und (...) eine geistige Gemeinschaft«; schließlich 5. die Idee des Mönchtums zur Wiedererweckung geistlicher Gemeinschaften von »Menschen im Dienst des Evangeliums, ›die alles verlassen haben‹, um denen zu dienen, die niemand bedient«.[5]

Freilich hielt Harnack mit seiner Kritik an der römischen Kirche nicht zurück. Schon seine Charakterisierung, die er einleitend (ganz in Entsprechung zu seiner im ›Lehrbuch der Dogmengeschichte‹ dargelegten These)[6] von ihr bot, ließ keinen Zweifel daran, daß er in der römischen Kirche mit ihrer Hierarchie und dem infalliblen Papst an der Spitze ein Kirchensystem sah, das sich schon von seinem historischen Ansatz her fehlentwickelt hatte und in seiner mittelalterlichen Verfassung erstarrt war: »Allem zuvor – sie ist nicht nur religiöse Gemeinschaft, sondern ein Staat, und zwar die Fortsetzung des alten römischen Weltreiches, ja dieses Reich selbst mit demselben politisch-juristisch-religiösen Geiste. (...) ich bitte, mich ganz wörtlich zu verstehen. Das weströmische Reich lebt in der Form der römischen Kirche wirklich unter uns fort mit seinem Despotismus, mit seinen Heiligtümern – voran die ewige Roma selbst –, mit seinen Rechtsgrundsätzen und seiner vorwiegend juristischen Auffassung der irdischen und himmlischen Dinge. Man mag auf die Verfassung, die Disziplin, den Kultus bis auf die Priestergewänder blicken: überall sieht man sich an das alte Reich erinnert, an die vierte Danielische Weltmonarchie, und sehr vieles im Wesen und Leben dieser Kirche wird einem überhaupt nur klar, wenn man bei der geschichtlichen Beurteilung nicht von Jesus und den Aposteln ausgeht, sondern von den Cäsaren, nicht von Galiläa, sondern von Rom, nicht von der Bibel, sondern von dem kaiserlichen Recht«.[7] Harnack nannte »die römische Kirche (...) eine Schule für die ewig Unmündigen, weil sie es bequem finden, in religiösen Dingen unmündig zu bleiben«, und »eine Versicherungsanstalt für die, welche die Güter des Evangeliums wünschen, ohne ergriffen zu sein von der innern Macht des Evangeliums«. Immerhin erkannte er aber an, daß »endlich auch das Evangelium noch immer in ihrer Mitte« sei und es »in ihr zu allen Zeiten gute und große Christen gegeben« habe, die sich zugleich aus innerster

---

    [5] HARNACK, Was wir von der römischen Kirche lernen sollen (wie Anm. 1) S. 347–355.
    [6] ADOLF HARNACK, Lehrbuch der Dogmengeschichte, 3 Bde., Tübingen 1909–1910[4] (unveränderter reprographischer Nachdruck Darmstadt 1964), hier Bd. 1, S. 480–496; Bd. 3, S. 347–354.
    [7] HARNACK, Was wir von der römischen Kirche lernen sollen (wie Anm. 1) S. 345.

Überzeugung »als treue Söhne ihrer Kirche« verstanden hätten. Es sei eben »das Geheimnis dieser Kirche (...), daß sie Weltstaat, Schule, sakramentale Versicherungsanstalt und Gemeinschaft des Glaubens zugleich ist«.[8]

Letzteres änderte aber nach Harnack nichts an der Tatsache – so belehrte er seine Zuhörer –, daß die römische Kirche erkenntnismäßig, wissenschaftlich, kulturell »im Grunde (...) beharrlich fest auf der Stufe des Mittelalters, des dreizehnten Jahrhunderts«, stehengeblieben sei – so sehr sie »alle möglichen Erkenntnisse, Formen und Mittel unsrer Zeit zu ihrem Nutzen zu verwerten« imstande sei, jedoch lediglich als »Dekoration oder politisches Mittel zum Zweck«. Ihre »Verfassungsform, die sie für die göttliche ausgibt«, sei jene, »wie sie Innozenz III. [1198–1216] und IV. [1243–1254] abschließend ausgebildet haben; die Dogmatik, die sie allein gelten läßt, ist die des heiligen Thomas und seiner laxeren Nachfolger; die Wissenschaft, die sie allein brauchen kann, ist die mittelalterliche«.[9] Allein, mit dieser – gleichsam nach der Devise ›Vestigia terrent‹ – so pointiert vorgetragenen Kritik drückte Harnack unverkennbar weit mehr seine Sorge vor den Gefahren neuerer ›gleichgerichteter‹ Tendenzen, wie ihm schien, in den evangelischen Kirchen (vor allem Preußens) aus; denn er warnte eindringlich vor der aktuellen Gefahr eines Rückfalls des Protestantismus in eine der Forderung der römischen Kirche ähnliche »Unterwerfung unter das Kirchentum« aus bloßem Gehorsam (»fides implicita«) ebenso wie vor einem aus »nur äußerlich angeeignete[n] Ideale[n]« erfließenden »Fanatismus«, den allerdings »eine Kirche, die auch ein Staat sein will«, brauche.[10] Gleichwohl schloß Harnack seine Ausführungen mit einem Appell an »das evangelische Christentum«, seinen »Standort« als »die höchste Stufe in der kirchlichen Ausbildung des Christentums« dadurch zu »bezeugen«, daß es »die unteren Stufen in ihrer Bildung« verstehe, verständig würdige und somit gegenüber der katholischen Kirche als der »Zurückgebliebenen«, deren Geschichte aber bis zum 16. Jahrhundert auch jene des Protestantismus sei, nicht lediglich »Toleranz«, sondern »Anerkennung« übe.[11]

So sehr in diesem vom Bewußtsein protestantischer Überlegenheit geprägten Vortrag – ohne Manuskript gesprochen und für den Druck erst nachträglich niedergeschrieben[12] – zu gutem Teil auch noch die durch jahrhundertelange gegenseitige Polemik und Absonderung entstandene, im 19. Jahrhundert erneut vertiefte konfessionelle Entfremdung mitschwang, war es

---

[8] Ebd. S. 346 f.
[9] Ebd. S. 355 f.
[10] Ebd. S. 355–360.
[11] Ebd. S. 359 f.
[12] Zuerst publiziert in: Christliche Welt 5 (1891) Sp. 401–408 (Nr. 18 vom 30. April).

Harnacks aufrichtige Absicht, mit seinen Ausführungen im Protestantismus
sowohl zu einer ernsthaften Rückbesinnung auf das evangelische Erbe als
auch zum Versuch eines ökumenischen ›Brückenschlags‹ beizutragen. Mit
Entschiedenheit wandte er sich dagegen, »die Trennung zwischen Katholizismus und Protestantismus für normal [zu] halten«; sie sei zwar »notwendig« gewesen, »aber nur ein ganz kurzsichtiger Protestant kann verkennen,
daß sie nicht nur unsern Gegnern Schaden gebracht hat, sondern auch uns«.
Es gelte vielmehr, »nach Verwirklichung des Gedankens Jesu Christi: Ein
Hirt und eine Herde« zu streben und sich für das Ideal »der allgemeinen
durch das Christentum herbeizuführenden Einheit der Völker« als »ein vom
Evangelium unabtrennbares Ziel« einzusetzen.[13]

Was Harnack 1891 vor diesem Berliner studentischen Hörerkreis sagte
und wie er es sagte, war in der Tat auf protestantischer Seite damals ebenso
singulär wie zwanzig Jahre zuvor (1872) – man kann leider nicht sagen: auf
katholischer Seite, aber doch jedenfalls aus katholischem Blickwinkel –
Ignaz von Döllingers sieben Vorträge ›Ueber die Wiedervereinigung der
christlichen Kirchen‹, in denen dieser für eine gegenseitige Anerkennung der
Kirchen in ihrer jeweiligen Besonderheit, sofern sie nur in der apostolischen
Überlieferung geeint seien, eingetreten war und von der vereinigten christlichen Kirche der Zukunft das Bild einer versöhnten Verschiedenheit entwor-
fen hatte. Der Vortragszyklus, nach nicht autorisierter stenographischer
Mitschrift im März und April 1872 in der ›Allgemeinen Zeitung‹ veröffent-
licht und ins Englische übersetzt, war von Döllinger im Original erst 1888 in
Druck gegeben worden[14] – und hatte möglicherweise Harnack zu seinem
Vortrag angeregt.

---

[13] HARNACK, Was wir von der römischen Kirche lernen sollen (wie Anm. 1) S. 348 f. Zur Frage
›Harnack und der Katholizismus‹ siehe: GOTTFRIED MARON, Harnack und der römische Katholizismus, in: Zeitschrift für Kirchengeschichte 80 (1969) S. 176–193; KARL HEINZ NEUFELD,
Adolf von Harnack – Theologie als Suche nach der Kirche, Paderborn 1971; DERS., Adolf Harnacks Konflikt mit der Kirche. Weg-Stationen zum ›Wesen des Christentums‹, Innsbruck 1979.

[14] IGNAZ VON DÖLLINGER, Ueber die Wiedervereinigung der christlichen Kirchen. Sieben Vorträge gehalten zu München im Jahre 1872, Nördlingen 1888. Siehe dazu: FRANZ XAVER BISCHOF,
Theologie und Geschichte. Ignaz von Döllinger (1799–1890) in der zweiten Hälfte seines Lebens (Münchener Kirchenhistorische Studien 9) Stuttgart/Berlin/Köln 1997, S. 393–403; PETER
NEUNER, Ignaz von Döllinger als Theologe der Ökumene, in: Münchener Theologische Zeitschrift 50 (1999) S. 343–358.

Harnack und Ignaz von Döllinger

Adolf Harnack und der um zweiundfünfzig Jahre ältere Münchener Kirchenhistoriker Ignaz von Döllinger (1799–1890)[15] – so verschieden ihre reli-
giös-kulturelle Herkunft und ihre theologische Entwicklung war: vergleicht
man ihrer beider öffentliches Leben, ihr breit gefächertes wissenschaftliches
Œuvre, ihre theologische Position (zu der sich freilich Döllinger nach der
Mitte seiner Lebens unter völlig anderen Voraussetzungen in harten inneren
Kämpfen und nicht ohne schwere Verwundungen durchgerungen hatte), ihr
überragendes Ansehen in der internationalen wissenschaftlichen Welt ihrer
Zeit, ihre hochrangigen Stellungen im Wissenschaftsbetrieb – Döllinger un-
ter anderem von 1872 bis zu seinem Lebensende Präsident der Bayerischen
Akademie der Wissenschaften, Harnack u. a. seit 1890, mit knapp neunund-
dreißig Jahren, ordentliches Mitglied der Königlich Preußischen Akademie
der Wissenschaften, erster Leiter der von dieser Akademie 1891 gegründeten
›Kirchenväter-Kommission‹, erster Präsident der 1909 gegründeten Kaiser-
Wilhelm-Gesellschaft (nachmals Max-Planck-Gesellschaft) – (und – so muß
man hinzufügen – auch das posthume Schicksal ihres literarischen Werkes,
das lange Zeit weithin in Vergessenheit geriet), so ergeben sich manche Parallelen; man könnte auch von einer Art geistiger Wahlverwandtschaft sprechen, bis hin zu dem Tatbestand, daß beide wegen ihrer wissenschaftlich-
theologischen Überzeugungen von ihren Kirchen isoliert wurden, Döllinger
allerdings durch die schärfste Kirchenstrafe, die ›excommunicatio maior‹.[16]

---

[15] Siehe zum Folgenden ausführlich: Manfred Weitlauff, Ignaz von Döllinger und Adolf
von Harnack, in: Münchener Theologische Zeitschrift 50 (1999) S. 359–383 (Gedenkheft aus
Anlaß des 200. Geburtstags Ignaz von Döllingers). Zu Ignaz von Döllinger siehe: Johann Friedrich, Ignaz von Döllinger. Sein Leben auf Grund seines schriftlichen Nachlasses dargestellt, 3
Bde., München 1899–1901; Georg Schwaiger, Ignaz von Döllinger (1799–1890), in: Katholische Theologen Deutschlands im 19. Jahrhundert, hg. v. Heinrich Fries u. Georg Schwaiger,
3 Bde., München 1975, hier Bd. 3, S. 9–41; Münchener Theologische Zeitschrift 41 (1990) Heft
3 (Döllinger gewidmet); Geschichtlichkeit und Glaube. Zum 100. Todestag Johann Joseph Ignaz
von Döllingers (1799–1890), hg. v. Georg Denzler und Ernst Ludwig Grasmück, München
1990; Neuner, Ignaz von Döllinger (wie Anm. 14); Bischof, Theologie und Geschichte (wie
Anm. 14); Horst Fuhrmann, Ignaz von Döllinger. Ein exkommunizierter Theologe als Aka-
demiepräsident und Historiker (Sitzungsberichte der Sächsischen Akademie der Wissenschaften
in Leipzig, Philologisch-historische Klasse Bd. 137, Heft 1) Stuttgart/Leipzig 1999.
[16] Über den Widerstand des Evangelischen Oberkirchenrats gegen die Berufung Harnacks an
die Theologische Fakultät der Berliner Universität im Jahr 1880 siehe: Agnes von Zahn-Harnack, Adolf von Harnack, Berlin-Tempelhof 1936, S. 156–172. Zu Döllinger und seiner theologischen Entwicklung seit der Mitte seines Lebens siehe ausführlich: Bischof, Theologie und
Geschichte (wie Anm. 14); Manfred Weitlauff, Ignaz von Döllinger – Im Schatten des Ersten

Der alte Döllinger war es, der – vielleicht nach dem Erscheinen des ersten
Bandes von Harnacks ›Lehrbuch der Dogmengeschichte‹ (1886) – die Be-
kanntschaft des damals jungen Gießener Professors suchte und ihn an den
Tegernsee in die Villa des Grafen Arco, wo er häufig als Gast weilte, einlud.
Noch 1927 gedachte Harnack in seiner ausführlichen Rezension von Fritz
Vigeners biographischen Skizzen ›Möhler, Diepenbrock, Döllinger‹[17] dieser
Begegnung »im Sommer 1885 oder 1886« und steuerte aus der Erinnerung
des Gesprächs eines langen Spaziergangs mit Döllinger, in dem dieser von
sich aus das Thema ›Erstes Vatikanum‹ angeschlagen hatte, einen für sich
sprechenden Beitrag »zu dem ihm eigentümlichen Sarkasmus« bei: Döllingers Bemerkung betraf die Tübinger katholisch-theologische Fakultät, die –
dank der (an ein ›sacrificium intellectus‹ grenzenden) nachträglichen Annahme der Konzilsdekrete durch den Rottenburger Bischof Carl Joseph von Hefele – von einem »Offenbarungseid« verschont geblieben war, aber seither
schweigen müsse und »in ihrer ›Quartalschrift‹ nur noch theologische Allotria behandeln« dürfe.[18] Es blieb Harnacks einzige persönliche Begegnung
mit dem von seiner Kirche 1871 exkommunizierten, am 10. Januar 1890 ver-

---

Vatikanums, in: Münchener Theologische Zeitschrift 41 (1990) S. 215–243. Wie beim Begräbnis
Döllingers, des ›excommunicatus vitandus‹, die katholische Kirche nicht vertreten war, so fehlte
nach der Angabe Gottfried Marons bei der Trauerfeier für Harnack die evangelische Kirche,
die ihm auch das Recht, kirchliche Examina abzunehmen, verweigert hatte. MARON, Harnack
(wie Anm. 13) S. 183 Anm. 80.

[17] FRITZ VIGENER, Drei Gestalten aus dem modernen Katholizismus – Möhler, Diepenbrock,
Döllinger (Beiheft 7 der Historischen Zeitschrift), München/Berlin 1926.

[18] »Zur Geschichte Döllingers in seinen letzten Jahren kann ich noch einen kleinen Beitrag
liefern, auch einen Beitrag zu dem ihm eigentümlichen Sarkasmus. Es war im Sommer 1885 oder
1886, als er mich – wie es dazu gekommen, habe ich vergessen – einlud, ihn in Tegernsee, wo er
bei dem Grafen Arco wohnte, von Gießen aus zu besuchen. In unsern Gesprächen vermied ich
es, auf das Vatikanum einzugehen, aber auf einem langen Spaziergang kam er plötzlich auf dasselbe zu sprechen: ›Wenn mich der Erzbischof [Gregor von] Scherr nicht gefragt hätte, wäre ich
heute noch in der Kirche; aber man drängte mich an die Wand, da mußte ich schreien‹. Das
Thema wurde nun besprochen, und ich äußerte zuletzt: ›Schließlich müssen Sie, Herr Stiftsprobst, und wir doch dem Erzbischof dankbar sein, daß er Sie zu einer Antwort genötigt hat;
denn so wurde Klarheit geschaffen‹. ›Sie mögen recht haben‹, erwiderte er, ›und ich werde in
diesem Urteil bestärkt, wenn ich auf meine Tübinger Kollegen blicke; sie sind nicht befragt worden, aber sie müssen schweigen und dürfen in ihrer Quartalschrift nur noch theologische Allotria behandeln. Wenn ich diese Zeitschrift lese, fällt mir immer die Geschichte jener Schauspie-
lergesellschaft ein, die in den Dörfern umherzog und ankündigte, sie würde Hamlet spielen;
aber wenn dann der Vorhang aufging, trat der Direktor hervor und erklärte: Verehrtes Publikum, der Hamlet selbst ist leider krank geworden und kann nicht auftreten; aber wir werden
doch den Hamlet spielen – ohne den Hamlet, nur mit Rosenkranz und Güldenstern‹«. ADOLF
HARNACK, Möhler, Diepenbrock, Döllinger, in: NOWAK, Harnack als Zeitgenosse (wie Anm. 1)
Bd. 1, S. 494–498; hier S. 497 f.

storbenen Münchener Kirchenhistoriker und Stiftspropst von St. Kajetan, aber diese hinterließ bei ihm offensichtlich einen tiefen Eindruck. Denn in seinem 1929, ein Jahr vor seinem Tod, verfaßten Beitrag ›Meine Zeitgenossen aus dem achtzehnten Jahrhundert‹, in dem er von Persönlichkeiten erzählte, »die noch im 18. Jahrhundert geboren sind und für mein Leben bedeutungsvoll waren«,[19] hob er zum Schluß noch seine Bekanntschaft mit »zwei berühmte[n] Theologen« hervor, »deren Kollege ich sogar noch als junger Ordinarius geworden bin«: nämlich mit dem Jenaer Kirchenhistoriker Karl August von Hase (1800–1890), mit dem er mehrmals in Rom und in Jena zusammengetroffen sei, und mit Döllinger, der »die Güte« gehabt habe, ihn »einmal nach Tegernsee, wo er in den Ferien weilte, einzuladen«.[20] Und er zeichnete von Döllinger mit wenigen Strichen ein bemerkenswertes Charakterbild:[21] »Döllinger war die personifizierte Gelehrsamkeit und der personifizierte Verstand, aber – wie man trocken und glänzend zugleich schreiben kann, kann man von ihm lernen. Gelehrsamkeit und Verstand, ferner der große Respekt vor den geschichtlichen Tatsachen und vor der Überlieferung, dazu sein Deutschtum, haben Döllinger zuletzt von seiner Kirche getrennt; aber bei dem unvergeßlichen einzigen Zusammensein mit ihm habe ich erkannt, daß der Bruch nicht bis auf den Grund ging. ›Hätte mich der Erzbischof Scherr nicht ausdrücklich gefragt, ob ich fortan die Lehre von der Unfehlbarkeit des Papstes vertreten werde, so wäre ich noch heute in der Kirche‹. So sprach er zu mir. Sein dreibändiges Werk über die Luthersche Reformation,[22] die bedeutendste katholische Streitschrift, die jemals gegen die Reformation erschienen ist, würde er im Dogmatischen auch später noch wissenschaftlich so geschrieben haben; aber an zwei Hauptpunkten hat Döllinger nach 1870 seine früheren Urteile geändert: Jetzt schaute er aus nach einer Wiedervereinigung aller christlichen Konfessionen, die ihm nicht einfach eine Rückkehr aller nach Rom bedeutete, und jetzt hatte er ein neues Urteil über Luther als Persönlichkeit gewonnen: ›Es hat‹, schreibt Döllinger, ›nie einen Deutschen gegeben, der sein Volk so intuitiv verstanden hätte und wiederum von der Nation so ganz erfaßt, ich möchte sagen, von ihr so auf-

---

[19] ADOLF HARNACK, Meine Zeitgenossen aus dem achtzehnten Jahrhundert, in: ADOLF HARNACK,. Aus der Werkstatt des Vollendeten. Als Abschluß seiner Reden und Aufsätze, hg. v. AXEL VON HARNACK, Gießen 1930, S. 31–45, hier S. 31; wieder abgedruckt in: ADOLF VON HARNACK, Ausgewählte Reden und Aufsätze. Anläßlich des 100. Geburtstages des Verfassers neu hg. v. AGNES VON ZAHN-HARNACK u. AXEL VON HARNACK, Berlin 1951, S. 9–21, hier S. 9.

[20] Ebd. S. 42 (bzw. S. 19).

[21] Ebd. S. 44 f. (bzw. S. 20 f.).

[22] IGNAZ VON DÖLLINGER, Die Reformation, ihre innere Entwicklung und ihre Wirkungen im Umfange des Lutherischen Bekenntnisses, 3 Bde., Regensburg 1846–1848.

gesogen worden wäre, wie dieser Augustinermönch zu Wittenberg. Sinn und
Geist der Deutschen war in seiner Hand wie die Leier in der Hand eines
Künstlers. Was die Gegner ihm zu erwidern oder an die Seite zu stellen hatten, das nahm sich matt und kraft- und farblos aus unter seiner hinreißenden
Beredsamkeit. Sie stammelten, er redete; nur er war es, der, wie der deutschen Sprache, so dem deutschen Geist das unvergängliche Siegel seines Geistes aufgedrückt hat, und selbst diejenigen unter den Deutschen, die ihn von
Grund der Seele verabscheuen als den gewaltigen Irrlehrer und Verführer
der Nation, können nicht anders: sie müssen reden mit seinen Worten, denken mit seinen Gedanken‹«.[23]

Doch diese hohe Wertschätzung Döllingers dokumentiert bereits ein persönlicher Brief Harnacks vom 20. Oktober 1889. Döllinger hatte ihm ein Exemplar seiner im selben Monat im Druck erschienenen zweibändigen ›Beiträge zur Sektengeschichte des Mittelalters‹ dediziert: es war sein letztes be-
deutendes Werk, eine Quelledition, die ihn über fünf Jahrzehnte beschäftigt hatte.[24] Harnack dankte dem großen katholischen (wenn auch von seiner Kirche scharf gemaßregelten) Gelehrten mit den folgenden Zeilen, die
gewiß mehr zum Ausdruck brachten als eine höfliche Reverenz: »Hochverehrter Herr Stiftsprobst! Sie haben mir, hochverehrter Herr Stiftsprobst,
durch die gütige Übersendung Ihrer Beiträge zur Sektengeschichte des Mittelalters eine große Freude bereitet, u[nd] ich sage Ihnen meinen herzlichsten Dank dafür. Im 10. Decennium des Lebens noch solche Geschenke machen zu können, das ist wie ein Wunder. Seien Sie versichert, daß ich unab-
lässig bemüht bin, von Ihnen zu lernen: Gott der Herr erhalte Sie uns noch
lange als unser aller Lehrmeister! In besonderer Verehrung Ew. Hochwür-
den ergebenster Adolf Harnack«.[25]

Gegenüber Lord Acton (1834–1902), dem vertrauten Schüler und Freund
Döllingers, rühmte Harnack einmal dessen »seltene Fähigkeit, sich in das
Denken eines anderen Menschen hineinzuleben«[26] – ein treffendes Lob für

---

[23] Das Zitat entnahm Harnack Döllingers IV. Vortrag ›Die deutsche Reformation‹ im Vortragszyklus ›Ueber die Wiedervereinigung der christlichen Kirchen‹ (wie Anm. 14) S. 52–72, hier
S. 53 f.

[24] IGNAZ VON DÖLLINGER, Beiträge zur Sektengeschichte des Mittelalters, 2 Bde., Nördlingen
1890 (unveränd. reprogr. Nachdruck Darmstadt 1982). Siehe dazu: BISCHOF, Theologie und Geschichte (wie Anm. 14) S. 463–468.

[25] Harnack an Döllinger, Berlin, W. Hohenzollernstr. 22, 20. Octob[er] [18]89, Bayerische
Staatsbibliothek München. Döllingeriana II (es handelt sich um den einzigen erhaltenen Brief
Harnacks an Döllinger). Im Auszug zitiert in: BISCHOF, Theologie und Geschichte (wie Anm. 14)
S. 468.

[26] »Harnack has assigned causes which limited his greatness as a writer, perhaps even as a
thinker; but he has declared that no man had the same knowledge and intelligence of history in

den antivatikanischen Polemiker Döllinger, der in Wahrheit ein Mann des Maßes und ein europäischer Humanist war. Und Harnack ließ es sich nicht nehmen, Döllingers letzte Publikationen in der von ihm (1881 bis 1910) herausgegebenen renommierten ›Theologischen Literaturzeitung‹ persönlich zu rezensieren, mit großem Respekt vor dessen außerordentlicher Gelehrtheit und wissenschaftlicher Lebensleistung.

So erschien Harnack im Licht der ausführlich kommentierten Edition und Übersetzung der ›Selbstbiographie des Cardinals Bellarmin (1542–1621)‹ (1887), eines Gemeinschaftswerkes Döllingers und Franz Heinrich Reuschs mit aktuell-kirchenpolitischer Akzentuierung, die Persönlichkeit dieses einflußreichen nachtridentinisch-jesuitischen Kontroverstheologen und Kurienkardinals »keineswegs bedeutender als vorher, wohl aber vielseitiger – und kleinlicher«. Seine zugleich ausgesprochene Vermutung, »dass die beiden Theologen, indem sie die anstössige Selbstbiographie des Cardinals in das richtige Licht gesetzt, die vaticanische Kirche definitiv davor bewahrt haben, ihn zum Heiligen zu machen«,[27] bestätigte sich freilich nicht. Das von der Gesellschaft Jesu seit über 250 Jahren angestrengte Kanonisationsverfahren erlitt zwar eine weitere Unterbrechung; aber vier Jahrzehnte später, in Harnacks Todesjahr 1930, wurde Bellarmin von Pius XI. heiliggesprochen und im Jahr darauf zum Kirchenlehrer erhoben.[28]

In den Jahren 1888–1892 besprach Harnack nacheinander Döllingers dreibändige ›Akademische Vorträge‹ (I–II, Nördlingen 1888–1889; III, München 1891).[29] Am ersten Band, der zwölf Vorträge unterschiedlicher Thematik aus den Jahren 1879–1886 beinhaltet, darunter die ebenso gelehrte wie programmatische (und damals mutige) Akademierede über ›Die Juden in Europa‹ vom 25. Juli 1881 – eine »der bedeutendsten Parteinahmen (...), die je von der Seite des Christentums der Neuzeit« zugunsten der Juden und ih-

---

general, and of religious history which is its most essential element, and he affirms, what some have douted, that he possessed the rare faculty of entering into alien thought«: JOHN EMERICH EDWARD DALBERG-ACTON, The history of freedom and other essays, London 1907 (Reprint New York 1967), S. 434 f.

[27] Die Selbstbiographie des Cardinals Bellarmin lateinisch und deutsch mit geschichtlichen Erläuterungen, hg. v. JOHANN JOSEPH IGNAZ VON DÖLLINGER u. FRANZ HEINRICH REUSCH, Bonn 1887. Rezension Harnacks in: Theologische Literaturzeitung 12 (1887) S. 385 f. Siehe auch: BISCHOF, Theologie und Geschichte (wie Anm. 14) S. 457–459.

[28] Die Seligsprechung des Kardinals Robert Bellarmin war 1923 erfolgt. PAUL DUDON, Pourquoi la cause de Bellarmin est-elle restée trois cents ans devant la Congrégation des Rites?, in: Recherches de sciences religieuses 12 (1921) S. 145–167; EMERICH RAITZ VON FRENTZ, Der Heiligsprechungsprozeß des Kardinals Bellarmin, in: Stimmen der Zeit 119 (1930) S. 332–344.

[29] Theologische Literaturzeitung 13 (1888) Sp. 521 f. (Rezension zu Bd. 1); 14 (1889) Sp. 259 f. (Rezension zu Bd. 2); 17 (1892) Sp. 301–303 (Rezension zu Bd. 3).

rer rechtlichen Gleichstellung »abgegeben wurden«[30] –, rühmte er, daß Döllinger, einer der großen Altmeister der Geschichtswissenschaft neben Leopold von Ranke und Karl von Hase das biete, »was die Jüngeren immer seltener bieten, geschichtliche Darstellungen, die man lesen und an denen man sich erfreuen kann, (…) die Gegenwart erinnernd, dass die Geschichtserzählung, nicht die Kritik und geschichtliche Statistik, das Ziel unserer Wissenschaft ist«. Zwar sei keiner dieser Vorträge »*specifisch* kirchengeschichtlich«, auch greife keiner »*unmittelbar* in die Verhältnisse der Gegenwart« ein (was allerdings gerade für den eben zitierten Vortrag nicht zutraf!); dennoch spricht nach Harnacks Urteil – der hier sein eigenes Verständnis von Geschichte und Geschichtsschreibung wiederfand – »überall der Kirchenhistoriker zu uns, und wir sehen zugleich die Gegenwart im Spiegel der Vergangenheit: freilich nicht der Kirchenhistoriker, der selbst Partei ergreift und die Kirchengeschichte zu einer Geschichte der Theologie verengt, sondern der Historiker, der aus der Geschichte gelernt hat, dass Religion und Kirche ihre wichtigsten Themata sind, und der da weiss, dass die Geschichte dann die grösste Lehrmeisterin ist, wenn wir sie allein sprechen lassen«. Im übrigen verstehe es Döllinger meisterhaft, einen »knapp gefassten Stoff in reicher Fülle« vorzuführen und zu belehren, »indem er unterhält, und ein einfaches grosses Ergebnis der Geschichte ohne jedes Raffinement entstehen läßt«.[31] »(…) wo gäbe es heutzutage einen zweiten Historiker« – schrieb Harnack in seiner Rezension des zweiten Bandes (der zwei Rektoratsreden Döllingers, zahlreiche Nekrologe und Gedächtnisreden sowie sechs Akademiereden enthält) –, »der mit diesem Fleisse, mit dieser Umsicht, mit dieser Fähigkeit, fremde Eigenart zu verstehen, sich in der Geschichtsschreibung aller Zeiten heimisch gemacht hat wie Döllinger! Wie über die Universalgeschichte der Kirche, so vermag er Rechenschaft zu geben, nicht nur über die politische und Cultur-Geschichte Deutschlands, sondern ebenso über die Europa's, ja bis nach Indien reicht sein Blick!«.[32] Vor allem auch bestach Harnack Döllingers edler, nüchterner Patriotismus. »Aus jeder Rede spricht die Liebe zu dem deutschen Vaterland und die Sorge für dasselbe. (…) Deutschland schwebt ihm vor, wenn ihn seine Forschung nach Frankreich, Italien oder in entferntere Länder führt. (…) Mit Stolz weilt sein Auge dort, wo er nachweisen kann, was andere Länder dem deutschen Geiste verdanken. Aber nirgendwo verherrlicht er sein Vaterland auf Anderer Kosten.

---

[30] MANFRED GÖRG, Döllingers Stellung zum Judentum, in: DENZLER-GRASMÜCK (wie Anm. 15) S. 449–458, hier S. 449. Die genannte Rede DÖLLINGERS findet sich in DERS., Akademische Vorträge 1, München 1891, S. 209–241.

[31] Theologische Literaturzeitung 13 (1888) Sp. 521 f.

[32] Theologische Literaturzeitung 14 (1889) Sp. 259 f.

Wenn er es rühmt, hält er ihm zugleich die Grösse des Capitals vor, die es zu erhalten gilt, zeigt er die Wege, auf denen wir fortschreiten müssen, warnt er vor innern Gefahren, die uns bedrohen«. Und überall denke er »wie an Deutschland, so auch an das grosse Problem der Religion und Kirche der Deutschen«; indem er aber »darüber anders als ein Protestant« denke, zeige er »eben deshalb wichtige Gesichtspunkte, die in der protestantischen Betrachtung zurücktreten«. Harnack nannte die im zweiten Band gesammelten Reden »ein[en] Schatz, der Zukunft übergeben«, und »zugleich ein[en] Spiegel für die Nation, ihr vorgehalten von einem ihrer treuesten Söhne, der selbst auf dem Wege des Römerthums, den er lange gegangen, niemals das deutsche Herz verloren hat, und den seine Kirche schliesslich ausstossen musste, weil sie wohl welschen Freisinn und Patriotismus, nicht aber deutschen verträgt«.[33] In der Rezension des dritten, nach Döllingers Tod von Max Lossen besorgten Bandes referierte Harnack in der Hauptsache den Inhalt der zwölf in ihm gesammelten Reden, darunter der (bereits 1865 veröffentlichte) große Beitrag über ›Das Kaiserthum Karl's des Großen und seiner Nachfolger‹ und Döllingers letzte Akademierede ›Der Untergang des Tempelordens‹, gehalten am 15. November 1889 in der öffentlichen Sitzung der Historischen Klasse der Bayerischen Akademie der Wissenschaften. Diese Rede, von dem neunzigjährigen Döllinger streckenweise frei gesprochen (und im Manuskript nur fragmentarisch ausgearbeitet), war ein Plädoyer für die Unschuld dieses unter französischem Druck von Clemens V. 1312 aufgehobenen Ritterordens, die er – so Harnack – »über jeden Zweifel« erhoben habe; »das Wichtigste an dem Vortrag« aber schien Harnack »sein Schluss zu sein, der Hinweis auf die verhängnisvollen Folgen, welche die Vernichtung des Ordens nach sich gezogen hat, vor allem für die Verbreitung und Einbürgerung des Hexenwahns«.[34]

In dem von Franz Heinrich Reusch in Döllingers Todesjahr herausgegebenen Band ›Kleinere Schriften, gedruckte und ungedruckte von Johann Joseph Ignaz von Döllinger‹ (Stuttgart 1890) interessierte Harnack insbesondere das unter dem Eindruck der Enzyklika ›Quanta cura‹ Pius' IX. vom 8. Dezember 1864 niedergeschriebene, jedoch damals nicht publizierte ›Promemoria‹ über ›Die Speyerische Seminarfrage und der Syllabus‹, »weil hier bereits der ganze spätere Döllinger zu finden ist und man erstaunt, dass er schon vier Jahre vor dem Concil so geschrieben hat«. In der Tat beinhaltet dieser Artikel eine Abrechnung mit dem jesuitischen Ultramontanismus und

---

[33] Ebd. S. 260.
[34] Theologische Literaturzeitung 17 (1892) Sp. 301–303. Zum Thema siehe neuestens: JOACHIM SEILER, Die Aufhebung des Templerordens (1307–1314) nach neueren Untersuchungen, in: Zeitschrift für Kirchengeschichte 109 (1998) S. 19–31.

seinem verhängnisvollen Einfluß auf die Entwicklung der katholischen
Theologie, die an Schärfe ihresgleichen sucht, ebenso wie die beiden aus Anlaß der Kanonisation des 1484 in der Kathedrale von Saragossa ermordeten
spanischen Inquisitors Pedro de Arbués anonym erschienenen und im Band
wieder abgedruckten Abhandlungen über ›Rom und die Inquisition‹ (1867)
und über ›Die spanische und die römische Inquisition‹ (1868), nach Harnack
»die furchtbarsten Anklagen, die das römische System seit Pascal erlitten
hat«. Auch das Fragment über Pius IX., 1878 niedergeschrieben und bislang
unveröffentlicht, indes »nicht ganz auf der Höhe Döllinger'scher Historik«
stehend, beleuchtete Harnack und zog es in Vergleich zu der Charakteristik,
die Döllinger von diesem Papst in seinem Buch ›Kirche und Kirchen, Papst-
thum und Kirchenstaat. Historisch-politische Betrachtungen‹ (München
1861, S.596–665) – mit seinen beiden damals so massiv inkriminierten Ode-
onsvorträgen zur Kirchenstaatsfrage im Anhang (S.666–684) – gegeben hatte:»Welche Gedanken müssen die Seele Döllinger's bewegt haben« – so Harnack –, »als er in der neuen Darstellung v[om] J[ahre] 1878 die Worte nie-
derschrieb von der Opferflamme der Adulation, die fort und fort für den
Papst genährt wurde, und von dem fast mit jedem Jahr sich steigernden
Wetteifer, Pius mit Huldigungen zu überschütten, wie sie früher niemals einem Papste in solcher Fülle gespendet worden sind! Nicht um Döllinger an-
zuklagen, weisen wir auf diesen Contrast hin – er hat sich von aller Schuld
befreit, sondern um zu zeigen, dass das Vaticanum aus einer Gesammtschuld
der katholischen Kirche, auch der Kirche in Deutschland, entsprungen ist.
Man hat sich der Apotheose des Papstes erst entgegengestellt, als es bereits
zu spät war«.[35]

Franz Heinrich Reusch hatte in diesen ›Kleineren Schriften‹ Döllingers
auch dessen programmatische ›Rede über Vergangenheit und Gegenwart der
katholischen Theologie‹ vor der (maßgeblich von ihm initiierten) Versammlung katholischer Gelehrter 1863 in München wieder abgedruckt – eine der
großen theologischen Reden des 19. Jahrhunderts[36] –, die, wie zuvor schon
die erwähnten beiden Odeonsvorträge, von Vertretern der jesuitisch-römischen Neuscholastik heftigst angegriffen worden war und nachfolgend die

---

[35] Theologische Literaturzeitung 16 (1891) Sp.151–153. Harnack zeigte in dieser Rezension
auch mit knappen Worten die von Johannes Friedrich besorgte und um Anmerkungen vermehrte
zweite Auflage von Döllingers ›Papstfabeln des Mittelalters‹ (Stuttgart 1890²) an.

[36] Ursprünglich veröffentlicht in: Verhandlungen der Versammlung katholischer Gelehrter in
München vom 28. September bis 1. Oktober 1863, Regensburg 1863, S.25–59. Nach diesem
Erstdruck, jedoch ohne Anmerkungen, neuestens aufgenommen in: Kirchengeschichte. Deutsche Texte 1699–1927, hg. v. BERND MOELLER (Bibliothek der Geschichte und Politik 22 [Bi-
bliothek deutscher Klassiker 121]) Frankfurt a. M. 1994, S.444–474.

Römische Kurie veranlaßt hatte, künftige Versammlungen katholischer Gelehrter einem geschärften Reglement zu unterwerfen, das praktisch einem
Verbot gleichkam.[37] Es ist merkwürdig, daß Harnack in seiner Rezension
diese Rede mit keinem Wort berührte, obwohl Döllinger in ihr, einem grandiosen Aufriß christlicher Theologiegeschichte mit allerdings deutlich nationaler Akzentuierung, »in hochgestimmtem, stellenweise fast beschwingtem
Ton sein Wissen und seine Bildung« dargeboten »und in den Dienst seiner
Botschaft« gestellt hatte » – der Botschaft von der reichen Zukunft der kirchenhistorischen Wissenschaft« (Bernd Moeller)[38] – ein Tenor der Sprache,
der Harnack zudem keineswegs fremd war und ähnlich beispielsweise durch
seine großen Luther- und Reformations-Reden klingt.[39] Mehr noch: Mit seinen Forderungen hinsichtlich Sprachenkenntnis, Umfang der Forschung,
Methode und Kritik an einer Theologie, die sich im Range einer Wissenschaft
behaupten wolle, hatte Döllinger Perspektiven aufgezeigt, die Harnack
zweifellos zur Gänze mit ihm teilte und die heute für eine wissenschaftliche
Theologie unverändert Gültigkeit haben, damals jedoch im katholischen Lager eine scharfe Trennungslinie zwischen einer »deutschen« – nach Döllinger
»die beiden Augen der Theologie, Geschichte und Philosophie« gleicherwei-
se mit Sorgfalt pflegenden – und einer »römischen« Theologie markierten,
deren »alte[s] von der Scholastik gezimmerte[s] Wohnhaus (…) baufällig
geworden« sei und, weil »in keinem seiner Theile mehr den Anforderungen
der Lebenden« genügend, »durch einen Neubau« ersetzt werden müsse.[40] Im
übrigen hatte Döllinger – damals schon, 1863! – ökumenische Töne angeschlagen, die vorher und noch sehr lange nachher kein katholischer Theologe gewagt hätte: Mit Blick auf den »Verfall« der Theologie und die »Ge-
brechen des kirchlichen Lebens« im Spätmittelalter, als nach dem Losbre-
chen des reformatorischen Sturmes die »aus der Rüstkammer der Scholastik

---

[37] Siehe hierzu: Bischof, Theologie und Geschichte (wie Anm. 14) S. 62–105; Hans Jürgen
Brandt, Eine katholische Universität in Deutschland? Das Ringen der Katholiken in Deutschland um eine Universitätsbildung im 19. Jahrhundert (Bonner Beiträge zur Kirchengeschichte
12) Köln/Wien 1981, S. 300–320, dazu die römischen Dokumente: das Breve ›Tuas libenter‹ Pius' IX. an den Münchener Erzbischof Gregor von Scherr, Rom, 21. Dezember 1863 (ebd.
S. 400–405), und das Schreiben des Münchener Nuntius Matteo Eustachio Gonella an die deutschen Bischöfe über die Vorschriften bei Versammlungen katholischer Gelehrter, München, 5.
Juli 1864 (ebd. S. 418–420); Erich Garhammer, Seminaridee und Klerusbildung bei Karl August
Graf von Reisach. Eine pastoralgeschichtliche Studie zum Ultramontanismus des 19. Jahrhunderts (Münchener Kirchenhistorische Studien 5) Stuttgart/Berlin/Köln 1990, S. 190–201.
[38] Moeller, Kirchengeschichte (wie Anm. 36) S. 843.
[39] Vgl. die unter dem Stichwort ›Der Protestantismus‹ gesammelten Reden in: Nowak, Harnack als Zeitgenosse (wie Anm. 1) Bd. 1, S. 196–342.
[40] Moeller, Kirchengeschichte (wie Anm. 36) S. 466, S. 474.

entlehnten Waffen (...) den plötzlich aus der Erde aufgeschossenen Schaa-
ren geharnischter Männer gegenüber wie Rohrstäbe« zerbrochen seien,
»müssen wir doch bekennen, daß, wenn wir die Interessen der Wissenschaft
zum Maßstabe nehmen, die Trennung der Christenheit weit eher als ein Gewinn und großartiger Fortschritt denn als eine Schädigung sich erwiesen
hat« – so Döllinger. Und wenn ihm freilich eine Überwindung der »Kirchen-
trennung«, unter der Deutschland wie kein anderes Volk leide, in weiter Ferne schien, weil man sie auf beiden Seiten zur Zeit gar nicht wolle, so war er
von ihrem künftigen – weil notwendigen – Gelingen überzeugt, wobei »denn
auch die Deutsche Theologie den Beruf« habe, »die getrennten Confessio-
nen einmal wieder in höherer Einheit zu versöhnen«.[41] Gerade diese Rede
hatte Döllinger in gewisser Weise auf dem Höhepunkt seines Lebens, aber
zugleich auch nunmehr öffentlich am entscheidenden Wendepunkt seines
theologischen Denkens gezeigt. Merkwürdig – um es nochmals zu sagen –,
daß Harnack als Rezensent an ihr ›vorüberging‹.

Keinem anderen katholischen Theologen und Kirchenhistoriker fühlte
sich Harnack je mit solcher Sympathie und Hochachtung verbunden wie
Döllinger, was natürlich nicht heißt, daß er als protestantischer Theologe
auch mit allen Ansichten Döllingers einig ging. Dessen Beurteilung der Reformation zumal in ihrer dogmatischen Konsequenz teilte er nicht, und dessen These, Luther sei den Religionsstiftern zuzurechnen,[42] widersprach er
ausdrücklich.[43] Was er aber an Döllinger vor allem bewunderte, war die
Konsequenz, mit der er seiner durch Quellenkritik gewonnenen und öffentlich bekannten wissenschaftlichen Überzeugung treu geblieben war, auch um
den hohen Preis des Bruches mit seiner Kirche nach dem Ersten Vatikanum,
und lebenslang allen Versuchen, ihn zur Unterwerfung zu bewegen, wider-
standen hatte. Deshalb reagierte er auch ungewöhnlich scharf auf die kurz
nach Döllingers Tod erschienene pamphletistische Döllinger-Charakteristik
des Jesuiten und in Innsbruck lehrenden Kirchenhistorikers Emil Michael.[44]
Seine Anzeige lautete: »Ein ganz unklarer Theologe, ein leichtfertiger Gelehrter, ein gewissenloser Professor, leidenschaftlich bis zur Unmännlich-
keit, grenzenlos ehrgeizig, unerträglich hochmüthig, vom Bewusstsein be-

---

[41] Ebd. S. 452, S. 464.

[42] IGNAZ VON DÖLLINGER, Ueber Religionsstifter (1883), in: DERS., Akademische Vorträge,
Bd. 3, München 1891, S. 39–62, hier S. 58.

[43] ADOLF HARNACK, Die Bedeutung der Reformation innerhalb der allgemeinen Religions-
geschichte (1899), in: NOWAK, Harnack als Zeitgenosse (wie Anm. 1) Bd. 1, S. 273–304, hier
S. 303; DERS., Die religionsgeschichtliche Bedeutung der Reformation Luthers (1926), ebd.
S. 329–342, hier S. 330.

[44] EMIL MICHAEL SJ, Ignaz von Döllinger. Eine Charakteristik, Innsbruck 1892².

herrscht, die unfehlbare Geschichtswissenschaft selbst zu sein, Wühler unter dem Deckmantel der Anonymität, ein rücksichtsloser, schamloser, abscheulicher Fälscher, innerlich völlig haltlos, charakterlos, hülflos wie ein Sklave an die öffentliche Meinung gekettet und von ihr immer tiefer hinabgezogen in den schlechtesten Journalismus, in Flachheit und Gemeinheit, in Groll und Grimm, und dieses ganze Menschenbild athmend in dem giftigen Nebel der Lüge und unter den narkotischen Wolken des Weihrauchs, nichts sicher in ihm und an ihm als die gesuchte und gefundene Rückendeckung, zuletzt ganz hohl geworden, ein Haufe offenkundigster Widersprüche, zusammengehalten und belebt nur durch den Hass, die Geschichte verwirrend und besudelnd. So Herr Prof. *Michael*. Grausame Nemesis der Geschichte; die Schuld wirkt fort, auch wenn sie längst bereut ist: ›Luther eine Skizze – Döllinger eine Charakteristik‹! – Aber von diesem Döllinger, der ihnen angeblich nur noch zur Vogelscheuche taugt, leben sie noch immer, s[iehe]. die neue Auflage des katholischen Kirchenlexikons *sub* ›Luther‹ 1891«.[45]

›Luther eine Skizze – Döllinger eine Charakteristik‹, – Harnack konstatierte und kommentierte hier den ungewöhnlichen, jedoch für sich sprechenden Vorgang, daß man auf der einen Seite über den eben verstorbenen Döllinger als ›Abtrünnigen‹ wie über ein Freiwild herfiel, auf der anderen Seite aber gleichzeitig Döllingers 1850 (noch in seiner ultramontanen Lebensphase) für die erste Auflage des ›Kirchen-Lexikons‹ verfaßten polemischen Luther-Artikel[46] unverändert in die zweiten Auflage dieses katholischen Lexikons übernahm,[47] ohne Rücksicht darauf, daß sich Döllingers Luther-Verständnis seither erheblich gewandelt hatte. Zudem war von der Herderschen Verlagsbuchhandlung bereits im Todesjahr Döllingers auch der damalige

---

[45] Theologische Literaturzeitung 17 (1892) Sp. 458. GEORG SCHWAIGER, Luther im Urteil Ignaz von Döllingers, in: Luther in der Neuzeit. Wissenschaftliches Symposion des Vereins für Reformationsgeschichte, hg. v. BERND MOELLER (Schriften des Vereins für Reformationsgeschichte 192) Gütersloh 1983, S. 70–83.

[46] IGNAZ DÖLLINGER, Luther, Martin, in: Kirchen-Lexikon oder Encyclopädie der katholischen Theologie und ihrer Hülfswissenschaften, hg. unter Mitwirkung der ausgezeichnetsten katholischen Gelehrten Teutschlands v. HEINRICH JOSEPH WETZER (…) und BENEDIKT WELTE 6 (1851) Sp. 651–678.

[47] Luther, Martin (mit Verfassername ›I. v. Döllinger‹ in eckigen Klammern), in: Wetzer und Welte's Kirchenlexikon oder Encyclopädie der katholischen Theologie und ihrer Hülfswissenschaften. Zweite Auflage, in neuer Bearbeitung, unter Mitwirkung vieler katholischen Gelehrten, begonnen von JOSEPH CARDINAL HERGENRÖTHER, fortgesetzt von Dr. FRANZ KAULEN, Hausprälaten Sr. Heiligkeit, Professor der Theologie zu Bonn, Achter Band, Freiburg i. Br. 1893, Sp. 308–347 (lediglich mit Literaturnachtrag ebenfalls in eckigen Klammern). Da Harnacks Rezension bereits 1892 erschienen war und er für den Luther-Artikel 1891 als Erscheinungsjahr nannte, bezog sich dies vermutlich auf die einschlägige Faszikelausgabe.

Separatabdruck dieser »vor nahezu vierzig Jahren« verfaßten »berühmte[n]
Luther-Skizze« (Geleitwort) nochmals als »Neuer Abdruck« auf den Markt
geworfen worden[48] – das Ganze natürlich gezielt: es galt zum einen, den
»jungen orthodoxen« Döllinger gegen den »alten häretischen« Döllinger
(wie zuvor schon, so jetzt über den Tod hinaus) auszuspielen, und zum andern, Döllingers ins konfessionalistische Konzept der Ultramontanen pas-
senden ›Luther‹ von 1851 als Leitbild katholischer Luther-Beurteilung zu
konservieren.

Dennoch vermochte sich Harnack in die Gewissenslage eines mit seiner
Kirche auf Grund seiner wissenschaftlichen Überzeugung in Konflikt geratenden katholischen Theologen und Priesters nur mit Mühe zu versetzen,
und in Bezug auf Döllinger fiel ihm dies besonders schwer. Das (unvollendet
gebliebene) Lebensbild Döllingers aus der Feder des Gießener Historikers
Fritz Vigener[49] schien ihm da einen Zugang zu öffnen. Denn er schrieb in
seiner Rezension: Lasse sich auch bei Johann Adam Möhler, »dem entschlossenen Apologeten«, und bei Melchior von Diepenbrock, dem »Jünger
Sailers«, »mit einem gewissen Rechte (…) von einem ›Idealkatholizismus‹ reden«, so scheide doch »bei Döllinger (…) dieser schillernde Begriff ganz
aus; denn so lange er im festen Bund mit seiner Kirche stand, war er nicht
nur der grimmigste Gegner des Protestantismus, sondern auch der skrupel-
lose Apologet der tatsächlichen Kirche und aller ihrer Ansprüche. Was ihn
dann mit ihr entzweite, war nicht ein ›Idealkatholizismus‹, auch nicht sein
Deutschtum, oder was er selbst noch genannt hat, sondern sein wissenschaftliches Gewissen als Historiker. Wie er sich mit diesem abgefunden hat,
bis es zum vollendeten Bruch kam, stellt eine Kette von Peinlichkeiten und
schwersten Anstößen dar. Hier aber bewährt sich Vigeners Verständnis des
Katholizismus aufs eindrucksvollste; denn immer wieder gelingt es ihm, zu
zeigen, daß, unter der Voraussetzung des absoluten Gehorsams der Kirche
gegenüber, das Peinliche nicht peinlich und das Anstößige nicht anstößig ist,
das heißt, daß man den Gelehrten nicht nur zu entschuldigen, sondern auch
zu verstehen vermag, weil ihm das Sichbeugen unter den kirchlichen Patriotismus mit der absoluten sittlichen Pflicht zusammenfiel. Doch zuletzt zerriß
diese Einheit«. Zwar streife Vigener kaum die zeitgeschichtlichen und sub-
jektiven Faktoren, welche »das Hervorbrechen des wissenschaftlichen Gewissens gefördert haben. (…) aber in der Hauptsache«, so Harnacks Mei-

---

[48] Luther. Eine Skizze von I. Döllinger. Neuer Abdruck (des Separatabdrucks von 1851),
Freiburg i. Br. 1890 (mit Abdruck eines Auszugs aus dem Brief Döllingers vom 7. Dezember
1850 an den Verleger ›als Geleitwort‹).
[49] Vigener, Drei Gestalten (wie Anm. 17) S. 108–188.

nung, »war es doch wirklich der Historiker, der über den Kirchenmann den Sieg davontrug«.[50]

Zwei Fragen indes vermochte ihm auch Vigener nicht zu erhellen: »Über ein Doppeltes habe ich mich bei der Betrachtung Döllingers stets gewundert (…): Wie konnte es einem so großen Historiker, wie Döllinger es war, entgehen, *daß das Dogma von der Unfehlbarkeit zwar nicht die Konsequenz der aktenmäßig festzustellenden Geschichte der katholischen Kirche, wohl aber die Konsequenz ihrer wirklichen Geschichte ist?* Und wie konnte ein Döllinger auch nur einen Augenblick wähnen, diese Kirche würde sich einem Professor gegenüber auf Disputationen, Widerlegungen, den Nachweis ihres Rechts oder gar auf dauernde Ausnahmekonzessionen einlassen? Zeigt der erste Irrtum nicht, daß Döllinger, der Gelehrte, die Geschichte der Kirche besser kannte als die Kirche selbst, und zeigt der zweite nicht, daß er in München heimischer war als in Rom, die Akademie der Wissenschaften besser kannte als die Kurie? Im höchsten Maße würdig und versöhnend ist die Haltung Döllingers – prinzipiell und fort und fort – gewesen, die er nach dem Bruche mit der Kirche eingenommen hat, und sehr zu Unrecht haben sie ihm die Altkatholiken verdacht. Er durfte keiner neuen Kirche beitreten, noch weniger sie stiften. Indem er sich als Exklusus empfand und isolierte, hat er sich selbst gefunden (…)«.[51]

Harnacks Auseinandersetzung mit Beiträgen katholischer Autoren zur christlichen Archäologie, Alten Kirchengeschichte, Patristik und Dogmengeschichte

Doch Harnacks Beschäftigung mit ›Catholica‹ beschränkte sich keineswegs auf Döllinger. Harnack setzte sich vielmehr nach Ausweis seiner großen Werke durchaus mit den einschlägigen Forschungen katholischer Theologen zumal auf dem Gebiet der alten und der mittelalterlichen Kirchen- und Dogmengeschichte ebenso kritisch wie gegebenenfalls auch kontrovers auseinander – die Fülle der Zitationen in den jeweiligen Anmerkungsapparaten belegt dies; er rezipierte ihre Ergebnisse und rezensierte auch in großer Zahl – vornehmlich in der ›Theologischen Literaturzeitung‹ – ihm wichtig erscheinende katholisch-theologische Neuerscheinungen in Deutschland, Frankreich und Italien.[52] Und wenn dabei, zumal im Bereich dogmengeschicht-

---

[50] HARNACK, Möhler, Diepenbrock, Döllinger (wie Anm. 18) S. 495 f.
[51] Ebd. S. 496 f.
[52] Siehe die bemerkenswert langen Jahreslisten seiner Rezensionen, von denen ein gut Teil

licher Untersuchungen, seine Kritik zuweilen schneidend und ›total‹ war, getragen von einem außerordentlichen Überlegenheitsgefühl, so hatte dies
eben damit zu tun, daß sich die evangelische Dogmengeschichtsschreibung
damals auf ihrem absoluten Höhepunkt bewegte und unter dem ›Drei-
gestirn‹ Adolf Harnack, Friedrich Loofs (1858–1928) und Reinhold Seeberg
(1859–1935) »eine nachher nie mehr erreichte Entfaltung« erlebte, während
zur nämlichen Zeit – es handelte sich um die innerkirchlich bedrückende
Phase zwischen dem Erstem Vatikanum und den Modernismuskämpfen –
»die Lage der katholischen Dogmengeschichtsforschung (...) dagegen vergleichsweise deprimierend« war – so das Urteil des Konzilienhistorikers
Hermann Josef Sieben SJ.[53] Harnacks diesbezügliche Kritik an katholischen
Autoren war indes, jedenfalls bis an die Schwelle des 20. Jahrhunderts, zumeist eingebettet in eine grundsätzliche Kritik an der zeitgenössischen katholischen Theologie, die eben auf Grund oder im Laufe ihrer eigenen und
ihrer Kirche Entwicklung – zumindest nach seinem Urteil – sozusagen ihr
›historisches Gewissen‹ verloren hatte, so daß ihre Vertreter (zumal ihr theologischer Nachwuchs), wollten sie sich artikulieren, von vornherein ›gebunden‹ waren, von ganz wenigen mutigen Ausnahmen abgesehen. Hatte er damit so ganz unrecht? Ja, Harnacks Kritik richtete sich, genau besehen, weit
mehr gegen das (im Ersten Vatikanum ›vollendete‹) römische ›System‹, dessen kirchlich-theologische Vorgegebenheiten den geistigen Standpunkt katholischer Autoren und ihrer jeweiligen Schule und damit beider wissenschaftliche ›Sichtweite‹ bestimmten, als gegen diese Autoren selbst. Gleichwohl war Harnack stets um ein sachlich-gerechtes (freilich streng-wissen-
schaftliches) Urteil gegenüber Erzeugnissen aus ›katholischer‹ Feder bemüht
und sparte nicht mit Anerkennung, wenn er eine tüchtige, methodisch sauber
durchgeführte Forschungsleistung katholischer Provenienz vorstellen konnte, so wie er überhaupt die innere Entwicklung des ›römischen Katholizismus‹ bis in seine unmittelbare Gegenwart herein lebhaft verfolgte. Nicht ohne Grund erwähnte er in seinem bereits zitierten Beitrag ›Meine Zeitgenossen aus dem 18. Jahrhundert‹, daß sein Großvater väterlicherseits in St. Pe-

Werken katholischer Theologen gelten, in: FRIEDRICH SMEND, Adolf von Harnack. Verzeichnis
seiner Schriften bis 1930. Mit einem Geleitwort und bibliographischen Nachträgen bis 1985 von
JÜRGEN DUMMER, Leipzig 1990. GERHARD KARPP, Die Theologische Literaturzeitung. Entstehung und Geschichte einer Rezensionszeitschrift (1876–1975) (Arbeiten aus dem Bibliothekar-
Lehrinstitut des Landes Nordrhein-Westfalen 47) Köln 1978, bes. S. 1–45.
[53] HERMANN JOSEF SIEBEN, Ein halbes Jahrhundert katholischer Dogmengeschichtsschreibung
im Urteil der ›Theologischen Literaturzeitung‹ (1876–1930), in: Dogmengeschichte und katholische Theologie, hg. v. WERNER LÖSER, KARL LEHMANN u. MATTHIAS LUTZ-BACHMANN, Würzburg 1985, S. 275–302, hier S. 281.

tersburg, wo dieser als Schneidermeister tätig gewesen war, dem Kreis um
den Erweckungsprediger Johannes Evangelista Goßner (1773–1858), einen
ehemaligen Schüler Johann Michael Sailers (1751–1838) und damals noch
katholischen Priester, angehört hatte und auch sein Vater, obwohl »später
strenger Lutheraner«, in seinem inneren Leben und seiner Kirchlichkeit bis
zuletzt »durch die lebendige Frömmigkeit dieses Mannes bestimmt« geblieben sei; wie Goßner habe er »von einer Vermengung der Religion mit
Machtpolitik nie etwas wissen wollen«. Harnack fuhr fort: »Dieses Erbe rein
und in Ehren zu halten und über die konfessionellen Zäune hinwegzuschau-
en, war mir stets ein tiefes Anliegen«.[54]

Besonders schätzte er den französischen Kirchenhistoriker Abbé Louis
Duchesne (1843–1922), Professor am ›Institut catholique‹ und (seit 1895)
Direktor der ›École Française de Rome‹, den er während seines ersten Paris-
aufenthalts 1877 persönlich kennenlernte[55] und später bei seinen zahlreichen
Romaufenthalten wohl immer wieder traf. Nachdem er bereits 1880 – als
junger Professor in Gießen – Duchesnes drei Jahre zuvor erschienene ›Étude
sur le Liber pontificalis‹ (Paris 1877) sowie die durch Duchesnes Thesen aus-
gelöste und noch im Gang befindliche wissenschaftliche Erörterung zum Anlaß genommen hatte, in einem ausführlichen Forschungsbericht die neueren
Arbeiten über die ältesten Bischofsverzeichnisse und den ›Liber pontificalis‹
(Georg Waitz, Richard Lipsius, Eduard Heydenreich, Karl Erbes und Alfred von Gutschmid) »in Kürze zu charakterisiren«,[56] pries er 1888 in einer
Sammelrezension die von Duchesne besorgte Textausgabe des ›Liber pontificalis‹ (Paris 1886)[57] als ein »opus palmare« und dessen Studie ›Les sources
du martyrologe Hiéronymien‹ (Rom 1885), mit der er sich eingehend kritisch auseinandersetzte, als »eine kirchenhistorische Untersuchung ersten
Rangs«. Nicht weniger zeigte er sich von Duchesnes Untersuchung ›Vigile et
Pélage. Étude sur l'histoire de l'église Romaine au milieu du VIᵉ siècle‹ (Paris
1884) beeindruckt; er nannte sie »eine Ehrenrettung« des Papstes Pelagius
»im besten Sinn des Worts« und bedachte den Verfasser dieser Werke mit

---

54 Harnack, Meine Zeitgenossen (wie Anm. 19) S. 32 (bzw. S. 10).

55 »Die interessanteste Bekanntschaft war für mich der Abbé Duchesne, ein ausgezeichneter
Gelehrter und freisinnig im Stile des alten Gallicanismus. Aber er deutete mir selbst an, wie ein-
sam er stehe und wie ihm aufgepaßt werde«. So Harnack in einem Brief an Albrecht Ritschl, zit.
in: Zahn-Harnack, Harnack (wie Anm. 16) S. 154 f., hier S. 154. Zu Louis Duchesne siehe: Bri-
gitte Waché, Monseigneur Louis Duchesne (1843–1922), Rom 1992; Lexikon für Theologie
und Kirche 3 (1995³) Sp. 395 f.

56 Theologische Literaturzeitung 5 (1880) Sp. 352–355.

57 Louis Duchesne, Liber pontificalis, 2 Bde. (Text und Kommentar), Paris 1886–1892
(1955–1957², zusammen mit einem Ergänzungsband nach handschriftlichen Noten Duchesnes
hg. v. Cyrille Vogel).

dem hohen Lob: »Die römische Kirche besitzt in Deutschland keinen Kirchenhistoriker, der sich an Gelehrsamkeit, Kritik und Freimuth mit dem französischen Kirchenhistoriker Duchesne messen könnte«.[58] 1893 wurde Duchesne – wohl auf Harnacks Vorschlag, befürwortet von Theodor Mommsen – zum korrespondierenden Mitglied der philosophisch-historischen Klasse der Preußischen Akademie der Wissenschaften gewählt.[59] Zwar scheinen sich die Beziehungen Harnacks (und Mommsens) zu Duchesne im Zusammenhang mit der durch Gerhard Fickers Abhandlung ›Der heidnische Charakter der Abercius-Inschrift‹ (1894)[60] ausgelösten Kontroverse um die Christlichkeit der Abercius-Inschrift zwischenzeitlich etwas abgekühlt zu haben. Harnack hatte diese Abhandlung, an deren These dann Duchesne im ›Bulletin critique‹ vom 15. März 1894 (S. 117) anonym »seinen Witz« übte (so Harnack), der philosophisch-historischen Klasse der Berliner Akademie vorgelegt: »Duchesne's *Bemerkungen* sind einfach unverschämt u(nd) stellen ihn in ein übles Licht. (...) Daß wir um unserer römischen Beziehungen willen das Verfahren der Römischen in dieser Sache uns halb und halb gefallen lassen sollen, ist ein harter Knochen. Dabei hat die ganze Inschrift auch für sie nur einen Affectionswerth; denn die Dogmen u(nd) Gebräuche, die angeblich aus ihr bewiesen werden können, sind entweder nicht zu erweisen oder aus anderen Quellen viel besser zu belegen. (...) Noch niemals hat er mich so sehr an den h[eiligen] Hieronymus erinnert, wie in dieser rhetorischen Volte!« – so Harnack gegenüber Mommsen.[61] Und er stellte sich auch öffentlich vor Ficker, mit deutlicher Spitze gegen Duchesne.[62] Doch die Anrede »Mon cher confrère«, »Mon cher collègue et ami« und der sehr persönliche Ton in Duchesnes erhaltenen Briefen an Harnack[63] belegen, daß die

---

[58] Theologische Literaturzeitung 13 (1888) Sp. 345–355, hier Sp. 349–353. Harnack hatte auch die von Duchesne besorgte Ausgabe der ›Vita Sancti Polycarpi Smyrnaeorum episcopi auctore Pionio. Primum graece edita‹ (Paris 1881) kurz angezeigt. Ebd. 7 (1882) Sp. 273.

[59] Dankschreiben Duchesnes an Harnack, St. Servant, 2. August 1893. Siehe Anhang 1.

[60] GERHARD FICKER, Der heidnische Charakter der Abercius-Inschrift, in: Sitzungsberichte der phil.-histor. Classe der Preußischen Akademie der Wissenschaften, Berlin 1894, S. 87–112.

[61] Harnack an Theodor Mommsen, Berlin, 4. Oktober 1894. STEFAN REBENICH, Theodor Mommsen und Adolf Harnack. Wissenschaft und Politik im Berlin des ausgehenden 19. Jahrhunderts. Mit einem Anhang: Edition und Kommentierung des Briefwechsels, Berlin/New York 1997, S. 653–656 (Nr. 44), hier S. 655 f. Siehe dazu: MANFRED WEITLAUFF, Adolf von Harnack, Theodor Mommsen und Martin Rade. Zu drei gewichtigen Neuerscheinungen, in: Zeitschrift für Kirchengeschichte 111 (2000) S. 210–246.

[62] ADOLF HARNACK, Zur Abercius-Inschrift (Texte und Untersuchungen zur altchristlichen Literatur 12, 4b) Leipzig 1895, S. 3. Zur ganzen Debatte siehe: REBENICH, Mommsen und Harnack (wie Anm. 61) S. 653–658.

[63] Beispielsweise: Duchesne an Harnack, Rom, 4. März 1904; 15. Februar 1907. Staatsbibliothek zu Berlin Preußischer Kulturbesitz, Harnack-Nachlaß, Kasten 30.

freundschaftliche Verbindung fortbestand. So meinte Duchesne einmal zu Harnacks großangelegter wissenschaftlicher Produktion – bewundernd, aber auch nicht ohne leisen Anflug von Ironie, zu der er immer aufgelegt war – in Anspielung auf Origenes: »Il faudra modifier légèrement votre prénom: Je propose Ad(amantius) Harnack«.[64]

Während Harnack dem Freiburger Kirchenhistoriker Franz Xaver Kraus (1840–1901) mit einiger Reserve gegenüberstand, verfolgte er – um nur einige Namen zu nennen – die Forschungen der Kirchenhistoriker Franz Xaver Funk (1840–1907) in Tübingen und Albert Ehrhard (1862–1940) in Würzburg (1892), Wien (1898), Straßburg (1902) und Bonn (1920) mit spürbarer Sympathie.

Was Franz Xaver Kraus betraf, so widmete er dessen großem Werk über die römischen Katakomben ›Roma sotteranea‹, das 1879 in zweiter vermehrter Auflage erschienen war,[65] eine ausführliche Besprechung und nannte es »in dieser Gestalt das z(ur) Z(eit) vollständigste Repertorium für die Kenntniss der römischen Katakomben«, bemängelte aber, daß »die Ausführungen (…) über die juridische Basis der Christenverfolgungen und über das römische Begräbniss- und Corporationswesen (…) wenig befriedigend« seien und selbst dort, wo sie nicht falsch seien, »die nöthige Akribie und Präcision« vermissen ließen. »Ueberhaupt überall, wo es darauf ankommt, die christliche und profane Literatur zur Lösung der antiquarischen Fragen herbeizuziehen, begnügt sich der Verf[asser] mit dem Gewöhnlichsten«. Im übrigen maß Harnack, wie er hervorhob, auch dem »sichere[n] Ertrag« der Katakombenforschung für die Geschichte der vorkonstantinischen Kirche »nur einen durchweg secundären Werth« bei, und warnte davor, »über der reizvollen Untersuchung der Monumente das Studium der Literatur« zu versäumen und »unvorbereitet an die Erklärung der Denkmäler und Inschriften« zu gehen. Das eigentliche Verdienst aber sprach er dem »große[n] Katakombenforscher [Giovanni Battista] de Rossi« zu, der unermüdlich immerfort »Neues und Interessantes« zutage fördere und dem sich »die Zuversicht auf

---

[64] Duchesne an Harnack, Rom, 4. März 1904, Harnack-Nachlaß (wie Anm. 63) Kasten 30, auch zit. in: Rebenich, Mommsen und Harnack (wie. Anm. 61) S. 656. Origenes hatte auch den Namen Adamantius: Eusebius, Historia ecclesiastica IV, 14, 10. Unter anderem setzte sich Harnack auch eingehend mit dem Werk Pierre Batiffols auseinander, dessen Forschungen er zweifellos, ungeachtet aller kritischen Gegeneinwände, sehr ernst nahm. Siehe beispielsweise seine Rezension von Batiffols ›L'église naissante et le catholicisme‹ (Paris 1909) in: Theologische Literaturzeitung 34 (1909) Sp. 51–53.

[65] Franz Xaver Kraus, Roma sotteranea. Die römischen Katakomben. Eine Darstellung der älteren und neueren Forschungen, besonders derjenigen de Rossi's. Mit Zugrundelegung des Werkes von J. Spencer Northcote, D. D., und W. R. Brownlow, M. A. Mit vielen Holzschnitten und chromolithischen Tafeln, Freiburg i. Br. 1879².

abschliessende Resultate« im selben Grade »gewisser gestaltet« habe, »als er
selbst von Jahr zu Jahr vorsichtiger in seinen Beurtheilungen und kritischer
in seinen Schlussfolgerungen geworden« sei. »In der pünktlichen Registri-
rung seiner und Anderer Forschungen liegt der wesentliche Werth der neuen
Auflage des Kraus'schen Werkes«.[66] Der von Kraus herausgegebenen und
großenteils selbstverfaßten ›Real-Encyklopädie der christlichen Alterthü-
mer‹ (2 Bände, Freiburg i. Br. 1882–1886), deren erste drei Lieferungen er
anzeigte, zollte Harnack Anerkennung: Das Werk verspreche »ein werthvol-
les Handbuch zu werden (...); namentlich zeichnen sich die von dem Herausgeber selbst bearbeiteten Artikel durch Gründlichkeit aus«, wobei Harnack »auf den vortrefflichen Art[ikel] ›Basilika‹ (I S. 109–145), der nicht
leicht zu übertreffen sein dürfte«, als Beispiel verwies. Ja, er meinte, daß
»durch diese Publikation« der ›Dictionnaire des Antiquités Chrétiennes‹ des
Abbé Joseph-Alexandre Martigny (Paris 1865, 1877[2]) – an dem sich Kraus
orientiert hatte – »für Deutschland überflüssig gemacht« werde, »wie eine
Vergleichung lehrt«; dennoch maß er der Krausschen Enzyklopädie lediglich eingeschränkte Bedeutung zu: sie liege »wesentlich auf dem Gebiete der
Cultus- und Privatalterthümer«. Und er ließ sich in Bezug auf Kraus' »stoff-
reichen und gut geordneten Art[ikel]. ›Bischof‹ (I S. 162–168) – der »Vieles
Richtige und Nützliche« enthalte, indes »die interessanteste und wichtigste
Frage, die der Geschichte des ›Bischofs‹ (...) nicht zu ihrem Rechte« kom-
men lasse – die Bemerkung nicht entgehen: »Allerdings wird der katholische
Theologe diese Frage und ähnliche sich kürzer beantworten können als der
Historiker«.[67] Harnacks Rezension der zweiten Auflage des ›Lehrbuchs der
Kirchengeschichte‹ von Franz Xaver Kraus (Trier 1882[2]) war dann aber ein
glatter ›Verriß‹: Auch von der Neuauflage dieser Kirchengeschichte, die um
»Einiges verbessert (...), aber im Wesentlichen (...) unverändert geblieben«
sei, gelte, was der 1880 verstorbene Erlanger Kirchenhistoriker Gustav Leopold Plitt bereits (negativ) zur Erstauflage bemerkt habe.[68] Ihr Verfasser
»rechnet sich selbst zu der ›historischen Schule‹ und weiss hie und da einen
recht vornehmen Ton anzuschlagen. Nun, die Nuance, um welche der Ver-
f[asser] freisinniger ist als diejenigen katholischen Theologen, welche er
selbst § 169 als die ›neuscholastischen‹ bezeichnet, mag innerhalb der Grenzen der römischen Kirche leuchtend hervortreten; für uns, die wir ausserhalb

---

[66] Theologische Literaturzeitung 4 (1879) Sp. 97–100.

[67] Theologische Literaturzeitung 5 (1880) Sp. 301. Zu Franz Xaver Kraus und zur Beurteilung
der ›Real-Encyklopädie‹ aus heutiger Sicht siehe: Oskar Köhler, Franz Xaver Kraus
(1840–1901), in: Fries-Schwaiger, Katholische Theologen Deutschlands (wie Anm. 15) Bd. 3,
S. 241–275, bes. S. 261–263.

[68] Theologische Literaturzeitung 1 (1876) S. 238–241.

stehen, ist der Unterschied ein geringer, und er liegt nicht auf dem Gebiet der Kritik und Erkenntniss, sondern mehr auf dem der Accente und der Sprache. Denn, so sehr sich der Verf[asser]. zu bemühen scheint, Probleme als Probleme unbefangen aufzunehmen und die Sätze der Tradition wirklich zu kritisiren – schliesslich werden wir mit nebelhaften Bemerkungen abgespeist, die nur der Gutmüthige mit dem *non liquet* freier Forschung verwechseln kann, (…). Man wird bei dem kenntnissreichen Theologen gewiss annehmen dürfen, dass ihm die zahllosen ›unbequemen‹ historischen *Probleme* wirklich deutlich geworden sind, aber er hat sich nicht entschlossen, einer ›unbequemen‹ *Entscheidung* irgendwo muthig Raum zu lassen. Im Gegentheil, diejenigen seiner Confessionsverwandten, welche an einem, freilich einem der bedeutendsten Punkte dies gethan haben, werden mit Ausnahme Döllinger's schnöde abgefertigt. Wie der Verf[asser] selbst über die Unfehlbarkeit eigentlich denkt, erfährt man dabei nicht einmal. (…)« usw. usw.[69] Freilich war Harnack wohl nicht bekannt, daß Kraus sein Lehrbuch nur mit äußerster Mühe (und indem er bestimmte Auflagen der Indexkongregation akzeptierte) vor der von Kardinal Joseph Hergenröther (1824–1890), dem Präfekten des Vatikanischen Archivs und vormaligen Würzburger Kirchenhistoriker, angestrengten Indizierung zu retten vermochte[70] – das war eben die Situation, in der sich damals katholische Kirchenhistoriker und Exegeten befanden. Kraus selbst, ein äußerst komplizierter, sensibler Charakter, nahm, wie es scheint, Harnacks Kritik nicht allzu übel; denn er stattete ihm Ende Juli 1901 in Berlin einen Besuch ab, speiste mit ihm »bei Hiller, Unter den Linden«, und notierte in sein Tagebuch: »Es war mir wohl bei diesem ehrlichen und großen Forscher«.[71]

Dagegen schätzte Harnack Franz Xaver Funk als Quellenforscher und Editor frühchristlicher Schriften (der Apostolischen Väter, der Apostolischen Konstitutionen usw.) wegen der Gründlichkeit seiner Arbeiten, auch wenn er nicht in allen Punkten seinen Thesen beipflichtete und ihm beispiels-

---

[69] Theologische Literaturzeitung 7 (1882) Sp. 465 f. Weitere Rezensionen Harnacks zu Kraus: Theologische Literaturzeitung 4 (1879) Sp. 384 (Franz Xaver Kraus, Über Begriff, Umfang, Geschichte der christlichen Archäologie und die Bedeutung der monumentalen Studien für die historische Theologie. Antrittsrede, Freiburg i. Br. 1879); ebd. 6 (1881) Sp. 140 (Franz Xaver Kraus, Synchronistische Tabellen zur christlichen Kunstgeschichte, Freiburg i. Br. 1880).
[70] Franz Xaver Kraus, Tagebücher, hg. v. Hubert Schiel, Köln 1957, S. 454, S. 471 f.; Manfred Weitlauff, Joseph Hergenröther (1824–1890), in: Fries-Schwaiger, Katholische Theologen Deutschlands (wie Anm. 15) Bd. 2, S. 471–551, hier S. 539 f.; ders., Joseph Adam Gustav Hergenröther (1824–1890). Theologe, in: Lebensbilder bedeutender Würzburger Professoren, hg. v. Peter Baumgart (Quellen und Beiträge zur Geschichte der Universität Würzburg 8) Neustadt a. d. Aisch 1995, S. 91–111.
[71] Kraus, Tagebücher (wie Anm. 70) S. 753 (der Besuch fand am 29. Juli 1901 statt).

weise bei der Edition der pseudoignatianischen Briefe allzu engen Anschluß
an Theodor Zahns Ausgabe, bei den ›Papiae fragmenta‹ und den ›Presbyte-
rorum reliquiae ab Irenaeo servatae‹ an seine, Harnacks, Ausgabe unterstellte,[72] wogegen sich Funk allerdings zur Wehr setzte.[73]

Größten Respekt nötigten ihm die Forschungen Albert Ehrhards ab. Er
stand nach seinem Urteil »unter den katholischen Kirchenhistorikers, deren
Arbeiten die Wissenschaft gefördert haben, (...) in erster Reihe«: Sein »›Ab-
riss der byzantinischen Literaturgeschichte‹ (...) (in ›Krumbachers Thesau-
rus‹)« könne »nicht leicht übertroffen werden«; er habe »ferner das schwie-
rigste und bisher aller Bemühungen spottende Capitel, welches das Siegel
›Simeon Metaphrastes‹ trägt, bewältigt und damit in ein Chaos Ordnung
und Licht gebracht«.[74] Die Rezension der Wiener Antrittsvorlesung Ehrhards über ›Stellung und Aufgabe der Kirchengeschichte in der Gegenwart‹
vom 10. Oktober 1898 war für Harnack Anlaß zu dieser Reverenz und (in
der Einleitung) zu folgender Würdigung der »deutsche[n] katholische[n]
Kirchengeschichtsschreibung«: Diese sei – so Harnack – »seit etwa einem
Jahrzehnt in einem Aufschwung begriffen, den die protestantischen Historiker freudig begrüssen. Steht der Aufschwung auch im Zusammenhange mit
der allgemeinen literarischen und wissenschaftlichen Erhebung des Katholicismus, so ist diese selbst nur willkommen zu heissen; denn jede wissenschaftliche Arbeit, auch wenn sie in bestimmten Grenzen eingeschlossen erscheint, trägt ihre Frucht und schafft Freiheit. Bei dem Aufschwunge der kirchengeschichtlichen Wissenschaft kommt aber noch hinzu, dass die Grundsätze und Forderungen der Historik heute so fest und sicher ausgeprägt
sind, dass, wer sich auf diesem Gebiet überhaupt zu Gehör bringen will, sie
nicht vernachlässigen darf. So werden sich die Historiker dort und hier viel
früher bis zu einem gewissen Grade verständigen können als die Systematiker und die Politiker es vermögen. Reformations- und vorreformations-

---

[72] Theologische Literaturzeitung 7 (1882) Sp. 270–273 (Rezension zu Funks Ausgabe der
›Opera patrum apostolicorum‹, Bd. 2, Tübingen 1881). Weitere Rezensionen Harnacks: ebd. 9
(1884) Sp. 133–136 (FRANZ XAVER FUNK, Die Echtheit der Ignatiusbriefe aufs neue verteidigt,
Tübingen 1883); Theologische Studien und Kritiken 66 (1893) S. 403–420 (FRANZ XAVER FUNK,
Die Apostolischen Konstitutionen, Rottenburg 1891).

[73] Siehe dazu: HERMANN TÜCHLE, Franz Xaver Funk (1840–1907), in: FRIES-SCHWAIGER, Katholische Theologen Deutschlands (wie Anm. 15) Bd. 3, S. 276–299, hier S. 285–296.

[74] Theologische Literaturzeitung 24 (1899) Sp. 120f.; ALBERT EHRHARD, Theologie, in: KARL
KRUMBACHER, Geschichte der byzantinischen Litteratur von Justinian bis zum Ende des oströ-
mischen Reiches (527–1453) (Handbuch der klassischen Altertumswissenschaft IX/1) München
1897², Nachdruck New York 1958, S. 37–218 (§§ 4–94). Symeon Metaphrastes († um 1000),
auch Logothetes genannt, war ein byzantinischer Staatsmann, Historiker und Hagiograph, der
eine bedeutende literarische Tätigkeit entfaltet hat. Zu ihm siehe ebd. S. 200–203.

geschichtliche Monographien, wie sie zum Beispiel [Martin] Spahn und
[Heinrich] Finke geschrieben haben, begrüssen wir dankbar; Funk's patristische Untersuchungen werden von den protestantischen Forschern nicht geringer geschätzt als von den katholischen und vielleicht mehr von jenen gelesen; die ersten Bände der [Johannes] Janssen'schen ›Geschichte des deutschen Volkes‹[75] würden wahrscheinlich heute anders geschrieben werden als
vor 20 Jahren, oder sie würden, wenn sie in dieser Fassung heute erschienen,
scharfen Kritikern im katholischen Lager selbst begegnen«.[76] Ehrhard selber
– so Harnack weiter –, der in seiner Akademischen Antrittsrede Rechenschaft darüber gebe, »wie er sich die Stellung und Aufgabe des katholischen
Kirchenhistorikers denkt und nach welchen Grundsätzen er arbeiten wird«,
verleugne »nirgendwo die Interessen seiner Kirche«, plädiere aber dafür,
»dass ihre wissenschaftliche Arbeit fortschreite, sich vertiefe und muthig mit
rückhaltslosem Wahrheitssinn in den Wettbewerb eintrete« – in Rückbesinnung auf die Bedeutung, welche die katholischen Theologie »für das ganze
Geistes- und Gesellschaftsleben (...) vom Anfang ihres Bestehens bis tief in
das 17. Jahrhundert hinein« besessen, heute aber »nicht ohne Mitschuld
mancher Kreise« verloren habe. Kirchengeschichte »als die eine Hälfte der
gesammten Theologie« und »das Gegenstück zu sämmtlichen systematischen
Disciplinen« sei nach Ehrhard »*von keiner derselben abhängig*, auch nicht
von der Dogmatik und Apologetik«, sondern allein der Wahrheit verpflichtet. Der (katholische) Kirchenhistoriker müsse in der Kirche stehen und ihren göttlichen Ursprung anerkennen; in diesem Sinne könne er nicht »*vor-
aussetzungslos*«, aber doch »frei von *Vorurtheilen*« sein und »die Tugend der
Wahrheitsliebe gewissenhaft (...) üben«. Deshalb Ehrhards »offene Parole«:
»Heraus mit der ganzen, mit der vollen Wahrheit« und »dem *Fortbildungs-
trieb* und dem *Forschungsdrang* (...) freieste Bahn«, ohne welche »jede Wis-

---

[75] JOHANNES JANSSEN, Geschichte des deutschen Volkes seit dem Ausgang des Mittelalters, 4
Bde., Freiburg i. Br. 1878–1888 (in mehrfachen Auflagen; weitere Bände ergänzt u. hg. v. LUD-
WIG FREIHERR VON PASTOR).

[76] Theologische Literaturzeitung 24 (1899) Sp. 120 f. Der Hinweis auf MARTIN SPAHN
(1875–1945) meint dessen lutherfreundliche Berliner Habilitationsschrift ›Johannes Cochläus.
Ein Lebensbild aus der Zeit der Kirchenspaltung‹ (Berlin 1898). Zu »der allgemeinen literarischen und wissenschaftlichen Erhebung des Katholicismus« in Deutschland siehe: CHRISTOPH
WEBER, Der ›Fall Spahn‹ (1901). Ein Beitrag zur Wissenschafts- und Kulturdiskussion im ausgehenden 19. Jahrhundert, Rom 1980; MANFRED WEITLAUFF, ›Modernismus litterarius‹. Der
›Katholische Literaturstreit‹, die Zeitschrift ›Hochland‹ und die Enzyklika ›Pascendi dominici
gregis‹ Pius' X. vom 8. September 1907, in: Beiträge zur altbayerischen Kirchengeschichte 37
(1988) S. 97–175; ANDREAS HOLZEM, Weltversuchung und Heilsgewißheit. Kirchengeschichte im
Katholizismus des 19. Jahrhunderts (Münsteraner Theologische Abhandlungen 35) Altenberge
1995.

senschaft (...) dem Tode verfallen und des Todes würdig« sei. Ehrhard hatte mit dieser Rede, die von einer theologischen »Ortsbestimmung« der Kirchengeschichte ausging, mutig den Finger auf den eigentlichen wunden Punkt einer nachtridentinisch-katholischen Theologie gelegt und für sie – wie Harnack mit Recht hervorhob – »das unbefangene Eingehen auf die Forderungen der modernen Wissenschaft« reklamiert.[77]

Es war denn vor allem der Initiative Harnacks zu danken, daß sich die von ihm und Theodor Mommsen 1891 begründete Kirchenväterkommission der Preußischen Akademie der Wissenschaften in Berlin grundsätzlich auch katholischen Gelehrten öffnete und 1898 Albert Ehrhard und Franz Xaver Funk als Mitarbeiter in sie berufen wurden: Ehrhard für die Herausgabe der ›Acta martyrum‹, Funk für die Herausgabe der Pseudoklementinen. Dabei spielten gewiß wissenschaftspolitische Erwägungen eine Rolle, aber möglicherweise auch Harnacks Absicht, durch die Beteiligung der beiden Gelehrten an dem prestigeträchtigen Unternehmen deren wissenschaftlicher Leistung jene öffentliche Anerkennung zu verschaffen, die ihnen innerhalb ihrer Kirche versagt wurde.[78]

Sehr dezidierter Kritik von Seiten Harnacks – er sprach von »relativer Kritik« – setzten sich katholische Autoren aus, die für das Gebiet der alt-

---

[77] Theologische Literaturzeitung 24 (1899) Sp. 120 f.

[78] REBENICH, Mommsen und Harnack (wie Anm. 61) S. 182–185. Funk konnte den Auftrag, eine kritische Ausgabe der Pseudoklementinen zu besorgen, nicht mehr erfüllen; er starb 1907. TÜCHLE, Franz Xaver Funk (wie Anm. 73) S. 276–299 (293). Was das Projekt der Herausgabe der ›Acta martyrum‹, seinen Umfang und den Zeitaufwand, betraf, erlagen Harnack und Ehrhard allerdings einer Täuschung. Da Ehrhard von Anfang an entschlossen war, den Gesamtbestand der Codices heranzuziehen, um sicher alle Quellen zu erschließen, weitete sich das Unternehmen im Laufe seiner Forschungsarbeit, weil eben der Stoff das Verfahren diktierte, auf die gesamte byzantinische Hagiographie aus. Ehrhard mußte seine Hauptarbeit, wie sich zeigte, auf die Klassifikation der Codices – es handelte sich schließlich um 2750 – konzentrieren, um erst einmal »Ordnung in die größte handschriftliche Überlieferungsmasse nach den Kodizes des Neuen Testaments« zu bringen, wobei sich herausstellte, daß das Ergebnis vor allem der Geschichte der byzantinischen Kultur zugute kommen, dagegen der Ertrag an echten Märtyrerakten gering sein würde. Das Ergebnis seiner Forschungen, die sich fast über vier Jahrzehnte erstreckten, füllte drei voluminöse Bände; sie erschienen in den Jahren 1936–1939 unter dem Titel ›Überlieferung und Bestand der hagiographischen und homiletischen Literatur der griechischen Kirche von den Anfängen bis zum Ende des 16. Jahrhunderts‹ in Leipzig, der Schlußteil des 3. Bandes (mit einem Nachwort von Johannes M. Hoeck) 1952 in der Reihe ›Texte und Untersuchungen zur Geschichte der altchristlichen Literatur‹ (Bde. 50–52). ALOIS DEMPF, Albert Ehrhard. Der Mann und sein Werk in der Geistesgeschichte um die Jahrhundertwende, Kolmar im Elsaß 1944, S. 86–88. FRIEDHELM WINKELMANN, Albert Ehrhard und die Erforschung der griechisch-byzantinischen Hagiographie. Dargestellt an Hand des Briefwechsels Ehrhards mit Adolf von Harnack, Carl Schmidt, Hans Lietzmann, Walther Eltester und Peter Heseler (Texte und Untersuchungen zur Geschichte der altchristlichen Literatur 111) Berlin 1971.

christlichen Literatur, sozusagen sein ureigenstes Terrain, ein Lehr- oder Handbuch oder eine Gesamtdarstellung publizierten; denn sie standen von vornherein unter dem Verdacht, statt Literatur- oder Dogmengeschichte »traditionellerweise« nichts anderes als »Dogmatik in historischem Gewande« (Albert Ehrhard)[79] zu treiben oder sich zumindest von kirchlich-dogmatischen Interessen leiten zu lassen. So hatte der junge Harnack dem in dritter Auflage erschienenen ›Handbuch der Patrologie oder der älteren christlichen Literärgeschichte‹ des Freiburger Kirchenhistorikers Johann Baptist Alzog (Freiburg i. Br. 1876³) wegen solcher Akzentuierung kaum positive Aspekte abgewinnen können. Nach ein paar freundlicher klingenden Bemerkungen in der Einleitung erklärte er rundheraus: »Ueber Principien altchristlicher Geschichtsschreibung mit dem Verf[asser] zu rechten, wäre ein unfruchtbares Unternehmen. Der Standpunkt ist hier und dort ein zu verschiedener, als dass eine Auseinandersetzung über den Charakter und die Entwicklung der altchristlichen Literatur irgend einen Gewinn verspräche. Nur das Eine sei bemerkt: der Lernende, der sich seine Kenntniss der patristischen Literatur lediglich aus diesem Handbuche erwirbt, wird in nichts daran gehindert, sich dieselbe inhaltlich von der mittelalterlichen und heutigen katholischen Literatur wenig verschieden zu denken. Die Geschichte selbst ist nur die Coulisse, das Individuelle und Eigenthümliche in Styl und Lehrform, soweit es anerkannt wird, ist nur ein Gewand, der kirchliche Schriftsteller selbst aber, sofern ihm überhaupt dieses Prädicat nur zukommt, bleibt derselbe; er unterscheidet sich von seinem Nachbar[n] höchstens dadurch, dass er einen andern Ausschnitt als dieser aus der einen, sich immer selbst gleichen Lehre behandelt und bezeugt hat. Und wenn denn ja einmal ein von der gemeinen kirchlichen Lehrüberlieferung Abweichendes bei einem der Schriftsteller anerkannt werden muß, so sticht das von der sonst gleichen Folie so grell ab und tritt so unvermittelt hervor, dass es vom Unkundigen lediglich als intellectueller oder sittlicher Mangel aufgefasst werden kann«. Dieses Urteil sei »kein zu hartes«, es bestätige sich vielmehr schon durch einen Blick auf die Auswahl des Materials und auf die Gesichtspunkte, unter denen es vorgestellt werde. Im übrigen halte er hier »eine relative Kritik (...) um so mehr« für geboten, »als der Verf[asser] jedenfalls ein sehr belesener und nüchterner Theologe« sei. »Respect vor historischer Akribie – von methodischer Schulung zu schweigen – kann der Lernende aus diesem Buche nicht gewinnen; wenn er es aus der Hand legt, wird er ebenso unfähig sein, selbst eine Untersuchung anzustellen, wie vordem. Aber er wird auch nicht

---

[79] Siehe: Theologische Literaturzeitung 24 (1899) Sp. 121.

wissen, wo es überhaupt noch zu untersuchen gilt. Alles muß ihm gleich sicher erscheinen (...)«.[80]

Noch übler erging es dem ›Lehrbuch der Patrologie und Patristik‹ (Bd. I, Mainz 1881) Joseph Nirschls (1823–1904), des Würzburger Kirchenhistorikers und Nachfolgers Joseph Hergenröthers, der »besonders wegen seiner vortrefflichen Widerlegung Döllinger's« 1879 zum Kurienkardinal befördert worden war.[81] Nirschl hatte bereits zwei Jahre zuvor mit Grund die spitze Rezensentenfeder Harnacks zu spüren bekommen, in der Anzeige seiner aus »wissenschaftlichem und religiös sittlichem Interesse« veranlaßten systematischen Darstellung der Theologie des Ignatius von Antiochien (1880).[82] »Die kritische Frage« gelte dem Verfasser »für erledigt«, hatte Harnack damals festgestellt; was hier geboten werde, sei »eine modern-katholische Interpretation der Briefe des Ignatius, eine breite Paraphrase der Briefsätze, geordnet nach den *7 loci*: Gotteslehre, Erlösungslehre, Lehre von der Kirche, Verfassung der Kirche, Gottesdienst und Sacramente, Rechtfertigung und religiös-sittliches Leben, die bekämpfte Irrlehre«. In den Briefen des Ignatius finde der Autor »durchgehend das modernste katholische Kirchen- und Lehrsystem bezeugt«, »in den schwülstigen und verwirrten Gedankenreihen des Briefstellers« entdecke er »immer nur papistische Sätze«, und so bleibe »der Kritik weiter keine Aufgabe an seinem Buche«. »Indessen ist es doch interessant und lehrreich zugleich, an einigen Beispielen zu zeigen, in welcher Weise von den katholischen Theologieprofessoren heutzutage in Deutschland Dogmengeschichte geschrieben wird«. Für Nirschl sei – so das Resümee der von Harnack angeführten Beispiele – »durch unseren berühmten Apostelschüler« alles bereits explizit bezeugt und theologisch begründet, von der »Persönlichkeit und Gleichwesentlichkeit des h[eiligen] Geistes« bis zur »gesammte[n] heutige[n] hierarchische[n] Ordnung der römischen Kirche« mit dem Papst als Inhaber des Universalprimats an der Spitze. Was den Primat anlange, so seien »die bekannten Stellen in der *ep[istula] ad Rom[anos]* (...) schon oft von römischen Theologen in diesem Sinne exegesirt worden; aber eine so exorbitante Beweisführung erinnert sich Ref[erent] nicht gelesen zu haben«. Und dann die Schlußbemerkung: »Der Verf[asser] hat in seiner kleinen Schrift nur auf's neue belegt, was man aus der umfangreichen, eben vollendeten ›Kirchengeschichte‹ seines nun die verdienten Ehren geniessen-

---

[80] Theologische Literaturzeitung 1 (1876) Sp. 508–511.

[81] So Kardinalstaatssekretär Lorenzo Nina gegenüber dem bayerischen Gesandten am päpstlichen Hof, Graf Paumgarten. WEITLAUFF, Joseph Hergenröther (wie Anm. 70) S. 471.

[82] JOSEPH NIRSCHL, Die Theologie des heiligen Ignatius, des Apostelschülers und Bischofs von Antiochien, aus seinen Briefen dargestellt, Mainz 1880.

den Vorgängers[83] im Grossen studiren kann, dass die Theologen, welche
durch die modernen [das heißt neuscholastischen] katholischen Schulen gegangen sind, absolut unfähig geworden sind, irgend eine, sei es auch die geringste historische Frage zu erkennen, geschweige zu behandeln. Wo jedes
Factum nur darauf angesehen wird, was man damit im Interesse der Kirche
›anfangen‹ kann – und das allein lernen sie –, da wird der historische Sinn
mit der letzten Wurzel ausgetilgt«.[84] Nun attestierte Harnack Nirschls
›Lehrbuch der Patrologie‹: »Auf die Sache und die wissenschaftliche Methode gesehen, bezeichnet das Buch einen Rückschritt. Die Reihenfolge: *Moehler, Alzog, Nirschl* ist in mancher Hinsicht eine absteigende. Man begreift
aber überhaupt nicht, was dieses Lehrbuch neben denen von *Moehler* und
Alzog bedeuten soll, wenn man nicht die Hypothese zu Hülfe nimmt, dass
jene Werke noch nicht die Nota völliger ›Akribie‹ besitzen und desshalb
zweckmässig durch ein anderes ersetzt werden sollen«. Tatsächlich jedoch
seien die vom Verfasser in der Vorrede genannten Unterschiede so gering-
fügig »und zum Theil so offenbare Rückschritte«, daß sich daraus das ganze
Unternehmen schwerlich erklären lasse. Die Literaturnachträge, »spärlich
genug«, machten das Buch »nicht werthvoller, und die theils alten, theils
neuen Hypothesen«, die der Verfasser – wie schon in seinen »Specialschrif-
ten (…) über die apostolischen Väter« – verteidige, seien »gänzlich haltlos«.
Was dann noch folge, verrate »nirgendwo Kenntnisse, die sich über die
Oberfläche oder über die landläufigen Irrthümer erheben. (…) Geschichte
giebt es auf diesem Standpunkt überhaupt nicht, sondern nur *Testimonia*,
die sich lediglich durch eine datierte Etiquette von den ›Zeugnissen‹ unterscheiden, die heutzutage abgelegt werden. Unstreitig haben es die katholischen Patristiker leichter als die protestantischen, im 2. und namentlich im
3. Jahrhundert ihr eigenes Bild wiederzuerkennen; aber sie beuten diesen
Vortheil in einer Weise aus, der gegenüber die altprotestantische Geschichtsbetrachtung den Namen einer kritischen verdient«.[85]
   Eine ähnlich mit Sarkasmen gewürzte vernichtende Kritik hatte zwei Jahre
zuvor auch die 1878 in Rom erschienene (apologetische) Arbeit ›De proces-
sione Spiritus Sancti ex patre filioque adversus Graecos. Thesis dogmatica in
duas partes divisa‹ von Aloys Vincenzi erfahren. In ihr suchte der Verfasser,
Professor »in archigymnasio litterarum hebraicarum zu Rom«, den Nachweis zu führen, daß die Kirchenväter bis zum fünften Jahrhundert einstimmig die lateinische Lehre von der ›processio Sancti Spiritus‹ bekannt hätten

---

[83] Joseph Hergenröther, Handbuch der allgemeinen Kirchengeschichte, 3 Bde., Freiburg i.
Br. 1876–1880, 1879–1880².
[84] Theologische Literaturzeitung 5 (1880) Sp. 606–608.
[85] Theologische Literaturzeitung 7 (1882) Sp. 225 f.

und erst Theodoret es gewesen sei, »welcher die Häresie betreffend den Ausgang des Geistes vom Vater allein eingeführt habe«; vor allem erklärte Vincenzi zum ›Beweis‹ seiner These das sogenannte ›Symbolum von Constanti-
nopel‹ für von den Griechen verfälscht und deshalb für apokryph. Harnack,
der sich mit Vincenzis Thesen eingehend auseinandersetzte, urteilte: »Wir
haben in dieser Untersuchung und diesem Resultate das exquisiteste Cabi-
netsstück modernster römischer Geschichtsschreibung zu erkennen, die Probe darauf, dass das moderne katholische Traditionsprincip in Wahrheit ein
Revolutionsprincip ist. Was der Vorzeit das Heiligste war, die Beschlüsse
der alten Synoden, darf heutzutage ungestraft als Lügenwerk ausgewiesen
werden. Aus der ›rechten Gebundenheit‹ erwächst erst die wahre ›wissenschaftliche Freiheit‹: es ist mit Händen zu greifen. Von einer methodischen
Untersuchung und systematischen Vergleichung der alten Symbole ist auch
nicht im entferntesten die Rede«. Zwar stimmte Harnack der »negative[n]
These« des Verfassers, daß nämlich das »Symbolum Constantinopolitanum«
nicht der Synode von 381 anhöre, zu (wobei er aber – nach dem neuesten
Forschungsstand – ebenfalls einer Täuschung unterlag) – »sie ist indes nicht
neu, aber seine Hypothesen über den Ursprung des Symbols sind bodenlos
und nur als Probestücke moderner römischer Tendenzkritik lehrreich«.[86]

Mit der ›Dogmengeschichte‹ des Münsteraner Dogmatikers Joseph
Schwane (1824–1892) ging da Harnack vergleichsweise freundlich um. Von
diesem vierbändigen Werk (Münster/Freiburg i. Br. 1862–1890, I–II, Freiburg i. Br. 1892–1895[2]), einem ersten – und, wie man heute eingesteht, nicht
gelungenen – derartigen Versuch auf katholischer Seite,[87] zeigte Harnack

---

[86] Theologische Literaturzeitung 5 (1880) Sp. 585–588. – Zum neuesten Forschungsstand siehe: Reinhard Staats, Das Glaubensbekenntnis von Nizäa-Konstantinopel. Historische und theologische Grundlagen, Darmstadt 1999[2], S. 143–179, bes. S. 157 f. – Harnack benützte hier die
Gelegenheit, um auch gleich das 1865 erschienene fünfbändige Werk ›In S. Gregorii Nysseni et
Origenis scripta et doctrinam Nova Defensio‹ desselben Verfassers zu ›streifen‹: »In dieser Arbeit suchte Vincenzi, in den Spuren der Jesuiten [Pierre] Halloix und [Jean] Garnier wandelnd,
den Nachweis zu liefern, dass Origenes orthodox gewesen sei, und dass ihn auch die 5. ökumenische Synode nicht anathematisirt habe. Das Resultat erreichte er durch eine kritische Methode, die selbst die dreistesten Unternehmungen jesuitischer Tendenzkritik hinter sich liess. So
kühn in der Annahme von absichtlichen Entstellungen, Interpolationen, Fälschungen der uns
überlieferten Concilsacten ist vielleicht kein Kritiker vor ihm gewesen. (...) Was protestantische
Gelehrte in sog. ›destructiver Kritik‹ an den altkirchlichen Urkunden geleistet haben, muss dem
gegenüber in den Augen des Verf[asser]'s und seiner Gesinnungsgenossen als Kinderspiel erscheinen. Der Eifer für Origenes freilich wird jeden befremden, der nicht weiss, dass es schliesslich der Papst Vigilius ist, der auch in Origenes vertheidigt wird«, ebd. Sp. 585.
[87] Siehe dazu beispielsweise das Urteil Eduard Hegels in: Lexikon für Theologie und Kirche
9 (1964[2]) Sp. 531 (Artikel ›Schwane, Joseph‹). Vorsichtiger wiederum das aus systematischer
Sicht gefällte Urteil Harald Wagners in der neuesten Auflage dieses Lexikons (9, 2000[3], 318):

den ersten Band in zweiter ›nachvatikanischer‹ Auflage von 1892 an. Natürlich sparte er – zu Recht – nicht mit scharfer Kritik; gleich im zweiten Satz
mit der Bemerkung, daß »auch der Verf(asser)« in der zweiten Auflage dieses Bandes »dem neuen Dogma (…) seinen Tribut« habe »zahlen müssen«
(mit entsprechenden Seitenverweisen). So stellte er fest: »In den einleitenden
Paragraphen wird nicht untersucht, was Dogma und Dogmengeschichte
wirklich gewesen und geworden sind, sondern was sie sein müssen, wenn die
katholische Kirche mit ihren Ansprüchen Recht hat. Jene Abschnitte geben
sich daher auch nicht als Ergebnisse geschichtlicher Untersuchungen, sondern als Schlüsse aus feststehenden Sätzen. Wir werden sofort mit den formellen und materiellen, den reinen und den gemischten, den unmittelbaren
und den abgeleiteten Dogmen bekannt gemacht, ferner mit den ›theologischen Wahrheiten‹, die die Mitte zwischen den Dogmen und den ›Schulmeinungen‹ einnehmen. Es wird uns eingeschärft, die Annahme sei ganz irrig, als wäre nur das ein Dogma, was die Kirche bei einer feierlichen Gelegenheit definirt hat. Aber wir erfahren auch, dass das, was von Vielen nur
für eine ›Schulmeinung‹ gehalten, von Anderen als ›theologische Wahrheit‹
angesehen wurde, jetzt als formelles Dogma gilt«. Und Harnack fuhr fort:
»Wir fragen uns bei solchem Avancement immer wieder, was steht noch alles
zu erwarten? und in welcher Verfassung muss der katholische Christ sein,
der angewiesen wird, seine Seligkeit auf den Glauben an jene Labyrinthe
und Stockwerke zu gründen, die noch Niemand ermessen hat, deren Breite
und Höhe Keiner kennt und die ohne Grenzen in die Abgründe und luftigen
Räume der Schulmeinungen übergehen. Die Antwort lautet: er wird seine
Seele beruhigen bei der entschlossenen Absicht, Alles zu glauben, was die
Kirche glaubt«. Andererseits aber ließ sich Harnack vom Verfasser den Vorwurf, seine eigene dogmengeschichtliche Auffassung sei »Darwinismus in
der Theologie« in einem gewissen Sinne gefallen und attestierte Schwane
zum Schluß, daß er »gelehrt und allem Extravagantem abhold« sei. »Sein
Werk gehört zu den respectablen Leistungen der katholischen Theologie.
Auf dem Standpunkt, auf dem er steht, kann man Dogmengeschichte, auf
die Sache gesehen, nicht viel besser, man kann sie aber viel schlimmer schreiben«. Er fügte hinzu: »Diese Leistung wird wohl nicht mehr lange auf sich
warten lassen«.[88]
  Schließlich Harnacks Kritik an der voluminösen und stellenweise polemischen ›Geschichte der altkirchlichen Literatur‹ des Münchener Neutesta-

---

»Schwane versuchte, das Material mit der von der Neuscholastik erarbeiteten Dogmentheorie
zu ordnen, zu systematisieren und zu reflektieren. Dementsprechend ist die historische Perspektive der philosophisch-spekulativen untergeordnet.«
  [88] Theologische Literaturzeitung 17 (1892) Sp. 468 f.

mentlers und Patrologen Otto Bardenhewer (1851–1935): Im Lichte der
Konzeption der Editionsarbeit der von Harnack und Mommsen begründeten Kirchenväterkommission, die sich zur Aufgabe gestellt hatte, »ein ›Corpus Patrum Graecorum Antenicaenorum‹, d. h. eine [kritische] Ausgabe der
gesammten christlichen vornicänischen Litteratur in griechischer Sprache«
zu schaffen und damit »alle litterarischen Denkmäler des ältesten Christenthums von seiner Entstehung bis zur Begründung der Reichskirche durch
Konstantin (abgesehen von dem Neuen Testament und den lateinischen
Quellenschriften [deren Gesamtausgabe von der Wiener Akademie der Wissenschaften getragen wurde])«,[89] zu »archivieren«, und zwar als fundamentalen Beitrag zur »Historisierung des Christentums«, mußte eine Literaturgeschichte, die sich »altkirchlich« nannte, für Harnack von vornherein suspekt sein; denn der Begriff »altkirchlich« war dogmatisch besetzt, in seinen
Augen somit eingeschränkt, eklektizistisch, tendenziös, apologetisch, zumal
wenn auch noch pointiert von »innerkirchliche[r] Literatur« die Rede war.
Bei aller Schärfe der Kritik vermied Harnack zunächst jede Polemik in der
Diktion, sichtlich um ein gerechtes Urteil über Leistung und Grenzen des
Werkes Bardenhewers bemüht und das Gemeinsame und Gesicherte der inzwischen protestantischer- und katholischerseits gewonnenen Erkenntnisse
»in dieser Disciplin« hervorhebend. Doch machte er gleich anfangs kein
Hehl daraus, daß nach seinem Urteil »diese ›Geschichte‹ (...) wenig verlieren« würde, »wenn sie als literarhistorisches Lexikon veröffentlicht worden
wäre«, und er Albert Ehrhards großem kritischem Bericht über ›Die altchristliche Literatur und ihre Erforschung seit 1880‹ (2 Teile, Freiburg i. Br.
1894–1900) den Vorzug gab.[90] Als Bardenhewer allerdings in der zweiten,
umgearbeiteten Auflage des ersten Bandes den Begriff ›altkirchliche Literaturgeschichte‹ gegen den der ›altchristlichen Literaturgeschichte‹ verteidigte,
weil die Selbständigkeit der Aufgabe gegenüber der allgemeinen hellenistischen Literaturgeschichte nur festgehalten werden könne, wenn die Kirche
mit ihrem ›Depositum fidei‹ der Betrachtung zugrunde gelegt werde, und
Harnacks kritische Bemerkungen zum Anlaß gesteigerter Polemik nahm,
dabei den Gräzisten Ulrich von Wilamowitz-Moellendorff, der von den
»Scheuklappen der christlichen Literaturgeschichte« gesprochen habe, gegen

---

[89] Antrag Harnacks an das Ministerium vom 17. Januar 1891. REBENICH, Mommsen und
Harnack (wie Anm. 61) S. 134–136, hier S. 134.

[90] Theologische Literaturzeitung 27 (1902) Sp. 237–239 (Rezension von Bd. 1, Freiburg i. Br.
1902); ebd. 29 (1904) Sp. 76 f. (Rezension von Bd. 2 – hier fälschlich als ›Geschichte der altchristlichen Literatur‹ angezeigt –, Freiburg i. Br. 1903); ebd. 37 (1912) Sp. 779–781 (Rezension
von Bd. 3, Freiburg i. Br. 1912).

Harnack ausspielend,[91] schlug dieser zurück: »Die altchristliche Literaturgeschichte ist eine *Dokumentengeschichte*«. Als solche müsse sie »natürlich
auch auf die Formen (…) achten und (…) herbeiziehen und lernen, was es
hier zu lernen gibt (…); aber wie sich der christliche Geist in Gedanke und
Wort selbst erfaßt und zu dauernden oder vorübergehenden Ausprägungen
gebracht hat, das muß der Hauptgesichtspunkt bleiben«. Ebendeshalb insistierte Harnack auf »Christlich« als dem »entscheidende[n] Stichwort«, da
»Kirchlich« hier »zu eng und dazu ein in der Literaturgeschichte erst wer-
dender Begriff« sei. Eine ›Altkirchliche Literaturgeschichte‹ wollte er sich als
Aufgabe gefallen lassen, nur dürfe diese dann nicht so aussehen wie das Bar-
denhewersche Werk. »*Dieses ist in Wahrheit eine ›Altchristliche Literaturgeschichte‹ mit eingemengten, tendenziösen, kirchlichen Gesichtspunkten.* Einen
vollen kirchlichen Eindruck gewinnt man hier nicht, sondern nur einen
schwächlichen. Eine ›Altkirchliche Literaturgeschichte‹ müßte sich auf den
Standpunkt stellen, auf welchem die Väter des 5.–9. Jahrhundert[s] die altchristliche Literatur gesehen und gesichtet haben. Ihre kritische Arbeit (vgl.
zum Beispiel das Decretum Gelasii, Photius und Arethas) müßte aufgenommen und fortgesetzt werden«. Er fügte hinzu: »Ich wünschte, daß ein katholischer Forscher den Mut hätte, das zu tun, statt die protestantische Disziplin der altchristlichen Literaturgeschichte zu akzeptieren, ihr einige katholische Lumina aufzusetzen und dies für eine ›Altkirchliche Literaturgeschichte‹ zu erklären«. Der Wissenschaft würde, »methodologisch ganze
Arbeit« vorausgesetzt, ein wirklicher Dienst erwiesen. Es folgte der spitze
Schluß: Er wundere sich, daß Bardenhewer nicht so verfahren sei; »denn an
strengem katholischem Selbstbewußtsein fehlt es ihm nicht; ja offenbar ist
dasselbe bei ihm von Werk zu Werk und von Auflage zu Auflage stets gewachsen. Noch ein solcher Sieg, und statt des zerflatternden Gewandes der
fälschlich ›altkirchlich‹ genannten Literaturgeschichte, in welches er sich ge-
hüllt hat, erschiene er in der angegossenen Rüstung einer Literaturgeschichte, die wirklich nur aus kirchlichen Rüststücken bestünde. Als Appendix und
im Kleindruck mögen dann nicht nur die Werke der Gnostiker, sondern z. B.
auch die Werke der Apologeten erscheinen, während freilich die *Namen* der
letzteren im Großdruck nicht fehlen dürften. Auch Tertullian, Clemens, Origenes und Eusebius müßten in der formlosen Appendix dieser Literaturgeschichte verschwinden. Irenäus wäre vielleicht noch zu retten; aber wer
hier ganz sicher gehen will, füllt die große Lücke zwischen Paulus und Athanasius lediglich mit den Ignatiusbriefen und einigen Martyrien aus, setzt

---

[91] OTTO BARDENHEWER, Geschichte der altkirchlichen Literatur, Bd. 1, Freiburg i. Br. 1913[2],
S. VI, S. 15 f., S. 30 f.

aber dazu das ›depositum fidei‹ selbst, getragen von einer Schar von *Namen*
– deren Werke ihnen aber nicht nachfolgen dürfen –, in die entsprechende
künstliche Beleuchtung«.[92] Allerdings rezensierte Harnack die folgenden
Bände der zweiten Auflage, trotz kritischer Einwendungen, im ganzen bemerkenswert freundlich; vor allem versagte er der großen Leistung Bardenhewers seine Anerkennung nicht. Es war dann der katholische Patrologe
Berthold Altaner (1885–1964), der 1946 gegen Bardenhewers prinzipielle
Einwände den Plan für eine »altchristliche Literaturgeschichte vom katholisch-theologischen Standpunkt aus« mit rein literaturgeschichtlicher Zielsetzung entwickelte und dabei ausdrücklich betonte, daß »Gründe der historischen Methodik diese Titelgebung fordern«.[93]

Harnack als Rezensent katholischer Nachwuchswissenschaftler

Andererseits hielt es Harnack nicht für unter seiner Würde, auch ihn inter-
essierende dogmengeschichtliche Untersuchungen katholischer Nachwuchs-
wissenschaftler anzuzeigen, und wenn es galt, eine tüchtige, methodisch exakt durchgeführte wissenschaftliche Leistung zu würdigen, sparte er mit
Worten hoher Anerkennung nicht – für die Betroffenen zweifellos eine Ehre
von ganz besonderem Wert und zugleich eine gefährliche Auszeichnung,
weil sie dadurch unwillkürlich bei der kirchlichen Obrigkeit in den folgen-
schweren Verdacht unkirchlicher Denkungsart gerieten. So nannte Harnack
Franz Klasens Arbeit über ›Die innere Entwicklung des Pelagianismus‹
(1882) eine »vortreffliche Untersuchung«, die »die Beachtung der Dogmenhistoriker in hohem Masse« verdiene. »Ref[erent] steht nicht an, sie für die
beste Arbeit zu erklären, welche wir über den Pelagianismus besitzen. Sie ist
ausgezeichnet durch scharfe Kritik und durch richtiges historisches Urtheil.
Namentlich aber verdient es besondere Anerkennung, dass der Verfasser
zwischen den Lehren des Pelagius, Cälestius und Julian scharf scheidet und
der Eigenart eines Jeden gerecht zu werden versucht«, überall ferner bemüht

---

[92] Theologische Literaturzeitung 39 (1914) Sp. 137–139 (Rezension von Bd. 1, Freiburg i. Br.
1913²), hier Sp. 138 f.

[93] Harnacks Rezensionen zur zweiten Auflage des Werkes Bardenhewers finden sich in:
Theologische Literaturzeitung 40 (1915) Sp. 297 f. (Rezension von Bd. 2, Freiburg i. Br. 1914²);
ebd. 49 (1924) Sp. 557 f. (Rezension von Bd. 3, Freiburg i. Br. 1923², und Bd. 4, 1924¹⁻²). BERT-
HOLD ALTANER, Der Stand der patrologischen Wissenschaft und das Problem einer neuen altchristlichen Literaturgeschichte, in: Miscellanea Giovanni Mercati I (Studi e Testi 121) Città del
Vaticano 1946, S. 483–520; siehe dazu: GÜNTER J. ZIEBERTZ, Berthold Altaner (1885–1964). Leben und Werk eines schlesischen Kirchenhistorikers (Forschungen und Quellen zur Kirchen-
und Kulturgeschichte Ostdeutschlands 29) Köln/Weimar/Wien 1997, S. 127–129.

sei, »die antiken Grundlagen des pelagianischen Moralismus aufzuweisen und zu zeigen, wie Zeno und Aristoteles in Wahrheit die Väter dieser Denkweise gewesen sind«, wobei er im übrigen »wohl daran gethan« habe, »den Pelagianismus nicht an den Theorien Augustin's zu messen«.[94] Die Arbeit war als Habilitationsschrift gedacht; doch wurde die Habilitation in der Münchener theologischen Fakultät von Kräften, die Klasen als zu kritischem Kopf übelgesinnt waren, hintertrieben.[95]

»Mit besonderer Freude« zeigte Harnack die »musterhafte Untersuchung« des Dillinger Subregenten Franz Sales Wieland über ›Mensa und Confessio. Studien über den Altar der altchristlichen Liturgie‹ (1906) an, in der der Verfasser unter anderem den Nachweis erbringt, daß »erst im Zeitalter Konstantins (…) der Altar als etwas Dauerndes und Verehrenswertes, als das Allerheiligste stabilisirt« worden sei und zunächst auch keine »äußere Beziehung zwischen Altar und Grab«, sondern »nur ein idealer Zusammenhang zwischen Eucharistiefeier und Verstorbenen« bestanden habe. »An den Ergebnissen«, so Harnack bereits einleitend, »weiß ich schlechterdings nichts auszusetzen, und auch im Einzelnen, der Behandlung der Texte und der Beweisführung, wird man nur an wenigen Stellen Einwürfe erheben können«. Im übrigen halte sich der Verfasser mit Polemik sehr zurück; wo er polemisiere, scheint er nach Harnack »im Rechte zu sein. Aber im Grunde«, so Harnack weiter, »ist seine ganze Abhandlung eine siegreiche Polemik gegen traditionelle katholische Vorstellungen. Daß der Verfasser katholischen Glaubens ist, tritt nirgendwo hervor, es sei denn in der beiläufigen Prädizierung des Hebräerbriefes als eines paulinischen Schreibens«. Und dann das aus dieser Arbeit gezogene Resümee: »Die Methode unbefangener und reiner Beobachtung und Deutung der Tatsachen der ältesten Kirchengeschichte

---

[94] Theologische Literaturzeitung 8 (1883) Sp. 40 f. (FRANZ KLASEN, Die innere Entwicklung des Pelagianismus. Beitrag zur Dogmengeschichte, Freiburg i. Br. 1882). Franz Klasen (1852–1902), nach dem Studium der Theologie an den Universitäten Würzburg und München 1877 Priester des Erzbistums München und Freising und Dr. theol. (München), wirkte, da ihm die wissenschaftliche Laufbahn verbaut wurde, als Stadtpfarrprediger in St. Ludwig zu München (1885–1897), übernahm dann die Hauptschriftleitung des ›Bayerischen Kuriers‹ und begründete schließlich die reformistische Zeitschrift ›Das Zwanzigste Jahrhundert‹ (1901). Am 20. Oktober 1902 leitete er in München die berühmte (oder berüchtigte) reformistische ›Isarlust‹-Versammlung, auf welcher der bereits von Rom gemaßregelte Würzburger Apologet Herman Schell die Hauptrede hielt und sein Fakultätskollege Sebastian Merkle, Professor der Kirchengeschichte, das Schlußwort sprach. Einen Monat später, am 23. November, erlag Klasen in der Isartalbahn einem Herzschlag. JOSEPH BERNHART, Erinnerungen 1881–1930, hg. v. MANFRED WEITLAUFF, 2 Bde., Weißenhorn 1992, hier Bd. 1, S. 197–200; Bd. 2, S. 1078, S. 1085 f.; OTTO WEISS, Der Modernismus in Deutschland. Ein Beitrag zur Theologiegeschichte, Regensburg 1995, S. 238–245.

[95] WEISS, Der Modernismus (wie Anm. 94) S. 239.

macht immer sicherere Fortschritte: das ist eine erquickende Erfahrung in der Gegenwart, die für viele Widrigkeiten entschädigt. Ihre Frucht wird bleiben und fortdauern, wenn jene Widrigkeiten längst vergessen sind! Möge nur die protestantische kirchenhistorische Forschung hinter der katholischen, die einen so großen Aufschwung in Deutschland genommen hat, nicht zurückbleiben, sondern in edlem Wettstreit mit ihr zusammenwirken! Der Verf[asser]. hat gezeigt, wie lange sich ein geistigerer Opferbegriff mit seinen Folgen *in der Kirche* gehalten hat. Vielleicht werden unsere modernen umgekehrten ›Sakramentierer‹ nun der bedrohten katholisch-traditionellen Auffassung zu Hilfe kommen«.[96] Ob Harnack wohl bedachte, welche Komplikationen er mit letzterem Passus für Franz Sales Wieland heraufbeschwor? Die ›katholische‹ Reaktion war für Wieland ›tödlich‹.[97]

Wegen ihrer wissenschaftlich unzureichenden Methode ernteten dagegen schonungslose Kritik die beiden Münchener Doktordissertationen und ›gekrönten Preisschriften‹ von Otto Braunsberger über den Apostel Barnabas (1876) und von Leonhard Atzberger über die Logoslehre des Athanasius (1880) sowie die Würzburger Doktordissertation von Adolf Bertram, dem nachmaligen Fürst(erz)bischof von Breslau und Kardinal, über die Christologie Theodorets und ihre Wandlungen (1883). Hier heißt es beispielsweise: »Die dogmatische Methode der Dogmenhistorik, wie sie leider nicht nur von katholischen Theologen angewendet wird, hat aber nicht nur die völlige Verdunkelung der Geschichte zur Folge, sondern verschliesst auch regelmässig die Einsicht in die *religiösen* Motive, welche die alten Väter geleitet haben. Werden die schulmässigen Formeln und rationalistischen Begriffe, in welchen die spätere Zeit die Dogmen gefasst hat, als Massstäbe angelegt, so

---

[96] Theologische Literaturzeitung 31 (1906) Sp. 627 f. (FRANZ WIELAND, Mensa und Confessio. Studien über den Altar der altchristlichen Liturgie, Bd. 1.: Der Altar der vorkonstantinischen Kirche [Veröffentlichungen aus dem kirchenhistorischen Seminar München. II. Reihe 11] München 1906). Franz Sales Wieland (1872-1957), nach dem Studium der Theologie am Lyzeum in Dillingen a. d. Donau, wo er u. a. Schüler Joseph Schnitzers war, 1894 Priester des Bistums Augsburg und 1896 Dr. theol. (München), wurde zum Studium der Alten Kirchengeschichte und christlichen Archäologie in Rom freigestellt, deren Ertrag unter anderem die von Harnack angezeigte Arbeit war, und wirkte seit 1899 als Subregens am Augsburger Klerikalseminar in Dillingen. Da er (wie sein ebenfalls zum Priester geweihter jüngerer Bruder Konstantin) den Antimodernisteneid verweigerte, wurde er 1911 als Subregens abgelöst und suspendiert. 1913 fand er, ohne sein Priestertum aufzugeben, eine Anstellung in der Universitätsbibliothek Tübingen (seit etwa 1923 Bibliothekar). WEITLAUFF, Joseph Bernhart. Erinnerungen (wie Anm. 94) Bd. 2, S. 1325; WEISS, Der Modernismus (wie Anm. 94) S. 410-425.

[97] Initiator war der (bis dahin völlig unbekannte) Innsbrucker Jesuit EMIL DORSCH mit seinem Wielands Arbeit vernichtenden Beitrag ›Altar und Opfer‹, in: Zeitschrift für katholische Theologie 23 (1907) S. 307-352. WEISS, Der Modernismus (wie Anm. 94) S. 415-418.

erscheinen schliesslich die häretischen Meinungen als Irrthümer des Denkens. Bertram's Betrachtung der Lehrmeinungen der Väter des 5. Jahrhunderts liefert dafür ein(en) schlagenden Beweis. (…) Im Grunde also wird bei jener katholischen Dogmenkritik den älteren Vätern ihr lebendigeres religiöses Interesse zum Vorwurf gemacht. Die Dogmengeschichte hört auf *Dogmen*geschichte zu sein und wird zur Enthüllungsgeschichte der scholastischen Terminologie, und das ist sie in der That schon im Banne der katholischen Theologie geworden«.[98] Lediglich der Sammlerfleiß Bertrams und der anderen Autoren blieb da dem Rezensenten als Positivum zu konstatieren übrig – ein zweifelhaftes Kompliment, das ähnlich Jahre später auch der Münchener theologischen Doktordissertation von Eduard Weigl über die Heilslehre des Cyrill von Alexandrien (1905) zuteil wurde: »Eine fleißige und gründliche Untersuchung; freilich – man kann zweifeln, ob der Gegenstand sie verdiente. Cyrill, gewiß ein gelehrter und gewandter Theologe, hat, soviel ich sehe, mit keinem einzigen theologischen Probleme mehr innerlich gerungen. Es war – wenigstens für ihn – alles fertig. (…) Weigl hat m. E. Cyrill allzu ausführlich nach seiner Heilslehre katechesiert. Wenn der Katechet zu gründlich verfährt, erhält er in der Katechese seine eigenen Gedanken statt der des Katechumenen. Diesem Ergebnis ist auch Weigl nicht ganz entgangen. Der Schaden ist freilich nicht groß, da Weigl und Cyrill sich sehr nahe stehen; aber um so schärfer hätte jener verfahren müssen; aber an Schärfe läßt er es fehlen«. Die neueren protestantischen Dogmenhistoriker würden in ihrer Auffassung von Cyrill »durch diese ausführliche Darstel-

---

[98] Theologische Literaturzeitung 24 (1883) Sp. 563–566 (ADOLF BERTRAM, Theodoreti, episcopi Cyrensis, doctrina christologica, quam ex ejus operibus composuit, Hildesheim 1883). Ebd. 1 (1876) Sp. 485–489 (Rezension zu: OTTO BRAUNSBERGER, Der Apostel Barnabas. Sein Leben und der ihm beigelegte Brief wissenschaftlich gewürdigt. Gekrönte Preisschrift, Mainz 1876). Ebd. 5 (1880) Sp. 187 f. (Rezension zu: LEONHARD ATZBERGER, Die Logoslehre des hl. Athanasius. Ihre Gegner und unmittelbaren Vorläufer. Eine dogmengeschichtliche Studie. Gekrönte Preisschrift, München 1880). Otto Braunsberger (1850–1926), nach Studium in Rom (Dr. phil.) und München 1874 Priester des Bistums Augsburg, 4. März 1876 Dr. theol. der Universität München, 1878 Eintritt in die Gesellschaft Jesu, Herausgeber der ›Epistolae et Acta Beati Petri Canisii‹ (8 Bände, Freiburg i. Br. 1896–1923; den Schluß-Band 9 konnte er nicht mehr vollenden). Leonhard Atzberger (1854–1918), 1879 Priester des Erzbistums München und Freising, 1881 (5. März) Dr. theol. der Universität München, seit 1888 außerordentlicher Professor für Dogmatik und Apologetik, seit 1894 ordentlicher Professor für Dogmatik an der Universität München. Zu Adolf Bertram (1859–1945) siehe: Die Bischöfe der deutschsprachigen Länder 1785/1803 bis 1945. Ein biographisches Lexikon, hg. v. ERWIN GATZ, Berlin 1983, S. 43–47; Adolf Kardinal Bertram. Sein Leben und Wirken auf dem Hintergrund der Geschichte seiner Zeit, 2 Bde., hg. v. BERNHARD STASIEWSKI (Forschungen und Quellen zur Kirchen- und Kulturgeschichte Ostdeutschlands 24) Köln/Weimar/Wien 1994.

lung, soviel ich sehe, nirgendwo korrigiert (...)«.[99] Bleibe nur anzumerken, daß alle diese Autoren in ihrer Kirche je auf ihre Weise ›reüssierten‹.

Harnack zu Mittelalter-Publikationen katholischer Theologen

Aber Harnack befaßte sich in Rezensionen auch mit Werken katholischer Theologen, die sich mit seinen speziellen Forschungsgebieten nicht berührten. So beurteilte er beispielsweise die Dantestudien (1880) des Würzburger Apologeten und Dogmatikers Franz Seraph Hettinger (1819–1890), eines Theologen der jesuitisch-römischen Schule, bemerkenswert positiv – ein sprechender Beleg dafür, wie sehr für Harnack als kritischen Rezensenten strenge Sachlichkeit des Urteils oberstes Gebot war: »Wie alle Arbeiten aus Hettinger's Feder so ist auch die vorstehende durch gründliche Gelehrsamkeit und lichtvolle Darstellung ausgezeichnet« – so schon der erste Satz, und weiter: »Unter den deutschen römisch-katholischen Theologen wird es kaum einen zweiten geben, der bei aller Gebundenheit an das giltige Dogma einen so umfassenden historischen Blick sich bewahrt hat wie der Verf[asser]. Er erscheint daher besonders zur Würdigung der Göttlichen Komödie berufen, und man merkt es ihm auf jedem Blatt an, dass die Ehrfurcht, Liebe und Bewunderung, welche er dem Dichter entgegenbringt, dem ganzen Manne gilt, dass der Standpunkt, von welchem aus Dante sein Gedicht geschrieben hat, auch dem Verfasser der höchste ist«. Hettingers »besonderes Verdienst« sei es, »gegenüber modernen Missdeutungen gezeigt zu haben, daß Dante trotz seiner Kaiser-Schwärmerei in jeder Hinsicht ein mittelalterlich-katholischer Schriftsteller gewesen ist, dass er sich auch mit seinem Kaiserideale ganz an die Kirche gebunden wusste und dass somit die Beurtheilung seiner staufischen Politik und der Grundsätze, auf die er sie zurückführt, nicht isolirt werden darf von seiner religiösen Weltanschauung«. Freilich wäre dieser Nachweis leichter zu führen gewesen, so Harnack einschränkend, wenn Hettinger »mehr beachtet hätte, dass die Theologie und die religiöse Weltbeurtheilung Dante's durchweg die *franciskanische* ist«; von hier aus erkläre

---

[99] Theologische Literaturzeitung 30 (1905) Sp. 656 f. (EDUARD WEIGL, Die Heilslehre des hl. Cyrill von Alexandrien [Forschungen zur christlichen Literatur- und Dogmengeschichte V/2–3] Mainz 1905). Eduard Weigl (1869–1960), nach dem Studium in Passau und München 1893 Priester des Bistums Passau, 1897 Subregens des Priesterseminars in Passau, am 15. Dezember 1900 Dr. theol. der Universität München, 1901 Direktor des Passauer Priesterseminars, seit 1909 Direktor des Herzoglichen Georgianums in München und Professor für Pastoraltheologie, Homiletik und Liturgik an der Universität München. GEORG SCHWAIGER, Das Herzogliche Georgianum in Ingolstadt, Landshut, München 1494–1994, Regensburg 1994, S. 163–175.

sich »vollständig« Dantes Kritik an Papsttum, Päpsten und »weltherrschen-
de[r] Kirche«. Aber von der franziskanischen Bewegung wolle der Verfasser
»augenscheinlich (…) in dem Buche nichts wissen: kaum dass der Name des
h(eiligen) Franciskus und seiner Söhne genannt wird«. Gewiß setzte Harnack auch im folgenden noch einige Akzente anders als Hettinger, blieb aber
hinsichtlich Anlage und Durchführung des Werkes voll des Lobes: »die ge-
stellte Aufgabe«, nämlich »das Gedicht als ein Ganzes verständlich« zu machen, sei in ihm »vorzüglich gelöst«.[100] Um so mehr enttäuschten und
echauffierten zugleich Harnack Hettingers autobiographischen Aufzeichnungen ›Aus Welt und Kirche‹ (1885), die dessen eng-katholische Gesinnung
und Sichtweise in erschreckendem Maße offenbarten. In diesen Reisebildern
und Erinnerungen aus Rom und Italien, Deutschland und Frankreich, für
die nach Harnack besser der Titel »aus der kirchlichen Welt und aus der ver-
weltlichten Kirche« gepaßt hätte, bot Hettinger unter anderem eine aufschlußreiche Schilderung seiner Studienjahre und des Lehrbetriebs im römischen Germanikum (1841–1845) – »natürlich ein Lichtbild«. Im übrigen wisse er in seiner von ihm selbst gepriesenen Weitherzigkeit, bei welcher »Einem
manchmal ganz bange« werde, »das Edle und Menschenwürdige zwar noch
in den kümmerlichsten und bedenklichsten Gestaltungen katholischen Lebens zu finden«, während er »für den Protestantismus, wo auch immer ihm
derselbe entgegentritt, nur Abscheu, Spott und Hohn hat« – wie Harnack an
Hand einiger peinlicher ›Kostproben‹ zeigte. Wenn sich Harnack dagegen
über einige Einlagen »katholischen Witz[es], diese[r] besonders derbe[n]
Species«, die sich »nicht selten zu bedenklichen Höhen« versteige, entrüste-
te, lag dies eher im Unterschied norddeutscher und süddeutscher Mentalität
begründet, so etwa wenn Hettinger empfahl, den Vorzug des Bummelzuges,
nämlich »uns recht gründlich in der Geduld zu üben«, zum Gegenstand einer
»Reisegebetbuch«-Betrachtung zu machen, und dabei noch eine weitere
»höchst bedeutsame Eigenschaft dieses Zuges« hervorhob, nämlich seine
langen, manchmal ganze Stunden dauernden Haltezeiten an jeder Station:
für einen echten Bayern jeweils die willkommene Gelegenheit, »gründliche
Bierstudien zu machen« (II, S. 5). Wohl kein protestantischer Geistlicher, so
Harnack, würde sich »jemals« erlauben, solches zu schreiben. Wo er sich als
Protestant verletzt fühlte, reagierte er sehr gereizt. Er empfand das ganze
Werk als degoutant, nur dazu geeignet, das ohnehin gespannte konfessionel-
le Verhältnis zusätzlich zu vergiften. Ehe der Verfasser die protestantisches

---

[100] Theologische Literaturzeitung 6 (1881) Sp. 471–474 (FRANZ HETTINGER, Die göttliche
Komödie des Dante Alighieri nach ihrem wesentlichen Inhalt und Charakter dargestellt. Ein
Beitrag zu deren Würdigung und Verständniss, Freiburg i. Br. 1880).

Gefühl schmähenden Passagen nicht revociere – so der schneidende Schluß –
»haben wir ihm nichts weiter zu sagen«.[101]

Eine im ganzen freundliche Aufnahme fand bei Harnack auch die von
Alois Knöpfler (1847–1921), dem Passauer, dann (seit 1886) Münchener
Kirchenhistoriker und Begründer des Münchener Kirchenhistorischen Semi-
nars, besorgte Neubearbeitung des fünften Bandes der ›Conciliengeschichte‹
Carl Joseph Hefeles (1886), »dieses bekannten und geschätzten Werkes«.
Insbesondere habe sich der Neubearbeiter dieses die Zeit vom Pontifikat
Gregors VII. bis zum Tod Kaiser Friedrichs II. umfassenden Bandes, der gegenüber der Erstauflage von 1863 fast zu doppeltem Umfang (von 1071 auf
2106 Seiten) angewachsen war, aber gleichwohl »noch durchweg den ursprünglichen Charakter des Werkes« trage, »das Mass von Unparteilichkeit,
welches wir von dem ursprünglichen Verfasser her gewohnt sind, bewahrt«,
freilich »nicht überall«. Auch vermißte Harnack »eine Reihe von einschla-
genden Monographien«, die da und dort eine Umarbeitung nahegelegt hätten. »Dass die Päpste, so weit es irgend möglich ist, in hellem Lichte erscheinen und sie namentlich von allen selbstsüchtigen und niedrig-politischen
Motiven befreit werden, versteht sich von selbst. (...) Doch sucht der Ver-
f[asser] den deutschen Königen gegenüber Gerechtigkeit zu üben. Über
Friedrich II. hat man vielfach Schlimmeres lesen müssen als der Verf[asser]
bietet«.[102]

Harnack und die katholische Luther-Forschung seiner Zeit

Als 1904 der gelehrte Dominikaner und vatikanische Sottoarchivista Heinrich Suso Denifle (1844–1905) den – mit einer gewissen Spannung erwarteten
– ersten Band seiner dann heiß umstrittenen Luther-Darstellung ›Luther und
Luthertum in der ersten Entwickelung‹ vorlegte,[103] mußte sich Harnack mit
an erster Stelle herausgefordert fühlen; denn er hatte 1890 Denifles Ernennung zum korrespondierenden Mitglied der Preußischen Akademie der Wis-

[101] Theologische Literaturzeitung 10 (1885) Sp. 431 f. (FRANZ HETTINGER, Aus Welt und Kirche. Bilder und Skizzen, 2 Bde., Freiburg i. Br. 1885). EUGEN BISER, Franz Seraph Hettinger
(1819–1890), in: FRIES-SCHWAIGER, Katholische Theologen Deutschlands (wie Anm. 15) Bd. 3,
S. 409–441.

[102] Theologische Literaturzeitung 11 (1986) Sp. 248–250 (CARL JOSEPH VON HEFELE, Conciliengeschichte. Nach den Quellen bearbeitet V, 2. vermehrte und verbesserte Auflage, besorgt
von ALOIS KNÖPFLER, Freiburg i. Br. 1886).

[103] HEINRICH DENIFLE, Luther und Luthertum in der ersten Entwickelung. Quellenmäßig dargestellt, Bd. 1, Mainz 1904.

senschaften für das Fach Geschichte initiiert und offensichtlich nicht ohne
Mühe durchgesetzt, in Würdigung der wissenschaftlichen Verdienste Denifles und zum Dank für die stets »in liberalster Weise« gewährte Unterstützung deutscher (protestantischer) Gelehrter bei der Benützung des Vatikanischen Archivs.[104] Welche internen Widerstände er damals im Vorfeld der
Wahl hatte überwinden müssen, läßt sich unschwer aus folgender (argumen-
tativ geradezu ›entwaffnender‹) Passage eines Briefes an Theodor Mommsen
erschließen: »Was Denifle anlangt, so ist er ohne Zweifel ein Gelehrter ersten Ranges; er ist Deutscher (Tyroler) u[nd] Dominikaner, nicht Jesuit. Bedenken sind gewiß vorhanden, aber, soviel mir bekannt, nicht solche gegen
seine Person, sondern gegen seine Kategorie. Er hat zwar tüchtig auf protestantische Gelehrte geschimpft, auch nicht nur auf fadenscheinige; aber er
hat doch eine eminente Gelehrsamkeit, und ich finde, daß er in seinen großen Arbeiten u[nd] in der Art, wie er seine großen Entdeckungen ausgebreitet hat, meistens Recht hat. Wenn ich für ihn eintrete, so geschieht es unter
der Voraussetzung, daß die Akademie ihre Sonne über Weiße, Schwarze
und Farbige aufgehen läßt, wenn sie wirklich viel wissen und können«.[105]
Harnack schätzte Denifle als hervorragenden Mediävisten und Scholastik-
forscher. Er hatte den voluminösen ersten Band des von Denifle und dem Jesuiten (und nachmaligen Kurienkardinal) Franz Ehrle (1845–1932) herausgegebenen (und auch ausschließlich von ihnen bestrittenen) ›Archivs für Lit-
teratur- und Kirchengeschichte des Mittelalters‹ (Berlin 1883) zwar in der
›Theologischen Literaturzeitung‹ nicht selber angezeigt, sondern die Rezension dem damaligen Leipziger Privatdozenten Friedrich Loofs (1858–1928)
übertragen, und dieser hatte den Band (mit sieben größeren ›Textpublicatio-
nen und Studien‹ und zwölf kleineren Mitteilungen), zweifellos ganz im Sinne Harnacks, »als ein Lebenszeichen deutscher Wissenschaft aus Rom« ge-
rühmt und bei dieser Gelegenheit die Forschungsarbeit und »aristokratische
Wissenschaft« beider Gelehrter entsprechend gewürdigt, freilich auch Denifles Neigung, in seinen Aufsätzen und Büchern »mit Vorliebe die Blössen
akatholischer Forscher« aufzudecken und »darin mit der modernen ›katholischen Geschichtsforschung‹ zusammenzugehen«, gehörig aufs Korn genommen (»doch erfahren gelegentlich auch katholische Forscher die Wucht

---

[104] Sitzungsprotokoll, 27. November 1890. REBENICH, Mommsen und Harnack (wie Anm. 61)
S. 606.

[105] Harnack an Theodor Mommsen, 22. Oktober 1890. REBENICH, Mommsen und Harnack
(wie Anm. 61) S. 600–607, hier S. 606f. Den Antrag auf Denifles Wahl hatten Heinrich von Sy-
bel, Ernst Dümmler, Gustav Schmoller, Harnack und Mommsen am 30. Oktober 1890 einge-
bracht und am darauffolgenden 13. November begründet; am 27. November 1890 war Denifle
von der philosophisch-historischen Klasse mit 18 gegen 1 Stimme gewählt worden. Ebd. S. 606.

polemischer Keulenschläge«). Im ganzen indes hatte er gerade den Studien
Denifles attestiert, daß »auch die Gelehrtesten« unter den protestantischen
Kirchenhistorikern »von Denifle lernen können, den Uneingeweihteren
[aber] giebt er einen Begriff davon, wie gearbeitet werden könnte, wenn die
handschriftlichen Quellen zugänglicher wären, und gearbeitet werden sollte,
wenn man Ernst macht mit strenger wissenschaftlicher Methode«.[106]

Daß Denifle – ein bekanntermaßen streitbarer Charakter – an einer Monographie über die Anfänge Luthers und der Reformation arbeitete, wußte
man seit geraumer Zeit, und man glaubte von dieser Untersuchung – wie
Harnack formulierte – »grosse Gelehrsamkeit und daher auch neue Thatsa-
chen« erwarten zu dürfen. »Um ihretwillen war man von vornherein bereit«
– so Harnack weiter –, »polternde Anklagen und decidirtes Unverständnis
der reformatorischen Bewegung in Kauf zu nehmen. An beides hatten wir
uns bei diesem Autor gewöhnt, der uns mit der Art seiner Polemik stets ins
16. Jahrhundert versetzte, und nie vergessen liess, dass er Dominikaner sei,
und der die damit gegebene erhöhte Temperatur durch einige knorrige tiro-
lische Prügelstöcke, die er in die Flammen warf, stets noch verstärkte«.[107]
Doch dann übertraf das Ende 1903 vorliegende Werk, das um die beiden
Probleme ›Luther und die Scholastik‹ sowie ›Luthers Frühentwicklung‹ krei-
ste, die schlimmsten Befürchtungen: Der Autor suchte in leidenschaftlicher
Parteilichkeit, authentische Quellen und Luther-Legenden vermischend, den
jungen Luther moralisch und wissenschaftlich ›hinzurichten‹ und benützte
zugleich die Gelegenheit zu maßlosen Invektiven gegen protestantische Ge-
lehrte, auch gegen Harnack, den er unter anderem zumindest implizit der
Unehrlichkeit zieh, weil er das bei Augustin nicht nachweisbare »geflügelte
Wort von den [Tugenden der Heiden als] ›splendida vitia‹« in seiner kleinen
Schrift ›Sokrates und die alte Kirche‹ wider besseres Wissen als augustinisch
ausgegeben habe.[108]

---

[106] Theologische Literaturzeitung 11 (1886) Sp. 250–258.
[107] Theologische Literaturzeitung 28 (1903) Sp. 689–692, hier Sp. 689.
[108] DENIFLE, Luther, Bd. 1 (wie Anm. 102) S. 384. Der ›inkriminierte‹ Ausspruch lautete:
»Doch – den letzten Schritt hat erst Augustin getan und zwar durch seine *furchtbare Theorie*,
daß alle Tugenden der Heiden nur *glänzende Laster* gewesen seien. Erst diese Lehre tauchte alles
in dunkle Nacht, was das Altertum Erhabenes und Großes hervorgebracht hat« – so Harnack in
seiner Rektoratsrede vom Jahr 1900 über ›Sokrates und die alte Kirche‹ (Gießen 1901, S. 23; die
Rede ist auch abgedruckt in: ADOLF HARNACK, Reden und Aufsätze, Bd. 1, Gießen 1906,
S. 27–48, und in: ADOLF HARNACK, Ausgewählte Reden und Aufsätze. Anläßlich des 100. Geburtstages des Verfassers hg. v. AGNES VON ZAHN-HARNACK u. AXEL VON HARNACK, Berlin 1951,
S. 25–41, hier S. 40). Der Vorwurf wurde unverändert aufrecht erhalten in: DENIFLE, Luther,
Bd. 1 (Schluß-Abteilung). Ergänzt und hg. v. ALBERT MARIA WEISS, Mainz 1906[2], S. 858.

Das Werk provozierte im evangelischen ›Lager‹ im Augenblick einen viel-
stimmigen Aufschrei heller Empörung und löste eine wahre Flut von Gegenschriften aus. Und Harnack eröffnete, empört über »Denifle's Pöbeleien«, in
der ›Theologischen Literaturzeitung‹ mit der ihm eigenen argumentativen
Schärfe und Wortgewalt die protestantischen Zurückweisungen dieses
»Schandbuchs« (wie er das Werk in einem Brief an Martin Rade nannte).[109]
Sein Urteil war vernichtend: Zwar verkannte er auch jetzt nicht Denifles Gelehrsamkeit, doch spiele sie, »die Hauptfragen anlangend, eine ganz untergeordnete Rolle«; der Autor habe vielmehr *»den Rahmen seines Buches benutzt, um in demselben ein Schandmal für Luther aufzurichten, wie es so tendenziös, objectiv unwahr und erschreckend gemein in unserem Zeitalter nicht
einmal von inferioren Sudlern erfunden worden ist«.* Harnack illustrierte dies
an einigen Beispielen und verwahrte sich im übrigen gegen Denifles grob-
schlächtige Polemik, die es ihm verbiete, mit ihm in eine wissenschaftliche
Auseinandersetzung einzutreten; denn: »Zunächst haben die katholischen
Herren Collegen den Vortritt. Wir werden sehen, was sie von dem Buche übrig gelassen haben, soweit es die Vernichtung nicht schon in sich selbst trägt.
(...) Das ganze Werk ist durchzogen von den anmassendsten Angriffen auf
protestantische Gelehrte: Unwissenheit, Hohlheit, Geschwätz und noch
Schlimmeres wird ihnen auf jedem Bogen vorgeworfen. Soweit ich die Angriffe bei der ersten Lectüre controliren konnte – die zahlreichen auf mich
gerichteten lagen mir dabei am nächsten – darf ich erklären, dass sie sich
durch unerhörte Leichtfertigkeit, Verdrehung und Entstellung auszeichnen
und selbst vor den gröbsten sittlichen Vorwürfen (Cynismus, Lüge) nicht zu-
rückscheuen«. Am meisten traf ihn, daß Denifle ihm wegen des Gebrauchs
des Ausdrucks ›splendida vitia‹, bei dem er aber »nicht von einem ›Wort‹,
sondern von einer ›Theorie‹ Augustin's gesprochen« habe, »einfach Lüge«,
so Harnack, unterstelle; »das darf er ja, denn jeder Häretiker ist ein schlech-
ter Mensch«.[110] Denifle freilich ließ sich von den protestantischen Kritiken
nicht beeindrucken. Im Gegenteil: der noch im selben Jahr 1904 erscheinenden zweiten Auflage seines Werkes schickte er eine eigene Broschüre mit
dem provozierenden Titel ›Luther in rationalistischer und christlicher Beleuchtung. Prinzipielle Auseinandersetzung mit A[dolf] Harnack und R[ein-
hold] Seeberg‹ (Mainz 1904) voraus, in der er den Vorwurf der blanken Lüge gegen Harnack – zudem in sarkastischer Weise – wiederholte,[111] worauf

---

[109] Harnack an Martin Rade, Berlin, 1. April 1904. Der Briefwechsel zwischen Adolf von
Harnack und Martin Rade. Theologie auf dem öffentlichen Markt, hg. v. Johanna Jantsch,
Berlin/New York 1996, S. 540 f.
[110] Theologische Literaturzeitung 28 (1903) Sp. 689–692.
[111] Hier S. 46.

dieser kurz und bündig erklärte, »mit dem Herrn fertig« zu sein. »Eine Antwort auf die wissenschaftlichen Fragen, die er an mich gerichtet hat, werde
ich ihm erteilen, sobald er jene Beschuldigung ausdrücklich revociert haben
wird«.[112] Zwar milderte Denifle da und dort die zweite Auflage seines Werkes sprachlich etwas, im Vorwort aber beharrte er unverändert auf seinen
Anwürfen, gab auch dem »geschätzten Herrn Professor« Harnack inhaltlich
wie formal in nichts nach und hielt »selbst bessermeinende[n] Kritiker[n] als
Harnack und Seeberg (…) *Verkennung des Zweckes meines Buches*« vor:
Nicht eine »*Vita* Luthers« habe er vorgelegt, er sei kein »Lutherbiograph«;
»die Unmäßigkeit Luthers im Trinken« und seine »so beispiellos *unflätige*
Sprache« habe er »nur *nebenbei*« behandelt und »nicht einmal einen beson-
deren Wert darauf« gelegt. Sein Hauptaugenmerk sei vielmehr darauf gerichtet gewesen, »*die wahre und gesunde kirchliche Lehre vor Luther in ihrem
Verhältnis zu dem, was Luther aus ihr macht, möglichst objektiv aufzufassen
und darzustellen*«; und deshalb habe er auch – von dem man sage, er sei »nur
Scholastiker, nicht Historiker« – »Luther gegenüber naturgemäß meist als
Theologe auftreten« müssen, während »der Historiker hier mehr zurück[ge]treten« sei. Eben sein »Nachweis des Widerspruchs Luthers mit der
früheren kirchlichen Lehre« habe »bei den protestantischen Theologen Verblüffung erweckt, da ihnen auf einmal eine ›terra incognita‹ aufgedeckt«
worden sei, wie man dies »besonders aus Harnacks, Seebergs« und anderer
»Gegenschriften« ersehe; er werde deshalb auch in der Neuauflage des ersten Bandes »mit Streiflichtern auf Harnacks thomistische Kenntnis abschließen, und die Beleuchtung auf (…) Anderer diesbezügliche Leistungen
ausdehnen«.[113] Was dann auch geschah. Unverrückt stand Position gegen
Position.

Da ereilte Denifle, der eben noch die Quellenbelege zum ersten Band seines Luther-Werkes hatte herausgeben können,[114] auf der Reise nach Cam-
brigde, wo er zum Ehrendoktor promoviert werden sollte, am 10. Juni 1905 in
München der Tod.[115] Harnack nahm die Würdigung des wissenschaftlichen
Lebenswerkes des Verstorbenen durch Martin Grabmann (1905) zum Anlaß
eines ›Nachrufs‹, in dem er nochmals seiner unvermindert anhaltenden Verstimmung gehörig Luft machte. Auch ein brieflicher Beschwichtigungsver-

---

[112] Erklärung Harnacks, Berlin, 12. März 1904, in: Theologische Literaturzeitung 29 (1904)
Sp. 213.

[113] HEINRICH DENIFLE, Luther und Luthertum in der ersten Entwickelung. Quellenmäßig dargestellt, Bd. 1 (I. Abteilung), Mainz 1904², S. III–XXVI (Vorwort), hier bes. S. IVf., S. XIX–
XXV. Zur Kritik an Harnack siehe: ebd. Bd. 1 (Schluß-Abteilung), Mainz 1906², S. 879–889.

[114] DENIFLE, Luther (wie Anm. 97) Bd. 1 (II. Abteilung) Quellenbelege, Mainz 1905.

[115] Ebd. S. XX (Nachwort des Verlegers Franz Kirchheim).

such des Würzburger Kirchenhistorikers Sebastian Merkle (1862–1945)[116]
und dessen scharfe öffentliche Zurückweisung der »rücksichtslose[n] Behandlung eines Mannes von den eminenten Verdiensten Harnacks« durch
Denifle, gegen die »auch Tausende von Katholiken protestieren« würden, in
seiner Rezension,[117] hatte Harnack, wie es scheint, nicht zu besänftigen vermocht: Zwar war Denifles wissenschaftliches Lebenswerk – so schrieb Har-

---

[116] Sebastian Merkle an Harnack, Würzburg, 19. Mai 1904. Siehe Anhang 2.

[117] SEBASTIAN MERKLE, Zu Heinrich Denifle, Luther (Rezension zu: DENIFLE, Luther und Lu-
therthum, Bd. 1, und: Ders., Luther in rationalistischer und christlicher Beleuchtung), in: Deutsche Literaturzeitung 25 (1904) S. 1226–1240; wieder abgedruckt in: DERS., Ausgewählte Reden
und Aufsätze, hg. v. THEOBALD FREUDENBERGER (Quellen und Forschungen zur Geschichte des
Bistums und Hochstifts Würzburg 17) Würzburg 1965, S. 588–599. Nach einer sehr ausgewogenen, kritischen Würdigung des Werkes Denifles stellte hier Merkle fest:»Um endlich zum
Schluß zu kommen. Die protestantische Lutherforschung hat allen Grund, die katholische Mitarbeit nicht vornehm abzuweisen. Nicht nur der redliche, ruhige N[ikolaus] Paulus, auch der
einseitige [Johannes] Janssen, wenn man ihn noch so bitter haßt, hat die Reformationsgeschichte weit vorwärts gebracht. Man mag sagen, was man will, die vulgäre altprotestantische Luther-
legende ist seitdem abgetan. D[enifle]s Werk aber bedeutet in der dogmengeschichtlichen Würdigung Luthers einen so unleugbaren Fortschritt, daß auch die protestantischen Theologen ihn
anerkennen werden, sobald sie der Aufregung über des Tirolers Polterton etwas Herr geworden
sind. Auch vom Feinde kann man lernen. Das Beispiel Seebergs, der in der Geschichte der Scholastik schon sehr Anerkennenswertes geleistet hat, wenn er sich natürlich auch mit dem seit Jahrzehnten in diesen Materien heimischen D[enifle] noch lange nicht wird messen können, muß
auf protestantischer Seite zahlreiche Nachahmer finden. Man möchte wünschen, daß D[enifle]
mit diesem vornehm und billig denkenden Theologen etwas respektvoller umgegangen wäre, zumal derselbe auch in seiner Entgegnung einen wohltuend abstechenden, maßvollen Ton angeschlagen hat. Und die rücksichtslose Behandlung eines Mannes von den eminenten Verdiensten
Harnacks, der doch auch schon manches gerechte Urteil über den Katholizismus abgegeben
und darob Anfechtungen erfahren hat, ist nicht minder unfreundlich. Warum auch jene Protestanten vollends abstoßen, welche wenigstens noch gute Seiten an unserer Kirche anerkennen
und, soviel man liest und hört, die gehässige konfessionelle Hetze mißbilligen? Eine Richtigstellung wirklicher Irrtümer nehmen weder Harnack noch Seeberg übel, das haben beide schon gezeigt; aber daß sie als Ignoranten, vollends gar als Lügner hingestellt werden, dagegen dürfen
füglich sie selbst, dagegen werden auch Tausende von Katholiken protestieren. Es gehört zu
meinen schmerzlichsten Erfahrungen, einen Denifle, vor dessen wissenschaftlicher Bedeutung
und edlem Charakter ich stets die höchste Achtung hegte, dessen persönlichen Wohlwollens ich
mit inniger Dankbarkeit mich freuen durfte, in solchem Tone reden zu hören von Männern, deren hervorragende Leistungen er teilweise selbst anerkennt, denen unsere Wissenschaft jedenfalls viel verdankt, zu denen Tausende und Tausende in Verehrung aufschauen. Wie verbitternd
müssen solche Auslassungen wirken! Viel lieber erinnere ich mich jenes Denifle, der gelegentlich
im Gespräch die redliche Absicht, das aufrichtige Wahrheitsstreben auch kritisch-protestanti-
scher Theologen mit großer Entschiedenheit anerkannte. Hätte er das Manuskript, das teilweise
unter dem Eindruck der taktlosen und vielfach perfiden ›Evangelisation‹ in Österreich entstand,
lieber nochmals in Ruhe überlesen, gewiß wären dann einige der heftigsten Ergüsse gestrichen
worden. So ist das Buch ganz Denifle, aber nicht der ganze Denifle; vielleicht auch ganz Luther,
aber sicher nicht der ganze Luther, der es auch nie werden kann«. Ebd. S. 598 f.

nack – »gewaltig; der Entschlafene gehört in die kleine aber stolze Reihe der *eisernen* Arbeiter. Was er erarbeitet hat, ist Monument und Fundament zugleich«. Aber: »An Luther durfte er nicht heran – ich zweifle nicht, daß das einst das einstimmige Urteil der Nachwelt sein wird, wenn auch H[er]r Grabmann das nicht zugibt. (...) Denifle war selbst eine mittelalterliche Natur; sein Horizont war durch Thomas begrenzt. Wo er diese Grenze verläßt, fehlt ihm jedes Steuer einer positiven geschichtlichen Betrachtung, und alle seine guten Geister verlassen ihn. Methode, Maß, Interpretation – alles wird unsicher, rabulistisch, inquisitorisch, falsch; er selbst als Forscher unzuverlässig, kleinlich, gehässig und unwahrhaftig, ohne es zu wissen. Man muß das leider nach seinem Tode noch aussprechen, da kurzsichtige Freunde noch immer so tun, als stünde auch der ›Luther‹ auf der Höhe der Forschung. Und doch ist aus dem Buche über Luther nichts zu lernen als das, was der Reformator nicht oder schlecht gewußt hat. Man muß versuchen, Denifle, den Biographen Luthers, zu vergessen, zu vergessen ferner, daß dieser Mönch in der Hitze des Kampfes – um Luther und Andere ins Unrecht zu setzen – allen Ernstes leugnete, daß das mönchische Leben auch als das Leben der Vollkommenheit gelte. Sein Temperament und sein Glaube haben ihn in Abgründe geführt; aber er hat ein Lebenswerk hinterlassen, welches er selbst nicht zu vernichten vermochte«.[118]

Harnacks Verdikt traf in gleicher Weise auch den nach Denifles plötzlichem Tod von dessen intransigentem Ordensbruder und ›Modernistenriecher‹ Albert Maria Weiß (1844–1925) bearbeiteten zweiten Luther-Band (1909), der zwar noch unter dem Namen Denifle ›firmierte‹,[119] aber tatsächlich »das geistige Eigentum« des Bearbeiters war; denn dieser hatte von den hinterlassenen Materialsammlungen Denifles, weil »nach einer ganz anderen Seite« sich wendend, keinen Gebrauch mehr gemacht. Denifle nämlich hätte, so Weiß, seine Ansicht erhärten wollen, daß die Reformation die »Cloaca maxima« gewesen sei, die als »große[r] Abzugskanal« die Kirche von dem »seit langem angehäufte[n] Verderben« befreit und so vor dem Verpestungstod bewahrt habe, während er, Weiß, die Reformation zwar einerseits – nach Harnack in »eine[r] gewisse[n] Verwandtschaft mit der skandalösen [These] Denifles« – als Abschluß des ausgearteten Mittelalters begriff, in ihr aber andererseits auch den Anfang einer allerdings erst in viel späterer Zeit erfolgenden Weiterentwicklung zum Nihilismus sah,[120] ganz entsprechend

---

[118] Theologische Literaturzeitung 30 (1905) Sp. 705 f. (Anzeige von: MARTIN GRABMANN, P. Heinrich Denifle, O. P. Eine Würdigung seiner Forschungsarbeit, Mainz 1905).

[119] HEINRICH DENIFLE/ALBERT MARIA WEISS, Luther und Luthertum in der ersten Entwickelung. Quellenmäßig dargestellt, Bd. 2, Mainz 1909.

[120] Ebd. S. 11 f.

der integralistischen Geschichtsperspektive (Reformation – Aufklärung – Liberalismus – Agnostizismus – Atheismus), wie sie zwei Jahre zuvor die Antimodernismus-Enzyklika ›Pascendi dominici gregis‹ Pius' X. (vom 8. September 1907) aufgezeigt hatte. Harnack setzte sich ungewöhnlich ausführlich mit diesem Werk (über dessen Autor, Albert Maria Weiß, Sebastian Merkle das bündige Urteil fällte, daß er »auf seine Erhabenheit über banausische Detailforschung sich etwas zugute tut und einen bequemen Dilettantismus mit geschichtsphilosophischer Großzügigkeit verwechselt«)[121] auseinander und gewann ihm im Detail auch ein paar positive Aspekte ab; aber im ganzen lautete sein Urteil: »(...) ein Lutherbild für die Frühjahre der Reformation (...), das in den Augen jedes Historikers – ich hoffe auch der katholischen – sich selbst ad absurdum führt. Die Geschichtsschreibung ist hier auf einem Tiefpunkt angelangt, der nicht mehr unterboten werden kann; denn was läßt sich noch schlimmer Verkehrtes über Luther sagen, nachdem man ihm jedes christliche und religiöse Element abgesprochen hat?«. Dennoch meinte er, daß das Werk »einen zwar historisch nicht geschulten, aber kenntnisreichen Mann zum Verfasser« habe, »dem es mit jeder Zeile Ernst ist, der also auch verdient, daß man versucht, ihn anzuhören«. Doch fuhr er fort: »Wie groß ist doch der Riß, der durch unser deutsches Volk geht, wenn Deutsche Luther so zu sehen vermögen wie Weiß und völlig blind sind gegenüber Luthers wirklichen Nöten und seinen wirklichen Kräften und Zielen!«.[122]

Die wenig später, in den Jahren 1911/12, erschienene, im Ton moderate dreibändige Luther-Biographie aus der Feder des Jesuiten Hartmann Grisar (1845–1932),[123] als Lektüre – nach Harnack – »keine leichte und vor allem

---

[121] SEBASTIAN MERKLE, Wiederum das Lutherproblem, in: Hochland 9/II (1912) S. 228–238; wieder abgedruckt in: MERKLE, Ausgewählte Reden (wie Anm. 117) S. 199–211, hier S. 211.

[122] ADOLF HARNACK, Pater Denifle, Pater Weiß und Luther, in: Preußisches Jahrbuch 136 (1909) S. 28–55; aufgenommen in: ADOLF HARNACK, Aus Wissenschaft und Leben, Bd. 1, Berlin 1911, S. 95–123; wieder abgedruckt in: NOWAK, Harnack als Zeitgenosse (wie Anm. 1) Bd. 1, S. 431–468. Zu P. Albert Maria Weiß siehe: ANTON LANDERSDORFER, Albert Maria Weiß OP (1844–1925). Ein leidenschaftlicher Kämpfer wider den Modernismus, in: WOLF, Antimodernismus (wie Anm. 2) S. 195–216.

[123] HARTMANN GRISAR, Luther, 3 Bde., Freiburg i. Br. 1911–1912. Sebastian Merkle schrieb in seiner Rezension: »Der Grund, warum dieses [Grisars Werk] nicht eine ebenso gewaltige Aufregung verursachte wie Denifles Lutherbuch, liegt nicht nur darin, daß man auf katholischer wie auf evangelischer Seite durch dieses bereits etwas abgestumpft ist, sondern namentlich in der Form und Haltung des neuen Buches. Gott sei Dank, Grisar ist nicht der ungestüme, aller Selbstbeherrschung und aller wissenschaftlichen Ruhe vergessende Stürmer, als welcher Denifle, obwohl bereits an der Schwelle des Greisenalters stehend, in die Schranken trat. Der rheinische Jesuit hat bessere literarische wie gesellschaftliche Umgangsformen als der derbe Tiroler Dominikaner. Kraftausdrücke und herabsetzende Epitheta, wie sie bei diesem gegen Luther wie gegen moderne Theologen und Historiker, die anderer Ansicht waren, nicht selten sind, sucht man bei

keine anmutige Arbeit«, erfuhr zwar eine etwas glimpflichere Beurteilung,
weil in ihr »der größte Teil der empörenden Urteile« widerlegt sei, »die Denifle (...) auf Grund leichtfertig hingenommener Legenden, (...) durch bös-
willige Exegese Lutherscher Worte« und »durch willkürliche Konfrontationen und Kombinationen gewonnen« habe, ebenso »der *Weiß*sche ›Luther‹
(...), der zwar anders, aber nicht besser war als der *Denifle*sche«, und »endlich (...) auch das vulgäre katholische Lutherbild in vielen Zügen«. Gleichwohl warf Harnack dem Autor methodische Mängel vor und monierte insbesondere (wie schon bei Weiß), daß der Darstellung »das wesentlichste
Moment« fehle, nämlich »die Anerkennung, daß Luther ein religiöser Charakter war und sein Verhältnis zu Gott das Entscheidende gewesen ist«.[124]
Immerhin wollte er in dem Werk, dem er »als Materialien- und Problem-
Sammlung« einen gewissen Nutzen zubilligte,[125] »eine Etappe auf dem Wege
zu einer besseren Würdigung Luthers in der katholischen Kirche erkennen«,[126] obwohl Grisar, dessen Gelehrsamkeit und Gerechtigkeitssinn er
nicht in Zweifel zog, »kaum eine schmutzige oder derbe Äußerung Luthers
bei Seite« lasse und die Eigenart »gemeinen Scheltens (...) so breit und immer wieder aufs neue« entwickle, »als sei sie der wichtigste Bestandteil oder
der Kern seiner Persönlichkeit«.[127] Beim Erscheinen des dritten und letzten
Bandes gratulierte Harnack dem Autor zunächst zur Vollendung seines
Werkes, konstatierte auch einige Fortschritte in Bezug auf die Anerkennung
der »religiösen Tätigkeit Luthers«, verwahrte sich jedoch gegen den Vorwurf, daß er, Harnack, im dritten Band seiner ›Dogmengeschichte‹, an den
sich Grisar »stark (...) angeschlossen« habe, »einen beklagenswerten Mangel an Kenntnis der katholischen Lehren, Einrichtungen und Übungen zeige.
Was den letzteren Vorwurf betrifft«, so Harnack, »so darf ich aus langer Erfahrung sagen, daß ich über den Katholizismus besser unterrichtet bin als
viele Katholiken, die wichtige Lehren und Feststellungen ihrer eigenen Kirche einfach nicht kennen und oft sehr erschreckt sind, wenn man ihnen sagt,
daß dies und dies katholische Lehre sei. Daß meine Kenntnis der katho-

---

Grisar vergeblich. Und der Mäßigung im Tone entspricht auch jene in der Sache«. MERKLE, Wie-
derum das Lutherproblem (wie Anm. 121) S. 201.
[124] Theologische Literaturzeitung 36 (1911) Sp. 301–305 (HARTMANN GRISAR, Luther, Bd. 1:
Luthers Werden. Grundlegung der Spaltung bis 1530, Freiburg i. Br. 1911); unter dem Titel ›Die
Lutherbiographie Grisars‹ aufgenommen in: HARNACK, Aus Wissenschaft und Leben, Bd. 1 (wie
Anm. 121) S. 332–340; wieder abgedruckt in: NOWAK, Harnack als Zeitgenosse (wie Anm. 1)
Bd. 1, S. 468–476.
[125] Theologische Literaturzeitung 36 (1911) Sp. 751 f. (HARTMANN GRISAR, Luther, Bd. 2: Auf
der Höhe des Lebens, Freiburg i. Br. 1911).
[126] So am Schluß der Rezension von Bd. 1 (wie Anm. 124).
[127] So in der Rezension zu Bd. 2 (wie Anm. 125).

lischen Kirche noch Mängel hat, weiß ich. Aber wenn ich auch fleißiger bei
dem Studium hätte sein sollen, so trägt doch mein Unfleiß hier nicht allein
die Schuld. Das System der complexio oppositorum, zu welchem diese Kirche die Religion Jesu Christi gemacht hat, lernt man nicht aus! Hier und dort
ist noch eine verborgene Schlucht, ein heimlicher Pfad, eine diplomatische
Erwägung, ein Plus oder ein Minus, das man übersehen hat – wer kann das
überschauen? Wer kann behaupten, er kenne das alles, was nach katholischer Lehre direkt oder indirekt im depositum fidei angeblich beschlossen
liegt?«. Immerhin bestätigte Harnack zum Schluß, daß, wer in Zukunft über
Luther schreibe, »an diesen drei Bänden ›Prozeßakten‹« nicht vorübergehen
könne. »Veralten werden sie nicht so bald«.[128]

Denifles ›cum ira et studio‹ gezeichnetes Zerrbild Luthers wie Grisars pa-
thologische Luther-Deutung, für die »die Schlagwörter ›Selbstüberhebung‹
und ›Hochmut‹ den Schlüssel zu allen Problemen in Luthers Charakter liefern« (Sebastian Merkle),[129] die den Reformator somit im Grunde in noch
ungünstigerem Licht erscheinen ließ als die Darstellung Denifles (und Weiß')
– merkwürdig (unter diesem Aspekt), daß Harnack Grisars Werk mit Maßen
wohlwollender beurteilte! –, sind als Deutungen (nicht als Quellen- bzw.
Materialsammlungen) längst Geschichte; aber ›Etappen‹ waren diese Werke
gleichwohl, nämlich als Anstoß zu einer intensivierten kritischen Luther-
Forschung über die konfessionellen Grenzen hinweg. Was die ›katholische‹
Lutherforschung betraf, so hatte Harnack in der Rezension des zweiten Lu-
ther-Bandes Grisars »skizziert, wie eine den Tatsachen entsprechende römisch-katholische Würdigung Luthers geartet sein könne und müsse, ohne
doch der eigenen Kirche etwas zu vergeben«:[130] Luthers religiöser Ernst, die
Tatsache, »daß ihm das Wort Gottes die teuerste Sache war, daß er keine
höhere Aufgabe kannte, als Zuversicht zu Gottes Verheißungen in Christus
und Glauben an seine Vergebung zu predigen«, sein Streben nach Besserung
der Sitten in Wittenberg und überall, sein »lebendiges, warmes Gemüt«, sein
»Mut (...) gegen Not und Pest, Tod und Teufel« und »bei allem Selbst-

---

[128] Theologische Literaturzeitung 38 (1913) Sp. 657–659 (HARTMANN GRISAR, Luther, Bd. 3:
Am Ende der Bahn – Rückblicke, Freiburg i. Br. 1912). In diesem Zusammenhang sei wenigstens
darauf hingewiesen, daß es im Anschluß an einige kritische Bemerkungen Hartmann Grisars auf
dem fünften internationalen Kongreß katholischer Gelehrter auch einen kirchlichen ›Fall Grisar‹
gegeben hat: KARL HAUSBERGER, ›Kirchenparlament‹ oder Forum des Dialogs zwischen Glaube
und Wissen? Die internationalen katholischen Gelehrtenkongresse (1888–1900) und ihr Scheitern im Kontext der Modernismuskontroverse, in: Glaubensvermittlung im Umbruch. Festschrift
für Bischof Manfred Müller, hg. v. HEINRICH PETRI u. a., Regensburg 1996, S. 109–142, hier
S. 130–139.
[129] MERKLE, Wiederum das Lutherproblem (wie Anm. 121) S. 209.
[130] Theologische Literaturzeitung 38 (1913) Sp. 657.

gefühl« seine »Demut Gott gegenüber«: diese »mächtigste Tatsachengruppe«
müsse »in den Obersatz« gestellt »und alles Andere«, »alle die Züge des
kirchlichen Revolutionärs, ferner der ungebändigten Naturkraft, der leiden-
schaftlichen Parteilichkeit und des Unvermögens Luthers sich zu zügeln«,
»als Untersätze« dieser Tatsachengruppe untergeordnet werden. Dann könne »das Bild eines Helden entstehen, der sich und seine Brüder zu Gott erheben will, aber die alten Brücken zum Heiligen und Ewigen niederreißt und
einen neuen Weg doch nicht zu schaffen versteht« – so müßte nach Harnack
»die katholische Geschichtsschreibung uns den Reformator vorstellen«.[131]
Auf Grisars ironische Replik, er »wünsche Harnack ein langes Leben, daß er
jenem Katholiken die Hände noch drücken kann«,[132] hatte Harnack geantwortet, ob er noch einen »katholischen Lutherbiographen« erleben werde,
den er so warm begrüßen könne, wie den »katholischen Calvinbiographen
[Franz Wilhelm] Kampschulte«,[133] wisse er freilich nicht. »Das aber weiß
ich, daß man über die katholische Geschichtschreibung Luther betreffend,
bei allem Dank für geleistete Einzelheiten so lange zur Tagesordnung übergehen wird, bis sie neben der Genialität Luthers auch seine religiöse Größe
oder besser sein in der Zuversicht auf Christus wurzelndes Gottvertrauen
anerkannt und in den Mittelpunkt gerückt haben wird. Vermag sie das nicht
zu erkennen, weil hundert andere Züge an Luther sie blenden und verblen-
den oder weil sie ihrer eigenen Kirche nicht zutraut, daß sie auch dem Glau-
benshelden Luther gegenüber noch immer ein höheres und tieferes Wort zu
sagen hat, so wird diese Geschichtschreibung in den großen Gang der geschichtlichen Urteilsbildung niemals eingreifen«.[134]

Harnack hat ein ›katholisches‹ Luther-Bild dieser Art nicht mehr erlebt
(allerdings immerhin Ansätze dazu). Doch knappe drei Jahrzehnte nach
dem Erscheinen von Grisars ›Luther‹ legte schließlich der Münsteraner Kirchenhistoriker Joseph Lortz (1887–1975)[135] mit seiner katholischerseits
bahnbrechenden und wegweisenden Darstellung ›Die Reformation in
Deutschland‹ (2 Bände, Freiburg i. Br. 1939–1940, 1982⁶) eine Würdigung
der Persönlichkeit und des religiösen Anliegens Luthers aus katholischer

---

131 Theologische Literaturzeitung 36 (1911) Sp. 751 f. (Rezension zu: GRISAR, Luther, Bd. 2).

132 GRISAR, Luther, Bd. 3 (wie Anm. 127) S. 956.

133 FRANZ WILHELM KAMPSCHULTE, Johannes Calvin, seine Kirche und sein Staat, Bd. 1, Leipzig 1869; Bd. 2, hg. v. WALTER GOETZ, Leipzig 1899. Franz Wilhelm Kampschulte (1831–1872),
seit 1858 Professor für Geschichte an der Universität Bonn, schloß sich 1870 den Altkatholiken
an.

134 Theologische Literaturzeitung 38 (1913) Sp. 657.

135 GABRIELE LAUTENSCHLÄGER, Joseph Lortz (1887–1975). Weg, Umwelt und Werk eines katholischen Kirchenhistorikers (Studien zur Kirchengeschichte der Neuesten Zeit 1) Würzburg
1987.

Sicht vor, die zweifellos Harnacks Beifall gefunden hätte, so reserviert man sie zum Teil in katholisch-kirchlichen Kreisen aufnahm.[136] Lortz entwickelte und vertiefte sein Luther-Bild in den folgenden Jahren weiter und entdeckte in dem Reformator schließlich einen Theologen von großartigem Rang, der viel katholischer sei, als er, Lortz, bei Abfassung seiner ›Reformation in Deutschland‹ schon gewußt habe; dementsprechend korrigierte er auch einige seiner früheren Ansichten.[137] Doch Lortz, der ursprünglich von der Alten Kirchengeschichte herkam,[138] war (auch wenn er dies selbst nicht recht eingestehen wollte)[139] durch die Schule Sebastian Merkles gegangen, hatte sich bei ihm in Würzburg 1923 habilitiert und stand als Reformationshistoriker zweifellos »auf Merkles Schultern« (Hubert Jedin).[140]

---

[136] Ebd. S. 359–369. Zur katholischen Luther-Forschung und -Rezeption siehe: ADOLF HERTE, Das katholische Lutherbild im Bann der Lutherkommentare des Cochläus, 3 Bde., Münster 1943; HUBERT JEDIN, Die Erforschung der kirchlichen Reformationsgeschichte seit 1876. Leistungen und Aufgaben der deutschen Katholiken (1931), in: Erträge der Forschung 34, Darmstadt 1975, S. 1–38; REMIGIUS BÄUMER, Die Erforschung der kirchlichen Reformationsgeschichte seit 1931. Reformation, Katholische Reform und Gegenreformation in der neueren katholischen Reformationsgeschichtsschreibung in Deutschland, ebd. S. 39–157; GOTTFRIED MARON, Das katholische Lutherbild der Gegenwart. Anmerkungen und Anfragen (Bensheimer Hefte 58) Göttingen 1982.

[137] JOSEPH LORTZ, Martin Luther. Grundzüge seiner geistigen Struktur, in: Reformata Reformanda. Festgabe für Hubert Jedin, hg. v. ERWIN ISERLOH u. KONRAD REPGEN, Bd. 1, Münster 1965, S. 214–246.

[138] Harnack hatte sein zweibändiges Werk ›Tertullian als Apologet‹ ([Münsterische Beiträge zur Theologie 9–10] Münster 1927–1928) rezensiert in: Theologische Literaturzeitung 52 (1927) Sp. 373 f.; 54 (1928) Sp. 81 f.

[139] JOSEPH LORTZ, Sebastian Merkle (Gedächtnisrede zu Merkles hundertstem Geburtstag, gehalten am 11. Dezember 1962), in: MERKLE, Ausgewählte Reden (wie Anm. 117) S. 57–94. Hier sagte Lortz, Merkle habe ihn »vor nunmehr über 40 Jahren« eingeladen, sich bei ihm in Würzburg zu habilitieren; doch folgte dann die Feststellung: »Ich selbst hatte nicht das Glück, sein Schüler zu sein«; ebd. S. 59.

[140] HUBERT JEDIN, Wandlungen des Lutherbildes in der Katholischen Kirchengeschichtsschreibung, in: Wandlungen des Lutherbildes (Studien und Berichte der Katholischen Akademie in Bayern 36) Würzburg 1966, S. 77–101, hier S. 96. Natürlich war Merkle deswegen noch kein Ökumeniker im heutigen (nachkonziliaren) Sinn, viel weniger konnte er auf dem Stand der heutigen katholischen Luther-Forschung stehen. Im Zusammenhang mit der Rezension des Luther-Werkes Hartmann Grisars umschrieb er seine Position folgendermaßen: »Daß Luther objektiv Unrecht hatte, sind wir Katholiken überzeugt; aber subjektiv ihn zu verstehen, bleibt die Aufgabe des Psychologen und Historikers. Und da könnte wohl auf katholischer Seite noch manches geschehen, ohne daß man seinem Standpunkt auch nur das Geringste zu vergeben brauchte«. MERKLE, Wiederum das Lutherproblem (wie Anm. 121) S. 206. Eben durch sein Streben nach historischer Wahrheit und Objektivität aber gab er der katholischen Luther-Forschung die entscheidenden Impulse. KLAUS GANZER, Der Beitrag Sebastian Merkles zur Entwicklung des katholischen Lutherbildes, in: Historisches Jahrbuch 105 (1985) S. 171–188; DERS., Sebastian Merkle (1862–1945). Theologe, in: BAUMGART, Lebensbilder (wie Anm. 69) S. 231–246, hier

So schroff Harnack – im ganzen zu Recht – vor allem Denifles Luther-Darstellung kritisierte, so sehr unterschied er sich von der damals großen Mehrzahl protestantischer Theologen, die, überzeugt von ihrer wissenschaftlichen Überlegenheit, die katholische Kirchengeschichtsschreibung, weil katholisch, pauschal als ›inferior‹ abtun und ignorieren zu können glaubten. Denifles bedauerliche Ausfälle gegen protestantische Theologen waren – wie Sebastian Merkle in seiner mit sachlicher Kritik an Denifles Darstellung nicht sparenden, aber zugleich auch deren weiterführende Forschungserträge positiv würdigenden Rezension feststellte – zum guten Teil Widerhall ihrer eigenen Verdikte über das wissenschaftliche Arbeiten von Katholiken.[141] Wenn es stimmt, daß Harnack als junger Professor in Gießen beim Aufstellen der Bibliothek seinem studentischen Helfer gesagt habe: »Die Dogmatiker stellen wir zur schönen Literatur!«,[142] so hat er vermutlich auch die Erzeugnisse der die katholische Theologie seit der zweiten Hälfte des 19. Jahrhunderts beherrschenden jesuitischen Neuscholastik (sofern überhaupt vorhanden) als theologische ›quantité négligeable‹ dieser Literaturgattung zugeordnet, ohne sie allerdings völlig unbeachtet zu lassen. Doch die Bestrebungen von Katholiken auf dem Gebiet der Kirchengeschichtsschreibung verfolgte er lebenslang mit reger Aufmerksamkeit und mit Genugtuung, im Wissen darum, welch schweren Stand in der damaligen katholischen Theologie historische Kritik hatte. »Mit welchem Ernste und welchem Wahrheitssinn von deutschen katholischen Kirchenhistorikern heute gearbeitet wird, wissen wir« – so 1904 in der Rezension einer sehr dezidierten Stellungnahme Merkles zu reformationsgeschichtlichen Streitfragen. Deshalb wollte er auch seine Besprechung nicht als Lob verstanden wissen – denn »Lob müßte hier wie die Konstatierung einer Ausnahme erscheinen« –, sondern als Dank, »weil es sich um Luther und die Reformationsgeschichte handelt – da sind wir nicht verwöhnt«, – und weil sich Merkle »ohne Vorbehalt« zum Grundsatz der Ehrlichkeit und Gerechtigkeit des historischen Urteils auch gegenüber Luther bekannt habe.[143]

S. 240–242; MANFRED WEITLAUFF, Art. Merkle, Sebastian, kath. Kirchenhistoriker, in: Neue Deutsche Biographie 17 (1994) S. 159–161.

[141] MERKLE, Zu Heinrich Denifle, Luther (wie Anm. 117).

[142] ZAHN-HARNACK, Harnack (wie Anm. 16) S. 115.

[143] Theologische Literaturzeitung 29 (1904) Sp. 690 f. (Rezension zu: SEBASTIAN MERKLE, Reformationsgeschichtliche Streitfragen. Ein Wort zur Verständigung aus Anlaß des Prozesses Beyhl-Berlichingen, München 1904).

Katholische Kirchengeschichtsschreibung
in Harnacks Kaiser-Geburtstags-Rede von 1907

In seiner bemerkenswerten Festrede über ›Protestantismus und Katholizismus in Deutschland‹ zum Geburtstag Kaiser Wilhelms II. am 27. Januar 1907, in hochoffiziellem Rahmen gehalten in der Aula der Königlichen Friedrich-Wilhelms-Universität zu Berlin, – im selben Jahr, das durch die ›Modernismus‹-Verurteilungen Pius' X. für die katholische Theologie zum schweren Schicksalsjahr wurde – verwies Harnack nachdrücklich auf die steigende Zahl kirchenhistorischer Untersuchungen und Darstellungen »von Gelehrten beider Kirchen«, in denen nicht »untergeordnete geschichtliche Probleme«, sondern die beide Konfessionen bewegenden »Hauptfragen« behandelt würden, bei weitgehender Rezeption durch die Sachverständigen »dort wie hier«. Auf katholischer Seite nannte er Louis Duchesnes ›Histoire ancienne de l'Église‹, deren erster Band im Vorjahr erschienen war,[144] ein Werk das »an keinem der wichtigen Probleme« vorübergehe – »Entstehung der Kirchenverfassung, (...) des römischen Primats, des Neuen Testaments, der christlichen Lehre, der Askese usw.« –, von dem sich protestantische Gelehrte nur wünschen könnten, es »selbst (...) verfaßt zu haben«; ferner die Legendenstudien (1905) des Jesuiten und Mitarbeiters der Bollandisten Hippolyte Delehaye (1859–1941):[145] »das beste Buch zur Kritik der Heiligenlegenden«; die neuesten Untersuchungen des Münchener Dogmenhistorikers Joseph Schnitzer (1859–1939) über Savonarola,[146] die »an Sachkunde und unparteiischem Urteil nicht zu übertreffen« seien; schließlich aber auch Untersuchungen zur deutschen Reformationsgeschichte »aus katholischer Feder, die sich der Zustimmung der protestantischen Gelehrten in weitem Maße erfreuen« – gemeint war vor allem Sebastian Merkle. Gewiß müsse »auf beiden Seiten« noch viel geschehen; aber »trotz dem schrillen Mißton, der sich jüngst [eben durch Denifles ›Luther‹] in das Konzert gemischt« habe, befinde man sich »in bezug auf die Geschichtsbetrachtung in einer Entwicklung, die harmonischer und einheitlicher wird, und die Zahl tüchtiger katholischer Kirchengeschichtsforscher ist bedeutend«, wobei – wie Harnack (im Druck des Vortrags) anmerkte – gerade die Arbeiten der letzteren »beson-

---

[144] Louis Duchesne, Histoire ancienne de l'Église, 3 Bde., Paris 1906–1910.

[145] Hippolythe Delehaye, Les Légendes hagiographiques (Subsidia Hagiographica 18a) Brüssel 1905 (1955⁴).

[146] Joseph Schnitzer, Quellen und Forschungen zur Geschichte Savonarolas, 3 Bde. (Veröffentlichungen aus dem Kirchenhistorischen Seminar München 9, II/3, II/5) München 1902–1904.

ders wertvoll« seien; »denn mit der Kenntnis der Methoden und der Gesichtspunkte deutscher Wissenschaft verbinden sie ein inneres Verständnis
des fortwirkenden mittelalterlichen Katholizismus, welches der protestantische Kirchenhistoriker nur schwer zu erreichen vermag«. Auch in Amerika,
Italien und Frankreich bahne sich »auf dem Boden der katholischen Kirche
(...) die Auffassung und Beurteilung der Geschichte als Entwicklungsgeschichte (...) an, und die Religion wird in ihrem Kerne erfaßt!«. Ja, »die
Rückkehr zur Geschichte, die vertiefte Kenntnis der Geschichte« sei »allmählich der stärkste Hebel geworden, um die Konfessionen aus der Enge
und aus den Fesseln, in die sie sich selbst geschlagen haben, zu befreien«.
Deshalb empfahl er auch den Vorlesungsbesuch katholischer Theologen bei
evangelischen Theologen und umgekehrt, was bereits geschehe, »aber viel zu
selten«, und gemeinsame Kongresse von Theologen beider Konfessionen,
zunächst zur Verständigung über geschichtliche Fragen.[147] Als er das Problem »katholischer und evangelischer Gottesdienst, das Opfer, die Messe«
anschnitt, bei dem sich »die Parteien« so »unversöhnlich« gegenübergestanden hätten, verwies er auf die (oben bereits erwähnte) Abhandlung ›Mensa
und Confessio‹ (1906), in der »jüngst ein katholischer Gelehrter« – nämlich
Franz Sales Wieland – »über den ursprünglichen christlichen Opferbegriff
sowie über Altar und Messe in einer Weise gehandelt [hat], an der kein protestantischer Kirchenhistoriker etwas zu tadeln finden wird«; und schon vorher habe »ein katholischer Theologe« – wieder war Louis Duchesne gemeint
– »das beste Buch über die Geschichte des altchristlichen Gottesdienstes geschrieben. Das allmähliche Werden, fremde Einflüsse – wenn auch noch in
bescheidenem Umfange – und gewaltige Umbildungen der gottesdienstlichen
Ordnungen werden nachgewiesen«. Und Harnack stand nicht an, daraus die
Konsequenzen zu ziehen (übrigens in Übereinstimmung mit dem, was er bereits 1891 in seinem Vortrag ›Was wir von der römischen Kirche lernen und
nicht lernen sollen‹ angedeutet hatte): »Bei solchem Nachweise vermag sich
der spröde, eindeutige Traditionsbegriff und die Vorstellung einer supranaturalen, ein für allemal gegebenen ursprünglichen Festsetzung nicht mehr zu
halten. Sobald aber diese erweicht und der Gedanke der Entwicklung und
Beeinflussung an die Stelle getreten ist, hat der Protestantismus allen Grund,
sich zu fragen, ob die Form des Gottesdienstes, die er im 16. Jahrhundert im

---

[147] ADOLF HARNACK, Protestantismus und Katholizismus in Deutschland, in: NOWAK, Harnack als Zeitgenosse (wie Anm. 1) Bd. 1, S. 391–415, hier S. 401–404, S. 413. Harnack nannte in
Bezug auf die »französische und italienische Bewegung (...), die aber fast durchweg scharf antiprotestantisch sei, und nicht nur aus taktischen Gründen«, in der Anmerkung mit Namen: Alfred Loisy, Albert Houtin, Lucien Laberthonnière, den Erzbischof Eudoxe Irenée Mignot von
Albi sowie Antonio Fogazzaro, Giovanni Semeria und Romolo Murri.

Gegensatz zum Katholizismus feststellen mußte, in jeder Hinsicht zureichend und befriedigend ist. Steckt nicht in der katholischen Messe ein Moment und eine Ausgestaltung der Anbetung, wie sie der evangelische Gottesdienst nicht leicht erreicht? Ist nicht der Opferbegriff bei seiner Reinigung im Protestantismus zu stark zurückgedrängt worden? Ist endlich nicht die Herbeiziehung des ästhetischen Elements, der Kunst, im Gottesdienst in größerem Umfange wünschenswert?«.[148]

Was Harnack endlich zur Frage der gegenseitigen Annäherung und »Anerkennung« (nicht »Toleranz«) der Konfessionen und ihres Zusammenlebens als »Gemeinschaft im höheren Sinne« formulierte – zugleich persönliches Bekenntnis und Appell an die Kirchen –, war groß gedacht, von hohem Ethos getragen – und in eine damals ferne Zukunft gesprochen: daß nämlich »der Christenstand überall wichtiger werde als der Konfessionsstand, daß die gemeinsame Arbeit der Konfessionen im Garten Gottes sie mehr beschäftigen möge als die Verteidigung und Auszierung des eigenen Hauses, daß die Sorge für die sittliche Tüchtigkeit und den Seelenfrieden aller Volksgenossen ihnen wichtiger werde als jede andere Aufgabe«; »dieses Programm« sei den Konfessionen »von ihrem Ursprung her eingestiftet, und wenn sie es verleugnen wollten, müßten sie ihren Stifter verleugnen«; allerdings setze die Ausführung dieses Programms, die Harnack vor allem auch als eine Aufgabe der Laien betrachtete, voraus, daß man »den konfessionellen Streit, soviel immer möglich«, meide und »die Kirchen (...) selbst und in ihren berufsmäßigen Vertretern weitherziger werden«.[149]

Diese so engagierte, optimistische Rede, in der sich Harnack nach eigenem Wort, »den Spuren von Männern wie Melanchthon, Leibniz, Spener, Zinzendorf und Döllinger« folgend, (unmittelbar nach den die konfessionelle Kluft verschärfenden Reichstagswahlen vom 25. Januar 1907) ganz bewußt »hoch über die augenblickliche kirchenpolitische Lage« erhob,[150] wurde ihm von seinem Auditorium nicht gedankt. Als er endete, herrschte in der Festversammlung »eisige Kühle«.[151] Dank wußten ihm dagegen Merkle, Duchesne, Delehaye und Schnitzer.[152] Und ebendiese Reaktionen mögen Harnack in seinem Optimismus bestärkt haben, daß auch päpstliche Enzykliken

[148] Ebd. S. 408 f. Louis Duchesne, Les origines du culte chrétien, Paris 1889.
[149] Ebd. S. 398–401, hier S. 400.
[150] Zit. in: Zahn-Harnack, Harnack (wie Anm. 16) S. 410.
[151] Ebd. S. 412.
[152] Siehe die persönlichen Briefe der Genannten in Anhang 3–6. Sebastian Merkle, Harnack als Ireniker, in: Hochland 4/I (1906/07) S. 755–763; wieder abgedruckt in: Merkle, Ausgewählte Reden (wie Anm. 117) S. 600–608. Auch die Zentrumspresse äußerte sich damals zustimmend in: Germania 37 (1907) Nr. 26 vom 31. Januar.

(wie ›Pascendi‹, die er als »sittlich minderwertig« und als »Ausfluß eines Geistes« bezeichnete, »der sich gegen das intellektuelle und sittliche Gewissen, welches wir erworben haben, verhärtet hat«) den Fortschritt der Dinge nicht hindern könnten, weshalb er auch in der an ›Pascendi‹ wiederum entbrennenden Diskussion über die Existenzberechtigung katholisch-theologischer Universitätsfakultäten mit dem ganzen Gewicht seiner wissenschaftlichen Autorität für deren Fortbestand eintrat: »Wo so viele rechtschaffene Arbeit geleistet wird wie zur Zeit in den katholischen Fakultäten – ich habe dies in meiner Rede über ›Protestantismus und Katholizismus‹ gezeigt –, da sind wir nicht berechtigt, den Arbeitern die Tore der Universität zu verschließen«.[153] Im übrigen öffnete Harnack die ›Theologische Literaturzeitung‹ großzügig für die Besprechung katholischer Theologica aller Disziplinen bis hin zu Peter Wust, Joseph Bernhart und Romano Guardini.

Historische Kritik und ›kirchlich-katholische‹ Reaktion

Freilich, die katholischen Theologen, deren Werke Harnacks spezielles Interesse weckten, hatten zumeist wegen ihres kritisch-methodischen Ansatzes, der von den ›geltenden‹ neuscholastischen Prinzipien abwich, und ihrer Forschungsergebnisse, die nicht selten traditionelle Meinungen in Frage stellten, in ihrer Kirche einen schweren Stand oder lebten mit ihr in offenem Konflikt. Albert Ehrhard war wegen seiner reformistischen Schrift ›Der Katholizismus und das 20. Jahrhundert‹ (1901) und wegen seiner öffentlichen Kritik an ›Pascendi‹ innerkirchlich aufs schwerste diskreditiert.[154] Als er, der gebürtige Elsässer und Professor an der Universität Straßburg (seit

---

[153] ADOLF HARNACK, Die päpstliche Enzyklika von 1907. Nebst zwei Nachworten (zu einem Leitartikel in der ›Frankfurter Zeitung‹ und einer anonymen Kritik in den ›Preußischen Jahrbüchern‹), in: NOWAK, Harnack als Zeitgenosse (wie Anm. 1) Bd. 1, S. 417–430 (die Zitate S. 422 und S. 419). Siehe dazu auch: Wie denkt Professor Harnack über die Enzyklika Pascendi?, in: Hochland 6/I (1908/09) S. 521–534. Zur katholischen Diskussion über die Priesterbildung um 1900 siehe: ANTON LANDERSDORFER, ›Hie Staatsschule, dort Kirchenschule‹ – Der Streit um die Klerusausbildung an staatlichen Universitätsfakultäten oder kirchlichen Seminaren um die letzte Jahrhundertwende, in: Münchener Theologische Zeitschrift 48 (1997) S. 313–330.

[154] ALBERT EHRHARD, Der Katholizismus und das 20. Jahrhundert im Lichte der kirchlichen Entwicklung der Neuzeit, Stuttgart/Wien 1901, 1902[4-8]; DERS., Liberaler Katholizismus? Ein Wort an meine Kritiker, Stuttgart/Wien 1902[1-5]; DERS., Die neue Lage in der katholischen Theologie, in: Internationale Wochenschrift für Wissenschaft, Kunst und Technik 2 (1908) S. 65–84. DEMPF, Albert Ehrhard (wie Anm. 78) S. 89–127; NORBERT TRIPPEN, Theologie und Lehramt im Konflikt. Die kirchlichen Maßnahmen gegen den Modernismus im Jahre 1907 und ihre Auswirkungen in Deutschland, Freiburg/Basel/Wien 1977, S. 110–182; WEISS, Der Modernismus (wie Anm. 94) S. 170–180.

1902), der sich »in guten Tagen in den Dienst der deutschen Sache in Elsass-
Lothringen gestellt hatte« und am Ende des Ersten Weltkriegs »entschlossen« war, »Deutschland auch in schlimmen Tagen treu zu bleiben«,[155] 1918
von den Franzosen mittellos über die Grenze nach Deutschland abgescho-
ben wurde, mußte er wegen seiner »bekannten Stellung zum Modernisten-
eid«[156] hart an sich erfahren, welch langes Gedächtnis man sich diesbezüg-
lich an der Römischen Kurie bewahrte; daß ihn die preußische Regierung
gegen den erklärten Willen des damaligen Apostolischen Nuntius Eugenio
Pacelli 1920 zum Professor für Kirchengeschichte an der Universität Bonn
ernannte, war wohl auch der internen Vermittlung Harnacks zu verdanken.[157] Joseph Schnitzer, der seinen dogmengeschichtlichen Vorlesungen
Harnacks ›Lehrbuch der Dogmengeschichte‹ zugrunde legte, bekannte sich
offen als Modernisten, wurde daraufhin suspendiert, verlor seinen theologischen Lehrstuhl an der Universität München und brach schließlich mit seiner
Kirche.[158] Franz Sales Wieland, durch die rücksichtslose Hetze gegen seine
von Harnack öffentlich belobigte Untersuchung ›Mensa und Confessio‹ bereits aufs schwerste bedrängt,[159] wurde, weil er aus Gewissensgründen den
Antimodernisteneid verweigerte, auf Weisung des Sanctum Officium von seinem Bischof Maximilian von Lingg als Subregens in Dillingen entlassen und
suspendiert, seine Arbeiten über Opfer und Opferbegriff wurden indiziert;
schließlich fand er (nicht ohne Schwierigkeit) als ›wissenschaftlicher Hilfs-
arbeiter‹ Unterkunft in der Universitätsbibliothek zu Tübingen, wo er bis zu
seinem Tod (seit 1922 als Bibliothekar) sehr zurückgezogen, ohne sein Priestertum aufzugeben, lebte.[160]

---

[155] Albert Ehrhard an Harnack, Würzburg, 22. Dezember 1918 (Fragment), Harnack-Nachlaß (wie Anm. 63) Kasten 30. Ehrhard, der nach seiner Ausweisung zunächst bei Sebastian
Merkle in Würzburg Aufnahme gefunden hatte, wandte sich hier und in einem zweiten Brief
(Würzburg, 4. Februar 1919) hilfesuchend an Harnack mit der Bitte um Vermittlung bei der zuständigen ›Fürsorgestelle im Reichsamt des Innern‹.

[156] Ebd. (Würzburg, 22. Dezember 1918); dieser Passus des Briefes auch zit. in: WINKELMANN,
Albert Ehrhard (wie Anm. 78) S. 46.

[157] TRIPPEN, Theologie und Lehramt (wie Anm. 154) S. 155–182; WEISS, Der Modernismus
(wie Anm. 94) S. 180.

[158] TRIPPEN, Theologie und Lehramt (wie Anm. 154) S. 268–404; WEISS, Der Modernismus
(wie Anm. 94) S. 315–336. Daß Schnitzer seinen Vorlesungen Harnacks ›Lehrbuch der Dogmengeschichte‹ zugrunde legte, bezeugt Thaddäus Engert: Thaddäus Engert an Harnack, Ochsenfurt, 5. Januar 1907. Siehe Anhang 7.

[159] Siehe Anm. 98.

[160] WEISS, Der Modernismus (wie Anm. 94) S. 410–425. Nach der von Harnack belobigten
Schrift waren von FRANZ SALES WIELAND zur Thematik noch erschienen: ›Der vorirenäische Op-
ferbegriff‹ (München 1909) und ›Altar und Altargrab der christlichen Kirche im 4. Jahrhundert‹
(Leipzig 1912).

Der seit Jahren kirchlich gemaßregelte französische Exeget Alfred Loisy
(1857–1940), ein Schüler Louis Duchesnes, von dem Harnack einmal beiläufig gesagt hatte, man könnte ihn »einen Freigeist in der Geschichte und einen
Diplomaten der Tradition nennen«,[161] den er aber in seiner eben erwähnten
Festrede zu den – obzwar scharf antiprotestantischen – Reformkräften im
französischen Katholizismus zählte,[162] stürzte endgültig über seine beiden
›livres rouges‹.[163] Harnack hatte das erste von beiden, ›L'Évangile et l'Église‹
(1902), das sich als eine apologetische Auseinandersetzung mit seinem ›Wesen des Christentums‹ (Leipzig 1900) gab, 1903 (mit anderen Schriften Loisys) indiziert wurde, aber 1904 nach der von Loisy zunächst zurückgezoge-
nen zweiten Auflage in deutscher Übersetzung erschien, trotz kritischer Einwände wohlwollend rezensiert: »(...) die bedeutende Schrift des Abbé Loisy
(...) ist bekanntlich der Form nach eine Auseinandersetzung mit meinem
›Wesen des Christentums‹. In Wahrheit ist es [das Buch] etwas anderes und
enthält sehr viel mehr. Es ist eine kritische und freisinnige Darlegung des
Christentums nach Ursprung, Wesen und Geschichte, dargeboten von einem
feinen und reichen, mit allen Bildungsmitteln ausgerüsteten Geiste, scharf
und treffend in der Aussonderung und Formierung der Probleme, umsichtig
und mitempfindend in ihrer Behandlung, aufgeschlossen für alle Bedürfnisse
innerhalb der Religion, radikal inbezug auf alles Unsichere und Zufällige,
konservativ in der Anerkennung der Wurzel des Gewordenen und der
Grundformen seiner Fortpflanzung. Die letztere Eigenschaft hält den Verfasser, den man in vollem Sinn der freien Theologie zuzählen muß, bei der
katholischen Kirche fest. Auf sie setzt er noch immer seine Zuversicht inbezug auf die Erhaltung der christlichen Religion und glaubt an die Möglichkeit, daß sie freisinnig werden könne«. Der »freie Protestantismus« scheint
ihm dagegen »eine Spielart des Rationalismus« zu sein, der »die Geschichte
der Religion gegen sich« habe, »teils (...) noch zu wenig skeptisch, teils zu
eng, zu wenig elastisch und zu wenig bekannt mit den wirklichen Bedingungen, unter denen die Religion lebt und die sie nötig hat«. Was ihn, Harnack,
selbst betreffe, so erkenne er, was Loisy seinem ›Wesen des Christentums‹
entgegenhalte, durchaus an, »aber nicht als Gegensatz, sondern als *Ergänzung*, deren Notwendigkeit mir nicht erst durch Loisy klar geworden ist«.
Der theoretische und praktische Zweck dieser Vorlesungen habe es mit sich
gebracht, nur »eine entscheidende Hauptlinie« zu verfolgen und »anderes
Wichtige« beiseite zu lassen. »Merkwürdig – während der Verfasser mit sehr

---

[161] Theologische Literaturzeitung 29 (1904) Sp. 661.

[162] HARNACK, Protestantismus (wie Anm. 147) S. 404.

[163] ALFRED LOISY, L'Évangile et l'Église, Paris 1902; DERS., Autour d'un petit livre, Paris 1903;
beide Schriften wurden wegen ihres roten Einbands ›livres rouges‹ genannt.

feinen Fingern arbeitet und, wo es nötig ist, in einer schwebenden Sprache zu sprechen weiß, um die Probleme nicht zu verletzen, behandelt er meine Ausführungen wie erstarrtes Erz und operiert an ihnen lediglich mit harten Instrumenten«. Daher erkenne er seine Gedanken oft gar nicht wieder und lerne aufs neue, »daß die inquisitorische Befragung eines Autors die schlechteste Methode ist, um hinter seine Gedanken zu kommen. Versteht der Romane hier den Germanen oder der Katholik den Protestanten nicht? Erscheint ihm unsre Weise der Gedankenbildung und unsre Sprache so fremd, daß er kein Leben hier empfindet und daher gezwungen ist, sie wie etwas Totes zu nehmen? Hört er die Obertöne nicht bei uns, die er doch überall sonst so virtuos zu vernehmen weiß?«. Freilich sei der Verfasser »an die Kirche – wie auch immer sie ihm vorschwebt – stärker gebunden, als wir es uns vorzustellen vermögen«, und ebendies schwäche sein Interesse ab, »ein festes Urteil über die ursprüngliche Erscheinung der christlichen Religion und ihr Wesen zu gewinnen«. In dieser Hinsicht sei er allerdings »von einem gleichmütigeren Skeptizismus, als ihn der Protestant aufzubringen vermag; denn er deckt das Manco im Geheimen durch das Vertrauen auf die Kirche, die war, ist und sein wird«.[164]

»Das Vertrauen auf die Kirche« – bei Loisy war es infolge des jahrelangen innerkirchlichen Kesseltreibens gegen ihn, ungeachtet seiner Unterwerfungen, inzwischen schwer erschüttert. Nachdem von den 65 Thesen, die durch das Dekret ›Lamentabili sane exitu‹ vom 3. Juli 1907 verurteilt wurden, die meisten aus seinen Schriften, vor allem aus seinen beiden ›livres rouges‹, gezogen waren,[165] die Enzyklika ›Pascendi‹ vom 8. September 1907 de facto jeden von den neuscholastischen Prinzipien abweichenden Denkansatz, insbesondere die historische Kritik, pauschal als ›Modernismus‹ verworfen hatte und durch das Motuproprio ›Praestantia scripturae‹ vom 18. November

---

[164] Theologische Literaturzeitung 29 (1904) Sp. 59f. (ALFRED LOISY, Evangelium und Kirche. Autorisierte Übersetzung nach der zweiten vermehrten, bisher unveröffentlichten Ausgabe des Originals von JOHANN GRIÈRE-BECKER, München 1904).

[165] FRANZ HEINER, Der neue Syllabus Pius' X. oder Dekret des hl. Offiziums ›Lamentabili‹ vom 3. Juli 1907, dargestellt und kommentiert, Kirchheim 1907. Harnack zeigte diese »infolge ausdrücklicher Aufmunterung des h[eiligen] Vaters« besorgte Ausgabe, in der er sich auch persönlich angegriffen sah, mit kühlen Worten an und endete dann: »Über den Abschnitt, den der Verf[asser] mir gewidmet hat, schweige ich am besten; er setzt sich über die Regeln hinweg, die der wissenschaftliche Verkehr gebietet und verfällt in den Ton feuilletonistischer Polemik. Vom Syllabus selbst zu reden, versage ich mir gleichfalls. Wissenschaftlich ist überhaupt nichts über ihn zu sagen, und in die Empfindungen der ernsten, die Wahrheit suchenden und findenden Katholiken, die ihre Kirche lieb haben, möchte ich durch kein Wort eingreifen. Sie haben wieder einmal eine Leiche an Bord, eine neue schwere Last, und müssen zusehen, ob und wie sie sie ertragen können«; Theologische Literaturzeitung 33 (1908) Sp. 23f.

1907 allgemein jeder, der die in den beiden päpstlichen Verlautbarungen proskribierten Lehren und Meinungen zu vertreten wagen sollte, mit der ›excommunicatio latae sententiae‹ belegt worden war,[166] warf Alfred Loisy im Januar 1908 seine Streitschrift ›Simples réflexions sur le decrét du Saint-Office *Lamentabili sane exitu* et sur l'Encyclique *Pascendi dominici gregis*‹ in die Öffentlichkeit. Wenig später, am 7. März 1908 (sinnigerweise am Fest des hl. Thomas von Aquin), wurde über ihn die ›excommunicatio maior‹ verhängt: Loisy, wie einst der exkommunizierte Döllinger in der Welt der Wissenschaft bis an sein Lebensende höchstes Ansehen genießend, kehrte nunmehr entschlossen seiner Kirche den Rücken – von der Römischen Kurie noch im Tod verfolgt.[167]

Über Loisys Lehrer Louis Duchesne, den man »als zu kritisch und liberal von seinem Lehrstuhl am Institut Catholique in Paris weggeekelt und in Rom denunziert« hatte, der aber dann hier als Direktor der École Française großes Ansehen erwarb »und auf eine der obersten Stufen der Prälatur erhoben wurde«,[168] braute sich 1910 ein »bedrohliches Gewitter« zusammen, geschürt von Jesuiten – wie er Harnack mitteilte –, die ihm den Erfolg seiner ›Histoire ancienne de l'Église‹ nicht gönnten und mit Pius X. von ›Modernismus‹ redeten.[169] Am 24. Januar 1912 wurde das Werk auf den Index der verbotenen Bücher gesetzt, und kurz darauf veröffentlichte der ›Osservatore Romano‹ Duchesnes Unterwerfungserklärung: Er hatte, um »unter diesen Umständen« Schlimmeres zu vermeiden, es vorgezogen, »sich beiseite zu halten und keine Unklugheit zu begehen«, um zu »überleben«. Wie sehr sein ›Fall‹ den preußischen Gesandten beim Päpstlichen Stuhl interessierte, zeigt dessen Berichterstattung, die man umgehend Harnack als Generaldirektor der Königlichen Bibliothek zur Kenntnis brachte.[170]

Sebastian Merkles scharfe Stellungnahme zur Enzyklika ›Pascendi‹ und zum Motuproprio ›Sacrorum antistitum‹ vom 1. September 1910, das für

---

[166] Die genannten päpstlichen Verlautbarungen sind am leichtesten greifbar in: ANTON MICHELITSCH, Der biblisch-dogmatische ›Syllabus‹ Pius' X. samt der Enzyklika gegen den Modernismus und dem Motu proprio vom 18. November 1907 erklärt, Graz/Wien 1908.

[167] FRANZ XAVER BISCHOF, Erzbischof Eudoxe Irénée Mignot von Albi – der Protektor des französischen Modernisten Alfred Loisy, in: Für euch Bischof – mit euch Christ. Festschrift für Friedrich Kardinal Wetter zum siebzigsten Geburtstag, hg. v. MANFRED WEITLAUFF u. PETER NEUNER, St. Ottilien 1998, S. 323–346. Zum römischen Nekrolog auf Alfred Loisy im ›Osservatore Romano‹ vom 29. Juni 1940 siehe: FRIEDRICH HEILER, Der Vater des katholischen Modernismus. Alfred Loisy (1857–1940), München 1947, S. 207–210.

[168] MERKLE, Harnack als Ireniker (wie Anm. 152) S. 606.

[169] Louis Duchesne an Harnack, Rom, 22. Oktober 1910. Siehe Anhang 8.

[170] Otto von Mühlberg an den Minister des Auswärtigen Theobald von Bethmann Hollweg, Rom, 6. Februar 1912. Siehe Anhang 9.

den Klerus die Ablegung des Antimodernisteneides vorschrieb,[171] wurde am
16. Juni 1913 indiziert; Merkle, wegen seiner kritischen Arbeiten und Stellungnahmen unentwegt in Rom denunziert und nunmehr vor die Wahl gestellt, sich zu unterwerfen oder als ›Modernist‹ die Konsequenzen zu ziehen,
rang sich schließlich wie Duchesne zu einem ›me submitto‹ durch und begründete diese seine Entscheidung in einer öffentlichen Erklärung.[172] Mög-
lichweise hatte ihm Harnack sogar dazu geraten.[173]

Man könnte die Liste der damals kirchlich Proskribierten oder ›nur‹ Ver-
dächtigten unschwer fortsetzen.[174] Aus römisch-kurialer Sicht gehörten sie
alle, einschließlich der ›Vorläufer‹ Döllinger, Franz Xaver Kraus, Herman
Schell und Franz Xaver Funk, – alle, die einem »error mentis« erliegend, von
»curiositas« und »superbia« getrieben, »modernis praeceptionibus moderna-
que methodo« in Theologie und Philosophie »nova« erforschten und bei denen sich das »studium novarum rerum« stets »cum odio scholasticae metho-
di« verbinde[175] – unterschiedslos, eben weil von der ›scholastischen Methode‹ abweichend, in die Kategorie ›Modernisten‹, und sie blieben es, mochten
sie sich auch als römische Katholiken fühlen und dem päpstlich-kurialen Urteil unterwerfen. Nicht wenige von ihnen hatten Harnacks Schriften, insbesondere seine »unsterbliche Dogmengeschichte« (Joseph Schnitzer),[176]

---

[171] SEBASTIAN MERKLE, Vergangenheit und Gegenwart der katholisch-theologischen Fakultäten, in: Akademische Rundschau 1912/13, S. 16–25, S. 74–87. Dieser Aufsatz wurde bemerkens-
werterweise in den 1965 von Theobald Freudenberger herausgegebenen Sammelband (siehe
Anm. 117) nicht aufgenommen; offensichtlich war dies damals noch nicht möglich.

[172] SEBASTIAN MERKLE, Meine Stellung zum Index, in: Der Tag, 23. und 24. Dezember 1913
(Nr. 300 und 301); wieder abgedruckt in: MERKLE, Ausgewählte Reden (wie Anm. 117)
S. 574–580.

[173] »Riet mir ja doch ein nicht auf dem Boden der Kirche stehender norddeutscher Historiker, dessen Name besten Klang hat: ›Dienen Sie wie bisher der Wissenschaft, und bleiben Sie in
der Kirche; es wäre Ihnen draußen nicht wohl.‹« Ebd. 577.

[174] Einen Überblick über die direkt oder indirekt Betroffenen und ihre Schicksale bietet:
WEISS, Der Modernismus (wie Anm. 94); diesem verdienstvollen Werk geht voraus die grundlegende Untersuchung zum Problem ›Modernismus‹: THOMAS MICHAEL LOOME, Liberal catholicism, reform catholicism, modernism. A contribution to a new orientation in modernist research
(Tübinger Theologische Studien 14) Mainz 1979. WOLF, Antimodernismus (wie Anm. 2). Zu den
tonangebenden integralistischen Kräften im Umkreis Pius' X. siehe neuestens: ROLAND GÖTZ,
›Charlotte im Tannenwald‹. Monsignore Umberto Benigni (1862–1934) und das antimodernisti-
sche ›Sodalitium Pianum‹, in: WEITLAUFF u. NEUNER, Für euch Bischof – mit euch Christ (wie
Anm. 167) S. 389–438; OTTO WEISS, Modernismus und Antimodernismus im Dominikanerorden.
Zugleich ein Beitrag zum ›Sodalitium Pianum‹ (Quellen und Studien zur neueren Theologiegeschichte 2) Regensburg 1998.

[175] Pascendi VI §§ 23/1, 28/2 und 29/3. MICHELITSCH, Der biblisch-dogmatische ›Syllabus‹
Pius' X. (wie Anm. 165) S. 263, S. 271 f.

[176] Siehe Anhang 6.

studiert, hatten sich an ihnen geschult (zuweilen sich auch unter Harnacks
Hörer in Berlin gemischt) und über diesem Studium – nicht ohne Gewis-
sensskrupel – eine Einsicht in theologische Probleme und eine Freiheit des
Denkens gewonnen, die ihnen in den Jahren ihrer regulären theologischen
Ausbildung nicht vermittelt worden waren.[177] Philipp Funk (1884–1937),
der nachmalige Braunsberger, dann Freiburger Historiker, kein Theologe,
aber durchaus theologisch gebildet, sprach gewiß für viele Gleichgesinnte,
wenn er sich als neuer Redakteur des ›Neuen Jahrhunderts‹, »der einzigen
modernistisch-katholischen Zeitschrift Deutschlands«, Harnack vorstellte
und dabei bekannte: »(...) ich muß es sagen: wir katholischen Modernisten
stehen in engster geistiger Abhängigkeit zu Ihnen u[nd] darum haben wir
das Bedürfnis, mit Ihnen in Fühlung zu treten. Ihre Dogmengeschichte ist
auf meine persönliche Entwicklung von tiefgehendem Einfluß gewesen«.[178]
Und 1921 übersandte der Breslauer Kirchenhistoriker und Patrologe Joseph
Wittig (1879–1949) Harnack ein Separatum seines eben in ›Hochland‹ erschienenen Beitrags ›Aedificabo ecclesiam‹,[179] »zum Zeichen seiner großen
Verehrung und der aufrichtigen Dankbarkeit für die Fülle neuer Erkenntnisse, die ihm das Buch über Marcion[180] gebracht hat. Der Aufsatz«, so Wittig
weiter, »ist ein dem kirchlichen Verhältnisse angepaßter Versuch, die wichtigsten dieser Erkenntnisse dem katholischen Volke zu vermitteln«.[181] Das
Kirchenbild, das Wittig hier zeichnete, ähnelte »in entscheidenden Konturen
dem des Zweiten Vatikanums, (...) und steht voll und ganz im Einklang« mit

---

[177] Siehe etwa die Erinnerungen Joseph Bernharts (der von Harnack nicht beeinflußt war!) an
sein theologisches Studium an der Universität München in den Jahren 1900–1904: BERNHART,
Erinnerungen (wie Anm. 94) Bd. 1, S. 106–233.

[178] Philipp Funk an Harnack, Stettin, 20. Mai 1910. Siehe Anhang 10. Philipp Funk war im
übrigen ein sehr gemäßigter ›Modernist‹, ein Verteidiger des ›religiösen Katholizismus‹ im Sinne
Franz Xaver Kraus' gegen einen ›politischen Katholizismus‹. Unter dem Eindruck des Dekrets
›Sacrorum antistitum‹ von 1910 begann er sich vom ›Modernismus‹ zu distanzieren. Sein Buch
›Von der Kirche des Geistes. Religiöse Essays im Sinne eines modernen Katholizismus‹ (München 1913) wurde 1915 gleichwohl auf den ›Index librorum prohibitorum‹ gesetzt. Funk als Laie
erfuhr dies aus der Tagespresse. ROLAND ENGELHART, ›Wir schlugen unter Kämpfen und Opfern
dem Neuen Bresche‹. Philipp Funk (1884–1937). Leben und Werk (Europäische Hochschul-
schriften. Reihe III: Geschichte und ihre Hilfswissenschaften 695) Frankfurt a. M./Berlin/
Bern/New York/Paris/Wien 1996.

[179] JOSEPH WITTIG, Aedificabo ecclesiam. Eine Studie über die Anfänge der katholischen Kirche, in: Hochland 18/II (1921) S. 257–282.

[180] ADOLF HARNACK, Marcion. Das Evangelium vom fremden Gott. Eine Monographie zur
Geschichte der Grundlegung der katholischen Kirche (Texte und Untersuchungen zur altchristlichen Literatur 45) Leipzig 1920, 1924² (unveränderter photomechanischer Nachdruck Darmstadt 1960).

[181] Joseph Wittig an Harnack, Breslau, 11. Juli 1921 (Visitenkarte). Siehe Anhang 11.

der Lehre dieses Konzils, »das in summa ein Konzil der Kirche über die Kirche war«.[182] Doch als Wittig im Jahr darauf, ebenfalls in ›Hochland‹, seine derselben ekklesiologischen Sicht verpflichtete – und damals für viele ›Hochland‹-Leser befreiende – Ostererzählung ›Die Erlösten‹ veröffentlichte,[183] sah er sich binnen kurzem als ›Luther redivivus‹ gebrandmarkt. 1925 wurde seine Ostererzählung samt einigen anderen Schriften aus seiner Feder vom Sanctum Officium indiziert, er selbst zur erneuten Ablegung der ›Professio fidei Tridentina‹ und des Antimodernisteneids aufgefordert. Da er letzteres mit dem Argument: »Denn was geschworen ist, bleibt geschworen« ablehnte, wurde 1926 seine Exkommunikation »wegen Ungehorsams« gegenüber dem höchsten kirchlichen Lehramt publiziert[184] – Joseph Wittig, in römischer und vieler deutscher Bischöfe (auch seines Heimatbischofs Kardinal Bertram) Sicht ein spät als ›Modernist‹ sich entpuppender Theologe.

In seiner Stellungnahme zu ›Pascendi‹ hatte Harnack geschrieben: »Nubicula est – transibit! Es mag auch eine dicke, schwarze Wolke sein, die schweres Unheil über unser Vaterland heraufführt – den Fortschritt der Dinge kann sie nicht aufhalten. Das Wahre und Gute, das in dem ›Modernismus‹ steckt, wie er – nicht als System, sondern als Erkenntnis, Gesinnung und Methode – auch in der katholischen Kirche Deutschlands lebt, ist nicht nur unverwüstlich, sondern es vermag auch keine äußere Macht sein Wachstum aufzuhalten«.[185] Angesichts dieses Aufeinanderprallens zweier so unterschiedlicher, um nicht zu sagen: gegensätzlicher Auffassungen von Theologie und von Kirche eine optimistische Prognose – doch wieviele ›Tote‹ und ›tödlich Getroffene‹ sind im Schatten dieser ›nubicula‹ (auch wenn römische Sanktionen tatsächlich den Geist auf Dauer nicht ›in spanische Stiefel zu schnüren‹ vermochten) geblieben! Wir kennen nur die Prominenteren unter ihnen. Die Zahl jener Priester, deren Namen damals aus den Bistumsschematismen stillschweigend verschwunden sind, ist unbekannt – bei gezieltem Forschen stößt man immer wieder auf neue Namen –, ganz zu schweigen von jenen, die damals *in* ihrer Kirche ›emigriert‹ sind und resigniert haben.

---

[182] Karl Hausberger, Der ›Fall‹ Joseph Wittig (1879–1949), in: Wolf, Antimodernismus (wie Anm. 2) S. 299–322, hier S. 320 f.; Johannes Kowarz, Joseph Wittig und die Kirche (im Lichte des Vaticanum II), in: Der Fall Joseph Wittig fünfzig Jahre danach, hg. v. Theoderich Kampmann u. Rudolf Padberg (Schriften zur Pädagogik und Katechetik 25) Paderborn 1975, S. 18–58.

[183] Joseph Wittig, Die Erlösten, in: Hochland 19/II (1922) S. 1–26.

[184] Hausberger, Der ›Fall‹ Joseph Wittig (wie Anm. 182).

[185] Harnack, Die päpstliche Enzyklika von 1907 (wie Anm. 153) S. 423 f. Hans Martin Müller, Der reformkatholische Modernismus in protestantischer Sicht, in: Kulturprotestantismus. Beiträge zu einer Gestalt des modernen Christentums, hg. v. Hans Martin Müller, Gütersloh 1992, S. 294–310, hier S. 298–301.

Der Preis, den die römische Kirche seit dem 19. Jahrhundert für die Repri-
stinierung der jesuitischen (nicht der hochmittelalterlichen!) Scholastik als
verpflichtender Norm ›katholischen‹ Denkens und für die dogmatische
Überhöhung des Papsttums auf dem Ersten Vatikanum mit allen daraus er-
wachsenen Konsequenzen riskiert hat, war erschreckend hoch. Hat er sich
auch ›ausgezahlt‹?

Was die kirchlich gemaßregelten katholischen Theologen betraf, die sich
dem Urteil des obersten Lehramts unterwarfen und ihrer Kirche die Treue
hielten, so konstatierte Harnack das Faktum und achtete ihre Überzeugung.
Mehr noch: mit dem Hinweis, daß er »Gelehrte von außerordentlichem Wissen und ungewöhnlichem Scharfsinn« kenne, »die zahllosen katholischen
Einrichtungen kritisch gegenüberstehen, die die gegenwärtigen Zustände der
Kirche aufs tiefste beklagen, und die doch felsenfest davon überzeugt sind,
daß nur die römisch-katholische Kirche die Kirche Christi und ihr Papst
sein Statthalter ist«, verteidigte er ihre Haltung ausdrücklich gegen ein im
Protestantismus verbreitetes »ganz ungerechtfertigtes Vorurteil«, als ob ihre
Überzeugung »nur aus blinder Unterwerfung« entstünde und »daher keine
Schonung« verdiente.[186] Doch im Grunde vermochte auch er sie nicht zu
verstehen. Zu den namentlich als ›Modernisten‹ Verurteilten – Loisy, Houtin, Laberthonnière, George Tyrrell »u[nd] A[ndere]« – stellte er in der vierten Auflage seiner ›Dogmengeschichte‹ (1909) fest: Man müsse diese, die
sich immer noch »durchaus als Katholiken, ja als römische Katholiken fühlen«, zu intensiver dogmengeschichtlicher Forschung ermuntern. »Sie werden, so darf man hoffen, das Recht des Protestantismus den Verächtern desselben klar machen. Einstweilen macht ihnen der Papst klar, dass sie nicht
Katholiken sind, und das ist sein Recht. Sie gehören trotz ihres Sträubens zu
uns«.[187] Deutlicher noch hatte er sich bereits 1904 in einem privaten Brief an
Martin Rade geäußert, und zwar mit Blick auf Albert Ehrhards Reform-
schrift ›Der Katholizismus und das 20. Jahrhundert‹:[188] »Wie schade, daß
man ihnen« – Albert Ehrhard und ihm gleichgesinnten katholischen Theologen – »nicht sagen kann: Ihr wißt selbst, daß ihr povere gente seid, die
(ihr) in dem Schutt und Schmutz eines alten Palastes wohnt u[nd] den Schutt
nicht wegtragen dürft, u8nd] ihr wißt selbst, daß die moderne Zeit u[nd] die
Wissenschaft euch bis auf den letzten Faden ausgeplündert hat. (...) wir haben (...) die schmerzliche Erfahrung, die sich stets wiederholen wird, daß
im Conflictfalle zwischen eigener und römischer Direktive unsre kathol[i-

---

[186] HARNACK, Die päpstliche Enzyklika von 1907 (wie Anm. 153) S. 420 f.
[187] ADOLF VON HARNACK, Lehrbuch der Dogmengeschichte I, Tübingen 1909[4] (unveränderter
reprographischer Nachdruck Darmstadt 1964) S. 46 f.
[188] Siehe Anm. 155.

schen] Brüder dieser – wenn auch schweren Herzens – folgen werden. Jedesmal wird dann der Raum des Bodens, auf dem wir geistig zus[ammen]leben können, kleiner, wenn's auch mit diesem Boden geht, wie mit den sibyll[inischen] Büchern – je kleiner er wird, desto intensiver wird er angebaut; denn die Forderungen der fortschreitenden Erkenntniß sind nicht minder unabdinglich wie die Forderungen des römischen Systems. Ihr, unsre katholischen Brüder in Deutschland, bezahlt ein gewiß hohes Gut doch zu theuer! Ihr bezahlt es mit eurer ganzen geistigen Existenz, die ihr nur noch als abgequälte besitzt. Ist es denn nicht möglich – doch ich rede thöricht –, daß Ihr einm[a]l als Deutsche u[nd] als Kinder des 20. Jahrh[underts] den romanischen Priestern sagt: ›Das u[nd] das brauchen wir, um zu leben‹«.[189]

Briefanhang

Anhang 1

Louis Duchesne an Adolf Harnack, St. Servant, 2. August 1893 (eigenhändig) (Staatsbibliothek zu Berlin Preußischer Kulturbesitz. Nachlaß Harnack, Kasten 30)

Cher Monsieur,
Très heureux de ma nomination comme correspondant de votre Académie, je suis tout particulièrement touché de l'attention que vous avez eue de m'en

---

[189] Harnack an Martin Rade, Berlin, 18. Juli 1904. JANTSCH, Briefwechsel Harnack-Rade (wie Anm. 109) S. 547–549 (Nr. 368). Bleibt noch anzumerken, daß Harnack unter anderem auch folgende Werke durchweg sehr freundlich besprochen hat: PIERRE BATIFFOL, L'épître de Théonas à Lucien. Note sur un document chrétien attribué au 3e siècle, in: Bulletin critique 7 (1886) S. 155–160, in: Theologische Literaturzeitung 11 (1886) Sp. 319–326; L'église naissante et le catholicisme, Paris 1909, in: ebd. 34 (1909) Sp. 51–53; Le Siège Apostolique 359–451 (Le Catholicisme des origines à St. Léon IV) Paris 1924, in: Deutsche Literaturzeitung 45/I (1924) Sp. 1277–1279; GIOVANNI MERCATI, D'Alcuni Nuovi Sussidi per la critica del Testo di S. Cipriano. Seguono varie note di Letteratura specialmente patristica con tre tavole, Roma 1899, in: Theologische Literaturzeitung 24 (1899) Sp. 515–518; Antiche Reliquie Liturgiche Ambrosiane e Romane con un excursus sui frammenti dogmatici Ariani del Mai (Studi e Testi 7) Roma 1901, in: ebd. 27 (1902) Sp. 374–376, des weiteren die fünfbändigen ›Miscellanea Francesco Ehrle‹ aus Anlaß des achtzigsten Geburtstags Kardinal Ehrles, in: Deutsche Literaturzeitung 46/I (1925) Sp. 857–861. Kardinal Ehrle bedankte sich handschriftlich »für die so wohlwollende Besprechung der Miscellanea (…), in der besonders die freundlichen Worte für Mgr. Giov[anni] Mercati sehr berechtigt sind«; Kardinal Franz Ehrle an Harnack, Rom, 12. Mai 1925, Harnack-Nachlaß (wie Anm 63) Kasten 30.

écrire. Vous ne vous trompez pas sur mes sentiments en me rangeant parmi ceux qui veulent *la paix et l'union dans la science*. Dans cette nouvelle confraternité vous me permettez d'apprécier spécialement le lieu nouveau qu'elle établit entre mon humble individu et les hommes comme Mommsen et comme vous.

Agréez l'expression de mes sentiments les plus dévoués.

Duchesne

Anhang 2

Sebastian Merkle an Adolf Harnack, Würzburg, 19. Mai 1904 (eigenhändig) (Staatsbibliothek zu Berlin Preußischer Kulturbesitz. Nachlaß Harnack, Kasten 37)

Hochverehrter Herr Professor!

Gleichzeitig mit diesen Zeilen erlaube ich mir einen Abzug meiner Rezension von Denifles ›Luther‹[190] Ihnen zu übersenden, u[nd]. benütze diese Gelegenheit, auch privatim Ihnen mein Bedauern auszusprechen über den unqualifizierten Ton, den er gegen Sie angeschlagen. Was ich in der Besprechung sage, daß Tausende von Katholiken dieses Auftreten mißbilligen, ist meine feste Überzeugung. Am schlimmsten ist die Anzweiflung Ihrer Wahrhaftigkeit, die ich um so weniger bezweifle, als D[enifle]. selbst früher gelegentlich sehr hochachtungsvoll sprach. Nur so ist die Sache halbwegs zu erklären, daß er, von den österreichischen Landsleuten durch Schilderung der Los von Rom-Bewegung gereizt, nicht mehr zwischen Protestanten und Protestanten zu unterscheiden wußte, u[nd]. daß die momentane Erregung dem Impressionisten die Klarheit des Urteils benahm. Ich glaube, daß er nach einiger Zeit wieder ganz günstig und anerkennend auch über Sie sprechen wird.

Was ich Sie, hochverehrter Mann, bitten möchte, ist das: Sie möchten sich nicht erbittern lassen durch so schlimme Erfahrungen, u[nd]. möchten namentlich selbst nicht abstehen von den verdienstlichen u[nd]. nicht erfolglosen Bemühungen, Ihrerseits zum Frieden zu werben, u[nd]. edeldenkend auch bittere Erfahrungen zu verwinden. Das müssen wir Kleinen so gut thun wie Sie, der Große; umso leichter muß es Ihnen werden. Und daß Sie die Verehrung der ruhig Urteilenden auf beiden Seiten dafür doppelt ernten,

---

[190] MERKLE, Zu Heinrich Denifle, Luther (wie Anm. 117).

dürfen Sie überzeugt sein. Wenn die Geschichte einen Dominikaner nicht belehrt, so wird sie wenigstens für uns nicht vergebens werden.
In vorzüglicher Hochachtung u[nd]. Verehrung
Ihr ergebenster

Sebastian Merkle

Anhang 3

Sebastian Merkle an Adolf Harnack, Würzburg, 13. Februar 1907 (eigenhändig)
(Staatsbibliothek zu Berlin Preußischer Kulturbesitz. Nachlaß Harnack, Kasten 37)

Verehrtester Herr Geheimrat!
Durch die gütige Übersendung Ihrer prächtigen Kaiserrede haben Sie mir eine große Freude gemacht, für die ich Ihnen meinen verbindlichsten Dank sage. Wie sympathisch mir der Inhalt ist, habe ich bereits in einem für die Zeitschrift ›Hochland‹ in München gelieferten ›Echo‹ ausgesprochen (falls dieses dem fortschrittlichen Katholizismus dienende Organ wegen einiger Schärfen das Artikelchen nicht aufzunehmen wagte, das zwar bestellt war, habe ich's angewiesen, es an die ›Beilage zur Allg[emeinen] Zeitung‹ zu geben).[191] Ich werde mir erlauben, die paar Seiten Ihnen nach Erscheinen zugehen zu lassen. Der eine Punkt, in dem ich Ihnen widersprach – ich glaube auch an einen politischen Protestantismus –, ist nicht sehr wesentlich, u(nd) der Widerspruch könnte Ihnen für die Eiferer des Reichsboten vielleicht angenehm sein. Dieses Blatt u[nd] auf ultramontaner Seite die Augsburger Postzeitung, mit der ich gelegentlich zu tun habe, können Ihnen eine erwünschte Gegenprobe für die Richtigkeit Ihrer Position sein.[192]
Ihre Erhebung auf den dermaligen Posten hat uns hier nach einer Seite hin gefreut, nach der andern haben wir die Verweigerung Ihrer Lehrtätigkeit bedauert. *Nicht* bedauern würden die fortschrittlichen Katholiken Ihr Einrükken in eine andere Stellung; vielleicht könnte der protestantische Theologe

---

[191] SEBASTIAN MERKLE, Harnack als Ireniker, in: Hochland 4/I (1906/07) S. 755–763; wieder abgedruckt in: MERKLE, Ausgewählte Reden (wie Anm. 117) S. 600–608.
[192] Gemeint ist Harnacks Ernennung zum Generaldirektor der Königlichen Bibliothek Berlin am 28. Mai 1906, verbunden mit einer Reduzierung der Lehrverpflichtungen an der Universität. ZAHN-HARNACK, Harnack (wie Anm. 16) S. 324.

mehr wagen, ohne sofort dem Mißtrauen seiner Glaubensgenossen zu begegnen.

In dankbarer Hochschätzung
Ihr ergebenster

Merkle

Anhang 4

Louis Duchesne an Adolf Harnack, Rom, 15. Februar 1907 (eigenhändig)
(Staatsbibliothek zu Berlin Preußischer Kulturbesitz. Nachlaß Harnack, Kasten 30)

Mon cher Collègue et ami,
Je vous suis bien reconnaissant de m'avoir envoyé votre discours, plus encore de l'avoir prononcé. Il m'a été très agréable de vous voir citer mes livres à l'appui d'idées aussi sages; c'est pour moi un très grand honneur.
Des petites maisons et du vieux château[193] il arrivera ce qu'il plaira à Dieu. Le jardin restera toujours et nous pourrons toujours y travailler avec le même cœur et la même bonne volonté.
Bien cordialement à vous.

Duchesne

Anhang 5

Hippolyte Delehaye an Adolf Harnack, Brüssel [Societé des Bollandistes, Boulevard Militaire, 775], 9. Februar 1907 (eigenhändig)
(Staatsbibliothek zu Berlin Preußischer Kulturbesitz. Nachlaß Harnack, Kasten 29)

Monsieur le Professeur,
Je trouve sur ma table, après ma courte absence, un exemplaire de votre beau discours du 27 janvier, que vous avez eu l'amicabilité de m'envoyer. Les comptes rendus très insuffisants de la presse me faisaient vivement désirer d'en lire le texte original. Permettez-moi de vous dire que depuis longtemps

---

[193] Anspielung auf das Bild, das Harnack in seiner Rede für die katholische Kirche und die evangelischen Kirchen gebraucht hat.

je n'ai plus fait de lecture aussi bienfaisante. Vous avez fait vibrer une corde sensible chez beaucoup de bons catholiques qui n'oublient pas que le Christ est venu apporter un évangile de paix et de charité, et qui gémissent de se voir matériellement séparés de tant d'excellents chrétiens qu'ils considèrent comme appartenant à l'âme de l'Église. Votre discours fait bien mesurer la distance parcourue, presque inconsciemment, dans la voie d'approchement, et j'oserai dire qu'il est un nouveau et grand pas dans cette voie.

Nous avons été très heureux de l'hommage rendu à notre *excellent ami Duchesne*, comme aussi cela va sans dire, de la mention honorable accordée à l'auteur des ›Légendes hagiographiques‹ qui vous est profondément reconnaissant de cette aimable et trop flatteuse appréciation de son petit livre.

Veuillez agréer, Monsieur le Professeur, l'hommage de mon respect.

Hipp[olyte]. Delehaye SJ

Anhang 6

Joseph Schnitzer an Adolf Harnack, München, 7. Februar 1907
(Staatsbibliothek zu Berlin Preußischer Kulturbesitz. Nachlaß Harnack, Kasten 41)

Hochverehrtester Herr Kollege!
Über die Zusendung Ihrer von so warmem vaterländischen wie echt christlichem Geiste durchhauchten Rede außerordentlich erfreut, danke ich Ihnen herzlichst nicht bloß für die schmeichelhafte commemoratio meiner Savonarola-Studien, sondern auch für die johanneischen, von heißer Sehnsucht nach Verständigung und gemeinsamer christlicher Bruderliebe eingegebenen Ausführungen und Anregungen Ihrer bedeutsamen Rede, die nur der große Dogmenhistoriker geben konnte. Sie haben Recht: es gibt eine Gemeinschaft der Geister und der Seelen, der Arbeiten und der Ziele, die jede starre und äußere Einheit als eine Fessel empfindet. Aufrichtigst wünsche ich, daß Ihre eindringlichen Mahnungen auf recht fruchtbaren Boden fallen möchten. An Herzen, die guten Willens sind, fehlt es ja weder hüben wie drüben. Für sehr beachtenswert halte ich den von Ihnen ausgesprochenen Gedanken, daß noch viel mehr als bisher katholische Theologen evangelische Vorlesungen hören möchten und umgekehrt. Das wäre meines Erachtens mindestens ebenso wichtig als der Austausch deutsch-amerikanischer Professoren; Theologen, die vielleicht im selben Hause bei einander wohnen, verstehen sich ja oft weniger als Gelehrte, die durch Weltmeere geschieden sind. Mir selbst war es nur durch einen glücklichen Zufall gegönnt, zwei Tage in Berlin

Ihre Vorlesungen sowie die mehrerer Ihrer HH [= Herren] Kollegen zu hören; und ich werde diese leider so wenigen Tage stets zu den schönsten Erinnerungen meines Lebens zählen. Auch mehrere Bekannte und Freunde,
gleichfalls kath[olische]. Theologen, die in Berlin bzw. Jena länger zu ver-
weilen das Glück hatten, nahmen die besten Eindrücke mit nach Hause. Sie
alle freuen sich Ihrer Worte ebenso herzlich wie ich und manche andere, die
Ihre Schriften, insbesondere Ihre unsterbliche Dogmengeschichte kennen.
Überhaupt ist die Wahrnehmung zu machen, daß kath[olische]. Theologen,
die auf Universitäten studiert und eine wissenschaftliche Bildung erlangt haben, viel einsichtiger über konfessionelle Dinge urteilen, als Geistliche, die
in Rom, in Innsbruck oder, was meist auf das Gleiche hinauskommt, an kleinen Seminar-Anstalten (Lyzeen) vorgebildet sind. Denn hier herrscht fast
überall der schroffste Dogmatismus, der keinen anderen Grundsatz kennt
als: floreat dogma, pereat mundus. Von diesem Gesichtspunkte aus ist die
kath[olisch].-theol[ogische]. Studienfrage von höchster nicht bloß inner-
kirchlich-theologischer, sondern auch politischer und nationaler Wichtigkeit, und es ist mir ganz unbegreiflich, daß die leitenden Stellen in Berlin so
wenig Verständnis für sie bekunden; es ist doch kein Zufall, daß Männer wie
[der Bamberger Domdekan und Zentrumspolitiker Franz Xaver] Schädler,
[der Passauer Domkapitular und Zentrumspolitiker Franz Seraph] Pichler,
Bischof [Michael Felix] Korum [von Trier, 1881–1921], der jüngst verstorbene, geradezu fanatische Regensburger Bischof [Ignatius von] Senestrey
[Bischof von Regensburg 1858–1906] e tutti quanti in Rom bzw. bei den Jesuiten studiert haben. Nicht bloß bayrische, auch norddeutsche Jünglinge
sind in den verschiedenen römischen Anstalten und Schulen, besonders auch
im Germanikum zahlreich vertreten; mögen sie heimkehren oder im Ausland
als Missionäre wirken, ihr deutsches Empfinden ist meist für immer ge-
knickt, von dem Christentum, das sie verkünden, nicht zu reden. Ich gestatte
mir, Ihre Aufmerksamkeit auf eine Broschüre zu lenken, die diese Dinge behandelt:[194] Willibald Weber, Die Bildung des kath[olischen]. Klerus in Bayern SS. 23–36; die Broschüre ist keineswegs nur für Bayern von Interesse und
wäre wert, daß sich die Unterrichts-Politik angelegentlich mit ihr beschäftigte. Ich erlaube mir, sie Ihnen unter Kreuzband zu senden.

   Ihre herrliche Rede war es, hochverehrter Herr Kollege, die Gedanken
der Art in mir auslöste. Daß sich, wenn erst all der törichte und engherzige
konfessionelle Hader beschwichtigt und eine Herde wäre, die Segnungen
des Christentums zum Heile unseres geliebten Vaterlandes und der Mensch-

---

[194] WILLIBALD WEBER [Pseudonym für JOSEPH SCHNITZER], Die Vorbildung des katholischen
Klerus in Bayern, Augsburg 1906 (München 1907²).

heit insgesamt erfüllen mögen, – darin wie in so manchen anderen Punkten weiß ich mich eins mit Ihnen und bin stolz darauf.

In tiefster Verehrung

Ihr ergebenster

J[oseph]. Schnitzer

Anhang 7

Thaddäus Engert[195] an Adolf Harnack, Ochsenfurt, 5. Januar 1907 (eigenhändig)
(Staatsbibliothek zu Berlin Preußischer Kulturbesitz. Nachlaß Harnack, Kasten 30)

Hochverehrter Herr Professor!
Verzeihen Sie, daß ich durch den Verleger meine Broschüre übersenden ließ, ohne jedes begleitende Wort. Aber ich war durch die Verwesung einer Pfarrei so in Anspruch genommen, daß es mir nicht möglich war, außer den dringenden Korrespondenzen noch weitere zu erledigen.
Hochverehrter Herr Professor! Empfangen Sie zunächst meine herzlichsten Glückwünsche zum neuen Jahr u[nd]. zugleich den innigsten Dank für die Förderung meiner Studien. Ich war im Sommersemester 1906 an der Universität zu Berlin, hauptsächlich um Orientalia zu studieren; aber ich hörte auch ihr Publikum über ›das Vater unser‹ u.s.f. mit außerordentlichem Interesse. Das ruhige abwägende Urteil hat ernüchternd u[nd]. heilsam auf das stürmische, vorwärts drängende Gemüt gewirkt. Die letzten Jahre meines Studiums brachten mir gewaltige Aufregungen und seelische Erschütterungen. Ein Schüler [Herman] Schells, begeistert von hohen Idealen, mußte ich schweren Herzens ein Ideal um das andere verlieren, sobald ich den Realismus des Lebens, der Geschichte, kennen lernte. Nun droht mir aller Boden unter den Füßen zu sinken. Ich stehe im allgemeinen auf [Alfred] Loisys Standpunkt, nur konsequenter in der Durchführung der Prinzipien. Ich habe lange geschwankt, mit meinen Veröffentlichungen, weil ich von wohlmeinenden Freunden gewarnt, wohl einsah, daß die Zukunft dann dunkel vor mir

---

[195] Thaddäus Engert (1875–1945), 1899 Priester des Bistums Würzburg, 1901 Dr. theol. der Universität Würzburg, 1908 exkommuniziert, 1910 in die evangelische Kirche übergetreten, seit 1913 Pfarrer von Gräfenroda. KARL HAUSBERGER, Thaddäus Engert 1875–1945. Leben und Streben eines deutschen ›Modernisten‹ (Quellen und Studien zur neueren Theologie 1) Regensburg 1996 (der nachfolgende Brief hier S. 46 f. im Auszug abgedruckt).

liege. Doch sagte ich mir zuletzt: Besser Kampf und Arbeit, als Heuchelei:
Mein Standpunkt wird wohl schwer sein, denn unser Bischof [Ferdinand
von Schlör, Bischof von Würzburg 1898–1924] ist einer der unkundigsten
u[nd]. reaktionärsten, aber ebenso absolutistisch gesinnt. Jedenfalls werde
ich keiner Macht, nur Beweisen weichen.

Doch verzeihen Sie, hochverehrter Herr Professor, wenn ich Sie mit diesen persönlichen Angelegenheiten belästige. In solchen Zeiten spricht man so
gern denen gegenüber, die Verständnis für solche Kämpfe besitzen, sich aus.
Jüngst hat mir der protestantische Pfarrer i[n]. Marktbreit, um mich zu be-
kehren von dem Liberalismus, Walthers Polemik gegen das Wesen des Christentums[196] gegeben, als die beste Widerlegung Ihres ›Wesens etc.‹. Nur mit
viel Überwindung brachte ich es durch. Keine Spur von einem Verständnis
für historische Methode, auch nicht das geringste psychologische Einleben in
die Probleme. Ich staunte, daß ein Universitätslehrer der protest[antischen].
Theologie noch so in die scholastische Methode verbohrt sein, ja u[nd].
auch noch so viel Anhang finden kann. Überhaupt nimmt bei uns in Bayern
die offizielle Orthodoxie sehr überhand, woran übrigens, so paradox das
klingen mag, die Centrumsmacht nicht unschuldig ist.

Von innigstem Herzen danke ich Herrn Professor für die ermutigenden
Zeilen, für alle Convergenzen im Kolleg; es tut mir nur leid, daß ich mein
Lieblingsfach, die Dogmengeschichte nicht hören konnte; hier wäre gewiß
viel Neues gegenüber der letzten Drucklegung zu hören. Vielleicht darf ich
hoffen, daß bald eine neue Auflage erscheinen wird, aber auch hoffen, daß
man sie von katholischer Seite aus auch wissenschaftlich würdigt, nicht blos
widerlegt. Anzeigen [!] sind da, denn [Joseph] Schnitzer in München legt sie
bereits den Vorlesungen zu Grunde u[nd]. in Würzburg, dessen Bischof behauptet, es gebe nur eine Dogmatik, keine Dogmengeschichte, beginnt ein
junger Privatdozent [Franz Joseph Dölger] vorsichtig u[nd]. zahm bereits
von einer Dogmengeschichte zu sprechen. In tiefster Verehrung erlaubt sich
Euer Hochwohlgeboren herzlichst zu grüßen

Dr. Thaddäus Engert, Benefiziat in Ochsenfurt

---

[196] WILHELM WALTHER, Ad. Harnacks ›Wesen des Christentums‹ für die christliche Gemeinde
geprüft, Leipzig 1901 (1904[5]).

Anhang 8

Louis Duchesne an Adolf Harnack, École Française de Rome, Palais Farnese, 22. Oktober 1910 (eigenhändig)
(Staatsbibliothek zu Berlin Preußischer Kulturbesitz. Nachlaß Harnack, Kasten 30)

Monsieur et très cher ami,
J'avais accepté de faire compte-rendu de votre nouveau livre dans la Th[eologische]. L[iteratur]. Z[eitung].
Malheureusement, au lieu de m'envoyer à ma villégiature, on me l'a expédié à Rome, où il est resté jusqu'à mon retour. Quand je l'ai trouvé, le ciel, jusque là serein, s'était, sur ma tête, chargé de nuages menaçants. Vous n'êtes pas sans savoir de quelle mentalité l'Église catholique subit en ce moment la direction. Mon Histoire, écrite pourtant à bonne intention, approuvée officiellement, louée par le pape, appréciée des milliers de lecteurs catholiques, a déplu à quelques jésuites impossibles. Ils ont retourné le pape, en lui parlant de modernisme. Quand ce mot fatal est prononcé devant lui, il voit rouge. Jusqu'à présent son mécontentement ne s'est exprimé que par une campagne de presse, suscitée personellement par lui dans les journeaux ultra bien pensants. Les feuilles officieuses du Vatican sont restées en dehors de cela. Beaucoup de menaces ont été proférées; on a dû ajourner un projet d'édition italienne. Cependant je pense qu'on n'ira pas plus loin. La Secrétairerie d'État le déclare, et le S^t. Office n'a reçu aucune dénonciation.
Mais tout reste possible, étant donné l'humeur du pape. La sainte Vierge lui est apparue, l'exhortant à exterminer le modernisme; il commence à faire des miracles. Aux destructions déjà opérées par lui, il médite d'en ajouter d'autres. Bref, nous vivons – et c'est ici l'impression de beaucoup de gens – sous un consul bien inquiétant.
En de telles circonstances, si l'on veut éviter les brutalités, il est bon de se tenir à l'écart et de ne pas faire d'imprudence.
Après la Révolution on demandait à [Emmanuel Joseph] Sieyès ce qu'il avait fait pendant la Terreur. ›J'ai vécu‹, répondit-il.
Excusez-moi donc et continuez-moi vos sentiments d'amitié.

Duchesne

Anhang 9

Zimmermann, Auswärtiges Amt, an Adolf Harnack als Generaldirektor der Kgl. Bibliothek, Berlin, 15. Februar 1912
(Staatsbibliothek zu Berlin Preußischer Kulturbesitz. Nachlaß Harnack, Kasten 45)

Auf allerhöchsten Befehl beehre ich mich Euer Exzellenz anbei Abschrift eines Berichts des Königlichen Gesandten beim Päpstlichen Stuhle vom 6. d[ieses]. M[ona].ts, betreffend die Indizierung der ›Histoire ancienne de l'église‹ des Msgr. [Louis] Duchesne, zur gefälligen vertraulichen Kenntnisnahme zu übersenden.
Zimmermann

Auswärtiges Amt
Abschrift
A 2596, pr[aes]. 9/2. [19]12
Gesandtschaft
Rom, den 6. Februar 1912
No: 15.

Ueber den letzten Akt des langen Kampfes, den die Intransigenten in der Kurie gegen den Leiter der Ecole française de Rome und das Mitglied der französischen Akademie Msgr. Duchesne zuerst unterirdisch, sodann vor der Oeffentlichkeit führten, ist der Vorhang gefallen. Er endet mit einem Siege der ultramontanen Kirche.
Das berühmte Werk des Msgr. Duchesne ›L'histoire ancienne de l'eglise‹ wurde am 24. Januar d[ieses]. J[ahre].s von der Indexkongregation auf den Index gesetzt und bereits der heutige ›Osservatore Romano‹ bringt die Unterwerfungserklärung Duchesne's. »Fidèle enfant de l'église, je dois me soumettre à ses décisions. Je viens donc déclarer à Votre Eminence que je m'incline respectueusement devant le décret de la S. Congrégation de l'Index relatif à mon livre«, so lauten die Worte des an den Präfekten der Indexkongregation gerichteten Schreibens, mit denen Duchesne sein Lebenswerk preisgibt.
Im Jahre 1880 begann Duchesne die Herausgabe seiner Kirchengeschichte. Seit dieser Zeit ist sie überall bekannt, vielfach besprochen und hauptsächlich in den katholischen Seminarien Frankreichs in Gebrauch, ohne daß man in Rom daran Anstoß genommen hätte. Zu seinem Buche hatte Duchesne außer dem Imprimatur von Pater [Albertus] Lepidi [OP], dem Maestro

dei Sacri Palazzi, die Zustimmung und den Segen von zwei Päpsten erhalten, von Leo XIII. und Pius X. Allein unter dem jetzigen Regime rettete selbst diese hohe Anerkennung sein Buch nicht vor dem Index. Vor etwa zwei Jahren begann der Feldzug gegen Duchesne in jesuitischen Blättern und Zeitschriften, unter denen sich vor allem die Unita Cattolica von Florenz und die Turiner Italia Reale hervortaten. Im September v[origen]. J[ahre].s waren die vorbereitenden Angriffe soweit gediehen, daß zu dem ersten großen Schlage ausgeholt werden konnte. Ein Dekret der Konsistorialkongregation untersagte den Gebrauch des Buches in allen katholischen Seminarien. Als Grund des Verbots werden angeführt, daß das Buch die Geschichte fälsche, indem es das Übernatürliche der Kirche nicht genügend hervorhebe. Ferner verkleinere es die Bedeutung und die Stellung der Märtyrer auf Kosten von deren Verfolger, die es in einem günstigen Lichte darstelle. Endlich werde es den Kirchenvätern nicht gerecht und verwirre die Lehren über die arianischen Kämpfe, die Mutter Gottes und die Einheit der Kirche. Das Dekret ist unterzeichnet vom Kardinal [Gaetano] de Lai, dem Haupte der antimodernistischen und intransigenten Richtung. Es war klar, daß nach diesem überraschender Weise und gegen den Brauch mit Gründen belegten Verbot die Indizirung des Werkes nicht mehr lange auf sich warten lassen würde. Sie ist dann auch kurzer Hand jetzt erfolgt.

Persönliche Rivalitäten mögen zu dem Verdammungsurteil das Ihrige beigetragen haben. Der Bischof von Montpellier [François-Marie-Anatole de Rovérié] de Cabrières, Ultramontaner vom reinsten Wasser, war der Konkurrent Duchesne's bei der Vakanz in der Académie Française. Sein literarisches Gepäck erschien zu gering, um ihn unter die Unsterblichen einzureihen, und zum Troste für seinen Mißerfolg gab ihm Rom den Kardinalshut. Cabrières wird als einer der eifrigsten Verfolger seines glücklicheren Rivalen bezeichnet.

Msgr. Duchesne ist nicht allein ein gelehrter Forscher, sondern er gebietet auch gleich seinem Landsmann, dem verstorbenen Kardinal [François-Désiré] Mathieu, über einen beißenden Witz, den er zu seinem Schaden nicht zu zügeln versteht und der ihm vielleicht mehr Feinde verschafft hat, als seine historischen Arbeiten. Von ihm rührt das Wort her, daß Pius X. nicht eher ruhen würde, als bis er das Schiff Petri in eine venetianische Gondel verwandelt hätte. Msgr. Duchesne hat seinen Sarkasmus gebüßt: laudabiliter se subjecit und fährt jetzt selbst auf der von ihm so getauften venetianischen Gondel weiter.

(gez.) Mühlberg

S[eine].r E[xzellenz]. dem Minister der ausw[ärtigen]. Angel[egenheiten]. Herrn v[on]. Bethmann Hollweg.

Anhang 10

Philipp Funk an Adolf Harnack, Stettin, 20. Mai 1910 (eigenhändig)[197]
(Staatsbibliothek zu Berlin Preußischer Kulturbesitz. Nachlaß Harnack,
Kasten 31)

Redaktion der Zeitschrift ›Das Neue Jahrhundert‹
Früher: ›Das Zwanzigste Jahrhundert‹ Wochenschrift für religiöse Kultur
Verantwortl. Redakteur: Dr. Philipp Funk, Stettin [bis hierher Druck].

Sehr geehrter Herr Geheimrat,
    vor einigen Wochen erlaubte ich mir, eine Nummer unserer Zeitschrift Ih-
nen vorzulegen, weil ich den Wunsch hatte, Ihr Interesse auf die gegenwärtigen gottlob wieder aufwärtsgehenden Leistungen einer Bewegung u[nd]. eines Organs zu lenken, das Sie in seinen früheren Phasen sicher mit Wohl-
wollen verfolgt haben.
    Ich will nicht den Verdacht erregen, Ihnen in unpassender Weise schmei-
cheln zu wollen, aber ich muß es sagen: wir katholischen Modernisten stehen
in engster geistiger Abhängigkeit zu Ihnen u[nd]. darum haben wir das Bedürfnis, mit Ihnen in Fühlung zu treten. Ihre Dogmengeschichte ist auf meine persönliche Entwicklung von tiefgehendem Einfluß gewesen.
    Um was ich Sie nun ersuchen möchte ist: erstens, daß Sie, hochgeehrter
Herr Geheimrat, unsere Blätter ab u[nd]. zu eines Einblickes würdigen;
zweitens daß Sie bei sich bietender Gelegenheit ein Wort über uns sprechen.
    Vielleicht ist es mir erlaubt, Ihnen bald einmal in Berlin meine persönliche
Aufwartung zu machen. Wohl weiß ich, daß Ihre kostbare Zeit allzuviel in
Anspruch genommen ist. Aber vielleicht können Sie dem Leiter u[nd]. Herausgeber der einzigen modernistisch-katholischen Zeitschrift Deutschlands
doch ein paar Minuten opfern; ich verspreche mir von Ihrem Rat u[nd]. Urteil nicht geringen Nutzen.
    Mit der Versicherung meiner tiefen Verehrung bin ich, Hochgeehrter
Herr Geheimrat, Ihr stets ergebener

Dr. Philipp Funk
Hilfsbibliothekar an der Stadtbibliothek Stettin

---

[197] Der Brief ist im Auszug zitiert bei ENGELHART, ›Wir schlugen unter Kämpfen und Opfern
dem Neuen Bresche‹ (wie Anm. 177) S. 220.

Anhang 11

Joseph Wittig an Adolf von Harnack, Breslau, 11. Juli 1921 (eigenhändig
auf Visitenkarte)
(Staatsbibliothek zu Berlin Preußischer Kulturbesitz. Nachlaß Harnack,
Kasten 45)

Dr. Joseph Wittig
Professor der Theologie
an der Schlesischen Friedrich Wilhelms-Universität
Breslau 16, Sternstraße 108 [bis hierher Druck]

    sendet diesen Sonderdruck seines Aufsatzes ›Aedificabo ecclesiam‹ zum
Zeichen seiner großen Verehrung und der aufrichtigen Dankbarkeit für die
Fülle neuer Erkenntnisse, die ihm das Buch über Marcion gebracht hat. Der
Aufsatz ist ein dem kirchlichen Verhältnisse angepaßter Versuch, die wich-
tigsten dieser Erkenntnisse dem katholischen Volke zu vermitteln. Möge er
auf beiden Seiten richtig verstanden werden und das Vorwärtsschreiten von
Erkenntnis zu Erkenntnis auch durch Dunkelheiten und Unzulänglichkeiten
hindurch ein wenig fördern.
    Mit verehrungsvollem Gruß!

Entre la crise moderniste et les exigences de la modernité

Quelques questions posées par la réception de ›L'essence du Christianisme‹ en France

von

Pascale Gruson

Harnack et la France

Il ne fait pas de doute que les relations de Harnack avec la France ne constituent qu'un point tout à fait marginal de sa biographie, par ailleurs très riche, mais essentiellement orientée vers l'Allemagne et vers les pays protestants, la Suède, l'Angleterre et les Etats-Unis (notamment dans le cadre d'engagements oecuméniques). Le théologien, devenu historien du Christianisme (en l'occurrence le grand spécialiste de l'Eglise primitive, des Pères de l'Eglise et surtout de l'histoire des dogmes), n'a jamais manifesté qu'un intérêt distant, voire à peine poli, à l'endroit de ses collègues français qui s'étaient engagés dans des recherches très proches des siennes, des recherches historico-critiques qui ouvraient un espace de débat avec lui. Il a peu lu les exégètes français, protestants ou catholiques, pourtant nombreux et actifs qui s'étaient succédés tout au long du XIXème siècle.[1] On sait qu'il eut des mots peu amènes à l'endroit de Renan dont il considérait que le travail sur ›La vie de Jésus‹ était celui d'un amateur frivole. Et si l'on considère la bombe que constitua en 1902 (certes sur fond de laïcité et à l'approche de la séparation de l'Eglise et de l'Etat) la traduction en français de son petit livre ›Das Wesen

---

[1] Parmi ceux qui ont apporté des contributions importantes, il faut citer Albert Réville, Auguste Sabatier, Arsène Darmstetter, Ernest Renan, le Père Lagrange qui fut directeur de l'Ecole Biblique de Jérusalem et le fondateur de la ›Revue biblique‹, Joseph Turmel, Albert Houtin, Alfred Loisy bien sûr.

des Christentums‹, le furieux débat qui s'ensuivit en France, son indifférence à cette réception paraît pesante.[2] Il est vrai que le succès de ce livre, les critiques aussi dont il fut l'objet en Allemagne, pouvaient suffire à l'occuper. Et il serait injuste de ne pas souligner que, plus tard, c'est-à-dire après le décret ›Lamentabili‹ et l'Encyclique ›Pascendi‹ (1907), il sut prendre quelques initiatives de solidarité à l'endroit de ceux qui, en France, avaient eu à subir durement les effets du raidissement drastique du Vatican. Il rédigea notamment, en 1909, le compte rendu d'un livre qui, traitant du débat que Loisy avait engagé avec lui sur le développement de l'histoire de l'Eglise, le présentait en des termes relativement ouverts, ce qui valut à son auteur, Mgr Pierre Battifol, d'être placé sous haute surveillance. Le geste, d'ampleur limitée, reste difficile à interpréter car l'auteur de ›L'Eglise naissante et le catholicisme‹ était l'ancien recteur de l'Institut catholique de Toulouse, apparemment donc, l'un des contempteurs les plus efficaces de Loisy au tournant du siècle.[3] En fait, l'attitude de Harnack vis-à-vis des débats français donne l'impression que celui-ci ne voulait plus s'engager sur un terrain qu'il pensait avoir suffisamment déblayé pour fonder clairement ses engagements, lui qui, de plus, avait gardé la tête haute vis-à-vis des dignitaires de l'Eglise évangélique allemande, alors même que ceux-ci avaient tout fait pour l'empêcher de prendre son poste à l'université de Berlin; lui qui avait efficacement accompagné vers leur résolution les conflits du Kulturkampf; lui qui pensait avoir émancipé en termes définitifs, parce que scientifiques, la théologie du carcan de l'autorité ecclésiale.

L'attitude de Harnack vis-à-vis de ses collègues français pris dans la tourmente ne parait d'ailleurs pas complètement déraisonnable si l'on considère que ceux-ci ne manquèrent jamais de le critiquer durement, souvent pour des raisons qui tenaient plus à la conjoncture qu'au fond. Il ne faut pas oublier que les théologiens catholiques français ›modernistes‹, s'ils voulaient être entendus de l'Eglise, devaient éviter toute concession visible au protestantisme; tandis que les théologiens protestants – dont beaucoup, d'obédience libérale,

---

[2] Harnack fera une »petite« (selon les termes d'Emile Poulat) recension du livre, dans la revue qu'il a fondée, la ›Theologische Literaturzeitung‹, le 23 janvier 1904 : »(…) Je suis souvent incapable de reconnaître ma pensée dans la forme que (Loisy) lui donne et, une fois de plus, je fais l'expérience que la méthode inquisitoriale est la pire de toutes pour saisir ce qui a été dit. Est-ce le Latin qui ne comprend pas le Germain, ou le catholique qui ne comprend pas le protestant?«. Harnack donnera aussi une interview au quotidien ›Le Temps‹, en février 1904. Cité par EMILE POULAT, Histoire, Dogme et Critique dans la crise moderniste, Paris 1962, p. 95–96.

[3] Selon POULAT, Histoire (cf. n. 2), l'attitude contrastée de Pierre Battifol reste énigmatique quant à ses sentiments profonds. Loisy et Battifol, qui avaient fait leurs études ensemble, partageaient bien des intérêts, notamment en ce qui concernait l'Evangile de Jean. Mais leurs personnalités étaient très dissemblables et Battifol n'était pas insensible à l'opportunisme.

auraient pu objectivement partager ses vues (Auguste Sabatier par exemple) – devaient, s'ils voulaient être entendus en France, notamment dans le combat que beaucoup menaient pour la laïcité, se garder de toute attitude bienveillante vis-à-vis de l'Allemagne, et plus encore vis-à-vis de ceux qui y exerçaient des responsabilités visibles – ce qui était évidemment le cas de Harnack, professeur à l'université de Berlin, ami des ministres en charge de l'enseignement supérieur (à l'époque Althoff), anobli par Guillaume II, etc. Harnack en l'occurrence apparaissait comme l'exacte antithèse de Nietzsche, le critique du régime prussien et de l'Empire allemand.[4]

Il ne faut pas oublier cependant que si, en raison de ses positions officielles, le dialogue des exégètes ou universitaires français avec Harnack fut à peu près inexistant, il se déroula à des niveaux moins officiels, moins visibles, mais utiles, avec d'autres partenaires. Les relations de Troeltsch avec Loisy furent beaucoup plus chaleureuses et constructives, en partie sans doute, sur le dos de Harnack.[5] Un certain nombre d'universitaires laïques furent reconnaissants à Troeltsch de poser le problème en des termes ouverts à leurs propres interrogations.[6]

On pourrait donc s'en tenir là, non sans faire mention cependant de cette curieuse démarche de Harnack auprès de Clémenceau,[7] après le traité de Versailles, démarche sous forme d'une lettre ouverte dans laquelle il voulait affirmer que sa sincérité comme celle de beaucoup de ses compatriotes, dans

---

[4] Les œuvres de Nietzsche furent très rapidement traduites en français et furent non moins rapidement l'objet de commentaires très positifs, notamment de la part de Charles Andler. Ce traitement favorable était rare en France et s'appliquait essentiellement aux critiques du ›régime‹ de Bismarck et de Guillaume II. La traduction de ›L'essence du Christianisme‹ constitue plutôt une exception dans l'atmosphère qui caractérise les relations de la France et de l'Allemagne après Sedan.

[5] ERNST TROELTSCH (1865–1923), Que signifie ›Essence du Christianisme?‹ in : Histoire des Religions et Destin de la Théologie, éd. française établie et commentée par JEAN-MARC TÉTAZ, Paris 1996, p.179–242. Ce texte est l'un des six articles que Troeltsch publia entre 1903 et 1913 dans la ›Christliche Welt‹, après avoir lu avec enthousiasme le ›petit livre ‹ de Loisy : »C'est la critique de Harnack la plus intelligente et la plus utile qui me soit venue dans les mains. Même là où je ne suis pas d'accord, j'apprends toujours de lui«, écrivait-il au Baron von Hügel. Cité par POULAT, Histoire (cf. n. 2) p. 94.

[6] Il faut évoquer par exemple le germaniste Edmond Vermeil, lequel engagea quelques travaux dans le domaine incriminé, à commencer par sa thèse sur Jean-Adam Möhler et l'Ecole de Tübingen. Celui-ci publia dans la ›Revue d'Histoire et de Philosophie religieuse de l'Université de Strasbourg‹, en 1921, un long article sur Troeltsch, récemment réédité: EDMOND VERMEIL, La pensée religieuse d'Ernst Troeltsch, éd. de HARTMUT RUDDIES, Paris 1990.

[7] ADOLF HARNACK, Offener Brief an Herrn Clemenceau, in: Adolf von Harnack als Zeitgenosse, Reden und Schriften aus den Jahren des Kaiserreichs und der Weimarer Republik, hg. v. KURT NOWAK, Berlin 1996, Teil 2, p. 1515.

le conflit mondial, n'avait jamais été tournée vers l'impérialisme agressif; que Clémenceau n'avait pas compris ce qu'était sa position véritable dans le conflit, position de fait aussi mesurée qu'impuissante, bien qu'il ait signé le fameux manifeste des universitaires allemands en 1914.[8] Cette démarche publique tient probablement au fait que Harnack a été, à l'invite de Naumann notamment, l'un des conseillers à la rédaction de la Constitution de Weimar. Elle est par ailleurs tout à fait sincère: Harnack n'avait jamais été un belliciste acharné, comme le prouve un certain nombre d'articles publiés entre 1914 et 1918.[9] Et sur le fond, elle est assez caractéristique de son attitude générale: il n'entendait pas que sa sincérité puisse jamais être mise en doute et il souhaitait toujours faire savoir qu'il agissait de manière réfléchie; que les points de vue qu'il adoptait reposaient sur des arguments qu'il avait toute raison de tenir pour scientifiques, ce qui, dans les limites propres aux ›sciences de l'esprit‹ (compréhensives et non causales), leur donnaient une portée générale. Dès lors il ne pouvait pas juger pertinentes les critiques qui ne lui paraissaient pas congruentes à son champ d'investigation. Il n'empêche que, quelle qu'ait été l'authenticité de sa position et sa sincérité véritable, il s'est trouvé contraint d'agir parfois dans des zones d'interdépendances dont la complexité était grandissante, ce qu'il n'avait pas toujours les moyens techniques d'apercevoir. Dès lors ses critères de congruence pouvaient être moins exhaustifs que ce qu'il supposait; ou encore la visée historique qu'il liait à ses travaux d'exégèse pouvait rester problématique.[10]

Le recul du temps a fait apercevoir quelques limites à son assurance sur la longue période. Comme Karl Barth l'a souligné après la Première Guerre mondiale, cette assurance se fondait sur un contexte dont la fragilité, avérée

---

[8] On sait que cette démarche des universitaires allemands fut épinglée par les universitaires français qui, pourtant, en avaient fait tout autant, si l'on considère les livres de circonstance écrits par Charles Andler (sur le pangermanisme tous azimuts), par Emile Durkheim, par Henri Bergson et d'autres. Cf. PHILIPPE SOULEZ, Les Philosophes et la Guerre de 1914, Paris 1988.

[9] Les articles politiques de Harnack pendant les hostilités montrent toutefois sa surprise, souvent douloureuse, devant la tournure prise par les événements. ADOLF HARNACK, Was wir schon gewonnen haben und was wir noch gewinnen müssen. Rede am 29. September 1914 in Berlin gehalten, in: NOWAK, Harnack als Zeitgenosse (cf. n. 7) p. 1445–1464. Il n'empêche que dans un livre de circonstance, quoique moins belliciste que d'autres, voire presque pacifiste, Alfred Loisy reproche à Harnack d'avoir, par ses recherches, pris une responsabilité lourde dans la guerre. ALFRED LOISY, Guerre et Religion, Paris 1915. Comme pour poursuivre le débat, le 2 Décembre 1918, Alfred Loisy prononce sa Leçon inaugurale au Collège de France sur le thème de la Paix des Nations et la Religion de l'avenir.

[10] A cet égard Harnack est un vrai représentant de l'Ecole historiste allemande, nourrie par la dynamique de la philologie, enthousiaste de mille découvertes. Le choix du cadre interprétatif peut cependant toujours ouvrir à de nouvelles questions, donc à des débats à la fois tendus et enrichissants pour la discipline.

par la suite, était dans l'immédiat difficile à imaginer tant il paraissait porteur: »Pourrait-on imaginer, même un instant, la morale de l'école ritschléenne[11] sans le solide arrière-fond de la bourgeoisie allemande prenant joyeusement son essor tandis que se consolidaient les bases de l'Empire bismarckien«.[12] C'est pourquoi l'indifférence dont Harnack a fait montre face aux critiques dont il était l'objet en France, indifférence qui a été aussi la sienne vis-à-vis de ses détracteurs en Allemagne, bien qu'elle soit aussi, dans ce cas, tristesse de n'avoir pas été compris, est sûrement intrigante: pouvait-il en être autrement?

Encore une fois, on peut comprendre que Harnack n'ait pas souhaité s'engager dans une polémique sur des thèmes qu'il pensait avoir assez clairement explorés, avec des collègues qui, de plus, lui reprochaient soit d'être protestant, soit d'être allemand, soit d'être les deux. Il ne faut pas oublier que les critiques ont parfois été très dures. Par exemple le Père Laberthonnière[13] – l'un de ceux qui essayaient de construire un débat raisonnable sur la modernité dans le monde catholique français et qui fut pour cela mis à l'écart par Rome et la hiérarchie française, ainsi que par l'université, puisqu'il n'était pas laïque – pensait donner des arguments forts contre l'influence de Charles Maurras en disant que celui-ci était un Harnack français.[14] Cette critique de circonstance est certes quelque peu paradoxale, elle n'en est pas moins significative du mode de relations entre la France et l'Allemagne hérité de Sedan.

D'une manière générale, le climat qui régnait en France après ce qui avait été, dans ce cas, le désastre de Sedan ne prêtait à aucune relation sereine avec l'Allemagne et manifestement il était difficile de considérer, de part et d'autre des nouvelles frontières, qu'un certain nombre de problèmes pouvaient être communs, que des interdépendances existaient entre leurs exigences de développement économique, que des espaces de débats communs étaient nécessaires. Mais ne devait-on pas attendre de Harnack, des ressources d'intériorité qui étaient les siennes, de sa position mieux assurée, qu'il puisse, lui, dépasser le ton de la polémique pour reconnaître que, de ses certitudes, nais-

---

[11] Harnack avait été formé à l'école du théologien Albrecht Ritschl (1822–1889), ainsi qu'à celle de l'historien Leopold von Ranke (1796–1886).

[12] KARL BARTH, La question éthique aujourd'hui (1922), in: KARL BARTH, Parole de Dieu et Parole humaine, Paris 1933, p. 164.

[13] Lucien Laberthonnière (1860–1932) appartenait à l'ordre des Oratoriens. Il s'engagea du côté de Loisy et fut un ami du philosophe Maurice Blondel. Plusieurs de ses ouvrages (›Essais de Philosophie religieuse‹; ›Le réalisme chrétien et l'idéalisme grec‹) furent mis à l'index en 1906. Dans ses débats avec la hiérarchie catholique, il essaya sincèrement de se défendre contre toutes les accusations de ›kantisme‹ dont il était l'objet.

[14] Cité par MICHAEL SUTTON, Maurras et le catholicisme français, Paris 1995.

saient aussi des questions; que de telles questions faisaient partie de l'exigence scientifique qu'il voulait respecter et faire respecter?

Il faut donc maintenant s'intéresser au fait que le nom de Harnack est, en
France, essentiellement attaché au rebond spectaculaire qui fut celui de la crise
moderniste à la fin du XIXème siècle; un rebond qui, jusqu'à la guerre de
1914, entraîna des mises à l'index, des excommunications, et beaucoup de cas
de conscience très douloureux pour un certains nombre de catholiques
français. Ce qui était alors en jeu ne peut pas se dire seulement dans l'alternative qui oppose fidélité aux dogmes et lucidité pleinement désenchantée,
autrement dit l'arrière-garde contre l'avant-garde et réciproquement. Manifestement y affleuraient aussi des problèmes propres à la modernité (et à l'efficacité de l'industrialisation); des problèmes dont la gravité était pressentie
sans pouvoir toujours être clairement explicitée; des problèmes dont la catas-
trophe de la guerre de 14 et ses conséquences ont trop tard montré l'ampleur.
Tel est peut-être le phénomène que l'indifférence de Harnack aux fureurs po-
lémiques françaises permet à distance et avec le recul du temps d'approcher.

Remous autour d'un petit livre

›L'essence du Christianisme‹ occupe, on le sait, une place particulière dans
l'œuvre de Harnack. Ce livre n'est pas en soi un livre d'ordre scientifique. Il
est le résumé, nécessairement abrupt, de l'investigation considérable que
constitue ›L'histoire des Dogmes‹,[15] travail auquel il avait consacré sa grande
énergie dans les années 1880, qu'il a constamment remis à jour par la suite et
qui, à partir de remarquables travaux d'exégèse, s'appliquait à montrer l'en-
racinement historique et contingent de tout ce qui parait fonder l'autorité de
l'institution ecclésiale, qu'elle soit catholique ou protestante et les visées
d'universalité qui en découlent. Contingente, l'histoire du Peuple d'Israël et
ses crises telles que relatées dans l'Ancien Testament; contingents, certains
aspects du Jésus de l'histoire et, par exemple, la référence à d'éventuels miracles qui ne reflètent selon lui que l'ignorance de l'époque; contingent le qua-
trième Evangile, tellement marqué du sceau de l'hellénisme; contingent le mi-
nistère de Paul, contraint de plier son enseignement aux particularités des
communautés qu'il souhaitait convertir.[16] Une fois toutes les scories d'histoi-

---

[15] ADOLF HARNACK, Lehrbuch der Dogmengeschichte, 3 vol., 1886–1890, régulièrement com-
plété et réédité par la suite.

[16] On peut citer, concernant les Epîtres de Paul, un des passages du ›Lehrbuch der Dogmengeschichte‹ (extrait du chapitre V consacré à Marcion et lu dans une traduction parue aux Etats-
Unis): »Christ inspired Paul by a special revelation, lest the gospel of the grace of God should

res particulières multiples et contingentes, avant le Christ et après, repérées, évaluées, que reste-t-il qui soit essentiel et donc argument d'autorité, de fidélité au christianisme? Un reste essentiel existe bien, hors de toute temporalité et de toute contingence; un reste qui se trouve dans quelques aspects de l'enseignement du Christ, soit le Dieu Père, l'amour du prochain, et la visée du Royaume, à condition, pour ce dernier point, de la déconnecter de la situation de crise qui marqua le règne de Hérode et les temps du premier Christianisme. C'est ce reste qui nourrit alors l'intériorité de toute personne responsable: »L'Evangile s'adresse à l'homme intérieur, toujours identique à lui-même (...) l'homme tel qu'il reste, en dépit de tout le progrès de l'évolution, éternellement le même aussi bien dans sa complexion intime que dans ses relations avec le monde extérieur«.[17] L'intériorité est une notion fondamentale chez Harnack et c'est aussi une notion forte dans la tradition du piétisme allemand. Mais c'est une notion susceptible de recouvrir des contenus assez différents.[18] En l'occurrence, elle exprime l'idée qu'aucune Eglise ne peut revendiquer une autorité supérieure à celle qui se fonde sur l'authenticité de l'individu qui en est comptable vis-à-vis de lui-même et de son prochain, selon des critères qui relèvent d'une théologie véritablement scientifique et donc du ›bon usage de la raison‹. Et, par ailleurs, le fait que le Christianisme ait une ›essence‹ prévient contre tout athéisme. Cette ›essence‹ appartient à la visée de l'histoire. Dans ce contexte, c'est alors l'Etat qui devient référence d'autorité, dès lors que ses différentes institutions sont issues du bon usage

---

be lost through falsification. But even Paul had been understood only by a few (by none?). His gospel had also been misunderstood nay, his epistles had been falsified in many passages, in order to make them teach the identity of the God of creation and the God of redemption. A new reformation was therefore necessary. Marcion felt himself entrusted with this commission. (...) He did not appeal to a new revelation such as he presupposed for Paul (...). It was only necessary to purify the epistles from interpolations, and restore the genuine Paulinism which was just the Gospel itself. But it was also necessary to secure and preserve this true Christianity for the future. Marcion, in all probability, was the first to conceive and, in great measure, to realise the idea of placing Christendom on the firm foundation of a definite theory of what is Christian – but not of basing it on a theological doctrine – and of establishing this theory by a fixed collection of Christian writings with canonical authority. He was not a systematic thinker, but he was more, for he was not only a religious character, but at the same time a man with an organizing talent (...)«, in: ADOLF HARNACK, History of Dogma (trad. américaine) 1886, p. 279.

[17] ADOLF HARNACK, L'essence du Christianisme, trad. française, Paris 1902, p. 159, cité par POULAT, Histoire (cf. n. 2) p. 50.

[18] Entre l'intériorité que prône Harnack et celle qui caractérise les pasteurs piétistes décrits par Théodore Fontane, il y a une différence notable. Les pasteurs de Fontane sont confrontés aux souffrances de leurs paroissiens, lesquels vivent au fond de la Poméranie dans un contexte dur, marqué par de fortes inégalités sociales. L'intériorité de Harnack se rapporte à un autre climat social.

de la raison, tel que les développements des ›sciences de l'esprit‹ le mettent en évidence, l'histoire ayant en ce domaine une évidente prééminence.

La problématique que développe Harnack se fonde sur des travaux d'exégèse unanimement admirés, lesquels ouvrent à une visée historique pour le présent. Il ne fait pas de doute que cette visée historique n'est qu'une interprétation de l'exégèse; une interprétation qui est surtout en congruence forte avec l'idéalisme libéral confiant de l'époque, celui dont parlait Karl Barth après la Première Guerre mondiale, celui auquel les progrès scientifiques et techniques et leurs effets redistributifs, si visibles dans la société séculière allemande au début de ce siècle, donnaient une sorte d'évidence. Mais – l'expérience en a été faite peu de temps après – cette interprétation était insuffisante; elle laissait à ses marges bien des incertitudes, la moindre n'étant pas ce qui concernait l'aptitude à suivre utilement les modalités du développement économique, à savoir en comprendre les implications sociales. En l'occurrence, et concernant le sens de l'histoire où son présent prenait place, les critères retenus par Harnack étaient porteurs mais méritaient plus ample discussion. Il ne suffisait pas d'affirmer que, dans un matériau d'une grande diversité, certaines données sont justes un moment en regard des perspectives d'universalité concevables à ce moment, tandis que d'autres ne le sont pas, pour affirmer le juste sens de l'histoire et reconnaître les justes contraintes afférentes. Comme certains débats l'ont montré, ces critères laissaient souvent de côté, comme une inutile scorie, ce qui se constitue en contradiction d'une information dans l'instant porteuse. Uriel Tal a bien décrit les limites des positions protestantes libérales, celle de Harnack en particulier, concernant ce qui, à l'époque, paraissait une évidence, soit l'assimilation de la communauté juive allemande à ce qui constitue l'ordre social de l'Empire (dans le cas particulier, l'évidence de ›L'essence du Christianisme‹):[19] »The liberal Protestants argued that modern liberal Judaism was not justified in preserving its separate existence, for by its rejection of the Halacha, it acknowledged the basic doctrine of Christianity and by making ethics the central concern of religion it accepted the basic principle of western humanistic culture. The liberal Jews, on the other hand, contended that liberal protestantism was not justified in asserting the superiority of Christianity over Judaism, for with the rejection of relatively late traditions where sources were pagan Christianity it virtually accepted Judaism's basic opposition to Christianity, and by reducing religion to ethics and its theological mysteries to anthropology it denied

---

[19] URIEL TAL, Christians and Jews in Germany. Religion, Politics, and Ideology in the Second Reich, 1870–1914, Ithaca 1975, p. 160–222. ›L'essence du Christianisme‹ fut l'objet d'une vive réplique de la communauté juive. Cf. LEO BAECK, Das Wesen des Judentums, Berlin 1905.

the dogmatic traditions of the church and acknowledged the prophetic tea-
chings of Jewish ethics. As the two liberal camps became entrenched in their
respective theological positions, they began to attach great importance to the
merits of their cause – which only serve to inflame the growing spirit of dis-
sension«.[20] Manifestement Harnack était peu sensible à l'exigence prophéti-
que. Et d'une manière générale, il était peu sensible à la diversité de ce que
Wittgenstein (qui était de la génération de Barth) a appelé les jeux de langage
(ce qui fait que le langage de la théologie n'est pas du même ordre que celui
de l'histoire).

Quoi qu'il en soit de toutes les questions qui peuvent être posées autour
des affirmations sincèrement libérales de Harnack – affirmations souvent assez insouciantes de l'avenir sous couvert des garanties que donne la scientifi-
cité –, l'expérience française de son petit livre montre bien en tout cas que, à
partir de l'exégèse biblique – exégèse historico-critique rigoureuse qui fait effectivement apparaître divers niveaux d'écriture, différentes inscriptions historiques – des problématiques très différentes peuvent être posées, dont aucune ne pêche par absence de cohérence, quoique leurs zones d'opérationna-
lité soient évidemment différentes.

Lorsque ›Das Wesen des Christentums‹ est traduit en français, de manière semble-t-il approximative, par les soins d'une jeune catholique libérale (et
très probablement lectrice de Kierkegaard car elle était par ailleurs spécialiste de littérature scandinave) qui le publie chez l'éditeur protestant Fischbacher,[21] le nom de Harnack n'est pas inconnu en France. Il apparaît bien
qu'il s'agissait là de profiter d'une occasion de lire enfin, sous une forme
abrégée et facilement accessible, ce que l'on ne pouvait pressentir que de manière indirecte de l'œuvre princeps. Dans ces conditions, ce livre ne pouvait
être qu'un brûlot. Ceux qui avaient lu en allemand totalité ou partie de
›L'histoire des dogmes‹ et qui avaient voulu en parler dans l'enceinte de l'Institut catholique de Paris, le Père Louis Duchesne et l'Abbé Loisy notamment, s'étaient vus brutalement destitués de leurs chaires (1893). On se mé-
fiait déjà d'eux auparavant, car ils avaient été des élèves d'Albert Réville et
d'Ernest Renan,[22] les initiateurs de l'analyse historico-critique dans l'enceinte
du Collège de France. Or, si Duchesne et Loisy avaient été par la suite accueil-
lis à bras ouverts dans les institutions laïques d'Etat, qu'étaient, pour le pre-

---

[20] TAL, Christians and Jews (cf. n. 19) p. 298.

[21] Blanche Calmard du Genestoux (sous le pseudonyme de Jacques de Coussange) en fut responsable. Il semble que la traductrice ait suivi les cours de Duchesne à l'Institut catholique de
Paris et se soit passionnée pour les querelles d'exégèse. Elle proposa une seconde traduction de
l'ouvrage en 1907.

[22] Albert Réville était protestant. On sait que Ernest Renan avait, lui, quitté le séminaire.

mier, l'Ecole française de Rome (1895) et pour le second l'Ecole pratique des Hautes Etudes (section de Sciences religieuses, succession de la chaire d'Auguste Sabatier, 1898), leurs travaux restaient évidemment sous surveillance.

La traduction de ›L'essence du Christianisme‹ (1902) fut pour Alfred Loisy, l'occasion de préciser plus clairement ce qu'était pour lui l'apport de l'exégèse biblique dans une fidélité marquée à l'Eglise. Loisy est considéré comme un remarquable exégète, linguiste, philologue, pourrait-on aussi ajouter. Son hypothèse de travail était que l'exégèse ne pouvait pas mettre en danger l'autorité de l'Eglise, dès lors que l'on rapportait cette autorité non pas à des dogmes nécessairement figés (quoique sujets à transformations en fonction de contingences historiques), mais au travail dans la durée de la communauté des chrétiens, celui qui faisait fructifier, au fur et à mesure du temps, des semences dont les fruits étaient multiples et prompts au renouvellement. Loisy ne rejetait donc aucun texte du Canon biblique au prétexte que l'on pourrait en décrire le contexte historique contingent. Dans ›L'Evangile et l'Eglise‹, le ›petit livre‹ qu'il écrivit en 1903 en réponse au ›petit livre‹ de Harnack, Loisy montra que ce qui était dit contingence par Harnack ne l'était pas nécessairement et en tout cas pas seulement; que des lectures reconnaissant le symbolisme de l'Ancien Testament, celui de l'Evangile de Jean et des Epîtres de Paul étaient possibles et apportaient, dans un certain registre, un enseignement durable. Il s'opposa donc nettement à tous les arguments de Harnack qui visaient à ›purifier‹ un texte des contingences dans lesquelles il avait été écrit aux fins d'en restaurer l'authenticité. De plus, et comme le résumait une formule devenue célèbre dans les milieux concernés, il affirmait que »si le Christ annonçait le Royaume, c'était l'Eglise qui était venue«, et que ce fait, s'il ne laissait pas d'être ambigu, n'en devait pas moins être pris au sérieux, c'est-à-dire comme une responsabilité dans l'histoire. Il s'agissait là d'une position antithétique de celle d'Harnack pour lequel la fidélité au Christ ne pouvait pas passer par l'Eglise, sinon peut-être protestante, et encore dans certaines conditions.

Dans ce livre, Loisy affirmait sa fidélité à l'Eglise, mais en tant qu'elle est communion des Saints, corps mystique entré dans l'histoire. C'est ce qui suscita l'immédiate mise à l'index de l'ouvrage. Des recensions, telles que celle de l'Abbé Frémont, avaient eu dans ce sens une grande efficacité. »J'ai lu en deux jours ›L'Evangile et l'Eglise‹. J'y trouve singulièrement réduite la révélation du Christ. Que devient la divinité de Jésus dans ce travail pseudo-critique? (...) Ainsi parle l'Abbé Loisy qui d'ailleurs est documenté, mais que le renanisme et le criticisme allemand dominent de plus en plus«.[23] L'espace

---

[23] Pierre Colin, L'audace et le soupçon. La crise moderniste dans le catholicisme français 1893–1914, Paris 1997, p. 157.

d'agressivité peut commencer à être esquissé: d'une part Loisy était accusé d'être infidèle à l'enseignement thomiste qui, depuis l'encyclique de Léon XIII, ›Aeterni Patris‹ (1879), était devenu le fondement exclusif de la doctrine de l'Eglise; d'autre part, il était contesté par Harnack qui lui reprochait sa fidélité passéiste, son respect suranné pour l'Eglise catholique et qui lui pardonnait mal de n'avoir pas admis ses hypothèses critiques tant sur l'Evangile de Jean que sur les miracles, s'estimant incompris dans son œuvre vive. Dans cet espace tendu, de nombreux protagonistes devaient prendre position non sans favoriser une certaine confusion des propos. Des ambiguïtés n'ont pu être levées concernant le sens du mot ›Eglise‹, ou ce qui était entendu par ›miracle‹ ou par ›corps mystique‹. Par exemple, Loisy a été défendu contre Harnack par des protestants et notamment par Gabriel Monod, le fondateur de la ›Revue historique‹. Celui-ci interprétait le fait que l'Eglise soit venue en lieu et place du Royaume comme une critique à double détente – critique visant évidemment l'Eglise romaine; mais critique visant Harnack, car il avait sous-estimé l'efficace de la puissance de Rome. Cependant il restait peu sensible à l'idée du ›corps mystique‹. En revanche les catholiques qui défendaient Loisy contre la hiérarchie catholique et qui gravitaient souvent dans le voisinage de l'Institut catholique de Paris, dans celui de l'Ecole pratique des Hautes Etudes et aussi de l'Université laïque, voyaient dans le ›corps mystique‹ un champ de réflexion digne d'attention. Maurice Blondel, Lucien Laberthonnière, Henri Brémond, Edouard Le Roy, pour n'en citer que quelques uns, n'ont pas toujours pu aller au bout de leurs audaces. Le débat s'orienta notamment vers un renouveau des études augustiniennes confrontées aux rigueurs du thomisme plus officiel. Il a certainement laissé un héritage durable, plus durable que ne le laisse entendre une histoire strictement laïque de l'institution universitaire, héritage repris par Henri-Irénée Marrou, Gaston Berger, André Mandouze, Jean Guitton et bien d'autres philosophes ou historiens, et du côté du thomisme par Etienne Gilson. Le thème le plus sensible était celui des rapports du monde moderne avec la tradition, le problème des fondements de l'action[24] dans ce monde moderne.

C'est la séparation de l'Eglise et de l'Etat (1905), l'arbitrage de Pie X, dans le cadre du décret ›Lamentabili‹ et de l'encyclique ›Pascendi‹ (1907), qui marqueront le paroxysme de la crise. Loisy sera excommunié en 1908 pour avoir commenté les écrits du Pape. Ceux qui l'auront plus ou moins soutenu ou auront tenté de redéployer la question du rapport aux Dogmes seront menacés

---

[24] Beaucoup de leurs ouvrages ou articles ont pour thème, l'action, histoire et dogme, histoire et tradition, des thèmes débattus dans des revues théologiques mais aussi philosophiques, telle ›La Revue de métaphysique et morale‹.

d'excommunication. Tout se passe comme si la hiérarchie catholique voulait en finir tant avec le rationalisme qu'avec les dérives – qualifiées de romantiques – prêchant le retour à l'Eglise primitive et l'amour du prochain. Les victimes françaises de la crise moderniste seront meurtris par celle-ci, beaucoup plus que ne l'avaient été leurs homologues catholiques allemands, lorqu'ils avaient réagi à la publication du Syllabus (1864) ou lorsque Bismarck avait engagé le ›Kulturkampf‹ (1872). Il faut d'ailleurs rappeler que la condamnation du modernisme par l'encyclique ›Pascendi‹ n'eut pas de conséquences notables en Allemagne. Les prêtres allemands, supposés s'opposer au modernisme ambiant du fait de leur position minoritaire en pays protestant, n'eurent pas à prêter le serment anti-moderniste, exigé en France (jusqu'au concile Vatican II). Et, si Harnack protesta contre ›Pascendi‹, ce fut au nom de raisons pragmatiques qui marquaient son sens politique très sûr en matière d'enseignement: son principal souci fut en effet que les facultés de théologie catholique restent dans les universités publiques.[25] L'intention était sûrement de maintenir par ce moyen un contrôle sur l'Eglise catholique allemande. Mais on retrouve, dans les arguments proposés, les accents de l'homme ›moderne‹: il y a un souci de travailler à une politique scientifique qui préserve toutes les ressources nécessaires au développement des connaissances, dans une définition large et ouverte de celui-ci, loin de tout repli défensif; ce souci-même qui est à l'origine de la fondation de la ›Kaiser-Wilhelm-Gesellschaft‹.

Une question byzantine?

A regarder, avec la distance historique, les épisodes de la crise moderniste directement amorcés par la traduction de ›L'essence du Christianisme‹, on ne peut s'empêcher de penser qu'il s'agit là d'une sorte de querelle byzantine dans un monde qui par ailleurs a accepté son ›désenchantement‹ et sait assumer sa pleine sécularité. Ces épisodes ont d'ailleurs été largement oubliés dans leurs détails. De fait, faut-il encore attacher quelque importance à ce qui apparaît comme un repli défensif et violemment conservateur de la hiérarchie catholique? Ces soubresauts n'étaient-ils pas tout à fait naturels, puisque les avancées de la science étaient irréversibles, puisque celles-ci mettaient définitivement à mal l'idée que l'Eglise catholique pouvait être au centre

---

[25] ADOLF HARNACK, Protestantismus und Katholizismus in Deutschland, die päpstliche Enzyklika von 1907 nebst zwei Nachworten, in: NOWAK, Harnack als Zeitgenosse (cf. n. 7) p. 361–430.

d'une Histoire universelle portée par la révélation – unique – du Christ-Dieu – le dogme princeps et inaliénable – vers la rédemption des pêcheurs? Harnack n'était-il pas, lui, en meilleure posture que Loisy, puisqu'il pensait avoir établi les hypothèses qui permettaient d'affirmer que la théologie était une science à part entière et ce, de manière définitive?

Si l'histoire de la République française laïque, celle de son université laïque, peut se faire en tenant ces ›vieilles lunes‹ éloignées de son champ, il n'empêche pourtant que des dimensions importantes du débat moderniste s'y sont trouvées inscrites. Ne faut-il pas considérer par exemple que ›Les formes élémentaires de la vie religieuse‹, l'un des grands livres (paru en 1908) du philosophe et sociologue Emile Durkheim, voire par la suite les ›Deux sources de la morale et de la religion‹ (paru en 1932) de Bergson (livre dont on sait qu'il a retenu l'attention de Loisy)[26] constituent un débat très important avec les thèses de Harnack et ce, pour des raisons qui tiennent à une réflexion sur les exigences de la modernité?

Il serait en fait absurde, se fondant sur l'oubli apparent dans lequel est tombée la crise moderniste (sauf bien sûr pour quelques historiens du catholicisme)[27] d'en conclure qu'il ne s'agissait là que d'une querelle byzantine dont les principaux protagonistes combattaient contre des moulins à vent. La technicité de ce débat semble au premier abord se concentrer sur les dogmes et leur contenu d'une part, sur la raison et son opérationalité visible, capable de faire surgir des champs de connaissance spécialisées avec leurs lignes évolutives et leur portée d'universalité, d'autre part. A y regarder de plus près, cette technicité est en soi fortement imprégnée de raisonnements abstraits qui ont d'autres implications que la croyance ou non dans un dogme unique. A ce titre, elle ne doit pas être négligée: il ne s'agit pas seulement d'une querelle de fondamentalismes qui seraient exclusifs l'un de l'autre. Il s'agit aussi, on va le voir, d'une manière de poser le problème de l'action dans un contexte d'interdépendances complexes.

Les travaux d'exégèse étaient associés à une réflexion sur le sens de l'histoire, sur la visée plus ou moins universelle de l'histoire. Ils intéressaient l'histoire en tant qu'elle informe sur le présent. La querelle moderniste charriait donc des problèmes tout à fait contemporains – ceux qui touchaient notamment aux transformations qui affectaient les modalités du développement social, transformations souvent spectaculaires et bienvenues, au plan de la technologie évidemment, mais dont les implications étaient loin d'être maîtri-

---

[26] Alfred Loisy, Y-a-t-il deux sources à la Morale et à la religion, Paris 1934.

[27] Poulat et Colin, notamment, auteurs respectivement de Histoire, dogme et critique dans la crise moderniste (cf. n. 2) et de L'Audace et le Soupçon (cf. n. 23).

sées, en France comme en Allemagne. A cet égard, les certitudes de Harnack sur sa conception de l'histoire ne sont pas sans mériter ample débat. Toutes choses égales par ailleurs, mais dans un contexte de libéralisme assez voisin, elles préfigurent certaines thèses contemporaines sur la ›fin de l'histoire‹,[28] soit l'entrée du monde contemporain dans une dynamique de développement dont les principales données paraissent définitives et donc la direction déterminée. Ceci peut impliquer la reconnaissance d'un certain pluralisme des intérêts et des valeurs; mais, quant aux violences propres à ce contexte, l'historien y peut-il quelque chose?

Apologétique, question sociale, raison pratique

Les relations de Harnack avec la France se placent donc dans l'un des derniers épisodes spectaculaires de la crise moderniste. Mais celle-ci en a connu plus d'un, depuis la condamnation par Rome de la Révolution française et depuis le début du XIXème siècle – les hypothèses romantiques rappelant l'authenticité perdue de l'Eglise primitive, les travaux de John Newman, le catholicisme social de damennais, les révolutions libérales de 1848, d'une manière générale, les avancées, incessantes, constamment surprenantes, de la science, avec cette possibilité de formuler des hypothèses évolutionnistes qui transformaient le rapport du présent au passé. Les relations de l'Eglise catholique avec les Etats modernes (à majorité catholique) du XIXème siècle sont clairement apparues comme des conflits d'autorité. A tout le moins celle-ci pouvait-elle se sentir visée dans les fondements et l'efficacité de son apologétique. En France, le concordat napoléonien avait, un temps, apaisé les amertumes, confortant les positions de l'Eglise catholique dans les campagnes – par exemple en confiant la responsabilité de l'enseignement primaire aux Frères des écoles chrétiennes. Mais le répit fut bref, car la politique religieuse de l'Empire avait aussi donné aux protestants français les moyens d'aménager l'espace de liberté qui leur avait été accordé par l'édit de tolérance de 1787. Peu à peu apparurent les bonnes capacités d'adaptabilité de l'apologétique protestante aux catégories séculières,[29] telles qu'un scientifique comme Cuvier, un homme politique comme Guizot et d'autres – pasteurs et théologiens – ont su les développer.

---

[28] Cf. le débat autour des travaux de Francis Fukuyama.

[29] Cette compétence protestante a été décrite par WILLIAM EDGAR, La carte protestante. Les réformés francophones et l'essor de la modernité (1815–1848), Paris 1997.

Les prétextes de la crise moderniste furent souvent le conflit supposé d'un fondamentalisme théologique et d'un fondamentalisme scientifique, chacun impliquant alors un attachement ›littéral‹ et donc des contraintes de vie fortes et exclusives l'une de l'autre. Certaines découvertes scientifiques ne permettaient-elles pas d'affirmer que les véritables lignes d'évolution du monde n'avaient rien à voir avec les ›fables‹ de la Genèse? Ces débats qui ont dans l'ensemble beaucoup vieilli, quoiqu'on les voit réapparaître ici ou là à la fin du XXème siècle,[30] étaient, de part et d'autre, assez virulents: il suffit d'évoquer la radicalité violente du darwinisme et les formes d'opposition qu'elle suscita, par exemple. Ces débats étaient certes spectaculaires, mais ils ne doivent pas empêcher d'en voir d'autres, plus complexes en fait et aujourd'hui impossibles à éluder, notamment ceux qui ont trait aux fondements de l'action dans un monde saisi comme capable d'évolution rapide et non pleinement maîtrisée dans ses dimensions séculières. Les éléments de forte crispation de la crise (la condamnation de damennais, le ›Syllabus‹, l'encyclique ›Aeterni Patris‹, ›Pascendi‹, entre autres) se cristallisent en fait moins sur les possibilités ouvertes par le progrès scientifique, lesquelles sont très rarement rejetées, que sur l'usage du libéralisme, qu'il soit idéalisé comme expression de la capacité à exercer des responsabilités dans le monde, ou qu'il soit vilipendé parce qu'il n'est plus nécessaire de rapporter le sens de l'action à l'histoire universelle dont l'Eglise catholique serait la seule véritable garante, ayant fondé ce sens sur la révélation unique du Christ-Dieu et sur la promesse de la rédemption qu'elle contient. L'exemple des nombreuses lettres, allocutions, encycliques, énoncées par Pie IX dans la suite des Révolutions de 1848 qui furent bruyamment réunies en 1864 dans le ›Catalogue des Erreurs modernes‹, mieux connu sous le nom de ›Syllabus‹, est à cet égard intéressant.[31] En effet, ce catalogue décrit, pour les condamner immédiatement, certaines caractéristiques de l'attitude libérale. L'intention polémique était claire. Mais il faut reconnaître aussi, d'autant plus que l'autorité de l'Eglise ne les a résolues que d'étrange façon, que certains articles pointaient effectivement de possibles ambiguïtés dans les attitudes libérales. Par exemple, le paragraphe III du chapitre I décrit le risque attaché au libéralisme idéaliste d'utiliser les outils de la raison hors de leurs zones d'opérationalité. Il condamne en effet l'hypothèse selon laquelle »La raison humaine, considérée sans aucun rapport avec Dieu, est l'unique arbitre du vrai et du faux, du bien et du mal: elle est à elle-même sa loi, elle suffit par ses forces naturelles à procurer le bien

---

[30] On les retrouve aux Etats-Unis sous des formes effectivement archaïques; par exemple: faut-il enseigner les sciences qui contredisent les récits de la Genèse?

[31] Il faut noter que le ›syllabus‹ a connu des rééditions régulières et facilement accessibles jusques et y compris la période contemporaine (en France, chez l'éditeur Pierre Téqui).

des hommes et des peuples«. Le problème posé, celui de la place réservée à la transcendance, dessinait assez bien, non seulement ce qui mettait à mal l'autorité de l'Eglise, mais aussi un débat moderne mal résolu par ceux qui se partageaient l'héritage de Kant[32] et qui, séduits par l'efficacité potentielle de la raison pratique, étaient tentés de faire l'impasse sur ses exigences de technicité. Souvent, comme l'a souligné Uriel Tal à propos de l'Allemagne, les intellectuels libéraux à la fin du XIXème siècle étaient attirés par le néo-kantisme, tout en biaisant avec les deux hypothèses fortes de Kant, en l'occurrence: la connaissance n'est pas dépendante d'un monde d'objets; le jugement moral n'est pas dépendant des conséquences de l'action. En fait, selon Uriel Tal, la difficulté des néo-kantiens à établir un passage entre la connaissance autonome et la réalité auto-suffisante, entre le jugement moral autonome et les actions humaines prêtait à des positions antithétiques:

– ou bien la difficulté était contournée par un positivisme outrancier: »This deprived the individual of his peculiar status as subject and reconciled him to the doctrine of positivism and empiricism which defined him as a passive creature whose character and fate are determined by natural laws of growth and not by the highest processes of thought. In short, man is casually dependant on physical processes, or even reductible to them, and is subject to external influences beyond his control and often beyond his knowledge. Whether these external forces are called natural selection and the struggle for existence, or biological, sociological, or economic conditioning, the result is that the individual consciously accepts a non rational authority and at the same time feels exempted from personal authority«;[33]

– ou bien cette même difficulté était prétexte à se réfugier dans une sorte de subjectivité illimitée: »(One) would be driven to embrace an irrational, romantic philosophy and be tempted to turn the principle of objectivity, which was restricted by Kant to scientific experience, into an unlimited subjectivity that will make cognition a purely subjective process«.[34]

Or, l'acquis des Lumières et l'héritage de Kant ne sont-ils pas aussi de savoir repérer le champ des responsabilités nouvelles dans lequel elles permettent de placer l'action, et donc de ne pas sous-estimer la/les technicités propres qui permettent de les développer, étant entendu que ces technicités ont une opérationalité définie dans certaines limites et que des mises en application simultanées peuvent générer des contradictions? Une bonne intention, une intention pour soi juste, dès lors qu'elle ne prête pas l'attention

---

[32] Ce problème était notamment celui que tentait de résoudre, au moment de la crise moderniste en France, le très laïc philosophe Charles Renouvier.

[33] TAL, Christians and Jews (cf. n. 19) p. 78.

[34] Ibid. p. 76.

requise aux interdépendances dans lesquelles elle se trouve prise, peut être déviée de son projet.

Le ›Syllabus‹ prenait place dans un débat contemporain qui faisait suite aux Révolutions de 1848, un débat visiblement central mais, à l'époque, difficile à redéployer en termes opérationnels. En initiant le ›Kulturkampf‹, Bismarck s'insurgeait contre la position d'autorité de l'Eglise catholique, mais il n'en affirmait pas moins aussi que l'Etat doit être l'arbitre de certains débordements libéraux. Or les procédures qu'il utilisait n'étaient évidemment pas dénuées d'autoritarisme.

Le pontificat de Léon XIII ne s'est-il pas lui aussi inscrit dans cette mouvance? Après qu'avait été affirmé le cadre théologique le plus autoritaire, soit l'énoncé de la doctrine thomiste, sous une forme qui ne prêtait guère à la concession, des problèmes strictement contemporains ont été pourtant aperçus et traités selon une analyse souvent assez proche de celle des Etats laïques. Léon XIII est en effet ce fin diplomate qui conclut un accord avec Bismarck, qui reconnut la légitimité de la République française, qui reconnut l'importance de la question sociale et évoqua même, dans l'encyclique ›Rerum Novarum‹, l'utilité de syndicats pour en résoudre certains aspects – étant entendu que ces syndicats auraient une forme acceptable ... à condition d'associer les ouvriers et les patrons! Bismarck n'avait-il pas quant à lui traité de la question sociale d'une manière qui, si elle a en plusieurs points forcé l'admiration,[35] n'en interdisait pas moins le droit de grève? Enfin, Léon XIII a reconnu que les développements de la science étaient nécessaires, utiles, souhaités; qu'il fallait donc les encourager, mais sans chercher à les associer à une réévaluation de la doctrine thomiste qu'ils ne devaient en aucun cas affecter.

Ces éléments et bien d'autres – le contenu de la querelle moderniste est riche – montrent bien que le débat strictement technique touchant à la dogmatique rencontre un autre débat touchant à l'actualité des sociétés industrielles, soit la dimension politique et éthique de l'action qui doit y être menée. Le problème n'était d'ailleurs pas tant la dogmatique que le renouvellement de l'apologétique, apologétique qui se constitue, en soulignant les valeurs qui devraient constituer le référent de l'action. Les modalités de l'action juste figurent parmi les enjeux importants de cette crise, ce que soulignent les thèmes récurrents – le rapport à la tradition, le rapport à l'histoire, la réalité des changements. Mais ceux qui prononcent des accusations de passéisme, de conservatisme, à l'endroit de théologiens, catholiques ou protestants qui sont de fait souvent des conservateurs, le font-ils en donnant des moyens efficaces

---

[35] Après le Traité de Versailles, l'Alsace et la Moselle redevenues françaises négocièrent le maintien de cet acquis social.

de redéployer les potentialités qu'ils ont mises à jour? Souvent l'ardeur assi-
milationniste des historiens soucieux de prendre au sérieux, hors des traditions surannées, le temps présent marqué par le progrès et le changement
pouvait n'être guère plus clairvoyante que l'affirmation d'une tradition unique qui aurait été le véritable sens de l'histoire. Cependant il fallut la guerre
de 1914 et ses suites pour s'en apercevoir!

Jusqu'à la guerre de 1914, le débat est en effet resté indécidable, porté, notamment en Allemagne mais aussi ailleurs, par une croissance économique
assez spectaculaire. Les protagonistes adoptaient certes des positions de plus
en plus agressives les uns par rapport aux autres. Les positions libérales paraissaient conquérantes; le repli défensif de l'Eglise tournait à l'aigreur acti-
ve. Mais rien ne se constituait en ligne de conduite qui l'aurait emporté, tant
les thèmes paraissaient peu entremêlés, tant les certitudes paraissaient assu-
rées dans la durée. C'est seulement à partir de la guerre de 14 que la dimension tragique en fut aperçue. A ce moment-là n'a-t-on pas constaté que l'apologétique peut être une question vaine, si ses référents théologiques sont
sous-estimés, soit qu'ils affichent un repli frileux sur l'ordre social dominant,
ce conservatisme contre lequel Harnack s'était insurgé, soit que leur soit dé-
niée toute pertinence, ce que Troeltsch et surtout Barth reprochèrent à Harnack? Au même moment, Max Weber se demandait si les référents de l'éthique de responsabilité étaient encore utiles pour tracer les chemins de l'action
au fil de contraintes supposées suffisamment objectives et suffisamment
claires. Il laissa la question sans réponse.

Les protagonistes de la crise moderniste, religieux et laïcs, avaient ils
pris la véritable mesure de la violence des changements imposés par l'industrialisation? Avaient-ils les moyens techniques d'appréhender la complexité
du phénomène, par ailleurs passionnant, dans lequel ils étaient entraînés? Il
est plus facile de constater a posteriori qu'en temps réel ce qui liait ces débats
d'exégèse à une mise en histoire du présent, bien que ce voisinage ait probablement été approché, dans ses conséquences séculières, par certains
protagonistes – ceux qui se sont insurgés contre les jugements de Harnack
sur les miracles et plus généralement sur la mystique et qui furent répriman-
dés par la hiérarchie catholique pour ne pas l'avoir fait de manière canoni-
que.

En fait, c'est aux environs de la guerre de 1914, qu'on a eu quelques témoi-
gnages des enjeux angoissants de ce débat.

Augustin ou le Maître est là

Dans les années trente parut en France un livre qui fut lu avec passion dans toutes les ›chaumières‹, un livre qui fut discuté avec violence dans de nombreux cercles de toutes tendances. ›Augustin ou le Maître est là‹[36] est l'œuvre unique de son auteur, Joseph Malègue, qui en fit le livre de sa vie, puisqu'il le commença en 1912. Elle raconte la triste histoire d'un être particulièrement sensible et doué, Augustin Méridier, qui fut, contre toutes ses intentions explicites, le malheur de sa famille et le sien, du fait du courant moderniste en général, de Harnack et de Loisy en particulier; un courant aux contraintes duquel il lui paraissait impossible de se dérober, malgré la douleur de ce désenchantement.

Sans la défaite (pour la France) de Sedan, sans la IIIème République (l'auteur fait évidemment abstraction de ce qu'aurait pu être la politique de Napoléon III en cas de victoire française), il serait probablement resté au pays, dans son Auvergne natale, dans le village où son père était un instituteur pauvre, aimé, et respectueux de la hiérarchie sociale la plus traditionnelle, quoi qu'il en soit des humiliations dont il était trop souvent la victime consentante. Mais, l'obligation scolaire, la laïcité, sont l'occasion d'un autre destin. Les qualités d'Augustin lui permettent de passer de l'école primaire de son petit village au lycée du département; de celui-ci au prestigieux lycée Louis le Grand à Paris; après quoi il est reçu premier à l'Ecole Normale Supérieure. Il sera agrégé de lettres classiques. Cette ascension sociale, d'autant plus impressionnante qu'elle tient au seul mérite de celui qui ne peut pas oublier ses origines, se fait sous l'œil tendre et admiratif, mais néanmoins inquiet de son père. L'inquiétude a un fondement: dans ce parcours brillant, il a en effet rencontré Renan, Harnack, Loisy et, du fait d'un professeur de philosophie dont certains des traits sont empruntés à Henri Bergson, Kant. Ces rencontres sont pour lui complètement déstabilisantes; trop de questions restaient sans réponse, la principale étant qu'il ne lui est plus possible de se référer à la foi simple de son enfance, alors même qu'aucune autre référence forte ne vaille, qui pourrait s'y substituer. Son trouble très profond rejaillira sur toute sa famille qui s'attriste d'une métamorphose dont elle ne peut pas comprendre les raisons, car elle même est restée dans le petit village, loin des bruits du monde. Le père meurt dans d'insupportables incertitudes au sujet

---

[36] Joseph Malègue, Augustin ou le Maître est là, 2 vol., Paris 1933. La maison d'édition SPES (Société parisienne d'éditions sociales), disparue après la Seconde Guerre mondiale, était dirigée par les jésuites, lesquels ont pris leur part dans le débat moderniste.

de son fils et, bien sûr, à cause de ces incertitudes. La sœur fait un mariage raté à cause des étranges amitiés de son frère; l'enfant qu'elle a malgré tout mis au monde meurt en très bas âge, ce qui accroît la culpabilité d'Augustin. La mère meurt de chagrin, etc. Lui-même se refusera à avouer son amour à la jeune châtelaine du village, par peur des différences sociales, par peur de lui-même. Il mourra dans la solitude, veillé par sa seule et malheureuse sœur, lui qui aurait dû connaître la gloire attachée à ses grandes compétences scientifiques. Dans tous ces drames, reviennent ses questions sur l'impossible recours à la foi de son enfance. Que faire de la liberté donnée par le nécessaire rejet des supports sacrés? Que faire d'une réflexion rigoureuse et d'une exigence morale forte qui n'acceptent pas les compromis? Peut-on, doit-on tenir ses convictions jusqu'au bout? Ne devrait-on pas finalement garder la foi de son enfance, malgré les avancées de l'exégèse?

On a bien sûr oublié ce livre assez mélodramatique et très daté, qui a été tiré à près de 40 000 exemplaires entre 1933 et 1944. On a oublié aussi le prêtre qui fut l'un des modèles d'Augustin, Prosper Alfaric, lequel prit le parti de Loisy, s'intéressa aux travaux de Troeltsch et se fit plus ou moins excommunier après l'encyclique ›Pascendi‹. Revenu à l'état laïc, il présenta, en 1918 (comment avait-il vu passer la guerre de 1914?), une thèse sur les etudes manichéennes (la thèse complémentaire portant sur l'évolution intellectuelle de saint Augustin).[37] Plusieurs éléments expliquent peut-être cet oubli. Tout d'abord le ton vraiment mélodramatique et hautement moralisateur n'en fait pas sur le fond un très bon roman. Par ailleurs, la protection catholique dont il a bénéficié et qui a été relancée sous le régime de Vichy obscurcit un peu sa thèse. Ce livre est moins radical que celui de Roger Martin du Gard, ›Jean Barois‹, paru en 1913 et souvent réédité depuis. Dans ce cas, le héros prend les traits, en termes à peine voilés (le livre lui est chaleureusement dédié), d'une autre victime de la crise moderniste, Marcel Hébert. Celui-ci, prêtre et enseignant, avait brutalement été rendu à la vie laïque, pour des positions antifidéistes fondées par sa lecture de travaux d'exégèse, et sa prise de position dans le débat Harnack-Loisy. Jean Barois, quant à lui, croit pouvoir renoncer à la foi de son enfance non sans beaucoup d'excellentes raisons. Le chemin est difficile et traversé d'épreuves personnelles: son mariage n'y résiste pas; sa position professionnelle devient tout à fait précaire. Or, au seuil de sa mort, tout ses efforts sont balayés. Trop affaibli, il ne saura pas résister au secours trompeur de l'Eglise catholique qui exploitera ce retour miraculeux à son profit.

Ces œuvres ont pour point commun de traiter de la crise moderniste à un moment tragique de l'histoire du monde séculier, celui de la guerre de 14,

---

[37] Pierre Colin, L'audace (cf. n. 23) p. 41–45.

suivi des immenses difficultés de l'entre-deux-guerres, un moment où l'opti-
misme du libéralisme idéaliste est effectivement pris en défaut. Un autre
point commun assez significatif est alors le suivant: elles considèrent la
défaite de l'apologétique, de toutes les apologétiques, comme définitivement
acquise: la foi simple de l'enfant est totalement inopérante dans le monde
moderne et, fait capital, rien ne peut la remplacer. C'est ce qui résulte de la
critique, partagée dans la France laïque qui s'est construite sur des traditions
catholiques, de l'effet Harnack. De ce marasme sans issue ne fallait-il pas
sortir, à l'exemple de Barth, en retrouvant la théologie dans le jeu de son langage propre? Ce point fort de la critique que celui-ci adressa à Harnack, on
le sait, blessa profondément ce dernier. La critique pourtant ne permettait-
elle pas de poser dans sa technicité, sans confusion de niveaux, ce qui fut une
aporie de la crise moderniste, soit le problème de l'action dans le monde séculier? Ne touchait-elle pas le point qui méritait ample débat dans les travaux
de Harnack, soit sa visée de l'histoire?

Harnack, Barth et Bonhoeffer

La dispute de Harnack et de Barth est célèbre à plusieurs titres, le moindre
n'étant pas l'audace de l'homme jeune qui attaque son aîné sur un ton sévère,
malgré une œuvre qui impose le respect, malgré le rôle de cet aîné dans la société civile et le fait qu'il ait été associé à la rédaction de la Constitution de
Weimar. Mais si la critique de Barth à l'endroit de Harnack est évoquée ici,
c'est qu'elle pourrait se constituer en une écoute attentive et exigeante de ces
plaintes, de ces questions sans réponses qui ont été exprimées en France par
ceux qui avaient été touchés au plus profond par les impasses de la crise moderniste et qui ne savaient pas comment poser le problème de l'action dans le
monde, bien qu'il parût si urgent à résoudre en des termes autres que ceux
que proposaient l'Eglise catholique sur la défensive, ou la trop tranquille
apologétique protestante qui se croyait débarrassée des apories de la théologie? Elle témoigne en tout cas de la douloureuse, violente, expérience de la
guerre de 14, dont la possibilité avait été vraiment sous-estimée par le libéralisme triomphant au début du siècle. Elle pointe ce qui fut une sorte de légè-
reté du néo-kantisme, de celui de Harnack en particulier dans ses références
à Kant, soit le refus de la ›chose en soi‹, du noumène, de la transcendance.

On citera, de ces relations acerbes, une passe d'arme significative.[38] Harnack pose à Barth y la question suivante: »Si Dieu n'est pas simplement tout

---

[38] KARL BARTH, Correspondance avec Harnack. in: Karl Barth, Genèse et réception de sa
théologie, édition et présentation de PIERRE GISEL, Paris 1987, p. 108–112.

ce qu'on dit de lui à partir du développement de la culture, de sa connaissance et de sa morale, comment peut-on protéger la culture et comment peut-on
se protéger soi-même à la longue contre l'athéisme?«. La réponse de Barth vi-
se alors à mieux dégager les niveaux d'opérationalité de tous ces langages
que la seule notion de science ne suffit, ni à homogénéiser selon une même
échelle de référence, ni à coordonner dans une visée de transparence: »Les
énoncés sur Dieu provenant ›du développement de la culture, de sa connaissance et de sa morale‹ peuvent bien avoir leur signification et leur valeur (par
exemple, les énoncés des théologiens de la guerre de tous les pays) comme
expression d'›expériences particulières de Dieu‹ (par exemple de l'expérience
de la guerre) à côté de celle de peuple primitifs qui ne connaissent pas encore
de si grands biens. Comme ›prédication de l'Evangile‹, ces énoncés (ceux des
théologiens de la guerre de tous les pays) ne peuvent en tout cas pas entrer en
considération, et le fait de savoir s'ils ›protégent de l'athéisme‹ la culture et
l'individu, ou s'ils ne répandent pas cet athéisme, issu du polythéisme,
devrait être une question ouverte à examiner pour chaque cas particulier«.

Harnack ne voudra jamais le céder sur le jugement optimiste qui, selon lui,
devait s'induire des travaux qui l'ont rendu célèbre et qui de fait ont certainement ouvert un débat important, ont posé des questions qu'il fallait sûrement
poser. Dans l'entre-deux-guerres, beaucoup le critiqueront pour cet optimis-
me, si peu opérationnel pour leur temps. Sa position sociale dans l'Empire de
Guillaume II ne l'avait-elle pas éloigné de l'intériorité propre aux pasteurs
piétistes que Théodore Fontane mettait en scène dans des romans qui décri-
vaient une situation sociale fortement inégalitaire et plus dure que celle qu'il
connaissait lui-même? Les succès économiques de l'Empire avaient modifié
un peu ces inégalités et les souffrances qui leur etaient liées. Pourtant de
quelle suite ces succès étaient-ils assurés?

Mais cette question ne peut être posée qu'a posteriori. C'est pourquoi il
faut citer aussi un homme plus jeune que Barth; un homme qui fut lui aussi
très critique envers thèses de Harnack, mais qui fut beaucoup plus sensible à
son authenticité, Dietrich Bonhoeffer. Dans l'article qu'il écrivit à la mort de
Harnack,[39] Bonhoeffer mit en effet l'accent sur la grande vitalité de celui-ci;
sur ce qui lui donna la force de lutter contre certains establishments et notamment celui de l'Eglise évangélique allemande; sur ce qui lui donna souvent alors un sens politique utile: »Nous avons vu en lui que la vérité ne peut
naître que de la liberté. Nous avons vu en lui le protagoniste de l'expression
libre de la vérité une fois reconnue, qui réformait sans cesse son libre jugement et l'exprimait sans se soucier du conformisme anxieux de la majorité.

---

[39] In: EBERHARD BETHGE, Dietrich Bonhoeffer, Vie, Pensée, Témoignage, Paris 1969, p. 120.

Aussi, était-il l'ami de toute la jeunesse qui donne à sa pensée une expression libre, ce qu'il attendait d'elle. Et s'il exprimait un souci, s'il rendait attentif aux dangers les plus récents de notre science, la raison en était exclusivement sa crainte de voir quelque chose d'étranger au pur effort d'atteindre la vérité«. Avait-il le temps de reconnaître toutes les exigences afférentes à cette recherche en respectant aussi leurs jeux de langage ? Etait-il utile pour ses projets de se perdre dans les méandres de la crise moderniste, telle que vécue en France? Ce qui est important est qu'il ait – quelquefois malgré lui – ouvert des voies fructueuses, celles sur lesquelles Loisy peut-être, Troeltsch plus sûrement, Barth et Bonhoeffer en tout cas, ont su, eux, s'engager.

De nos jours, la crise moderniste s'est apaisée. Cela a été confirmé par le concile Vatican II. Mais doit-on oublier complètement ce qui s'est passé? Il faut en tout cas se souvenir que la crise moderniste a été le cadre d'avancées spectaculaires dans le domaine de l'exégèse. Quant aux conflits violents touchant à l'interprétation historique et à la problématique de l'action, ont-ils vraiment été résolus? Certains thèmes n'affleurent-ils pas à nouveau, à peine camouflés, dans l'approche des problèmes contemporains, par exemple l'affirmation du libéralisme triomphant; par exemple l'affirmation de la postmodernité ouvrant à la fin de l'histoire – au sens où les langages scientifiques mettraient à l'abri d'une surprise quant au sens dans lequel elle est engagée; au sens où il ne serait pas possible de prendre en considération les aspects les plus indésirables du développement social car ils échappent à l'action?

Bien que le monde dans lequel nous nous trouvons ait une complexité singulièrement plus impressionnante que celui dans lequel a éclaté la crise moderniste, cette question n'est peut-être pas vaine.

Adolf von Harnack in Schweden und Norwegen

von

REINHART STAATS

Einflüsse von Person und Werk Adolf Harnacks (seit 1914 von Harnack) in Skandinavien waren erheblich. Oberströmig war es das wissenschaftliche Werk Harnacks, aber unterströmig und eigentlich war es Harnack als Mensch, der mit seiner ihm eigentümlichen geistigen Ausstrahlung mindestens zwei namhafte Persönlichkeiten der skandinavischen Kirchengeschichte dieses Jahrhunderts zwar nicht in seinen Bann geschlagen hatte – das war ganz und gar nicht Harnacksche Art; er hatte nie eine ihm unkritisch ergebene Schülerschaft – wohl aber zum je eigenen freien Urteil und zu einem öffentlichen Wirken ermutigt hatte. Es waren Eivind Berggrav, der freilich erst lange nach Harnacks Tod durch seinen theologisch begründeten Widerstand gegen die Hitlerherrschaft in den vierziger Jahren als Bischof von Oslo zum international und ökumenisch hochgeachteten Führer der norwegischen Kirche wurde, und Nathan Söderblom, Erzbischof von Uppsala von 1914 bis zu seinem Tod 1931, ohne den die neuere ökumenische Bewegung nicht zu denken ist. Söderbloms tatkräftige Initiativen zum ökumenischen Dialog nicht nur der evangelischen, sondern auch der orthodoxen Christen miteinander, zunächst auf dem Felde christlich-sozialer Ethik, haben bekanntlich zur ersten ›Weltkirchenkonferenz für Praktisches Christentum‹ in Stockholm 1925 geführt. Bald wurde klar, daß die Sache der christlichen Ökumene auch für die politische Ökumene von großer Bedeutung sein mußte, so daß die Verleihung des Friedensnobelpreises an Söderblom im Jahr 1930 nicht unerwartet kam. Doch Söderbloms weltweites protestantisch-lutherisches Wirken war nicht unwesentlich von deutscher Theologie beeinflußt, wofür vor anderen der Name Adolf von Harnacks steht.

Anhand von zum Teil unbekannten Quellen werden wir über die starken emotionalen Wirkungen Harnacks auf Berggrav und zumal auf Söderblom berichten. Davor muß natürlich eine Betrachtung der wissenschaftsgeschichtlichen Bedeutung Harnacks für die Kirchen- und Theologiegeschich-

te Skandinaviens stehen.[1] Hier ist Norwegen besonders zu beachten, weil es
hier im Zuge einer Auseinandersetzung mit deutscher liberaler Theologie zu
Anfang des zwanzigsten Jahrhunderts im sogenannten ›Kirchenstreit‹ sogar
zu einer entscheidenden, bis heute spürbaren institutionalen Veränderung
der Theologenausbildung in Oslo gekommen war. Eine diesen frühen norwegischen Kirchenkampf auslösende wissenschaftliche Kapazität war der
Systematiker Johannes Ording, der sein wissenschaftliches Werk auch in
Auseinandersetzung mit Harnack leistete. Im Blick auf Finnland sind bisher
keine derartig tiefgehenden Wirkungen von Harnacks Person und Werk
festzustellen, obwohl Harnack auch dort geachtet und geehrt war.[2] Ich wa-
ge dort ein gewisses Harnack-Defizit im ausgehenden 19. Jahrhundert bis
in die Mitte des 20. Jahrhunderts zu vermuten. Auch Dänemark darf vor-
erst außer Betracht bleiben. Denn Dänemark war und ist kirchen- und
theologiegeschichtlich doch ein sehr eigentümliches Gebilde, wofür so ori-
ginelle und so verschiedene und doch für Dänemark so starke Namen des
19. Jahrhunderts wie Grundtvig und Kierkegaard stehen. Der deutsch-däni-
sche Krieg 1864 hatte gewiß ein übriges getan, um auch in Kopenhagen zu
dem universitären Berlin etwas Distanz zu halten. Allerdings wurden Harnacks kirchenhistorische Arbeiten in Dänemark rezipiert, aber als Theologe
war Harnack dort anscheinend weniger attraktiv und auch weniger störend.
Immerhin hatte der aus Kopenhagen stammende Religionswissenschaftler
Edvard Lehmann Harnacks ›Wesen des Christentums‹ sogleich 1900 – im
Jahr der deutschen Publikation – auf Dänisch herausgebracht, und diese
dänische Ausgabe galt als »autorisierte Übersetzung für Dänemark und
Norwegen«.[3]

Wir werden Edvard Lehmann noch öfters in diesem Kapitel über Harnack
und Skandinavien begegnen. Nebenbei: Es fehlt Lehmanns Name ebenso wie
der von Berggrav und von Ording in der immer noch gültigen Biographie
von Agnes von Zahn-Harnack über ihren Vater.[4] Für Berggrav ist das ver-

---

[1] Für Literaturhinweise und Empfehlungen bei den Bibliotheken in Oslo danke ich meiner
Kollegin INGUN MONTGOMERY. Vgl. auch ihren Artikel: Staat und Kirche in Schweden in skandinavischer Perspektive, in: Theologische Literaturzeitung 122 (1997) S. 873–882.
    Norwegische und schwedische Zitate im folgenden wurden, soweit nicht anders angegeben,
von mir ins Deutsche übersetzt.
    [2] Der finnische Euseb-Editor Heikel war mit Harnack verbunden. Vgl. FRIEDHELM WINKEL-
MANN, Ivar August Heikels Korrespondenz mit Hermann Diels, Adolf von Harnack und Ulrich
von Wilamowitz-Moellendorff, in: Klio 67 (1985) S. 568–587.
    [3] ADOLF HARNACK, Kristendommens Vaesen, autoriseret oversaettelse for Danmark og Norge
ved Edv. Lehmann, Koebenhavn 1900.
    [4] AGNES VON ZAHN-HARNACK, Adolf von Harnack (1936), 2. Aufl. Berlin 1951. Die erste, viel
längere Auflage ist vorzuziehen. Im Vorwort der 2. Aufl. (datiert November 1949) schreibt

ständlich, weil die spätere Bedeutung des norwegischen Kirchenkampfes unter Führung Berggravs, als die Biographie 1936 erschien, natürlich nicht vorhersehbar war. Jedenfalls sollten in einer neueren Harnack-Biographie außer Söderblom die Namen Berggrav und auch Ording und Lehmann eigentlich nicht mehr fehlen.

I. Die gemeinsame evangelisch-lutherische Kultur

Für kulturbeflissene Deutsche und auch deutsche Protestanten beginnt heutzutage nördlich von Schleswig-Holstein eine andersartige Kultur, wie ebenso für Skandinavier mit der Ankunft im Kieler Hafen ein anderer Teil Europas beginnt. Das war bis weit ins 20. Jahrhundert ganz anders. Auch bei der Untersuchung unseres so speziellen Kapitels der deutsch-skandinavischen Beziehungen muß man sich immer wieder klarmachen, was für eine schreckliche Störung die Nazizeit und der Weltkrieg 1939–1945 in eine Geschichte bis dahin harmonischer Beziehungen brachte. Seit der Reformation war man durch dieselbe evangelisch-lutherische Konfession miteinander verbunden. Zu Harnacks Zeiten waren Berlin, Marburg, Erlangen und Leipzig für junge norwegische und schwedische Theologen attraktive Universitäten. Bis 1945 galt als Fachsprache bei den nordischen Theologen das Deutsche (heute werden in Uppsala, Lund oder Oslo die deutschen theologischen Klassiker in englischer Übersetzung gelesen). Zahlreiche Theologiestudenten holten sich ihre Frauen von Deutschland heim in den Norden. Auch das war nicht unwichtig. Mit der gemeinsamen Konfession verband auch die Distanz zur römisch-katholischen Kirche. Diese Distanz schien sich sogar noch zu vergrößern, nachdem Papst Pius XI. am 6. Januar 1928 mit der Enzyklika ›Mortalium animos‹ allen Katholiken jedwede Teilnahme »an Konferenzen, die in allen Farben schillern«, verboten hatte[5] – ein starker Hieb nachträglich gegen Söderbloms Stockholmer Weltkirchenkonferenz, und vom Vorwurf des Papstes, daß diese neue ökumenische Bewegung im Kern eine politische Bewegung sei, weil sie die politische Methode des Völkerbundes auf die kirchliche Arbeit übertrage, konnten sich die führenden Ökumeniker in Stockholm 1925, aber auch Harnack, durchaus getroffen fühlen, weil sie nach den Erfahrungen des Weltkrieges das Werk der kirchlichen Versöhnung mit dem Streben nach Versöhnung der Völker tatsächlich zugleich betrieben hatten.

Zahn-Harnack, Kürzungen vorgenommen zu haben. Diese Kurzfassung war wohl auch durch die Situation nach 1945 bedingt. Vgl. unten Anm. 40.

[5] Vgl. Konfessionskunde, hg. v. FRIEDRICH HEYER, Berlin/New York 1977, S. 537.

Etwas grundsätzlich Verschiedenes ist jedoch zwischen der skandinavischen und der deutschen evangelischen Kirchengeschichte im 19. und frühen 20. Jahrhundert von vornherein zu beachten: Die Erweckungsbewegungen hatten im großen und ganzen, ungeachtet je besonderer Eigenheiten, einen gewaltigen Einfluß im kirchlichen Leben.[6] Sie hatten auch dazu beigetragen, daß etwa um 1900 die Entkirchlichung der Massen bei weitem noch nicht so fortgeschritten war wie in Deutschland. Immer war Karl Marx in Skandinavien, auch bei den Sozialisten, eine vorsichtig anzufassende politische Autorität.

In Schweden entwickelte sich zu Beginn dieses Jahrhunderts sogar ein eigentümlich lutherisch-romantisches Interesse an kirchlicher, ja volkskirchlicher Frömmigkeit, getragen von namhaften Theologen (Gustav Aulén, Einar Billing, Johan Alfred Eklund und nicht zuletzt Nathan Söderblom), von denen ja einige bedeutende Kirchenführer und Bischöfe wurden, was es so in Deutschland bis zum Kirchenkampf nach 1933 – trotz der großen Bedeutung Schleiermachers einerseits und Wicherns und der Inneren Mission andererseits – nicht gegeben hatte. Der Kulturprotestantismus in Deutschland, der ja auch durch die innerprotestantischen Unionen motiviert war, hatte im lutherischen Norden doch nur geringe Bedeutung. Kurz und zugespitzt gesagt: Skandinavien hatte keinen Schleiermacher, und die sehr deutsche Sache einer ›Vermittlungstheologie‹, die zwischen biblischer, bekenntnisgebundener Theologie und den Herausforderungen einer sich zunehmend dem Christentum entfremdenden Gesellschaft eine überzeugende Vermittlung suchte, mußte hier sehr viel mehr auf lutherische und pietistische Vorbehalte stoßen. Andererseits mußte sich eine immer noch der christlichen Religion verhaftete Gesellschaft den Herausforderungen der Moderne mit Naturwissenschaften, Industrialisierung, Landflucht und Entwurzelung aus dem Boden der Kirche der Vorfahren ebenso stellen. In diesen sozio-kulturell verunsicherten Ländern wurden nun gegen Ende des 19. Jahrhunderts die Publikationen theologischer Wissenschaft aus den Hochburgen protestantischer deutscher Theologie, sei es mit Begeisterung, sei es mit Unbehagen, studiert. Das von den liberalen Theologen erkannte Problem war, mit den Worten Bernt Oftestads, »nicht nur die Areligiösität von Positivismus und Naturalismus, sondern auch das fehlende Gespür der Orthodoxen und Pietisten für das religiöse Bedürfnis des Menschen der Gegenwart und sein idealistisches Streben nach Wahrheit. Nun galt es, eine neue Christentumsform zu entwickeln, die einerseits die wissenschaftliche Wahrheitsfrage ernstnahm und andererseits dem modernen Menschen einen Glauben frei von ›Dogmenzwang‹ und Kul-

---

[6] Vgl. dazu MONTGOMERY, Staat und Kirche (wie Anm. 1).

turskepsis nahebrachte. Glaube sollte fordernd und inspirierend sein, so daß er dem ethischen und religiösen Bedürfnis der einfachen Leute entsprach«.[7] Aber das war im Norden schwer zu verwirklichen.

II. Harnack in Schweden

Beim Durchblättern der kirchlichen Zeitschriften Schwedens und Norwegens mit theologischem Anspruch um 1900 werden wir immer wieder auf die Namen von Albrecht Ritschl, Wilhelm Herrmann, Julius Wellhausen, Julius Kaftan, Ernst Troeltsch und, meist vornean, Adolf Harnack stoßen. In Schweden konzentrierte sich diese Rezeption auf Professoren und Pfarrer in der Universitätsstadt Lund und ihrer Umgebung.[8] Fast gleichzeitig oder nur in kurzer zeitlicher Verschiebung wiederholten sich Debatten, die wir in Deutschland aus der Zeitschrift ›Die Christliche Welt‹ kennen. Hervor trat der Stockholmer Pastor Primarius (seit 1884) Fredrik Fehr, der auf der zentralschwedischen ›Synode‹ (kyrkomötet) 1893 den Harnackschen Streit um das Apostolikum nach Schweden mit der These übertrug, daß gewisse Sätze im Apostolikum (Jungfrauengeburt und Leibesauferstehung) das evangelische Verständnis von ›Glaube‹ verdrehen würden.

Fehr (1892 Ehrendoktor der Theologischen Fakultät Gießen) übersetzte im selben Jahr 1893 auch Harnacks Apostolikumsschrift ins Schwedische (eine dänische Übersetzung von Emil Christiani erschien gleichzeitig in Kopenhagen), so daß Harnack seitens der lutherischen Pietisten nun auch zum Hauptangeklagten wurde.[9] Dann bildete sich ein liberaler Kreis um den Lundenser Dogmatikprofessor Peter Eklund (1846–1911) und den Dompropst und Praktischen Theologen Göran Magnus Pfannenstill (1858–1940), der schon 1900 Harnacks ›Wesen des Christentums‹ gleich nach Erscheinen in einem Rundbrief als eine »herrliche Schrift« gepriesen hatte, die er »in der Hand eines jeden schwedischen Pfarrers« sehen wollte.[10] Dagegen äußerte der gelehrte Dorfpfarrer Oskar Nilsson Lewan

---

[7] BERND T. OFTESTAD, Kirken i det nye Norge, in: BERND T. OFTESTAD/TARALD RASMUSSEN/JAN SCHUMACHER, Norsk Kirkehistorie, Oslo 1993, S. 239.

[8] Hierzu beziehe ich mich auf die exemplarische Untersuchung von KARL GUSTAV HAMMAR, Liberal teologi och kyrkopolitik. Kretsen kring ›Kristendomen och vår tid‹ 1906–omkr. 1920, Lund 1972. Hammar ist seit 1997 Erzbischof in Uppsala.

[9] HAMMAR, Liberal teologi (wie Anm. 8) S. 16 f. Dort auch der Hinweis auf Fehrs Übersetzung. Dänisch: Den apostolske Troesbekjendelse: en historisk Redegjörelse med en Epilog af Adolf Harnack, oversat af Emil Christiani, Koebenhavn 1893.

[10] HAMMAR, Liberal teologie (wie Anm. 8) S. 22.

(1862–1949), daß in der alten Legende vom apostolischen Ursprung des Apostolikums mehr Wahrheit liege als in der Erkenntnis moderner Theologie, wonach das Credo erst im 4. oder 5. Jahrhundert entstanden sei. Pfannenstill gelang es dagegen schließlich, gemeinsam mit Nathan Söderblom, damals Professor für Religionsgeschichte in Uppsala, das Projekt einer christlichen Kulturzeitschrift analog zur deutschen ›Die Christliche Welt‹ zu betreiben, was tatsächlich seit 1906 mit der Zeitschrift ›Kristendomen i vår tid‹ (Das Christentum in unserer Zeit) gelang.

In Göran Pfannenstill und Nathan Söderblom hatten sich zwei von Harnack in gleicher Weise begeisterte Theologen gefunden. Es ist in der Harnack-Forschung ja auch wenig bekannt, daß eine schwedische Übersetzung von Harnacks ›Wesen des Christentums‹ parallel mit der von Edvard Lehmann für den dänisch-norwegischen Raum von A. F. Åkerberg schon im Jahr 1900 in Stockholm herausgekommen war, und zwar mit einem gediegenen Vorwort von Nathan Söderblom![11] Der künftige Erzbischof von Schweden (seit 1914) preist hier Harnack als »vordersten Kirchenhistoriker der Neuzeit«. Harnack wolle »als Historiker« sprechen, nicht »als Bekenner«. Er überzeuge, selbst wenn die mitgeteilten Ansichten erst einmal provozierten: »Jede eingehende Beschäftigung mit Jesus und dem Evangelium muß den Einzelnen früher oder später zum Glauben oder zum Widerspruch führen, zum Grundproblem der Sache angesichts Gottes. Die höchste und bedeutsamste Form religiöser Mitteilung ist die, welche das erstrebt. Aber ehe man diesen Punkt erreicht: für oder wider, gilt es zu wissen, wie viel man ohne die innerlichste Teilnahme wissen kann, was Christentum ist und was es nicht ist«. Söderblom meint den schwedischen Leser auch auf einige kritische Punkte in Harnacks berühmten Vorlesungen hinweisen zu müssen. Er sei anderer Meinung in Beurteilung der Wunder Jesu, des Mysteriums von Jesu Leiden, vor allem aber in der Frage »um Jesu persönliche Stellung und Forderungen im Verhältnis seiner Jünger zu Gott, eine Frage, welche zum Teil mit einer abweichenden Einschätzung des vierten Evangeliums zusammenhängt«. Mit dem Hinweis auf das Johannesevangelium meinte Söderblom gewiß, daß Harnack wohl eine Jesuslehre habe, daß aber eine ›Christologie‹ bei ihm kein wesentliches Erfordernis an das Christentum heute sei. Das trifft Harnacks Theologie im Zentrum; da nach ihm ja nicht der Gottessohn Jesus, sondern nur Gott der Vater ins Evangelium gehört. Dennoch aner-

---

[11] Kristendomens väsende: sexton populära föreläsningar hållna vid Universitetet i Berlin af Adolf Harnack; översättning af A.F. Åkerberg, med ett företal af Nathan Söderblom, Stockholm 1900. Die im folgenden zitierte deutsche Übersetzung fand ich im Nachlaß von Harnack in der Berliner Staatsbibliothek 43/10–13. Harnack hat sie sich offensichtlich (von wem?) anfertigen lassen.

kennt Söderblom eine vernünftige Erbaulichkeit Harnacks, weil sie den nach
überzeugendem Wissen suchenden Zeitgenossen zum Glauben hinführe.
Zum Schluß der Vorrede heißt es bei Söderblom: »In Harnacks Buch aber
ist die Aufgabe der Wissenschaft geoffenbart: aufzubauen, nicht niederzureißen, niederzureißen bloß, um den richtigen Grund zu finden«. Die Formel,
Harnack habe nicht niederreißen, sondern aufbauen wollen, findet sich übrigens schon im Vorwort der schwedischen und der dänischen Übersetzung
von Harnacks Apostolikumsschrift (Fehr u. Christiani 1893).[12] Bis ins Spätwerk Söderbloms finden sich dann auch bemerkenswerte Anlehnungen und
inhaltliche Übereinstimmungen mit Harnack, auch bis ins Detail (zum Beispiel in dem Satz: »Athanasius rettete das Christentum«),[13] und auch in der
Stellung zum Apostolikum erkennen wir den ganzen Harnack, wenn Söderblom 1923 schreibt: »Was wir brauchen ist ein neues Glaubensbekenntnis.
Ich meine keine Änderung an den alten Bekenntnissen der Kirche, sondern
einen klaren Ausdruck für die Lehre Christi und unsere christliche Pflicht im
Blick auf die Brüderschaft der Völker, auf die grundlegenden sittlichen Gesetze für die Aufrichtung der Gesellschaft und auf die Übung hilfreicher
Christenlehre«.[14]

In den Jahren 1912/13 kam es in Lund zu einem heftigen Streit über die
universitäre Stellung des Faches ›Religionsgeschichte‹. An der Theologischen
Fakultät war dafür eine Stelle frei, und die in Skandinavien namhaften Religionswissenschaftler Torgny Segerstedt und Nathan Söderblom kämpften
für den Platz der Religionsgeschichte in der Theologischen, nicht in der Philosophischen Fakultät. Doch während Segerstedt, von Haus aus selbst ein

---

12 Siehe oben Anm. 9.

13 NATHAN SÖDERBLOM, Der lebendige Gott im Zeugnis der Religionsgeschichte, hg. v. FRIED-
RICH HEILER, München 1942 (zuerst englisch 1931), S. 314. Vgl. ADOLF HARNACK, Dogmen-
geschichte (Abriß = Kurzfassung), Frankfurt a. M./Berlin 1991 (8. Aufl.), S. 177: »Aber wie am
Anfang des 4. Jahrhunderts ein Mann aufgetreten ist, der die durch die inneren und äußeren
Hader und äußere Verfolgung tief bedrohte Kirche gerettet hat – Konstantin, so ist um dieselbe
Zeit ein anderer Mann erschienen, der die Kirche vor der völligen Verweltlichung ihrer Glau-
bensgrundlagen bewahrt hat – Athanasius«.

14 NATHAN SÖDERBLOM, Christian Fellowship, New York 1923. Deutsch: Einigung der Christenheit. Tatgemeinschaft der Kirchen aus dem Geist werktätiger Liebe, Halle 1925, S. 186. Diese Stellung Söderbloms zum Apostolikum entspricht übrigens auch der von DIETRICH BONHOEF-
FER, Wesen der Kirche (1932), in: DERS., Werke 11, München 1994, S. 283–285. Sie ist die eigentliche Meinung Harnacks im Apostolikumsstreit nach 1892 gewesen. Vgl. ADOLF HARNACK,
Antwort auf die Streitschrift D. Cremers: ›Zum Kampf um das Apostolikum‹, in: Hefte zur
›Christlichen Welt‹ Nr. 3, Leipzig 1892, S. 29: »Unterdessen haben wir Theologen die Aufgabe,
den christlichen Glauben sowohl in seinen alten Formen zu deuten und verständlich zu machen
als den gebieterischen Winken der Geschichte zu folgen und in neuer Weise alte Wahrheit zu
lehren«.

Schüler Söderbloms, pragmatisch argumentierte, daß die Beschäftigung mit
den außerchristlichen Religionen am besten dort aufgehoben sei, wo man
sich ohnehin mit Religion befasse, argumentierte Söderblom theologisch.[15]
Formal befand sich Söderblom damit im Widerspruch zu Harnack; denn der
hatte 1901 in seiner Berliner Rektoratsrede über ›Die Aufgabe der Theologischen Fakultäten und die allgemeine Religionsgeschichte‹ dieses Fach der
Philosophischen Fakultät überstellen wollen.[16] Söderblom meinte allerdings,
jede Beschäftigung mit allgemeiner Religionsgeschichte müsse am Ende zu
der Erkenntnis führen, daß das Christentum als Offenbarungsreligion im eigentlichen Sinne nur der Schlußpunkt der gesamten Religionsgeschichte sei.
Und das war eigentlich auch Harnacks Ansicht.[17] Segerstedt durchschaute
das apologetische Interesse Söderbloms und den dahinter stehenden Harnack, und indem er direkt Harnack angriff, suchte er die Unmöglichkeit einer christlich-theologischen Begründung des Faches Religionsgeschichte
herauszustellen. Segerstedts Invektive gegen Söderblom und damit auch
gegen Harnack bezog sich dabei ausdrücklich auf die Position von Ernst
Troeltsch, der die große Frage nach einer ›Absolutheit des Christentums‹
mit seiner relativierenden Sicht desselben im religionsgeschichtlichen Vergleich ad absurdum führen wollte.[18] Nach diesem wissenschaftsinstitutionel-
len Streit voll theologischer Implikation veröffentlichte Söderblom 1913 sein
Buch ›Natürliche Religion und allgemeine Religionsgeschichte‹, das auch eine erste Frucht seiner doppelten Lehrtätigkeit in Uppsala und (während der
schwedischen Ferien) in Leipzig (1912–1914) war. Wir finden in diesem
Buch erstaunliche Zitate und Übereinstimmungen zu Harnacks Auffassung
des Christentums als Universalreligion, wie dieser sie ja auch in seinem großen Werk ›Mission und Ausbreitung des Christentums in den ersten Jahrhunderten‹ (2. Aufl. 1906) begründet hatte. Söderblom warnt vor einer ein-
seitigen und nur fachspezifischen Beschäftigung mit außerchristlichen Religionen. In einem zentralen Satz finden wir auch hier wieder den ganzen

---

[15] Hammar, Liberal teologi (wie Anm. 8) S. 132 f.

[16] Adolf Harnack, Die Aufgabe der theologischen Fakultäten und die allgemeine Religions-
geschichte (Berlin 1901), in: Kurt Nowak, Adolf von Harnack als Zeitgenosse, Reden und
Schriften aus den Jahres des Kaiserreiches und der Weimarer Republik, Berlin/New York 1996,
Teil 1, S. 797–824.

[17] Söderbloms universitäres Wirken war von Anfang an von der Frage nach dem Wert der Religionsgeschichte für die christliche Theologie bestimmt. Nur wenige Wochen nach Harnacks
Rektoratsrede, am 3.8. 1901 (wie Anm. 16), hielt Söderblom als neuer Ordinarius für Religionsgeschichte im September 1901 seine Antrittsvorlesung in Uppsala. Sie weckte große Begeisterung
und neue Freude zum Theologiestudium. (Mitteilung von Ingun Montgomery, siehe Anm. 1).

[18] Ernst Troeltsch, Die Absolutheit des Christentums und die Religionsgeschichte, Tübin-
gen/Leipzig 1902.

Harnack: »Vor allem ist das Christentum reicher an Material für das Religi-
onsstudium als jede andere Religion, und zwar (...) sowohl der Breite wie
der Tiefe und der Länge nach. Das erste – was die Breite anbetrifft – hat
Adolf Harnack mit Recht geltend gemacht: Im Christentum findet sich alles«.[19]

Im Lundenser Fakultätsstreit um den Ort der ›Religionsgeschichte‹ meinte
man endlich 1913 in Harnacks Sinne zu entscheiden, als man den Dänen
Edvard Lehmann berief. Denn Lehmann – wir kennen ihn schon als Übersetzer von Harnacks ›Wesen des Christentums‹ für Dänemark und Norwegen –
war davor, von 1910 bis 1913, Ordinarius für Religionswissenschaft an der
Seite Harnacks an der Berliner Theologischen Fakultät gewesen. Nebenbei
können wir daran sehen, wie Harnack zur Selbstkorrektur bereit war: 1901
hatte er in jenem berühmten Plädoyer die allgemeine Religionsgeschichte außerhalb der Theologischen Fakultät ansiedeln wollen, doch 1910 wurde der
dänische Religionshistoriker Lehmann, gewiß nicht gegen Harnack, in die
Berliner Theologische Fakultät berufen, und nun, 1913, holten die Schweden Lehmann nach Lund in ihre Theologische Fakultät. Lehmanns religions-
wissenschaftliche Forschungen in Lund bestätigten dann auch das vorrangige
Interesse der Theologie als ›christlicher‹ Theologie an der Religionsgeschichte überhaupt.[20]

Im Nachlaß Harnacks findet sich nun aber auch ein Brief Lehmanns an
Harnack vom 8. Oktober 1919, der das allmähliche, weltpolitisch bedingte
Abrücken der skandinavischen Theologie von deutscher Theologie und Kultur nach dem Ersten Weltkrieg und die Notwendigkeit einer selbständigen
gesamtskandinavischen Theologie ankündigt. Lehmann schrieb an Harnack:
»Das durch den Krieg erregte Bestreben für eine Einheitlichkeit der skandinavischen Kultur gibt mir natürlich vieles zu schaffen; überhaupt hat aber
die Elektrizität der Weltkatastrophe mich sehr stimuliert«.[21]

Im selben Jahr 1919 wurden von der neuen schwedischen Koalitionsregie-
rung von Sozialdemokraten und Liberalen mit ihrem antikirchlichen ›Kirchenminister‹ (Ekklesiastikminister) Rydén radikale Forderungen nach Trennung von Staat und Kirche und nach Auflösung des konfessionellen Religionsunterrichts in den Schulen erhoben; an die Stelle des Religionsunterrichts

---

[19] NATHAN SÖDERBLOM, Natürliche Religion und allgemeine Religionsgeschichte, Stockholm/
Leipzig 1913, S. 82.
[20] Zu Edvard Lehmanns (1862–1930) breitem, auch populärwissenschaftlichem und pädago-
gischem Wirken in Dänemark (unter anderem Arbeiten zu Hans Christian Andersen und
›Grundtvig och det danska fromhetslivet‹) siehe SVEN S. HARTMAN, Svenskt biografiskt lexikon,
Bd. 22, Stockholm 1977, Sp. 444 – 446.
[21] Harnack-Nachlaß, Staatsbibliothek Berlin, Nr. 36/15.

sollte das Fach Ethik treten.[22] Dieser ›Kulturkampf mit Spitze gegen das Staatskirchensystem‹ führte sogar zu einem teilweisen Erfolg Rydéns von der Sozialdemokratie. Denn als zusammenfassende Normurkunde für den Religionsunterricht sollte fortan nicht mehr Luthers Kleiner Katechismus gelten, sondern die Bergpredigt Jesu. In den Debatten damals (die uns ja auch wie eine Vorschau auf die Diskussionen um ein den christlichen Religionsunterricht ersetzendes Fach ›Lebenskunde, Ethik, Religion‹ im Brandenburg unser Tage erscheinen) spielte der Harnacksche Religionsbegriff eine entscheidende Rolle. Pfannenstill argumentierte gegen den antikirchlichen ›Kirchenminister‹, daß es eine Unmöglichkeit sei, Ethik von religiöser Verkündigung zu trennen, und er zitierte dabei Harnacks Formel von der Religion als der Seele der Moral und von der Moral als dem Leib der Religion.[23] Heute müßte man im Sinne Harnacks prätentiöser und doch nicht besser formulieren: Theologie ist die Seele der ›Ethik‹, und ›Ethik‹ ist der Leib der Theologie. Pfannenstill fuhr fort: Wenn der Begriff ›konfessionslos‹ auf einen sachorientierten, unpersönlichen, völlig objektiven Unterricht *über* Religion abziele, so bedeute das eine Lahmlegung des Christentums; es bedeute, dem Adler die Flügel zu beschneiden und ihn dann aber bitten zu fliegen.

III. Harnack in Norwegen

Wenn wir nun die Seiten der Harnack-Rezeption in Norwegen aufschlagen, so ist von vornherein zu bemerken, daß dort eine lutherisch-pietistische Erweckungsfrömmigkeit schon seit dem epochalen Wirken eines Hans Nielsen Hauge (1771–1824) noch viel mehr als in Schweden in der Volkskirche verwurzelt war. Harnack und deutsche liberale Theologie hatten es hier noch schwerer, Anerkennung zu finden. Das zeigt auch die Tatsache, daß es über dieser dann doch geschehenen Anerkennung zur Bildung einer eigenen theologischen Fakultät kam, der ›Gemeindefakultät‹ (Menighetsfakultet), die sich heute noch erfolgreich neben der staatlichen Theologischen Fakultät in Oslo behauptet. Gleich 1901, nach dem Erscheinen von Lehmanns Übersetzung vom ›Wesen des Christentums‹, setzte in der politischen Presse, beginnend am 18. Januar 1901 mit einem Artikel im ›Morgenbladet‹ und in den kirchlichen Blättern, eine heftige Diskussion über die moderne deutsche Theologie ein, wobei sich in dieser ›Harnack-Fehde‹ die meisten Beiträge di-

---

[22] HAMMAR, Liberal teologi (wie Anm. 8) S. 205 ff.
[23] Mündliche Tradition?

rekt gegen Harnacks Verständnis von Christentum richteten.[24] Doch die Mehrheit der Professoren an der Theologischen Fakultät der Hauptstadt, zu der die Neutestamentler-Kapazität Lyder Brun gehörte, verstanden sich als ›Kulturprotestanten‹.[25] Als 1906 die Besetzung des Lehrstuhls für Dogmatik anstand, kam es zum offenen Bruch, nachdem Johannes Ording (1869–1929) von der Fakultätsmehrheit nominiert und schließlich auch von der Regierung berufen worden war. Ording hatte zwar nicht in Deutschland studiert, und es ist nicht einmal bekannt, ob es jemals zu einer persönlichen Begegnung mit Harnack kam – eine Korrespondenz war weder in Oslo noch in Berlin zu finden –, doch stehen die Übernahme der Hauptbegriffe Harnacks, seines Dogmenverständnisses und seiner Hellenisierungsthese, wonach das altkirchliche Dogma »in seiner Konzeption und in seinem Ausbau ein Werk des griechischen Geistes auf dem Boden des Evangeliums«[26] sei, stehen gewiß hinter der theologischen Arbeit Ordings.[27] Er war im weiteren Sinne ein ›Vermittlungstheologe‹, nur fehlt bei ihm das geistig-geistliche Pathos und das warme Interesse für Religion an sich, wie wir es von Harnack kennen. Wie Troeltsch und dann auch tatsächlich unter Berufung auf Troeltsch war Ording der Meinung, daß sich durch historische Forschung die Bedeutung des Christentums als Weltreligion relativiere. Genau genommen hätte damals die von den Norwegern sogenannte ›Harnack-Fehde‹[28] eine ›Troeltsch-Fehde‹ genannt werden müssen. Wie so oft in der Theologiegeschichte wurde ein Sack geschlagen, wobei man eigentlich irgend einen Esel zu prügeln suchte.

Ording hat einmal in einer Reihe der für ihn anregenden, fast nur deutschen Theologen (Schleiermacher, Lipsius, Ritschl, Frank, dabei auch der Däne Martensen, dann Kaftan, Haering, Herrmann, Troeltsch) offensichtlich bewußt auf den Namen Harnacks verzichtet.[29] Ording blieb auch kirchenpolitisch auf Distanz zu Harnack. Das zeigt ein von ihm nach Kriegsausbruch 1914 erschienener Artikel ›Militia Christi‹, worin er seine eigene Verzweiflung über die plötzliche Vernichtung humanistischer Werte durch diesen Weltkrieg kundtat.[30] Der Titel ›Militia Christi‹ konnte den gebildeten

---

[24] Zum Ganzen siehe Carl F. Wislöff, Norsk Kirkehistorie, Bd. 3, Oslo 1974, S. 148 ff.; Bernt T. Oftestad, Kirken (wie Anm. 7) S. 238–251.

[25] Vgl. Kirkestriden i Norge belyst ved Lyder Bruns brev till F. G. Krarup 1905 til 1913, hg. v. Kristen Valkner, Trondhjem 1968.

[26] Harnack, Dogmengeschichte (wie Anm. 13), S. 4.

[27] Vgl. Dag Thorkildsen, Johannes Ording. Religionsfilosof og apologet, Oslo 1984, S. 14, S. 80–83, S. 118–133.

[28] Ebd. S. 132.

[29] Ebd. S. 131.

[30] Johannes Ording, Militia Christi, in: Norsk Kirkeblad (1914) S. 643–648. Vgl. Thorkildsen, Ording (wie Anm. 27) S. 120.

Zeitgenossen wie eine Anspielung auf Harnacks ebenso betitelte Schrift von 1905 erscheinen, worin Harnack, der bekanntlich im August 1914 doch voreilig den deutschen Eintritt in den Weltkrieg gutgeheißen hatte, gerade die pazifistische Tradition des Christentums an der Geschichte dieses Leitbegriffs ›militia Christi‹ in heute noch unübertroffener Gründlichkeit nachgewiesen hatte.[31] Aber obwohl Ording ein distanziertes Verhältnis zu Harnack hatte, war im ›Professorenstreit‹ der Jahre 1906 bis 1908 der Berufungsfall Ording nach außen ein Fall Harnack, und wie in Deutschland gab es dann 1908 auch einen Harnack überinterpretierenden Apostolikumsstreit, weil der Bergener Pfarrer Carl Konow das Apostolikum wegen seiner Lehre von Christi Präexistenz, Jungfrauengeburt und leiblicher Auferstehung in mehreren Vorträgen schlankweg für unnötig erklärt hatte. Johannes Ording nahm Partei für diesen Mann, während Lyder Brun, ebenso wie schon Harnack 1892, eine derartige theologische Totalbestattung des Apostolikums deutlich kritisierte.

Mit der Eröffnung der ›Menighetsfakultet‹ (Gemeindefakultät) im September 1908 hatte die breite lutherisch-pietistische Basis endlich ein anspruchsvolles Forum gefunden.[32] Es ist bezeichnend, daß der Systematiker Ole Hallesby (1879–1961), der führende Kopf dieser neuen Fakultät, auch seinerseits erst einmal nach Deutschland zur theologischen Weiterbildung reiste, natürlich nicht ins Harnack-liberale Berlin, sondern ins lutherische Erlangen.

Infolge des Ersten Weltkrieges kam es auch in Norwegen zu einer kirchenfeindlichen Arbeiterbewegung.[33] Unter Führung von Ole Hallesby setzten volksmissionarische Aktivitäten ein, die sehr erfolgreich unter ständiger Berufung auf das Apostolikum und auf ein bibelgebundenes Christentum eine Abwehrhaltung gegenüber den ›liberalen Theologen‹ popularisierten, denen man die Entchristlichung der Gesellschaft zum Vorwurf machte. Höhepunkt dieser Kampagne war eine Massenveranstaltung im großen Versammlungssaal von ›Calmeyergatens Missionshus‹ am 15. Januar 1920. Doch in den 20er und 30er Jahren, erst recht unter der deutschen Okkupation 1940 bis 1945, erlosch allmählich das Fieber dieses Kirchenkampfes. Es entsprach einem tiefen volkskirchlichen Gemeinschaftsgefühl, daß beide Parteien irgendwie doch wieder zum ›kirchlichen Grund‹ fanden. Eivind Berggrav war Hauptautor der so betitelten Bekenntnisschrift ›Kirkens Grunn‹ (Der Grund der Kirche) von 1942, die unter Berufung auf Luthers ›Zwei-Reiche-Lehre‹

---

[31] ADOLF HARNACK, Militia Christi. Die christliche Religion und der Soldatenstand in den ersten drei Jahrhunderten (1905), Darmstadt 1963.

[32] OFTESTAD, Kirken (wie Anm. 7) S. 245.

[33] Zum folgenden s. ebd. S. 248–255, S. 264–274.

ein einzigartiges Dokument lutherischer sozialer Ethik im Widerspruch zur nationalsozialistischen Weltanschauung ist – und derselbe Berggrav kam doch von der Osloer Universitätstheologie, nicht von der Gemeindefakultät, und hatte auch in Marburg studiert. Doch mit ihm wirkte nun im Widerstand zusammen ausgerechnet Ole Hallesby von der Gemeindefakultät. Wie wenig die alten Fronten noch galten, läßt sich statistisch erheben: Fast 700 Pfarrer folgten Berggrav in den Widerstand und wurden amtsenthoben; sie kamen zu gleichen Teilen von beiden Fakultäten, wie umgekehrt die 61 Pfarrer, die sich zur NS-Ideologie des Quislingstaates bekannten, sowohl bei der staatlichen als auch bei der Gemeindefakultät Theologie studiert hatten.

IV. Persönliche Zeugnisse

Im Jahr 1910, schon zehn Jahre vor jener Massenmissionsveranstaltung mit Ole Hallesby, hatte das kulturprotestantische Norwegen eine einzigartige Festwoche veranstaltet. Adolf Harnack war der Einladung der Fakultät und wohl auch der norwegischen Akademie der Wissenschaften[34] gefolgt und hielt von Montag, dem 17. bis Donnerstag, dem 20. Oktober in Christiania (erst seit 1924 heißt die Hauptstadt Oslo) vier Vorträge über ›Die Anfänge unserer Religion‹ im großen Festsaal der Universität und dann noch einen fünften Vortrag vor der allgemeinen ›Norwegischen Studentenverbindung‹ im Studentenhaus. Die Vorträge erschienen in norwegischer Übersetzung in der Presse (›Morgenbladet‹) und alsbald auch separat im Druck. Der Übersetzer und Herausgeber war kein anderer als der damals erst 25jährige Theologe Eivind Berggrav gewesen (damals nannte er sich noch ›Jensen‹).[35] Berggrav war zusammen mit dem liberalen Thorvald Klaveness Herausgeber der seit 1894 erscheinenden kulturprotestantischen Zeitschrift ›For kirke og

---

[34] Darauf deutet hin eine Karte des Slawisten und Akademiemitglieds OLAF BROCH an Harnack vom 13.8. 1910: »Sie überlassen mir freundlich zu entscheiden – unbedingt halten wir Sie fest! Ein anderes Mal ist immer ein Schelm (…). Mit inniger Freude erwartet Sie unser Komité (…)«, Staatsbibliothek Berlin, Harnack-Nachlaß 28, Olaf Broch.

[35] Separatdruck: Professor Harnacks foredrag i Kristiania, Kristiania 1910. Vorwort von EIVIND BERGGRAV-JENSEN: Harnack hat ohne Manuskript vorgetragen. Eine Bitte, seine Vorträge in Buchform herauszugeben, mußte er daher abschlagen. Kurzreferat schon in: For Kirke och Kultur 7 (1910) S. 520–537. Stimmungsbericht und zeitgeschichtliche Ordnung von LYDER BRUN, Harnacks besök, in: ebd. S. 528–534. Verdienstvollerweise hat CHRISTOPH MARKSCHIES die Hauptthesen des fünften Vortrags vor dem Studentenverband in deutscher Rückübersetzung ediert: Adolf von Harnack, Wie soll man Geschichte studieren, insbesondere Religionsgeschichte? Thesen und Nachschrift eines Vortrages vom 19. 10. 1910 in Christiania/Oslo, in: Zeitschrift für Neuere Theologiegeschichte 2 (1995) S. 148–159.

kultur‹.[36] Harnacks Vorträge waren ein Ereignis. Spöttisch wird von der
Presse gemeldet: Das gebildete Christiania saß zu Harnacks Füßen, aber
von der Christiania-Geistlichkeit sah man nur einige wenige. Eine deutsche
Urfassung der Vorträge existiert nur in Thesen und Zetteln. Harnack hatte,
wie so oft, völlig frei gesprochen, und so sind wir auf Berggravs norwegische
Nachschrift angewiesen. Harnack hatte vermutlich vorher in Kopenhagen
das meiste schon vorgetragen, war dort auch Valdemar Ammundsen
(1876–1936) begegnet und hatte diesen später so wichtigen Haderslebener
Bischof und Ökumeniker zum Freund gewonnen (Ammundsen wird 1934
die große ökumenische Friedenskonferenz auf der Insel Fanö organisieren,
wo Dietrich Bonhoeffer mit seinem Friedensappell der großen Ökumene
zum ersten Mal bekannt wurde).[37] Hier in Christiania bot Harnack eine Art
geraffte und doch mitreißend formulierte Auffassung von der Kirchengeschichte als sittlich zu begreifender Universalgeschichte. Das besondere
Ereignis von Christiania war aber der letzte Vortrag über ›Lebenslauf und
Lebensgesetz‹ vor den Studenten. Der norwegische Studentenführer Hans
Mohr hatte den Berliner Großmeister zu dessen Verblüffung noch kurz vor
der Abreise aus Berlin für diesen Vortrag charmant gewinnen können.[38]
Harnack sprach vor den Studenten über sechs pädagogische Leitsätze:[39] »1.
Treiben Sie das Studium der Geschichte wahrhaft universal. 2. Vergessen Sie
nie, daß alle Geschichte als Entwicklungsgeschichte verläuft, aber bleiben

---

[36] Gültige Biographie von GUNNAR HEIENE, Eivind Berggrav. En biografi, Oslo 1992. Die Bedeutung Harnacks im Leben Berggravs wird nach meinem Urteil von Heiene etwas unterschätzt,
das gilt erst recht für die deutsche Übersetzung dieser Biographie mit einem Geleitwort v. EDU-
ARD LOHSE: GUNNAR HEIENE, Eivind Berggrav: eine Biographie, Göttingen 1997, die das Ereignis von 1910 nur nach der Presse referiert (S. 49). Daß es immerhin die norwegische und aus-
führlichere Fassung von Heienes Biographie gibt, hätte deutlich gesagt werden müssen.

[37] JENS HOLGER SCHJÖRRING, Ökumenische Perspektiven des deutschen Kirchenkampfes (Acta Theologica Danica 18) Leiden 1985, S. 9 ff., S. 19 f.

[38] Eine feine spontane Reaktion ist Harnacks Karte an den ihm unbekannten Studenten Hans
Mohr, kurz vor der Abreise nach Norwegen (8.10. 1910) geschrieben: »Hochgeehrter Herr! Leider wird es mir schwer möglich sein, Ihnen eine Vorlesung zu halten. Ich komme Sonntagmittag
nach Kristiania, lese von Montag bis Donnerstag und muß Freitag wieder fort. Zwei Vorlesungen an einem Tage zu halten, ist mir nicht wohl möglich, aber gerne werde ich Sie besuchen und
einige Worte an Sie richten. Nun aber hat mich ein Satz in ihrem schreiben beunruhigt. Sie
schreiben, ich würde einen Vortrag in der Norwegischen Studentenverbindung halten: Habe ich
das versprochen? Bitte beantworten Sie mir die Frage mit ein paar Worten. Ich kann mich nicht
besinnen, aber es ist möglich, daß mein Gedächtnis mich täuscht und ich doch etwas versprochen habe. Hochachtungsvoll D. Harnack«, Oslo Univ. Bibliothek, Brevs. Nr. 430. Hans Mohr
(geb. 1886) war Theologe und Pädagoge. Nach 1939 war er Lektor an der Kathedralschule Oslo, später Norwegens Vertreter bei der Unesco.

[39] Nach den norwegischen Quellen kamen, von insgesamt neun Thesen, nur die Thesen 1–6
zur Vorstellung, vgl. MARKSCHIES, Geschichte (wie Anm. 35) S. 153 f.

Sie eingedenk, daß kein geschichtliches Problem mit diesem Schlüssel allein erschlossen werden kann. 3. Vergessen Sie nicht, daß die Erkenntnis des Ursprungs und der Entwicklung der Dinge weder über ihren Wert noch über unsere Pflichten aufklärt. 4. Suchen Sie überall den Kern der Dinge zu erfassen, aber vergessen Sie nicht, daß alles, was wächst, nur in Rinden wächst. 5. Vergessen Sie nicht, daß das Knochengerüst der Geschichte die Institutionen sind und daß nur sie sicher erkennbar sind. 6. Suchen Sie in der Geschichte die großen Personen auf und werden Sie ihre Jünger«.

Harnack in Schweden und Norwegen. Das könnte gewiß gründlicher und ausführlicher erforscht und dargestellt werden. Harnacks Verbindungen nach Norden waren jedenfalls seit diesem Christiania-Jahr 1910 tief und fest geworden. Im darauffolgenden Jahr wurde Harnack Ehrendoktor der Theologischen Fakultät Christiania, er wurde später Mitglied der Akademien von Göteborg, Oslo, Stockholm und Uppsala. Die guten norwegischen Beziehungen suchte er im August 1914 zu nutzen, nachdem ihn am 27. August elf namhafte Theologen aus Großbritannien in einem offenen Brief der Kriegstreiberei bezichtigt hatten und er seine ebenso offene Antwort vom 10. September nach England zu schicken suchte. Harnack protestierte darin gegen den ihm unterstellten Satz, daß das »Verhalten Großbritanniens« das »eines Verräters an der Zivilisation« sei, was er so auch nicht gesagt hatte. Harnack verstieg sich dann aber doch im propagandistischen Hin und Her der ersten Kriegswochen zu ähnlichen Behauptungen, daß nämlich Serbien keineswegs der zu schützende Kleinstaat sei und daß Großbritannien als Verbündeter Frankreichs und Rußlands nun den Damm einreiße, »der Westeuropa und seine Kultur vor dem Wüstensande der asiatischen Unkultur Rußlands und des Panslawismus geschützt hat«. Den ganzen Text versuchte Harnack vergeblich mit Hilfe eines norwegischen Freundes nach England zu bringen. Der heute unbekannte Freund Harnacks und Deutschlands, der diesen Versuch von Norwegen aus unternahm, mußte Harnack schließlich mitteilen: Nachdem die englische Zensur das Heft abgefangen und zurückgeschickt habe, werde seine Tochter nun versuchen, Harnacks Text »übersetzt, inmitten eines gewöhnlichen Briefes«, nach England heimlich zu schicken: »Vielleicht wird die Zensur in einem Briefe, von Damenhand geschrieben, nicht so gefährliche Bomben ahnen. Eine Schrift von ihnen einschmuggeln zu sollen, kommt mir als etwas Sonderbares vor. Ich sehe aber (...) keinen anderen Ausweg«.[40]

---

[40] Zahn-Harnack, Harnack (wie Anm. 4) berichtet darüber in der 1. Aufl. der Biographie. Diese wichtige Anm. 1 auf S. 459 fehlt in der zweiten ›verbesserten‹ Auflage 1951 auf S. 357. Harnacks Tochter meinte offensichtlich, das gehöre zu den Anmerkungen »für die bei den heutigen Lesern kein Interesse mehr erwartet werden konnte« (Vorwort zur 2. Aufl., November

Im Jahr 1923 widmete Harnack dem Erzbischof Nathan Söderblom den 6. Band seiner ›Reden und Aufsätze‹, er war nach 1919 mehrere Male zu Vortragsreisen, meist in den Weihnachtsferien, in Schweden, er ließ sein Ferienhaus bei Berchtesgaden von schwedischen Künstlern gestalten. Es ist nicht ausgeschlossen, daß er nach 1923 in Schloß Elmau, im Kreise von Johannes Müller, auch Berggrav wiederbegegnete, den es vor 1929, vor seiner ersten Berufung zum Bischof im nördlichsten Norwegen, ebenfalls immer wieder nach Elmau zog.[41] Harnack war auch nur aus persönlichen Gründen der ›Weltkonferenz für Praktisches Christentum‹ in Stockholm 1925 ferngeblieben. Harnack gehörte mit dem Reichskanzler Luther und dem Reichsgerichtspräsidenten Simons zu den aus Deutschland von Söderblom persönlich Eingeladenen; er war nicht ›Delegierter‹ der Deutschen Evangelischen Kirche. Sein ihm selbst »schmerzliches« Fehlen bedauerte er mit einem Grußwort an die Weltkonferenz. Es ist wahrscheinlich (mit Friedrich Siegmund Schultze anzunehmen), daß Harnack enttäuscht gewesen war, nicht als offizieller Delegierter des deutschen Protestantismus in Stockholm erwünscht zu sein. Von einer Krankheit, die Harnack verhindert habe, spricht Agnes von Zahn-Harnack, was bezweifelt werden darf.[42] Es war ja zeitlebens Harnacks große Enttäuschung gewesen, daß sich die verfaßte Kirche ihm gegenüber reserviert verhielt.

Doch das sind nur ›Schalen‹. Kommen wir zum Kern der Sache. Harnack veranschaulichte seine wissenschaftliche Methode ja immer wieder mit Metaphern, die das Innen vom Außen unterschieden. Das Erforschbare sei zunächst nur das Äußere, die Rinde, nicht der Stamm und die Schale, nicht der Kern, das Vorletzte, und nicht das Letzte. Auch war er (gegen Karl Holl)

1949). Wir sehen das heute gewiß anders. Harnacks umstrittene ›Antwort‹ vom 10.9. 1914 auf ›Ein Schreiben von 11 englischen Theologen‹ in: Nowak, Harnack als Zeitgenosse (wie Anm. 16) Bd. 2, S. 1438–1444, zuerst in: Internationale Monatsschrift für Wissenschaft, Kunst und Technik 9, Heft 1 (1914) S. 11–28. Gern wüßten wir, wer der norwegische Freund und Verbindungsmann Harnacks im Sommer 1914 gewesen war. Der Neutestamentler Lyder Brun (1870–1950) oder der Slawist Olaf Broch (1867–1961)? Nach den Christiania-Vorträgen hatte sich Harnack bei diesem für die Gastfreundschaft und Aufnahme in der Familie bedankt (Karte vom 26.12. 1910). Am 1.9. 1915 antwortet Harnack mit Brief dem »hochgeehrten Kollegen« Broch auf dessen Schreiben vom 2. Juni. Überbringer war ein Gv. Sniedal, den Harnack zu seinem Bedauern wegen längerer Abwesenheit nicht empfangen konnte. »In treuer Erinnerung an die Tage in Kristiania (…)«, Oslo Univ. Bibliothek, Nachlaß Broch, Brevs. 337.

[41] Vgl. Zahn-Harnack, Harnack (wie Anm. 4) S. 378, S. 384 f., S. 437 f., S. 459, S. 475 f., S. 505, S. 538 ff.

[42] Harnack wurde nicht nominiert wegen »nicht unerheblicher Verwicklungen«. So Friedrich Siegmund-Schultze, Nathan Söderblom, Briefe und Botschaften an einen deutschen Mitarbeiter (Schriften des Ökumenischen Archivs in Soest 2) Marburg a. d. Lahn 1966, S. 87. Vgl. Zahn-Harnack, Harnack (wie Anm. 4) S. 87.

der Meinung: Die sekundären Motive und nicht die primären Motive machen die Geschichte.[43] Diese äußeren Dinge sind rational und allgemein überzeugend zu erfassen, wie es Harnack 1910 in Christiania vor den Studenten in der fünften These so drastisch formuliert hatte: »Vergessen Sie nicht, daß das Knochengerüst der Geschichte die Institutionen sind und daß nur sie sicher erkennbar sind«. Daher hat sich der Historiker Harnack, dem es so sehr auf persönliche Begegnungen ankam, auch gescheut, das Innere einer Person biographisch zu erfassen. Es gibt keine einzige ausgeführte Autobiographie von ihm, und im Grunde hat er auch keine wissenschaftliche Biographie zu Papier gebracht. Sein Marcion-Buch (1921) ist das gewiß nicht. In diesem Zusammenhang ist auch Harnacks Bemerkung vor Berliner Studenten aufschlußreich. Um 1925 hatten ihn die Studenten seines Privatseminars, darunter auch Dietrich Bonhoeffer, gefragt, welches unter seinen Büchern er am meisten schätze und für das beste halte. Diese Frage stellten sie mehrmals, und jedesmal hat Harnack geantwortet, nach seiner persönlichen Meinung sei sein eigenes bestes Werk ›Die Geschichte der Königlich Preußischen Akademie der Wissenschaften‹ (1900). Für Bonhoeffer, der sich im Gefängnis 1944 daran erinnerte, war das ein Anlaß, sich dieses Buch in die Gefängniszelle bringen zu lassen, um darin zu studieren.[44] Freilich lebt für Harnack alle Wissenschaft aus einem Urgrund persönlicher Begegnungen, mag dieser sich auch rationaler Erklärung verschließen. Daher können uns die großen Personen, deren Jünger und Freunde wir werden sollen, von denen die letzte These in Christiania handelt, symbolisch das Wesentliche, auch das wesentlich Christliche offenbaren.

Daher soll schließlich auch von einigen sehr persönlichen Zeugnissen berichtet werden, die wir in den Archiven in Berlin und Oslo fanden. Es sind Zeugnisse einer heute in der akademischen Welt verlorengegangenen geselligen und humanen Kultur, die auch persönliche Hingabe und Preisgabe von warmherzigen Gefühlen nicht scheute: Berggrav (Jensen) sandte gleich nach den Vorträgen in Christiania 1910 einen Dankesbrief an Harnack mit den Worten: »Ich darf sagen: Es ist keine Erinnerung, keine Freude nur, sondern auch eine Lebensrichtung, von der ich nie loskommen werde«.[45] Dreizehn Jahre später kommt es im Hause von Edvard Lehmann in Lund zu einem Gesellschaftsabend mit Professoren und Damen. Der junge Berggrav war

---

[43] ADOLF HARNACK, Die Entstehung der christlichen Theologie und des kirchlichen Dogmas, Gotha 1927, S. 17–20. Vgl. REINHART STAATS, Adolf von Harnack im Leben Dietrich Bonhoeffers, in: Theologische Zeitschrift 37 (1981) S. 94–122 (S. 109, Anm. 48).

[44] DIETRICH BONHOEFFER, Brief an Eberhard Bethge, 29. u. 30.1. 1944, in: DERS., Werke Bd. 8, München 1994, S. 304 (s. auch S. 335, S. 349).

[45] Brief vom 23.10. 1910, Berlin Staatsbibliothek, Harnack-Nachlaß Nr. 27.

damals als Dorfpastor zur Fertigstellung seiner Doktorabhandlung nach
Lund beurlaubt. Während des Diner passierte etwas, das Berggrav sofort am
nächsten Tag (19. März 1923) seiner jungen Frau schreiben mußte: Lehmann
hatte eine Rede auf Harnack gehalten, »Harnack antwortete darauf und
ging dann aber dazu über, auf mich eine Rede zu halten und machte so die
Anwesenden auf das Licht aufmerksam, das hier leuchte. Ich meinte im Boden versinken zu müssen; dabei saß ich doch so fest eingeklemmt zwischen
den Gattinnen zweier Philosophieordinarien (...)«. Vier Tage danach
schreibt Berggrav: am Vortage habe er mit Harnack ein Gespräch gehabt,
dieser sei zu ihm wie ein »liebenswürdiger Vater« (elskelig fader) gewesen.[46]
    Noch mehr Privates erfahren wir von Nathan Söderblom. Er bedankt sich
am Neujahrstag 1910, also zu Beginn des Jahres der Skandinavienreise Harnacks, bei diesem für die ehrenvolle Berufung an die Berliner Theologische
Fakultät auf den neugeschaffenen Lehrstuhl für Religionsgeschichte und erklärt die ihm natürlich peinliche Absage mit den Worten: »Halb öffnete sich
mir eine Tür in das Land der Zukunft, der Arbeit und des Willens zum Leben – aber mein ganzes Dasein ist mehr und mehr mit dem geistigen, kirchlichen und nationalen Leben Schwedens unaufhörlich verwachsen«. Söderblom freut sich über die Berufung des Zweitplazierten, seines ›Busenfreun-
des‹ Lehmann, nach Berlin. Dabei fällt das schöne Wort über die Wissenschaft als »hohe Form des Lebens, nicht nur ein Weg zu *Resultaten*«, das
Agnes von Zahn-Harnack geradezu für ein »Schlüsselwort für Harnacks
Persönlichkeit« hielt und das wir jetzt im bisher unpublizierten Kontext lesen können. Söderblom schreibt an Harnack und denkt weniger »an den
Klang, den der Name Adolf Harnack in der Kulturwelt hat, als an die geistige Befreiung und Aufklärung und an die wissenschaftliche Erweckung, die
ich Ihren Schriften verdanke, und an den ganz besonderen Reiz und Wert
ihrer persönlichen wissenschaftlichen Art. Ist ja Wissenschaft doch wohl
auch eine hohe Form des Lebens, nicht nur ein Weg zu *Resultaten*. In bedau-
erlicher Weise wird das auch bei sehr tüchtiger und moderner Theologie allzu oft vermißt«.[47]
    Zwanzig Jahre später, im Mai 1930, kam es zu einer letzten persönlichen
Begegnung Harnacks mit Söderblom. Der Leipziger Juraprofessor Walter
Simons, bis 1929 Präsident des Reichsgerichts und von 1925 bis 1935 Prä-

---

[46] Ich zitiere hier in deutscher Übersetzung aus ungedruckten Quellen über Harnacks Besuch
in Lund vom 17. bis 20. März 1923 (Otto Berggravs arkiv, Riksarkivet Oslo), nach einem durch
freundliche Vermittlung von Frau Montgomery mir zugesandten Schreiben von Gunnar Heiene
vom 16.3. 1998.
[47] Brief NATHAN SÖDERBLOMS vom 1.1. 1910, Berlin Staatsbibliothek, Harnack-Nachlaß
Nr. 43/1. Vgl. ZAHN-HARNACK, Harnack (wie Anm. 4) S. 438.

sident des Evangelisch-Sozialen Kongresses, erinnerte sich an dieses Treffen, bei dem es vermutlich um das Harnack und Söderblom gemeinsam bewegende Thema des Miteinanders der christlichen Ökumene und der politischen Ökumene und um die Sorge vor einem neuen Weltkrieg ging. Simons sagte bei der Eröffnung der Breslauer Tagung des Evangelisch-Sozialen Kongresses, als gerade die Nachricht von Harnacks Tod bekannt geworden war, unter anderem: »Vor wenigen Wochen bin ich mit Exzellenz v. Harnack bei dem schwedischen Gesandten mit dem Erzbischof Söderblom von Uppsala zusammen gewesen. Damals hat er uns alle durch die Frische seines Geistes, durch seine Weisheit und durch seinen Witz erfreut«.[48] Am 11. Juni 1930, einen Tag nach Harnacks Tod, schreibt Schwedens Erzbischof an Frau Amalie von Harnack: Söderblom erinnert sich in diesem Beileidsschreiben daran, wie er im Mai 1894 bei der Hochzeitsreise, die ihn zum Dienstantritt als Gesandtschaftsprediger nach Paris führen sollte, zunächst, zum Unmut seiner Frau, Station in Berlin gemacht habe, um Harnacks Vorlesung zu hören, und wie er mit Harnack damals schon von Mann zu Mann reden durfte: »Er hatte, wie die ganz Großen, Zeit und Interesse für Alle. Bei wichtigen Epochen meines Lebens hat er bisweilen Worte entscheidender Wichtigkeit geschrieben«. Wieder erinnert Söderblom an seine ehrenvolle Berufung nach Berlin 1910. Doch obenan in diesem Trauerbrief stehen Worte innerster Nähe: »Wie kann ein solcher Mensch sterben? Ist es möglich, daß ein solcher Mensch überhaupt stirbt? (...) Ein Geist wie Adolf von Harnack gehört zu den tatsächlichen Beweisen des ewigen Lebens. Man vergaß vor ihm die Armseligkeit unseres Daseins und sogar das Elend der Welt«.[49] Wenige Monate nach Harnacks Tod wurde sein Freund und doch auch sein Schüler Nathan Söderblom mit dem Friedensnobelpreis ausgezeichnet. Zu Silvester schrieb Söderblom noch einen zweiten Trostbrief an Frau von Harnack.[50] In Uppsala starb am 12. Juli 1931 auch Söderblom, nur ein Jahr nach Harnack.

Rückblickend bestätigen solche Einsichten in Harnacks Wirken in Schweden und Norwegen zumindest drei kirchengeschichtliche und allgemeingeschichtliche Tatsachen, nun aber aus skandinavischer Perspektive.

---

[48] Gedenkworte bei der Breslauer Kongreß-Tagung, in: Adolf von Harnack zum Gedächtnis, Evangelischsozial. Vierteljahrsschrift für die sozial-kirchliche Arbeit 35, Nr. 3, Juli/September (1930) S. 97.

[49] Brief Söderbloms an Harnack vom 11.6. 1930 (bisher meines Wissens unbekannt), Berlin Staatsbibliothek, Harnack-Nachlaß Nr. 43/5.

[50] In Berlin unauffindbar. Siehe aber ZAHN-HARNACK, Harnack (wie Anm. 4) S. 505. Söderblom tröstete die Witwe mit Erinnerungen an Harnacks Liebe zu Kindern: »Dieser Gelehrte mit den gewaltigen Kenntnissen konnte den Menschen, d. h. das Kind im Menschen finden. Seine Gegenwart lockte das Beste im Menschen hervor«.

Erstens: Harnack verkörperte in der deutschen Universitätsgeschichte noch die Gestalt der großen Autorität, deren Größe in der Überlegenheit der charaktervollen Persönlichkeit über dem Fachmann lag. Der Spezialist war zwar mehr denn je gefragt – gerade Harnack wußte darum –, aber die entscheidenden Impulse kulturellen Fortschritts sollten von einer starken Persönlichkeit mit sittlicher Verantwortung ausgehen. Harnack war ein geistig-sittlicher Führer. Darin entsprach er weithin den Erwartungen der akademischen Jugend in den ersten Dezennien des zwanzigsten Jahrhunderts. Mit Hitlers Nationalsozialismus begann der Führerbegriff dann aber auch im akademischen Bereich obsolet zu werden. Dietrich Bonhoeffer, tief geprägt von seinem ›theologischen‹ Lehrer Harnack, hatte die ›Wandlungen des Führerbegriffs in der jungen Generation‹ sofort nach Hitlers Machtergreifung in einem Rundfunkvortrag am 2. Februar 1933 scharfsichtig erkannt.[51]

Zweitens: In Harnacks ökumenischer Arbeit zeigt sich der Übergang der liberalen Theologie zu einer bewußt ›kirchlichen‹ Theologie, freilich ohne jede klerikale Tendenz. Harnacks Hoffnung ging stets und zunehmend nach dem Ersten Weltkrieg dahin, auch für die Kirche nützlich zu sein. Doch wie allein die Weigerung der Deutschen Evangelischen Kirche dokumentiert, ihn 1925 als ihren Delegierten zur ökumenischen Weltkonferenz für Christentum nach Stockholm zu entsenden, so wurden seine Hoffnungen von amtlicher kirchlicher Seite auch sonst nicht erfüllt. Harnack selbst hatte es den Kirchenleitungen ja auch nicht gerade leicht gemacht. Der treue Freund Martin Rade hat zwei Tage nach Harnacks Tod am 10. Juni 1930 einen beachtlichen Nachruf geschrieben, der nur diese damals wie auch heute meist übersehene Bedeutung Harnacks für die Kirche der Zukunft hervorhob. Rade schrieb: »Mir kreisen die Gedanken immer wieder um seine kirchliche Laufbahn und Wirksamkeit. Nicht ohne Bitternis. Die Geschichte der Kirche erkor er sich für seine Lebensarbeit. Er wußte die jungen Theologen, die zu seinen Füßen saßen, wenig jünger als er, nicht nur für die Wissenschaft zu gewinnen, sondern auch mit einem freudigen Eifer für ihren Beruf an die Welt zu erfüllen. Die Kirche hat ihm das nicht gedankt. (...) 1892 kam der Apostolikumsstreit. Mit einer gewissen Naivität, die sein Treueverhältnis zur Kirche bestimmte, gab er den Studenten in ihren Erkenntnisnöten einen vermittelnden Rat. Das war zu viel für die Kirche. Kein Presbyterium, keine Synode hat ihn je gesehen. Er mußte seine kirchliche Wirksamkeit vom Ka-

---

[51] Dietrich Bonhoeffer, Wandlungen des Führerbegriffs in der jungen Generation, und ders., Der Führer und der Einzelne in der jungen Generation (1933), in: ders., Werke 12, München 1994, S. 240–260.

theder her, die wahrlich eine gesegnete war, ausüben trotz der Kirche (...).
Seit den Erfahrungen des Apostolikumsstreits hielt sich Harnack kirchlich
zurück. Ein Stück praktisches Kirchentum nur blieb ihm zugänglich: der
Evangelisch-Soziale Kongreß. (...) Es kam eine dritte Zeit seines Lebens, da
hatte die Kirche ihren Frieden mit ihm geschlossen. Man ließ ihn gelten.
Man bot ihm auch einen Platz an in dem Deutschen Evangelischen Kirchen-
tag. Er hat verzichtet. Es kam zu spät. Die Zeiten hatten sich geändert, die
Kirche in ihnen. (...) Die Kirche wird sich seiner noch rühmen«.[52]

Immerhin hatte schon seinerzeit das populäre und umstrittene Buch ›Das
Jahrhundert der Kirche‹, 1926 publiziert von Harnacks langjährigem Mitarbeiter Otto Dibelius, in diese Richtung eines neuen kirchlichen Protestantismus gewiesen.[53] Es dürfte auch Otto Dibelius gewesen sein, der dafür Sorge trug, daß ein von Harnack geschätzter Gebetsruf, sogar Harnacks eigener Grabspruch, unter der berühmten Stuttgarter Schulderklärung des Rates
der Evangelischen Kirche in Deutschland vom 19. Oktober 1945 stand: »Ve-
ni creator spiritus« (»Komm Schöpfer Geist!«). Der junge Privatdozent Bonhoeffer hielt eine seiner ersten Berliner Vorlesungen 1932 über das ›Wesen
der Kirche‹, keineswegs im direkten Gegensatz zu Harnacks ›Wesen des
Christentums‹,[54] und auch Hans von Soden, ein weiterer namhafter Schüler
Harnacks, fand nach 1933 den Weg in eine ›Bekennende Kirche‹. So gesehen
darf man vielleicht auch das unter Federführung Eivind Berggravs 1942 entstandene Dokument eines lutherischen Widerstandes gegen den Nationalsozialismus zu den Fernwirkungen Harnackscher christlicher Ethik und Freiheit rechnen: ›Kirkens Grunn‹ (Der Grund der Kirche).[55] Das ›andere
Deutschland‹, dessen guter Klang die Stürme der Jahre 1933 bis 1945 über-
tönte, erstand gewiß auch aus einem ernsten Suchen nach einer kirchlichen
Theologie bei Adolf von Harnack. Eivind Berggrav blieb zeitlebens ein
Freund dieses ›anderen Deutschland‹. Davon zeugt eine Begebenheit aus
dem Leben von Hanns Lilje. 1947 durfte Lilje an einer ersten großen ökumenischen Veranstaltung in London teilnehmen. Den wenigen Deutschen be-
gegnete man damals mit Befangenheit und Reserve. Lilje, ganz hinten sit-

---

[52] Martin Rade, Harnack, in: Christliche Welt 44 (1930) S. 611 f.

[53] Otto Dibelius, Das Jahrhundert der Kirche. Geschichte, Betrachtung, Umschau und Ziele, Berlin 1926 (6. Aufl. 1928!).

[54] Dietrich Bonhoeffer, Das Wesen der Kirche, Sommersemester 1932, in: ders., Werke
11, München 1994, S. 239–303. Vgl. Staats, Harnack im Leben Bonhoeffers (wie Anm. 43)
S. 101, und ders., Das patristische Erbe in der Theologie Dietrich Bonhoeffers, in: Berliner
Theologische Zeitschrift 5 (1988) S. 178–201 (S. 192–195).

[55] Vgl. Arnd Heling, Die Theologie Eivind Berggravs im norwegischen Kirchenkampf. Ein
Beitrag zur politischen Theologie im Luthertum, Neukirchen 1992.

zend, erinnerte sich: »Der ausgezeichnete und unvergeßliche Bischof Berg-grav aus Norwegen, ein tapferer, gerader und aufrechter Mann, der aus ei-gener Erfahrung Gestapo und Haft kannte, führte den Vorsitz. Als bei der Verlesung der Liste mein Name aufgerufen wurde, rief er nur: ›Lilje – where is Lilje?‹. Und verließ sein Chairman-Pult, kam mir im Mittelgang entgegen und umarmte mich«.[56]

Schließlich läßt sich, drittens, aus dieser skandinavischen Perspektive eine Tatsache der Zeitgeschichtsforschung bestätigen. Zu Anfang des zwanzig-sten Jahrhunderts galt Deutschland als das Land europäischer Zukunft. Nach dem Ersten Weltkrieg als einer ›Urkatastrophe‹ (George F. Kennan) kam es mehr und mehr zu einer Dominanz der englisch-amerikanischen Kultur in Europa, aber »es hätte Deutschlands Jahrhundert sein können« (Raymond Aron).[57] So gesehen hatte jene private Äußerung Söderbloms ge-genüber Harnack vom Neujahrstag 1910 auch paradigmatische Bedeutung: »Halb öffnete sich mir eine Tür in das Land der Zukunft, der Arbeit und des Willens zum Leben«.

---

[56] HANNS LILJE, Memorabilia, Nürnberg 1973, S. 214 f.
[57] Vgl. EBERHARD JAECKEL, Das deutsche Jahrhundert, Stuttgart 1996, besonders S. 7–12, S. 69–102.

Adolf von Harnack als Neutestamentler

von

CHRISTOPH MARKSCHIES

Entschuldigungen zu Beginn eines Beitrages sind bekanntermaßen häufig topisch.[1] Aber manchmal sind sie notwendig und sie sind es auch und gerade beim Thema ›Harnack als Neutestamentler‹. Den Grund, warum ich mich entschuldigen muß, kann ich präzise beschreiben: Einer Überfülle von einschlägigen veröffentlichten und unveröffentlichten Beiträgen Harnacks steht ein deutlicher Mangel an Sekundärliteratur gegenüber, ich könnte fast sogar sagen: ein gänzlicher Mangel.[2] Denn wenn ich recht sehe, findet sich in der Fülle der Harnack-Literatur zu diesem Thema bisher ein einziger einschlägiger Beitrag: Mein Jenaer gräzistischer Kollege Jürgen Dummer durfte auf jener Konferenz, die die ›Akademie der Wissenschaften der DDR‹ zum fünfzigsten Todestag Harnacks veranstaltete, für exakt sieben Minuten das Wort zum Thema ›Harnack und das Neue Testament‹ ergreifen, hat diesen Vortrag im selben Jahr im damaligen Ostberliner Sprachenkonvikt in derselben Kürze wiederholt, und so liegt er auch gedruckt vor.[3] In sieben Minuten

---

[1] Die am 20. März 1998 auf Schloß Ringberg/Tegernsee vorgetragene Fassung wurde für die Drucklegung vor allem um Nachweise in den Fußnoten ergänzt. Ich danke für ausführliche Gespräche über das Thema und Hinweise zum Vortrag sehr herzlich Frau Kollegin Barbara Aland (Münster) und den Herren Kollegen Jürgen Dummer (Jena), Jörg Frey (München), Martin Hengel (Tübingen) und Wilhelm Schneemelcher (Bonn).
   Die Angabe ›SMEND/DUMMER‹ bezieht sich auf FRIEDRICH SMEND, Adolf von Harnack. Verzeichnis seiner Schriften bis 1930, mit einem Geleitwort und bibliographischen Nachträgen bis 1985 von JÜRGEN DUMMER, Leipzig 1990.
   [2] In den beiden großen Forschungsberichten von Werner Georg Kümmel ist Harnack eher am Rande erwähnt: WERNER GEORG KÜMMEL, Das Neue Testament. Geschichte der Erforschung seiner Probleme (Orbis academicus 3/2) Freiburg 1970², S. 394f.; DERS., Das Neue Testament im 20. Jahrhundert. Ein Forschungsbericht (Stuttgarter Bibel-Studien 50) Stuttgart 1970, S. 82, S. 86, S. 170; vgl. auch HANS JOCHEN GENTHE, Kleine Geschichte der neutestamentlichen Wissenschaft, Göttingen 1977, S. 140–143.
   [3] JÜRGEN DUMMER, Adolf von Harnack und das Neue Testament, in: JOHANNES IRMSCHER, Adolf von Harnack und der Fortschritt in der Altertumswissenschaft. Zu seinem 50. Todestag (Sitzungsberichte der Akademie der Wissenschaften der DDR. Gesellschaftswissenschaften 10/1980) Berlin 1980, S. 22–25.

konnte Dummer aber nicht viel mehr tun, als auf das Forschungsdesiderat
›Harnack als Neutestamentler‹ hinzuweisen und immerhin einen Vorschlag
für eine Antwort auf die Frage vorzulegen, warum Harnacks Beiträge zur
neutestamentlichen Wissenschaft so wenig im allgemeinen Bewußtsein der
Fachwelt geblieben sind[4] – wir werden auf diesen Punkt am Schluß dieses
Beitrags noch einmal zu sprechen kommen.[5] Dummers Desideratmeldung jedenfalls ist dann von anderen wiederholt worden, zum Beispiel vor einiger
Zeit von Kurt Nowak.[6] Andere Sekundärliteratur zum Thema existiert praktisch nicht, denn Harnack als Neutestamentler darzustellen heißt, ein anderes Thema zu behandeln als Harnacks Bild der Entstehung des Christentums
zu explizieren, um nur auf einen Literaturtitel anzuspielen.[7] Auf der einen
Seite ist also (trotz der Versuche seines Lehrstuhlnachfolgers Lietzmann,
Harnack als Neutestamentler zu profilieren)[8] der nahezu gänzliche Mangel
an Sekundärliteratur zu konstatieren, auf der anderen Seite die Überfülle
von einschlägigen Beiträgen Harnacks. Um ein einziges Beispiel zu nennen:
Ein knappes Drittel der Berliner Akademieabhandlungen Harnacks, nämlich vierundzwanzig von sechsundachtzig Texten, sind im spezifischen Sinne
neutestamentlichen Fachfragen gewidmet; ein knappes Drittel allein aus den
vierzig Jahren zwischen 1890 und 1930. Dazu kommen verschiedene all-
gemeinere und allgemeinverständliche Aufsätze, weiter ausführliche neute-

---

[4] Dummer schreibt: »Obwohl manches von dem, was Harnack der Wissenschaft vom Neuen
Testament zu sagen hatte, Allgemeingut geworden ist, dürfte dieser Bereich seines Schaffens bisher kaum nach Gebühr gewürdigt worden sein. Es scheint so, als ob die so ungemein rapide Entwicklung dieser Disziplin in unserem Jahrhundert, die nicht zuletzt von Harnacks Schülern und
teilweise schon zu seinen Lebzeiten inauguriert und vorangetrieben wurde, sich einer Würdigung
seiner bleibenden Erkenntnisse in den Weg stellte«, JÜRGEN DUMMER, Zum Geleit!, in: ADOLF
VON HARNACK, Kleine Schriften zur Alten Kirche. Berliner Akademieschriften 1890–1907
(Opuscula IX/1) Leipzig 1980, S. VII–XXXI, S. XIII.

[5] S. u. S. 393–395.

[6] KURT NOWAK, Bürgerliche Bildungsreligion? Zur Stellung Adolf von Harnacks in der protestantischen Frömmigkeitsgeschichte der Moderne, in: Zeitschrift für Kirchengeschichte 99
(1988) S. 326–353, S. 333.

[7] JOHANNA JANTSCH, Die Entstehung des Christentums bei Adolf von Harnack und Eduard
Meyer (Habelts Dissertationsdrucke. Reihe Alte Geschichte 28) Bonn 1990, S. 82–151.

[8] Vgl. dazu HANS LIETZMANN, Gedächtnisrede auf Adolf von Harnack, in: Sitzungsberichte
der Preußischen Akademie der Wissenschaften, philosophisch-historische Klasse 1931, S.
XLVIII–LVII, = DERS., Kleine Schriften, Bd. 3: Studien zur Liturgie und Symbolgeschichte, zur
Wissenschaftsgeschichte, hg. v. der Kommission für spätantike Religionsgeschichte (Texte und
Untersuchungen zur Geschichte der Altchristlichen Literatur 74) Berlin 1962, S. 302–315. Lietzmann gab auch zum achtzigsten Geburtstag seines Vorgängers zehn einschlägige Akademieabhandlungen heraus: ADOLF VON HARNACK, Studien zur Geschichte des Neuen Testaments und
der Alten Kirche, Bd. 1: Zur neutestamentlichen Textkritik (Arbeiten zur Kirchengeschichte 19)
Berlin/Leipzig 1931.

stamentliche Passagen in nahezu allen Hauptwerken und eine Fülle von Rezensionen, gelegentlich auch Predigten und Meditationen zu neutestamentlichen Texten. Und immer noch ist diese Aufzählung unvollständig: In der reichen Korrespondenz finden sich viele Passagen über neutestamentliche Texte und Forschungsprobleme, natürlich auch Passagen über Neutestamentler, und schließlich existieren Fragmente von neutestamentlichen Vorlesungsstunden, Dispositionen für neutestamentliche Vorlesungen und Vorlesungsmitschriften. Während für viele andere Themen eine vergleichbare Breite der Überlieferung wenigstens schon teilweise aufgearbeitet ist, fehlt hier nahezu alle solche Hilfe. Das ist das Problem. Nun beginnt die Entschuldigung.

Ich hatte in Vorbereitung der Harnack-Tagung im Frühjahr 1998 zunächst schon vor längerer Zeit damit begonnen, Harnacks einschlägige veröffentlichte und unveröffentlichte Beiträge zum Neuen Testament in ihrer chronologischen Entwicklung, jeweils in ihren Beziehungen zu anderen Forschungsdiskursen und Arbeiten neutestamentlicher Kollegen, ausführlich darzustellen. Für einen Patristiker ist das angesichts der weit fortgeschrittenen inhaltlichen und organisatorischen Auseinanderentwicklung der beiden Disziplinen ›Kirchengeschichte‹ und ›Neues Testament‹ kein leichtes Unterfangen.[9] Das vorläufige Ergebnis dieser Bemühungen umfaßte nichtsdestoweniger weit über hundert Seiten, und da beschloß ich, diese Seitenfülle nicht zu kürzen,[10] sondern für meinen Beitrag zum Kolloquium noch einmal

---

[9] Außerdem verbietet sich für einen Kirchenhistoriker natürlich eine abschließende und selbständige wissenschaftliche Wertung von Harnacks neutestamentlichen Forschungspositionen. Er kann nur seinen Eindruck festhalten, daß gerade in jüngster Zeit einige dieser Positionen in der neutestamentlichen Forschung (wieder) vertreten werden, freilich in der Regel ohne direkte Kenntnis der Beiträge Harnacks und in sehr unterschiedlichen Schulzusammenhängen; vgl. beispielsweise für das Jesus-Bild Harnacks (s. u. S. 381 f.): Robert W. Funk, John and the Other Gospels (Foundations and Facets 5) Sonoma, California 1985; für seine Sicht der lukanischen Hymnen (s. u. S. 378 f.): Ulrike Mittmann-Richert, Magnifikat und Benediktus. Die ältesten Zeugnisse der judenchristlichen Tradition von der Geburt des Messias (Wissenschaftliche Untersuchungen zum Neuen Testament, 2. Reihe 90) Tübingen 1990, und schließlich für seine Sicht des Verhältnisses von Johannesprolog und viertem Evangelium Michael Theobald, Fleischwerdung des Logos. Studien zum Verhältnis des Johannesprologs zum Corpus des Evangeliums und zu 1 Joh. (Neutestamentliche Abhandlungen. Neue Folge 20) Münster 1988. Martin Hengel schreibt im Vorwort seiner Monographie ›Die johanneische Frage. Ein Lösungsversuch‹ (Wissenschaftliche Untersuchungen zum Neuen Testament 67) Tübingen 1993: »In besonderer Weise weiß ich mich der Darstellung verpflichtet, die Adolf von Harnack in seiner Geschichte der altchristlichen Literatur der ›johanneischen Frage‹ gab, da ich glaube, daß er in wesentlichen Punkten sich dem für uns heute noch historisch Erschließbaren am ehesten genähert hat« (S. 3 f.).

[10] Sie wird separat veröffentlicht.

ganz neu anzusetzen. Ich möchte in diesem Zusammenhang nicht chronologisch durch Harnacks Œuvre schreiten, auch nicht chronologisch die Geschichte des Urchristentums von Jesus bis ins zweite Jahrhundert in der Sicht
Harnacks durcheilen – das hat in gewisser Weise Frau Jantsch getan –, sondern einzelne Punkte aus dem gesamten Œuvre hervorheben, einige themati-
sche Schneisen durch das Dickicht der Arbeiten Harnacks zum Neuen Testament schlagen. Diese Vorgehensweise hat gewiß Nachteile, sie hat aber
auch den Vorteil, daß das ganz spezifische Profil der neutestamentlichen Arbeit Harnacks vielleicht deutlicher wird als in den verschiedenen Formen von
chronologischen Durchgängen. Ich habe aus der Fülle vier mir besonders
eindrückliche Themenschwerpunkte ausgewählt, die ich der Reihe nach jeweils unter einer Leitfrage behandeln möchte. Leitfragen und Themenschwerpunkte lauten:

1. Flucht in die Textkritik? – Ein kurzer Durchgang durch das neutestamentliche Œuvre Harnacks;
2. Hypothesen, Hypothesen, Hypothesen? – Höhepunkte aus der ›Hypo-
   thesenschmiede‹ Harnacks;
3. Im Grunde bei den Lehrern geblieben? – Harnack als Einleitungswissen-
   schaftler,
4. Zerrieben zwischen Patristik und Systematischer Theologie? – Vom Ort
   des Neuen Testamentes im Denken und Forschen Harnacks.

Aus dieser Aufzählung ist auch unschwer zu erkennen, was hier aus Raumgründen nicht behandelt werden konnte: Harnacks Arbeiten zur Kanongeschichte[11] und zu der Sammlung der ignatianischen Briefe[12] werden hier

---

[11] Eine knappe Einordnung Harnacks in die Forschungsgeschichte findet sich bei BRUCE M.
METZGER, Der Kanon des Neuen Testaments. Entstehung, Entwicklung, Bedeutung (= The Ca-
non of the New Testament. Its Origin, Development, and Significance, Oxford 1987, übers. v.
HANS-M. RÖTTGERS), S. 33 f.; eher aus dem Blickwinkel des Gegenspielers Zahn ist die Kontro-
verse zwischen Harnack und Zahn über die Entstehung des neutestamentlichen Kanons referiert
bei UWE SWARAT, Alte Kirche und Neues Testament. Theodor Zahn als Patristiker, Wuppertal/
Zürich 1991, S. 331–349 (S. 333 Anm. 185 bibliographiert die zeitgenössische Literatur zum
›Zahn-Harnackschen Streit‹). Swarat zeigt freilich, inwiefern die Forschungsdiskussion dieses
Jahrhunderts wesentlich Harnacks Position folgt.
[12] Auf diesen Punkt wies in der Diskussion mit Recht Herr Kollege Staats hin. Harnacks Forschungsbeiträge zu den Ignatianen sind relativ knapp dargestellt bei ALBERT EHRHARD, Die Altchristliche Litteratur und ihre Erforschung von 1884–1900 (Strassburger Theologische Studien,
1. Supplementband) Freiburg im Breisgau 1900 (= Hildesheim u. a. 1982), S. 86–100. Ehrhard
dokumentiert penibel, daß Harnack seine ursprüngliche Spätdatierung der Ignatianen (ADOLF
HARNACK, Die Zeit des Ignatius und die Chronologie der Antiochenischen Bischöfe bis Tyran-
nus nach Julius Africanus und den späteren Historikern, Leipzig 1878) im chronologischen Teil

praktisch nicht thematisiert, außerdem ist von Harnacks Verhältnis zu anderen Neutestamentlern kaum die Rede, obwohl allein schon der Briefwechsel zwischen Harnack und seinem Freund Caspar René Gregory einen Beitrag lohnte,[13] auch über Harnacks sich wandelndes Bild von der Urgeschichte des Christentums wird wenig gesprochen, obwohl mir viele Darstellungen an diesem entscheidenden Punkt zu monolithisch bleiben – aber genug der Entschuldigungen und ›medias in res‹.

I. Flucht in die Textkritik? –
Ein kurzer Durchgang durch das neutestamentliche Œuvre Harnacks

Meine Leitfrage ›Flucht in die Textkritik?‹ versucht schlagwortartig eine Beobachtung zum neutestamentlichen Œuvre Harnacks auf den Begriff zu bringen, die man eigentlich nur in einem chronologischen Durchgang verifizieren könnte. Harnack hat nicht gleichmäßig am Neuen Testament gearbeitet, sondern in vielfacher Hinsicht Schwerpunkte gesetzt; seine Bibliographie verrät Tendenzen. Das gilt zunächst chronologisch: Nach den bekannten exegetischen Thesen aus seiner Leipziger Dissertationsdisputation von 1874[14] hat Harnack die erste wirklich einschlägige neutestamentliche Veröffentlichung im engeren Sinne erst 1892 vorgelegt, einen sehr feinsinnigen Aufsatz über das Verhältnis des Prologs des vierten Evangeliums zum ganzen Werk.[15] Damals war er schon einundvierzig Jahre alt und seine Bibliographie zählte fast fünfhundertvierzig Nummern. Natürlich finden sich in den voraufgegangenen knapp zwanzig Jahren vielfach, gerade auch in den Briefen,[16] Äußerungen über das Neue Testament, dann ein sehr früher, aber

---

der monumentalen Literaturgeschichte (DERS., Geschichte der altchristlichen Litteratur bis Eusebius, 2. Tl.: Die Chronologie, 1. Bd.: Die Chronologie der Litteratur bis Irenäus, Leipzig 1897, S. 71) »für antiquirt« erklärt hat.

[13] Vgl. ADOLF HARNACK, Zum Andenken an C. R. Gregory, in: Evangelisch-Sozial 1917/1918, S. 36–39.

[14] ADOLF HARNACK, De Apellis gnosi monarchica, Leipzig 1874, Anhang.

[15] ADOLF HARNACK, Ueber das Verhältniß des Prologs des vierten Evangeliums zum ganzen Werk, in: Zeitschrift für Theologie und Kirche 2 (1892) S. 189–231.

[16] Das wird bereits aus den Proben deutlich, die die Tochter in ihrer Biographie aus Briefen an Freunde und Verwandte mitteilt: AGNES VON ZAHN-HARNACK, Adolf von Harnack, Berlin-Tempelhof 1936, S. 108 (an Fanny v. Anrep, 1875), S. 100 f. (an Marie von Oettingen, 1883); natürlich wäre hier auch die Arbeitsgemeinschaft mit dem Neutestamentler Emil Schürer (1844–1910) ausführlich darzustellen: ADOLF HARNACK, Professor D. Emil Schürer, Theologische Literaturzeitung 35 (1910) Sp. 289–292, = DERS., Aus Wissenschaft und Leben (Reden und Aufsätze. Neue Folge Bd. 2) Bd. 2, Gießen 1911, S. 342–345, sowie MARTIN HENGEL, Der alte und der neue ›Schürer‹, in: Journal of Jewish Studies 35 (1990) S. 19–72, S. 20–29.

auch sehr kurzer Fachaufsatz zu einem Vers des Hebräerbriefs, der Harnack bis kurz vor seinem Tod immer wieder beschäftigt hat;[17] Rezensionen zur Johannesoffenbarung[18] und natürlich Aussagen über das Neue Testament im Lehrbuch der Dogmengeschichte von 1886. Nowak hat dieses Werk einmal einen »im Medium des historischen Materials entwickelten systematischen Entwurf«[19] genannt; wir werden uns im letzten Abschnitt fragen müssen, inwiefern es sich auch um einen neutestamentlichen Entwurf handelt. Trotz solcher angelegentlicher Äußerungen über neutestamentliche Passagen und Themen: Harnack war vor 1892 noch kein ›Neutestamentler‹ im heutigen engeren fachlichen Sinne des Wortes und wurde auch nicht als solcher wahrgenommen – wenn man an dieser Stelle einmal aus heuristischen Gründen die erst später verfestigten Abgrenzungen zwischen einer neutestamentlichen und altkirchengeschichtlichen Wissenschaft anachronistisch anwenden darf.[20] Nichts illustriert das besser als eine briefliche Äußerung des Exegeten Hermann Gunkel aus dem Jahre 1888 (er hatte bekanntlich 1882/1883 bei Harnack in Gießen studiert).[21] Gunkel schrieb, daß er sich als Schüler Harnacks verstehe und seiner kirchenhistorischen Methodik verpflichtet sei; »die Aufgabe meines Lebens wird es sein, dieselbe an das N(eue) T(esta-

---

[17] ADOLF HARNACK, Zu Hebr. 9, 3.4, in: Theologische Studien und Kritiken 49 (1876) S. 572–574.

[18] Vgl. aus SMEND/DUMMER (wie Anm. 1) Nr. 12, 13 und 231. In seinem Nachwort zu EBERHARD VISCHER, Die Offenbarung Johannis, eine jüdische Apokalypse in christlicher Bearbeitung (Texte und Untersuchungen zur Geschichte der altchristlichen Literatur 2/3) Leipzig 1886 = Berlin 1991, S. 126–137, bekennt Harnack sich öffentlich zu der im Titel bereits zusammengefaßten These seines Studenten Vischer; nachdem Völter sie im selben Jahr in einer Streitschrift für einen »Aprilscherz« erklärt hatte, replizierte Harnack scharf: ADOLF HARNACK, Prof. Völters Streitschrift, in: Theologische Literaturzeitung 11 (1886) Sp. 628.

[19] KURT NOWAK, Historische Einleitung, in: Adolf von Harnack als Zeitgenosse. Reden und Schriften aus den Jahren des Kaiserreichs und der Weimarer Republik, Teil 1: Der Theologe und Historiker, hg. v. KURT NOWAK, Berlin/New York 1996, S. 1–99, S. 14.

[20] Der erste separate Lehrstuhl für Neues Testament wurde beispielsweise in Tübingen erst 1898 für Adolf Schlatter eingerichtet, MARTIN HENGEL, Aufgaben der Neutestamentlichen Wissenschaft, in: New Testament Studies 40 (1994) S. 321–357, S. 324. In Berlin war er dagegen bereits in den Statuten von 1836 vorgesehen, wurde aber erst 1876 mit Bernhard Weiß (1827–1918, 1908 im Ruhestand) namhaft besetzt; vgl. WALTER ELLIGER, 150 Jahre Theologische Fakultät Berlin. Eine Darstellung ihrer Geschichte von 1810 bis 1960 als Beitrag zu ihrem Jubiläum, Berlin 1960, S. 67.

[21] GERD LÜDEMANN, Die religionsgeschichtliche Schule in Göttingen. Eine Dokumentation, Göttingen 1987, S. 66; REINHARD WONNEBERGER, Art. Gunkel, Herrmann, in: Theologische Realenzyklopädie 14, Berlin/New York 1985, S. 297–300, S. 297.

ment) anzuwenden«.[22] Auch in Harnacks scharfen Streit mit dem einstigen Freund Theodor Zahn um die Kanonisierung des Neuen Testamentes im Jahr 1889 arbeitete Harnack noch als Patristiker, prüfte Kirchenväterbelege und untersuchte Synodaltexte;[23] Zahn dagegen hat im Laufe seines Lebens eine Einleitung in das Neue Testament (1897) und materialreiche Kommentare zu drei Evangelien, zwei Paulusbriefen und zur Apokalypse (1903–1924) geschrieben[24] – klassische neutestamentliche Genres, die Harnack nie bedient hat.

1892 erscheint, wie gesagt, der erste im strengen Sinne neutestamentliche Aufsatz zum Johannesevangelium, obwohl Harnack schon seit 1874 einschlägige Vorlesungen über Neutestamentliche Einleitung und das ›Apostolische Zeitalter‹ hielt.[25] In Berlin hat er beispielsweise alle vier Semester über Neutestamentliche Einleitung vorgetragen.[26] Regelmäßig und in größeren

---

[22] Brief von Hermann Gunkel an Harnack vom 14.11. 1888, Harnack-Nachlaß in der Staatsbibliothek Preußischer Kulturbesitz zu Berlin, Kasten 32; vgl. auch einen Brief vom 19.7. 1891.

[23] ADOLF HARNACK, Das Neue Testament um das Jahr 200. Theodor Zahn's Geschichte des neutestamentlichen Kanons (Bd. 1/1) geprüft, Freiburg 1889. Caspar René Gregory schreibt daraufhin an Harnack: »Ich hoffe nur, dass die Mehrzahl der Theologen sich durch Lesen Ihrer Kritik die Anschaffung der schweren Bände ersparen wird« (Brief vom 24.2. 1889, Harnack-Nachlaß, Kasten 32).

[24] Bibliographische Angaben im Schriftenverzeichnis bei SWARAT, Alte Kirche und Neues Testament (wie Anm. 11) S. 505–529.

[25] Vgl. die Bemerkung aus dem Briefentwurf Rade, Loofs und Bornemann an Harnack zum 7.5. 1921: »Teurer Meister! Das sind nun rund 45 Jahre, daß wir, die ältesten unter Deinen Getreuen, Dir in Leipzig zu Füßen saßen. Du führtest uns vom Katheder her ins N(eue) T(estament) ein, löstest uns die Rätsel der Apokalypse, lasest zum ersten Mal Deine Dogmengeschichte«; Der Briefwechsel zwischen Adolf von Harnack und Martin Rade. Theologie auf dem öffentlichen Markt, hg. und kommentiert von JOHANNA JANTSCH, Berlin/New York 1996, Nr. 583, S. 766.

[26] Nach den Angaben im Manuskript – Harnack-Nachlaß, Kasten 19, Beiblatt – hat Harnack erstmals im Wintersemester 1874/1875 ›Einleitung in das Neue Testament‹ gelesen, letztmalig im Wintersemester 1895/1896. Von der Vorlesung ›Geschichte des apostolischen Zeitalters‹ (Wintersemester 1881/1882 bzw. 1884/1885) sind lediglich Fragmente erhalten: Harnack-Nachlaß, Kasten 19; vgl. JOACHIM ROHDE, Die Geschichte des Berliner Lehrstuhls für Neues Testament, in: Beiträge zur Geschichte der Theologischen Fakultät Berlins. Zum 175. Jahrestag der Gründung der Berliner Humboldt-Universität, in: Wissenschaftliche Zeitschrift der Humboldt-Universität zu Berlin. Gesellschaftswissenschaftliche Reihe 34 (1985) S. 539–543, S. 541. Der Stuttgarter Stadtvikar Theophil Wurm beschreibt in seinem Bericht über eine Studienreise der Jahre 1893/1894 (den jüngst RAINER LÄCHELE teilweise ediert hat: Von Harnack bis Charleys Tante. Die Studienreise des Stuttgarter Stadtvikars Theophil Wurm im Jahr 1893/94, in: Wegstrecken. Beiträge zur Religionspädagogik und Zeitgeschichte. Festschrift für Jörg Thierfelder zum 60. Geburtstag, hg. v. GERHARD BÜTTNER, DIETER PETRI u. EBERHARD RÖHM, Stuttgart 1998, S. 271–288, S. 280) freilich, daß Harnack mit seinem kirchengeschichtlichen Seminar offenbar stärker patristisch interessierte Studenten ansprach: »In Harnacks Seminar traf ich ver-

Mengen veröffentlichte Harnack zu neutestamentlichen Fragen aber erst seit
dem Epochenjahr 1900.

Ich bin mir nicht so sicher wie die Tochter Agnes von Zahn-Harnack in
ihrer Biographie, daß es der heftige Streit um seine Vorlesungen über das
Wesen des Christentums war, der Harnack seit dem Jahre 1900 dazu nötigte, sich gründlicher und zugleich öffentlicher mit dem Neuen Testament zu
beschäftigen.[27] Denn man wird nicht sagen können, daß die Streitpunkte
der Diskussion um seine Vorlesungen zugleich auch den neutestamentlichen
Arbeitsschwerpunkt Harnacks in den folgenden Jahren bildeten. Die ersten
Aufsätze Harnacks beschäftigten sich mit sehr speziellen Themen der Apostelgeschichte, genauer mit textkritischen und exegetischen Problemen, die
die verschiedenen Rezensionen der griechischen und altlateinischen Text-
form für die Auslegung bereiten.[28] Ich denke auch nicht, daß sich Harnacks
gesteigertes Interesse für spezifisch neutestamentliche Fragen allein mit der

---

schiedene ältere Studenten, die schon 3 oder 4 Semester lang dieses Seminar besuchten und un-
besehen jedes Wort ihres Lehrers unterschrieben. Dabei kommen diese Leute in ein ganz einsei-
tiges Studium hinein. Ich wunderte mich oft wie groß ihre Kenntnisse innerhalb der patristischen
Literatur waren, wie gering dagegen im Neuen Testament. Wird ein solcher junger Historiker
der Reihe nach Lic.theol., Privatdocent und schließlich Professor, so darf man sich nicht wun-
dern über seltsame Hypothesen auf theoretischem, über starke Unkenntnis auf praktischem Gebiet. Übrigens möchte ich aber dennoch konstatieren, daß Harnack selbst diese Entwicklung
nicht bewußt fördert, in mancher Beziehung ihr sogar entgegenarbeitet«. Auf der anderen Seite
dokumentierten sowohl das ›Harnack-Heft‹ der ›Zeitschrift für die neutestamentliche Wissenschaft‹ im Jahre 1911 als auch die beiden Harnack-Festschriften zum siebzigsten Geburtstag am
7.5.1921, wieviel bedeutende Neutestamentler zeitweilig dem Seminar angehörten und sich ihm
zeitlebens verbunden fühlten: Festgabe von Fachgenossen und Freunden A. von Harnack zum
siebzigsten Geburtstag dargebracht, Tübingen 1921; Harnack-Ehrung. Beiträge zur Kirchengeschichte, ihrem Lehrer Adolf von Harnack zu seinem siebzigsten Geburtstage (7. Mai 1921)
dargebracht von einer Reihe seiner Schüler, Leipzig 1921.

[27] ZAHN-HARNACK, Harnack (wie Anm. 16) S. 246–248; NOWAK, Bürgerliche Bildungsreligion
(wie Anm. 6) S. 335.

[28] ADOLF HARNACK, Zu Apostelgesch. 28,16 ($Στρατοπεδάρχης$ = Princeps peregrinorum), in:
Sitzungsberichte der Preußischen Akademie der Wissenschaften, philosophisch-historische
Klasse 1895, S. 491–503; = DERS., Kleine Schriften 1 (wie Anm. 4) S. 234–246; DERS., Über den
ursprünglichen Text Act. Apost. 11,27. 28, in: Sitzungsberichte der Preußischen Akademie der
Wissenschaften, philosophisch-historische Klasse 1899, S. 316–327, = DERS., Kleine Schriften
1, S. 373–384, = DERS., Studien zur Geschichte des Neuen Testaments (wie Anm. 8) S. 33–47;
DERS., Das Aposteldecret (Act. 15,29) und die Blass'sche Hypothese, in: Sitzungsberichte der
Preußischen Akademie der Wissenschaften, philosophisch-historische Klasse 1899, S. 150–176,
= DERS., Kleine Schriften 1, S. 346–372, = DERS., Studien zur Geschichte des Neuen Testa-
ments, S. 1–32; sowie DERS., Über die beiden Recensionen der Geschichte der Prisca und des
Aquila in Act. Apost. 18, 1–27, in: Sitzungsberichte der Preußischen Akademie der Wissenschaf-
ten, philosophisch-historische Klasse 1900, S. 2–13, = DERS., Kleine Schriften 1, S. 399–410, =
DERS., Studien zur Geschichte des Neuen Testaments, S. 48–61.

Abfassung seiner großen zusammenfassenden Darstellungen, der Dogmengeschichte (1886),[29] der Literaturgeschichte (1893)[30] und der Missionsgeschichte (1902)[31] erklären läßt, wie Jürgen Dummer in seinem erwähnten Vortrag erwog.[32] Ich meine vielmehr, daß Harnack die sehr speziellen Themen seiner ersten neutestamentlichen Veröffentlichungen gewählt hat, weil er hier zum einen eine gewisse Sicherheit seiner wissenschaftlichen Ergebnisse erwarten konnte – und Exaktheit und Sicherheit waren ihm ja sehr wichtig –, zum anderen die Komplexität der Materie eine breite wissenschaftliche Auseinandersetzung mit unqualifizierten Kombattanten ausschloß und ihm schließlich die Aufmerksamkeit und Anerkennung seiner nichttheologischen Consodalen in der Berliner Akademie sicherte, in deren Sitzungsberichten zunächst die Mehrzahl seiner Untersuchungen erschien. Man darf auch nicht vergessen, daß eine energische Umsetzung jenes

---

[29] ADOLF HARNACK, Lehrbuch der Dogmengeschichte, Bd. 1 Die Entstehung des kirchlichen Dogmas (Sammlung theologischer Lehrbücher) Freiburg 1886. Einschlägig für unseren Zusammenhang ist der einleitende Abschnitt zu den ›Voraussetzungen der Dogmengeschichte‹: »Nicht die ›biblische Theologie‹ (...) ist die Voraussetzung der Dogmengeschichte (...), sondern die Voraussetzungen sind in gewissen Grundgedanken, besser Motiven, des Evangeliums (...), in dem jeder Deutung fähigen, in Hinblick auf Christus zu interpretierenden A(lten) T(estament) und in dem griechischen Geiste gegeben« (S. 40; in der vierten Auflage von 1909 mit kleinen Veränderungen S. 58). »Jesus Christus hat keine neue Lehre gebracht, sondern er hat ein heiliges Leben mit und vor Gott in seiner Person vorgestellt, und er hat in Kraft dieses Lebens sich in den Dienst seiner Brüder begeben, um sie für das Reich Gottes zu werben« (S. 36 = S. 49). Vgl. für diese Passagen auch EGINHARD PETER MEIJERING, Die Hellenisierung des Christentums im Urteil Adolf von Harnacks (Verhandelingen der Koninklijke Nederlandse Akademie van Wetenschappen, Afd. Letterkunde, Nieuwe Reeks, deel 128) Amsterdam/Oxford/New York 1985, S. 20–22 (Darstellung in der ersten Auflage), S. 50–54 (Kritik an Harnack) und S. 72–80 (Verarbeitung der Kritik in der vierten Auflage).

[30] ADOLF HARNACK, Geschichte der altchristlichen Litteratur bis Eusebius, 1. Tl. Die Überlieferung und der Bestand der altchristlichen Litteratur bis Eusebius, bearbeitet unter Mitwirkung von ERWIN PREUSCHEN, Leipzig 1893 (= ebd. 1958). Harnack bezeichnet die neutestamentlichen Schriften mit Overbeck als »Urlitteratur« (S. 3), hält (wohl eher aus Raumgründen) diejenigen Fragen neutestamentlicher Einleitung, »die von den Isagogikern in Deutschland seit zwei bis drei Decennien einstimmig beantwortet werden«, für »erledigt« (S. VI) und schließt sich jeweils dem Konsens der neutestamentlichen Einleitungen von Weiß und Jülicher an.

[31] ADOLF HARNACK, Die Mission und Ausbreitung des Christentums in den ersten drei Jahrhunderten, Leipzig 1902. Im Grunde handelt es sich natürlich auch bei diesem Buch um einen Beitrag, der zwischen den heute getrennten Disziplinen ›Neues Testament‹ und ›Kirchengeschichte‹ steht und der durchaus als neutestamentliche Monographie angesprochen werden kann: Das vierte Kapitel ist überschrieben »Jesus Christus, die Aussendung der Jünger und die Weltmission« (S. 39–48), das fünfte »Der Übergang von der Juden- zur Heidenmission« (S. 48–79), das sechste beschäftigt sich ausführlich mit den Ergebnissen der frühen Mission anhand der Paulusbriefe und der Apostelgeschichte (S. 79–110).

[32] DUMMER, Harnack und das Neue Testament (wie Anm. 3) S. 23.

knappen Forschungsprogramms, das Harnack in seiner Antrittsrede vor der
Preußischen Akademie im Jahre 1890 entfaltet hatte, automatisch auch die
wissenschaftliche Behandlung des Neuen Testamentes verlangte. Harnack
sagte: »Die Probleme der Kirchengeschichte des Alterthums lassen sich auf
ein einziges zurückführen: wie hat sich aus der Predigt des Evangeliums der
Katholicismus und die katholische Reichs- und Staatskirche entwickelt?«.[33]
Daher mußte er eben auch die Predigt des Evangeliums und ihre Entwicklung untersuchen. Über fast dreißig Jahre legte Harnack nun Jahr für Jahr
neutestamentliche Abhandlungen vor. Einen besonderen Höhepunkt dieser
reichen Produktivität stellen die sechs bei Hinrichs in Leipzig erschienenen
neutestamentlichen Bände seiner sieben ›Beiträge zur Einleitung in das Neue
Testament‹ dar, zusammen tausend Seiten aus den Jahren 1906 bis 1916.[34]
Der letzte neutestamentliche Aufsatz Harnacks erschien 1929, er ist wie der
allererste 1876 eine knappe Abhandlung zu einem speziellen textkritischen
Problem des Hebräerbriefs.[35]

---

[33] ADOLF HARNACK, Antrittsrede des Hrn. Harnack, in: Sitzungsberichte der Preußischen
Akademie der Wissenschaften, philosophisch-historische Klasse 1890, S. 788–791, S. 789, =
DERS., Kleine Schriften 1 (wie Anm. 4) S. 1–4, S. 2. Harnack sagt, daß es »das unvergängliche
Verdienst F. Chr. Baur's« sei, diese Frage scharf gestellt zu haben. Allerdings möchte er im Un-
terschied zu Baur für die folgende Entwicklung nicht die inneren Spannungen des apostolischen
Zeitalters, sondern hauptsächlich die Begegnung mit »der Denkweise und den Institutionen der
Antike« verantwortlich machen. Vgl. zu diesem Thema auch: Ernst Troeltsch, Adolf v. Harnack
und Ferdinand Christian v. Baur, in: Festgabe Harnack (wie Anm. 26) S. 282–291. Harnack
schreibt in dem Exemplar der Festgabe, das er der Berliner Seminarbibliothek widmete, unter
dem Datum vom 31. Mai 1921: »Meinem kirchengeschichtlichen Seminar gewidmet mit dem
ausdrücklichen Bekenntniß, daß die von Troeltsch S. 282 ff. gegebene Darstellung meines theologischen Standpunktes und seiner Voraussetzungen zutreffend ist«.

[34] ADOLF HARNACK, Lukas der Arzt, der Verfasser des dritten Evangeliums und der Apostelgeschichte (Beiträge zur Einleitung in das Neue Testament, 1. Heft) Leipzig 1906; DERS., Sprüche und Reden Jesu. Die 2. Quelle des Matthäus und Lukas (Beiträge, 2. Heft) Leipzig 1907;
DERS., Die Apostelgeschichte (Beiträge, 3. Heft) Leipzig 1908; DERS., Neue Untersuchungen zur
Apostelgeschichte und zur Abfassungszeit der synoptischen Evangelien (Beiträge, 4. Heft) Leipzig 1911; DERS., Die Entstehung des Neuen Testaments und die wichtigsten Folgen der neuen
Schöpfung (Beiträge, 6. Heft) Leipzig 1914, sowie: DERS., Zur Revision der Prinzipien der neutestamentlichen Textkritik. Die Bedeutung der Vulgata für den Text der katholischen Briefe und
der Anteil des Hieronymus an dem Übersetzungswerk (Beiträge, 7. Heft) Leipzig 1916. Die Beiträge wurden bis zum Kriegsausbruch ins Englische übersetzt: SMEND/DUMMER (wie Anm. 1)
Nr. 920c, S. 89; Nr. 946c, S. 92; Nr. 984c, S. 97; Nr. 1045a, S. 105; Nr. 1091, S. 110; das patristische Heft der Reihe ›Über den privaten Gebrauch der Heiligen Schriften in der Alten Kirche‹
(Beiträge, 5. Heft) Leipzig 1912 beruht zu weiten Teilen auf einer älteren Arbeit: CHRISTIAN
WILHELM FRANZ WALCH, Kritische Untersuchung vom Gebrauch der heiligen Schrift unter den
alten Christen in den vier ersten Jahrhunderten, Leipzig 1779.

[35] ADOLF VON HARNACK, Zwei alte dogmatische Korrekturen im Hebräerbrief, in: Sitzungsberichte der Preußischen Akademie der Wissenschaften, philosophisch-historische Klasse 1929,

Nun steht dieser erste Abschnitt aber unter der Leitfrage: ›Flucht in die Textkritik‹; es müssen also noch Beobachtungen zu den Inhalten von Harnacks neutestamentlichen Arbeiten vorgetragen werden. Warum hat Harnack sein vor der Preußischen Akademie vorgetragenes Forschungsprogramm, die Entwicklung von der Predigt des Evangeliums zur katholischen Reichs- und Staatskirche nachzuzeichnen, in einer sehr spezifischen Konzentration auf bestimmte Fragen, ja auf Spezialfragen neutestamentlicher Wissenschaft umgesetzt? Meiner Ansicht nach ist diese Konzentration bei Harnack schon ganz früh angelegt. Vor Beginn seiner eigentlichen öffentlichen wissenschaftlichen Arbeit am Neuen Testament, nämlich im Jahre 1886, rezensierte Harnack die neutestamentliche Einleitung seines späteren Berliner Kollegen Bernhard Weiß in der Theologischen Literaturzeitung.[36] Er konzentrierte sich dabei, wie es dem Patristiker wohl ansteht, auf diejenigen Randthemen des Faches ›Neues Testament‹, die es mit der Patristik verbinden, auf Kanongeschichte und Einleitungswissenschaft. Und dann äußerte er zwei Grundpositionen, die sich sein ganzes Forscherleben durchhalten: Es gäbe im Fachgebiet ›Neues Testament‹ eine übergroße und beklagenswerte Differenz der Forschungspositionen, die sich schon beim Vergleich der Einleitungen von Holtzmann, Weizsäcker und eben Weiß zeige. Er sei sich nicht sicher, ob hier ein Konsens gefunden werden könne. Wirklich sicher sei im Getümmel der Meinungen doch nur die Textkritik, von dieser Basis aus könne man aber auch anderswo Sicherheit gewinnen.[37] Vergleicht man diese Ansichten mit späten neutestamentlichen Arbeiten Harnacks, den Akademieabhandlungen der zwanziger Jahre, dann wird deutlich, wie sehr sich seine Positionen durchhalten: Harnack arbeitete in den letzten Lebensjahren wieder verstärkt an der Textkritik, rekonstruierte zum Beispiel 1920 die griechische Vorlage des Vulgatatextes zum Hebräerbrief;[38]

S. 62–73, = DERS., Kleine Schriften zur Alten Kirche. Berliner Akademieschriften (Opuscula IX/2) S. 841–852, = DERS., Studien zur Geschichte des Neuen Testaments (wie Anm. 8) S. 233–252.

[36] ADOLF HARNACK, Rezension von Bernhard Weiß, Lehrbuch der Einleitung in das Neue Testament, Berlin 1886, in: Theologische Literaturzeitung 11 (1886) Sp. 554–561.

[37] Interessant ist auch, daß er seinem späteren Berliner Kollegen an einigen Punkten übergroße Skepsis vorwirft: HARNACK, Rezension von Weiß (wie Anm. 36) Sp. 561.

[38] ADOLF VON HARNACK, Studien zur Vulgata des Hebräerbriefs, in: Sitzungsberichte der Preußischen Akademie der Wissenschaften, philosophisch-historische Klasse 1920, S. 179–201, = DERS., Kleine Schriften 2 (wie Anm. 4) S. 577–599, = DERS., Studien zur Geschichte des Neuen Testaments (wie Anm. 8) S. 191–234. Nur am letzten Ort ist die 1920 aus finanziellen Gründen nicht gesetzte griechische ›Retroversion des Hebräerbriefs nach der Vulgata‹ zum Abdruck gekommen (S. 217–234). Für die zeitgenössische kritische Einschätzung der Arbeit Harnacks vgl. KARL THEODOR SCHÄFER, Untersuchungen zur Geschichte der lateinischen Übersetzung des He-

er sehnte sich aber auch noch in der gänzlich gewandelten Forschungssituation der zwanziger Jahre nach Eindeutigkeiten und Verbindlichkeiten im Fachgebiet ›Neues Testament‹: Seine Akademieabhandlung
›Das *Wir* in den Johanneischen Schriften‹ aus dem Jahr 1923[39] schließt er
mit dem etwas abrupten Hinweis, daß nach der allgemeinen Anerkennung
seiner eigenen, tief umstrittenen Position zur historischen Situation und Verfasserschaft der Johanneischen Schriften[40] »sehr viel erreicht« wäre; »die
Forschung könnte sich ungestört den großen sachlichen Problemen zuwenden, welche das Evangelium bietet«.[41]

Harnacks einschlägige Forschungsbeiträge entstammen vor allem zwei Bereichen neutestamentlicher Wissenschaft, der Textkritik und der Einleitungswissenschaft, also den Arbeitsvorgängen, die bis heute die Grundlagen
des Faches legen und für die ein Kirchenhistoriker wohl auch besonders qualifiziert ist.[42] Zu dem, was viele Fachvertreter spätestens seit den zwanziger
Jahren für das ›Eigentliche‹ ihres Faches hielten, zur Auslegung von neutestamentlichen Texten, ist Harnack in seinen spezifisch neutestamentlichen
Beiträgen kaum gekommen, eher in seinen Predigten und Meditationen,
aber auch in seinen großen Überblicken – hier klafft sehr deutlich ein Hiat
zwischen der Interpretation von neutestamentlichen Stellen in solchen allgemeineren Zusammenhängen und der ganz anders ausgerichteten Grundlagenforschung. Bei der Durchsicht der Themata seines neutestamentlichen
Œuvres kann man sich nicht ganz des Eindrucks erwehren, daß Harnack
sich angesichts der heftigen Auseinandersetzungen um seine theologischen
Grundoptionen, aber auch angesichts der Verschiebung der neutestamentli

---

bräerbriefes (Römische Quartalschrift. Supplementband 23), Freiburg 1929, S. 4 f., S. 42–68,
S. 120 f.; die Position Schäfers ist bestätigt in der kritischen Beuroner Ausgabe der altlateinischen Überlieferung (Vetus Latina. Die Reste der altlateinischen Bibel, Bd. 25/2, hg. v. HER
MANN JOSEF FREDE, Freiburg 1983–1991, S. 1035–1037).

[39] ADOLF VON HARNACK, Das ›Wir‹ in den Johanneischen Schriften, in: Sitzungsberichte der
Preußischen Akademie der Wissenschaften, philosophisch-historische Klasse 1923, S. 96–113,
= DERS., Kleine Schriften 2 (wie Anm. 4) S. 626–643.

[40] Dazu unten, S. 385–387.

[41] HARNACK, Das ›Wir‹ in den Johanneischen Schriften (wie Anm. 39) S. 113 = S. 643.

[42] Es scheint von daher kein Zufall, daß zwei große neutestamentliche Textkritiker dieses
Jahrhunderts in ihrem Hauptberuf Patristiker waren: Hans Lietzmann (1875–1942): vgl. seine
knappe Bemerkung in der Antrittsrede vor der Preußischen Akademie der Wissenschaften, daß
er von der Hoffnung nicht lasse, »auch dem Text des Neuen Testaments entscheidende Dienste
leisten zu können«: HANS LIETZMANN, Antrittsrede, in: Sitzungsberichte der Preußischen Akademie der Wissenschaften, philologisch-historische Klasse 1927, S. LXXXIII–LXXXVI, S.
LXXXIV, = DERS., Kleine Schriften Bd. 3 (wie Anm. 8) S. 369–371, S. 371) und Kurt Aland
(1915–1994): MARTIN HENGEL, Laudatio Kurt Aland, in: Kurt Aland in Memoriam, Münster
1995, S. 17–34, S. 23, S. 27–33.

chen Gesprächslage seit 1919 immer wieder gern in die scheinbar sturmfreie
Zone der Textkritik zurückzog; ein Arbeitsfeld, das ihm als einem Freund
mathematischer Berechnungen zudem naheliegen mußte. Sein Nachfolger
Lietzmann hat seinen Arbeiten auf diesem Felde ein sehr freundliches Zeugnis ausgestellt: »Mit besonderer Vorliebe aber hat er Probleme des Neutestamentlichen Textes behandelt, mit freiem Blick über der erdrückenden Masse
der Zeugen schwebend und mit kühnem Griff emendierend, oder in An-
knüpfung an Lachmanns Tradition die Recensio fördernd«.[43]

II. Hypothesen, Hypothesen, Hypothesen? –
Höhepunkte aus der ›Hypothesenschmiede‹ Harnacks

Wer sich gründlicher nicht nur mit Harnacks Publikationen zu Themen des
Neuen Testamentes, sondern auch mit ihrer Aufnahme in der zeitgenössischen Fachwelt und ihrer Rezeption in der heutigen Diskussion beschäftigt,
stößt schnell auf ein Phänomen, das vor allem Franz Overbeck in seinem
›Kirchenlexicon‹ unter den Harnack-Stichworten mit gnadenlosem Spott
geißelte. Man stößt auf das Phänomen, daß Harnack immer wieder – in historischen wie philologischen Fragen – Hypothesen vortrug, die eigentlich
kein Gelehrter vor ihm je vertreten hat und der auch praktisch nur sehr wenige Gelehrte, gelegentlich sogar kaum jemand außer ihm selbst, zugestimmt
haben.[44]

Die bekannteste Hypothese dieser Art ist sicher Harnacks Vermutung,
der Hebräerbrief sei von dem Ehepaar Aquila und Prisca bzw. Priscilla verfaßt worden und an eine römische Hausgemeinde gerichtet gewesen; die spätere kritische Einstellung zum öffentlichen Lehramt der Frau in der Kirche
habe zur Tilgung der Adresse des Briefes geführt.[45] Overbeck hat über diese
Hypothese seinen ganzen Hohn ausgegossen, obwohl man dem Beweisgang
Harnacks, den wir jetzt natürlich nicht wiederholen, eine gewisse Stimmig-
keit nicht absprechen kann: »Ein besonders fetter Hase auf den Pirschgän-
gen dieses Hypothesenjägers«.[46] Weniger bekannt ist vielleicht Harnacks

---

[43] LIETZMANN, Gedächtnisrede (wie Anm. 8) S. LIII = S. 309.

[44] Von Harnacks Freude an gewagten Hypothesen schreibt auch der Stuttgarter Stadtvikar
Theophil Wurm in seinem Bericht über die Studienreise der Jahre 1893/1894; LÄCHELE, Von
Harnack bis Charleys Tante (wie Anm. 26) S. 281.

[45] ADOLF HARNACK, Probabilia über die Adresse und den Verfasser des Hebräerbriefes, in:
Zeitschrift für die Neutestamentliche Wissenschaft 1 (1900) S. 16–41. Die These folgt Zahn, wie
Harnack selbst schreibt: ebd. S. 16.

[46] FRANZ OVERBECK, Werke und Nachlaß, Bd. 4: Kirchenlexicon Texte, ausgewählte Artikel

Zuweisung des ›Magnificat‹ an Elisabeth, nicht an Maria, aufgrund einer altlateinischen Lesart und einer möglicherweise Origenes zuzurechnenden Passage;[47] ferner seine Ansicht, daß der Epheserbrief ursprünglich an die Gemeinde in Laodicaea gerichtet war, diese Adresse aber um das Jahr 100 getilgt wurde, weil die kleinasiatische Gemeinde sich nicht im Glauben bewährte[48] und so weiter und so fort. Ich möchte diese Reihe der historischen Hypothesen Harnacks mit einem besonders charakteristischen Beispiel abschließen, der Akademieabhandlung unter dem Titel ›Chronologische Berechnung des *Tags von Damaskus*‹ aus dem Jahre 1912,[49] wobei ich die ganze Argumentation skizzieren will: Einige wenige, zudem tief problematische gnostische und mehrheitskirchliche Quellen begrenzen den Zeitraum für die Erscheinungen Jesu zwischen der Auferstehung und der Himmelfahrt auf achtzehn Monate;[50] Paulus wiederum sagt in 1 Kor 15, 8, daß Christus ihm als letztem erschienen sei: ἔσχατον δὲ πάντων (...) ὤφθη κἀμοί.

A-I in Zusammenarbeit mit MARIANNE STAUFFACHER-SCHAUB hg. v. BARBARA VON REIBNITZ, Stuttgart/Weimar 1995, S. 471, 22 f. Vgl. auch ebd. S. 477, 31-33: »Er pflanzte im Hypothesenwald, mit dem diese moderne Theologie die Urgesch. des Xsthums aufzuhellen (,) unternahm, sowohl die meisten als auch die prächtigsten Bäume«.

[47] ADOLF HARNACK, Das Magnificat der Elisabeth (Luc. 1, 46-55) nebst einigen Bemerkungen zu Luc. 1 und 2, in: Sitzungsberichte der Preußischen Akademie der Wissenschaften, philosophisch-historische Klasse 1900, S. 538-566, = DERS., Kleine Schriften 1 (wie Anm. 4) S. 439-457, = DERS., Studien zur Geschichte des Neuen Testaments (wie Anm. 8) S. 62-85. Harnack bezieht sich auf die altlateinische Textvariante *et ait Elisabeth* in Luk 1, 46 statt *καὶ εἶπεν Μαριάμ*: Itala. Das neue Testament in altlateinischer Überlieferung nach den Handschriften hg. v. ADOLF JÜLICHER, durchgesehen und zum Druck besorgt von WALTER MATZKOW und KURT ALAND, Bd. 2: Lucas-Evangelium, Berlin/New York 1976², S. 10, und auf Origenes, Hom. in Luc. 7, 3 (Fontes Christiani 4/1) 108, 5-8, übers. u. eingel. v. HERMANN JOSEF SIEBEN, Freiburg i. Br. 1991; möglicherweise handelt es sich freilich um einen Zusatz des Übersetzers Hieronymus.

[48] ADOLF HARNACK, Die Adresse des Epheserbriefs des Paulus, in: Sitzungsberichte der Preußischen Akademie der Wissenschaften, philosophisch-historische Klasse 1910, S. 696-709, = DERS., Kleine Schriften 2 (wie Anm. 4) S. 120-133.

[49] ADOLF HARNACK, Chronologische Berechnung des ›Tags von Damaskus‹, in: Sitzungsberichte der Preußischen Akademie der Wissenschaften, philosophisch-historische Klasse 1912, S. 673-682, = DERS., Kleine Schriften 2 (wie Anm. 4) S. 190-199.

[50] Harnack nennt zwei Belege aus Gnostiker-Referaten des Irenaeus von Lyon: haer. I 30, 14: *Remoratum autem eum post resurrectionem XVIII mensibus* (Sources Chrétiennes 264), 382, 259 f., hg. v. ADELIN ROUSSEAU/LOUIS DOUTRELEAU, Paris 1979, sowie haer. I 3, 2.: (τοὺς λοιποὺς δεκαοκτὼ αἰῶνας φανεροῦσθαι διὰ τοῦ μετὰ τὴν ἐκ νεκρῶν ἀνάστασιν δεκαοκτὼ μησὶ λέγειν διατετριφέναι αὐτὸν [scil. Ἰησοῦν] σὺν τοῖς μαθηταῖς [52, 272-275]) sowie einen aus der Ascensio Jesajae 9, 16 (allerdings nur in der äthiopischen Version, vgl. Ascensio Isaiae. Textus cura PAOLO BETTIOLO et alii (Corpus Christianorum. Series Apocryphorum 7) Turnhout 1995, S. 103/225, so daß sich – gegen HARNACK, Chronologische Berechnung (wie Anm. 49) S. 678 = S. 195 – die Frage nach einer gnostischen Interpolation stellt.

Harnack folgerte daraus in kühner Kombination völlig unterschiedlicher Quellengattungen, daß das Damaskuserlebnis des Paulus wohl auf den Herbst des Jahres 31 n. Chr. zu datieren sei. Es verwundert daher kaum, daß Harnack hier bis heute nur wenige Untersuchungen zur Pauluschronologie folgen und er bereits zum Zeitpunkt der Veröffentlichung dieser These heftigen Widerspruch zur Kenntnis nehmen mußte.[51]

Auch im scheinbar so sicheren Bereich der Textkritik hat Harnack recht gewagte Hypothesen vorgelegt, man könnte schärfer formulieren: Er hat mit großer Entschlossenheit zum Teil recht abwegige Konjekturen vorgelegt. Man muß diese harte Einschätzung freilich mit einem Hinweis auf die zeitgenössische philologische Praxis der Konjekturalkritik bis zu einem gewissen Grade wieder relativieren; allerdings stieß die vergleichbar extrem konjekturenreiche Epiphanius-Ausgabe, die Harnacks Freund Karl Holl im Berliner Kirchenvätercorpus vorlegte, schon unter Zeitgenossen auf Kritik.[52] Auch für Harnacks philologische Hypothesen will ich einige wenige Beispiele anführen: So emendierte er Lukas 1, 34 f. (»Der heilige Geist wird über dich kommen und die Kraft des Höchsten wird dich überschatten«) und damit die Jungfrauengeburt aus dem lukanischen Originaltext;[53] als ursprünglichen Text der zweiten Vaterunserbitte rekonstruierte Harnack aus einem m. E. mißverstandenen Text Gregors von Nyssa »es komme dein heiliger

---

[51] GUSTAV WOHLENBERG, Zur Chronologie der Bekehrung des Apostels Paulus, Theologisches Literaturblatt 33 (1912) 505–508; vgl. zur seitherigen Diskussion über Harnacks These RAINER RIESNER, Die Frühzeit des Apostels Paulus. Studien zur Chronologie, Missionsstrategie und Theologie (Wissenschaftliche Untersuchungen zum Neuen Testament 71) Tübingen 1994, S. 56–63, und AUGUST STROBEL, Ursprung und Geschichte des frühchristlichen Osterkalenders (Texte und Untersuchungen zur Geschichte der altchristlichen Literatur 121) Berlin 1977, S. 120.

[52] Ich erwähne die Epiphanius-Ausgabe von Karl Holl deswegen, weil in der Diskussion auf Schloß Ringberg mit Hinweis auf die zeitgenössische Konjekturalkritik Harnacks Praxis von einigen Kollegen als ›vergleichsweise normal‹ eingeschätzt wurde: Zur Epiphanius-Ausgabe der ›Griechischen Christlichen Schriftsteller‹, in: Texte und Textkritik. Eine Aufsatzsammlung, hg. v. JÜRGEN DUMMER (Texte und Untersuchungen zur Geschichte der altchristlichen Literatur 133) Berlin 1987, S. 119–125, S. 121 f. Selbst wenn sich seit Harnacks Lebzeiten die Einstellung zu radikalen Eingriffen in überlieferte Texte stark geändert hat, muß man doch darauf hinweisen, daß sein Vorgehen schon innerhalb der zeitgenössischen neutestamentlichen Textkritik als singulär empfunden wurde. Beim griechischen Neuen Testament handelt es sich schließlich um den am besten bezeugten antiken Text; insofern konnte der ›Textus receptus‹ von Gelehrten wie Constantin von Tischendorf (1815–1874) und Brooke Foss Westcott (1825–1901)/Fenton John Anthony Hort (1828–1892) dadurch abgelöst werden, daß man einen kritischen Text aus *antiken* Varianten zusammenstellte.

[53] ADOLF HARNACK, Zu Luc. 1, 34.35, in: Zeitschrift für die Neutestamentliche Wissenschaft 2 (1901) S. 53–57.

Geist und reinige uns« statt »dein Reich komme«,[54] in der Verheißung Jesu
an Petrus Mt 16, 18, »du bist Petrus, und auf diesen Felsen will ich meine
Kirche bauen und die Pforten der Hölle werden sie nicht überwältigen«,
emendierte Harnack den Satz über die Kirche und den Felsen aufgrund einer
unsicheren Diatessaronlesart als nachträgliche Glosse und deutete den Rest
des Verses als Verheißung, daß Petrus durch die Pforten der Hölle nicht
überwältigt werden solle, also nicht sterben werde.[55] Auch hier wären viele
weitere Beispiele zu nennen.

Mir ist durchaus bewußt, daß ich schon mit der Überschrift dieses Ab-
schnittes einen scharfen Akzent gesetzt habe, der zumindest der Ergänzung
bedarf, damit aus dem sachlichen Referat nicht Polemik in der Art Overbecks wird. Denn neben aller unleugbaren Hypothesenfreudigkeit zeichnet
Harnacks Arbeiten zum Neuen Testament auch eine große Umsicht, Vorsicht und Bereitschaft zur Revision aus. Für die Umsicht spricht die große
Literaturkenntnis Harnacks, die in Fußnoten, Bezügen und Polemiken nur
sehr unvollständig ausgebreitet wird, für die Vorsicht etwa eine von Overbeck sehr kritisch aufgespießte Bemerkung in der Literaturgeschichte über
Harnacks Position zur Johanneischen Frage. Harnack gibt ganz ehrlich den
recht vorläufigen Charakter seiner Thesen zu: »Ich habe immer wieder mit
verschiedenen möglichen Lösungsversuchen das Problem zu bezwingen versucht, aber sie führten in grössere Schwierigkeiten, ja verwickelten in Widersprüche. Der vorgetragene Versuch hat sich mir bisher am meisten bewährt«.[56] Und die Bereitschaft zur Revision schließlich läßt sich sowohl an

---

[54] DERS., Über einige Worte Jesu, die nicht in den kanonischen Evangelien stehen, nebst einem Anhang über die ursprüngliche Gestalt des Vater-Unsers, in: Sitzungsberichte der Preußi-
schen Akademie der Wissenschaften, philosophisch-historische Klasse 1904, S. 170–208,
S. 195–201, = DERS., Kleine Schriften 1 (wie Anm. 4) S. 663–701, S. 688–694. In or. dom. 3 zitiert
Gregor die *varia lectio* ἐλθέτω τὸ πνεῦμά σου τὸ ἅγιον ἐφ᾽ ἡμᾶς καὶ καθαρισάτω ἡμᾶς᾽: Gregorii
Nysseni Opera VII/2, 39, 19 f., hg.v. JOHANNES CALLAHAN, Leiden 1992, aber man kann sicher
nicht wie Harnack sagen: »Gregor von Nyssa lässt in seiner Auslegung des Vater-Unsers die
Worte ›Dein Reich komme‹ ganz beiseite« (S. 196 = S. 689), vgl. in der kritischen Ausgabe die
Belege S. 33, 24; S. 34, 16; S. 34, 25; S. 38, 13 f. etc.

[55] ADOLF VON HARNACK, Der Spruch über Petrus als Felsen der Kirche (Matth. 16, 17 f.), in:
Sitzungsberichte der Preußischen Akademie der Wissenschaften, philosophisch-historische
Klasse 1918, S. 637–654, = DERS., Kleine Schriften 2 (wie Anm. 4) S. 510–527. Der neueste deutsche Matthäuskommentar läßt nicht erkennen, daß die Hypothese Harnacks, der Satz sei im
frühen zweiten Jahrhundert in Rom eingefügt worden, breit diskutiert oder rezipiert wurde,
sondern weist sie relativ brüsk als ›schwache Argumentation‹ ab: ULRICH LUZ, Das Evangelium
nach Matthäus, 2. Teilband Mt 8–17 (Evangelisch-Katholischer Kommentar I/2) Zürich/ Neukirchen-Vluyn 1990, S. 464.

[56] HARNACK, Geschichte der altchristlichen Litteratur II/1 (wie Anm. 12) S. 678. Overbeck
kommentierte: »Ein vorzügliches Denkmal der Leichtfertigkeit Harnacks als Hypothesen-

einem Detailproblem der Einleitungswissenschaft wie auch an einem Zen-
tralproblem neutestamentlicher Theologie explizieren. 1886, in der erwähnten Rezension der Einleitung von Bernhard Weiß, verteidigte er gegen diesen
Neutestamentler die Echtheit des zweiten Thessalonicherbriefs als eines authentischen Paulusbriefs,[57] 1897 in der ›Literaturgeschichte‹ datierte er ihn
auf 110 bis 117 nach Christus und schloß damit paulinische Verfasserschaft
definitiv aus,[58] und 1910 erneuerte er in einer Berliner Akademieabhandlung
unter dem Titel ›Das Problem des zweiten Thessalonicherbriefs‹ seine alte
Position, freilich mit einer neuen, sehr einfallsreichen Begründung angesichts der inzwischen geltend gemachten Einwände.[59] Ein anderes, vielleicht
zentraleres Beispiel ist Harnacks Stellung zur Bibelstelle Markus 10, 45:
»Denn auch der Menschensohn ist nicht gekommen, daß er sich dienen lasse, sondern daß er diene und sein Leben gebe als Lösegeld für viele«, λύτρον
ἀντὶ πολλῶν. 1886, in der ersten Auflage seines Lehrbuchs der Dogmengeschichte, ist diese Bibelstelle für Harnack ein zentraler Schlüssel zur Deutung des besonderen Selbstbewußtseins Jesu.[60] Die Bestreitung der Histori-
zität solcher Passagen in der zeitgenössischen Forschung – etwa durch seinen ehemaligen Studenten Wrede – rechnet Harnack in der vierten Auflage
des Lehrbuchs zu »rationalistischen Kleinmeistereien«[61] und nennt Wredes
Buch über das Messiasgeheimnis von 1901[62] ein »tapferes, aber methodisch
haltloses und letztlich unbrauchbares Buch«.[63] Aber offenbar hatten ihn die

---

Schmid ist seine (…) Hypothese über die Entstehung der johannei. Schriften«, OVERBECK, Kirchenlexicon (wie Anm. 46) S. 475, 10–12.

[57] HARNACK, Rezension von Weiß (wie Anm. 36) Sp. 561.

[58] Diese Tatsache wurde von WILLIAM WREDE im Rahmen einer Untersuchung genüßlich zitiert: DERS., Die Echtheit des zweiten Thessalonicherbriefs untersucht (Texte und Untersuchungen zur Geschichte der altchristlichen Literatur 24/2) Leipzig 1903, S. 95. Wrede beruft sich auf
HARNACK, Geschichte der altchristlichen Litteratur II/1 (wie Anm. 12) S. 406.

[59] ADOLF HARNACK, Das Problem des zweiten Thessalonicherbriefs, in: Sitzungsberichte der
preußischen Akademie der Wissenschaften, philosophisch-historische Klasse 1910, S. 560–569,
= DERS., Kleine Schriften 2 (wie Anm. 4) S. 101–119.

[60] HARNACK, Lehrbuch der Dogmengeschichte 1 (wie Anm. 29, erste Auflage 1886) S. 49:
»(…) denn die Namen (…) ›der Menschensohn‹, ›der Gottessohn‹ bezeichnen sämtlich das messianische Amt (…)«.

[61] »S. Marc 10₄₅. Dass viele Kritiker die Leidensweissagung streichen zu müssen meinen (anders Schweitzer u. A.), gehört zu ihren rationalistischen Kleinmeistereien«; HARNACK, Dogmengeschichte 1 (wie Anm. 29; vierte Auflage 1909) S. 75 Anm. 1.

[62] WILLIAM WREDE, Das Messiasgeheimnis in den Evangelien. Zugleich ein Beitrag zum Verständnis des Markusevangeliums, Göttingen 1901 (1969[4]).

[63] Die »immer wieder gemachten Versuche zu leugnen, dass Jesus die messianische Würde in
Anspruch genommen hat (…), haben durch Wrede's tapferes, aber methodisch haltloses und
letztlich unbrauchbares Buch über das ›Messiasgeheimnis‹ kaum eine Verstärkung erhalten«,
HARNACK, Dogmengeschichte 1 (wie Anm. 29; vierte Auflage 1909) S. 74 Anm. 2.

Einwände doch nachdenklicher gemacht, als es sich zunächst anhört: Im
Jahre 1912 schob Harnack endlich seinen vielfachen Äußerungen über Jesus,
seine Sendung und sein Selbstbewußtsein in Lehrbüchern und allgemeinverständlichen Vorträgen einen Fachaufsatz hinterher. Unter dem Titel ›Ich
bin gekommen‹ prüfte er die »ausdrücklichen Selbstzeugnisse Jesu über den
Zweck seiner Sendung und seines Kommens«.[64] Und in diesem Aufsatz dokumentiert er nun plötzlich seine Unsicherheit, ob das λύτρον-Wort aus
Markus 10, 45 echt sei oder vielleicht doch eher nicht. Auch wenn Harnack
die anderslautende Passage aus seiner Dogmengeschichte nie mehr geändert
hat, illustrieren die beiden neutestamentlichen Beispiele doch deutlich, daß
die positive Kehrseite der Harnackschen Hypothesenfreudigkeit in einem
sensiblen methodischen Bewußtsein für den hypothetischen Charakter der
Aussagen lag. Und man darf ja nicht vergessen – das hat gerade Overbeck
ins Bewußtsein gehoben – wie dünn die Quellenbasis für das Christentum in
den ersten beiden Jahrhunderten ist; ohne Hypothesen kommt man hier
kaum aus.[65]

III. Im Grunde bei den Lehrern geblieben? –
Harnack als Einleitungswissenschaftler

Im voraufgehenden Abschnitt haben wir sozusagen den radikalen Harnack
kennengelernt; in diesem Abschnitt beschäftigt uns der ›konservative‹[66] Harnack (von einer entsprechenden Ambivalenz ist auch in den Beiträgen der
Kollegen Moeller und Nowak die Rede).[67] Diesen ›konservativen‹ Harnack
mochten vor allem diejenigen seiner Freunde, die Neutestamentler waren,
gar nicht gern. Schon 1898, bei der Veröffentlichung des zweiten Teils der
Literaturgeschichte, hatte Harnacks Freund Emil Schürer befürchtet, Har-

---

[64] ADOLF HARNACK, ›Ich bin gekommen‹. Die ausdrücklichen Selbstzeugnisse Jesu über den
Zweck seiner Sendung und seines Kommens, in: Zeitschrift für Theologie und Kirche 22 (1912)
S. 1–30, S. 8–10.

[65] Vgl. aus einem Brief Harnacks an Gustav Krüger vom 3.2. 1905: »Als ob die Wissenschaft
anders fortgeschritten wäre als dadurch, daß man Hypothesen aufgestellt hat. Neune mögen
taub sein, die zehnte ist richtig. Bäume, deren Blüten alle fruchtbar sind, gibt es nicht«, zitiert
nach ZAHN-HARNACK, Harnack (wie Anm. 16) S. 365 f.

[66] Der Begriff ›konservativ‹ ist in Anführungsstriche gesetzt (obwohl Harnack ihn häufiger
selbst, zum Beispiel in einem Brief an Jülicher aus dem Jahre 1908, auf einzelne seiner Positionen
angewendet hat (s. u. Anm. 72), weil Harnack eine solche Kategorisierung gern zurückweist und
die in Rede stehenden Forschungsergebnisse als schlichte Folge einer Orientierung an den Quellen versteht.

[67] Vgl. die Beiträge von Bernd Moeller und von Kurt Nowak in diesem Band.

nack werde Beifall aus einer konservativen Ecke erhalten, den er nicht wünschen könne, und ihm geschrieben:»manche Formulierungen scheinen mir
nicht glücklich«.[68] Mir scheint das noch heute gut nachvollziehbar: Harnack
hat keinerlei Scheu, in der Literaturgeschichte vom »wesentlichen Recht der
Tradition« gegenüber den Exzessen der Tendenzkritik Baurs und der Lite-
rarkritik seiner Nachfolger zu sprechen;[69] er trägt vor Hörern aller Fakultäten im Sommersemester 1904 ›Über die Glaubwürdigkeit der evangelischen
Geschichte‹ vor[70] und schreibt seinem Freund Rade 1910, daß das »Hauptproblem, welches mich seit vielen Jahren beschäftigt«, darin bestünde, »die
Zuverlässigkeit unserer neutestamentlichen Tradition wieder zu Ehren zu
bringen«;[71] nicht nur Schürer war die terminologische Koinzidenz seines

---

[68] Brief von Emil Schürer an Harnack vom 21.12. 1896, zitiert nach ZAHN-HARNACK, Harnack, S. 259.

[69] HARNACK, Geschichte der altchristlichen Litteratur II/1 (wie Anm. 12) S. Xf.: »Es wird eine
Zeit kommen, und sie ist schon im Anzug, in der man sich um die Entzifferung litterarhistori-
scher Probleme auf dem Gebiet des Urchristenthums wenig mehr kümmern wird, weil das, was
hier überhaupt auszumachen ist, zu allgemeiner Anerkennung gelangt sein wird – nämlich das
wesentliche Recht der Tradition, wenige bedeutende Ausnahmen abgerechnet. (...) Es hat eine
Zeit gegeben – ja das grosse Publikum befindet sich noch in ihr –, in der man die älteste christliche Litteratur einschließlich des Neuen Testaments als ein Gewebe von Täuschungen und Fälschungen beurtheilen zu müssen meinte. Diese Zeit ist vorüber. Für die Wissenschaft war sie eine
Episode, in der sie viel gelernt hat und nach der sie Vieles vergessen muss. (...) Die älteste Litteratur der Kirche ist in den Hauptpunkten und in den meisten Einzelheiten, litterar-historisch betrachtet, wahrhaftig und zuverlässig«, ebd. S. VIII.

[70] ADOLF HARNACK, Über die Glaubwürdigkeit der evangelischen Geschichte. 3 Vorlesungen,
in: Christliche Welt 19 (1905) S. 170–176, S. 314–320, S. 434–441, = DERS., Vorfragen, die
Glaubwürdigkeit der evangelischen Geschichte betreffend, in: Aus Wissenschaft und Leben 2
(wie Anm. 16) S. 183–210, = NOWAK, Zeitgenosse 1 (wie Anm. 19) S. 139–165; vgl. den Brief Harnacks an Rade vom 19.1. 1905: JANTSCH, Briefwechsel Harnack-Rade (wie Anm. 25) Nr. 379,
S. 562. Eine Nachschrift der gesamten Vorlesung ist erhalten: Harnack-Nachlaß, Kasten 20.

[71] Brief Harnacks an Rade vom 30.8. 1910: JANTSCH, Briefwechsel Harnack-Rade (wie
Anm. 25) Nr. 471, S. 658 f.: »Im Grund bin ich nichts anderes, kann nichts anderes, will nichts
anderes sein als Kirchenhistoriker und akademischer Lehrer (...). Als Gelehrter aber und als
Lehrer kann man sich keiner Partei verschreiben, kann auch keine bilden; denn die Notwendigkeiten des Tages streiten mit jenen Aufgaben. Diese Notwendigkeiten verlangen ein Programm,
verlangen Korpsgeist usw.; ich aber sehe mich stets zur Kritik gedrängt d. h. des eigenen Standpunktes, sei es in Fragen des N(euen) T(estament)'s u(nd) der alten Kirchengeschichte, sei es in
kirchlichen Fragen. Das nennen dann die kleinsinnigen Freunde ›bedenklichen Konservativismus‹ oder beehren es mit noch schlimmeren Namen. (...) Das Hauptproblem, welches mich seit
vielen Jahren beschäftigt, die Zuverlässigkeit unsrer N(eu-)T(estament)lichen Tradition wieder
zu Ehren zu bringen, genießt in einem Zeitalter wenig Gunst, welches sich mit der Frage beschäftigt, ob Jesus gelebt hat, ob die Paulusbriefe echt sind, und ob das Christentum nicht aus
einem hellenistischen Winkelkult entstanden ist. Ich bin nicht zweifelhaft, daß das alles wieder
abkommt und daß mein Problem, positiv bejaht, das Feld behaupten wird (...)«.

Freundes zur neutestamentlichen Arbeit des konservativen Luthertums auf-
gefallen. Harnack selbst hat an Jülicher geschrieben: »Ich habe meine kritischen u. ›konservativen‹ Lieder stets gesungen wie der Vogel, der in den
Zweigen wohnt, u. es hat mir (sic!) nie auch nur eine Sekunde Überlegung
gekostet, wie ich etwas sage. Stets habe ich geschrieben, wie es mir aus der
Sache floß«.[72] Acht Jahre später war Schürer offensichtlich an diesem Punkt
der Geduldsfaden gerissen. Als Harnack den ersten Band seiner ›Beiträge
zur Einleitung in das Neue Testament‹ veröffentlichte und die ›konservative‹
These schon im Titel anzeigte: ›Lukas der Arzt, der Verfasser des dritten
Evangeliums und der Apostelgeschichte‹,[73] opponierte Schürer öffentlich in
der Theologischen Literaturzeitung und noch schärfer privat.[74] Harnack
war vom exegetischen Konsens seiner theologischen Freunde beträchtlich
abgewichen, dem Konsens, den Overbeck mit vorbereitet hatte und den Jülicher in seiner verbreiteten Einleitung so ausdrückte: Die Zuweisung der
betreffenden Bücher an Lukas sei »ein abenteuerlicher Wunsch«, Evangelium und Apostelgeschichte seien eher künstlich miteinander verbunden und
der Autor gewiß kein Paulusschüler.[75] Harnack hat seine fundamentale Bestreitung dieses Konsenses deutscher liberaler Neutestamentler in immer
neuen Anläufen mit Hypothesen und Belegen zu untermauern versucht,[76]

---

[72] Postkarte Harnacks an Adolf Jülicher vom 2.1. 1908: Nachlaß Jülicher in der Universitäts-
bibliothek Marburg, Hs. 695:415; zitiert bei JANTSCH, Entstehung des Christentums (wie
Anm. 7) S. 331. Vgl. aber auch seine selbstkritische Bemerkung: »(…) ich habe vielleicht zuviel
Zutrauen zur Tradition und eine zu geräumige Vorstellung von dem, was als Gegensätze fried-
lich in einen Kopf wie in ein Herz geht«, Postkarte an Jülicher vom 18.11. 1906, Hs. 695:413;
JANTSCH, Entstehung des Christentums (wie Anm. 7) S. 331.

[73] HARNACK, Lukas der Arzt (wie Anm. 34) passim. Der Autor hat, wie er das gelegentlich zu
tun pflegte, sein Buch selbst im Juliheft 1906 der ›Theologischen Literaturzeitung‹ angezeigt
und dabei erklärt: »Die Abfassung des dritten Evangeliums und der Apostelgeschichte durch Lukas scheint mir ebenso gesichert zu sein wie die der Korintherbriefe durch Paulus. Für die Geschichte der Fixierung der urchristlichen Literatur ist diese Erkenntnis von hohem Werte«, DERS.,
Selbstanzeige, in: Theologische Literaturzeitung 31 (1906) Sp. 404 f.

[74] Vgl. die unmittelbar auf die Selbstanzeige folgende Gegendarstellung des Mitherausgebers
Emil Schürer: Theologische Literaturzeitung 31 (1906) Sp. 405–408 und aus einem Brief Schü-
rers vom 20.6. 1906 an Harnack: »Meine Überzeugung von der Richtigkeit und Notwendigkeit
der negativen Entscheidung ist eine so feste, daß mir Deine entgegengesetzte Auffassung zur
schwersten Betrübnis gereicht«, zitiert nach ZAHN-HARNACK, Harnack (wie Anm. 16) S. 365.
Kritische Reaktionen finden sich auch in den Anzeigen von OTTO CLEMEN, Harnacks ›Lukas,
der Arzt‹, in: Theologische Rundschau 10 (1907) S. 97–113, und WALTER BAUER, Apostelgeschichte und apostolisches Zeitalter, in: ebd. 14 (1911) S. 269–294.

[75] ADOLF JÜLICHER, Einleitung in das Neue Testament, Tübingen 1906[5/6], S. 406; zitiert bei
HARNACK, Lukas der Arzt (wie Anm. 34) S. 5.

[76] HARNACK, Die Apostelgeschichte (wie Anm. 34); z. T. identisch mit DERS., Die Zeitangaben
in der Apostelgeschichte des Lukas, in: Sitzungsberichte der Preußischen Akademie der Wissen-

seine eigene Position entspricht in vielen Punkten der altkirchlichen Traditi-
on: Der Arzt Lukas war seiner Ansicht nach Paulusschüler und schrieb beide
Texte, die Apostelgeschichte gar teilweise als Augenzeuge der erzählten Ereignisse. Vielleicht muß man zur Erklärung der großen Energie, mit der
Harnack diese Positionen immer wieder trotz heftiger Widersprüche vertrat,
auf eine Beobachtung von Philipp Vielhauer zurückgreifen, der Harnacks
Thesen zum lukanischen Doppelwerk eine »Apologie« desselben bzw. einen
»Gegenschlag« gegen den Actakommentar von Overbeck und De Wette genannt hat.[77] Man könnte, um diese Beobachtung zu stützen, darauf hinweisen, daß Harnack 1910 sofort literarisch auf die Verteidigung Overbecks
durch Paul Wilhelm Schmidt in Basel reagierte.[78]

Fast noch etwas deutlicher ist der Gegenschlag gegen Overbeck bei Harnacks Positionen zum johanneischen Schrifttum zu beobachten; auch hier
repristiniert Harnack eine altkirchliche Tradition über den Autor. Obwohl
Harnack im Vorfeld seiner Berliner Berufung vorgeworfen wurde, er stelle
die johanneische Verfasserschaft des Evangeliums in Frage;[79] war er sich
spätestens seit den neunziger Jahren sicher, daß der ephesinische »Presbyter
Johannes, ein Palästinenser, ein hellenistisch gebildeter Jude und im weiteren
Sinne ein Herrenjünger«, »gegen Ende der Regierung Domitian's die
Apokalypse herausgegeben und in dem Menschenalter zwischen c. 80 und c.

---

schaften, philosophisch-historische Klasse 1907, S. 376–399, = DERS., Kleine Schriften 1 (wie
Anm. 4) S. 806–829; DERS., Neue Untersuchungen zur Apostelgeschichte (wie Anm. 34). Vgl. aber
die Einschätzung von CLAUS-JÜRGEN THORNTON, Der Zeuge des Zeugen. Lukas als Historiker
der Paulusreisen (Wissenschaftliche Untersuchungen zum Neuen Testament 56) Tübingen 1991,
S. 107: »Harnacks Nachweis, daß die Sprache des Wir-Erzählers in den Acta mit der des übrigen
Buches und des 3. Evangeliums identisch sei, wurde fast allgemein akzeptiert und macht es wohl
kaum möglich, zwischen dem Verfasser der Wir-Stücke und einem abschließenden Redaktor zu
unterscheiden«.

[77] PHILIPP VIELHAUER, Franz Overbeck und die Neutestamentliche Wissenschaft, in: Evangelische Theologie 10 (1950/1951) S. 193–207, S. 201 f., = DERS., Aufsätze zum Neuen Testament
(Theologische Bücherei 31) München 1965, S. 235–252, S. 244 f.

[78] PAUL WILHELM SCHMIDT, De Wette-Overbecks Werk zur Apostelgeschichte und dessen
jüngste Bestreitung, in: Festschrift zur Feier des 450jährigen Bestehens der Universität Basel, hg.
v. Rektor und Regenz, Basel 1910, S. 243–296, = DERS., Die Apostelgeschichte bei De Wette-
Overbeck und bei Harnack, Basel 1910; Harnack reagiert mit dem dritten Band seiner ›Beiträge‹ unter dem Titel ›Neue Untersuchungen zur Apostelgeschichte‹ (wie Anm. 34). Vgl. auch Jo-
HANN-CHRISTOPH EMMELIUS, Tendenzkritik und Formengeschichte. Der Beitrag Franz Overbecks zur Auslegung der Apostelgeschichte im 19. Jahrhundert (Forschungen zur Kirchen- und
Dogmengeschichte 27) Göttingen 1975, S. 16 sowie S. 182 f., S. 195.

[79] ZAHN-HARNACK, Harnack (wie Anm. 16) S. 161; vgl. auch WALTER WENDLAND, Die Beru-
fung Adolf Harnacks nach Berlin im Jahre 1888 (auf Grund der Akten des Evangelischen Ober-
Kirchenrats), in: Jahrbuch für Brandenburgische Kirchengeschichte 29 (1934) S. 103–121,
S. 107.

110 das Evangelium und die Briefe geschrieben« hat.[80] Harnack ließ zwar
ausdrücklich offen, ob »der Zebedäide Johannes wirklich einmal nach Asien
gekommen ist«, und gab so zu erkennen, daß er den berühmten Aufsatz
›Über den Tod der Söhne Zebedaei‹ des Gräzisten Eduard Schwartz[81] bedacht hatte, aber er blieb natürlich vom Konsens der zeitgenössischen kritischen Johannesexegese, den etwa die Namen Wellhausen, Holtzmann und
Schwartz markieren, meilenweit getrennt, auch methodisch: Er sprach von
der »unpsychologischen, einseitig logisch-philologischen Methode Wellhau-
sen-Schwartz«.[82] Seine ›konservative‹ Position in der johanneischen Frage
verband Harnack dann wieder mit Neutestamentlern vom Schlage Zahns.
Zahn und Harnack waren sich beide einig, daß alle fünf Johanneischen
Schriften von einem Verfasser stammten, datierten die Texte ähnlich und unterschieden sich nur in ihren Annahmen über die Quellen des Buches. Und
so reagierte Harnack auf das Erscheinen der ersten Hälfte von Zahns Kommentar zur Apokalypse im Mai 1924 hoch erfreut: »Für einen Adepten der
alten Schule ist es eine Erquickung, ein Werk zu lesen, das Corpus hat im
Gegensatz zu den modischen Arbeiten unserer Expressionisten, die da
Schnitzel kräuseln und Seifenblasen aufsteigen lassen«.[83] Wieder läßt sich
aber zeigen, daß Harnack ein gutes Stück seiner Energie, mit der er zur Johanneischen Frage arbeitete, auch hier aus der impliziten Argumentation ge-

---

[80] HARNACK, Geschichte der altchristlichen Litteratur II/1 (wie Anm. 12) S. 679; vgl. auch die
leichten Modifikationen seiner Position über die Theologie des vierten Evangeliums in den verschiedenen Auflagen seines ›Lehrbuchs der Dogmengeschichte‹, dokumentiert bei HENGEL, Johanneische Frage (wie Anm. 9) S. 4, Anm. 6.

[81] EDUARD SCHWARTZ, Über den Tod der Söhne Zebedaei. Ein Beitrag zur Geschichte des Jo-
hannesevangeliums, in: Abhandlungen der Göttinger Gesellschaft der Wissenschaften, Neue
Folge VII/5, 1904, = DERS., Gesammelte Schriften 5. Bd.: Zum Neuen Testament und zum frühen Christentum, Berlin 1963, S. 48–123, = Johannes und sein Evangelium, hg. v. KARL HEIN-
RICH RENGSTORF (Wege der Forschung 82) Darmstadt 1973, S. 202–272.

[82] Postkarte Harnack an Eduard Meyer vom 22.12. 1920, Nachlaß Eduard Meyer im Archiv
der Berlin-Brandenburgischen Akademie der Wissenschaften: NL Ed. Meyer 130; zitiert bei
JANTSCH, Entstehung des Christentums (wie Anm. 7) S. 229: »Besonders erfreulich ist es mir, daß
Sie die unpsychologische, einseitig logisch-philologische Methode Wellhausen=Ed. Schwartz
ablehnen; ich habe nie begriffen, daß zwei so bedeutende Kritiker partiell so verrückt werden
konnten«.

[83] Postkarte Harnacks an Zahn vom 17.5. 1924, zitiert nach FRIEDRICH WILHELM KANTZEN-
BACH, Adolf Harnack und Theodor Zahn. Geschichte und Bedeutung einer gelehrten Freundschaft, in: Zeitschrift für Kirchengeschichte 83 (1972) S. 226–244, S. 242; Harnack dankt für die
Zusendung von THEODOR ZAHN, Die Offenbarung des Johannes, erste Hälfte Kap. 1–5 mit ausführlicher Einleitung ausgelegt (Kommentar zum Neuen Testament XVIII) Leipzig/Erlangen
1924[1–3]; vgl. auch aus einer Karte Harnacks vom 4.12. 1926: »Ich freue mich sowohl in Bezug
auf die Zeitbestimmung der Apokalypse als auch in Bezug auf die Identität der Verfasser der
fünf Johanneischen Schriften *einer* Meinung mit Ihnen zu sein«, ebd. S. 243.

gen Overbeck bezog. Overbeck nahm die altkirchlichen Nachrichten über den Verfasser der johanneischen Schriften bekanntlich im Gegensatz zu Harnack nicht als historische Wahrheit, sondern deutete sie als ein Spiegelbild der von dem anonymen Autor geplanten und dann auch »gelungenen Mystifikation«.[84] Als 1911 Overbecks nachgelassene Studien zum Johannesevangelium von Carl Albrecht Bernoulli ediert wurden, rezensierte Harnack das Werk äußert scharf und warf Overbeck mangelnde Wahrheitsliebe, Starrsinn, Lieblosigkeit und Ungerechtigkeit vor.[85] Da der Herausgeber Bernoulli in seinem Nachwort den Vorwurf Overbecks wiederholt hatte, Harnack habe seine Position zu Johannes aus durchsichtigen kirchenpolitischen Gründen etwas in der Schwebe gehalten, um es sich mit niemanden zu verderben, kündigte Harnack ihm in der Literaturzeitung den wissenschaftlichen Verkehr und nahm ihn erst nach einer öffentlichen Entschuldigung Bernoullis wieder auf.[86]

Warum optierte Harnack in Fragen der neutestamentlichen Einleitung so ›konservativ‹? Sicher, wie die Kontroverse um Bernoulli zeigt, auch aus persönlicher Verletzung heraus. Ganz ohne Zweifel muß man aber als den Hauptgrund dafür zunächst einmal das verständliche Interesse eines Historikers daran verantwortlich machen, daß die wenigen historischen Nachrichten, die wir über das erste Jahrhundert besitzen, nicht durch übergroße Skepsis soweit reduziert werden, daß überhaupt kein einigermaßen buntes Bild dieser Zeit mehr möglich wird, religiöse Individuen ihr Profil verlieren. Vielleicht könnte man etwas überpointiert von der ›Geniekult-Falle‹ sprechen, der negativen Seite von Harnacks Interesse an Konkretem.[87] Auf der anderen Seite reicht diese Erklärung aber noch nicht aus. Denn es wird an ei-

---

[84] Franz Overbeck, Das Johannesevangelium. Studien zur Kritik seiner Erforschung, aus dem Nachlaß hg. v. Carl Albrecht Bernoulli, Basel 1911, S. 235.

[85] Adolf Harnack, Rezension von Overbeck, Das Johannesevangelium, in: Theologische Literaturzeitung 37 (1912) Sp. 8–14: »Wenn es nach Goethe Wahrheitsliebe ist, daß man überall das Gute zu finden und zu schätzen weiß, so fehlt Overbeck diese Wahrheitsliebe durchaus. Starr, lieblos und ungerecht war sein Wahrheitssinn, ohne Zartheit gegenüber dem lebendigen Objekt und gegenüber den Personen, ich möchte sagen unorganisch« (Sp. 13).

[86] Harnack schreibt: »(...) denn da er die Dreistigkeit gehabt hat, eine schwere Insinuation Overbecks gegen mich zu wiederholen, scheidet dieser Herr aus dem wissenschaftlichen Verkehr für mich aus« (Sp. 14). Nach der expliziten Entschuldigung erfolgte Harnacks ›Erklärung‹ in: Theologische Literaturzeitung 37 (1912) Sp. 157.

[87] Pointiert ist diese (im Zeitkontext wenig überraschende) Orientierung Harnacks ausgedrückt in der sechsten seiner Osloer Thesen von 1910: »Suchen Sie in der Geschichte die grossen Personen auf und werden Sie ihre Freunde und Jünger«, Adolf von Harnack, Wie soll man Geschichte studieren, insbesondere Religionsgeschichte? Thesen und Nachschrift eines Vortrages vom 19.10. 1910 in Christiania/Oslo, hg. v. Christoph Markschies, in: Zeitschrift für neuere Theologiegeschichte 3 (1995) S. 148–159, S. 154.

nem Gelehrten wie Eduard Schwartz und seinen Ansichten über die Johanneische Frage deutlich, daß leidenschaftliche Historiker auf diesem Feld eben auch ganz anders optieren konnten, als Harnack optierte. Ich frage mich, ob Harnack an dieser Stelle – wie an manchen anderen – nicht doch wesentlich mehr von der Position seiner Lehrer bewahrt hat, als wir gewöhnlich meinen und als er ahnte. Harnacks Lehrer Christoph Ernst Luthardt (1823–1902) hat 1874 eine kleine Broschüre zum Johannesevangelium geschrieben und den ›Johanneischen Ursprung des vierten Evangeliums untersucht‹.[88] Der Unterschied zu seinem abtrünnigen Schüler ist an vielen Punkten nicht sehr groß; so aber wurde Harnack bis heute zu einem ›Außenseiter‹ der neutestamentlichen Disziplin.

IV. Zerrieben zwischen Patristik und Systematischer Theologie? – Vom Ort des Neuen Testamentes im Denken und Forschen Harnacks

Hat, so könnte man angesichts der bisher vorgetragenen Einsichten fragen, die neutestamentliche Wissenschaft – um auf den Titel ihres zentralen Fachorgans anzuspielen, das zunächst Harnacks Schüler Preuschen und dann sein Nachfolger Lietzmann herausgab – hat also die neutestamentliche Wissenschaft überhaupt einen spezifischen Ort im Denken und Forschen Harnacks oder wird sie zwischen der Patristik, der Kirchengeschichte und der systematischen Theologie zerrieben? Oder vielleicht zwischen der Philologie und der Alten Geschichte?

Zunächst: Adolf von Harnack hat – mindestens in seiner Berliner Zeit – sehr große Anstrengungen unternommen, zwei immer weiter auseinanderdriftende Disziplinen der Theologie zusammenzuhalten. Er versuchte das mit seinen verschiedenen Veröffentlichungen, aber auch im alltäglichen Lehrbetrieb. Im Sommersemester 1908 las Harnack beispielsweise über ›Lukas, Eusebius und Augustinus als Geschichtsschreiber‹[89] und grenzte sich

---

[88] CHRISTOPH ERNST LUTHARDT, Der Johanneische Ursprung des vierten Evangeliums untersucht, Leipzig 1874. In der von Uwe Rieske-Braun edierten Korrespondenz zwischen Harnack und Luthardt spielt das Thema freilich keine Rolle: Moderne Theologie. Der Briefwechsel Adolf von Harnack-Christoph Ernst Luthardt 1878–1897, hg. u. eingeleitet v. UWE RIESKE-BRAUN, Neukirchen-Vluyn 1996.

[89] Im Berliner Nachlaß sind Notizen für die ersten und letzten Stunden erhalten, Harnack-Nachlaß, Kasten 19: »Lukas war der Arzt des Paulus, nicht sein Schüler«, fol. 25ᵛ, Manuskript für den 14.5. 1908; »Lukas ist nicht der Vater der Kirchengeschichte, denn er hat keine Kinder, keine Nachfolger. (…). Der Vater der Kirchengeschichte heißt mit Recht Eusebius von Cäsarea, der ungefähr 250 Jahre später lebte«, fol. 27ᵛ, Manuskript für den 4.6. 1908.

schon im Titel recht deutlich von seinem verstorbenen Baseler Kollegen Overbeck ab, der die Apostelgeschichte gerade nicht als Geschichtsschreibung wahrnahm[90] und Lukas, wenn er ihn denn mit der Tradition und Harnack überhaupt als Autor des Werkes angenommen hätte, auch nicht für einen Geschichtsschreiber gehalten hätte. Harnack holte mit seiner Vorlesung Lukas in die antike Literatur zurück; der Autor der Apostelgeschichte kannte für ihn die Theorie hellenistischer Historiographie und hat, wie Harnack feinsinnig bemerkte, »getan, was er konnte«.[91]

In einer Zeit, da die schlichte Menge von Quellen und Sekundärliteratur es einzelnen Forschern zunehmend unmöglich machte, die beiden Fachgebiete ›Neues Testament‹ und ›Alte Kirchengeschichte‹ in gleicher Solidität zu überschauen, erkannte Harnack die tiefe methodische Problematik der Disziplingrenzen. Er wollte nicht nur die Zäune zwischen der Kirchengeschichte und der allgemeinen Geschichtswissenschaft niederreißen, sondern auch die zwischen der Kirchengeschichte und dem Neuen Testament, mit allen praktischen Konsequenzen. 1905 schrieb er an Karl Holl: »Wir Kirchenhistoriker, die wir unseren Schwerpunkt in der *alten* Kirchengeschichte haben, müssen, meine ich, jeder Zeit, wenn das Bedürfnis es fordert, bereit sein, auch eine neutestamentliche Schrift auszulegen. Die Teilung ›Neues Testament – alte Kirchengeschichte‹ stammt aus der Zeit der superstitiösen Verehrung des Kanons«.[92] Karl Holl hat sich in gewisser Weise an diesen Ratschlag Harnacks gehalten und klassische Beiträge zur neutestamentlichen Wissenschaft geschrieben; sein großer Aufsatz über das ›Urchristentum und die Religionsgeschichte‹[93] ist der einzige Literaturtitel neuerer Produktion, den Harnack in seinen späten Bonner Vorlesungen ›Die Entstehung der christlichen Theologie und des kirchlichen Dogmas‹ von 1926 seinen zahlreichen Hörern empfiehlt.[94]

---

[90] Overbeck hatte schon in seiner Baseler Vorlesung ›Geschichte der Alten Kirche‹ im Wintersemester 1872/1873 die These verfochten, daß die Apostelgeschichte nicht zur Kirchengeschichtsschreibung gehöre; vgl. EMMELIUS, Tendenzkritik und Formgeschichte (wie Anm. 78) S. 162.

[91] Vorlesungsmanuskript ›Lukas, Eusebius und Augustin als Geschichtsschreiber‹, Harnack-Nachlaß, Kasten 19, fol. 39ᵛ. Nach Harnack kannte Lukas Lukians Traktat über die Geschichtsschreibung.

[92] Text eines inzwischen verschollenen Briefes von Harnack an Holl aus dem Jahre 1905 bei ZAHN-HARNACK, Harnack (wie Anm. 16) S. 361, = Karl Holl (1866–1926), Briefwechsel mit Adolf von Harnack, hg. v. HEINRICH KARPP, Tübingen 1966, S. 38.

[93] KARL HOLL, Urchristentum und Religionsgeschichte, in: Zeitschrift für Systematische Theologie 2 (1924) S. 387–430, = DERS., Gesammelte Aufsätze zur Kirchengeschichte, Bd. 2: Der Osten, Tübingen 1928, Nachdruck Darmstadt 1964, S. 1–32.

[94] ADOLF VON HARNACK, Die Entstehung der christlichen Theologie und des kirchlichen Dog-

Auf der anderen Seite fragt man sich, wenn man Harnacks Œuvre mustert,
ob nicht auch der Zaun zwischen der systematischen Theologie und dem
Neuen Testament von ihm an mehr als einer Stelle eingerissen worden ist.
Wohl hat Harnack sich bemüht, in seine eher systematisch orientierten Darstellungen und Vorträge Ergebnisse der neueren exegetischen Diskussion zu
integrieren – man könnte das jetzt schön im Vergleich des Kapitels über Jesu
Verkündigung in verschiedenen Auflagen der Dogmengeschichte zeigen;
hier ist praktisch kein Satz der ersten Auflage stehen geblieben[95] –, aber man
fragt sich, ob Harnack bereit war, seine zentralen Theorien vom messia-
nischen Selbstbewußtsein Jesu und vom ›doppelten Evangelium‹[96] exegetisch
zu überprüfen, oder ob es hier eine Zurückhaltung bestimmter exegetischer
Thesen vor ihrer wissenschaftlichen Überprüfung gab, die man dann als Reflex der Frömmigkeit erklären müßte. Immerhin ist auffällig, daß Harnack

---

mas. Sechs Vorlesungen (Bücherei der Christlichen Welt) Gotha 1927, S. 17: »Jüngst ist eine
Schrift erschienen, gering in ihrem Umfang (48 S.), aber ihrem Inhalte nach so bedeutend, daß
ich nicht anstehe, sie für das beste zu erklären, was in den letzten Menschenalter über eine Hauptfrage der urchristlichen Geschichte erschienen ist – Karl Holl († am 23. Mai 1925): ›Urchristentum und Religionsgeschichte‹«. Freilich hat Harnack in derselben Vorlesungsreihe Kritik an Holls berühmter Untersuchung zum Kirchenbegriff des Paulus geübt, ebd. S. 25; KARL
HOLL, Der Kirchenbegriff des Paulus in seinem Verhältnis zu dem der Urgemeinde, Sitzungsberichte der Preußischen Akademie der Wissenschaften, philosophisch-historische Klasse 1921,
S. 920–947, = DERS., Gesammelte Aufsätze 2, S. 44–67.
[95] Harnack integriert in der vierten Auflage von 1909 offensichtlich Thesen, die JOHANNES
WEISS in seiner berühmten Untersuchung ›Die Predigt Jesu vom Reiche Gottes‹, Göttingen 1892
aufgestellt hat, wenn er als »Evangelium Jesu Christi« eine »apokalyptisch-eschatologische Botschaft« bestimmt, HARNACK, Lehrbuch der Dogmengeschichte 1 (wie Anm. 29, vierte Auflage
1909, noch nicht in der ersten Auflage) S. 65.
[96] »Von Anfang an und bis heute wird in der Kirche das Wort ›Evangelium‹ in einem doppelten Sinne gebraucht. Es bedeutet einerseits die frohe Botschaft Jesu vom Nahen und von der Gegenwart des Reiches Gottes samt den Seligpreisungen (…), es bedeutet andererseits auch (…)
die Verkündigung von dem für die Sünde gekreuzigten und auferstandenen Christus, der die
Vergebung und das ewige Leben gebracht hat. Diese Bedeutungen sind ganz verschieden, und
doch liegt eben in ihrem Neben- und Ineinander die Eigenart, die inneren Spannungen und der
Reichtum der christlichen Religion beschlossen«, HARNACK, Lehrbuch der Dogmengeschichte 1
(wie Anm. 29; vierte Auflage 1909), S. 65–67; allgemeinverständlich entfaltet in einem Vortrag
unter dem Titel ›Das doppelte Evangelium im Neuen Testament‹ auf dem fünften Weltkongreß
für freies Christentum und religiösen Fortschritt 1910; vgl. die bibliographischen Angaben bei
SMEND/DUMMER (wie Anm. 1), Nr. 1020d, S. 102; die Skizze zum Vortrag jetzt auch bei No-
WAK, Zeitgenosse 1 (wie Anm. 19) S. 177–190; MEIJERING, Hellenisierung des Christentums (wie
Anm. 29) S. 72–75 hat gezeigt, daß Harnack die Vorstellung von einem ›doppelten Evangelium‹
explizierte, um Kritikern entgegenzutreten, die ihm vorhielten, er habe in der ersten Auflage seiner ›Dogmengeschichte‹ weder expliziert, was Evangelium sei, noch seine implizite Auffassung,
die als problematisch empfunden wurde, je exegetisch begründet.

zwar eine gelehrte Rezension[97] und eine kleine Monographie zu Fragen der Spruchquelle ›Q‹ geschrieben hat[98] (sie enthält eine Rekonstruktion und Übersetzung der Spruchquelle),[99] aber eben nie eine exegetische Untersuchung zum doppelten Evangelium. Über Themen wie das doppelte Evangelium wurde nur in allgemeinbildenden Vorträgen vor freien Protestanten gesprochen oder in zusammenfassenden Lehrbüchern geschrieben; in der Diskussion mit Fachkollegen hat Harnack diese Thesen nie verteidigt. Man muß daher von einer mindestens gelegentlichen Diastase zwischen konkreter Einzelforschung und strukturellen Überlegungen bei Harnack sprechen. So konnte aber schon exegetisch nicht auffallen, was Kurt Nowak als systematisches Problem formuliert: »Die scheinbare Eindeutigkeit und Plausibilität der Harnackschen Rede vom doppelten Evangelium ist trügerisch«;[100] ich möchte ergänzen: auch der Umgang mit der ›ipsissima vox‹ Jesu.

Wurde also ein Eigenwert des Neuen Testamentes zerrieben zwischen den Ansprüchen der philologischen, historischen und systematischen Methode?

---

[97] Vgl. seine ausführliche Rezension von zwei Werken seines Berliner Kollegen BERNHARD WEISS, Die Quellen des Lukasevangeliums, Stuttgart 1907 bzw. Die Quellen der synoptischen Überlieferung (Texte und Untersuchungen zur Geschichte der altchristlichen Literatur 32/3) Leipzig 1908 in: Theologische Literaturzeitung 33 (1908) Sp. 460–467.

[98] HARNACK, Sprüche und Reden Jesu (wie Anm. 34); in einer Anmerkung charakterisiert Harnack den zeitgenössischen Stand neutestamentlicher Forschung mit sarkastischen Worten und spricht von einer »Misere, in der sich die Evangelienkritik zurzeit befindet und eigentlich immer befunden hat: (…) Diese Misere zeigt sich vor allem bei denjenigen, die in bezug auf die neutestamentliche Kritik aus zweiter Hand zu schöpfen gezwungen sind (…). Sie sind wie die schwankenden Rohre zwischen den extremsten und sich ausschließenden Hypothesen und finden alles, was ihnen hier zugetragen wird, ›sehr erwägenswert‹. Heute hat ihnen Jesus überhaupt nicht gelebt, während er gestern ein pathologischer Schwärmer war. (…) Morgen ist er ein Essener gewesen, (…) aber vielleicht noch am selben Tage war es auch richtig, daß er einer noch zu entdeckenden hellenistisch-gnostischen Geheimsekte angehörte, die mit Sakramenten und Symbolen ein rückständiges Unwesen, nein ein kulturförderliches Wesen trieb. Oder vielmehr: er war ein anarchischer Mönch wie Tolstoi, noch besser ein wirklicher Buddhist, aber mit sumerisch-babylonisch-persisch-ägyptisch-hellenistischem Einschlag oder noch besser war er der Heros eponymos des sanft revolutionären, gemäßigt radikalen vierten Standes der Welthauptstadt«, S. 3 f. Anm. 2.

[99] HARNACK, Sprüche und Reden Jesu (wie Anm. 34) S. 88–102 (Rekonstruktion) bzw. S. 175–188 (Übersetzung). JOHANNES WEISS schrieb in einem Sammelbericht ›Die synoptischen Evangelien I‹, in: Theologische Rundschau 11 (1908) S. 92–105, S. 102: »So dankenswert es ist, dass der große Kirchenhistoriker hier in den Kärrnerstaub der niederen Kritik, wie er sagt, herabgestiegen ist, so wären wir ihm noch dankbarer, wenn er sich der völlig unbegründeten Ausfälle gegen diejenigen enthalten hätte, die nach seiner Meinung (S. 3) sich in sublimen religionsgeschichtlichen Fragen ergangen, aber die ›niederen‹ Aufgaben der quellenkritischen Probleme umgangen hätte(n)«.

[100] NOWAK, Bürgerliche Bildungsreligion (wie Anm. 6) S. 33.

Oder, noch einmal anders gefragt: Läßt sich der ganze, leicht widersprüchliche Eindruck, den Harnacks einschlägige Schriften machen, die Mischung von Traditionalismus und extremer Hypothesenfreudigkeit und auch die so merkwürdige Verbindung von radikaler Konjekturalkritik und eher konservativer Textbehandlung vielleicht durch die schlichte Tatsache erklären, daß hier ein Patristiker am Neuen Testament forscht? Daß ein Historiker das Neue Testament als historische Quelle ernst nimmt und auslegt? Daß er es behandelt wie irgendeine beliebige antike Quelle? Ich meine, daß diese Erklärung zu kurz greift. Harnack hat das Neue Testament natürlich wie ein Historiker und teilweise auch wie ein Philologe behandelt. Er hat Schwerpunkte gesetzt, wie ein Historiker oder Philologe Schwerpunkte setzen würde. Paulus hat, wie der einstige Seminarsenior Otto Dibelius in seinen Erinnerungen zutreffend beobachtete, keinen Schwerpunkt seiner eigenen neutestamentlichen Arbeit gebildet;[101] trotzdem folgte Harnack nicht Wrede oder Heitmüller und sah in Paulus den eigentlichen Begründer des kirchlichen, zur Orthodoxie führenden Christentums. Und als mit Richard Reitzenstein die von ihm wenig geschätzte religionsgeschichtliche Schule Hand an die Zentralformel ›Glaube, Liebe, Hoffnung‹ legte und sie als von Paulus lediglich übernommene Mysterienformel interpretierte, versuchte Harnack mit großer Energie, diese Trias sozusagen aus dem synkretistischen Sumpf zu ziehen und als originären Einfall des Apostels zu retten.[102] Harnack hat

---

[101] »Langsam habe ich es dann begriffen: Harnacks Christentum baute sich auf den synoptischen Evangelien auf. Es ging von den geschichtlichen Tatsachen zum Glauben. Das ist der Weg, den die Aufklärung aller Zeiten gegangen ist, der auch grundsätzlich nicht einfach abgelehnt werden kann. Nur, daß der Glaube, einmal gefunden, den Weg dann noch einmal gehen muß, um die geschichtlichen Tatsachen mit den Augen des Glaubens neu zu sehen. Und das unterbleibt in der Regel. Es unterblieb auch bei Harnack. Mein Weg führt von Paulus zu den Synoptikern. Auf diesem Weg kommt man nicht in die Gefahr, bei der Geschichte Jesu nur Zuschauer zu sein«. So Otto Dibelius in einer charakteristischen Mischung aus zutreffender Beobachtung und problematischer Wertung in unveröffentlichten Erinnerungen, die er 1933 in San Remo für seine Kinder schrieb (S. 86); zitiert bei ROBERT STUPPERICH unter Mitarbeit von MARTIN STUPPERICH, Otto Dibelius. Ein evangelischer Bischof im Umbruch der Zeiten, Göttingen 1989, S. 37.

[102] ADOLF HARNACK, Das hohe Lied des Apostels Paulus von der Liebe (I. Kor. 13) und seine religionsgeschichtliche Bedeutung, in: Sitzungsberichte der Preußischen Akademie der Wissenschaften, philosophisch-historische Klasse 1911, S. 132–163, = DERS., Kleine Schriften 2 (wie Anm. 4) S. 134–165; RICHARD REITZENSTEIN, Die Entstehung der Formel ›Glaube, Liebe, Hoffnung‹, in: Historische Zeitschrift 116 (1916) S. 189–208; DERS., Die Formel ›Glaube, Liebe, Hoffnung‹ bei Paulus, in: Nachrichten der Göttinger Gesellschaft der Wissenschaften 1916, S. 367–416; ADOLF VON HARNACK, Über den Ursprung der Formel ›Glaube, Liebe, Hoffnung‹, in: Preußische Jahrbücher 164 (1916) S. 1–14, gekürzt unter gleichem Titel in: DERS., Aus der Friedens- und Kriegsarbeit (Reden und Aufsätze. Neue Folge Bd. 3) Gießen 1916, S. 1–20. Harnack verweist zu Beginn auf die Repliken Reitzensteins und schreibt: »Sie enthalten Anregendes

das Neue Testament, wie auch dieses Beispiel wieder zeigt, gerade nicht nur als Historiker behandelt; sein Umgang mit dem Neuen Testament hat systematisch-theologische Implikationen, ist nicht zuletzt von einer bestimmten baltisch-lutherischen Frömmigkeit geprägt. Und da der Kirchenhistoriker diese Problemfelder nie sehr gründlich reflektiert hat, hat er das Neue Testament sicher nicht zwischen der Patristik und der systematischen Theologie zerrieben, aber auch nicht sehr überzeugend profiliert.

V. Schluß

Ich hatte eingangs darauf hingewiesen, daß einer Überfülle von einschlägigen veröffentlichten und unveröffentlichten Beiträgen Harnacks zur neutestamentlichen Wissenschaft ein deutlicher Mangel an Sekundärliteratur gegenübersteht, und auf die bisher einzige Behandlung des Themas ›Adolf von Harnack und das Neue Testament‹ in einem siebenminütigen Vortrag von Jürgen Dummer hingewiesen. Dummer hat in seinem Kurzreferat eine These darüber vorgetragen, warum Harnacks Beiträge zur neutestamentlichen Wissenschaft so wenig im allgemeinen Bewußtsein der Fachwelt geblieben sind, und ich hatte versprochen, auf diese Frage am Schluß nochmals zurückzukommen.[103] Für Dummer liegt der maßgebliche Grund darin, daß noch zu Lebzeiten Harnacks die neutestamentliche Forschung vollkommen neue Wege zu beschreiten begann.[104] Im Epochenjahr 1919 erschienen bekanntlich zwei Arbeiten, die diese neuen Wege deutlich wiesen: Karl Ludwig Schmidts ›Der Rahmen der Geschichte Jesu‹, eine Berliner Dissertation des Jahres 1917,[105] und Martin Dibelius' ›Die Formgeschichte des Evangeliums‹;[106] beide Verfasser hatten in Harnacks kirchengeschichtlichem Semi-

---

und Förderndes, aber sie haben mich nicht überzeugt«; RICHARD REITZENSTEIN, Die Formel ›Glaube, Liebe, Hoffnung‹ bei Paulus. Ein Nachwort, in: Nachrichten der Göttinger Gesellschaft der Wissenschaften 1917, S. 130–151; vgl. für die seitherige Diskussion ODA WISCHMEYER, Der höchste Weg. Das 13. Kapitel des 1. Korintherbriefes (Studien zur Umwelt des Neuen Testaments 13) Gütersloh 1981, S. 147–153.

103 S. o. S. 366.

104 DUMMER, Harnack und das Neue Testament (wie Anm. 3) S. 24.

105 KARL LUDWIG SCHMIDT, Der Rahmen der Geschichte Jesu. Literarkritische Untersuchungen zur ältesten Jesusüberlieferung, Berlin 1919; vgl. ANDREAS MÜHLING, Karl Ludwig Schmidt. ›Und Wissenschaft ist Leben‹ (Arbeiten zur Kirchengeschichte 66) Berlin/New York 1997, S. 12 (zum Verhältnis Schmidt-Harnack), S. 21 f. (zur Dissertation).

106 MARTIN DIBELIUS, Die Formgeschichte des Evangeliums, Tübingen 1919 (1971⁶); vgl. WERNER GEORG KÜMMEL, Art. Dibelius, Martin, in: Theologische Realenzyklopädie 8, Berlin/New York 1981, S. 726–729.

nar mitgearbeitet (Dibelius von 1903 bis 1906; Schmidt von 1910 bis 1913), fühlten sich ihm verpflichtet und beteiligten sich an der Schülerfestschrift zu seinem siebzigsten Geburtstag.[107] Im diesem Jahr folgte schließlich auch Bultmanns ›Geschichte der synoptischen Tradition‹.[108] Natürlich ist es angesichts der antihistorischen Vorbehalte, die in verschiedenen Formen in jenen Jahren die neutestamentliche Wissenschaft ergriffen, nicht sehr verwunderlich, daß Harnacks Arbeit in diesem Fachgebiet in Vergessenheit geriet.

Trotzdem glaube ich, daß Dummers Beobachtung nur einen Teil des Phänomens erklärt. Längst ist das Monopol jener Form von neutestamentlicher Exegese, die mit dem Epochenjahr 1919 ihren Siegeszug antrat, gebrochen, und doch ist es bisher jedenfalls zu keiner Neuentdeckung des Neutestamentlers Adolf von Harnack gekommen, die etwa der neuen Aufmerksamkeit für Theodor Zahn in bestimmten evangelikalen Kreisen vergleichbar wäre. Die meisten Bezugnahmen auf ihn, die ich im Vorfeld dieses Referates in neueren Kommentaren und Untersuchungen zur Kenntnis genommen habe, sind und bleiben negativ. Meiner Ansicht nach liegt die geringe öffentliche Aufmerksamkeit für den Neutestamentler Harnack an zwei spezifischen Problemen seiner neutestamentlichen Arbeit, auf die ich schon mehrfach hingewiesen habe: Harnack oszilliert in ganz merkwürdiger Weise zwischen radikal-kritischen und konservativ-traditionellen Positionen, bleibt daher für beide Richtungen neutestamentlicher Exegese bis heute problematisch. Außerdem ist es Harnack nicht gelungen, die neutestamentlichen *dicta probantia* seiner systematischen Argumentationen in seine eigene neutestamentliche Forschungsarbeit einzubringen, und umgekehrt hat seine neutestamentliche Forschungsarbeit kaum Bedeutung für systematische Argumentationen.[109] Möglicherweise muß man sogar so weit gehen zu sagen, daß im bestimmten Zeitkontext der zwanziger Jahre sein Versuch, die auseinanderdriftenden Disziplinen ›Neues Testament‹ und ›Kirchengeschichte‹ zusammenzuhalten, gerade deswegen ihr Auseinandertreten nur noch beschleunigt hat. Das wäre dann als Tragik zu bezeichnen.

---

[107] MARTIN DIBELIUS, Der Offenbarungsträger im ›Hirten‹ des Hermas, in: Harnack-Ehrung (wie Anm. 25) S. 105–118; KARL LUDWIG SCHMIDT, Der Johanneische Charakter der Erzählung vom Hochzeitswunder in Kana, in: ebd. S. 32–43.

[108] RUDOLF BULTMANN, Die Geschichte der synoptischen Tradition (Forschungen zur Religion und Literatur des Alten und Neuen Testaments 29) Göttingen 1921.

[109] Man könnte, wenn man sich eine Differenzierung Martin Rades in einem Brief an Harnack zu eigen machen will, sagen, daß Harnack mehr Historiker als Exeget war; Rade am 12.6. 1888 an Harnack über Jülicher: »In seinen ›Gleichnisreden Jesu‹ mag er sich zunächst als Exeget ausgewiesen haben, aber doch wahrlich nicht insofern Exeget etwas andres ist wie Historiker«, JANTSCH, Briefwechsel Harnack-Rade (wie Anm. 25) Nr. 55, S. 195.

Ich möchte meinen Vortrag über Harnack als Neutestamentler nun aber nicht mit dem Hinweis auf spezifische Probleme seiner Arbeit oder gar mit Mutmaßungen über tragische Folgen seiner Arbeit schließen, denn dazu sind Materialfülle und Einfallsreichtum seiner Beiträge viel zu groß, bieten immer wieder Anregungen für philologische und historische Arbeit an den Texten des Neuen Testamentes.[110] Und schließlich könnte man ja wenigstens einmal erwägen, wo die Disziplin ›Neues Testament‹ heute in Deutschland stünde, wenn sie Harnacks Vorbild gefolgt wäre und sich sehr viel expliziter als historische Disziplin begriffen hätte. Aber ein Kirchenhistoriker hat da natürlich leicht reden.

---

[110] So auch BARBARA ALAND (brieflich, 10.08. 1998): »Auch ich halte Harnack für einen Textkritiker, denen Konjekturalkritik viel zu weit geht. Das liegt u. a. daran, daß er, seiner Zeit entsprechend, den Wert nur weniger Handschriften genau kannte und entsprechend die inneren Argumente bei weitem überschätzte (...). Angesichts des für Harnack beschränkten Materials scheint mir seine Argumentation auch immer wieder anregend zu sein, ohne daß ich ihr im Ergebnis folgen würde«.

.

Adolf von Harnack und die Theologie

Vermittlung zwischen Religionskultur und Wissenschaftskultur

von

Trutz Rendtorff

Adolf Harnacks Bedeutung für Wissenschaft und Kultur soll in diesem Beitrag diskutiert werden im Blick auf die von ihm intendierte Vermittlung zwischen Religionskultur und Wissenschaftskultur. Religion und Wissenschaft
fungieren im ausgehenden 19. Jahrhundert als Exponenten einer Kultur, deren interne Spannungen vor dem Hintergrund eines weitgehend einheitlichen
Kulturbewußtseins nicht zuletzt in der Auseinandersetzung um das Verhältnis von Religion und Wissenschaft eine bestimmte Kontur annehmen.
›Religion‹ steht dabei für ›christliche Religion‹, insofern für Christentum
und Kirche, in den aktuellen Debatten näherhin für Protestantismus und
evangelische Kirche. Dabei erhält die Diskussion über die aktuelle Bedeutung von ›Religion‹ durch die Beziehung zu Katholizismus und katholischer
Kirche ebenso konfliktträchtige Züge wie durch die Wahrnehmung nicht-
christlicher Religionen und neureligiöser Bewegungen. ›Wissenschaft‹ steht
dabei für moderne, durch die Aufklärung initiierte Entwicklung der Wissenschaften. Dabei ist die Diskussion um die Kulturbedeutung der Wissenschaften geprägt durch die Auseinandersetzung um das Verhältnis von Naturwissenschaft und Geschichtswissenschaft.
Auch wenn Religionskultur und Wissenschaftskultur keine in sich einheitlichen Größen darstellen, so repräsentieren sie doch die Exponenten eines
für die geschichtliche Herausbildung der modernen Kultur charakteristischen und ihr eigentümlichen innewohnenden Gegensatzes.[1] Aber die Dis-

---

[1] Exemplarisch etwa Ernst Troeltsch, Die christliche Weltanschauung und die wissenschaftlichen Gegenströmungen, in: Zeitschrift für Theologie und Kirche 3 (1893) S. 493–528, sowie 4 (1894) S. 167–231, unter dem Titel: Die christliche Weltanschauung und ihre Gegenströmungen, in: ders., Zur religiösen Lage, Religionsphilosophie und Ethik (= Gesammelte Schriften 2), Tübingen 1913, S. 227–327.

kussion dieses Gegensatzes, an dem sich gerade protestantische Theologen intensiv beteiligt haben, bezieht sich doch auf ein im Prinzip festgehaltenes Bewußtsein der Idee einer, wie immer konflikthaltigen, Einheit der modernen Kultur. In diesem hier einleitend nur in Abbreviatur und höchst allgemein skizzierten Kontext bewegt sich auch Adolf Harnack und auf dem Hintergrund der damit verbundenen Diskussionslage ist seine Bedeutung für die Vermittlung von Religionskultur und Wissenschaftskultur zu erörtern.

I.

Adolf Harnack[2] gilt als der bedeutendste Repräsentant der Religionskultur des ausgehenden 19. und beginnenden 20. Jahrhunderts in ihrer dominant protestantischen Ausprägung.[3] In den theologieinternen wissenschaftlichen Debatten, mehr aber noch in den kirchlichen und zugleich öffentlich-politischen Auseinandersetzungen um eine ›moderne‹ Theologie des Christentums war Harnack eine Art Schlüsselfigur.

Seine Rolle in diesen Auseinandersetzungen ist nicht zuletzt geprägt durch seine Stellung in der wissenschaftlichen Theologie. Harnack war als Theologe *Kirchenhistoriker* und als Kirchenhistoriker wurde er zu einem einflußreichen und umstrittenen *Theologen*. Anders gesagt: Aus Motiven seines Studiums der Theologie wurde Harnack zum Kirchenhistoriker, zum Historiker der Alten Kirche und der Dogmengeschichte. Auf seine bis heute unübertroffenen Arbeiten zur Dogmengeschichte[4] gründet sich nicht nur der wissenschaftliche Ruhm, der ihm früh zuteil wurde. Die Erforschung von Entstehung und Geschichte des katholischen Dogmas prägten sein Verständnis von Theologie, wie er es als moderne protestantische Theologie, in Kontraposition zum Dogma der katholischen Kirche, konzipierte.

Adolf Harnack wurde in seiner wissenschaftlichen Karriere eine der bedeutendsten und einflußreichsten Figuren der deutschen *Wissenschaftskultur* seiner Zeit. Die Rolle, die er dabei spielte, und die Aufgaben und Funktio-

---

[2] Zu Harnack allgemein immer noch grundlegend: AGNES VON ZAHN-HARNACK, Adolf von Harnack, Berlin 1936 (2. Aufl. 1951). Ferner jetzt: KURT NOWAK, Historische Einführung, in: Adolf von Harnack als Zeitgenosse. Reden und Schriften aus den Jahren der Weimarer Republik, Teil 1: Der Theologe und Historiker, hg. v. KURT NOWAK, Berlin/New York 1996, S. 1–99.

[3] Dazu jetzt MARKUS SCHRÖDER, ›Wiedergewonnene Naivität‹. Protestantismus und Bildung nach Adolf von Harnack, in: Das protestantische Prinzip. Historisch-systematische Studien zum Protestantismusbegriff, hg. v. ARNULF VON SCHELIHA u. MARKUS SCHRÖDER, Stuttgart 1998, S. 119–136.

[4] ADOLF HARNACK, Lehrbuch der Dogmengeschichte, 3 Bde., Tübingen 1886–1890 sowie DERS., Grundriß der Dogmengeschichte, Freiburg 1893.

nen, die ihm übertragen wurden, waren eine Konsequenz seiner wissenschaftlichen Leistungen als Historiker der Alten Kirche. Wissenschaftliches Ansehen über die Theologie hinaus erlangte Harnack durch seine organisatorischen Fähigkeiten bei Quelleneditionen des frühen Christentums, angefangen bei den ›Patrum apostolicorum opera‹,[5] und fortgesetzt in dem Aufbau und Management der Kirchenväterkommission der Berliner Akademie der Wissenschaften.[6] Übertragen wurde ihm die Darstellung der Geschichte der Preußischen Akademie anläßlich der 200jährigen Säkularfeier der Akademie.[7] Beauftragt wurde er mit der Generalverwaltung der Preußischen Staatsbibliothek. Das Ansehen des Theologen als Historiker mit dem Format eines Inspirators historischer Wissenschaft als Großbetrieb führte schließlich dazu, daß Harnack als Mitbegründer und erster Präsident der Kaiser-Wilhelm-Gesellschaft im Mittelpunkt der fortgeschrittensten Organisation der deutschen Wissenschaftskultur fungierte.[8]

Die in seiner Person als Theologe und Historiker sich darstellende Vermittlung von Religionskultur und Wissenschaftskultur war von Anfang an von Spannungen und Gegensätzen bestimmt. So erfolgte die Berufung des jungen, 37jährigen Professors im Jahre 1888 von Marburg an die Berliner Universität gegen den ausdrücklichen und wiederholten Widerstand des preußischen Oberkirchenrats.[9] Die wissenschaftlich unstrittige Kompetenz Harnacks bot die Gelegenheit, die letztinstanzliche Zuständigkeit der staat-

---

[5] Patrum apostolicorum opera, hg. v. ADOLF HARNACK, OSKAR VON GEBHARDT u. THEODOR ZAHN, Leipzig 1875–1878.

[6] Dazu jetzt die Untersuchung von STEFAN REBENICH, Theodor Mommsen und Adolf Harnack. Wissenschaft und Politik im Berlin des ausgehenden 19. Jahrhunderts, Berlin 1997, S. 129 ff. (zur Kirchenväterkommission).

[7] ADOLF HARNACK, Geschichte der königlich preußischen Akademie der Wissenschaften zu Berlin. Im Auftrage der Akademie bearbeitet, 3 Bde., Berlin 1900; DERS., Die königlich preußische Akademie der Wissenschaften. Rede zur Zweihundertjahrfeier der Akademie gehalten in der Festsitzung am 20. März 1900, in: Reden und Aufsätze, Bd. 2, Gießen 1906[2], S. 189–215; jetzt in: Adolf von Harnack als Zeitgenosse. Reden und Schriften aus den Jahren des Kaiserreichs und der Weimarer Republik, Teil 2: Der Wissenschaftsorganisator und Gelehrtenpolitiker, hg. v. KURT NOWAK, Berlin/New York 1996, S. 983–1008.

[8] Zu Harnacks Denkschrift zur Gründung der Kaiser-Wilhelm-Gesellschaft s. ADOLF HARNACK, Zur Kaiserlichen Botschaft vom 11. Oktober 1910: Begründung von Forschungsinstituten, in: NOWAK, Harnack als Zeitgenosse (wie Anm. 7) Teil 2, S. 1025–1049. Zu Harnacks Rolle bei der Gründung vgl. RUDOLF VIERHAUS, Adolf von Harnack, in: Geschichte und Struktur der Kaiser-Wilhelm-/Max Planck-Gesellschaft. Aus Anlaß ihres 75jährigen Bestehens, hg. v. RUDOLF VIERHAUS u. BERNHARD VOM BROCKE, Stuttgart 1990, S. 473–485.

[9] Zur Berufung Harnacks nach Berlin vgl. WALTER WENDLAND, Die Berufung Adolf Harnacks nach Berlin im Jahre 1888 (aufgrund der Akten des Evangelischen Ober-Kirchenrats), in: Jahrbuch für Berlin-Brandenburgische Kirchengeschichte 29 (1934) S. 103–121, sowie ZAHN-HARNACK, Harnack (wie Anm. 2) S. 115 ff.

lichen Wissenschaftsverwaltung gegen die theologischen Bedenken der kirchlichen Behörde zu demonstrieren, unter Zuhilfenahme eines Macht-wortes des gerade inthronisierten jungen Kaisers, der dabei zugleich als Summepiskopus fungierte.

Wie verhält sich die Karriere Harnacks in der Wissenschaftskultur zum Wirken des Kirchenhistorikers als Theologen? Hat die Rolle des Wissen-schaftsorganisators etwas zu tun mit der ›Vermittlung‹ von Religionskultur und Wissenschaftskultur?

Unmittelbar und explizit ist darüber aus den Quellen über seine Tätigkeit beim Aufbau und bei der Entwicklung zum Beispiel der Kaiser-Wilhelm-Ge-sellschaft kaum etwas zu entnehmen. Auch wird man wenig fündig, wenn man sich danach umschaut, wie und ob überhaupt die zeitgenössische Theo-logenschaft von dieser Tätigkeit irgend nennenswert Kenntnis genommen habe.[10] Eine solche Spurensuche würde allerdings auch zu einer äußerlichen Fragestellung führen. Die für Harnacks Bedeutung maßgebliche Vermittlung von Religionskultur und Wissenschaftskultur findet sich in erster Instanz in seinen wissenschaftlichen Arbeiten als Kirchenhistoriker.

II.

Der Einfluß, der von Harnack auf das Verständnis der Theologie insgesamt ausgegangen ist, hängt direkt zusammen mit seinen Arbeiten als Historiker der Alten Kirche und des frühen Christentums. Darin ist Harnack allerdings keine Einzelerscheinung, und es wäre auch ganz unangemessen, ihn in einer gleichsam einzigartigen Bedeutung zu stilisieren. Im Gegenteil, Harnack sah sich selbst als Kirchenhistoriker in einer wissenschaftlichen Tradition[11] der neueren Theologie, von der wichtige kritische und zugleich konstruktive Im-pulse auf das Selbstverständnis der Theologie ausgegangen sind. An eine Vielzahl namhafter protestantischer Theologen vor ihm ist zu erinnern, die

---

[10] Siehe aber den Brief Karl Holls an Harnack vom 25.1. 1911. Holl gratuliert darin Harnack zur »neuen Würde« und fährt fort: »Allerdings tue ich es nicht ohne schwere innere Beklem-mung. Es ist ja eine seltene Ehrung, ein einzigartiges Vertrauenszeugnis zu Deinem Überblick über das gesamte Wissenschaftsleben und zu Deiner Fähigkeit, unbestochen durch persönliche Rücksichten die Sache zu fördern. Aber unsereins kann das Gefühl nicht loswerden, daß wieder ein Stück von Dir der Theologie gestohlen, ja wirklich gestohlen würde. Und ich kann nicht glückwünschen, ohne zugleich den frevelhaften Wunsch daneben zu haben, daß S.M. dafür bei nächster Gelegenheit Dich in Gnaden als Generaldirektor absetzen möge. Dann werde ich mich in die neue Tatsache finden können«, in: Karl Holl (1866–1926). Briefwechsel mit Adolf von Harnack, hg. v. HEINRICH KAPP, Tübingen 1966, S. 52 f.

[11] Vgl. unten sowie Anm. 24.

auf diesem Wege nachhaltig auf die Theologie eingewirkt haben: Angefangen von Johann Salomo Semlers historischer Kritik der Ausbildung des neutestamentlichen Kanons[12] über Ferdinand Christian Baurs historisch-systematische Rekonstruktion der Dogmengeschichte,[13] Richard Rothes frühes Werk zur Verfassung der Alten Kirche,[14] um nur einige wenige Beispiele zu nennen, bis hin zu Albrecht Ritschl, dem sich Harnack theologisch besonders verpflichtet wußte und dessen ›Entstehung der altkatholischen Kirche‹[15] Harnack als klassisches Buch der kirchengeschichtlichen Wissenschaft galt.[16] Selbstverständlich ließen sich vergleichbare Beispiele auch aus den historisch arbeitenden Disziplinen alttestamentlicher und neutestamentlicher Forschung sagen. Darauf ist hier nicht einzugehen. Überall ging es in der historisch arbeitenden Theologie um Texte und Themen, die auf die eine oder andere Weise fest in die dogmatisch-normative Traditionsbildung eingebunden waren, deren Kritik darum zu heftigen theologisch-kirchlichen Kontroversen um das Verhältnis von Wissenschaft und Theologie führte. In diesem größeren Kontext ist auch Harnack zu verorten.

Die historische Forschung bildet für die protestantische Theologie gleichsam den punctus saliens. Sie ist der Prüfstein für die Vermittlung von Religionskultur und Wissenschaftskultur. Das gilt zunächst im Blick auf die Frage der wissenschaftlichen Methode. Hier ging es um das Postulat der Freiheit und Wahrhaftigkeit der Theologie als Wissenschaft gegenüber bestimmten dogmatischen Vorurteilen, entgegen dem Postulat einer eigenen, spezifisch theologisch-dogmatischen Methode.[17] Über die methodisch geleitete Kritik hinaus geht es weiterhin um die Vermittlung zwischen freier wissenschaftlicher Forschung und theologischer, religiöser Überzeugung.[18] Sie ist darum

---

[12] Johann Salomo Semler, Abhandlung von der freien Untersuchung des Kanons II–V, Halle 1771–1775.

[13] Ferdinand Christian Baur, Die christliche Lehre von der Versöhnung in ihrer geschichtlichen Entwicklung von der ältesten Zeit bis auf die neueste, Tübingen 1838.

[14] Richard Rothe, Die Anfänge der christlichen Kirche und ihrer Verfassung. Ein geschichtlicher Versuch, Wittenberg 1837.

[15] Albrecht Ritschl, Die Entstehung der altkatholischen Kirche. Eine kirchen- und dogmengeschichtliche Monographie, Bonn 1850.

[16] Adolf Harnack, Albrecht Ritschl. Rede zum hundertsten Geburtstag am 30. April 1922 in Bonn gehalten, in: ders., Erforschtes und Erlebtes. Reden und Aufsätze. Neue Folge 4. Bd., Gießen 1923, S. 327–345, S. 334; jetzt in: Nowak, Harnack als Zeitgenosse (wie Anm. 7) Teil 2, S. 1553–1571, S. 1560.

[17] Ernst Troeltsch, Über historische und dogmatische Methode in der Theologie (1900), in: ders., Gesammelte Schriften Bd. 2 (wie Anm. 1) S. 729–753.

[18] Ein klassischer Text für diese Vermittlungsaufgabe ist Schleiermachers Zweites Sendschreiben an Lücke, jetzt in: Friedrich Daniel Ernst Schleiermacher, Theologisch-dogmatische Abhandlungen und Gelegenheitsschriften, hg. v. Hans-Friedrich Traulsen (Friedrich Daniel

das zentrale Thema der wissenschaftlichen Theologie der Epoche. Diese Vermittlung ist mehr und anderes als ein nur methodisches Problem. In ihr bündeln sich alle Fragen, die es mit dem Verhältnis der durch Wissenschaft geprägten neuzeitlichen Kultur zu den Traditionen von Religion und Christentum zu tun haben. Harnack selbst hat großen Nachdruck darauf gelegt, daß sein eigener Versuch, in seinen berühmten Vorlesungen über ›Das Wesen des Christentums‹ auf diese Fragen eine neue konkrete Antwort zu geben,[19] als das Ergebnis eines Historikers zu lesen sei.[20] Aber es wäre unzutreffend, darin bereits eine Besonderheit Harnacks sehen zu wollen. Die abstrakt-allgemeinen, theoretisch-methodischen und geschichtsphilosophischen Probleme einer Wesensbestimmung, wie sie zum Beispiel Ernst Troeltsch im Anschluß an die Veröffentlichung der Vorlesungen Harnacks diskutiert hat,[21] lagen Harnack eher fern.[22] Darin unterscheidet sich der Historiker Harnack von dem Systematiker Troeltsch.[23]

Für das Verständnis von Harnacks Position muß darum von Interesse sein, wie und warum er in diesem größeren Kontext gerade der Erforschung

---

Ernst Schleiermacher, Kritische Gesamtausgabe, Erste Abteilung, Bd. 10) Berlin/New York 1990, S. 348–394. Der Adressat, Friedrich Lücke, ist Mitbegründer der Zeitschrift ›Theologische Studien und Kritiken‹. Die Ankündigung der Zeitschrift 1827 gilt als Gründungsdokument der Vermittlungstheologie. Der Text findet sich jetzt in: ALF CHRISTOPHERSEN, Friedrich Lücke (1791–1855). Neutestamentliche Hermeneutik und Exegese im Zusammenhang mit seinem Leben und Werk, masch. Diss. München 1996.

[19] ADOLF HARNACK, Das Wesen des Christentums. Sechzehn Vorlesungen vor Studierenden aller Facultäten im Wintersemester 1899/1900 an der Universität Berlin gehalten (Leipzig 1900[1]), Neuausgabe hg. v. TRUTZ RENDTORFF, Gütersloh 1999.

[20] Vgl. ebd., S. 46: »Das geschichtliche Verständnis beginnt doch erst dann, wenn man das Wesentliche und Besondere einer großen Erscheinung von den zeitgeschichtlichen Hüllen zu befreien versucht. Daß viele ursprüngliche Züge dabei zum Opfer fallen müssen – auch solche, die in ihrer Zeit wesentlich erschienen und es waren – und daß das ganze Unternehmen leicht scheitern kann, wer kann darüber im Unklaren sein? Aber der Versuch muß gemacht werden; denn weder der Antiquar noch der Philosoph, noch der Schwärmer kann hier das letzte Wort haben, sondern der Historiker, weil es eine rein historische Aufgabe ist, die wesentliche Eigentümlichkeit einer geschichtlichen Erscheinung festzustellen«.

[21] ERNST TROELTSCH, Was heißt ›Wesen des Christentums‹? in: DERS., Gesammelte Schriften (wie Anm. 1) Bd. 2, S. 386–451.

[22] Zu Harnacks Geschichtsverständnis ist zu verweisen auf: NOWAK, Harnack als Zeitgenosse (wie Anm. 7) Teil 2, S. 879–972: Zur Theorie der Geschichte.

[23] Ernst Troeltsch bemerkt den Unterschied in diesem Sinne ausdrücklich im Vorwort zu der ersten Auflage seiner Schrift ›Die Absolutheit des Christentums und die Religionsgeschichte‹ (1902), jetzt in: ERNST TROELTSCH, Die Absolutheit des Christentums und die Religionsgeschichte (1902/1912) mit den Thesen von 1901 und den handschriftlichen Zusätzen, hg. v. TRUTZ RENDTORFF (= ERNST TROELTSCH, Kritische Gesamtausgabe, Bd. 5) Berlin 1998, S. 92.

der Alten Kirche eine besondere Aufgabe für das Verständnis von Theologie und Christentum in der Gegenwart zugemessen hat.

In knapper und präziser Fassung hat Harnack die Gründe dazu in einer Denkschrift dargelegt, die er 1888 bei seinem Wechsel nach Berlin und aus Anlaß der Berufung seines Nachfolgers in Marburg für den Leiter der Hochschulabteilung des Kultusministeriums, Friedrich Althoff verfaßt hat.[24] Der Schwerpunkt des Faches Kirchengeschichte liege »in der Kirchen- und Dogmengeschichte der ersten sechs Jahrhunderte«. Das ist zunächst das Urteil des Kirchenhistorikers, weil man »ohne gründliche Kenntnis der *alten* Kirchengeschichte« nicht ein »wirklicher Kirchenhistoriker« sein könne, genauso wie »ohne Kenntnis des goldenen Zeitalters der griechischen und römischen Literatur« niemand »ein klassischer Philologe« sein könne.

Zugleich aber sei dies »für den Theologen der *wichtigste* Abschnitt der Kirchengeschichte«. Bemerkenswert für dieses Urteil des Theologen ist, daß nicht der Reformation diese Qualifikation als ›wichtigster‹ Abschnitt der Kirchengeschichte zugelegt wird. In der Kirchen- und Dogmengeschichte der Alten Kirche empfange der Theologe die »Maßstäbe, die er an die spätere Geschichte anzulegen« habe, bei der Beurteilung der späteren Geschichte, sobald er sie »*theologisch*, das heißt vom Standpunkt des ursprünglichen Christentums« beleuchten solle. »Alle unsere entscheidenden Probleme« liegen »auf dem Gebiet der alten Geschichte«.

Welches sind diese entscheidenden Probleme? Harnack zielt dabei ab auf die theologische Ausbildung an der Universität: Wie ist der Katholizismus entstanden, wie verhält er sich zum ursprünglichen Christentum, wie sind das Dogma, der Kultus, die Verfassung entstanden und wie sind diese demgemäß zu beurteilen? Zu solchen Fragen kommt dann noch die Frage nach dem Verhältnis des Protestantismus zum mittelalterlichen Katholizismus. In den hier zu erwerbenden Kenntnissen sieht Harnack die wissenschaftliche Grundlage für die selbständige Urteilsfähigkeit des ›Pfarrers im Amt‹, als ausdrückliche Mittel gegen die Abhängigkeit der Theologen vom kirchlich-theologischen Meinungskampf der Kirchenzeitungen und von den »Machtansprüchen einer gefälschten Tradition«. »Nicht die *Exegese allein* und nicht die *Dogmatik*«, sondern die »besser erkannte *Geschichte*« sei für »die Zukunft unseres Kirchenwesens« von entscheidender Bedeutung, um »den Bann lastender und die Gewissen verwirrender Traditionen« zu brechen.

Harnack bekennt sich in dieser Denkschrift explizit zu der theologiepolitischen Funktion kritischer Dogmengeschichtsschreibung und setzt die hi-

---

[24] Der Text der Denkschrift ist auszugsweise wiedergegeben bei Zahn-Harnack, Harnack (wie Anm. 2) S. 129 f. Vgl. auch Rebenich, Mommsen und Harnack (wie Anm. 6) S. 49 f.

storische Forschung in direkte Verbindung mit der aktuellen kirchlich-theologischen Kontroverse um Status und Verbindlichkeit dogmatischer Traditionen. Darauf zielt auch die Schlußbemerkung der Denkschrift. Dem »frivolen Wort« des Kardinals Manning, man müsse »die Geschichte durch das
Dogma überwinden«, stellt Harnack entgegen: »Man muß das Dogma durch
die Geschichte läutern«. Als Protestanten seien wir der guten Zuversicht,
»daß wir damit nicht niederreißen, sondern bauen«.

Harnacks Tochter kommentierte in ihrer Biographie, man könne diese
Worte »geradezu als Leitmotiv über Harnacks wissenschaftliche Arbeiten
und über seine theologischen Kämpfe« setzen.[25] Wenn Troeltsch 1922 den
ersten Band seines unvollendeten geschichtsphilosophischen Werkes mit
dem vielzitierten Diktum beschließt, »Geschichte durch Geschichte überwinden«,[26] so spricht sich darin eine verwandte Überzeugung aus. Für Harnack verband sich damit ein bestimmtes theologisches Programm für eine
Vermittlung von Religionskultur und Wissenschaftskultur, in dessen Mittelpunkt die Frage nach der Geltung des Dogmas im Protestantismus der Neuzeit stand.

Auch wenn Harnack als Historiker den strengen Maßstäben historischer
Forschung, angefangen vom Handwerkszeug der »grammatikalisch-philolo-
gischen Methode«, verpflichtet war, bewegten ihn doch klar inhaltliche
theologische Probleme, so daß es nicht ausreicht, sein Programm als »radikale Historisierung« zu charakterisieren.[27] ›Historisierung‹ ist bei Harnack
(wie überhaupt in der Theologie) immer relativ zu einem aktuellen theologischen Interesse zu lesen. Die große Bedeutung nun gerade der Beschäftigung
mit der Alten Kirche, das heißt mit der Entstehung des Katholizismus, war
für ihn von hochrangiger ideenpolitischer Relevanz. Im Kontext der Grundlagendebatte der protestantischen Theologie des 19. Jahrhunderts ging es
um die Suche nach einem modernen, neuzeitgerechten protestantischen
Äquivalent für die dogmatische Form des kirchlichen Christentums, wie es
im Katholizismus ausgebildet worden ist. Aufbau und Struktur der Kontroverse, die sich um diese Frage bewegt, sind ein eigenes großes Kapitel, das
hier nicht zu behandeln ist. Nur so viel: Seit der theologischen Aufklärung
des 18. Jahrhunderts und der Verabschiedung der altprotestantischen Orthodoxie bewegt sich die Grundlagendebatte in der protestantischen Theologie um die Frage, wie aus der historischen Kritik ein neues, vergleichbar
umfassendes Konzept der Theologie heraus entwickelt werden könne, das

---

[25] ZAHN-HARNACK, Harnack (wie Anm. 2) S. 131.

[26] ERNST TROELTSCH, Der Historismus und seine Probleme. Erstes (einziges) Buch: Das logische Problem der Geschichtsphilosophie (= Gesammelte Schriften 3) Tübingen 1922.

[27] REBENICH, Mommsen und Harnack (wie Anm. 6) S. 50.

die Selbständigkeit der christlichen Glaubensüberzeugung in einer mit dem wissenschaftlichen Geist vermittelbaren Form allgemein zur Darstellung und Geltung zu bringen vermag.

Harnack selbst hat diese Aufgabenstellung von Albrecht Ritschl übernommen, den er ob seiner dogmatischen Zielsetzung nachdrücklich zu würdigen wußte.[28] Er war aber von der allmählichen Annäherung der Theologie Ritschls an die aufklärungskritische und wissenschaftsfeindliche Orthodoxie letztlich unbefriedigt. Worauf es hier ankommt, ist dieses: Harnack hatte bei Ritschl gelernt, daß der Protestantismus in der Gestalt von Pietismus und Mystik zunehmend katholische Elemente in sich aufgenommen und ausgebildet habe. Und in der kirchlich-theologischen Restauration identifizierte er den in der Denkschrift genannten »Bann lastender und die Gewissen verwirrender Traditionen«, die im protestantischen Kontext als »Machtansprüche gefälschter Traditionen« auftreten. Die Erforschung der Alten Kirche, der Entstehung des Katholizismus hat insofern für Harnack eine klare und eindeutige Funktion für die Konzeption einer protestantischen Theologie der Gegenwart; die Kirchen- und Dogmengeschichte steht bei Harnack im Dienst eines expliziten Gegenwartsinteresses.

Im Blick auf Harnacks Verhältnis zum Katholizismus ist dabei deutlich zu unterscheiden zwischen seiner Wahrnehmung der katholischen Kirche und Theologie seiner Zeit auf der einen Seite und der Funktion, welche die Auseinandersetzung mit dem katholischen Dogma für die innerprotestantische Selbstverständigungsdebatte im Kontext der wissenschaftlichen Moderne innehatte, auf der anderen Seite.

III.

In der Beziehung zum zeitgenössischen real existierenden Katholizismus hat sich Harnack so gut wie gar nicht an der üblichen protestantischen anti-katholischen Polemik beteiligt.[29] Im Gegenteil: Nur einige Sachverhalte seien hier genannt. Harnack hat sich zusammen mit Mommsen dafür eingesetzt, daß Denifle zum korrespondierenden Mitglied der Akademie berufen wurde.[30] In der heißen Kontroverse um den ›Fall Spahn‹ hat er, anders als

---

[28] Für die Bedeutung Albrecht Ritschls für Harnack siehe HARNACK, Albrecht Ritschl. Rede zum hundertsten Geburtstag (wie Anm. 16). Vgl. ferner ZAHN-HARNACK, Harnack (wie Anm. 2) S. 91 f., S. 127 ff., S. 135.

[29] Zu Harnacks Beurteilung des Katholizismus jetzt auch SCHRÖDER, ›Wiedergewonnene Naivität‹ (wie Anm. 3) S. 119 f.

[30] Brief Harnacks an Mommsen vom 22.10. 1890, in: REBENICH, Mommsen und Harnack

Mommsen, für eine gemäßigt liberale und tolerante Beurteilung plädiert.[31] Besonders charakteristisch für seine Haltung zum Katholizismus ist seine Rede zum Geburtstag des Kaisers, am 27. Januar 1907, in der Berliner Aula. In dieser Rede über ›Protestantismus und Katholizismus in Deutschland‹ hat er sich kritisch mit der Lagermentalität auseinandergesetzt, dem »chronischen Schwächezustand«, der von der mit massiven Vorurteilen besetzten konfessionellen Spaltung ausgehe und entgegen der herrschenden Meinung die Frage nach einer »Annäherung der Konfessionen« aufgeworfen, die den meisten seiner Zuhörer wohl »als Utopie« gelte.[32] Es sei eine »Aufgabe der Religion und der Wissenschaft zugleich«, sich »über die augenblickliche kirchenpolitische Lage« zu erheben, um an der »Beseitigung oder doch Milderung der konfessionellen Spaltung zu arbeiten«. Die mögliche Annäherung der Konfessionen entspreche dem Gang der Geschichte, entstamme der »gemeinsamen Wurzel« der Konfessionen, wie sie »die bessere, weil einfachere Erkenntnis der Sache und ihrer geschichtlichen Entwicklung« verstehen gelehrt habe. Heraus aus der »Enge des Konfessionalismus« auf ein höheres Niveau, auf dem wir es »nur mit der Religion zu tun haben«, und »wir wollten schon zu einer Verständigung kommen«. Die Biographin berichtet, daß Harnacks Rede mit eisigem Schweigen aufgenommen worden sei.[33]

Die geschichtliche Haltung Harnacks führte zu einem auch heute noch höchst bemerkenswerten Verständnis der sich in dem neuen Jahrhundert entwickelnden Ökumene. Harnack beendete seine Rede mit der ausdrücklichen Versicherung, niemand dürfe erwarten, »daß die deutschen Katholiken je Lutheraner werden« oder, »daß die deutschen Protestanten je wieder katholisch werden«. Die Kirchen werden nicht verschwinden; denn die Religion wird nie ohne Kirchen sein; aber ihre Zukunft beruht darauf, daß sie selbst immer mehr Gemeinschaften der Gesinnung und brüderlichen Hilfeleistung werden«. In diesem ökumenischen Kontext steht Harnacks Kritik am politischen, ultramontanen Katholizismus.

(wie Anm. 6) S. 606 mit Anm. 15. Der katholische Kirchenhistoriker Heinrich Suso Denifle wurde 1890 in die Akademie berufen, also bevor er durch sein Buch ›Luther und Luthertum in der ersten Entwickelung‹ Aufmerksamkeit und Streit erregte.

[31] Zum ›Fall Spahn‹ jetzt ausführlich mit Bezug auf Harnacks Stellung: REBENICH, Mommsen und Harnack (wie Anm. 6) S. 414–461.

[32] ADOLF HARNACK, Protestantismus und Katholizismus in Deutschland, in: Aus Wissenschaft und Leben, 1. Bd., Gießen 1911, S. 225–250, jetzt in: NOWAK, Harnack als Zeitgenosse (wie Anm. 2) Teil 1, S. 391–415.

[33] ZAHN-HARNACK, Harnack (wie Anm. 2) S. 320 f.: »Eisige Kühle herrschte in der Festversammlung, als Harnack endete. Die meisten protestantischen Kollegen behandelten Harnack nach dieser Rede, als ob er den Protestantismus verraten habe«.

Die Annäherung zwischen Katholizismus und Protestantismus, für die Harnack hier das Wort ergriffen hat, gehört in den Kontext der Vermittlung von Religionskultur und Wissenschaftskultur. Denn es ist der wissenschaftliche Geist der Theologie, der dem konfessionellen Streit die unversöhnliche Schärfe zu nehmen fähig ist. Und es ist das Interesse an der Einheit einer von den Erkenntnisfortschritten der Wissenschaft geleiteten Kultur, die Religion als Einheitsband in diesen Fortschritt einzuflechten.

Knapp zwanzig Jahre später hat Harnack noch einmal zum Projekt einer Ökumene aus Protestanten und Katholiken zur Feder gegriffen. Unter dem Titel ›Über den sogenannten *Consensus quinque saecularis* als Grundlage der Wiedervereinigung der Kirchen‹[34] wendet sich Harnack jetzt mit aller Schärfe und Entschiedenheit gegen eine solche »Una sancta Bewegung«, die eine Vereinigung der Kirchen auf der Grundlage der Dogmenbildung bis zur Mitte des 6. Jahrhunderts postuliert.[35] Hier sieht Harnack eine Redogmatisierung des Christentums am Werk, die sich auf historisch völlig fragwürdige Fundamente einer scheinbaren Einheit beruft, eine Rekatholisierung der evangelischen Kirchen einleiten würde und genau diejenigen Entwicklungen erneut initiieren würde, die in der Entwicklung der Kirchengeschichte einst zum Protestantismus geführt haben. »Die Wiedervereinigung der christlichen Kirchen im empirischen und strengen Sinne des Wortes ist aber überhaupt unmöglich, wie jeder denkende Historiker anerkennen muß«.[36]

Wie verhält sich Harnacks liberale Beurteilung der konfessionellen Spaltung und ihrer Überwindung im Geist geschichtlich gebildeter Ökumene, wie der große Respekt, den er ähnlich wie Albrecht Ritschl dem Katholizismus zollte,[37] zu der kritischen Funktion, die das Thema ›Katholizismus‹ beziehungsweise ›katholisches Dogma‹ in der innerprotestantischen Grundlagendebatte innehatte und um deretwillen die Dogmengeschichte der Alten Kirche ihm als der wichtigste Abschnitt der Kirchengeschichte galt?

---

[34] ADOLF HARNACK, Über den sogenannten ›Consensus quinque saecularis‹ als Grundlage einer Wiedervereinigung der Kirchen, in: Grundfragen einer Einigung der Kirche Christi (Sonderheft), in: Die Eiche 13 (1925) S. 287–299; sodann in: ADOLF HARNACK, Aus der Werkstatt des Vollendeten, hg. v. AXEL VON HARNACK, Gießen 1930, S. 65–83. Der Aufsatz entstand aus Anlaß der Stockholmer Konferenz.

[35] Für die Kontinuität solcher ökumenischen Programme ist es kennzeichnend, daß in den 80er Jahren dieses Jahrhunderts erneut das Nicänum des 6. Jahrhunderts als Anknüpfungspunkt für eine ökumenische Vereinigung ins Spiel gebracht wurde.

[36] ZAHN-HARNACK, Harnack (wie Anm. 2) S. 79.

[37] ADOLF HARNACK, Was wir von der römischen Kirche lernen und nicht lernen sollen, in: Christliche Welt 5 (1891) Sp. 401–408; sodann in: ADOLF HARNACK, Reden und Aufsätze, 2. Bd., Gießen 1906², S. 247–264; jetzt in: NOWAK, Harnack als Zeitgenosse (wie Anm. 2) Teil 1, S. 344–360.

Als der junge Gießener Ordinarius 1883 mit der Festrede zum 400. Geburtstag Martin Luthers betraut wurde, wählte er als Thema: ›Martin Luther in seiner Bedeutung für die Geschichte der Wissenschaft und der Bildung‹.[38] Die Bedeutung Luthers für die Wissenschaft sei »in der Hauptsache nur eine indirekte gewesen«, darin aber keine geringere, sondern eine größere, die Wirkung dessen, »welcher die Gesinnungen der Menschen zur Erkenntnis der Wahrheit reinigt und die Hemmnisse wegräumt, welche die Vergangenheit von Jahrhunderten als elementarste Last auf die Bahnen der Zukunft lagert«.[39] Das sind die Lasten, von denen in der Denkschrift 1888 die Rede ist.[40] Nach der Schilderung dieser Lasten auf dem Weg der Zukunft, die auch von Renaissance und Humanismus nicht beseitigt wurden, weil sie das Mittelalter »lediglich mit dem Altertum bekämpften«, betritt der Reformator die Bühne. In der klassischen Manier der Lutherverehrung heißt es: »Da wurde in der Zelle eines deutschen Klosters ein Seelenkampf siegreich ausgekämpft, dessen Folgen unermeßlich sein sollten«.[41] In der Ausmalung dieser Folgen sind in dieser frühen Rede alle Elemente versammelt, die für Harnacks Vision einer Vermittlung von Religionskultur und Wissenschaftskultur leitend sind. Der »Geistesfrühling«, in dem, »was sich nach Freiheit und Aufklärung sehnte«, begrüßte »begeistert den Reformator«.[42] Die Religion war »mit einem Schlage aus der Verkuppelung mit allem ihr Fremden befreit und zugleich das selbständige Recht der natürlichen Lebensgebiete und darum auch der Wissenschaft mit ihnen anerkannt«.[43] Und weiter heißt es: Diese »Überzeugungen sind heute Gemeinschaftsgut geworden«, wir behaupten sie heute »unabhängig von jedem religiösen Glauben«.[44] Damit betritt aber auch die kritische Frage die Bühne, ob wir das Bekenntnis, aus dem die Überzeugungen stammen, noch nötig haben. Die Feier der Reformation wird zum Ansatz von Kulturkritik, etwa im Blick auf »fortschreitende Naturerkenntnis«, aber auch auf die »geistige Beschränkung« der Arbeitsteilung, die »öde Geselligkeit« und die »leider notwendige Mechanisierung unseres öffentlichen Lebens«.[45]

---

[38] ADOLF HARNACK, Martin Luther in seiner Bedeutung für die Geschichte der Wissenschaft und der Bildung. Festrede gehalten am 10. November 1883 in der großen Aula der Ludwigs-Universität Gießen, Gießen 1883, im folgenden zit. nach der 4. Auflage, Gießen 1911; jetzt in: NOWAK, Harnack als Zeitgenosse (wie Anm. 2) Teil 1, S. 196–222.

[39] HARNACK, Luther (wie Anm. 38) S. 6 f.

[40] Vgl. oben Anm. 24.

[41] HARNACK, Luther (wie Anm. 38) S. 13.

[42] Ebd. S. 17.

[43] Ebd. S. 21.

[44] Ebd. S. 22.

[45] Ebd. S. 28.

Im Blick auf die geistigen und theologischen Erfordernisse der Gegenwart wird die Bedeutung Luthers relativiert. Zuzugeben sei, daß Luther »in mehr als einer Hinsicht eine mittelalterliche Erscheinung gewesen ist«.[46] Doch seien wir nicht dazu verurteilt, »die Reformation lediglich so zu rühmen und zu verteidigen, daß wir an ihre Anfänge erinnern«. Das Gesamturteil und Leitmotiv dieser Rede, »durch Luther ist die Bildung des 18. und 19. Jahrhunderts vorbereitet worden«,[47] wird aktualisiert durch die Forderung, wir sollen uns auf dem Grunde des Evangeliums stets aufs neue reformieren.[48]

In dieser Rede Harnacks findet sich das Ensemble der Deutungselemente, mit denen der Zusammenhang von Reformation und Neuzeit im liberalen Protestantismus des 19. Jahrhunderts vielfach und kontinuierlich ausgelegt worden ist. Sie gehört darum zu den Texten, aufgrund derer Harnack zum Repräsentanten dieses Protestantismus wurde. Die geschichtliche Entwicklung von Wissenschaft und Bildung im 18. und 19. Jahrhundert das ist für Harnack das Kriterium der Kontinuität im Verhältnis von Reformation und Neuzeit. In dieser und ähnlicher Form hat Harnack diese Sicht immer wieder vorgetragen und ausgeführt. Man kann darum zusammenfassend sagen, daß für ihn die neuzeitliche Wissenschafts- und Bildungsgeschichte denjenigen Pfeiler seines theologischen Geschichtsverständnisses repräsentiert, auf den hin und von dem her er die Brücke zur Vermittlung mit der Religionskultur seiner eigenen Zeit neu zu konstruieren suchte.

Diese Brücke von dem anderen Pfeiler, der in ihrer Selbständigkeit bewußt gewordenen protestantischen Auffassung der Religion, her begehbar zu machen, ist das theologische Programm, in dessen Dienst die gelehrte Dogmenkritik gestellt wurde.

Die Aufgabe der Dogmengeschichte sei es, die »Entstehung des dogmatischen Christentums zu ermitteln«.[49]

IV.

Das *dogmatische Christentum*, damit ist das Stichwort gefallen, um das sich die Grundkontroverse der protestantischen Theologie des 19. Jahrhunderts bewegt. In Harnacks Charakteristik: Die Religion wolle »ihr Unbedingtes

---

[46] Ebd. S. 23. Die spätere Lutherrenaissance hat dieses Urteil übernommen, aber mit einer entgegengesetzten Bewertung, die auf die normative Differenz der von Harnack repräsentierten modernen Theologie zum ›wahren‹ Luther abzielt.

[47] Ebd. S. 27.

[48] Ebd. S. 28.

[49] HARNACK, Dogmengeschichte (1893), hier zit. nach der 5. Auflage, Tübingen 1914, S. 3.

auch in der Sphäre der Erkenntnis zum Ausdruck bringen« und der »bisher eindrucksvollste Lösungsversuch« sei der, den der Katholizismus gemacht habe und den die Reformationskirchen, wenn auch mit Vorbehalten, übernommen haben. Mit einem Wort des französischen Theologen Sabatier: »Prinzipiell sowohl als tatsächlich steht in den protestantischen Kirchen die Revision der Dogmen immer auf der Tagesordnung«.[50]

Auf der einen Seite steht die theologisch-intellektuelle Faszination durch die Idee des dogmatischen Christentums. Das »wahrhaft Epochemachende« liegt darin, daß »die geistige Kultur der Menschheit nun mit der Religion versöhnt und verbunden erscheint«,[51] auch wenn in den Augen des Historikers rückblickend betrachtet diese Einheit als eine Illusion erscheint.

Auf der anderen Seite steht der Ausgang der Dogmengeschichte in der Reformation, die als Destruktion des Dogmas gezeichnet wird: Luther habe eine »neue Zeit der Weltgeschichte heraufgeführt«, nämlich »die herrschende Heilslehre als verderblich abgetan«, die katholische Sakramentenlehre »zertrümmert«, das hierarchische Kirchensystem »umgestürzt«, die Kultusordnung »abgetan«, die formalen Autoritäten »vernichtet« und die dogmatische Terminologie für »irreführend« erkannt.[52] Doch dieser traditionell-protestantischen Reinigungsmetaphorik des von den Formen des dogmatischen Christentums befreiten Evangeliums stellt Harnack nun eine lange Liste der »Verwirrungen« gegenüber. Sie sind dadurch entstanden, daß und wie Luther an »katholischen Elementen« festgehalten habe. Diese Verwirrungen haben das Bild der protestantischen Theologie seither geprägt. Sie wirken vor allem dort unerkannt fort, wo daran festgehalten wird, Luthers »neue Erkenntnis des Evangeliums« falle »mit dem alten Dogma einfach zusammen«.[53]

Harnacks Kritik an dem »Zusammen« von reformatorischem Evangelium und Dogma löste eine theologische Kontroverse aus, die auf komplexe Weise sich mit den kirchenpolitischen, parteipolitischen und gesellschaftspolitischen Kämpfen der 90er Jahre verzahnt. Von den Gegnern Harnacks wie überhaupt der wissenschaftlichen Theologie, als deren aufstrebender Repräsentant er inzwischen gilt, wird die Kritik am altkirchlichen Dogma mehr oder minder explizit in Verbindung gebracht mit den Gefährdungen der nationalen und protestantischen Einheit durch Sozialdemokratie und moderne Wissenschaften. Die außerordentliche Welle der Empörung, die sich an Harnacks Stellungnahme im sogenannten Apostolikumsstreit aufsteilt, wäre

---

[50] Ebd. S. 4.
[51] Ebd. S. 111.
[52] Ebd. S. 449, S. 451 f.
[53] Zu den »Verwirrungen« siehe ebd. S. 455 ff.

hier im einzelnen zu erörtern.[54] Auf der anderen Seite bieten sich Positionen eines ›freien‹ Christentums an, im Sinne eines bekenntnislosen oder kirchenfreien Christentums, wie sie in Teilen des Protestantenvereins und vergleichbarer Bewegungen vertreten wurden. Zwischen diesen Fronten sahen sich Harnack und mit ihm Martin Rade und die Freunde der ›Christlichen Welt‹.

Die historische Auseinandersetzung mit dem altkirchlichen Dogma war ja geleitet von der theologischen Frage, ob und wie unter den spezifischen Voraussetzungen der Reformation und im Kontext einer neuzeitbewußten Theologie der Protestantismus eine dem Dogma äquivalente Glaubensformel bilden könne. Das war die zentrale Frage: Konnte die Vermittlung von Religionskultur und Wissenschaftskultur über das Programm eines ›neuen Dogmas‹ realisiert werden?

Der mit Harnack befreundete Julius Kaftan hatte diese Formel ›Neues Dogma‹ kurz vor den durch den Fall Traub ausgelösten Streitigkeiten mehr beiläufig ins Spiel gebracht, in einer Auseinandersetzung mit Otto Dreyers ›Undogmatisches Christentum. Betrachtungen eines deutschen Idealisten‹.[55] Harnack äußerte dazu in einem Brief an Rade, er fände zwar die Sache vortrefflich, die Terminologie ›Neues Dogma‹ halte er jedoch nicht für glücklich, Rade meine wohl ›Bekenntnis‹. Und dann fährt Harnack fort: Es wäre in der Tat eine Schmach, wenn man im Protestantismus aus der Not eine Tugend machte und den Protestantismus zu der Form des Christentums erklärte, die ein christliches Bekenntnis nicht zustande brächte. Viele Unsicherheiten könnten abgeschnitten werden, »wenn wir 1. ein kurzes Bekenntnis besäßen so kurz wie das Apostolicum und 2. eine Schrift, die den sicheren Ertrag dessen enthielte, was wir positiv im 16., 18. und 19. Jahrhundert gelernt haben«. Das sei vielleicht eine Utopie, aber man müsse seine Ziele für die Zukunft dort stecken, »wo der gemeine, in die Gegenwart verstrickte Parteimann die vierte Dimension wittert«.[56] Auch für das Programm eines neuen Bekenntnisses gab es Vorläufer, zum Beispiel den Versuch, den Nitzsch 1846 mit dem sogenannten Nitzschenum gemacht hatte.

---

[54] Für Harnacks Stellung im Apostolikumsstreit ist in erster Linie seine Antwort auf eine Frage von Studierenden maßgeblich, ob sie eine Petition mit dem Ziel der Entfernung des Apostolikums aus der Verpflichtungsformel für Geistliche an den Evangelischen Oberkirchenrat richten sollten. Harnack trug diese Antwort im Kolleg in Berlin vor. Der Text wurde abgedruckt in: Christliche Welt 6 (1892) Sp. 768–770 unter dem Titel: ›In Sachen des Apostolikums‹. Der Text ist aufgenommen in: HARNACK, Das apostolische Glaubensbekenntnis (wie Anm. 59).

[55] JULIUS KAFTAN, Glaube und Dogma, in: Christliche Welt 3 (1889) Sp. 68.

[56] Postkarte Harnacks an Rade vom 31. 1. 1889, jetzt in: Der Briefwechsel zwischen Adolf von Harnack und Martin Rade. Theologie auf dem öffentlichen Markt, hg. v. JOHANNA JANTSCH, Berlin/New York 1996, S. 211 f.

Die Frage eines neuen Bekenntnisses im Medium geschichtlichen Bewußtseins spielt eine wichtige Rolle in Harnacks vermittelnder Position angesichts des Apostolikumsstreits. In Harnacks Stellungnahme gegenüber den
Berliner Theologiestudenten ist nicht diese Utopie zu bemerken. Das eigentliche Gewicht legt Harnack auf den Appell an den »geschichtlichen Sinn«,
wie er von dem »gereiften und gebildeten Theologen« erwartet werden müsse. Er fordert von seinen Theologiestudenten ein »fleißiges Studium der
Dogmengeschichte und Symbolik«, damit sie ein »wirkliches Verständnis,
wie für den ursprünglichen Sinn der Bekenntnisse, so für den Wandel ihres
Verständnisses«, entwickeln und auf diesem Wege die Fähigkeit erwerben,
»sich auch in scheinbar oder wirklich fremde Anschauungen zu finden«.[57]
Dieser Appell richtet sich an die Fähigkeit zur Bildung, er zielt auf die Bedeutung wissenschaftlicher, historischer Bildung. Dazu gehört die Freiheit
der Gewissen, sowohl des eigenen wie des der anderen in der Kirche. Dazu
gehört auch die Einsicht in die Eigenart von Institutionen. Denn die »Institutionen der Lehre und des Kultus« können unmöglich zu jedem Zeitpunkt
»die Überzeugungen aller wiedergeben« und »jeder Wandlung des christlichen Verständnisses folgen«.[58]

V.

Im aktuellen Streit ist es ein *Bildungsprogramm*, dem die Aufgabe der Vermittlung von Religionskultur und Wissenschaftskultur zukommt. Harnack
hat dem selbst Genüge zu tun versucht, indem er alsbald eine Schrift über
›Das apostolische Glaubensbekenntnis‹ verfaßt hat, mit dem Untertitel ›Ein
geschichtlicher Bericht‹.[59] (Diese kleine Schrift von 41 Seiten erlebte im Jahr
ihres Erscheinens 1892 sofort 24 Auflagen und ist der erste große Publikationserfolg Harnacks vor den Vorlesungen über ›Das Wesen das Christentums‹, deren Publikation dann den Höhepunkt seiner theologischen Publikationstätigkeit darstellt.)

Das Ziel, ein dem altkirchlichen dogmatischen Christentum analoges und
der neuzeitlichen Verfassung des Christentums kompatibles Aequivalent zu
schaffen, wird damit nicht verwirklicht. Dazu müßten, wie Harnack vor den
Studenten ausführt, die Kirchen der Reformation »die Kraft zu einer neuen

---

[57] HARNACK, Apostolikum (wie Anm. 54) Sp. 770.

[58] Ebd.

[59] ADOLF HARNACK, Das apostolische Glaubensbekenntnis. Ein geschichtlicher Bericht nebst
einer Einleitung und einem Nachwort, Berlin 1892, jetzt in: NOWAK, Harnack als Zeitgenosse
(wie Anm. 2) Teil 1, S. 499–544.

reformatorischen Tat oder eine neue reformatorische Persönlichkeit erhalten«.[60] Als eine solche hat sich Harnack gerade nicht stilisiert. Auch die Vorlesungen über ›Das Wesen des Christentums‹[61] sind nicht als Darstellung eines neuen kirchlichen Bekenntnisses, aber, zumal im Lichte der großen Resonanz, die konstruktive Darstellung protestantischen frommen und zugleich gebildeten Bewußtseins.

Gestützt und getragen wird dieses Bildungsprogramm durch die in Harnacks Sicht geschichtlich und theologisch wohlbegründeten Übereinstimmungen protestantischer Grundüberzeugungen mit Bildung und Wissenschaft der Neuzeit. Eine knappe und auf ihre Weise bekenntnisartige Fassung hat Harnack an den Beginn einer Publikation gestellt, die dem kirchlich-theologischen Publikum wohl kaum zu Gesicht gekommen ist, weil sie einem Kapitel der Wissenschaftsgeschichte gewidmet war. Die ›Geschichte der königlich preußischen Akademie der Wissenschaften‹[62] wird von Harnack 1900 eröffnet mit einer Charakterisierung der »neuen Bildung«, von der zwar »aus dem Sondergut der alten Kirche« nichts herübergekommen sei, die »aber von der Reformation (...) durchgreifend beeinflusst« worden sei.[63] In Kurzfassung bietet Harnack hier seine Lektüre der Bedeutung der Reformation für die neuzeitliche Wissenschaft: »Daß dem Menschen auf der Erde eine Aufgabe gesetzt ist, daß er seine Pflicht zu tun hat, daß er eines guten Gewissens bedarf, daß ein unbestechlicher Richter über ihm waltet, sind Erkenntnisse, in denen alle die Führer des großen Zeitalters einig sind. Das Bewußtsein, zum gemeinen Nutzen wirken zu müssen und in dem Dienst einer heiligen Aufgabe zu stehen, zeichnet die Träger des fortschreitenden Gedankens seit der Mitte des 17. Jahrhunderts aus. Diese Combination freier Selbstbehauptung und gewissenhaften, tatkräftigen Dienstes zum gemeinen Nutzen als religiöser Pflicht ist ein Erwerb des Reformationszeitalters; er ist zuerst in den protestantischen Gemeinwesen verwirklicht worden und von dort aus in die allgemeine Bildung übergegangen. Er begrenzte und versittlichte die Cultur der Renaissance und hielt zugleich den Zusammenhange mit dem Kerne der religiösen Überlieferungen aufrecht: dieselben Männer, die eine vollkommene Gleichgültigkeit gegen die confessionellen Lehren zeigen, wissen sich doch aufrichtig als Christen und fühlen sich an Gott gebunden (...). Fromme und Aufklärer sind darin einig, daß am Gewis-

---

[60] HARNACK, Apostolikum (wie Anm. 54) Sp. 768.

[61] S. oben Anm. 19.

[62] HARNACK, Geschichte der königlich-preußischen Akademie der Wissenschaften (wie Anm. 7), vgl. dazu auch REBENICH, Mommsen und Harnack (wie Anm. 6).

[63] HARNACK, Geschichte der königlich-preußischen Akademie der Wissenschaften (wie Anm. 7) S. 6.

sen und an der ›Praxis‹ alles Religiöse zu messen ist«. Diese Überzeugung
»schlang ein Band um alle Bürger des neuen Zeitalters«.[64]

Sodann, führt Harnack weiter aus, war es Leibniz, der die leitenden Ideen
der Renaissance und der exakten Naturphilosophie »auf dem Boden der
deutschen protestantischen Überlieferungen miteinander in wahrhaft conser-
vativem und doch fortschreitendem Geiste verbunden« hat.[65] Die aus der
Renaissance, der Reformation und der exakten Philosophie entstammenden
Kräfte sind in ihm unter dem Zeichen des Fortschritts vereint.[66]

In diesem Folgezusammenhang der Reformation in Wissenschaft und Bil-
dung ist auch Harnacks lebhafte und später führende Beteiligung am Evangelisch-Sozialen Kongreß zu verorten.[67] In der Tätigkeit des Evangelisch-
Sozialen Kongresses sah Harnack nicht zuletzt eine praktische und auf Praxis zielende Bildungsaufgabe im Dienst der christlichen Nächstenliebe.[68]
Zum Thema Bildung trägt Harnack explizit auf dem Kongreß 1902 vor.[69]
Dabei kommt er nun von der Bildungsfrage aus auf das Grundproblem von
Religion und Wissenschaft zu sprechen. Alle Bildung ströme »aus der Quelle
einer geschlossenen Weltanschauung«. »Eine solche »einheitliche, uns he-
bende und erhebende Weltanschauung« fehle aber »seit dem Untergang der
Aufklärung am Beginn des 19. Jahrhunderts«, das sei »unsere Schwäche
auch gegenüber dem politischen Religionssystem des Katholizismus«.[70] Das
protestantische Problem wird hier, zumindest implizit, als Problem der mo-

---

[64] Ebd. S.7. Vgl. dazu: ERNST TROELTSCH, Eine Säkularfeier der Wissenschaft. Rez. zu Harnack, Geschichte der Königlich Preußischen Akademie der Wissenschaft zu Berlin, in: Christliche Welt 14 (1900) Sp. 677–681; DERS., Rez. zu Harnack, Geschichte der Königlich Preußischen
Akademie der Wissenschaft zu Berlin, in: Historische Zeitschrift 86 (1901) S. 142–150.

[65] HARNACK, Geschichte der königlich-preußischen Akademie der Wissenschaften (wie
Anm. 7) S. 9.

[66] Ebd. S. 10.

[67] ADOLF HARNACK, Der Evangelisch-Sociale Congreß zu Berlin, in: Preußische Jahrbücher
65 (1890) S. 566–576; sodann in: Reden und Aufsätze, 2. Bd., Gießen 1906², S. 327–343; jetzt
in: NOWAK, Harnack als Zeitgenosse (wie Anm. 7) Teil 2, S. 1270-1285. Dazu jetzt: GÜNTER
BRAKELMANN, Adolf von Harnack als Sozialpolitiker, in: Was ist Christentum? Versuche einer
kritischen Annäherung, Waltrop 1997, S. 201-232.

[68] Bemerkenswert ist Harnacks Warnung, die ›Judenfrage‹ zu einem Thema des Kongresses
zu machen: »Es mag eine Judenfrage im nationalen und wirtschaftlichen Sinn geben, ich weiß
das nicht und bin darüber nicht kompetent, das aber weiß ich, daß den Antisemitismus auf die
Fahnen des evangelischen Christentums zu schreiben, ein trauriger Skandal ist«, Harnack als
Zeitgenosse, Teil 2 (wie Anm. 7) S. 1282.

[69] ADOLF HARNACK, Die sittliche und soziale Bedeutung des modernen Bildungsstrebens.
Vortrag gehalten am 22. Mai 1902 auf dem Evangelisch-Sozialen Kongreß zu Dortmund, in:
Reden und Aufsätze, 2. Bd., Gießen 1906², S. 75–106, jetzt in: Harnack als Zeitgenosse, Teil 2
(wie Anm. 7) S. 1142–1170.

[70] Ebd. S. 1166.

dernen Bildung überhaupt begriffen. In Aufnahme der religiös-theologischen Grundtöne seines ›Wesens des Christentums‹[71] gibt Harnack dem Bildungsstreben eine explizit religiöse Ausrichtung: »Dem persönlichen Werte der Menschenseele und ihrem inneren Leben, aber auch jener brüderlichen Verbindung der Menschen, die als Ideal vor uns liegt, entspricht nur der christliche Gottesgedanke«.[72]

Die Suche nach einer bekenntnisartigen Formel für die modernitätsspezifische Identität des Protestantismus kann allerdings im Evangelisch-Sozialen Kongreß nicht explizit gefördert werden. Der erste Präsident der Kongresses, der Landesökonomierat Nobbe, hatte schon vor dem Apostolikumsstreit davor gewarnt, die Arbeit des Kongresses mit dogmatischen Kontroversen zu verbinden, insbesondere mit der Frage nach einem ›neuen Dogma‹. Das in der Gründungsphase des Kongresses einende Band sozialethisch-praktischer Aufgaben kann denn auch die tiefreichenden theologisch-dogmatischen Differenzen nicht wirklich überbrücken, so daß es zur Abspaltung des konservativen Flügels kommt.[73]

In den Kontext des Zusammengehens von protestantischer Theologie mit Bildung und Wissenschaft gehören auch Harnacks verschiedene explizite Äußerungen zur Stellung der Theologischen Fakultäten an der Universität.[74] Die Auseinandersetzung um die Bedeutung der Religionsgeschichte und die damit einhergehende Forderung, die theologischen Fakultäten in Fakultäten für allgemeine Religionsgeschichte zu überführen, zeigt, daß Harnacks vermittelnde Perspektive keineswegs nur in konservativ theologisch-kirchlichen Kreisen[75] angefochten wird, sondern auch in der sich formierenden religionsgeschichtlichen Forschung mit historischen und systematischen Gründen nicht rückhaltlos geteilt wird.[76] Harnacks Hauptthese, wer die

---

[71] Vgl. Anm. 19.

[72] Ebd. S. 1169.

[73] 1896 spaltete sich die ›Stöckersche‹ Richtung vom Evangelisch-Sozialen Kongreß ab und gründete die ›Freie Kirchlich-Soziale Konferenz‹.

[74] ADOLF HARNACK, Die Aufgabe der theologischen Fakultäten und die allgemeine Religionsgeschichte, Gießen 1901, sodann in: Reden und Aufsätze, 2. Bd., Gießen 1906², S. 159–178.

[75] Ein eigenes Kapitel ist dabei Harnacks Eingreifen in die Krise, die sich zwischen Kaiser Wilhelm II. und einigen evangelischen Theologen abzeichnete, nachdem der Kaiser sich mit einem zur Veröffentlichung freigegebenen Brief an den Admiral von Hollmann zu dem von Friedrich Delitzsch ausgelösten ›Bibel-Babel-Streit‹ geäußert hatte. Siehe ADOLF HARNACK, Der Brief Sr. Majestät des Kaisers an Admiral Hollmann, in: Preußische Jahrbücher 111 (1903) S. 584–589; sodann in: Erforschtes und Erlebtes, Gießen 1923, S. 63–71. Vgl. dazu jetzt auch die Briefe zwischen Harnack und Rade, in: JANTSCH, Briefwechsel Harnack/Rade (wie Anm. 56) S. 500–514, sowie die Kommentare von JOHANNA JANTSCH, ebd.

[76] Dazu sei exemplarisch auf die Stellungnahme von Ernst Troeltsch zu Harnacks Rektoratsrede verwiesen: ERNST TROELTSCH, Die Absolutheit des Christentums (wie Anm. 23) S. 89 ff.

christliche Religion kenne, kenne im Prinzip alle Religionen,[77] verbindet sich mit seiner Abneigung gegen die religionsgeschichtliche Schule. Diese kehrt nach seinem Urteil mystische und irrationale Elemente der Religion hervor,[78] die seinem protestantischen Christentumsverständnis zuwider sind. Die Stellung der theologischen Fakultäten, so hat er später erneut bekräftigt, sei vielmehr eine Aufgabe »von höchster Verantwortung und von größtem Einfluß auf die ganze Nation und den Staat«, um ein »fruchtbares Zusammenwirken der wissenschaftlichen und religiösen Bildung herbeizuführen«.[79]

Insofern ist es charakteristisch, wenn Harnack auf einer seiner letzten Postkarten 1928 an Martin Rade notiert (und damit beschränke ich meinen Bezug auf das von Hartmut Ruddies behandelte Thema), die »seltsamen Unternehmungen« der heutigen Theologie, so erfreulich es sei, daß sie es ernst meine, seien »schwach (...) als Wissenschaft« und »ihr Horizont« tendenziell »sektiererisch«, und was ganz verloren zu gehen drohe, sei »ihr Zusammenhang mit der universitas litterarum und der Kultur«. Ob sich Harnacks Hoffnung erfüllt hat, das alles sei ein »Verpuppungsstadium«, aus dessen Hüllen »einst ein wirklich evangelischer Schmetterling« entsteigen werde,[80] das ist ein neues Kapitel, zu dem die Tatsache, daß im Jahre 1998 dieses Harnack-Symposium stattfindet, zumindest einen Fingerzeig geben mag.

Wie steht es nun mit der Vermittlung zwischen Religionskultur und Wissenschaftskultur?

Hier bleibt zu fragen, ob die Ansichten, die Harnack verfolgt hat, der geschichtlichen Realität in Kirche und Gesellschaft gerecht zu werden vermochten oder doch zunehmend postulatorischen Charakter hatten. Die tiefen Spaltungen im Protestantismus, wie sie im Zusammenhang mit dem Apostolikumsstreit zutage traten, und die Auseinandersetzungen, die sich an die Publikation des ›Wesens des Christentums‹ anschlossen, geben jedenfalls zu erkennen, daß die Vermittlung zwischen Bildungschristentum und kirchlichem Christentum als ein Prozeß permanenter kritischer, auch polemischer Wahrnehmung verstanden werden muß. Insbesondere ist festzustellen, daß die Theologie jedenfalls über keine Steuerungskapazitäten verfügt, die auf

---

[77] HARNACK, Aufgabe (wie Anm. 75) S. 168: »Wer diese [sc. die christliche] Religion nicht kennt, kennt keine, und wer sie samt ihrer Geschichte kennt, kennt alle«.

[78] Vgl. ebd., bes. S. 171 f.

[79] HARNACK, Die Bedeutung der theologischen Fakultäten, in: Erforschtes und Erlebtes (wie Anm. 16), S. 199–217, S. 217; jetzt in: NOWAK, Harnack als Zeitgenosse (wie Anm. 2) Teil 1, S. 856–874.

[80] So Harnack in einer Postkarte an Martin Rade vom 15.9. 1928, jetzt in: JANTSCH, Briefwechsel Harnack/Rade (wie Anm. 56) S. 836 f.

diesen krisenhaften Zustand direkt Einfluß nehmen. Dafür steht auch die zwiespältige Rolle der Universitätstheologie als wissenschaftliche Theologie und als der Kirche verpflichtete, als kirchliche Theologie. Entgegen den Absichten Harnacks und der Hauptströmung etwa der Christlichen Welt, diese beiden Seiten zu vereinen, hat sich ein dichotomisches Geschichtsbild zumindest mit gleicher Stärke und vergleichbarem Einfluß gehalten. Und das bedeutet, in gewisser Weise, daß die evangelische Kirche als Kirche in der eigenen und in der Außenwahrnehmung doch stärker in Entsprechung zur katholischen Kirche und zum dogmatischen Christentum sich darstellt. Dagegen lassen sich jedoch genauso gut Entwicklungen und fortdauernde Einstellungen namhaft machen, die für den kulturellen Zusammenhang und die vor allem alltagskulturelle Verankerung der Religionskultur sprechen, die auch gegen die anders dominanten kirchlich-theologischen Selbstauslegungen persistieren. Nicht weniger wichtig sind die tiefgreifenden Veränderungen in der Wahrnehmung der Wissenschaftskultur, die keineswegs nur als positiv-fortschrittsleitende Kraft fungiert, sondern gleichermaßen auch als Problematisierung der lebensweltlichen Einheit der humanen Kultur. Es sind diese Fragen, die es erlauben und fordern, Harnacks Vermittlungsprogramm in einer sowohl kulturwissenschaftlichen wie in einer theologiegeschichtlichen Perspektive als fruchtbaren Beitrag zur Hermeneutik der Gegenwart zu diskutieren.

Im Großbetrieb der Wissenschaft

Adolf von Harnack als Wissenschaftsorganisator und Wissenschaftspolitiker

von

Rudolf Vierhaus

I.

In der Antwort auf die Antrittsrede des Theologen und Kirchenhistorikers Adolf Harnack in der Königlich Preußischen Akademie der Wissenschaften 1890 hob Theodor Mommsen, Sekretar der philosophisch-historischen Klasse, hervor, einer der vielen Gründe, ihn, Harnack, mit besonderer Freude zu begrüßen, sei seine Gabe, »jüngere Genossen zu fruchtbarer Arbeitsgemeinschaft zu gewinnen und bei derjenigen Organisation, welche die heutige Wissenschaft vor allem bedarf, als Führer aufzutreten (...). Auch die Wissenschaft hat ihr soziales Problem; wie der Großstaat und die Großindustrie, so ist die Großwissenschaft, die nicht von Einem geleistet, aber von Einem geleitet wird, ein notwendiges Element unserer Kulturentwicklung, und deren rechte Träger sind die Akademien oder sollten es ein. Als einzelner Mann haben Sie in dieser Richtung getan, was wenige Ihnen nachtun werden. Jetzt sind Sie berufen, dies im größeren Verhältnisse weiterzuführen; und die wenigen Monate, seit Sie uns angehören, haben uns gezeigt, daß Sie es können, und daß Sie es wollen«.[1]

In der Biographie ihres Vaters hat Agnes von Zahn-Harnack gemeint, diese Worte seien für die weitere Entwicklung des Vaters »prophetisch geworden«.

In der Erkenntnis seiner »besonderen organisatorischen Begabung« sei er durch Mommsen auf den Weg gewiesen worden, »der ihn, über die theo-

---

[1] Zitiert nach: Adolf von Harnack als Zeitgenosse. Reden und Schriften aus den Jahren des Kaiserreichs und der Weimarer Republik, hg. v. Kurt Nowak, Bd. 2: Der Wissenschaftsorganisator und Gelehrtenpolitiker, Berlin/New York 1996, S. 981.

logisch-historische Facharbeit hinaus, einen Gesamtbau der deutschen Wissenschaft planen und durchführen ließ«.[2] Ein etwas zu großes Wort, gleichwohl kein falsches. Einen »Gesamtbau der deutschen Wissenschaft« hat Harnack weder »geplant« noch einen solchen »durchgeführt« und hinterlassen; aber er hat sehr viel für die institutionelle Entfaltung und die Organisation der expandierenden Wissenschaft im wilhelminischen Deutschland getan. In dieser Zeit wurde er zur repräsentativen Symbolfigur dieser Entwicklung und ist es als Präsident der Kaiser-Wilhelm-Gesellschaft noch über diese Zeit hinweg geblieben, ohne – wie er selbst wiederholt betont hat – eine solche Stellung angestrebt zu haben.

In der Tat läßt sich mit dem Jahr 1890 der Beginn des Hinaustretens Harnacks über den Wirkungskreis des Theologieprofessors und Erforschers der frühen Kirchengeschichte hinaus datieren.[3] Schon im folgenden Jahr beschloß die Akademie die Edition der älteren griechischen Kirchenväter, mit der Vorlage des ersten Bandes 1893 die Einsetzung einer Kommission für die auf 50 Bände geplante Ausgabe, deren Leitung Harnack übertragen wurde. Es war dies ein editorisches Langzeit- und Großunternehmen von der Art, wie sie Theodor Mommsen zuerst mit dem ›Corpus Inscriptionum Latinarum‹ in der Preußischen Akademie in Gang gesetzt hatte. Schon in seiner Festrede am 2. Juli 1874, dem Leibniz-Gedächtnistag, hatte Mommsen am Beispiel der Altertumswissenschaften die Dimensionen quellenkritischer Grundlagenforschung dargelegt. Sie könne nicht von Einzelnen geleistet werden, verlange vielmehr die Konzentration der Kräfte und die »Association« der Arbeit. Auch das aber genüge nicht. »Alle die wissenschaftlichen Aufgaben, welche die Kräfte des einzelnen Mannes und der lebensfähigen Association übersteigen, vor allem die überall grundlegende Arbeit der Sammlung und der Sichtung des wissenschaftlichen Materials muß der Staat auf sich nehmen, wie sich der Reihe nach die Geldmittel und die geeigneten Personen und Gelegenheiten darbieten. Dazu aber bedarf es eines Vermitt-

---

[2] AGNES VON ZAHN-HARNACK, Adolf von Harnack, Berlin 1951[2], S. 193.

[3] Allgemein: LOTHAR BURCHARDT, Wissenschaftspolitik im Wilhelminischen Deutschland. Vorgeschichte, Gründung und Aufbau der Kaiser-Wilhelm-Gesellschaft zur Förderung der Wissenschaften (Studien zu Naturwissenschaft, Technik und Wirtschaft im 19. Jahrhundert 1) Göttingen 1975; DERS., Adolf von Harnack, in: Berlinische Lebensbilder. Wissenschaftspolitik in Berlin. Minister, Beamte, Ratgeber, hg. von WOLFGANG TREUE u. KARLFRIED GRÜNDER (Einzelveröffentlichungen der Historischen Kommission zu Berlin 60) Berlin 1987, S. 215–233; RUDOLF VIERHAUS, Adolf von Harnack als Wissenschaftsorganisator, in: Jahrbuch Preußischer Kulturbesitz 17 (1981) S. 51–64; DIETRICH GERHARD, Adolf von Harnack, in: ebd. 3 (1964/65), wieder abgedruckt in: DERS., Gesammelte Aufsätze (Veröffentlichungen des Max-Planck-Instituts für Geschichte 54) Göttingen 1977, S. 233–244.

lers, und das rechte Organ des Staats für diese Vermittelung ist die Akademie«.[4]

Harnack ist Mommsens Konzeption der Organisation wissenschaftlicher Arbeit in den Geisteswissenschaften gefolgt; er hat sie in Verbindung mit der rapiden Entwicklung ›großer‹ Forschung in den Naturwissenschaften und der Internationalisierung der Forschung gebracht, wie sie sich um die Jahrhundertwende vollzog. Wie Mommsen hat er die Förderung groß angelegter Forschung durch den Staat für notwendig gehalten, anders jedoch als jener die Mobilisierung privater Mittel, oder wie Harnack gern sagte: die fördernde Mitwirkung des ›Bürgertums‹, als unabdingbar angesehen. Auch Harnack hat, zunächst jedenfalls, gemeint, die Akademie sei eine geeignete Institution, von der die Initiative für die Organisation moderner ›großer Forschung‹ ausgehen könne – eine Erwartung, die er dann aufgegeben hat. Allerdings noch nicht, als er 1905 den vielzitierten Artikel ›Vom Großbetrieb der Wissenschaft‹ in den ›Preußischen Jahrbüchern‹ veröffentlichte und dazu explizit auf die internationale Dimension wissenschaftlicher Kooperation einging. Äußerer Anlaß war das auf deutscher Seite geäußerte ›Befremden‹ über einen geplanten Austausch zwischen deutschen und amerikanischen Universitäten – ein Plan, der durch die Teilnahme deutscher Gelehrter (unter ihnen Harnack, Max Weber, Ernst Troeltsch) an dem wissenschaftlichen Kongreß im Rahmen der Weltausstellung 1904 in St. Louis starke Impulse erfahren hatte. »Wissenschaft«, so Harnack, »ist im Grunde und letztlich immer Sache des Einzelnen; (...). Aber es gibt Aufgaben, deren Bewältigung ein Menschenleben weit übersteigt; es gibt ferner Aufgaben, die so viele Vorbereitungen verlangen, daß der Einzelne bis zur Aufgabe selbst gar nicht vorzudringen vermag; es gibt endlich solche, die durch ihre Kompliziertheit eine Arbeitsteilung fordern«. Was also sei zu tun? »Wir dürfen die Wissenschaft weder ausschließlich in der Studierstube oder dem Laboratorium des einzelnen Gelehrten belassen, noch weniger dürfen wir daran denken, sie in ein allgemeines Arbeitsbureau zu verweisen, sondern wir müssen in konzentrischen Kreisen, die sich immer weiter erstrecken, die Aufgaben anordnen, müssen in derselben Weise die Arbeitenden in Fühlung mit einander bringen und den Versuch wagen, auf dem Boden der Freiheit des Einzelnen ein System der Forschung herzustellen«. Diese Aufgabe habe schon Leibniz erkannt und in seinen Akademieplänen zu verwirklichen versucht. Inzwischen sei für die Ausführung großer internationaler Projekte ein Kartell der Akademien ent-

---

[4] THEODOR MOMMSEN, Reden und Aufsätze, Berlin 1905, S. 46 f.; zum Verhältnis Harnack-Mommsen jetzt: STEFAN REBENICH, Theodor Mommsen und Adolf Harnack. Wissenschaft und Politik im Berlin des ausgehenden 19. Jahrhunderts. Mit einem Anhang: Edition und Kommentierung des Briefwechsels, Berlin/New York 1997.

standen. »Wer daher heute gegen den Großbetrieb der Wissenschaften spricht – das Wort ist nicht schön, aber ich finde kein besseres –, (Zitat) der weiß nicht was er tut, und wer die fortschreitende Ausbreitung dieser Methode der Weltbezwingung zu hemmen sucht, der wirkt gemeinschädlich«[5].

Als Harnack dies schrieb, hatte er nicht nur aus Anlaß ihres 200jährigen Bestehens die große ›Geschichte der Königlich Preussischen Akademie der Wissenschaften zu Berlin‹ geschrieben; er hatte auch die Generalverwaltung der Königlichen Bibliothek übernommen. Auch bei dieser Gelegenheit sprach er davon, daß diese Bibliothek kein isoliertes Institut, sondern der »Mittelpunkt eines großen Systems« sei.[6] Wie weit Harnack um diese Zeit bereits über sein Fach als Theologe, über Universität und Akademie hinaus wirksam war, wird daran erkennbar, daß er zu dem Kreis von Wissenschaftlern gehörte, die von Friedrich Althoff, dem allmächtigen Ministerialdirektor im preußischen Kultusministerium, in Hochschulfragen, in Fragen der höheren und der Volksbildung zu Rate gezogen wurden. Es war Althoff, der Harnack für die Leitung der Königlichen Bibliothek vorgesehen und – eben nicht als Bibliothekar, sondern als angesehenen Gelehrten mit Weitblick und Organisationsgeschick – gewonnen hatte. Bei dieser Aufgabe, die er von Anfang an unter ›großwissenschaftlichen‹ Gesichtspunkten aufgriff – ohne seine Lehrtätigkeit aufzugeben –, hat Harnack seine administrativen Fähigkeiten und seine große Gabe, Mitarbeiter zu motivieren, aber auch weitgreifende Reorganisations- und Ausbaupläne durchzusetzen und die Mittel dafür zu mobilisieren, erneut unter Beweis gestellt.[7] Es war damit allerdings für ihn auch der Zeitpunkt erreicht, an dem er sich bewußt wurde, in seinem Berufsleben den Rubicon überschritten zu haben und mit dem Mißtrauen seiner Kritiker wie mit der Sorge seiner Freunde unter den Theologen rechnen zu müssen. Am 27. August 1905 schrieb er an Martin Rade: »Meine neue Stellung wird mich weniger zum ›Bibliothekar‹ machen als zum Organisator. Ich hoffe, daß die Freunde finden werden, daß die Theologie nichts verliert, die Gesamtwissenschaft aber und so auch die Theologie gewinnen werden. Ich habe« – Bekenntnis oder Rechtfertigung? – »in meinem Leben weniger gethan, und ich möchte meine Arbeit in Reden und Schreiben durch ein Thun, welches der Gesamtheit zu gut kommt, in bescheidener Weise ergänzen. Die Kirche hat mir dazu keine Gelegenheit gegeben, und jetzt käme auch eine

---

[5] Zitiert nach: Nowak, Harnack als Zeitgenosse (wie Anm. 1) S. 1008 ff.

[6] Ansprache bei der Übernahme der Generalverwaltung der Königlichen Bibliothek, 2. Oktober 1905, zit. nach ebd. S. 1021.

[7] Vgl. Ekkehart Vesper, Harnack als Bibliothekar, in: Jahrbuch Preußischer Kulturbesitz 17 (1981) S. 37–49.

solche Thätigkeit zu spät für mich«.[8] Rade hat dieses Argument Harnacks 1930 in seinem Nachruf auf Harnack in der ›Christlichen Welt‹ wiederholt: Seit dem Apostolikumsstreit habe sich Harnack kirchlich zurückgehalten. Nur im Evangelisch-Sozialen Kongreß, dessen Präsident er 1903 wurde, sei ihm »ein Stück praktischen Kirchentums« zugänglich geblieben. Im übrigen habe er seine Tatkraft, sein Organisationstalent, sein umfassendes Interesse »profanen Aufgaben zuwenden müssen. Das hätte die Kirche haben können«.[9]

Umfang und Gewicht dieser »profanen Aufgaben« hatte Harnack schon am 26. Januar 1904, also kurz vor der Übernahme des Bibliotheksdirektorats, Rade in bewegten Worten geschildert: »Ich bin durch Akademie, Kirchenväter-Commission, Sorge für den Aufschwung und die Stellung der Theologie in unserem geistigen Leben und in der Unterrichtsverwaltung und darüber hinaus – Sorge, daß unsre Geisteswissenschaften neben den Naturwissenschaften thatsächlich und im Ansehen des Staats und der Nation nicht den kürzeren ziehen, dazu durch meine Arbeiten so beschäftigt, daß Alles Andere dagegen zurücktritt. Das ist nicht etwas, was von meinem Willen abhängt, sondern das ist mir durch den Gang der Dinge aufgenöthigt«.[10] Harnack sah sich in einem Pflichtenkreis und einer Verantwortung stehen, denen er sich nicht entziehen zu dürfen meinte und dies auch nicht wollte – auf einem Feld des gestaltenden Tuns, auf das er »durch den Gang der Dinge« gezogen worden war, zu dem er sich jedoch auch hingezogen fühlte und auf dem er in unvergleichlicher Weise erfolgreich war.

Zu dem »Pflichtenkreis« gehörig, in dem er stehe, hat Harnack auch »die Regierung« genannt. Seit 1904 rückte er Zug um Zug in die preußische Wissenschafts-, Schul- und Kulturpolitik hinein. Obwohl er nie ein Regierungsamt innehatte, nie Wissenschaftspolitik ›machte‹, war er als Berater, Gutachter, Vermittler, als jemand, der zu wissenschaftspolitischen Fragen Denkschriften lieferte und sich öffentlich zu Wort meldete, seit 1911 auch direkt als Präsident der Kaiser-Wilhelm-Gesellschaft und, nach dem Krieg, auch als Vorsitzender des Hauptausschusses der ›Notgemeinschaft der Deutschen Wissenschaft‹ vielfältig in der Wissenschaftspolitik Preußens und des Deutschen Reiches gegenwärtig und einflußreich. In die allgemeine Politik dagegen hat sich Harnack nicht hineinziehen lassen, so dicht er daran gewesen sein mag. Die Arbeit im Evangelisch-Sozialen Kongreß galt ihm als eine kirchliche; er ging nicht wie sein Freund Martin Rade zur Sozialdemo-

---

[8] Der Briefwechsel zwischen Adolf von Harnack und Martin Rade. Theologie auf dem öffentlichen Markt, hg. u. komm. v. JOHANNA JANTSCH, Berlin/New York 1996, S. 576 f.

[9] Ebd. S. 843, Anm. 3.

[10] Ebd. S. 539.

kratie, noch folgte er der Politik Friedrich Naumanns. Parteipolitische Neutralität und Unabhängigkeit hat er stets als Bedingung der Möglichkeit des Handelns in seinen vielen Ämtern verstanden; es war dies eine Voraussetzung seiner Erfolge, die ebenso sehr, wenn nicht noch mehr, solche seiner Persönlichkeit wie seiner Kompetenz waren.

Nach dem Krieg, unter dem Eindruck des Zusammenbruchs und der Anfänge der Republik, als sich Naumann, Troeltsch, Weber, Hans Delbrück und andere für die Republik auch parteipolitisch engagierten, hielt Harnack sich zurück. Am Ende des Jahres 1920 bekannte er in einem langen Brief an Rade: »Ich habe während der Kriegsjahre und noch mehr seit dem November 1920 gelernt (...), daß ich keine Anlage zum Politiker, sondern nur zum Historiker habe, d.h., daß es mir nicht gegeben ist, in schwebende Fragen sei es nun erbaulich oder wegweisend oder sonstwie einzugreifen. Es liegt mir meiner beschränkten Anlage nach nicht, und mein ›Genius‹ wehrt sich dagegen wie gegen etwas ihm Fremdes. Wenn ich doch hin und her seit 1914 es habe tun müssen, so geschah es unter dem äußersten Zwang und (...) mit dem Widerwillen, als müßte ich einer unkeuschen Zumutung folgen. Sprechen kann ich darüber, (...) schreiben nicht. Das sieht wie eine Ideosynkrasie aus, mag es auch sein; aber es ist so! Ich vermag in schwebenden Dingen mein Urteil nicht festzulegen«.[11]

Resigniert klingende und selbstkritische Worte Harnacks sind selten. Er war auf dem Grunde eines unerschütterlichen christlichen Gott- und Lebensvertrauens ein selbstsicherer und optimistischer Mensch, und sein Weg ›vom Außenseiter zur Zentralfigur‹ konnte ihn in diesem Vertrauen bestärken.

II.

Harnack hat oft betont, daß er die Aufgaben und Ämter, die Pflichten und Ehren, die seine Position als ›Zentralfigur‹ ausmachten, nicht angestrebt habe, sie ihm vielmehr zugefallen seien. Wie ist die erstaunliche Karriere zu erklären, die den Kirchenhistoriker zum einflußreichen Wissenschaftsorganisator und Wissenschaftspolitiker im Kaiserreich wie auch noch in der Weimarer Republik werden ließ und ihn in fast jedem Gremium, jeder Institution, der er angehörte, auf den Stuhl des Präsidenten oder Vorsitzenden brachte? Bei der Einweihung des Harnack-Hauses in Dahlem 1929 hat Fritz Haber, Vorsitzender des Wissenschaftlichen Rates der Kaiser-Wilhelm-Ge-

---

[11] Ebd. S. 762 f.

sellschaft, ihn »unser natürliches Oberhaupt« genannt[12] und ein Jahr später in seinem Nachruf eine Erklärung dafür gegeben: Harnack sei »in dem Spezialistentum unserer Tage der redende Zeuge für die Überlegenheit der Persönlichkeit über den Fachmann« gewesen.[13]

Harnack war in der Tat eine eindrucksvolle Persönlichkeit, geprägt durch ungewöhnlich intensive Verbindung von Gelehrsamkeit, Weltzugewandtheit und Bereitschaft zu praktischem Tun, ein Mann strenger Arbeitsdisziplin, des gewandten öffentlichen Auftretens. Klarer als viele andere hat er den Zusammenhang von Wissenschaft, Politik und Wirtschaft, die soziale und kulturelle Bedeutung der Wissenschaft und die daraus erwachsenden Konsequenzen für die Wissenschaft dargestellt. Was er im Bericht über die Kaiser-Wilhelm-Gesellschaft im Jahre 1922 sagte – in dem selben Jahr, in dem er mit bewegten Worten die deutsche und internationale Öffentlichkeit auf die lebensbedrohende »Krisis der deutschen Wissenschaft« hinwies[14] – war zugleich Beschreibung seines persönlichen Wissenschaftsverständnisses und Erklärung für sein eigenes Wirken: »Aber wie es keine Profanisierung der Wissenschaft ist, wenn sie sich ihre Aufgabe nicht nur von ihrer eigenen Empirie, sondern auch von der Empirie des werktätigen Lebens stellen läßt, so ist es auch keine Profanierung, wenn der Gelehrte seine Hand am Pulse des Lebens hält und ihn mit seiner Arbeit zu kräftigerem Schlagen bringt. Wahre Wissenschaft ist selbst auf ihren Höhepunkten immer ein Tun und Schaffen; wie sollte sie da gleichgültig bleiben gegenüber der Welt des Lebens? Und wie sollte umgekehrt diese Welt auf irgendeiner Linie des schaffenden Lebens der Wissenschaft entbehren können?«.[15]

Auch das ist für Harnack charakteristisch: In seiner Rhetorik, die schon 1922 zeitfremd idealistisch klingt, verbanden sich Sachlichkeit mit Pathos; sie repräsentierte die Kontinuität deutscher Wissenschaftstradition, umspannte Natur- und Kulturwissenschaften und vermittelte stets den Eindruck von souveränem Überblick, großer Erfahrung und weitgespannter Bildung. Das machte ihn zum anerkannten Sprecher der Wissenschaft als ganzer gegenüber Staat, Wirtschaft und Parteien. Als solcher wirkte er um so glaubwürdiger, als er nicht als Interessenvertreter der eigenen Disziplin angesehen werden konnte, auch nicht der Geisteswissenschaften gegenüber den Natur-

---

[12] Zit. nach: 50 Jahre Kaiser-Wilhelm-Gesellschaft und Max-Planck-Gesellschaft zur Förderung der Wissenschaften 1911–1961. Beiträge und Dokumente, Göttingen 1961, S. 187.

[13] Am 12.6. 1930, zit. nach ZAHN-HARNACK, Harnack (wie Anm. 2) S. 335.

[14] Am 2. Dezember 1922, in ›The Nation and the Athenaeum‹; dazu ebenfalls im Dezember 1922 im ›Berliner Tageblatt‹: Offener Brief an Viscount Haldane, zitiert nach NOWAK, Harnack als Zeitgenosse (wie Anm. 1) S. 1115 ff.

[15] Ebd. S. 1106.

wissenschaften, deren vorrangige praktische Bedeutung nirgendwo so deutlich hervortrat wie in der Kaiser-Wilhelm-Gesellschaft. Es war noch das
Humboldt-Schleiermachersche Bildungsideal, das seinem Verständnis von
der Aufgabe der Wissenschaft und der Entwicklung der Kaiser-Wilhelm-Gesellschaft zugrunde lag. »Aber nicht nur für solche Forschungsinstitute ist zu
werben«, heißt es in seinem Bericht von 1922, »die den Industrien nahe stehen, sondern mit demselben Eifer und Nachdruck auch für solche, die nicht
direkt mit ihnen verbunden sind – nicht nur weil alle Wissenschaften als Erkenntnis des Wirklichen eine strenge Einheit bilden (...), sondern in noch
höherem Grade deshalb, weil die Wissenschaften vom leiblichen, geistigen
und seelischen Wesen des Menschen und von seiner Geschichte die Wissenschaften sind, die von keiner einzigen Disziplin entbehrt werden können;
denn in jeder steckt ein subjektives und humanes Element, das genau erkannt werden muß. Es gibt keine rein-objektive Wissenschaft, sondern nur
eine human-objektive! Und darüber hinaus – Wissenschaft und Leben bedürfen auf allen Stufen erzogener Menschen; ohne die Erkenntnisse aber
und ohne die Güter, welche die Kulturwissenschaften vermitteln, gibt es solche nicht. Deshalb behält die Kaiser-Wilhelm-Gesellschaft, wenn sie auch in
erster Linie auf die Schöpfung naturwissenschaftlicher Forschungsinstitute
bedacht ist, auch die Geisteswissenschaften im Auge, und ihre Fortschritte
auf diesem Gebiet werden lediglich von der Höhe der gewährten Mittel ab-
hängen«.[16]

Kaum ein anderer hätte im Jahre 1922 in dieser abgehobenen Weise über
das Wesen und die Aufgaben der Wissenschaft, zugleich aber auch ganz
nüchtern über ihre Finanzierung sprechen können. Durch zahlreiche theologische und kirchenpolitische Aufsätze, Artikel und Reden, durch öffentliche Stellungnahmen in innerkirchlichen Streitfällen bekannt geworden und
durch wissenschaftsorganisatorische Tätigkeit in zahlreichen amtlichen und
gesellschaftlichen Verbindungen stehend, die bis in die Ministerien und bis
zum Kaiser reichten, hatte Harnack wie kein anderer die finanzkräftigen In-
dustrie- und Bankkreise zu erreichen und sie durch die Ansprache sowohl
ihres wirtschaftlichen Interesses als auch ihrer Bedeutung für die wirtschaftliche, machtpolitische und kulturelle Entwicklung der Nation für die Förderung der immer notwendiger werdenden und aufwendigen Grundlagenforschung zu gewinnen versucht. Und das mit erheblichem Erfolg.

---

[16] Ebd. S. 1107.

III.

Harnacks exzeptionelle Stellung im Wissenschaftssystem des Deutschen Reichs in den ersten drei Jahrzehnten des 20. Jahrhunderts läßt sich, selbstverständlich, nicht allein aus seiner vielseitigen Persönlichkeit erklären. Sie war möglich unter den Bedingungen und im Zusammenhang einer exzeptionellen Phase der europäisch-nordamerikanischen, insbesondere der deutschen Wissenschaftsentwicklung – einer Phase zugleich der Expansion und der Krise. Beide Sachverhalte sind mit dem Begriff des ›Großbetriebs‹ angesprochen, insofern der zur großbetrieblichen Organisation der Wissenschaft führende Prozeß begleitet war und vorangetrieben wurde von einer Krise des Bildungssystems, der disziplinären Struktur der Universitäten, des Wissenschaftsbegriffs, des institutionellen Gefüges der Wissenschaften und ihrer Finanzierung. Das preußisch-deutsche Bildungs- und Wissenschaftssystem mit der zentralen Rolle der Universitäten als Einrichtungen der Lehre, der Forschung und der Bildung hatte sich im 19. Jahrhundert im internationalen Vergleich als außerordentlich leistungsfähig erwiesen. Der wachsende Zudrang zu den Universitäten, die zunehmende Bedeutung technischer und anwendungsorientierter Ausbildung und Entwicklung und der steigende Bedarf an hochspezialisierter, langfristig angelegter und große apparative Ausstattung verlangender naturwissenschaftlicher Forschung aber drängten über dieses System hinaus. Würde im Sinne der deutschen Tradition staatlich verwalteter Bildung und Wissenschaft der Staat diese Wachstums- und Strukturkrise bewältigen, die dazu erforderlichen Einrichtungen schaffen und die Mittel zur Verfügung stellen, ohne in die freie Entfaltung der Wissenschaften dirigistisch einzugreifen? Würde die deutsche Wissenschaft Schritt halten können im national aufgeheizten Wettstreit der großen Staaten, in dem Wissenschaft ein zunehmend wichtiges und prestigeträchtiges Element der Macht- und Wirtschaftspolitik, aber auch eine Ursache tiefgreifenden sozialen Wandels geworden war?

Die stärksten wissenschaftspolitischen Initiativen in Preußen gingen in dieser Zeit vom preußischen Kultusministerium, genauer: vom ›allmächtigen Ministerialdirektor‹ unter fünf Ministern, Friedrich Althoff aus, der als Justitiar und Dezernent für Kirchen- und Schulsachen in der Verwaltung Elsaß-Lothringens wie als Professor des französischen und modernen Zivilrechts an der Universität Straßburg gelernt hatte, die Erfahrungen des Verwaltungsbeamten mit denen des Hochschullehrers zu verbinden. Gekennzeichnet war das viel bewunderte, oft kritisierte Vorgehen Althoffs durch selbständiges und zielstrebiges Handeln, das auf umfassender Kenntnis der Stärken und Schwächen des (nicht nur) preußischen Bildungs- und Wissen-

schaftssystems, auf genauer Personal- und Institutionskenntnis beruhte, die
der Berliner Beamte sich direkt und indirekt zu verschaffen wußte. Er erkannte die Bedürfnisse moderner wissenschaftlicher Ausbildung und Forschung und ihre Bedeutung für die Volkswirtschaft, unterhielt enge Beziehungen ebenso zu einzelnen Wissenschaftlern wie zu Industriellen, und er
besaß die Energie, den für notwendig erkannten Aus- und Umbau bei Regierung und Verwaltung über geeignete Kanäle in Gang zu setzen. Daß in
Deutschland dieser Aus- und Umbau durch den Staat, auf jeden Fall unter
seiner Leitung, erfolgen müsse, und auch nur so vorankommen könne, davon war Althoff überzeugt; zugleich sah er die Notwendigkeit engerer Vernetzung der wissenschaftlichen, wirtschaftlichen und politischen Interessen
und Bemühungen, was auch die einseitige Aufbrechung der Lokalisierung
der Forschung an den Universitäten, Technischen Hochschulen und Akademien (neben den staatlichen Forschungsanstalten) zur Folge haben werde,
ohne daß jedoch die ›Einheit von Forschung und Lehre‹ aufgelöst werden
dürfe. Daß in Preußen–Deutschland die staatlich finanzierten Hochschulen
das Monopol wissenschaftlicher Ausbildung, damit den Schlüssel zur Wissenschaft als Beruf und das hieß auch zur Verbeamtung behalten müsse,
stand für Althoff wie für Harnack außer Frage.[17]

Auch die Akademien der Wissenschaften, obwohl dezidiert keine Einrichtungen der Lehre, waren staatliche Einrichtungen, deren ordentliche Mitglieder durchweg Hochschullehrer und als solche Beamte waren. Der Gedanke lag also sozusagen in doppelter Weise nahe – und Althoff wie Harnack haben ihn verfolgt –, die für große naturwissenschaftlich-technische
Forschung unbedingt für notwendig gehaltenen, besonderen Arbeitsstätten,
an denen Forscher und Forschergruppen ohne Lehrverpflichtung sich ganz
ihren Projekten widmen können sollten, in bzw. an den Akademien zu loka-
lisieren. Damit wäre – neben den staatlichen Einrichtungen auf Reichs- und
Landesebene für angewandte Forschung unter anderen im Meß- und Eich-
wesen, in der Materialprüfung, im Gesundheitswesen und in der Landwirt-
schaft[18] – eine zweite, außeruniversitäre, aber staatlich getragene Form der
Institutionalisierung von Forschung im Rahmen bestehender Institutionen
entstanden. Und es hätte eine Entwicklung einsetzen können, die zur zuneh-
menden Funktionstrennung zwischen Hochschulen als Einrichtungen der
wissenschaftlichen Lehre und Akademien als Gelehrtengesellschaften und
Trägerorganisationen von Forschungsinstituten geführt hätte. Die Aka-

---

[17] Dazu: Wissenschaftsgeschichte und Wissenschaftspolitik im Industriezeitalter. Das ›System Althoff‹ in historischer Perspektive, hg. v. BERNHARD VOM BROCKE, Hildesheim 1991.
[18] Dazu: PETER LUNDGREEN/BERND HORN/WOLFGANG KROHN/GÜNTER KÜPPERS/RAINER
PASLACK, Staatliche Forschung in Deutschland 1870–1980, Frankfurt a. M./New York 1986.

demien, die reine Personalverbände waren und es in Deutschland geblieben sind, hätten damit eine andere Funktion und organisatorische Struktur erhalten.[19]

Eine derartige neue Aufgabenbestimmung der Akademien ist von keiner Seite ernsthaft angestrebt worden, und diese wären dafür auch nicht zu gewinnen gewesen. Schon die Übernahme der großen Editionen, die Mommsen und Harnack vorschlugen, waren innerhalb der Berliner Akademie schwierig durchzusetzen. Und als Harnack später versuchte, diese, wenn nicht zum Mitträger der Kaiser-Wilhelm-Gesellschaft zu machen, so doch eine enge Zusammenarbeit mit dieser herzustellen, war dies vergeblich. Seine Versuche, die Akademie »etwas zeitgemäßer zu gestalten«, schrieb er am 17. Dezember 1914 an Karl Holl, »haben bei der herrschenden Neophobie nur geringe Erfolge gehabt (...). Das sit ut est, aut non sit, ist eine mächtige Parole«.[20]

IV.

Im Leben und Wirken Adolf Harnacks war die Kaiser-Wilhelm-Gesellschaft von besonderer Bedeutung. Der Kirchenhistoriker gehörte zum engsten Kreis derer, die die Gründung dieser Gesellschaft betrieben, und er hat ihr bis 1930 als ihr Präsident vorgestanden.[21] Wie Althoff war Harnack von der Einheit von Forschung und Lehre überzeugt, auch für die naturwissenschaftlichen Institute der Kaiser-Wilhelm-Gesellschaft. Schon bei der Gründung der Physikalisch-Technischen Reichsanstalt und des Preußischen Historischen Instituts in Rom war die Trennung von Forschung und Lehre dadurch vermieden worden, daß ihre Direktoren Hochschullehrer waren, daß sie wie die Universitäten der staatlichen Bildungsverwaltung unterstanden und vom Reich bzw. Preußen finanziert wurden. Auch wenn die Institute der Kaiser-Wilhelm-Gesellschaft zum Teil oder ganz von nichtstaatlicher Seite finanziert wurden, waren doch deren Direktoren durchweg Professoren, und es war der Staat, also Preußen und nach 1918 auch das Reich, im Senat der Gesellschaft vertreten, saßen Hochschullehrer in den wissenschaftlichen Beirä-

[19] Dazu: RUDOLF VIERHAUS, Die Organisation wissenschaftlicher Arbeit: Gelehrte Sozietäten und Akademien im 18. und 19. Jahrhundert, in: Die Königlich Preußische Akademie der Wissenschaften zu Berlin im Kaiserreich, hg. v. JÜRGEN KOCKA, Berlin 1999.

[20] Zit. nach ZAHN-HARNACK, Harnack (wie Anm. 2) S. 337.

[21] Dazu allgemein: Forschung im Spannungsfeld von Politik und Gesellschaft. Geschichte und Struktur der Kaiser-Wilhelm-/Max-Planck-Gesellschaft, hg. v. RUDOLF VIERHAUS u. BERNHARD VOM BROCKE, Stuttgart 1990.

ten einzelner Institute, während deren Kuratorien sich aus Unternehmern, Bankiers, Sponsoren zusammensetzten, die wiederum auch im Senat der Gesellschaft einflußreich vertreten waren. Harnack hat, wie auch Althoffs Nachfolger Schmidt-Ott, diese Vernetzung, zumal unter deutschen Verhältnissen, aus historischen, politischen, sozialen und wirtschaftlichen Gründen für notwendig gehalten, und er hat sie mehr und beredter als jeder andere verteidigt. Am drastischsten Ende 1911, also kurz nach der Gründung der Kaiser-Wilhelm-Gesellschaft, auf einer Postkarte an Rade: »Bei Staat und Wissenschaft scheint mir in unseren Zeitläufen und für die Zukunft ein Hauptgedanke, daß der Wissenschaftsbetrieb unrettbar und sicher dem Kapitalismus und der mit ihm verbundenen rohen Interessenpolitik verfallen muß, wenn ihn nicht der Staat in der Hand behält. Die Deduktion ist eine höchst einfache: die Wissenschaft braucht heute auf allen Linien große Mittel; große Mittel werden in der Regel nur für Gegenleistungen hergegeben. Giebt sie nicht der Staat, so gerät also der Wissenschaftsbetrieb in Abhängigkeit von den Absichten der Geldgeber, s. Amerika Rockefeller, Carnegie! Wie wir im Mittelalter lediglich eine kirchlich gebundene Wissenschaft hatten, weil die Kirche Geld und Ehren gab, so ist die Gefahr, daß wir nunmehr eine partei-politisch und durch die Großbanken gebundene Wissenschaft bzw. durch die Industrie gebundene erhalten! Die Schöpfung unserer Kaiser-Wilhelm-Gesellschaft ist ein energisches Gegenmittel und leitet das Kapital unter der Ägide von Staat und Akademie in ein reinliches Bett«. Und Harnack fügt hinzu: »Von unsrem Staat kann man wirklich noch sagen, daß er in Bezug auf die Wissenschaft reinlich ist«.[22] Hinter diesen privat adressierten Sätzen standen Beobachtungen und Erfahrungen eines Mannes, der die Bedeutung und die Chancen der dynamischen Entwicklung des beginnenden 20. Jahrhunderts erkannte und über ihre sozialen Folgen besorgt war. Besorgt war er aber auch – und darin Vertreter eines deutschen bildungsbürgerlichen Macht- und Kulturstaatsdenkens – um die Stellung des Deutschen Reiches im Wettbewerb der nationalen Wissenschaften.

Seit dem ausgehenden 19. Jahrhundert entstanden in Ländern mit anderen wissenschaftsorganisatorischen Traditionen von den Universitäten unabhängige, der wissenschaftlichen Forschung gewidmete Institute, in denen mit großer Ausstattung gearbeitet werden konnte; so unter anderem in den USA, in Schweden die von Alfred Nobel gestifteten Institute, in Frankreich das staatlich finanzierte Institut Pasteur. Es drängte sich die Frage auf, die Harnack in der wesentlich von ihm schlußredigierten Denkschrift an den Kaiser vom 21. November 1909 zu einem starken Argument gemacht hat: »Die gro-

---

[22] Vom 26.11. 1911; zit. bei JANTSCH, Briefwechsel Harnack-Rade (wie Anm. 8) S. 686 f.

ßen anderen Kulturnationen haben die Zeichen der Zeit erkannt, und sie haben in den letzten Jahren ungeheure Aufwendungen für die Förderung der naturwissenschaftlichen Forschung gemacht«. In Preußen und Deutschland hingegen habe die Einrichtung von Forschungsinstituten »nicht Schritt gehalten mit der großen Entwicklung der Wissenschaft« und sei im »bedenklichsten Rückstande«.[23] So könne und dürfe es nicht bleiben, wenn nicht »die deutsche Wissenschaft und mit ihr das Vaterland – seine Kraft nach innen und sein Ansehen nach außen – den schwersten Schaden nehmen« solle. Seine Folgerung: »Forschungsinstitute brauchen wir, nicht eins, sondern mehrere, planvoll begründet und zusammengefaßt als Kaiser-Wilhelm-Institut für naturwissenschaftliche Forschung«.[24]

Bekanntlich hat dieser Plan – er durchlief im folgenden Jahr erhebliche Umgestaltungen – einen konkreten Anstoß von Überlegungen zur Nutzung des Gebietes der aufzulösenden königlichen Domäne Dahlem erhalten. Zunächst stand die Verlagerung von Teilen der Berliner Universität oder auch der ganzen Universität aus der Enge der Berliner Innenstadt im Vordergrund. Je mehr sich die Überlegungen dann auf die Errichtung von Forschungsinstituten konzentrierten, um so wichtiger wurden die Argumente, die einerseits die wissenschafts- und allgemeinpolitische Notwendigkeit solcher Institute im internationalen Wettstreit hervorhoben, andererseits betonten, daß damit keineswegs von den Grundsätzen des preußisch-deutschen Bildungs- und Wissenschaftssystems seit den Reformen des frühen 19. Jahrhunderts abgewichen werde. Im Gegenteil: gerade Wilhelm von Humboldt habe die Einrichtung von Forschungsinstituten als »dritten Faktor in der wissenschaftlichen Gesamtanstalt« vorgeschwebt.

Mit dieser recht kühnen Behauptung bezog Harnack sich auf das von ihm in seiner Geschichte der Berliner Akademie erstmals ganz veröffentlichte, wohl 1809/10 von Humboldt niedergeschriebene Fragment ›Ueber die innere und äußere Organisation der höheren wissenschaftlichen Anstalten in Berlin‹. Hier hatte Humboldt, für den die neu entworfene Universität im Zentrum der angestrebten Bildungsreform stand, auch die Frage gestellt, »ob es wirklich noch der Mühe werth (sei), neben einer Universität eine Akademie zu errichten oder zu erhalten«, und er hatte weiter gefragt, »welchen Wirkungskreis man jeder abgesondert und beiden gemeinschaftlich anweisen (müsse), um jede auf eine, nur ihr mögliche Art in Thätigkeit zu setzen?«. Nicht ohne die Feststellung, Akademien hätten vorzüglich im Ausland geblüht, in der Neuzeit habe sich keine »sonderlich ausgezeichnet« und an

---

[23] Zit. bei NOWAK, Harnack als Zeitgenosse (wie Anm. 1) S. 1032 ff.
[24] Ebd. S. 1030.

dem »eigentlichen Emporkommen deutscher Wissenschaft« hätten die Akademien »wenig oder gar keinen Antheil gehabt«, verlangte er, bei unterschiedlicher Tätigkeit der beiden Institutionen sei eine Verbindung ihrer
Mitglieder zu finden, die eine Wechselwirkung herstelle, die für Lehre und
Forschung gleichermaßen produktiv sei. Daneben, so Humboldt, gehörten
zu den »höheren wissenschaftlichen Anstalten« die »leblosen Institute«, die
unter der unmittelbaren Aufsicht des Staates stehenden »Hülfsinstitute«, die
sowohl von den Universitäten als auch von der Akademie genutzt werden.
»Akademie, Universität und Hülfsinstitute sind also drei gleich unabhängige
und integrante Theile der Gesamtanstalt«.[25]

Diese »leblosen Institute« waren in Berlin vor der Gründung der Universität Annexe der Akademie gewesen; danach aber waren sie nicht zu »gleich
unabhängigen und integranten Theilen« des Wissenschaftssystems geworden; vielmehr wurden die bestehenden den Universitäten angegliedert und
hier in zunehmender Zahl neue gegründet. Diese Konstellation hatte durchaus erfolgreiche forschende Arbeit ermöglicht; um die Jahrhundertwende jedoch schien sie den Anforderungen insbesondere der naturwissenschaftlichen Forschung nicht mehr zu genügen. »Ganze Disziplinen gibt es heute«,
so argumentierte Harnack, »die in den Rahmen der Hochschule überhaupt
nicht mehr hineinpassen, teils weil sie so große maschinelle und instrumen-
telle Einrichtungen verlangen, daß kein Universitätsinstitut sie leisten kann,
teils weil sie sich mit Problemen beschäftigen, die für die Studierenden viel
zu hoch sind und nur jungen Gelehrten vorgetragen werden können«. Nun
gelte es, »die Unterlassungen eines Jahrzehnts mit allen Mitteln wieder gut-
zumachen« durch die schnelle Gründung solcher Institute, beginnend mit einem chemischen, einem biologischen und einem physikalischen. Ihre Aufgaben sollten nicht von vornherein festgelegt sein; die Arbeitsrichtungen
sollten durch die leitenden Forscher wie durch den Gang der Forschung bestimmt werden, ihre innere Organisation sollte ihre Fortentwicklung nicht
behindern. Verwaltungsmäßig den zuständigen Ministerien unterstellt, seien
für ihre wissenschaftlichen Angelegenheiten wissenschaftliche Beiräte zu-
ständig, in denen die Akademie und die Berliner Universität das ausschlag-
gebende Gewicht haben sollten.[26] Daß in den Kaiser-Wilhelm-Instituten das
dritte Element der Humboldtschen Trias realisiert werde, hat Harnack wiederholt gesagt. Faktisch jedoch wurden sie zwangsläufig etwas anderes: große eigenständige Forschungsinstitute mit bedeutenden Forschern an ihrer

---

[25] ADOLF HARNACK, Geschichte der Königlich Preußischen Akademie der Wissenschaften zu
Berlin, Bd. 2, Berlin 1900, S. 364 f.

[26] NOWAK, Harnack als Zeitgenosse (wie Anm. 1) S. 1030, S. 1038 f.

Spitze, die zugleich Hochschullehrer, nicht selten auch Akademiemitglieder, deren Institute alles andere als »Hilfsinstitute« waren: Einrichtungen, die einer sich selbst verwaltenden Gesellschaft angehörten und finanziell nur partiell staatlich gefördert wurden. Die für die moderne ›Großforschung‹ erforderlichen Mittel, so Harnack, überschritten die Möglichkeiten des preußischen Staates, deshalb sei die vorhandene »Opferwilligkeit privater Kreise« zu nutzen. »Eine Kooperation des Staates und privater kapitalkräftiger und für die Wissenschaft interessierter Bürger ist ins Auge zu fassen; denn in ihr allein ist die Zukunft der wissenschaftlichen Forschung nach der materiellen Seite hin sicher verbürgt«.[27]

Der Geisteswissenschaftler Harnack hat die Heranziehung privaten Kapitals und den damit zu erwartenden Einfluß privatkapitalistischer Interessen für die Forschung allerdings nicht ohne Sorge betrachtet; er war jedoch überzeugt, daß sie gerade in Preußen und Deutschland im Spannungsfeld von wissenschaftlicher Selbstbestimmung und staatlicher Aufsicht in den Grenzen eines ausgewogenen Verhältnisses gehalten werden könne. Und er hat sich offensichtlich die Fähigkeit der Vermittlung zugetraut – nicht zu Unrecht. Mit unbestrittener Autorität, breitem Wissen und Verständnis auch für naturwissenschaftliche und technische Probleme und mit überzeugender Rhetorik, außerordentlichem öffentlichen Ansehen, mit Erfahrung und Sicherheit im gesellschaftlichen Verkehr, der bis zu Kaiser Wilhelm II. reichte, vermochte Harnack Politiker wie Industrielle anzusprechen – die ersteren nicht nur als Vertreter der Interessen des Staates und der Parteien, die letzteren nicht nur als Vertreter der Interessen der Wirtschaft, sondern beide als Vertreter des gemeinsamen Interesses der Nation. Geschickt bezeichnete er die private Wissenschaftsförderung als Mäzenatentum, von dem angenommen wurde, daß es sich erfolgreich mobilisieren lasse, vor allem wenn der Kaiser der zu bildenden Fördergesellschaft als ihr Protektor seinen Namen verleihe.

Wie weit Harnacks Überlegungen – oder Gedankenspiele – reichten, geht aus einem lange unbekannt gebliebenen Brief hervor, den er am 28. Oktober 1912 mit der Bitte um strikte Vertraulichkeit an Hermann Diels, den ständigen Sekretär der Philosophisch-Historischen Klasse der Akademie richtete. Darin verknüpft er den von ihm noch nicht aufgegebenen Gedanken der Aktivierung der Akademie, wenn sie denn »in lebendiger Fühlung mit der neuen Stellung der Wissenschaft bleiben und die Führerrolle behaupten« wolle, mit dem der Heranziehung der gebildeten und der unternehmerisch interessierten ›Bürger‹ an die Wissenschaft und ihre Institutionen. Die Akademie müsse

---

[27] Ebd. S. 1044f.

»die großen Industriellen, die über wissenschaftliche Stäbe in ihren Werken kommandieren, in ihre Mitte aufnehmen und sich ebenso zum Mittelpunkt machen für die zahlreichen wissenschaftlichen Vereine auf dem Gebiete des Geistes (...). Und nicht nur als verantwortungslose Ehrenmitglieder müßten sie unter uns sein, sondern es müßte eine Organisation gefunden werden, in der sie als Mitglieder in einem weiteren Ausschuß den Fortschritt der Wissenschaft in gewissen Fragen mitzuberaten hätten (...)«.[28]

Nach 1918 hat Harnack an dem Gedanken der nichtstaatlichen Förderung aus der Gesellschaft heraus prinzipiell festgehalten, obwohl ihr Anteil unter dem Eindruck der wirtschaftlichen Schwierigkeiten und der Inflation sich drastisch verringerte, damit die staatliche Finanzierung, nun über Preußen hinaus auch durch das Reich, zunehmend wichtig wurde. Nun hieß es bei ihm, die Arbeit der Kaiser-Wilhelm-Gesellschaft beruhe »auf dem Zusammenwirken des Bürgertums, der Wissenschaft und des Staates«. Jetzt (1922), da es in Deutschland wohl keine Industrie und Technik mehr geben dürfte, die sich nicht auf mehrere Forschungsinstitute stützt, bedürfe die Kaiser-Wilhelm-Gesellschaft nicht bloß einiger Hundert Mitglieder, sondern Tausender. In der nationalen Notlage Deutschlands sei Forschung existentiell wichtig und ihre Förderung eine nationale Gemeinschaftspflicht. Die Aufgaben der Kaiser-Wilhelm-Gesellschaft seien nach dem Kriege gewachsen; ihre Organisation habe sich bewährt, ja sie fände im Ausland wachsende Beachtung als erfolgreiches Beispiel.[29] In der Tat hat die Leitung der Gesellschaft alles daran gesetzt, ohne institutionelle Veränderungen die Staatsumwälzung von 1918 zu überstehen. Ein Zeichen der Kontinuität war die Beibehaltung des Namens ›Kaiser-Wilhelm-Gesellschaft‹ bis 1945, während das Amt des kaiserlichen Protektors entfiel; ein anderes die Präsidentschaft Harnacks bis 1930. Eine Satzungsänderung war freilich nötig. Der von einer Kommission ausgearbeitete Entwurf wurde erst auf Druck der preußischen Regierung von der Hauptversammlung am 6. Dezember 1921 angenommen.

Harnack schloß den Dank an die Kommission mit den Worten: »Die Kaiser-Wilhelm-Gesellschaft tritt damit in die 2. Periode ihres Lebens ein, in der zwar die Tradition nicht abreißen wird, in der aber doch eine neue Form der Organisation sich bewähren soll«.[30] Der Einfluß des Staates, das heißt

---

[28] Der Brief ist erstmals vollständig veröffentlicht von PETER NÖTZOLD, Wolfgang Steinitz und die Deutsche Akademie der Wissenschaften zu Berlin. Zur politischen Geschichte der Institution (1945–1968), Phil. Diss. Humboldt-Universität Berlin 1998.

[29] Die Kaiser-Wilhelm-Gesellschaft im Jahre 1922, zit. nach: NOWAK, Harnack als Zeitgenosse (wie Anm. 1) S. 1005 ff.

[30] Zitiert nach vom BROCKE, Die Kaiser-Wilhelm-Gesellschaft in der Weimarer Republik, in: VIERHAUS u. vom BROCKE, Forschung im Spannungsfeld (wie Anm. 21) S. 211.

Preußens und nun verstärkt auch des Reiches, wurde durch die Einsetzung von Staatskommissaren und die Ernennung hoher Beamter und Politiker zu Mitgliedern des Senats verstärkt; die wissenschaftlichen Mitglieder der Gesellschaft erhielten eine größere Mitwirkungsmöglichkeit, die allerdings erst mit der Einrichtung des Wissenschaftlichen Rates unter dem Vorsitz Fritz Habers 1929 Gestalt, wenn auch kaum größere praktische Bedeutung, erhielt. Verglichen mit dem Senat der ersten Periode wurde die Zahl der Vertreter von Industrie und Banken geringer, während die der Staatsbeamten und der Wissenschaftler zunahm.[31]

Nach Krieg und Revolution hat Harnack mehr noch als zuvor eine politische Parteinahme mit seinen wissenschaftsorganisatorischen Aufgaben für unvereinbar gehalten, auch auf seiten der Deutschen Demokratischen Partei, auf der sich Friedrich Naumann, Ernst Troeltsch, Hans Delbrück und andere ihm nahestehende Männer engagierten. Sie entsprach nicht seiner Natur; sie hätte aber auch seine unangefochtene Stellung als Präsident der Kaiser-Wilhelm-Gesellschaft und als Repräsentant der deutschen Wissenschaft gefährdet. Harnack gehörte jenem Teil des gebildeten protestantischen Bürgertums des Wilhelminischen Deutschland an, der ohne Chauvinismus den Aufstieg des Reiches als Macht- und Kulturstaat begrüßte, sich für seine soziale, Bildungs- und Wissenschaftsentwicklung engagierte, zwar über nationalistische Überspanntheiten und die Unfähigkeit der Regierenden, den Krieg mit einem Verständigungsfrieden zu beenden, enttäuscht und durch die Niederlage und den politischen Zusammenbruch erschüttert war, aber an den Wiederaufstieg und die Wiederherstellung des deutschen Ansehens in der Welt glaubte und dafür offensichtlich eintrat. Gewähr dafür meinte Harnack in der Geschichte und Bildung des deutschen Volkes, in den die Republik tragenden politischen Kräften, in der staatlichen Verwaltung und in der Wissenschaft zu finden. Er war überzeugt, wie er 1929 anläßlich der Einweihung des Neubaus des Kaiser-Wilhelm-Instituts für Arbeitsphysiologie in Dortmund sagte, daß die Arbeit und Organisation der Kaiser-Wilhelm-Gesellschaft wichtiger denn je sei. Sie könne »durch die einzelnen Forschungsgebiete die Interessierten in dem weiten Kreise des Bürgertums gewinnen, ihre intellektuelle, werktätige und finanzielle Teilnahme an der Wissenschaft sich sichern und so die Wissenschaft in den verschiedenen Schichten des Volkes verankern«. Die Forschungsinstitute seien »an und für sich«, also im eigentlichsten Sinne, »die einzigen Stätten, in denen die Regierungen, die Wissenschaft und das deutsche Volk ohne Ansehen der Parteien

---

[31] Auch dazu die ausführliche Darstellung vom Brockes, ebd. S. 209 ff.

in Frieden zusammenwirken, um dem Fortschritt der Forschung und dem Vaterlande zu dienen«.[32]

V.

Unter den politischen und sozialen Verhältnissen der Weimarer Republik waren die Bedingungen für die zentrale Stellung nicht mehr gegeben, die Harnack in der Hochschul- und Wissenschaftspolitik der Monarchie eingenommen hatte. Er blieb jedoch einer der wichtigsten, gerade im Ausland angesehensten Repräsentanten der Wissenschaft auch der Republik, der wesentlich dazu beigetragen hat, die Diskreditierung und Isolierung deutscher Wissenschaftler zu überwinden. Daß die Regierung ihm 1921 den Botschafterposten in den USA anbot, zeigt, wie hoch sein Ansehen als Vertreter eines neuen Deutschlands eingeschätzt wurde. »So bin ich (...) der Meinung«, schrieb damals Friedrich Schmidt-Ott, »daß Sie dem deutschen Volke heute in Amerika die unschätzbarsten Dienste leisten und vielleicht das Wunder hätten vollbringen können, daß dasjenige Land, das allein dazu in der Lage ist, Wirtschaft und Wissenschaft unseres Vaterlandes in tätiger Mitarbeit zu retten, sich dazu entschließen würde«.[33] Zu den Gründen der Ablehnung Harnacks gehörte die Einsicht, daß die ihm gemäßen Aufgaben im eigenen Lande lagen. Es waren dies, nach der Emeritierung und dem Rückzug vom Amte des Direktors der Preußischen Staatsbibliothek, in erster Linie die Tätigkeit als Vorsitzender des Hauptausschusses der ›Notgemeinschaft für die Deutsche Wissenschaft‹ (bis 1929)[34] und insbesondere die Präsidentschaft der Kaiser-Wilhelm-Gesellschaft, die in eine Phase außerordentlichen Wachstums eintrat. Durch Einrichtung neuer, die Übernahme bereits bestehender und die Beteiligung an der Trägerschaft weiterer Institute – insgesamt waren es 17 bis 1931 – erhöhte sich ihre Zahl auf 32, was zugleich wesentlich erhöhte Verwaltungsaufgaben und eine zunehmende Bedeutung der leitenden, den Präsidenten unterstützenden Beamten mit sich brachte.

---

[32] 22./23.10. 1929: ADOLF VON HARNACK, Aus der Werkstatt des Vollendeten. Reden und Aufsätze, hg. v. AXEL VON HARNACK, Gießen 1930, S. 252.

[33] Zit. nach ZAHN-HARNACK, Harnack (wie Anm. 2) S. 394.

[34] Der Gründung der ›Notgemeinschaft‹ am 30. Oktober 1920 waren Initiativen und Besprechungen vorausgegangen, an denen Harnack teilnahm. Er war der Verfasser der Begründung des Antrags der deutschen Akademien an die in Weimar tagende Nationalversammlung, in den Haushalt des Reiches größere Mittel für wissenschaftlich-kulturelle Zwecke einzustellen, siehe: KURT ZIEROLD, Forschungsförderung in drei Epochen. Deutsche Forschungsgemeinschaft. Geschichte, Arbeitsweise, Kommentar, Wiesbaden 1968, S. 4 ff.

Das gilt insbesondere für Friedrich Glum, seit 1920 Generalsekretär, dann Generaldirektor, der unter Harnack und Planck bis 1937 die Entwicklung der Gesellschaft wesentlich beeinflußte.[35]

Der inflationären Finanzkrise nach dem Ende des Krieges, die für die Kaiser-Wilhelm-Gesellschaft vor allem durch den starken Rückzug der privaten Mittel spürbar wurde und eine Neuordnung ihrer Finanzen nötig machte, folgte in den Jahren von 1924 bis 1930 eine Phase, in der der Gesellschaft neben den staatlichen – also preußischen und seit 1920 vor allem Reichsmitteln – in zunehmendem Maße private, korporative, staatliche und provinziale Gelder zuflossen. Diese Phase endete mit der beginnenden Weltwirtschaftskrise, doch war diese nicht allein der Anlaß für den Konflikt vor allem mit der preußischen Staatsregierung, der Harnacks letzte Lebensmonate überschattet hat.[36] Vorwürfe von verschiedenen Seiten gegen die Finanzgebarung der Gesellschaft und das Streben des preußischen Kultusministeriums nach einer einheitlichen Kulturpolitik kamen hinzu, das in dem Verlangen nach genauen Etatvoranschlägen und detailliertem Nachweis der Ein- und Ausgaben resultierte. In der Auseinandersetzung, die in die Öffentlichkeit drang, konnte die Kaiser-Wilhelm Gesellschaft unter unvermeidlichen und zeitgemäßen Zugeständnissen eine besondere Bewegungsfreiheit in der Verwendung der ihr gewährten öffentlichen Mittel und die freie Verfügung über private Mittel und eigenes Vermögen behaupten. Dieser Ausgang des Konflikts war nicht zuletzt der vermittelnden Haltung auf seiten des Reiches zu danken, aber auch dem persönlichen Einsatz Harnacks.

Am 20. März 1929 schrieb er einen eher privaten und kollegialen als amtlicher Brief an den Kultusminister, den Orientalisten Carl Heinrich Becker, in dem er noch einmal sein Wunschbild des Zusammenwirkens von Gesellschaft, Staat und Wissenschaft als durch die Kaiser-Wilhelm-Gesellschaft realisiert darlegt. »Sie sagen, die Kaiser-Wilhelm-Gesellschaft ›habe die Form und die Befugnisse einer privaten Gesellschaft‹ – das ist richtig, aber doch einer privaten Gesellschaft, welche den Staat in ihrer Mitte hat, und darauf lege ich – und nicht anders die Gesellschaft selbst – das höchste Ge-

---

[35] Siehe FRIEDRICH GLUM, Zwischen Wissenschaft, Wirtschaft und Politik. Erlebtes und Erdachtes in vier Reichen, Bonn 1964. Der administrative und auch wissenschaftspolitische Handlungsspielraum, den Glum unter den Präsidenten Harnack und Planck hatte und erfolgreich ausfüllte, ist von ihm nicht ohne Überzeichnung dargestellt; siehe auch VOM BROCKE, Kaiser-Wilhelm-Gesellschaft (wie Anm. 30) S. 251 ff.

[36] Dazu: ZAHN-HARNACK, Harnack (wie Anm. 2) S. 439 ff.; DIETRICH GERHARD, Adolf von Harnacks letzte Monate als Präsident der Kaiser-Wilhelm-Gesellschaft, in: Jahrbuch der Max-Planck-Gesellschaft 1970, wieder abgedruckt in: DERS., Gesammelte Aufsätze (Veröffentlichungen des Max-Planck-Instituts für Geschichte 54) Göttingen 1977, S. 245–267.

wicht. Ich scheue mich daher nicht das Paradoxon auszusprechen: die Kaiser-Wilhelm-Institute sind private Institute und Staatsinstitute zugleich und sollen es sein und bleiben. Der Staat hat diese Gesellschaft im Oktober 1910 begründet, die Hälfte der Senatoren wird vom Staate ernannt; seine Vertreter werden außerdem zu jeder Sitzung eingeladen, und noch ist in Preußen kein Institut geschaffen worden ohne Vorbesprechung mit seinen Vertretern. (...) Ich bitte Sie also, die Institute der Kaiser-Wilhelm-Gesellschaft nicht als fremde zu betrachten, sondern als solche, durch welche die Staatsregierung auch ihre Wissenschaftspflege nicht nur in idealer, sondern auch in realer Konkurrenz mit dem Bürgertum zum Ausdruck bringt. Kein Hemmnis prinzipieller Art kann jemals ersprießlichster Zusammenarbeit im Wege stehen, nicht nur, weil die Konstruktion der Kaiser-Wilhelm-Gesellschaft dies ausschließt, sondern noch viel mehr, weil die Gesellschaft in allen höheren Personalfragen die Mitwirkung des Staates gar nicht entbehren kann und weil sie von der Summe von Erfahrung partizipieren will und muß, die in der Unterrichtsverwaltung liegt. Ist dem aber so, dann ist die Gegenüberstellung von 180000 RM Dispositionsfonds der Unterrichtsverwaltung und der großen Summe, welche die Kaiser-Wilhelm-Gesellschaft bezieht, unzutreffend und zum Glück hinfällig auch der Satz, daß Preußen auf dem Gebiete der Forschung zu Gunsten der Kaiser-Wilhelm-Gesellschaft nahezu abgedankt habe; denn Preußen pflegt in der Kaiser-Wilhelm-Gesellschaft auch seine eigenen Institute und pflegt fort und fort in seinen Hochschulen auch Forschungsinstitute. Sie schreiben auch, (...) daß im Gange der Entwicklung der Kaiser-Wilhelm-Gesellschaft der Staat seine Zuwendung gesteigert hat, ›ohne daß der Einfluß der Regierungen auch nur im entferntesten der Höhe dieser Mittel entsprochen hätte‹. Hier bin ich ratlos darüber, was hätte geschehen sollen oder was geschehen könnte. Neben dem Einfluß des Staates, den wir nötig haben, gibt es bei uns eigentlich keine Einflüsse außer denen, die Institut für Institut die Sachverständigen ausüben. Interessengruppen im schlimmen Sinne haben wir nie zu bekämpfen gehabt. Aber vielleicht meinten Sie nicht Zurückdrängung anderer Einflüsse, sondern eine noch engere Zusammenarbeit von Staat und Gesellschaft. Jeden Fingerzeig in dieser Richtung werde ich dankbar überlegen (...)«.[37]

Am 21. Mai 1930 erläuterte Harnack vor dem Haushaltsausschuß des Reichstags erfolgreich den Voranschlag für das Rechnungsjahr 1930/31. Es war sein letzter öffentlicher Auftritt. Von dem Konflikt mitgenommen, in dessen Verlauf ihm mit Rücksicht auf Alter und schwache Gesundheit die

---

[37] Hier zitiert nach einer Kopie des Briefes aus dem Nachlaß von Karl Heinrich Becker, die mir sein Sohn, Professor Dr. h.c. Hellmuth Becker, überlassen hat.

Niederlegung seines Amtes angeraten war, reiste er noch zur 18. Jahrestagung der Gesellschaft in Heidelberg an, mußte sich jedoch vor der Eröffnung in die Klinik begeben, wo er am 10. Juni neunundsiebzigjährig starb.

VI.

Nicht durch seine eigene wissenschaftliche Disziplin war Harnack mit der Kaiser-Wilhelm-Gesellschaft verbunden. Seine unbestrittene, international anerkannte Autorität als Erforscher der frühen Kirchengeschichte hätte ihn nie an die Spitze einer ganz überwiegend naturwissenschaftlich orientierten Gesellschaft ›zur Förderung der Wissenschaften‹ geführt. Dazu qualifizierten ihn vielmehr seine wissenschaftsorganisatorische und wissenschaftspolitische Erfahrung, seine gesellschaftliche Stellung in Berlin, zudem seine beruflichen und persönlichen Beziehungen zu Regierungskreisen, vor allem auch sein persönliches Ansehen beim Kaiser, ebenso zu Kreisen der Wirtschaft, ferner seine in zahllosen, nicht fachspezifischen Reden, Vorträgen und Aufsätzen bewährte Eloquenz sowie die souveräne Sicherheit seines Auftretens. Als einer ihrer Gründungsväter und Repräsentant der deutschen Wissenschaft wurde Harnack wie selbstverständlich der erste Präsident der Kaiser-Wilhelm-Gesellschaft; zweifellos war er derjenige, der die Gesellschaft und ihre besondere Stellung im sich wandelnden System der deutschen Wissenschaft am wirkungsvollsten zu vertreten vermochte – nicht nur während des Kaiserreichs, sondern auch in der Weimarer Republik. Er verschaffte dem Präsidentenamt nach innen wie nach außen eine Aufgabe, eine Stellung und ein Ansehen, in die sein Nachfolger, der Physiker und Nobelpreisträger Max Planck, mit eigenem Recht voll eintrat. Nur sieben Jahre jünger als sein Vorgänger, war auch er noch ein Mann des Kaiserreichs. Weit konservativer, der Weimarer Republik gegenüber reservierter, unpolitischer und weniger in die Öffentlichkeit hinein wirkend, war er wie Harnack bemüht, unter schwierigeren Bedingungen Anspruch, Niveau und Unabhängigkeit der Wissenschaft über Krisen und Umbruch des politischen Systems in Deutschland zu erhalten. Beide, Harnack und Planck, repräsentierten in der Kaiser-Wilhelm-Gesellschaft Kontinuität; beide haben durch ihre Persönlichkeit dazu beigetragen, die Gesellschaft vor staatlichen Eingriffen nach Möglichkeit zu bewahren, was im ›Dritten Reich‹ ungleich schwieriger war.[38]

---

[38] Dazu allgemein: VIERHAUS u. VOM BROCKE, Forschung im Spannungsfeld (wie Anm. 21).

Wie weit, mit welchen Zielen und welchem Erfolg hat Harnack die innere
und äußere Gestalt der Kaiser-Wilhelm-Gesellschaft, ihre Organisation und
ihre Entwicklung, den inneren Zusammenhang der zum Teil sehr unterschiedlichen Institute und das Selbstverständnis der in ihnen Arbeitenden bestimmt? Diese Frage läßt sich nur schwer beantworten. Hat sich doch die
Gesellschaft nicht nach Plan, sondern nach Bedarf, Angebot und dem Prozeß der Wissenschaften entwickelt. Sie war eine locker organisierte Gesellschaft von weitgehend selbständigen Instituten, denen gegenüber Präsident,
Senat und Generalverwaltung nur begrenzte administrative, nicht jedoch
Leitungsfunktionen innehatten. Wohl entschied der Senat über die Neugrün-
dung von Institutionen oder ihre Aufnahme in die Gesellschaft, und dabei ist
dem Präsidenten für die Konsensbildung eine erhebliche Bedeutung zuge-
kommen. Eine ›Gleichschaltung‹ der Institute war von Harnack weder inten-
diert, noch ließ die Satzung der Gesellschaft, die wesentlich von Harnack
formuliert war, das zu.

Die Frage nach dem formativen Einfluß des ersten Präsidenten auf die
Kaiser-Wilhelm-Gesellschaft läßt sich auch nicht mit dem Hinweis auf das
sogenannte ›Harnack-Prinzip‹ beantworten. In der Hauptversammlung der
Gesellschaft 1928 hatte Harnack gesagt: »In so hohem Grade ist der Direk-
tor die Hauptperson, daß man auch sagen kann: die Gesellschaft wählt einen
Direktor und baut um ihn herum ein Institut«. Mit diesen Worten wollte
Harnack zweifellos nicht das ›leitende Strukturprinzip‹ der Kaiser-Wilhelm-
Gesellschaft formulieren, das 1961 von Präsident Adolf Butenandt als das
›Ideal‹ auch der Max-Planck-Gesellschaft bezeichnet wurde. Was Harnack
mit lockerer Rhetorik beschrieb, war eine – keineswegs ausnahmslose – Praxis. Die Institute der Kaiser-Wilhelm-Gesellschaft sind von Anfang an in
sehr unterschiedlicher Weise zustandegekommen. Stand in manchen Fällen
am Anfang ein bedeutender Forscher, dem für seine Arbeit und die Entfaltung seiner Ideen optimale Bedingungen geschaffen wurden, so in anderen
Fällen ein Forschungsbedarf auf Gebieten, die sich als besonders wichtig
und förderungswürdig abzeichneten. Das gilt auch für die Max-Planck-Gesellschaft als eigentlich selbstverständliche Voraussetzung für die Gründung
und – zunehmend wichtiger! – für die Weiterführung ihrer Institute. Für die
Entscheidung in der Gesellschaft ist der sachliche Gesichtspunkt immer
wichtiger geworden, die Forschung auf bestimmten Gebieten bevorzugt neu
oder weiterhin zu fördern, allerdings nur dann, wenn dafür fachlich qualifizierte Wissenschaftler gewonnen werden können, die in der Lage sind, ein
Forschungsinstitut kompetent zu leiten, qualifizierte Mitarbeiter zu finden
und ihnen Anreiz und Möglichkeit zur Entfaltung ihrer wissenschaftlichen
Kapazität zu geben. Diese ›policy‹ der Kaiser-Wilhelm/Max-Planck-Gesell-
schaft folgte (und folgt) in pragmatischer Weise einem Grundsatz, der auch

für Harnack zu selbstverständlich war, als daß er sie als ›Harnack-Prinzip‹ in der Gesellschaft hätte kanonisiert sehen wollen.[39]

Harnacks Leistung für die Gesellschaft war es, daß er mehr als jeder andere dazu beigetragen hat, der Institutionalisierung der wissenschaftlichen Forschung im deutschen Wissenschaftssystem in einer übergreifenden Organisation zwischen Staat, Hochschule und Gesellschaft Raum und Anerkennung zu schaffen und Anspruchsstandards für sie zu setzen.

---

[39] Dazu: RUDOLF VIERHAUS, Bemerkungen zum sogenannten ›Harnack-Prinzip‹, Mythos und Realität, in: Generationsdynamik und Innovation in der Grundlagenforschung, hg. v. PETER HANS HOFSCHNEIDER u. KARL ULRICH MAYER (Max-Planck-Gesellschaft. Berichte und Mitteilungen 3, 1990) S. 182–194. Auch in: Generationsdynamik in der Forschung, hg. v. KARL ULRICH MAYER, Frankfurt a. M. 1992, S. 168–180. Wieder abgedruckt in: Die Kaiser-Wilhelm-/Max-Planck-Gesellschaft und ihre Institute. Studien zu ihrer Geschichte: Das Harnack-Prinzip, hg. v. BERNHARD VOM BROCKE u. HUBERT LAITKO, Berlin/New York 1996, S. 129–138.

Personenregister

[Berücksichtigt sind alle im Text vorkommenden Personen, auch solche, die lediglich unter einer bestimmten Bezeichnung erscheinen. Der Name Adolf von Harnack blieb durchgängig beiseite. Wo Namen Institutionen bezeichnen – z. B. ›Kaiser-Wilhelm-Gesellschaft‹ – oder sich mit Sachaspekten verbinden – z. B. ›Ignatiusbriefe‹ –, wurde auf ihre Nennung verzichtet.]

Aberkios [Abercius] 260
Achelis, Hans 198
Acton, Lord John Emmerick Edward 248
Åkerberg, Axel Frithiof 348
Alfaric, Prosper 338
Altaner, Berthold 274
Althoff, Friedrich 19, 24, 26, 30, 33, 40, 138, 158 f., 321, 403, 422, 427–430
Alzog, Johann Baptist 267, 269
Ammundsen, Valdemar 356
Apelles 210, 230
Apollonios von Perge 42
Apollonius 43
Arbués, Pedro de 252
Arco, Maximilian Graf von 246
Arethas von Cäsarea 273
Aristoteles 42, 275
Aron, Raymond 364
Athanasius 273, 276, 349
August Wilhelm, *Prinz von Preußen, Sohn Wilhelm II.* 146
Augustinus 190, 195, 226–231, 275, 282 f., 337 f., 388
Augustus (Octavian) 42, 223
Aulén, Gustav 346

Baden, Prinz Max von 36
Baeck, Leo 105
Bardenhewer, Otto 272–274
Barnabas 276
Barth, Anna Katharina, geb. Sartorius 107
Barth, Fritz 107
Barth, Karl 7, 20, 86, 103, 106–115, 118–126, 234, 322, 326 f., 336, 339–341
Battifol, Pierre 320
Bauer, Walter 230

Baur, Ferdinand Christian 44, 94, 192, 195 f., 200, 229, 383, 401
Becker, Carl Heinrich 151, 437
Bellarmin, Robert 249
Berger, Gaston 329
Berggrav, Eivind 343–345, 354–356, 358–360, 363 f.
Bergson, Henri 96, 331, 337
Berlepsch, Hans von 91
Bernhart, Joseph 296
Bernheim, Eduard 189
Bernoulli, Carl Albrecht 387
Bertram, Adolf 276 f., 303
Bethmann Hollweg, Theobald von 27, 36, 73, 81 f., 110, 169, 171, 180, 315
Billing, Einar 346
Bismarck, Otto Fürst von 23, 75 f., 152, 330, 335
Blanke, Horst Walter 207
Blondel, Maurice 329
Böckh [Boeckh], August 46
Bonhoeffer, Dietrich 339–341, 356, 359, 362 f.
Bonus, Arthur 90
Bonwetsch, Nathanael 198
Böttinger, Henry Theodor von 174, 187
Bousset, Wilhelm 90, 230
Braunsberger, Otto 276
Brémond, Henri 329
Brentano, Lujo 62
Brieger, Theodor 192
Brun, Lyder 353 f.
Buckle, Henry Thomas 210
Bülow, Bernhard Fürst von 23, 26–28, 31, 37, 65
Bultmann, Rudolf 106, 394

Burckhardt, Jacob 96, 196, 220 f.
Butenandt, Adolf 440

Cabrières, François-Marie-Anatole de Rové-
  rié de 315
Caelestius 274
Caesar, Gaius Iulius 39, 223
Calvin, Johannes 93
Caracalla, Marcus Aurelius Antonius (Lucius
  Septimus Bassianus) 42
Carlyle, Thomas 214
Carnegie, Andrew 163, 430
Caspari, Carl Paul 201
Cassirer, Ernst 95
Celsus 52
Chamberlain, Houston Stewart 29, 31
Christiani, Emil 347, 349
Cicero, Marcus Tullius 223
Clémenceau, Georges 80
Clemens Alexandrinus 199
Clemens I. (Clemens Romanus) 273
Clemens V. 251
Colette, Sidonie-Gabrielle 92
Comenius, Johan [Jan Amos] 43
Commodus, Lucius Aurelius 43
Comte, Auguste 210
Cotelier, Jean Baptiste 201
Crassus, Marcus Licinius 39
Cremer, Hermann 104 f.
Cumont, Franz 206
Cuvier, Charles 332
Cyprian 211
Cyrill von Alexandrien 277

Dahlmann, Friedrich Christoph 100
Dante Alighieri 278 f.
De Lai, Gaetano 315
Deißmann [Deissmann], Adolf 87
Delbrück, Hans 27, 29, 32, 35 f., 62, 71–74,
  76–84, 159 f., 168, 171, 424, 435
Delbrück, Lina, geb. Thiersch 71
Delehaye, Hippolyte 293, 295, 308 f.
Delitzsch, Friedrich 32, 34, 159 f.
Denifle, Heinrich Suso 280–286, 288 f.,
  292 f., 306, 405
Dibelius, Martin 393 f.
Dibelius, Otto 363, 392
Diels, Hermann 16, 49, 58, 197, 433
Diepenbrock, Melchior von 246, 256

Dillmann, August 198
Dilthey, Wilhelm 7, 95
Dobschütz, Ernst von 205
Dölger, Franz Joseph 312
Döllinger, Ignaz von 244–257, 263, 268,
  295, 300 f.
Domitian 385
Dörpfeld, Wilhelm 34
Drews, Paul 89
Dreyer, Otto 411
Droysen, Johann Gustav 100, 189
Dryander, Ernst von 111
Du Gard, Roger Martin 338
Duchesne, Louis 45, 201, 206, 259–261,
  293–295, 298, 300 f., 305 f., 308 f.,
  313–315, 327
Dummer, Jürgen 365 f., 373, 393 f.
Durkheim, Emile 331

Ebert, Friedrich 25, 27, 65
Ehrhard, Albert 261, 264–267, 272, 296,
  304
Ehrle, Franz 281
Einstein, Albert 132, 135, 140, 142–144,
  149 f.
Eklund, Johan Alfred 346 f.
Engelhardt, Moritz von 136, 190, 210
Engert, Thaddäus 311 f.
Epiphanius von Constantia (Salamis) 379
Erbes, Karl 259
Ernesti, Johann August 196
Eugipp 43
Eusebius von Caesarea 43, 49, 52, 192,
  197 f., 224, 236, 273, 388

Fabricius, Ernst 201
Fehr, Fredrik 347, 349
Ficker, Gerhard 260
Ficker, Heinrich von 144
Finke, Heinrich 265
Fischbacher, *Verleger* 327
Fischer, Emil 174 f., 177–179
Fischer, Fritz 81
Foerster, Erich 229, 234
Fontane, Theodor 340
Frank, Franz Hermann Reinhold 353
Franz von Assisi 279
Frémont, Charles 328
Freud, Sigmund 92

Friedrich II., *deutscher Kaiser* 280
Friedrich III., *deutscher Kaiser und König von Preußen* 31, 72
Friedrich Wilhelm III., *König von Preußen* 229
Funk, Franz Xaver 261, 263 f., 266, 301
Funk, Philipp 302, 316

Gebhardt, Oskar [Oscar] von 49, 190, 198
Gelasius I. 273
Gibbon, Edward 221
Gilson, Etienne 329
Glum, Friedrich 144, 146, 437
Gnauck-Kühne, Elisabeth 75
Goethe, Johann Wolfgang von 85, 226 f.
Gogarten, Friedrich 86, 121, 234
Göhre, Paul 161, 165
Goßner, Johannes Evangelista 259
Grabe, Johann Ernst 201
Grabmann, Martin 284, 286
Gregor VII. 280
Gregor von Nazianz 226
Gregor von Nyssa 379
Gregory, Caspar René 369
Grisar, Hartmann 18, 287–290
Grundtvig, Nikolaj Frederik Severin 344
Guardini, Romano 296
Guitton, Jean 329
Guizot, François Pierre Guillaume 332
Gunkel, Hermann 370
Gutschmid, Alfred von 259

Haber, Fritz 424, 435
Haeckel, Ernst 92, 213
Haering, Theodor 353
Hallesby, Ole 354 f.
Hammerstein, Wilhelm von 75 f.
Harden, Maximilian 31
Harnack, Amalie von, geb. Thiersch 10, 71, 361
Harnack, Axel 10 f.
Harnack, Carl Gottlieb 258
Harnack, Erich 11
Harnack, Otto 11
Harnack, Theodosius 9–11, 14, 128, 259
Hartel, Wilhelm Ritter von 201
Hase, Karl von 191, 247, 250
Hatch, Edwin 201
Hauck, Albert 192, 205, 207, 230

Hauge, Hans Nielsen 352
Hébert, Marcel 338
Hefele, Karl Joseph von 246, 280
Hegel, Georg Wilhelm Friedrich 85, 126, 208 f.
Heikel, Ivar August 50
Heisenberg, Werner 145
Heitmüller, Wilhelm 392
Herder, Johann Gottfried von 209
Hergenröther, Joseph 263, 268
Herodes 325
Herrmann, Hajo Kurt 147
Herrmann, Wilhelm 87, 107–109, 347, 353
Hertling, Georg Freiherr von 82
Herzog, Johann Jakob 201
Hettinger, Franz Seraph 278 f.
Heydenreich, Eduard 259
Hieronymus 260
Hilgenfeld, Adolf 201
Hindenburg, Paul von 27, 82
Hinzpeter, Georg Ernst 31
Hippolyt von Rom 198, 211
Hitler, Adolf 145, 362
Hobsbawm, Eric 92
Holl, Karl 51, 104, 358, 379, 389, 429
Hollmann, Friedrich 32
Holtzmann, Heinrich Julius 375, 386
Homer 223
Hort, Fenton John Anthony 201
Houtin, Albert 304
Humboldt, Alexander von 226
Humboldt, Wilhelm von 431 f.
Husserl, Edmund 92

Ignatius von Antiochien 268
Innozenz III. 243
Innozenz IV. 243
Intze, Otto 34
Irenäus von Lyon 198 f., 211, 264, 273

Jaeger, Werner 52, 56, 61
Janssen, Johannes 265
Jantsch, Johanna 88, 368
Jedin, Hubert 291
Jolly, Philipp 133 f.
Julian von Aeclanum 274
Jülicher, Adolf 56 f., 228 f., 384

Kaftan, Julius   347, 353, 411
Kahrstedt, Ulrich   65
Kampschulte, Franz Wilhelm   290
Kant, Immanuel   126, 334, 337, 339
Karl der Große   251
Kennan, George f.   364
Klasen, Franz   274 f.
Klaveness, Thorvald   355
Klein, Felix   187
Kliefoth, Theodor   195
Knöpfler, Alois   280
Koetschau, Paul   52
Konow, Carl   354
Konstantin I.   47, 221, 224, 236, 272, 275
Korum, Michael Felix   310
Koselleck, Reinhart   98
Kraus, Franz Xaver   261–263, 301
Krüger, Gustav   28
Krumbacher, Karl   264
Krupp von Bohlen und Halbach, Gustav   175–180, 184 f.

Laberthonnière, Lucien   304, 323, 329
Lachmann, Karl   377
Lactantius, Lucius Caecilius Firmianus   236
Lagarde, Paul Anton de   201
Lamennais, Félicité   332 f.
Lamprecht, Karl   189, 210, 215
Laue, Max von   143, 145
Le Roy, Edouard   329
Lehmann, Edvard   344 f., 348, 351 f., 359 f.
Leibniz, Gottfried Wilhelm   154, 229, 295, 414, 420 f.
Lenard, Philipp   146
Lent, Helmut   147
Leo XIII.   315, 329, 335
Lepidi, Albertus   314
Lessing, Gotthold Ephraim   196, 209, 232
Lewan, Oskar Nilsson   347
Lichtenberger, Frédéric   202
Lietzmann, Hans   9, 13, 161, 366, 377, 388
Lightfoot, Joseph B.   201
Lilje, Hanns   363 f.
Lingg, Maximilian von   297
Lippe-Weissenfels, Egmont Prince zur   148
Lipsius, Richard Adelbert   201, 259, 281
Loewenich, Walther von   106
Loisy, Alfred   105, 298–300, 304, 311, 319, 321, 327–329, 331, 337 f., 341

Loofs, Friedrich   30, 49, 258, 281
Loofs jr., Friedrich   30
Lorentz, Hendrik Antoon   149
Lortz, Joseph   290 f.
Lossen, Max   251
Ludendorff, Erich   82
Luthardt, Christoph Ernst   388
Luther, Hans   358
Luther, Martin   17, 79, 81, 93, 191, 210, 247 f., 253–256, 280, 282–284, 286–293, 306, 352, 354, 408–410

Mai, Angelo   201
Malégue, Joseph   337
Mandouze, André   329
Manning, Henry Edward   404
Marcion   190, 193, 198, 210 f., 228–237, 302, 317, 359
Marrou, Henri-Irénée   329
Martensen, Hans Lassen   353
Martigny, Joseph-Alexandre   262
Marx, Karl   346
Marx, Wilhelm   27, 65
Mathieu, François-Désiré   315
Maurras, Charles   323
Maxwell, James Clerk   131
Meinecke, Friedrich   36, 79, 92, 98
Melanchthon, Philipp   7, 43, 191, 295
Méridier, Augustin   337
Merkle, Sebastian   285, 287, 289, 291–293, 295, 300 f., 306–308
Merz, Georg   106
Meurer, Manfred   148
Meyer, Eduard   189
Michael, Emil   254 f.
Michaelis, Georg   82
Moellendorff, Wichard von   172 f.
Moeller, Bernd   103, 253, 382
Möhler, Johann Adam   246, 256, 269
Mohr, Hans   356
Mommsen, Theodor   13, 22, 39, 41, 43–49, 51–58, 60–63, 65–69, 102, 191, 197 f., 203–205, 223, 260, 266, 272, 281, 306, 405 f., 419–421, 429
Monod, Gabriel   329
Mosheim, Johann Lorenz von   196
Mühlberg, Otto von   315
Müller, Johannes   358

Murrmann-Kahl, Michael 207
Mussolini, Benito 146

Napoleon III. 337
Naumann, Friedrich 76 f., 86 f., 109, 111, 162, 165, 322, 424, 435
Neander, August 16, 192
Newmann, John Henry 332
Niedt, *Mitglied des Kuratoriums des Kaiser-Wilhelm-Instituts für Eisenforschung* 178
Nietzsche, Friedrich 85, 219, 224, 321
Nipperdey, Thomas 89
Nippold, Friedrich 192
Nirschl, Joseph 268 f.
Nitzsch, Karl Immanuel 411
Nobbe, Moritz August 76, 415
Nobel, Alfred 430
Nowak, Kurt 95, 366, 370, 382, 391

Oexle, Otto Gerhard 92
Oftestad, Bernt 346
Oncken, Hermann 36
Ording, Johannes 344 f., 353 f.
Origenes 195, 199, 235, 261, 273, 378
Overbeck, Franz 49, 112–114, 122, 224, 235, 377, 380, 382, 384 f., 387, 389

Pacelli, Eugenio (→ Pius XII.) 297
Papias 264
Pascal, Blaise 252
Pelagius 259, 274
Petersen, Otto 178 f.
Petosiris 42
Pfannenstill, Göran Magnus 347 f., 352
Photius 273
Pichler, Franz Seraph 310
Pilatus 43, 205
Pindar 42
Pitra, Jean Baptiste François 201
Pius IX. 251 f., 333
Pius X. 287, 293, 300, 315, 329
Pius XI. 249, 345
Pius XII. (→ Pacelli, Eugenio) 297
Planck, Erwin 128
Planck, Max 79, 92, 127, 129–136, 139–155, 437, 439
Platon 45
Plitt, Gustav Leopold 262
Polycarp von Smyrna 234

Pompeius Magnus, Gnaeus 39
Porphyrius 42
Posadowsky-Wehner, Arthur von 91
Preuschen, Erwin 198 f., 388
Puccini, Giacomo 92

Rade, Dora, geb. Naumann 98
Rade, Martin 52, 85–92, 95, 97–99, 102, 111, 122, 194, 205, 219, 228, 283, 304, 362, 383, 411, 416, 422–424, 430
Ramsey, William Mitchell 205 f.
Ranke, Leopold von 12, 209, 250
Rath, Walter vom 175
Rathje, Johannes 88 f.
Rebenich, Stefan 26
Rechenberg, Adam 192
Reichenbach, Hans 150
Reitzenstein, Richard 50, 392
Renan, Ernest 196, 200, 202, 221 f., 319, 327, 337
Rendtorff, Trutz 103
Reusch, Franz Heinrich 249, 251 f.
Réville, Albert 327
Rhodon 230
Richardson, Ernest C. 201
Rist, Johann 67
Ritschl, Albrecht 14, 51, 112, 120, 190, 229, 347, 353, 401, 405–407
Rittelmeyer, Friedrich 85 f., 102
Rockefeller, John Davidson 430
Röhl, John 30
Rohrbach, Paul 159
Rolffs, Ernst 122
Roscher, Wilhelm 214
Rossi, Giovanni Battista de 261
Rothe, Richard 401
Rotterdam, Erasmus von 7
Rousseau, Jean-Jacques 209
Routh, Martin Joseph 201
Ruddies, Hartmut 416
Rudolph, Kurt 230
Rufin 43, 52
Rüsen, Jörn 207
Rydén, Värner 351 f.

Sabatier, Auguste 321, 328, 410
Sailer, Johann Michael 256, 259
Sappho 42
Savonarola, Hieronymus 293, 309

Schädler, Franz Xaver 310
Schell, Herman 301, 311
Scherr, Gregorius von 247
Schiemann, Theodor 26, 34
Schiffer, Eugen 78
Schleiermacher, Friedrich Daniel Ernst 16, 44, 94, 108, 122, 196, 213, 229, 346, 353
Schlör, Ferdinand von 312
Schmidt, Carl 198
Schmidt, Erich 34
Schmidt, Karl Ludwig 234, 393 f.
Schmidt, Paul Wilhelm 385
Schmidt-Ott, Friedrich 138, 177 f., 430, 436
Schmoller, Gustav 7, 25, 62, 90, 92, 210
Schneemelcher, Wilhelm 106
Schnitzer, Joseph (Pseud. Willibald Weber) 293, 295, 297, 301, 309–312
Scholz, Heinrich 105
Schroeckh, Johann Matthias 192
Schultze, Friedrich Siegmund 358
Schürer, Emil 382–384
Schwabe, Klaus 82
Schwane, Joseph 270 f.
Schwartz, Eduard 50, 52, 55, 65, 197, 223, 386, 388
Schweitzer, Albert 20
Seeberg, Erich 208
Seeberg, Reinhold 29, 64, 80, 86 f., 110, 258, 283 f.
Seeck, Otto 189
Segerstedt, Torgny 349 f.
Semler, Johann Salomo 196, 401
Senestrey, Ignatius von 310
Sieben, Hermann Joseph 258
Siemens, Wilhelm von 174–177
Sieyès, Emmanuel Joseph 313
Simeon Metaphrastes 264
Simmel, Georg 99
Simons, Walter 358, 360 f.
Slaby, Adolf 34
Smend, Friedrich 11
Smith, William 202
Soden, Hans von 235, 363
Söderblom, Nathan 343, 345 f., 348–350, 358, 360 f., 364
Sokrates 282
Sombart, Werner 7, 99, 101
Sommerfeld, Arnold 134 f., 140
Spahn, Martin 22, 265, 405

Spener, Philipp Jakob 295
Spengler, Oswald 96 f., 101, 220
Springorum, *Vorsitzender des Kaiser-Wilhelm-Instituts für Eisenforschung* 177–179
Stapel, Wilhelm 28
Stark, Johannes 146
Steiner, Rudolf 85
Stern, Fritz 128
Stinnes, Hugo 184
Stoecker, Adolf 74–77, 83, 88, 90, 160–162
Strauß, David Friedrich 44, 94, 195 f.
Stumm-Halberg, Karl Ferdinand Freiherr von 165 f.
Sueton 39

Tal, Uriel 326, 334
Tatian 235
Tertullian, Quintus Septimus Florens 190, 210, 229, 273
Thekla, *Märtyrerin* 42
Theodoret von Kyros 270, 276
Thilo, Johann Karl 201
Thomas von Aquino 243, 286, 300
Thomasius, Gottfried 195
Thurneysen, Eduard 114, 234
Thyssen, August 179, 184
Tillemond, Louis Sébastien Le Nain de 201
Tillich, Paul 121
Tirpitz, Alfred von 82
Tixeront, Joseph 201
Tolstoi, Leo 85
Traub, Gottfried 87, 111, 411
Treitschke, Heinrich von 58, 189
Trendelenburg, Ernst 178
Trillhaas, Wolfgang 106
Troeltsch, Ernst 7, 36, 79, 85–87, 89–92, 94–102, 105, 109, 111, 206, 208, 215, 223 f., 229, 235 f., 321, 336, 338, 341, 347, 350, 353, 402, 404, 421, 424, 435
Trott zu Solz, August von 33
Tyrrell, George 304

Usener, Hermann 50 f., 56, 57

Valentini, Rudolf von 35 f., 181
Vico, Giovanni Battista 96
Vielhauer, Philipp 385
Vigener, Fritz 246, 256 f.
Vigilius 259

Vincenzi, Aloys 269 f.
Vischer, Eberhard 119 f.
Vögler, Albert 178

Wace, Henry 202
Wagner, Adolf 160 f., 165
Waitz, Georg 259
Walch, Christian Wilhelm Franz 196
Walther, Wilhelm 312
Weber, Max 7, 77, 96, 98–100, 206, 220, 233, 336, 421, 424
Weigl, Eduard 277
Weinel, Heinrich 87
Weiß, Albert Maria 286–289
Weiß, Bernhard 375, 381
Weizsäcker, Karl Heinrich von 375
Wellhausen, Julius 42, 50, 229, 232, 347, 386
Wendel, Günter 186
Wette, Wilhelm Martin Leberecht de 385
Wichern, Johann Hinrich 346
Wieland, Franz Sales 275 f., 294, 297
Wilamowitz-Moellendorff, Tycho von 64

Wilamowitz-Moellendorff, Ulrich von 28, 39, 41 f., 44–57, 59–67, 191, 223, 272
Wilhelm II., *deutscher Kaiser und König von Preußen* 15, 19, 23–37, 60, 62 f., 72, 75 f., 80–82, 110, 160, 165, 169, 184, 186, 224, 293, 321, 340, 400, 406, 430, 433
Wilson, Woodrow 82
Wittgenstein, Ludwig 327
Wittig, Joseph 302 f., 317
Wittkau, Annette 207
Wrede, William 381, 392
Wust, Peter 296

Zahn, Theodor [von] 190, 200 f., 264, 371, 386, 394
Zahn-Harnack, Agnes von 26 f., 29 f., 37, 71 f., 120, 344, 358, 360, 372, 404, 406, 419
Zedlitz-Neukirch, Octavio Freiherr von 169
Zenon von Kition 275
Zimmermann, *Beamter im Auswärtigen Amt* 314
Zinzendorf, Nikolaus Ludwig Graf von 295